Schließ/Lischka, Ton und Taste

Dieses Buch vermittelt Grundlagen zum Verständnis von Musik. Es setzt keine Kenntnisse und Fähigkeiten voraus.

Die Grundkurse, die einen Aufriß der Parameterordnung erarbeiten, verfeinern das Wahrnehmungsvermögen für Schallqualitäten *und* deren Aussage im Rahmen von Information und Kommunikation. Hier und in den anschließenden Lehrgängen erwirbt der Schüler Hörwissen, indem er nachdenkt über das, was er hört und hörend tut. Die erworbene Kompetenz übt er aus bei der Durchführung von Impulsaufgaben und Gestaltungsvorhaben.

Zur Abwickelung dieser selbständigen Operationen wird ein abgestimmter Vorrat von instrumentalen Hilfen empfohlen, auf den — pars pro toto — die Assoziierung von Ton und Taste im Werktitel hinweist.

Dazu gehören Sing- und Sprechstimme, Instrumente als Handwerkszeuge der Schallgewinnung und elektrische Tongeräte, aber auch Elemente aus dem gestischen und grafischen Bereich, z. B. Kennzeichennotation, Legekärtchen, Modelle und Systeme zur Darstellung von Klangfarbenspektren, rhythmisch-metrischen Vorgängen und Tonhöhenordnungen. In diesem Zusammenhang wird auf das Arbeitsheft mit seinen Legefeldern und die dort beigefügten Modellbögen verwiesen.

Die Arbeit, die im Mikrobereich bei gestalthaften Elementen ansetzt und zu übergreifenden Zusammenhängen fortschreitet, wird ergänzt durch Unterrichtsverfahren, die ihrerseits von komplexeren Gestalten ausgehen und das Wahrnehmungsvermögen durch zunehmende Differenzierung schulen.

Solche Verfahren sind: Hören mit Noten, werkbegleitendes Elementarspiel (📖), Klangvermutungen zum Notenbild und nachgestaltendes Anlegen von Partituren über der Zeitleiste.

In den Formanalysen und Werkinterpretationen soll sich das für viele Gestaltebenen disponierte Hörwissen erproben.

Dieses Buch setzt auf breiter Basis an, bleibt im Aufbau seiner Kurse systemoffen und ermöglicht dadurch eine reiche *horizontale* Aufgliederung. Diese stellt sich dar in den einbezogenen älteren und jüngeren Verfahren, Ordnungen und Stilen, wie sie u. a. in der Musikalisierung von Tonhöhenreihen, der parameterübergreifenden seriellen Arbeitsweise und in der aleatorischen Technik gegeben sind.

Dieses Buch ergänzt in den Werkteilen ‚Musik im Ablauf der Geschichte — synchronoptische Tafel', ‚Kurzbiographien' und ‚Musik in unserer Umwelt' das Bemühen um eine systematische Entfaltung von Gestaltelementen und Gestaltungsformen durch historisch-soziologische Informationen, Fragestellungen und Arbeitsempfehlungen. — Das ‚Lexikalische Sachverzeichnis' bietet Zusammenfassungen und weiterführende Beiträge zu beiden Bereichen.

Dieses Buch erfüllt Voraussetzungen individuellen und partner- oder gruppenbezogenen Lernens und eröffnet weitreichende Möglichkeiten für die Differenzierung, mag diese durch die unterschiedlichen Lernzielanforderungen von Grund- und Leistungskursen oder durch individuelles Leistungsgefälle innerhalb einer Gruppe oder Klasse bedingt sein:

Das Arbeitsmaterial für die *Sekundarstufe I* wird in *einem* Band zusammengefaßt, die curriculare Disposition daher nicht durch jahrgangsweise Stoffzuteilung beengt. Durch ein enges Netz von Querverweisen, durch Tabellen und Verzeichnisse wird die Planung unterrichtlicher Zusammenhänge erleichtert (vgl. Lehrerhandbuch). Die logische Feingliederung der methodischen Anlage und ihre Ausstattung mit Elementen des programmierten Lernens ermöglichen die Arbeit in parallelen Gruppen und die Erfolgskontrolle in informellen Tests.

Dieses Buch will allen helfen, die sich zu gestaltkundigen, wahrnehmungsfähigen und umweltbewußten Hörern heranbilden möchten, um am Musikleben unserer Zeit kritisch und verantwortet teilnehmen zu können.

Ton und Taste

Unterrichtswerk für Musik auf der Sekundarstufe 1

Von Rudolf Schließ und Reinhard Lischka

Lehrbuch

Ferdinand Schöningh, Paderborn

Erklärung der Zeichen
● = Merksatz
📖 = Arbeitsheft (z. B. 8 = *Aufgabe* 8; S. 8 = *Seite* 8)
Modellbogen I—IV = Grafische Elemente zum Ausschneiden (im Arbeitsheft beigefügt)
▷ = Hinweiszeichen

Bildmaterial stellten zur Verfügung: Electrola, Köln; Deutscher Musikrat, Bad Godesberg; Süddeutscher Verlag, München; Ullstein-Bilderdienst, Berlin; Archiv für Kunst und Geschichte, Berlin; Polydor International GmbH, Hamburg; Zoltan Nagy, Essen-Werden; Prof. Philipp Röhl, Köln.

Alle Rechte, auch die des auszugsweisen Nachdrucks, der fotomechanischen Wiedergabe und der Übersetzung, vorbehalten. Dies betrifft auch die Vervielfältigung und Übertragung einzelner Textabschnitte, Zeichnungen oder Bilder durch alle Verfahren, wie Speicherung und Übertragung auf Papier, Transparente, Filme, Bänder, Platten und andere Medien, soweit es nicht §§ 53 und 54 URG ausdrücklich gestatten.

© 1975 by Ferdinand Schöningh at Paderborn. Printed in Germany. Herstellung: Ferdinand Schöningh, Paderborn

ISBN 3-506-56010-7   2. 3. Druck   77 78 79

Inhaltsverzeichnis

I. Von den Grundeigenschaften des Schalls und der ersten Ordnung der Töne

1. Signale unserer Umwelt 11

2. Schallstärke (Dynamik) 11
Laut — leise; Lauter — leiser; Gleich oder nur ein wenig verschieden; Wieviel lauter oder leiser?; Wie laut — wie leise?; Plötzlich laut — einzeln hervorstechend; Lauter werden — leiser werden

3. Schalldauer 14
Lang und kurz; Länger und kürzer; Länger — kürzer und lauter — leiser; Gestaltungsaufgaben mit Stärken und Dauern

4. Die Zeitdichte von Schallereignissen 15
Schnell — langsam; Schneller — langsamer

5. Geräusch- und Klangfarbe (Schallfarbe) . . 17
Entstehung von Schall 17
Klang und Geräusch als Formen des Schalls . . 17
Die Farbe von Klängen und Geräuschen 18

6. Die Klangfarbe der Instrumente 19
Instrumente, bei denen festes Material schwingt . . 19
Das Material bestimmt die Klangfarbe; Die Schallerzeugung bestimmt die Klangfarbe

Instrumente, bei denen Atemluft und mechanischer Luftstrom schwingen 20
Flöteninstrumente; Zungeninstrumente; Rohrblattinstrumente; Blechblasinstrumente

Die menschliche Stimme 21
Wirkungsweise des Stimmapparates; Ton- und Geräuschbildung

Neue Möglichkeiten stimmlicher und instrumentaler Farbgebung 22

7. Schallhöhe 22
Dunkel — hell 22
Der Stimmsitz dunkler und heller Töne: tief und hoch

Orientierung im Tonraum 23
Instrumentale Bewegungsarten im Tonraum (staccato-legato); Nach oben — nach unten; Zu hoch — zu tief; Größer — kleiner; Wendepunkte im Richtungsverlauf; Verknüpfung von Schallmerkmalen;

Partituren für Schallfarben 24

8. Klang — Taste — Note 24
Die Klaviatur: Das „schwarze" g und das „schwarze" c . . 24
Das Notensystem 25
Tonlängen auf festen Tonhöhen 26
Arbeit mit Legekärtchen; Melodien aus Dreitonbausteinen; Hören mit Noten; Die Sprachmelodie

9. Der Zweiertakt 27

    Der kleine Zweiertakt 27
    Betonungsordnung; Wir dirigieren

    Der große Zweiertakt 29

    Viertel- und halbe Pausen im Zweiertakt 29

    Rhythmen im Zweivierteltakt 29
    Darstellung von Rhythmen im Zweivierteltakt; Frage und Antwort; Rhythmische Kanons; Melodie zum Rhythmus; Melodie zum Text

    Auftakt und Volltakt 31
    Jägerruf; Der Melodieaufsprung im Auftakt

10. Dreitonmelodien 33
    Der neue Ton; Kombination von Zweitonbausteinen: Bausteinlegen; Bausteinhören; Bewegungsrichtung von Dreitonfolgen; Wechselnde Betonungsordnung in Dreitonfolgen; Melodiebildung: Rhythmus zur Tonreihe

11. Dreitonordnung auf weißen und schwarzen Tasten . . 35
    Entdeckung des weißen Dreitonraumes; Maße für die Tonabstände (Intervalle); Melodie zum Text

12. Der Dreivierteltakt 36
    Die Betonungsordnung; Rhythmen im Dreivierteltakt; Darstellung von Rhythmen im Dreivierteltakt; Überlagerung zweier Rhythmen im Dreivierteltakt; Rhythmus im Wort

13. Die Achtelnote 39
    Achtelnoten im Zweivierteltakt; Wechselnde Rhythmen zu Ketten von Achtelnoten; Rhythmus im Dreivierteltakt zur Tonreihe; Rhythmus und Melodie zum Text

14. Wechseltakt I 40

15. Erweiterung des Tonbereichs 41
    Antwort aus dem angrenzenden Dreitonraum; Die vollständige Reihe der schwarzen Tasten

Tonarten mit drei und vier Tönen 42
    Abstände 2—3—2; Kombination von Zweitonbausteinen; Bewegungsrichtung von Viertonfolgen; Melodie zum Text; Melodieformeln als Beispiele für neue Tonarten; Kombination von Zweitonbausteinen; Der Richtungsverlauf der Melodie innerhalb einer Tonart; Melodie zum Text

II. Zusammengesetzte Taktarten; neue Rhythmen

1. Der Vierertakt 45

    Die Betonungsordnung 45

    Darstellung der Zählzeiten 45
    Glockenläuten; Taktierbewegung im Vierertakt; Körpereigene Darstellung

    Rhythmische Gestaltung des Taktraumes 46

    Darstellung der Notenwerte 46

2. Die punktierte Viertelnote 47
    Ihre Längenordnung; Ihre Einordnung in den Dreiviertel- und Viervierteltakt; Zusammenfassung: Alle Notenwerte in einem Beispiel

3. Der Sechsertakt 48

    Die Betonungsordnung 48

    Darstellung der Zählzeiten 49
    Taktierbewegung im Sechsachteltakt

    Rhythmische Gestaltung des Taktraumes 49

4. Die Sechzehntelnote 50
    Ihre Längenordnung; Ihre Einordnung in verschiedene Taktarten

5. Wechseltakt II (Sprechübungen) 51
    Viervierteltakt mit Dreivierteltakt; Dreivierteltakt mit Dreiachtel- und Vierachteltakt; Dreivierteltakt mit Sechsachteltakt

Das Zusammenspiel von Takt und Rhythmus 52
Tanz zur Musik; Musizieren mit einem Dirigenten

Der G- oder Violinschlüssel 53

6. Freie rhythmische Gestaltung transponierter Tonreihen 53

III. Geschlossene Tonräume

1. Der Quintraum oder Fünftonraum 56

2. Der Quartraum oder Viertonraum 58

3. Die natürlichen Intervalle 59
Intervalle auf weißen Tasten 59

4. Die Tonart C-Dur 60
Der Oktavraum 60
Die C-Tonleiter 60
Große und kleine Sekundschritte; Das Dur-Modell

Anziehung zwischen Tönen 62
Der Leitton; Der Gleitton; Leittonraum und Gleittonraum im Lied

IV. Tonleiter- und Intervallehre

1. Dur-Tonarten mit einem abgeleiteten Ton 64
Die Tonart G-Dur 64
Der abgeleitete Ton *fis*; Der Quartraum in der Tonart G-Dur; *Fis* als Leitton; Die tiefe Stellung des Quartraumes in G-Dur-Liedern; Die G-Dur-Tonleiter

Die Tonart F-Dur 67
Der abgeleitete Ton *hes*; Der Quintraum in der Tonart F-Dur; *b* als Gleitton; Der Melodieverlauf von Liedern in F-Dur; Die F-Dur-Tonleiter

2. Weitere Durtonleitern 68
Erhöhte Stammtöne auf schwarzen Tasten 68
Dur-Tonleitern, die Stammtöne zum Grundton haben . . . 68
Tonleitern in D-Dur, E-Dur, G-Dur, A-Dur und H-Dur; Übungen; Quintverwandtschaft zwischen den Dur-Tonleitern

3. Reine Intervalle 70
Quinten und Quarten 70
Sprünge über Quartraum und Quintraum in Auftakt und Volltakt; Freie Quint- und Quartsprünge

Der Zusammenklang reiner Intervalle 72
Klangband und Klangmixtur

Die Umkehrung der Intervalle 73
Reine Quinten und Quarten im Umkehrungspaar; Übungen; Teilung der Oktave in Umkehrungspaare

4. Die natürliche Molltonart; a-Moll 75

5. Weitere Molltonleitern 76
Erniedrigte Stammtöne auf schwarzen Tasten . . . 76
Molltonleitern, die Stammtöne zum Grundton haben . . . 76
Ein Beispiel; Tonleitern in c-Moll, d-Moll, e-Moll, f-Moll, g-Moll, h-Moll; Die Quintverwandtschaft zwischen den Molltonleitern

6. Parallele Tonleitern 78
G-Dur und e-Moll 78
Zusammenstellung weiterer paralleler Tonleitern 79

7. Gleichnamige Tonarten; groß-kleine Intervalle . . . 80
Terzen und Sexten 80
Gleittöne im natürlichen Moll; Große und kleine Terzen und Sexten; Die Kombinationsmodelle; Übungen

Sekunden und Septimen 82
Große und kleine Sekunden; Große und kleine Septimen

Groß-kleine Intervalle bestimmen das Dur- und Mollgeschlecht 83
Zusammenfassung
Groß-kleine Intervalle auf verschiedenen Leiterstufen 83

8. Intervalle im Umkehrungspaar 84
Die Modellkombinationen 84
Reine und groß-kleine Intervalle im Umkehrungspaar . . . 84
Zusammenfassung
Übungen mit groß-kleinen Intervallen 85
Intonationsübungen; Hornquinten; Basteleien mit Intervallen

9. Pentatonik 86
Pentatonische Stammleiter und pentatonische Grundreihe . . 86
Stammleitern und Grundreihen auf weißen Tasten 87
Melodische Schwungbewegungen 87
Die Tonart pentatonischer Melodien 88
Die Halbtonpentatonik 89
Grundreihe der Halbtonpentatonik

10. Kirchentonarten 90
Klang und Aufbau 91
Der dorische Kirchenton; Der mixolydische Kirchenton; Der phrygische Kirchenton; Der lydische Kirchenton
Kirchentöne als parallele Tonleitern 93
Erstes Gesamtmodell
Die Verwandtschaft der Kirchentöne; Die diatonische Chromatik 94
Zweites Gesamtmodell
Authentische und plagale Melodieordnung 95
Der Charakter alter Melodien im Kirchenton 95

11. Die melodische Molltonart 96

12. Dissonanz und Konsonanz — Farbwert und Verschmelzung 97
Übermäßige und verminderte Intervalle im melodischen Moll

13. Schwierige Dur- und Molltonarten — die enharmonische Verwechslung 100
Abgeleitete Töne sind Grundton; Tonarten mit abgeleiteten Tönen auf weißen Tasten, doppelten Erhöhungen und doppelten Erniedrigungen; Die enharmonische Verwechslung

14. Der Tonartenkreis (Tonartenuhr, Quintenzirkel) . . . 102
Das große Tonartenquiz

15. Die harmonische Molltonart 103
A. im harmonischen Satz; B. in der Melodie

16. Die melodische Modulation 104

17. Die Chromatik 106

V. Neue Rhythmen

Die punktierte Achtelnote 109
Die Triole 109
Die Synkope 111
Amerikanische Tanzrhythmen mit Synkopen; Vorübungen zum „Lied vom Fuchs"

VI. Akkorde, Aufbau und Verbindung

1. Der Dreiklang 113
Klangcharakter und Aufbau: Grundton, Terzton, Quintton; Dur- und Molldreiklänge
Dreiklangsmelodik I 116

2. **Dreiklänge auf benachbarten Stufen** 117

3. **Umkehrungen, Stellungen und Lagen** 118
   Umkehrungen: Intervallaufbau, Bezifferung; Mixturketten mit den Umkehrungen; Generalbaßlegen

   Das Tongeschlecht der beiden Umkehrungen 120
   a) Sextakkord; b) Quartsextakkord;

   Dreiklangsmelodik II 121

4. **Die Dichte von Klängen im Tonraum** 121
   Enge und weite Harmonie; Umspielte Terzen

5. **Die Verwandtschaft von Dreiklängen** 123
   Kombinationsmodell für quintverwandte Dreiklänge

6. **Grade der Terzverwandtschaft** 126

7. **Die Funktion der Klänge in der Tonart** 128
   Formen des authentischen Schlusses 128
   Ganzschluß und Halbschluß, die harmonische Darstellung der Tonart; Baßmelodie und Funktionswechsel; Kombination von Dur- und Molldreiklängen im authentischen Schluß

   Der Dominantseptimen- und Nonakkord 134
   Der Trugschluß 136
   Die Unterdominante, der plagale Schluß 137
   Authentischer und plagaler Schluß im Wechselschlag . . 138
   Die Vollkadenz 140
   Kombination von Dur- und Mollfunktionen 141

8. **Der Baßschlüssel, das Elf-Linien-System** 142

VII. Musikalische Formen

1. **Das Motiv** 144
   Das Motiv als kleinste melodische Formeinheit; Motiventwicklung

   Interpretation eines instrumentalen Beispiels . . . 148

2. **Vokale und instrumentale Formbilder** 150
   Die Reihenform 150
   Das Ein-Bogen-Lied 151
   Der Melodiebogen oder die Satzgruppe; Halbschluß und Ganzschluß

   Das Zwei-Bogen-Lied — die einteilige Liedform . . . 154
   Periode und Doppelsatzgruppe

   Die zweiteilige Liedform 156
   Die Dualform 157
   Die kleine dreiteilige Liedform 159
   Die große dreiteilige Liedform 161
   Die Rondoformen 164
   Das Kettenrondo; Das instrumentale Kettenrondo; Die kleine klassische Rondoform

   Die Variation 166
   Die Figuralvariation oder die ornamentale Variation; Die Cantus-Firmus-Variation; Die Charaktervariation; Die Ostinato-Variation

VIII. Die Polyphonie

1. **Der freie Kontrapunkt** 173
   Die Cantus-firmus-Technik; Das polyphone und das harmonische Quodlibet

2. **Der gebundene Kontrapunkt** 176
   Die strenge Imitation 176
   Der polyphone Kanon im Einklang; Der Kanon auf verschiedenen Stufen; Der Scheinkanon

   Die freie Imitation 179
   Betrachtung geschlossener Stücke 179

IX. Interpretationen

„Nun ruhen alle Wälder" (Choralvorspiel nach Pachelbel)
von J. G. Walther 180
Brâul — Rumänischer Volkstanz (Kirchentonale Harmonik)
von Béla Bartók 182

Pavane (Spiel mit Dissonanzfarben) von Maurice Ravel 185
Siciliano (Diatonische Chromatik) von Paul Hindemith 188
Siciliano — Larghetto (Konstruktion motivischer und harmonischer Elemente, Bitonalität) von Igor Strawinsky 192

X. Musik in unserer Umwelt

1. Die Mittler von Musik als Tonspeicher — ihre technische Entwicklung 196
Die Schallplatte; Das Tonband als Schallspeicher; Elektronische Tonerzeugung — der Moog Synthesizer

2. Die kommerzielle Verwertung von Musik 202
Verkaufsziffern; Musik als Eigentum — das Urheberrecht; Musik als Ware — Die Vergütung als Anreiz zur Veröffentlichung und Massenproduktion von Musik; Der Schlager — ein zum Massenverbrauch hergestellter Artikel; Begriffsbestimmung; Volkslied und Schlager; Text, Schlagzeile und Strophenbau; Thematik; Merkmale der älteren und neueren Schlager; Arrangement, Sound, Aufnahmetechnik; Mehrkanalige Aufzeichnung — Play-back)

3. Starreklame und Konsumgüterwerbung 216
Schallplattenangebot über verschiedene Vertriebswege; Steuerung und Manipulation — Formen der Einflußnahme auf den Verbraucher; Die Schallplatte im Rundfunk; Die Musik-Box als Hitmacher; Hitparade und Hitliste — Gewinner im Hintergrund; Disk-Jockey und Superstar — Werbung über Personen; Kontaktersatz — Futter für die Anhänger; Verbrauch an Konsumgütern — ein Schlüssel zur Scheinwelt des Glücks; Die begeisterte Verbrauchergemeinschaft

4. Das Verhalten des Hörers unter dem Einfluß technisch vermittelter Musik 228
Hörerbefragungen; Der Unterhaltungshörer; Musik für den einzelnen — Verdrängung der Wirklichkeit; Der Einfluß der Gruppe — Erzeugung von Konsumzwängen

5. Rock — sein Stil und seine Geschichte 236
Die Funktion des Rock für die Generation der Jugendlichen; grafische Übersicht

6. Werbe- und Sachinformation über Musik und Musiker 242

7. Musik als Transportmittel und als Instrument der Fremdsteuerung 244
Der unbestimmte Gefühlscharakter der Musik — ihre Einwirkung auf das Unbewußte; Werbung mit Musik in Funk und Fernsehen; Arbeitsmusik und Musiktherapie

8. Musik in Film, Fernsehen und Oper 247
Ton zum Bild — Musik als Hilfskunst; Bild zum Ton — Verdeutlichung musikalischer Vorgänge oder Ablenkung? Ton und Handlung — die Gattung Oper

9. Konzertleben 249
Organisatorische Durchführung von Konzertveranstaltungen; Formen öffentlicher Konzerte

10. Musikalische Ausbildung — Musik als Beruf 252

XI. Stimmkunde und Stimmbildung

Wie wir die Stimmen einteilen 254
Die beiden Stimmgruppen beim Gemeinschaftsgesang; Der mittlere Umfang der ungeschulten Stimme; Die vier Stimmen im Chor

Wie wir richtig singen 255
Die Normalatmung; Die Singatmung; Die Tonstütze; Die Register; Stimmübungen; Regeln

Was wir über die Mutation wissen sollen 260

XII. Übersichten und Verzeichnisse

Modell der Information und Kommunikation durch Schall . 261
Die Musik im Ablauf der Geschichte — synchronoptische Tafel 262
Biographisches Musikerverzeichnis 268
Lexikalisches Sachverzeichnis 281
Tänze in zeitlicher Ordnung 306
Personenregister 324
Griffbilder für Blockflöte, Geige und Gitarre 327

Lieder und Instrumentalstücke 1*
Verzeichnis der Lieder und Instrumentalstücke 2*
Gesamtverzeichnis *aller* Lieder und Instrumentalstücke . . 94*

I. Von den Grundeigenschaften des Schalls und der ersten Ordnung der Töne

Signale unserer Umwelt

● Unsere Umwelt ist von *Geräuschen* und *Klängen* erfüllt, die wir zusammenfassend **Schall** nennen.

Was können die folgenden Geräusche und Klänge im Zusammenhang der angeführten Stichworte bedeuten?
Donner *(Kanone, Düsenflugzeug, Sprengung, Gewitter)*
Pfiff *(Freund, Ganove, Lokomotive, Schiedsrichter)*
Schreien *(Fußballspiel, Streit, Unfall, Unterrichtsschluß)*

● Geräusche und Klänge sind *Signale, die uns über Vorgänge in der Umwelt informieren.* — Geht eine solche **Schallinformation** jedoch von einem Absender aus, der sie an einen bestimmten Empfänger oder Empfängerkreis richtet, so entsteht **Kommunikation**, d. h. *wechselseitige Verbindung zwischen Partnern.* ▷ Modell der Information und Kommunikation durch Schall S. 261.

Nehmt Schall auf Tonband und laßt eure Freunde aus den Aufnahmen erkennen, *wie Geräusche und Klänge erzeugt* wurden, ob sich aus ihnen eine *Information* entnehmen läßt und ob *Kommunikation* entsteht.

Schallstärke (Dynamik)

Laut — leise

Vergleicht die folgenden Schallquellen paarweise. Worin unterscheidet sich der Schall, den sie hervorbringen? Worin liegen die Unterschiede begründet?

Wasserfall	— Bächlein
Kreissäge	— Laubsäge
Düsenflugzeug	— Elektromotor im Spielauto
Wohnungstür	— Deckel der Zigarrenkiste
Preßlufthammer	— Nähmaschine

Versucht, den unterschiedlichen Schall nachzuahmen.

● Geräusche und Klänge, die ähnlich erzeugt werden, können laut und leise sein. Die Unterschiede der Schallstärke beruhen auf der Heftigkeit der Erzeugung. Große Körper können intensiver schallen als kleine.

Lauter — leiser

Was hat es zu bedeuten, wenn ihr im Freien das bekannte Geräusch einer Baustelle, einer Kirmes oder eines Festumzuges mit Musik einmal laut und ein andermal leise hört?

Warum legt ihr bei leisem Schall das Ohr an Türe und Wand, an Eisenbahnschiene und an die Erde, benutzt ihr beim Hören die Hand zur Vergrößerung der Ohrmuschel?
Warum schließt ihr bei starker Schalleinwirkung Fenster und Türen, steckt ihr euch Watte in die Ohren?
Warum hört ihr Schallplattenwiedergaben und Rundfunksendungen einmal mit voller, dann nur mit gedämpfter Schallstärke an?
Warum sprecht ihr die eine Mitteilung laut, die andere leise?
Warum trägt man einen Melodieabschnitt einmal laut, an anderer Stelle des Liedes oder Musikstückes leise vor? (▷ ‚Wie lieblich schallt' S. 48*, Burlesq S. 72*, Bourrée S. 71*, Ländler S. 85*, Waldhornstück S. 160, In den Bergen S. 77*, Menuett S. 162, Trio S. 79*)
Experimentiert mit der Veränderung von starkem in schwachen und von schwachem in starken Schall. Nehmt Beispiele auf Tonband, laßt die Freunde erkennen, wodurch die Unterschiede in der Schallstärke zustande kommen, ob damit auch eine Änderung in der Information verbunden sein kann.

● Die Stärke, mit der uns Schall erreicht, informiert über Entfernung und Beschaffenheit der Schallerzeuger. — Wir können die Wahrnehmung des Schalls verstärken oder verringern und zeigen dadurch an, welche Bedeutung wir der Information beimessen. — Die Schallstärke, die ein Sender seiner Nachricht mitgibt, bemißt sich nach Größe, Beschaffenheit und Entfernung des Personenkreises, den er erreichen oder auch vom Empfang ausschließen möchte. — In der Musik schafft die Veränderung der Schallstärke innerhalb eines Stückes Abwechslung, sie hilft, Gliederung und Aufbau hervorzuheben und den Tönen einen bestimmten Ausdruck zu verleihen.

Gleich oder nur ein wenig verschieden

Sind die Unterschiede in der Schallstärke groß, so fällt euch die Bestimmung leicht, welcher Ton stärker, welcher schwächer klingt. Sind die Unterschiede gering, so müßt ihr sehr aufmerksam hinhören. Hört Tonpaare von unterschiedlicher Lautstärke. Richtet eine Pfeilspitze auf den jeweils stärkeren Ton.

 1

Wieviel lauter oder leiser?

📖 2: Wir bestimmen die Größe der Veränderungen und vereinbaren für die Übungen folgende Zeichen (die Pfeilspitze zeigt immer auf den stärker klingenden Ton):

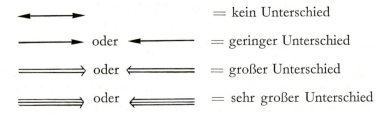

Wie laut — wie leise?

Die Lautstärke kann mit einem physikalischen Gerät, dem *Phonometer*[1], genau gemessen werden. Die Maßeinheit ist das

---

[1] griech. phone — Stimme, Laut

Phon. Gemessen wird von 0 Phon (Hörschwelle) bis 130 Phon (Schmerzschwelle)[1].

● In der Musik wird die Lautstärke **Dynamik**[2] genannt. Die Fachausdrücke für die dynamischen Stufen kommen aus der italienischen Sprache und heißen mit ihren Abkürzungen:

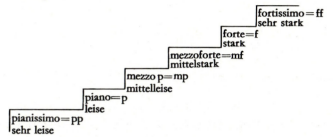

3: Hört noch einmal Vergleichspaare und schreibt die dynamischen Bezeichnungen unter die Töne.

Plötzlich laut — einzeln hervorstechend

Soll ein einzelner Ton in der Stärke besonders hervorgehoben werden, so steht das Zeichen *sf (sforzato)*[3]. Stellt Begebenheiten aus dem Alltag dar, in denen ein gleichförmiges Geräusch durch ein starkes eingeleitet, unterbrochen oder beendet wird.

▷ „Der Kampf zwischen David und Goliath" S. 84*

Lauter werden — leiser werden

Stellt euch vor: Auf menschenleerer Straße kommt aus der Ferne ein Fußgänger auf euch zu, geht an euch vorüber und verschwindet wieder in der Ferne. Stellt durch Bleistiftklopfen auf der Tischplatte dar, wie sein harter Schritt klingt.

Stellt euch ferner vor: Ein Flugzeug überfliegt mit unverändertem Kurs euren Standort. Ahmt das summende Geräusch des Motors nach.

4: Sucht Zeichen für die unterschiedliche Art, in der Schritte und Motorgeräusch lauter und leiser werden.

Beschreibt andere Geräusche, die wie die Schritte, und solche, die wie das Motorgeräusch lauter und leiser werden. Findet durch hörende Beobachtung und durch eigene Versuche heraus, auf welchen der folgenden Instrumente lauter und leiser werdende Töne *stoß- und stufenweise, stufenlos gleitend* oder auf beide Arten gespielt werden können: Gitarre, Geige, Klavier, Glockenspiel, Flöte, Klarinette, Oboe. In welche der Gruppen gehört die menschliche Stimme?

▷ „Lied vom Fuchs" S. 14*, „Vögleins Traum" S. 28*, „Prinz Eugen" S. 34*

---

[1] Die Phonbestimmung spielt bei der Lärmbekämpfung eine wichtige Rolle. Die folgende Tabelle gibt uns einen Vergleichsmaßstab an die Hand:

Phon-Tabelle

	Phon		Phon		Phon
Hörschwelle	0	Laute Unterhaltung	60	Schwerer Lkw	90
Atemgeräusch	5	Ruhiger Pkw	60	Sehr laute Hupe	90
Blättersäuseln	10	Straßenlärm	70	Motorrad	100
Flüstern	20	Schreibmaschine	70	Preßlufthammer	110
Ruhige Wohnstube	35	Geschirrklappern	75	Kesselschmied	120
Gedämpfte Unterhaltung	40	Schreien, Autohupen	80	Düsenflugzeug (Schmerzschwelle)	130
Ruhiger Bürobetrieb	50	Im fahrenden Zug	80		
Wasserhahn	55	Lautes Radiogerät	85		

[2] griech. dynamis — Kraft
[3] ital. sforzato — stark, betont

● In Musikstücken wird das Lauter- und Leiserwerden durch lange flache Pfeilspitzen unter den Noten angezeigt, manchmal auch durch die italienischen Bezeichnungen:

```
        anwachsend                abnehmend
ital.   crescendo                 decrescendo¹
```

📖 5: Gestaltungsaufgaben mit dynamischen Veränderungen

Schalldauer

Lang und kurz

Ahmt die Tonzeichen des Telefons nach, die euch sagen:
„Bitte wählen!"
„Teilnehmer kommt" oder „Keiner zu Hause!"
„Es wird gerade gesprochen!".
Wodurch könnt ihr die Zeichen unterscheiden?
Spielt die Tonzeichen nun auf euren Blasinstrumenten.
So schreiben wir lange Töne: — — —, so kurze: · · ·

📖 6a: Schreibt die ersten drei Telefonzeichen auf.

📖 6b—c: Hörübungen

📖 7a—c: Gestaltungsübungen mit Tonlängen

Länger und kürzer

Stellt dar, wie der Steuermann mit der Sirene tutet, wenn ein Paddelboot seinem Dampfer zu nahe kommt. Wie tutet er, wenn die Paddler die Gefahr trotz des Signals immer noch nicht bemerkt haben? Wie verändern sich dabei die einzelnen Töne des Signals?

Wir messen Dauern, indem wir sie gleichmäßig unterteilen. Unser natürliches Zeitgefühl wird so begründet durch den Schlag des Herzens. Das **Metronom**[2], ein mechanisches Gerät, das J. N. Mälzel 1816 erfand, mißt die Dauer durch sichtbare und hörbare Pendelschwingungen, die von einem Uhrwerk erregt werden.

An Stelle des Metronoms verwenden wir auch Klopfzeichen im Sinne der kurzen Tonzeichen des Telefons.
Wir vereinbaren zur Verständigung die folgenden Schriftzeichen:

Langer Ton: ⌐─────────────────────────────────⌐
Meßzeichen: · · · · · · · · · · · · · · · · ·

📖 8a—c: Hörübungen

Länger — kürzer und lauter — leiser

● Schall*dauer* und Schall*stärke* sind Eigenschaften, die jedem Ton und jedem Geräusch zukommen. Sie treten deshalb immer *zusammen* auf, können jedoch gesondert wahrgenommen und nur gesondert bezeichnet werden.

📖 9: Hörübungen

---
[1] lat. crescere — wachsen
[2] griech. metron — Takt, nomos — Gesetz, Regel

Gestaltungsaufgaben mit Stärken und Dauern

Führt die beiden Tonreihen auf der Pauke, dem Klavier oder singend auf!

1.

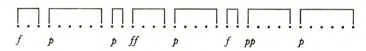

2.

Beschreibt, wie sich in den beiden Reihen die Toneigenschaften verändern. Faßt dabei die Veränderungen möglichst zusammen! Warum ist das im einen der Beispiele leichter als im anderen?

Sollen Toneigenschaften nicht wie zufällig aufeinanderfolgen, so muß der Veränderung ein allgemeiner Plan zugrunde liegen, der die genauere Ausführung in unserer Zeichenschrift vorbereitet.

Planentwurf zu Beispiel 2:

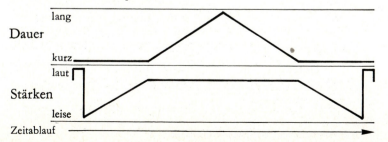

📖 10: Entwerft nun selbst solche Pläne, setzt sie in unsere Zeichenschrift um, führt sie singend oder spielend auf, macht davon Tonbandaufnahmen und überprüft sie.

Die Zeitdichte von Schallereignissen

Schnell — langsam

Stellt dar, wie euer Herz schlägt:

beim Anfertigen der Hausaufgaben,
nach einem 100-Meter-Lauf,
wenn ihr eine ganz große Freude erlebt.

Stellt durch Klopfen eure Schritte auf dem Heimweg dar:

wenn ihr eine sehr gute,
wenn ihr eine mangelhafte Klassenarbeit geschrieben habt!

Stellt ferner dar, wie ihr geht:

wenn ihr viel Zeit habt,
wenn ihr noch rechtzeitig von zu Hause aufbrecht, um zur Schule zu gehen,
wenn ihr zur Schule geht und es schon etwas spät ist!

📖 11: Denkt euch Zeichen aus, mit denen ihr die unterschiedliche Zeitdichte eurer Schritte aufschreiben könnt. Notiert eine der Beispielgruppen.

● Das Tempo eures Herzschlages und eurer Schritte kann Ausdruck äußerer Umstände, aber auch Ausdruck eurer Stimmung sein!

● Die Wirkung des schnellen oder langsamen Tempos könnt ihr besonders deutlich erkennen, wenn beide Tempi innerhalb eines Musikstückes miteinander wechseln[1].

Die gebräuchlichen italienischen Tempobezeichnungen spiegeln in ihrer ursprünglichen Bedeutung noch den Zusammenhang zwischen seelischen Vorgängen und äußeren Bewegungsabläufen. Die wichtigsten Bezeichnungen sind:

für **langsame Tempi:**

Adagio — bequem, gemächlich, behutsam, langsam, ruhig;
Largo — breit, gewichtig, langsam;
Lento — langsam, locker;

für **mittlere Tempi:**

Moderato — gemäßigt, mäßig;
Andante — gehend, gelassen ruhige Bewegung;
Allegretto — kleines Allegro;

für **schnelle Tempi:**

Allegro — heiter, lustig, munter, schnell;
Presto — schnell;
Vivace — lebhaft, munter, stark, lebenskräftig.

Schneller — langsamer

Stellt durch Klopfen dar,
wie eine Dampflok anfährt,
ihre Höchstgeschwindigkeit erreicht,
auf freier Strecke ausläuft.

Beachtet, daß die Lok in der Veränderung ihres Tempos keine Sprünge macht.

📖 12: Denkt euch auch hier Zeichen für die Beschleunigung und Verlangsamung aus und notiert die Bewegung des Zuges.

Ihr kennt das russische Volkslied „Kalinka". In welche Stimmung geraten Sänger und Hörer durch die Beschleunigung des Tempos? Wie ändert sich die Stimmung beim langsamen Ausklang?[2]

● Die Beschleunigung und Verlangsamung des Tempos verändern den Stimmungsgehalt eines Musikstückes.

Die folgenden italienischen Bezeichnungen für sich ändernde Tempi geben z. T. auch die Veränderung des Ausdrucks und der Stimmungen wieder.

Bezeichnungen für die **Beschleunigung:**

Accelerando — beschleunigend, allmählich schneller werdend;
(Abk. *accel.*)
Stringendo — zusammendrängend, allmählich schneller werdend.
(Abk. *string.*)

Bezeichnungen für **Verzögerungen:**

Ritardando — verzögernd, allmählich langsamer werdend;
(Abk. *rit.* oder *ritard.*)
Rallentando — nachlassend, schlaff werdend, allmählich langsamer werdend;
(Abk. *rall.*)
Ritenuto — zurückhaltend, verlangsamt (meist nur für wenige Takte);
(Abk. *rit.*)
Morendo — ersterbend
Diminuendo — äußerstes *ritard.* bei gleichzeitigem Verlöschen der Schallstärke.
(Abk. *dim.* oder *dimin.*)

---

[1] „Abend auf dem Lande" S. 74*; „Volksliedchen" S. 86*; „Die Schweinchen" S. 4*
[2] „Schwesterlein" S. 26*; „Mariä Wiegenlied" S. 22*

Übungen: Oft verändert sich mit dem *Tempo* eines Ablaufs auch seine *Schallstärke*. Stellt dar,
— wie ein Hartgummiball und eine Stein- oder Glaskugel auf hartem Boden aufspringen, bis sie liegen bleiben,
— wie ein Traktor anfährt und schneller wird.
Plant die Veränderungen eines Klopfgeräusches oder Tones, z. B: die ersten zehn Klopf- oder Tonzeichen werden schneller und lauter *(pp — mf)*, die fünf anschließenden Tonzeichen langsamer und lauter *(mf — ff)!*
Stellt fest, in welchen Musikbeispielen (Fußnote S. 16) Veränderungen des Tempos und der Schallstärke gekoppelt sind.

Geräusch- und Klangfarbe (Schallfarbe)

Entstehung von Schall

Beobachtet und betastet Musikinstrumente und andere Gegenstände, wenn sie Schall hervorbringen:
— die Saiten des Klaviers und der Streichinstrumente, die Stäbe des Glockenspiels, das Fell der Pauke ...
— die Tischplatte (wenn ihr mit der Hand darauf schlagt oder mit einem Gegenstand darüber reibt), die Fensterscheibe (wenn ein schwerer Lkw am Haus vorbeifährt), die Gießkanne (wenn ein starker Wasserstrahl aus dem Gartenschlauch hineinschießt), die Autokarosserie (wenn der Motor läuft), eine Trommel ...
— eine Glocke, einen Gong, ein Triangel ...
— ein Garagentor aus Blech (wenn es zugeschlagen wird), einen Heizkörper (wenn jemand dagegen schlägt) ...

● *Schall* entsteht, wenn sich Schwingungen eines elastischen Materials (Luft, Wasser, feste Körper) durch die Luft[1] fortpflanzen und in unserem Ohr Gehörsempfindungen hervorrufen. Oft kann man die Schwingungen als vibrierende Bewegung eines Körpers oder der Luft spüren und tasten. — Hörbar werden Schwingungsvorgänge erst, wenn sie sich wenigstens 16mal in der Sekunde wiederholen. Die obere Hörgrenze liegt für das menschliche Ohr bei 20000 Schwingungen in der Sekunde[2].

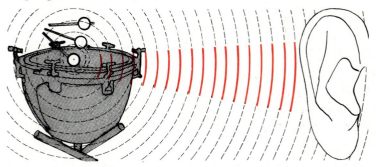

Klang und Geräusch als Formen des Schalls

Vergleicht Schallereignisse der ersten und zweiten Beispielgruppe des letzten Kapitels miteinander, z. B. den Schall, den das Wasser verursacht, wenn es in eine Tonne einströmt, mit einem Paukenwirbel; das Klirren einer Fensterscheibe, verursacht durch Straßenlärm, mit den Tönen eines Glockenspiels.

---

[1] Im luftleeren Raum gibt es keinen Schall.
[2] Die *Schwingungszahl in der Sekunde* ist Meßzahl und wird nach dem Physiker Heinrich *Hertz* (1857—94) benannt. Das Hörfeld des menschlichen Ohres liegt zwischen 16 und 20000 Hertz (Hz). Das Wort *Frequenz* bezeichnet demgegenüber allgemein die Anzahl von Schwingungen in einer nicht näher bestimmten Zeiteinheit.

Welche der Schallereignisse wirken geordnet, harmonisch, welche zufällig, ungeordnet;

welcher Schall hat einen Nachhall und welcher verlöscht, sobald die Schallerzeugung eingestellt wird?

● Regelmäßige, harmonisch aufeinander abgestimmte Schwingungen werden von uns als **Klänge** (**Töne**) registriert. Die meisten Instrumente, z. B. die Streichinstrumente, Klavier, Xylophon, Glockenspiel und Pauke bringen Klänge (Töne) hervor. Töne *klingen nach*, wenn die Klangerzeugung eingestellt wird. — Unregelmäßige, unharmonische, d. h. nicht abgestimmte Schwingungen werden von uns als **Geräusch** registriert. Es *verlöscht*, sobald die Schallerzeugung aufhört.

Kein Klang ist ganz ohne die Beimischung von Geräusch (▷ das Schabegeräusch des Bogens, der über die Geigensaite geführt wird, das Schlaggeräusch, das den Einschwingvorgang der Glocke begleitet); oft glaubt man, im Geräusch, z. B. im Tosen eines Wasserfalls, einen Ton zu vernehmen.

Zwischen Klang und Geräusch bestehen Übergänge:

Im **Klanggemisch** überlagern sich mehrere harmonisch-regelmäßige Schwingungsvorgänge. Der mehrschichtige Klang z. B. der Glocke und des Gongs *hallt lange nach*.

Im **Klanggeräusch** überlagern sich klanghaft geordnete mit geräuschhaft ungeordneten Schwingungsvorgängen. Die widerstrebenden Schwingungen hindern sich gegenseitig an der Entfaltung, so daß der Schall mehr oder weniger *schnell verlöscht*. (▷ das Dröhnen des Garagentors und des Heizkörpers.)

Die Farbe von Klängen und Geräuschen

Hört die gleiche Melodie, von zwei Instrumenten gespielt (z. B. Melodica und Flöte). Beide Instrumente erzeugen Töne (Schwingungsart: regelmäßig). Worin unterscheiden sie sich dennoch?

Beschreibt auch die Unterschiede folgender Geräusche (Schwingungsart: unregelmäßig):

Auskippen einer Lkw-Ladung von Kies — von Koks, Zerschlagen einer Glasflasche — eines Blumentopfes.

● Schallereignisse gleicher Schwingungsart können im *Klangcharakter* sehr verschieden sein.

Was hört ihr aus den folgenden Verben und Adjektiven heraus?

bimmeln — brummen — fauchen — grollen — heulen — klingeln — klirren — kreischen — quietschen — rascheln — rasseln — rattern — rauschen — säuseln — sirren — summen — surren

dumpf — dunkel — grell — hell — hohl — schmetternd — schrill

Teilt die Wörter nach ihrem Klangcharakter in Gruppen ein. Die Verben und Adjektive malen mit ihren Vokalen und Konsonanten die Farbe von Klängen und Geräuschen.

● Klänge und Geräusche unterscheiden sich nicht nur durch ihre Schallstärke und Schalldauer, sondern auch durch ihre Farbe: die **Geräusch-** oder **Klangfarbe**[1].

---

[1] Die Bezeichnung „Geräusch- oder Klang*farbe*" ist — wie viele Ausdrücke für Schallereignisse — dem Bereich des Sichtbaren entnommen. Darin wird die Schwierigkeit erkennbar, arteigene Worte zu finden. Wir sprechen vom „silbrigen Klang" des Cembalos, dem „hellen Klang" der Flöte, dem „strahlenden" der Blechinstrumente, dem „dunklen" des Kontrabasses.

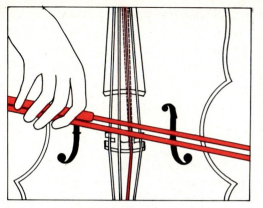 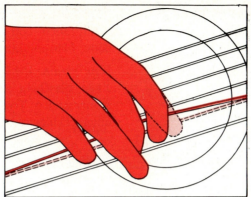 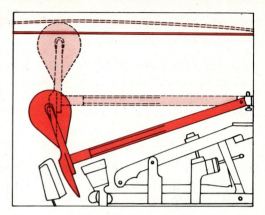

▷ Bilder S. 55, 253, 260

Die Klangfarbe der Instrumente

Instrumente, bei denen festes Material schwingt

Das Material bestimmt die Klangfarbe

Schlagt mit dem gleichen Schlegel das Fell einer Pauke und den Tonstab eines Glockenspiels.

● Die *Klangfarbe* läßt erkennen, welches *Material* schwingt[1].

📖 13a: Stellt zusammen, welches Material in den einzelnen Instrumenten durch seine Schwingungen den Ton erzeugt.

📖 13b: Hört Klang- und Geräuschbeispiele und versucht aus ihnen zu erkennen, welches Material und welches Instrument klingt.

Die Schallerzeugung bestimmt die Klangfarbe

Beobachtet, wie eine Geige und eine Gitarre gespielt werden, was im Klavier, Flügel und Cembalo die Saiten zum Klingen bringt! — Die erwähnten Instrumente sind alle mit Saiten bespannt! Warum klingen sie so verschieden?

● Saiten können *gestrichen (gerieben)*, *gezupft* und *geschlagen* werden und bringen dann jeweils eine *andere Klangfarbe* hervor. Zusätzliche Farbunterschiede entstehen durch die Beschaffenheit des Gegenstandes, mit dem die Saite bearbeitet wird: Zupfen kann man z. B. eine Saite mit der Finger*kuppe*, dem Finger*nagel*, dem *Horn-* oder *Kunststoffplektron*[2].

Auf ähnliche Weise ist die Klang- und Geräuschfarbe von Schlaginstrumenten von der Beschaffenheit der Schlegel abhängig; sie können aus *Filz*, *Gummi* oder *Holz* sein.

---

[1] Der schwache Schall, der von manchen Materialschwingungen ausgeht, wird in vielen Instrumenten durch *Resonanzkörper* verstärkt (lat. resonare — widerhallen, mitschwingen). Der Unterschied zwischen dem dünnen Klang, den man durch Zupfen auf einem gespannten Gummiring erzeugen kann, und dem volleren Klang einer Gitarre oder Geige ist z. T. durch die Resonanzkörper bedingt. Die Resonanzkörper, die meist aus Holz gebaut sind, verändern durch ihre *Eigenschwingungen* auch die ursprüngliche *Klangfarbe*.
[2] griech. plessein — schlagen

📖 **14a:** Stellt zusammen, welche Instrumente durch Schlagen, Zupfen und Reiben (Streichen) gespielt werden.

📖 **14b:** Hört Klang- und Geräuschbeispiele und versucht, die Art der Tonerzeugung und die gespielten Instrumente zu erkennen.

Instrumente, bei denen Atemluft und mechanischer Luftstrom schwingen

Flöteninstrumente

Spielt einen Ton auf der Blockflöte oder erzeugt einen Pfeifton, indem ihr über einen hohlen Schlüssel oder einen Flaschenhals blast.

Der Atemstrom, der an eine scharfe Kante (Kernspalte in der Flöte, Schlüsselrand) geleitet wird, bricht sich in Wirbeln und versetzt die *Luftsäule* in der Röhre des Instrumentes oder

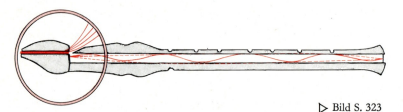

▷ Bild S. 323

Schlüssels *in Schwingungen* und bringt sie zum Tönen. Diese Luftsäule ist also klingendes Material, vergleichbar dem Fell, dem Metall, dem Holz, der Saite.

● **Die Atemluft ist Tonerzeuger!**

Zungeninstrumente

Spielt einen Ton auf der Melodica (Mundharmonika, Akkordeon, Harmonium).

Eine kleine *Metallzunge* wird durch die Atemluft oder durch einen Blasebalg in Schwingungen versetzt und bringt einen schnarrenden Ton hervor, der sich vom Flötenton deutlich unterscheidet.

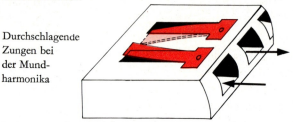

Durchschlagende Zungen bei der Mundharmonika

Rohrblattinstrumente

Hört und betrachtet eine Klarinette, ein Saxophon, eine Oboe. Diese Instrumente vereinen die Merkmale der Zungeninstrumente mit denen der Flöteninstrumente. Die Atemluft setzt das Rohrblatt — bei der Oboe das Doppelrohrblatt — als Tonerzeuger in Schwingungen, die sich der Luftsäule im Innern des Instrumentes mitteilen. Auf zwei Grashalmen könnt ihr zwischen den Daumen einen Doppelrohrblattklang erzeugen.

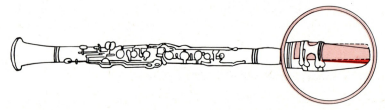

▷ Bild S. 253

▷ Bild S. 253

Blechblasinstrumente

Beobachtet das Spiel eines Trompeters, Posaunisten oder Hornisten. ▷ Bilder S. 253, 323

Die Blechblasinstrumente besitzen ein Mundstück, das die Form eines Trichters (Horn) oder eines Kessels (Trompete, Posaune, Tuba) aufweist. Beim Spiel werden die Lippen in das Mundstück hineingepreßt und durch die ausströmende Atemluft in Schwingungen versetzt. Die vibrierenden Lippen bringen ähnlich wie bei den Rohrblattinstrumenten die im Instrument befindliche Luft zum Schwingen.

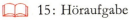 15: Höraufgabe

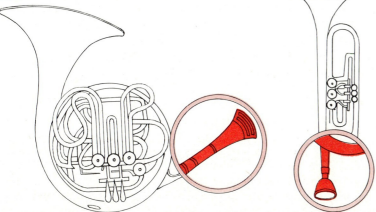

Die menschliche Stimme

Wirkungsweise des Stimmapparates

Singt verschiedene Töne halblaut auf die Silbe „no" oder „na" und legt dabei die Hand locker an den Hals.

Ein leichtes Vibrieren (Beben, Zittern) zeigt euch an, daß im Innern des Kopf- und Brustraumes die Luft in Schwingungen geraten ist. Der Atemstrom versetzt *die Stimmbänder*, die sich *im Kehlkopf* befinden, in Schwingungen, die sich wiederum auf die *Luftsäule* im Kopf- und Brustraum übertragen. Der Vorgang des Singens ähnelt der Tonerzeugung bei der Oboe. Im Gegensatz hierzu werden die Schwingungen nicht an einem *Ende* der Luftsäule, sondern in ihrer *Mitte* erzeugt.

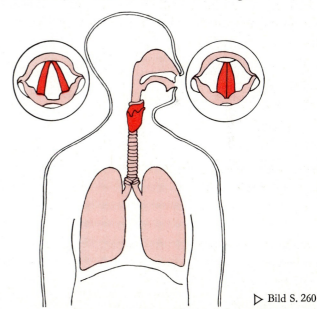

▷ Bild S. 260

Ton- und Geräuschbildung

Die Resonanzräume oberhalb des Kehlkopfes (Rachen-, Mund- und Nasenhöhle) bilden das „Ansatzrohr", in dem wir mit Hilfe der *Sprech-(Artikulations-)werkzeuge* Töne und Geräusche formen können, die die Grundlage unseres Sprechens sind. Bei der Erzeugung der Töne sind die Stimmbänder beteiligt, bei der Bildung der Geräusche nicht.

Durch verschiedene Einstellung vor allem der Mundhöhle formen wir Laute von bestimmter Farbe: die **Vokale, Umlaute** und **Diphthonge**.

Bei den **Konsonanten** (Geräuschen) unterscheiden wir *Verschluß-* und *Reibelaute*. Die Verschlußlaute b, p, t, k usw. entstehen, wenn der Atemdruck ein Hindernis sprengt, das sich an den Lippen, an den Zähnen oder am Gaumen bildet. Bei den Reibelauten f, j, s usw. erzeugt der Atemstrom durch Reiben an bestimmten Stellen des „Ansatzrohres" Geräusche.

Ist aber bei den Konsonanten auch der Stimmklang beteiligt (Klanggeräusche), so sprechen wir von **Halbkonsonanten** l, m, n, usw.

Bildet Vokale, beschreibt ihre Klangfarbe und beobachtet mit einem Spiegel die Form des Mundes und der Lippen, die Haltung der Zunge und des Zäpfchens. Bildet Konsonanten, beschreibt ihr eigentümliches Geräusch und stellt den spürbaren Ort ihrer Entstehung fest.

Neue Möglichkeiten stimmlicher und instrumentaler Farbgebung

Die klassische Musik Europas hat für Stimme und Instrument feste, von anderen Kulturen abweichende Vorstellungen von dem ‚richtig' gebildeten und ‚schön' klingenden Ton entwickelt. (▷ Blues S. 283, Rock S. 237) Diese werden von Komponisten unserer Zeit erweitert. Dem herkömmlichen Instrumentarium entlocken sie bisher unbekannte Schallfarben durch neuartige Spielweisen, für die solche Instrumente ursprünglich nicht gebaut waren. Auch die menschliche Stimme wird in die Experimente einbezogen. (▷ Aufnahmetechnik S. 215; Stockhausen, Gesang der Jünglinge S. 279)

Erprobt, was *Material des täglichen Bedarfs*, z. B. Papier, Holz, Metall, Glas, bei verschiedenartiger Behandlung durch Schlagen, Reiben, Blasen usw. an Schallfarben hergibt. Bezieht *Instrumente* in eure Versuche ein, indem ihr sie *auf unübliche Weise behandelt*, z. B. Klaviersaiten unmittelbar mit den Händen und mit dem Dämpfer anregt, auf dem Blockflötenkopf überblast, die Geigensaiten hinter dem Steg streicht. — Bastelt euch selbst ein *elementares Schallinstrumentarium*, z. B. aus gespannten Schnüren, Metallzungen und wassergestimmten Gläsern. Erzeugt Schallbilder aus Vokalen und Konsonanten mit euren Stimmen. Plant mit den gewonnenen Mitteln Schallfarbenabläufe.

Schallhöhe

Dunkel — hell

Vergleicht die Klänge und Geräusche der Gruppe a mit den entsprechenden der Gruppe b:

Gruppe a:	Gruppe b:
der Schall einer Posaune,	der Schall einer Trompete,
der Klang einer Glocke,	der Klang einer Klingel,
das Bellen eines Bernhardiners,	das Kläffen eines Dackels,
das Summen einer dicken Hummel	das Sirren einer Mücke

Was haben die Klänge und Geräusche von Gruppe a gemeinsam, was die von Gruppe b?

● Obwohl die Klänge und Geräusche von Gruppe a sehr *verschiedene Klangfarben* besitzen, haben sie eines *gemeinsam*: Sie klingen alle **dunkel**! Ebenso haben die sehr unterschiedlichen Klänge und Geräusche der Gruppe b eine Eigenschaft gemeinsam: Sie klingen alle **hell**!

Die **Helligkeit** (dunkel oder hell) ist eine Eigenschaft, die *jedem* Geräusch und Klang zukommt.

Spielt bei geöffnetem Instrument auf den Tasten des Flügels von links nach rechts und umgekehrt. Beobachtet die klingenden Saiten. Wie unterscheiden sich die dunkel klingenden von den hell klingenden? Inwiefern erklärt sich daraus die Form des Flügelgehäuses?

Wie verhalten sich Tonhelligkeit und Größe eines Instrumentes zueinander? Vergleicht Geige mit Kontrabaß, Trommel mit Pauke usw.!

● *Große* Klangkörper bringen *dunkle*, *kleine* Klangkörper bringen *helle* Töne hervor. (▷ Schallintensität großer und kleiner Körper S. 11)

Der Stimmsitz dunkler und heller Töne: tief und hoch

Singt den Kanon „Vom Aufgang der Sonne". (S. 43*)

Singt die Töne bis zum Wort „Sonne" kurz, leicht und federnd auf „na" oder „no". Wie klingen die Töne, wenn ihr ein deutliches Vibrieren in der Brust fühlt *(Bruststimme)*, wie klingen sie, wenn ihr den Ton hoch im Kopf anschlagen fühlt *(Kopfstimme)*?

Warum nennt man wohl die dunklen, weichen, vollen Töne „tiefe" *Töne*, die hellen, dünnen, kleinen Töne hingegen „hohe" *Töne*?

Orientierung im Tonraum

Instrumentale Bewegungsarten im Tonraum (staccato — legato)

Spielt auf eurem Tasten- oder Stabinstrument Tonfolgen von der tiefen Lage zur hohen Lage und umgekehrt.

Spielt nur auf weißen Tasten, nur auf schwarzen Tasten, auf ausgewählten weißen und schwarzen Tasten gemischt.

Spielt benachbarte Tasten, überspringt einige Tasten, legt den Weg „im Schneckentempo" und auch hurtig zurück (langsam und schnell), — bewegt euch auf den Tasten mit hüpfenden oder mit schleichenden Fingern[1].

Probiert aus, auf welche Weise sich mit einem Finger auf einer Saite der Geige oder Gitarre die Tonhöhe verändern läßt. Macht solche Versuche auch mit anderen Instrumenten, die zur Verfügung stehen.

Versucht hörend herauszufinden, welche Bewegungsrichtung und welche der Bewegungsarten ein Spieler auf seinem Instrument gewählt hat. Kennzeichnet das Gehörte durch Zeichen auf dem Papier oder an der Tafel.

Nach oben — nach unten

📖 16a: Euer Freund spielt oder singt zwei Töne hintereinander. Stellt fest, ob der zweite Ton gleichhoch, tiefer oder höher liegt.

📖 16b: Stellt außer der Bewegungsrichtung auch fest, ob der zweite Ton gleichlaut, leiser oder lauter ist.

---

[1] Die hüpfende Spielart heißt in der Fachsprache *staccato* (ital., „abgestoßen"). Die schleichende Spielart heißt *legato* (ital., „gebunden"). Diese verschiedenen Arten des Spiels stellen zwei Möglichkeiten der Artikulation (lat. „Gliederung", „Verdeutlichung") dar. ▷ „Hüpfende Frösche" S. 18*; „Abend a. d. Lande" S. 74*

Zu hoch — zu tief

Einer von euch spielt einen Ton auf der mittleren von den drei schwarzen Tasten und fügt einen anderen Ton nach eigener Wahl hinzu. Mehrere von euch versuchen nun der Reihe nach, vom gleichen Tone ausgehend nach dem Gehör den zweten Ton auf ihren Instrumenten zu treffen. — Wer die wenigsten Treffversuche benötigt, ist Sieger.

Größer — kleiner

Einer von euch spielt zwei Tonpaare hintereinander, die beide vom gleichen Ton ausgehen und in der gleichen Richtung fortschreiten. Die Freunde sollen erkennen, ob die Töne des zweiten Paares gleichen, größeren oder kleineren Abstand als die des ersten Paares haben.

 17

Wendepunkte im Richtungsverlauf

Einer von euch spielt oder singt eine Folge von 5 oder 6 Tönen, deren Richtung sich einmal ändert.

📖 18: Die Freunde halten in einer Punktfolge den Verlauf, insbesondere die Wende, fest. Verfahrt ähnlich mit Liedausschnitten, die ihr auswendig singt.

Verknüpfung von Schallmerkmalen

 19

Partituren für Schallfarben

Hört Musikbeispiele, in denen verschiedene Schallfarben in unterschiedlicher Schallhöhe verwendet werden. — Legt das Gehörte mit den Farbstreifen und Farbmustern *Modellbogen I 22* in Schallfarbenpartituren nach. Benutzt die vorgesehenen Felder (Arbeitsheft, Umschlagseite 4).

▷ die Anlage der Partituren mit grafischen Zeichen S. 88*— 92*

Klang — Taste — Note

Die Klaviatur: das schwarze *g* (*gis*) u. das schwarze *c* (*cis*)

Singt und spielt auf dem Tasteninstrument die Töne nach, die euch der Lehrer vorführt. 📖 20

● Die *mittlere* von den *drei* schwarzen Tasten ist das *schwarze g*. (Der Name kennzeichnet *die schwarze Taste*.) Wir nennen sie auch *gis*. (Dieser Name kennzeichnet *die Herkunft von g*, der weißen Nachbartaste. ▷ S. 35, 64, 68.) Die *linke* von den *zwei* schwarzen Tasten ist *das schwarze c* oder *cis*.

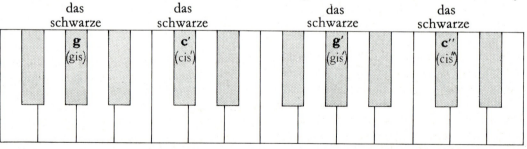

Zur Unterscheidung bezeichnen wir die entsprechenden Tasten mit *g, g', g''* (*gis, gis', gis''*) usw., ebenso *c, c', c''* (*cis, cis', cis''*) usw.

Das Notensystem

Will man eine Tonfolge festhalten, um sie später genau wiederholen zu können, so muß man sie aufschreiben.

Anstelle der Punkte und Striche setzen wir als Zeichen für die Töne die gebräuchlichen Noten:

für die *kurzen* Töne einen *gefüllten* Notenkopf ●
für die *langen* Töne einen *hohlen* Notenkopf ○

Um die Noten aufzuschreiben, verwenden wir fünf *Notenlinien* und ihre *Zwischenräume*, das **Notensystem**:

Die dritte Linie ist Mittellinie und gliedert das Notensystem in einen oberen und in einen unteren Raum.

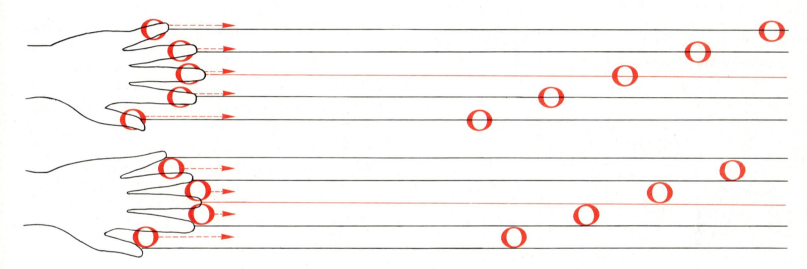

Fünf Ringe auf den Fingern entsprechen den Noten auf den Notenlinien. Vier Ringe zwischen den Fingern entsprechen den Noten in den Zwischenräumen.

Spreizt nach dem Beispiel der vorausgehenden beiden Abbildungen eure Finger und zählt nun an ihnen und am Notensystem, wie viele Stellen auf diese Weise für Noten zur Verfügung stehen.

📖 21: Schreibt Noten auf alle Stellen des Notensystems.

g steht auf der zweiten Linie, *c* im dritten Zwischenraum.

Weil wir zunächst schwarze Tasten benützen, setzen wir an den Anfang der Linien ein **(S)**. Wollen wir uns deutlich machen, wie Note und Ton (Taste) zusammengehören, so verbinden wir Notenbild und Tastenbild.

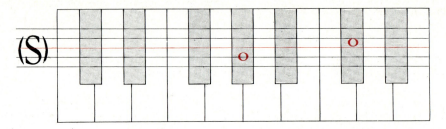

Tonlängen auf festen Tonhöhen

Arbeit mit Legekärtchen
Modellbogen I 1

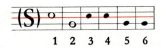

Schneidet die hier abgebildeten Legekärtchen vom Modellbogen. Stellt die folgenden Übungen gesondert an mit den Kärtchengruppen 1—3—6, 2—4—6, und 1—5—6, 1—2—4, 1—2—5. Legt die Kärtchen einer Gruppe hintereinander, spielt und singt die so entstehende Dreitonfolge und schreibt sie auf.

📖 22a

Sucht immer wieder *neue Kombinationen,* indem ihr jeweils zwei der drei Kärtchen in ihrer Stellung gegeneinander austauscht (z. B. 1—3—5, 1—5—3, 5—1—3 usw.) Singt, spielt und schreibt auch diese Dreitonfolgen 📖 22b

Beschreibt den *Richtungsverlauf* der eben aufgezeichneten Melodien (22b) und kennzeichnet ihn so:

a) Sprung aufwärts mit Tonwiederholungen am Anfang oder am Ende: ∕ ; ⌐

b) Sprung abwärts mit Tonwiederholungen am Anfang oder am Ende: ∖ ; ⌐

c) Mulde ∪

d) Hügel ∩

Spielt hintereinander Dreitonfolgen mit dem gleichen Richtungsverlauf und stellt die Unterschiede fest.

Melodien aus Dreitonbausteinen

Bildet kleine Melodien, indem ihr

entweder Dreitonbausteine aus 📖 22a und 22b zusammenfügt

oder vier bis sechs der Legekärtchen ordnet.

📖 23: Spielt, singt, schreibt.

Begleitet die Aufführung der Melodien mit Schlaginstrumenten oder durch Klatschen usw., indem ihr wichtige Haupttöne hervorhebt.

Hören mit Noten

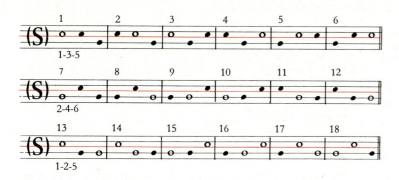

Wer nennt zuerst die Nummer des Beispiels, das von einem Freund aus diesen Beispielreihen gespielt wird?

Lest die Beispiele mit, die euer Freund hintereinander aus den Ketten oben spielt. Wer bemerkt zuerst den Fehler, mit dem er euch auf die Probe stellen will? Führt Wettspiele durch.

Die Sprachmelodie

● Sinntragende Wortsilben werden hervorgehoben.

Spielt und singt die Sätze:

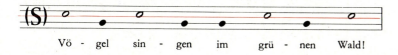

Wie hebt die Melodie einzelne Silben hervor? Werden dadurch immer die richtigen Silben betont? Sprecht die Sätze mit natürlichem Tonfall und vergleicht.

📖 24: Singt, spielt und schreibt die Sprachmelodie.

● Sinntragende Wörter bestimmen den Sinn eines Satzes!

Singt und spielt die Zeilen:

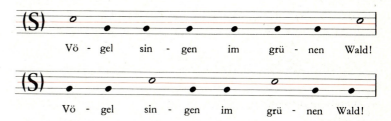

Die beiden Sätze haben gleiche Wörter und gleiche Wortstellung. Haben sie auch gleichen Sinn?

Sprecht beide Fassungen. Woran liegt es, daß sie Verschiedenes ausdrücken?

📖 25: Singt, spielt und schreibt mehrere Fassungen.

Der Zweiertakt

Der kleine Zweiertakt

Betonungsordnung

Singt und spielt, wie die Glocke läutet:

Für einen Ton von der Dauer eines Glockenschlages schreiben wir eine Punktnote mit einem Hals. Sie heißt **Einschlagnote** oder **Viertelnote**.

Beachtet die unterschiedliche Richtung der Notenhälse! An den hohen Noten setzen sie links an und werden abwärts geführt, an den tiefen Noten setzen sie rechts an und werden aufwärts geführt. Man vermeidet dadurch, daß sie aus dem Notensystem herausragen. Grenze und Übergang für die beiden Schreibweisen bildet die rote Mittellinie des Notensystems.

Schreiben wir Viertelnoten im Zusammenhang hintereinander, so erhält jede von ihnen zwei der im Notenbild eingedruckten Felder als Maß für ihre Dauer: In die Mitte des ersten Feldes schreiben wir die Viertelnote, das zweite dahinter lassen wir frei.

Zieht zum Singen selbst das Glockenseil:

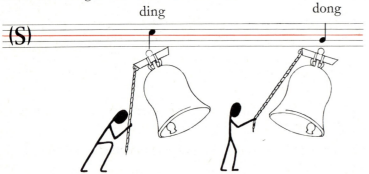

Welchen der beiden Glockentöne singt ihr stärker?

📖 26: Schreibt die Glockenmelodie in die Felder, kennzeichnet die Glockentöne, die ihr stärker gesungen habt, mit einem Betonungszeichen *(Akzent)* ♩ oder ♪ . Setzt vor die betonten Noten senkrechte Gliederungsstriche von der fünften bis zur ersten Linie.

Durch die Gliederungsstriche vor den betonten Noten entstehen Kästchen, **Takte** genannt; die Gliederungsstriche selbst heißen **Taktstriche**. In jedem Takt stehen zwei Viertelnoten.

Wir zählen „eins — zwei". „Eins" ist die *betonte Zählzeit*, „zwei" ist die *unbetonte Zählzeit*.

● Ein Takt mit zwei Viertelnoten als Zählzeiten heißt **Zweivierteltakt**. Zu seiner Kennzeichnung schreiben wir an den Melodieanfang 2/4 oder 2/₄. Ein Doppelstrich, der *Schlußstrich*, beendet das Beispiel[1].

Wir dirigieren

Durch seinen Armschlag gibt der Dirigent die Zählzeiten des Taktes an und leitet damit das Musizieren einer Gruppe. Zum 2/₄-Takt macht er Schlagbewegungen, die euch an das Glockenläuten erinnern:

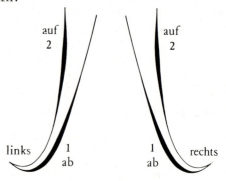

---

[1] Der Doppelstrich mit vorgesetztem Doppelpunkt verlangt die einmalige Wiederholung von Anfang an. Steht schon vorher im Stück das umgekehrte *Wiederholungszeichen*, so beginnt man die Wiederholung gleich hinter ihm.

Einer von euch dirigiert das Musizieren der Gruppe, wenn sie die Glockenmelodie vorträgt. Sind die Dirigierbewegungen groß, so soll die Glocke laut, sind sie klein, so soll sie leise klingen.

Der große Zweiertakt

Läutet eine ganz große Glocke, singt ihre Melodie und schreibt sie. Setzt Betonungszeichen, Taktstriche, Taktangabe und Schlußstrich.

 27

Für einen Ton der großen Glocke notieren wir eine Hohlnote mit einem Hals.

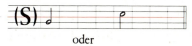
oder

Diese Note hat die doppelte Länge der Einschlag- oder Viertelnote und heißt deshalb **Zweischlagnote** oder **Halbe Note**.

Jede Zweischlagnote erhält entsprechend ihrer Dauer vier der im Notenbild eingedruckten Felder; in das erste Feld schreiben wir die Note, drei Felder dahinter bleiben frei.

Viertel- und halbe Pausen im Zweiertakt

Der Glöckner läutet die Abendglocke. Lauscht, wie sie nach und nach verklingt!

Ding dong, Ding dong, Ding dong, Ding dong, usw.

Fahrt fort und ahmt nach, wie die Glocke ausklingt! Welchen der beiden Glockentöne hört ihr noch zuletzt? Auf welchen lauscht ihr bald vergeblich?

● Wenn ein Ton von der Länge einer Viertelnote ausbleibt, setzen wir dafür ein **Pausenzeichen**: 𝄽 (ein auf der linken Seite ruhendes kleines r).

📖 28

Horch, horch wer klopft an?
Einer, dem ich öffnen kann?

Versucht nun, das letzte Beispiel auf die große Glocke zu übertragen.

● Das Zeichen für die **halbe Pause** ist 𝄼

Ein kleiner Balken ruht auf der dritten Linie.

📖 29

Rhythmen im Zweivierteltakt

Benutzt die folgenden Notenlängen und Pausenwerte zu Füllungen des Zweivierteltaktes: ♩ ♩ − 𝄽

Legt Füllungen des ²⁄₄-Taktes mit den Tonkärtchen *Modellbogen I 3a* in die Felder für den ²⁄₄-Takt (Arbeitsheft, Umschlagseite 3).

📖 30: Schreibt verschiedene Möglichkeiten auf.

● Der gleichförmige Ablauf der Zählzeiten schafft das starre Zeitgerüst, das wir den **Takt** nennen. — Durch die verschiedenen Längen und Pausenwerte erhalten die Takträume eine lebendig wechselnde Füllung, die wir als **Rhythmus** bezeichnen[1].

---
[1] griech., „das Fließende", „das Strömende"

Darstellung von Rhythmen im Zweivierteltakt

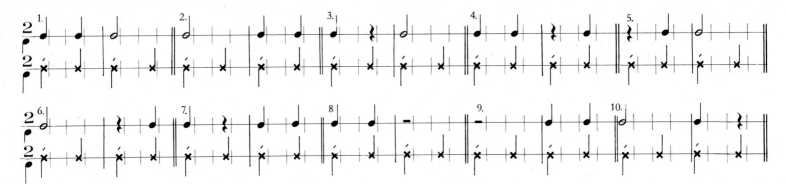

Stellt Takt (T.) und Rhythmus (Rh.) dieser zehn Beispiele dar; versucht auch, beide Teile der Aufgabe gleichzeitig allein zu übernehmen.

Wichtig sind: der Unterschied „betont" — „unbetont" bei der Darstellung des *Taktes* und

die genaue Dauer der Noten- und Pausenwerte bei der Darstellung der *Rhythmen*.

Stellt den *Takt* dar:
durch Zählen,

durch Dirigieren, Klopfen, Klatschen (Handteller-Finger)
durch Gehen,

Stellt den *Rhythmus* dar:
durch Klatschen (bei ♩ mit Nachdruck)
durch Singen auf Klangsilben,

durch Klatschen, Singen,

Frage und Antwort

Jeder sucht aus den Beispielen immer wieder andere Zwei- und Viertaktrhythmen, die er den Freunden vorträgt. Diese sollen nach dem Gehör mit dem gleichen oder einem entsprechenden Rhythmus antworten. Laßt Frage und Antwort im fließenden Wechsel hin und her gehen.

Rhythmische Kanons

Stellt gemeinsam aus den Bausteinen einen Viertaktrhythmus zusammen und führt ihn als Kanon auf. Die zweite Stimme setzt im 3. Takt ein.

Beispiel:

Melodie zum Rhythmus

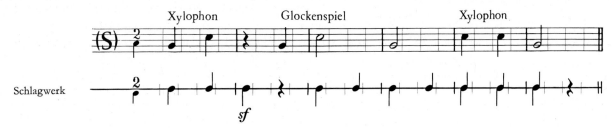

Führt dieses Beispiel auf und betrachtet es als Muster für eure Arbeit. Wählt aus den vorangehenden Übungen Taktgruppen mit unterschiedlicher rhythmischer Füllung aus und bildet Melodien mit zwei Tönen.

📖 31

Tongruppen, die sich rhythmisch unterscheiden, lassen sich durch einen Wechsel der Instrumente besonders herausheben. Solche Melodien lassen sich im Kanon aufführen, der zweite Einsatz auch nur als Rhythmus. Versucht es im Beispiel mit einem Einsatz im dritten Melodietakt.

Melodie zum Text

📖 32

Sprecht die folgenden Verse. Erfindet dann eine Melodie im Zweivierteltakt und mit zwei Tönen dazu und schreibt sie.

Wer will vie - le Men - schen se - hen,
der muß auf der Stra - ße ste - hen.

Wer will Men - schen sehn,
muß auf der Stra - ße stehn.

Ruf schallt,   Trau, schau wem!
Schuß knallt,   Dem et - wa? o - der dem?
vor dem Wald   Trau, schau wem!
E - cho hallt!
                                    Nach einem Sprichwort

Auftakt und Volltakt

Jägerruf

Der Ruf gliedert sich in vier Abschnitte. Singt ihn zunächst in der *Originalgestalt*. Danach beginnt ihr mit dem vierten Abschnitt und schließt den ersten und die folgenden daran an.

📖 33: Schreibt das Beispiel neu, indem ihr seine Abschnitte in der Folge 4 — 1 — 2 — 3 anordnet.
Vergleicht die neue Fassung mit der Originalgestalt des Jägerrufs. *Wodurch unterscheiden sich die Anfänge*: mit welcher Zählzeit beginnen sie jeweils; welche der Fassungen setzt mit einer betonten, welche mit einer unbetonten Taktzeit ein?

● Die *unbetonte Zählzeit* am Anfang eines Liedes oder Musikstückes heißt **Auftakt**. Beginnt ein Stück mit der ersten *betonten Zählzeit* des Taktes, so hat es **Volltakt**.

Volkslied

Sprecht den Text scharf rhythmisch und dirigiert dazu den Zweivierteltakt.
Geht auch zu diesem Text, wenn euer Freund ihn unvermittelt und ohne Vorankündigung zu sprechen beginnt. Welche Fußbewegung macht ihr zum Auftakt? Zu welcher Taktzeit setzt ihr zuerst den Fuß auf den Boden?

● Der Auftakt ist eine *Zählzeit mit vorbereitender Wirkung*: Beim Gehen heben wir den Fuß, um den ersten Schritt zu machen, beim Dirigieren führen wir die Hand nach oben, um sie betont abwärts zu schlagen, beim Musizieren lassen wir den Auftakt unbetont, um die folgende erste Taktzeit besser hervorheben zu können.

Der Melodieaufsprung im Auftakt

Welcher der Melodieanfänge — 1, 2 oder 3 — unterstützt am stärksten die Wirkung des Auftaktes und seine Aufgabe, Anstoß und Vorbereitung zu einem Beginn zu sein?

● Viele Lieder und Musikstücke beginnen mit einem Aufsprung, der die Wirkung des Auftaktes steigert und die Melodie in Schwung setzt. (Vgl. vor allem Märsche, Soldatenlieder, Jägerlieder.)

● Auch im *Innern* eines Musikstückes kommen Auftakte vor.

Beginnt ein Lied oder Musikstück mit einem Auftakt, so ist der *letzte Takt* dieses Stückes unvollständig. Er *ergänzt* sich mit dem Auftakt zu einem vollständigen Takt.

Sucht unter den Liedern und Musikstücken Beispiele für die verschiedenen Formen des Auftaktes.

Drei-Ton-Melodien

Der neue Ton

Vö - gel, die nicht sin - gen, Glok - ken, die nicht klin - gen,
Kin - der, die nicht la - chen, was sind das für Sa - chen?

Hört die Melodie, lest sie in den Noten mit; achtet vor allem darauf, wie euer Lehrer die fehlenden Töne ergänzt.
Singt nach: „Was sind das für Sachen!". Spielt diese letzten Takte auf einem Tasteninstrument.
Beschreibt die Lage der *neuen Taste*: Liegt sie außerhalb oder innerhalb von (S) *g'* und *c''* (*gis'* und *cis''*)? Welcher der beiden Tasten liegt sie näher?

📖 34a: Kreuzt die bekannten Tasten und die *neue Taste im Klavierbild* an. Kennzeichnet auch die schwarzen Tasten, die rechts oder links im Tastenbild die gleiche Lage haben.

📖 34b: Sucht *im Notensystem* eine Stelle für die *neue Note*, die ihrer Stellung zwischen (S) *g'* und *c''* entspricht. Die neue Note heißt (S) *a'* (*ais'*). Schreibt (S) *g'*, *a'* und *c''* ins Notensystem.

📖 34c: Schreibt die *drei Noten* nun *in das Tastenbild*.

Legt den Melodieschluß „Was sind das für Sachen" mit *Tonkärtchen Modellbogen I 3a, b in die Felder* für den $\frac{2}{4}$ Takt (Arbeitsheft, Umschlagseite 3).

Kombination von Zweitonbausteinen (Modellbogen II 2 a)
Bausteinlegen

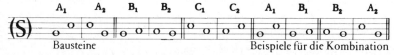

Bausteine — Beispiele für die Kombination

Schneidet den Streifen mit den Bausteinen *2a* aus dem *Modellbogen II* aus. Legt je zwei von ihnen aus verschiedenen Gruppen (A, B oder C) zusammen (s. die Beispiele). Kombiniert viele Möglichkeiten, spielt und singt sie.

Bausteinhören

Kettenaufgabe mit den Tonkärtchen *Modellbogen II 2a*

Alle Freunde legen die gleichen Bausteine, z. B.

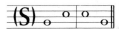

Einer legt, spielt und singt eine neue Kombination, die in einem Ton abweicht, z. B.

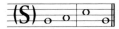

Die Freunde erkennen die Veränderung, singen und spielen sie nach dem Gehör und legen sie ebenfalls in Bausteinen. Auf diese Weise kann eine Kette von Veränderungen entstehen, die ein Protokollant an der Tafel festhält. Vergleicht die benachbarten Fassungen.

Versucht zum Abschluß aus der Kette der Beispiele dasjenige wiederzuerkennen, welches euer Freund vorspielt.

Bewegungsrichtung von Dreitonfolgen

Hört, welche Bewegungsrichtung durch die Folge von drei Tönen jeweils festgelegt wird, wenn sie in wechselnder Anordnung miteinander verbunden sind.

📖 35a: Kennzeichnet, ob die Dreitonfolge, die euer Freund spielt

1. in einer Richtung verläuft:

2. von einer Tonwiederholung ausgeht oder in sie einmündet:

3. einen Wendepunkt hat:

Mulde: ∪ Hügel: ∩   z. B. (S) o o / o o

Legt Beispiele gleicher Bewegungsform (Tonkärtchen *Modellbogen I 3a, b*).

📖 35b: Schreibt sie auf und stellt die Unterschiede heraus.

Beispiel zur Bewegungsform 3:

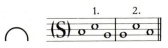

Wechselnde Betonungsordnung in Dreitonfolgen

📖 35c: Spielt, singt, legt *(Modellbogen I 3a, b)* Dreitonfolgen mit *wandernder* langer Note als *Schwerpunkt*, z. B.:

Hebt die Schwerpunktnote jeweils durch einen Geräuschschlag, durch Klatschen, Klopfen oder ein Instrumentalgeräusch hervor.

Benutzt eure Ergebnisse zu Hörübungen wie S. 27, „Hören mit Noten".

Melodiebildung: Rhythmus zur Tonreihe

Verbindet einen oder mehrere Tonhöhenbausteine aus den letzten Übungen mit Rhythmen zu Melodien. (Rhythmen findet ihr in den Übungen zum Zweivierteltakt und zum Auftakt.)

Beispiele:

Sind mehr Tonlängen als Tonhöhen gegeben, so streckt ihr die Reihe der Tonhöhen durch Tonwiederholung:

Ihr könnt auch strecken, indem ihr die ganze Tonreihe wiederholt:

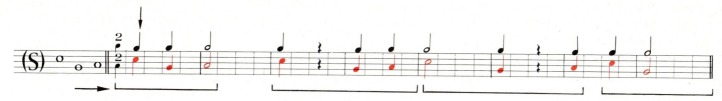

📖 36: Beide Arten lassen sich auch miteinander verbinden.

Dreitonordnung auf weißen und schwarzen Tasten

Entdeckung des weißen Dreitonraumes

Hört, wie die Melodie des letzten Beispiels auf einer Blockflöte klingt. Vergleicht damit, wie die Melodie klingt, wenn ihr sie auf eurem Tasteninstrument wie bisher, also auf schwarzen Tasten spielt.

Versucht nun, die Flötenmelodie klanggetreu auf den Tasten nachzuspielen, und beschreibt dann die Lage der verwendeten Tasten in ihrem Verhältnis zu den schwarzen.

● Den drei schwarzen Tasten entsprechen drei weiße Tasten unmittelbar links neben ihnen. Ihr könnt die schwarzen auch als die Schatten der jeweils benachbarten weißen Tasten auffassen. Nur die (S)-Vorzeichnung läßt erkennen, daß die schwarzen gemeint sind. Fehlt sie, so spielen wir immer die weißen Tasten.

Maße für die Tonabstände (Intervalle)

Spielt: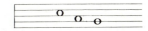

Die Abstände der Töne zueinander könnt ihr an den weißen Tasten oder an den Stellen im Notensystem abzählen.

● Die Tonabstände heißen **Intervalle**[1].

Spielt die Abstände, die ihr am Notenbeispiel abgezählt habt, auch von anderen Tasten aus.

● 1. Der Abstand von einer ersten zu einer *zweiten* (d. h. der nächsten) Taste, bzw. von einer ersten zu einer zweiten Stelle heißt **Zweierabstand** oder **Sekunde**[2].

2. Der Abstand von einer ersten zu einer *dritten* Taste, bzw. von einer ersten zu einer dritten Stelle heißt **Dreierabstand** oder **Terz**[3].

---

[1] lat. intervallum — Zwischenraum
[2] lat. secundus — der zweite
[3] lat. tertius — der dritte

🔴 3. Der Abstand von einer ersten zu einer *vierten* Taste, bzw. von einer ersten zu einer vierten Stelle heißt **Viererabstand** oder **Quarte**[1].

 37

Werden zwei Töne hintereinander auf derselben Taste gespielt und auf der gleichen Stelle im Notensystem geschrieben, so bilden sie miteinander einen **Einerabstand**, eine **Prim**[2] (z. B. *g—g; a—a*)

Ein Ton bildet mit seiner Wiederkehr im höheren oder tieferen Tonraum einen Achterabstand, eine **Oktav**[3] (z. B. *g—g′; a—a′* usw.).

Spielt auf dem Instrument Abstände von einem ersten zu einem zweiten, einem dritten, einem vierten, einem achten Ton.

(Spieler 1 übernimmt dabei die weißen Tasten, Spieler 2 die schwarzen Schatten. Überlegt, ob sie sich innerhalb eines Taktes oder von Takt zu Takt ablösen sollen bzw. ob sie ihre Töne gleichzeitig erklingen lassen.)

 38

Re - gen rie - selt,
Schnee der grie - selt,
Mar - mor der wird naß.
Mäus - chen schwän - zelt,
Mäus - chen tän - zelt,
Kat - ze kocht et - was.

Kinderreime der Welt, hg. v. J. v. Faber-du Faur, Neuauflage Verlag Werner Dausien, Hanau o. J.

Melodie zum Text

Erfindet zu folgenden Versen eine Dreitonmelodie im $\frac{2}{4}$-Takt. Da beide Gedichthälften einen voneinander unabhängigen Inhalt haben, könnt ihr für die erste Hälfte die weißen Tasten benutzen, für die zweite ihre schwarzen Schatten. — In einem Vor- und Nachspiel lassen sich beide Tastengruppen zur Darstellung des Schnee-Regen-Gemisches gleichzeitig einsetzen.

Der Dreivierteltakt

Die Betonungsordnung

Singt und spielt die Liedzeilen A und B. Hebt die betonten Töne besonders deutlich hervor.

Stap - fen wir durch Schnee und Eis, Wald und Fel - der hell und weiß.

[1] lat. quartus — der vierte
[2] lat. primus — der erste
[3] lat. octavus — der achte

📖 39: Kennzeichnet die entsprechenden Noten durch Akzentzeichen: 𝄐 oder ´. Betrachtet diese Noten als erste Zählzeit eines Taktes und setzt Taktstriche davor.

Wie viele Zählzeiten haben die Takte in Beispiel A, wie viele in Beispiel B? Setzt die Taktbezeichnungen jeweils an den Melodiebeginn.

● Ein Takt mit drei Viertelnoten als Zählzeiten heißt **Dreivierteltakt**. Die *erste* Taktzeit ist *betont*, die *zweite* und *dritte* Taktzeit sind *unbetont*.

Für die Darstellung der beiden Betonungsstufen verwenden wir die Mittel des Zweivierteltaktes (▷ S. 30).

So dirigieren wir den Dreivierteltakt:

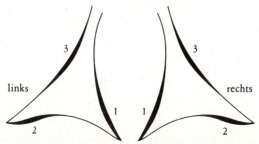

Rhythmen im Dreivierteltakt

Legt Füllungen des ¾-Taktes mit den Tonkärtchen *Modellbogen I 3a, b* in die Felder für den ¾-Takt (Arbeitsheft, Umschlagseite 3). Benutzt Halbe und Viertel als Noten und Pausen.

📖 40: Schreibt die Füllungen auf.

Die **Dreischlagnote** füllt den ganzen Dreivierteltakt. In ihr wachsen die Dauern von einer halben und einer Viertelnote zusammen. Das wird zunächst durch einen **Haltebogen** angezeigt.

Aus 𝅗𝅥—𝅘𝅥 wird 𝅗𝅥𝅘𝅥 und 𝅗𝅥. .

Welche Bedeutung hat der Punkt hinter der Note?

Die **Dreischlagpause** bezeichnen wir durch ▬ 𝄼 oder ▬ .

An der folgenden Übung könnt ihr Dreischlagnote und Dreischlagpause erproben:

Darstellung von Rhythmen im Dreivierteltakt

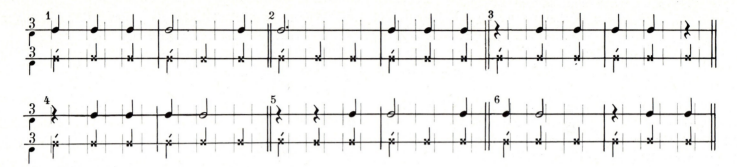

Stellt mit euren Freunden Takt und Rhythmus der Beispiele dar.

(Benutzt die Hinweise S. 30.)

📖 41: Setzt einige der sechs vorausgehenden rhythmischen Beispiele zu größeren Einheiten zusammen, schreibt die Kombinationen auf und stellt sie dar.

Überlagerung zweier Rhythmen im Dreivierteltakt

Sprecht und klatscht zu den folgenden Noten.

Singt die Textzeilen auch als Kanon (Einsatz auf dem fünften Takt).

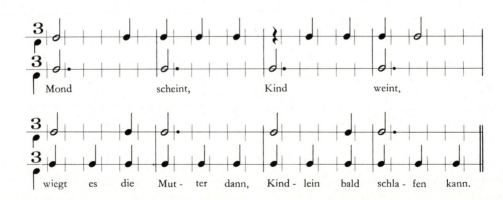

Rhythmus im Wort

Dirigiert im Dreivierteltakt und sprecht dazu die folgenden Zeilen. Wenn ihr Silbenbetonung und Silbenlänge mit dem Dreivierteltakt in Übereinstimmung bringt, so darf die natürliche Wortbetonung nicht zerstört werden. Macht euch deshalb zuerst diese natürliche Wortbetonung klar.

📖 42: Schreibt den Wortrhythmus einiger Beispiele auf und fügt den Text Silbe für Silbe hinzu.

Beispiel:

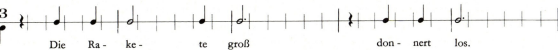

1. Raum - sta - tion   hebt sich schon.
2. Die Ra - ke - te groß   don - nert los.
3. Welt - raum - flug,   Mond - be - such!
4. Bo - den - sta - tion,   die mel - det sich schon!
5. Sprech- und Funk-verkehr   gehn hin und her!
6. Seht doch bloß,   der Mond wird ganz groß!
7. Wenn wir zum Mon - de gehn, ob wir den Mond-mann sehn?

Sprecht und schreibt auch im Zweivierteltakt und vergleicht die Fassungen:

Mül-ler stürmt wie-der vor! Schuß! Und schon fällt ein Tor.
Letz-ter sein in der Hit-pa-ra-de? Das fin-de ich fa-de!
Nur von Hit-pa-ra-den die Spit-zen-rei-ter, die kom-men wei-ter!

Die Achtelnote

Achtelnoten im Zweivierteltakt

Dirigiert den Zweivierteltakt und sprecht dazu mit scharfer Betonung den Text. Bringt darin den Unterschied zwischen Gehen und Laufen zum Ausdruck. Wie viele „Laufnoten" müssen in dem freien Takt untergebracht werden? Wie viele von ihnen kommen auf eine Zählzeit, auf eine Viertelnote?

📖 43: Schreibt die „Laufnoten" in die Taktlücke. So sehen sie aus: ♪ oder ♫ . Das Fähnchen weht immer nach rechts.

Sprecht die Kanonübung mit euren Freunden:

Die Gegenüberstellung in den beiden Stimmen zeigt euch, daß zwei „Laufnoten" zusammen die Länge einer Viertelnote haben. Sie heißen deshalb **Achtelnoten**!

Im Zweivierteltakt *zählt* ihr Achtelnoten, indem ihr zwischen die Hauptzählzeiten ein „und" einfügt:

Möchte man zwei oder mehr Achtelnoten zu einer Gruppe zusammenschließen, so setzt man statt der *Fähnchen* einen *Verbindungsbalken*:

Das Zeichen für die **Achtelpause** ist: 𝄾

Wechselnde Rhythmen zu Ketten von Achtelnoten

Stellt die beiden rhythmischen Bewegungen jeweils gleichzeitig dar. Tauscht die Stimmen bei der Wiederholung aus. Vorschläge für die Art der Darstellung findet ihr auf S. 30.

Rhythmus im Dreivierteltakt zur Tonreihe

📕 44: Schreibt jeweils einen Rhythmus mit Achtelnoten im Dreivierteltakt und eine Tonhöhenreihe auf; fügt sie dann zu einer Melodie zusammen.

Weitere Hinweise für die Arbeit findet ihr auf S. 34.

Rhythmus und Melodie zum Text

Erfindet Melodien zu den drei folgenden Texten. Wählt den Textabschnitten entsprechend Notenlängen, Klanglagen, Instrumente und Sänger aus.

📕 45: Schreibt die drei Melodien untereinander.

1. Tik - ke tak - ke, tik - ke tak - ke
   macht das Ühr - lein mit Ge - knak - ke.
2. Tick tack nur
   so macht die Uhr.
3. Run - de Stun - de.

📕 46: Erfindet einen Kanon zu der Zeile „Uns-re Ei-senbahn macht ‚tuuuuuuut' ".

Wechseltakt I

Klopft eine Kette von Viertelnoten; sprecht oder singt dazu (auf einer Tonhöhe) die folgenden Zeilen, jede Silbe im Wert einer Viertelnote. Macht die Betonungen deutlich.

Ampel

    Gel - bes Licht, ro - tes Licht,
    du mußt war - ten!
    Zeigt die Sicht grü - nes Licht,
    darfst du starten.

📕 47: Lest beim Sprechen die Kette von Viertelnoten mit und setzt Taktstriche vor die betonten Noten. Fügt die Taktangaben ein. Dirigiert das Beispiel.

Legt mit den Tontäfelchen *Modellbogen I 3a, b* eine Melodie zum Beispiel in das dritte Taktfeld (Arbeitsheft, Umschlagseite 3). Legt auch Füllungen des Wechseltaktes mit anderen Notenlängen und stellt sie dar.

▷ „Uns kommt ein Schiff" S. 175; „Marien wart ein bot gesant" S. 25*; „Der Himpfelhofbauer" S. 68*; „Zieh, Schimmel, zieh" S. 65*; „Den Ackersmann soll man loben" S. 61*

Erweiterung des Tonbereichs

Antwort aus dem angrenzenden Dreitonraum

Spielt oder singt die kleine Melodie als Frage; hört, wie euer Lehrer antwortet! Versucht, die Antwort nachzusingen und nachzuspielen!

📖 48: Kreuzt die Tasten an, die ihr für die Antwort gebraucht habt.

Vergleicht bei Frage und Antwort
— die Klanglage,
— die Anordnung der jeweils verwendeten Töne, ihre Abstände,
— den Spielgriff der Finger, mit denen ihr die Tasten herunterdrückt.

📖 49: Sucht im Notensystem die Stellen für die neuen Noten! Geht dabei von den bekannten Noten aus und überlegt, ob ihr anschließend die nächste oder die übernächste Stelle besetzen müßt.

Wenn die Stellen des Notensystems nicht ausreichen, schreibt man die Noten auf *Hilfslinien*:

Die neuen Noten heißen — von unten nach oben gelesen — *c*, *d* und *f*.

📖 50: Schreibt nun die Noten in die zugehörigen Tasten und ihre Namen darunter.
Die *weiße* Tastengruppe *c*, *d*, *f* liegt wieder *links neben ihren Schattentasten*. Zählt ab, um wie viele Stellen sie gegen die Gruppe *g*, *a*, *c* verschoben ist.
Erfindet Fragemelodien in einem der schwarzen oder weißen Dreitonräume und laßt sie aus dem anderen Raum beantworten. Legt einige eurer Beispiele (*Modellbogen I 3a-c*).

Die vollständige Reihe der schwarzen Tasten

Der Zusammenschluß der beiden Dreitonräume führt zu einer vollständigen Reihe schwarzer Tasten. Ihr erkennt fünf verschiedene. Zwei davon sind doppelt vertreten, unter ihnen das *hohe dis*, das wir in Entsprechung zum tiefen *dis* oben anfügen:

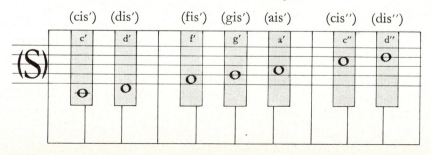

Tonarten mit drei und vier Tönen

Abstände 2—3—2

Un-ser Vet-ter Mel-chi-or wollt ein Rei-ter wer-den, nahm sein Mut-ter den Zie-gen-bock, setzt den Vet-ter Mel-cher drob, un-sern Vet-ter Mel-cher, un-sern Vet-ter Mel-cher.

Volkslied aus dem Rheinland

Singt und spielt das Übungslied.

Untersucht,
— welche verschiedenen Töne in der Melodie verwendet werden.

📕 51a: Tragt diesen *Tonvorrat* (jeden Ton nur einmal!) in die erste Zeile der Liste ein.

— welche Ausschnitte des Tonvorrats in den drei Abschnitten der Melodie jeweils verwendet werden.

📕 51b: Kennzeichnet diese Ausschnitte durch Klammern über und unter dem Gesamtbild des Tonvorrats.

— auf welche *Haupttöne* die Abschnitte der Melodie zusteuern.

📕 51c: Kennzeichnet diese Haupttöne am Ende der Abschnitte farbig.

🔴 Der Tonvorrat, die Melodiebewegung auf die Haupttöne und auf den Schlußton zu und die melodische Verbindung dieser Haupttöne, *Innenmelodie* genannt, begründen die **Tonart** eines Liedes.

Kombination von Zweitonbausteinen (Modellbogen II 2 a, b)

Mit dem neuen Ton *d″* lassen sich — als Ergänzung zu den bereits benutzten Bausteinen — die folgenden neuen Zweitongruppen bilden:

Schneidet diesen Streifen vom *Modellbogen II*. Bestimmt mit Hilfe der weißen Tasten und der Stellen im Notensystem die Tonabstände auf jedem der Bausteine und schreibt sie in Ziffern auf die Kärtchen, z. B. Zweierabstand = 2.

Legt mit den Kärtchen A bis F Kombinationen aus zwei und später mehr Bausteinen (die Kärtchen A bis C ▷ S. 33).

Spielt mit den alten und neuen Kärtchen das Hören und Erkennen von Bausteinen (▷ Kettenaufgabe S. 33).

Bewegungsrichtung von Viertonfolgen

Bildet Viertonfolgen nach den Richtungsangaben

— in einer Richtung: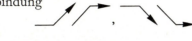

— in einer Richtung in Verbindung mit Tonwiederholungen:

— mit einem Wendepunkt: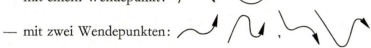

— mit zwei Wendepunkten:

📖 52a: Schreibt einige Ergebnisse auf.

📖 52b: Stellt ähnliche Beispiele der gleichen Bewegungsform zusammen und beschreibt die Unterschiede. (Vgl. das Beispiel zur Bewegungsform 3 auf S. 34.)

Gebt den Bausteinfolgen rhythmische Gestalt.

Melodie zum Text

Erfindet aus dem Tonvorrat (S) $g'-a'-c''-d''$ oder auch (S) $c'-d'-f'-g'$ Melodien zum Text. Wählt die Haupttöne so, daß sie eine gute Innenmelodie ergeben. 📖 53

Melodieformeln als Beispiele für neue Tonarten

Abstände: 3—2, 4—2, 5—4, 2—2, 3—3, 3—3, 4—2—2, 2—3—2

Die Melodieformeln geben euch Tonvorrat, Melodiebewegung und Hauptton von Tonarten an.

📖 54: Schreibt den Tonvorrat jeweils in eine Zeile! Kennzeichnet den Hauptton farbig.

Kombination von Zweitonbausteinen (Modellbogen II 2 a-c)

Schneidet den entsprechenden Streifen vom *Modellbogen II*. Bestimmt die Tonabstände auf jedem der Bausteine und schreibt sie auf jedes Kärtchen.

Sucht aus den Kärtchen A bis R jeweils diejenigen heraus, die dem Tonvorrat der zu bearbeitenden Tonart zugehören und legt mit ihnen Kombinationen aus zwei oder mehr Bausteinen.

Der Richtungsverlauf der Melodie innerhalb einer Tonart

Sucht aus den Tonkärtchen *Modellbogen I 3a-c* jeweils solche aus, die zu einer der Tonarten von S. 43 gehören. Stellt auch einen Tonvorrat nach eigener Auswahl zusammen. — Legt dann Melodien in die Taktfelder (Arbeitsheft, Umschlagseite 3). Berücksichtigt dabei die Verlaufsangaben von S. 43. — Überprüft durch Spielen und Singen, ob eure Kombinationen zu guten Melodien führen. Das hängt entscheidend von der Anordnung der Haupttöne ab.

📖 55: Schreibt gelungene Melodien auf.

Melodie zum Text

Erfindet zu den folgenden Texten Melodien mit dem Tonvorrat der angegebenen Tonarten. Beachtet den Zusammenhang der Haupttöne! Legt die Innenmelodie zu Beginn mit Tonkärtchen fest.

📖 56: Schreibt einige auf.

1. Die A - meis auf dem Rhein,
    ein Klee - blatt rund und fein,
    das muß die Fäh - re sein.

2. Das al - te ist ver - gan - gen,
    das neu - e an - ge - fan - gen,
    Glück auf zum neu - en Jahr,
    zum neu - en Jahr!

    Nach einem Volkslied aus Westfalen

3. Al - le, die mit uns auf Ka - per - fahrt fah - ren,
    das kön - nen nur Män - ner mit Bär - ten sein!

    Aus einem Volkslied aus Flandern

4. Wenn wir uns im Krei - se drehn,
    scheint al - les auf dem Kopf zu stehen.
    Drehn wir uns dann anders 'rum,
    wird uns im Kopf ganz bunt und dumm!

Erfindet eine Melodie, die in Entsprechung zum Text Drehbewegung und Gegenbewegung darstellt.

5. Re - gen - mann, ich hör dich klop - fen
    wild mit deinen schwe - ren Trop - fen!
    Komm, lie - be Son - ne, komm doch bald!
    Müs - sen hin - term Fen - ster sit - zen,
    fürch - ten Don - ner und auch Blit - zen,
    möch - ten in Wie - se, Feld und Wald!

Versucht, das Klopfen des Regens in der Zweistimmigkeit zum Ausdruck zu bringen. Der Ruf nach der Sonne kann dann als Gegensatz einstimmig sein.

Ein Vorschlag dazu:

II. Zusammengesetzte Taktarten; neue Rhythmen

Der Vierertakt

Betonungsordnung

Wenn ihr die Aufgabe 📖 26 und 27 richtig gelöst habt, muß das folgende Notenbild darin stehen:

Musiziert noch einmal dieses Beispiel und achtet auf den Zusammenklang.

Wo schlagen beide Glocken gleichzeitig den gleichen Ton an?
Wo hört ihr das Zusammenschlagen verschieden hoher Töne?
Wo schlagen Einzeltöne nach?
Ergeben sich daraus verschieden starke Betonungen?
Wo liegt die stärkste, wo die weniger starke, wo die schwächste Betonung?

📖 26, 27: Kennzeichnet die Betonungsstärken:
        stark: ╱
   weniger stark: ╲
schwach (unbetont): unbezeichnet

🔴 Die Taktstriche vor der *stärksten* Betonung sind erhalten geblieben, die anderen weggefallen. In dem auf diese Weise vergrößerten Takt stehen vier Viertelnoten. Er heißt deshalb **Vierviertaltakt**. Er hat drei Betonungsstufen: die *Hauptbetonung* auf der *ersten* Zählzeit, die (schwächere) *Nebenbetonung* auf der *dritten* Zählzeit und die *unbetonten* Zählzeiten *zwei* und *vier*. Zur Kennzeichnung des Taktes steht am Anfang eines Musikstückes das Zeichen $\frac{4}{\bullet}$ oder $\frac{4}{4}$.

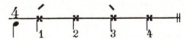

Darstellung der Zählzeiten

Glockenläuten

Läutet die Glocke nach der Betonungsordnung des Vierviertaltaktes, indem ihr das Seil abwechselnd stärker und schwächer zieht. ▷ S. 28

Taktierbewegung im Viertakt

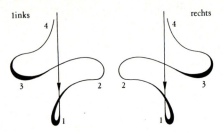

Haben die Zählzeiten ein schnelles Tempo, so schreibt man statt des $\frac{4}{4}$-Taktes einen $\frac{4}{8}$-Takt:

![4/8 notation example]
1 2 3 4 1 2 3 4

Gleiches gilt für den $\frac{3}{4}$-Takt, der zum $\frac{3}{8}$-Takt wird:

![3/8 notation example]
1 2 3 1 2 3

Körpereigene Darstellung

Bedenkt, daß ihr zur Darstellung des Viervierteltaktes nicht nur zwei, sondern *drei* Betonungsstufen braucht, z. B.

| 1 | 2 | 3 | 4 |
| Patschen | Schnalzen | Klatschen | Schnalzen |

Schlag mit:
| Handwurzel | Fingerspitze | Daumen | Fingerspitze |

Rhythmische Gestaltung des Taktraumes

Aus der Vergrößerung des Taktraumes ergeben sich einige neue rhythmische Möglichkeiten:

Die Vierschlagnote oder ganze Note:

und die Vierschlagpause oder ganze Pause:

füllen einen ganzen Vierviertakt.

Stellt die folgenden Rhythmen zur gleichmäßigen Kette von Achtelnoten dar:

Darstellung der Notenwerte

Benutzt die Darstellungsmittel, die auf S. 30 vorgeschlagen wurden.

Außerdem ergeben sich durch die **Tonlängensilben** neue Darstellungsmöglichkeiten. Versucht, eine rhythmische Taktfüllung, die euer Freund spielt und singt, zu erkennen. Wiederholt sie und kennzeichnet dabei jede Notenlänge durch eine vereinbarte Klangsilbe, z. B.

o — du, 𝅗𝅥. — do, 𝅗𝅥 — da, 𝅘𝅥 — de, 𝅘𝅥𝅮 — di.

Übertragt die Tonlängen auch in eine **Tonhöhenordnung**, indem ihr jeder Tonlänge eine bestimmte Tonhöhe zuordnet, z. B.

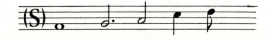

Beispiel einer „Längenmelodie":

Übertragt einige Taktfüllungen in eine solche Höhenordnung!

📖 57: Schreibt eine Fassung auf.

Die punktierte Viertelnote

Ihre Längenordnung

Das Kind verweigert die Suppe:

Sprecht die Worte im Takt, zuerst als Ablehnung in bittendem Ton, dann in frechem Trotz, den ihr auch durch Aufstampfen des Fußes zum Ausdruck bringt.

Singt nun das so veränderte Beispiel ohne Text und stellt fest, ob sich mit der *Betonungsstärke* auch die *Tonlänge* verändert hat.

Die genaue Länge der Töne messen wir, indem wir die Anzahl der Achtelnoten zählen, die jeweils in ihnen enthalten sind.

Klopft oder hört also eine Kette von Achtelnoten und singt die Melodie dazu in der bittenden und in der trotzigen Form.

● Die *betonten* Töne sind auf Kosten der folgenden unbetonten *verlängert*.

Die Entwicklung des folgenden Beispiels zeigt euch, wie die erste betonte Note im Takt eine Achtellänge zu sich heranzieht und mit ihr verschmilzt.

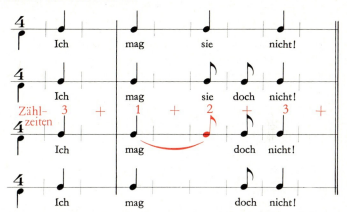

● Der Punkt *verlängert* die Note, hinter der er steht, *um die Hälfte* ihres Wertes. Die Viertelnote verlängert er um einen Achtelwert zu einer *Drei-Achtel-Note*, die halbe Note um einen Viertelwert zu einer *Drei-Viertel-Note* oder auch *punktierten halben Note* (▷ S. 37). Vor allem bei kürzeren Notenwerten kann *der punktierte Rhythmus energisch und federnd-gespannt* wirken.

Ihre Einordnung in den Dreiviertel- und Viervierteltakt

Stellt die punktierten Rhythmen im Zusammenspiel mit den Ketten von Achtelnoten dar!

▷ Alphornthema S. 62*; „Es ist ein Schnitter" S. 40*

Zusammenfassung: Alle Notenwerte in einem Beispiel

Dirigiert im Viervierteltakt, sprecht und singt dazu die folgende Geschichte. Jede Textzeile benötigt zu ihrer rhythmischen Darstellung nur einen Takt. Nach welchem kleinsten Notenwert richtet ihr die Länge der anderen Noten aus?

Auf der Weide

1. Eins, zwei, drei, vier Zik- ke- lein,
  die wol- len ü- bers Brük- ke- lein.
  kommt   'ne   Kuh,
  macht   nur: muh!

2. Meck, meck, meck, meck, geh doch weg!
  sonst   fall'n wir in den Dreck!
  Sagt die gu- te Kuh:
  Kommt   nur   zu!
  Muh!   Muh!

3. Eins, zwei, drei, vier Zik- ke- lein,
  die sprin- gen ü- bers Brük- ke- lein.
  Und die lie- be, gu- te Kuh,
  die   sieht   zu.
  Muh!

Wodurch wirken die Zicklein so aufgeregt, wodurch wirkt die Kuh so gutmütig und gelassen?

📖 58: Erfindet zu einer der Strophen eine Melodie und schreibt sie auf.

Sucht punktierte Viertelnoten in Liedern im Vierviertel- und Dreivierteltakt. Übt verschiedenartige Taktfüllungen.

Der Sechsertakt

Die Betonungsordnung

Singt die beiden Fassungen des Cowboy-Songs und stellt dazu die entsprechende Bewegung des Reitens dar:

A Die Cowboys reiten Trab. Sie heben sich bei den unbetonten Zählzeiten leicht aus dem Sattel und fallen bei den betonten wieder zurück.

B Die Cowboys reiten Galopp. Dabei fangen sie den Schwung, der sie in den Sattel zurückbringt, jeweils einmal in den Knien auf und stehen bei dieser schwächer betonten Taktzeit in den Bügeln. Sattel — Bügel — Sattel — Bügel wechseln so miteinander ab. Der Fall in den Sattel markiert die Hauptbetonung, der Stand im Bügel die Nebenbetonung des neuen Taktes.

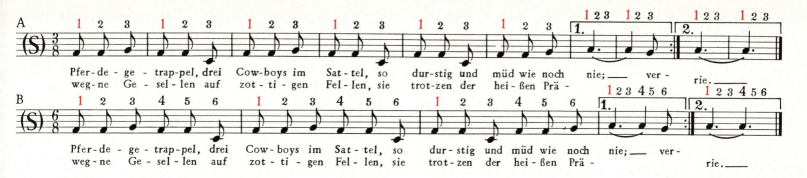

- Schließen sich *zwei Dreiachteltakte* zu einem Sechsachteltakt zusammen, so bleibt nur *eine Hauptbetonung* auf der ersten Taktzeit erhalten, während die zweite Betonung auf der vierten Taktzeit zu einer Nebenbetonung zurückgestuft wird. (Vergleicht den ähnlichen Vorgang bei der Entwicklung des Vierviertelltaktes aus zwei Zweivierteltakten, S. 45.)

Darstellung der Zählzeiten

Taktierbewegung im Sechsachteltakt

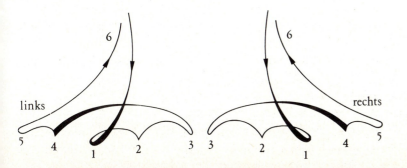

Haben die Zählzeiten ein *langsames* Tempo, so notiert man einen *Sechsvierteltakt*!

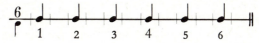

Bei lebhaftem Tempo wird der *Sechsachteltakt wie ein Zweiertakt* dirigiert:

Dadurch wird deutlich, daß er zweiteilig ist!

Stellt mit Hacke - Sohle - Spitze die drei Betonungsstufen des Sechsachteltaktes dar und verwendet auch die Darstellungsmittel für den Vierviertelltakt, S. 46.

Rhythmische Gestaltung des Taktraumes

Singt den Kanon „Sonne im Mai...", S. 43*.

📖 59: Schreibt die verschiedenen Taktfüllungen gesondert untereinander. Ergänzt andere mögliche Füllungen. Die vierte

Taktzeit muß mit einer eigenen Note besetzt sein, um den Sechsachteltakt vom Dreivierteltakt zu unterscheiden, also nicht 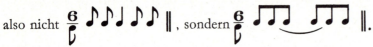, sondern

Übt diese Rhythmen, indem ihr gleichzeitig die Taktzeiten mit ihren Betonungsstufen darstellt (Hinweise S. 30, 46, 49).

Übungen: Stellt durch Klopfen dar, wie eine Reitergruppe herannaht, vorüberdonnert, in der Ferne verschwindet!

Anregungen:

in der Ferne näherkommend vorbeijagend

Gestaltet den Vorgang mit einem crescendo — decrescendo aus!

Der langsame Sechsachteltakt eignet sich wegen seines schwingenden Charakters besonders zu Wiegenliedern, Gondelliedern, Weihnachtsliedern usw. Im schnellen Tempo hingegen verwendet man ihn als Reitertakt. ▷ „Das Glücke" S. 8*; Mariä Wiegenlied" S. 22*; „Josef, lieber Josef mein" S. 50*.

Die Sechzehntelnote

Ihre Längenordnung

Wir begleiten das Sprechen der folgenden Notenzeilen durch fallende Bewegung:

1. Zeile: beider Arme *gleichzeitig* aus dem *Schultergelenk*
2. Zeile: beider Unterarme *wechselnd* aus dem *Ellenbogengelenk*
3. Zeile: beider Hände *wechselnd* aus dem *Handgelenk*
4. Zeile: beider Zeigefinder *wechselnd* aus dem *Fingergelenk*.

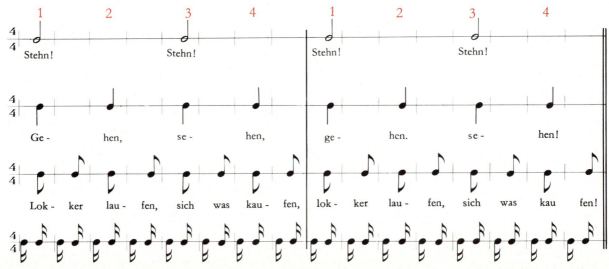

Durch Sprechen, Klopfen, Zählen, Bewegen lassen sich mehrere Zeilen gleichzeitig aufführen, sowohl mit verteilten Rollen als auch allein.

● Eine Kurznote mit der halben Dauer eines Achtelwertes heißt **Sechzehntelnote**.

Man schreibt sie einzeln mit Fähnchen:

oder zusammenhängend mit zwei Balken:

Das Zeichen für die **Sechzehntelpause** ist

▷ „Das Wandern" S. 6*; „Trommellied S. 30*; „Pir Sultan" S. 16*; „Der Kampf zwischen David und Goliath" S. 84*

Ihre Einordnung in verschiedene Taktarten

Setzt die Taktketten fort, indem ihr die Gruppe der Sechzehntelnoten im Sinne der Beispiele weiterwandern laßt.

Wechseltakt II (Sprechübungen)

Viervierteltakt mit Dreivierteltakt

📖 60: Zu den Ketten von Viertelnoten sprecht die folgenden Verse. Setzt dort Taktstriche und Taktangaben.

1.

Drau - ßen am Ha - fen - pe - gel
möcht ich zu Som - mers - zei - ten
un - ter dem gro - ßen Se - gel
ü - ber die Wel - len glei - ten!

2.

Au - to - ren - nen fah - ren wir,
span - nend ist das, sag ich dir!
Und in die - sem wil - den Spiel
fahr als Sie - ger ich durch's Ziel.

51

Dreivierteltakt mit Dreiachtel- und Vierachteltakt

Sprecht die nächsten Zeilen im angegebenen Rhythmus zu einer begleitenden Kette von Achtelnoten!

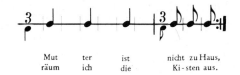

Dreivierteltakt mit Sechsachteltakt

Sprecht auch die folgenden Zeilen zu einer begleitenden Kette von Achtelnoten:

Ihr könnt das Beispiel auch als Sprechkanon aufführen. Der 2. Sprecher setzt dann im 2. Takt ein.

● Die Zusammenfassung und Umdeutung eines $\frac{6}{4}$ ($\frac{6}{8}$)-Taktes oder zweier $\frac{3}{4}$ ($\frac{3}{8}$)-Takte zu einem $\frac{3}{2}$ ($\frac{3}{4}$)-Takt, d. h. zu einem Takt mit doppelt so langer Zählzeit heißt Hemiole[1]. Der „große" Dreier wird in der Barockzeit (17. Jahrhundert) gern als Schlußverbreiterung verwendet!

▷ Krieger, Rondeau S. 83*; „Es ist ein Schnitter" S. 40*; „Da draußen bei meiner Hütte" S. 56*; „Schwesterlein" S. 26*; „Saltarello" S. 306

Das Zusammenspiel von Takt und Rhythmus

Tanz zur Musik

Bewegen sich Tänzer zur Musik, so bringen sie ihre Tanzschritte mit der Musik in Einklang, d. h. ihre Bewegungen entsprechen den **Taktzeiten,** die dem **Rhythmus** der Musik zugeordnet sind.

Übung:

Euer Freund bringt einfache Taktfüllungen im Zweiviertel- und Dreivierteltakt in mehrfacher fließender Wiederholung zur Darstellung. — Ihr sollt auf eine der oben vorgeschlagenen Weisen die Zählzeiten hinzufügen.

---

[1] griech. „anderthalb"

Musizieren mit einem Dirigenten

Musizieren Chorsänger oder Orchestermusiker gemeinschaftlich, so richten sie sich nach den Taktierbewegungen ihres Dirigenten, d. h. sie tragen die **Rhythmen** des Musikstückes im Einklang mit den **Zählzeiten des Taktes** vor, die der Dirigent angibt.

Übung:
Einer leitet durch Dirigieren das Singen und Spielen der Freunde! Wenn ihr von Anbeginn im Einklang sein wollt, so müssen Sänger und Spieler auf den Anfang vorbereitet werden: Man gibt den Einsatz, indem man eine Taktzeit vor Beginn mitdirigiert.

Der G- oder Violinschlüssel

Am Anfang der Notenzeilen findet ihr oft einen Violinschlüssel. Er hat sich im Laufe der Jahrhunderte aus dem Buchstaben g (G) zu seiner heutigen Form entwickelt. Man schreibt ihn im allgemeinen auf die zweite Linie im System, die dadurch zur Stelle für die Note *g′* bestimmt wird. Von hier aus ergeben sich die Stellen für die anderen Noten.

📖 61

Freie rhythmische Gestaltung transponierter Tonreihen

▷ Rhythmen zur Tonreihe S. 34 und 40.

Reihe nennt man eine Folge verschieden hoher Töne, deren Anzahl festgelegt ist und deren Anordnung in der Wiederholung nicht mehr verändert wird. Man transponiert[1] eine Reihe, indem man sie höher oder tiefer beginnt und die ursprüngliche Intervallfolge unverändert anschließt.

Überprüft: In der Melodie ist die Reihe zweieinhalbmal enthalten. Häufig werden Töne wiederholt, bevor der nächste Ton der Reihe erklingt. *Kein Ton erscheint* jedoch danach *wieder, bevor nicht alle anderen gespielt worden sind.*

Die Reihen-Folge erhält eine *rhythmische Gestalt* und eine *Taktordnung*. Die beiden Viertaktgruppen der Melodie zeigen genaue rhythmische Entsprechung (▷ Die Periode S. 155). Nur in T. 6 fallen *Melodieeinschnitte und Reihenende* zusammen. An den anderen Stellen sind sie *gegeneinander verschränkt*. Dadurch erscheinen die Töne der *Reihe in stets wechselnden Ausschnitten.*

Stellt die vier Töne der Reihe so um, daß eine andere Reihe entsteht, z. B.

---

[1] lat. transponere — hinüberbringen, hinübersetzen

Erfindet mit solchen Reihen Melodien im Vierviertel-, Dreiviertel- und Sechsachteltakt. Verwendet auch den Wechseltakt.

Bezieht in die rhythmische Gestaltung vielerlei Notenwerte ein. (Benutzt die freien Seiten des Arbeitsheftes.)

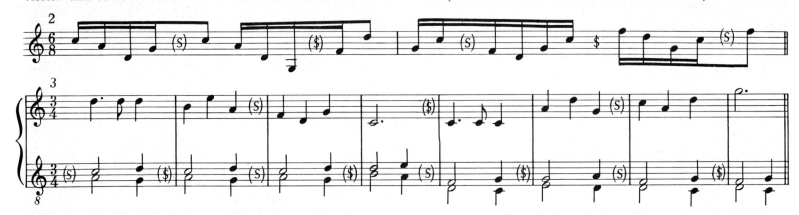

Die Beispiele zeigen weitere Möglichkeiten für die Arbeit mit Reihen: Die *ganze Reihe* wird mehrfach auf andere Töne und in andere Tonräume *transponiert*. Insgesamt stehen in den Melodien und in der Begleitung sechs verschiedene Transpositionen zur Verfügung:

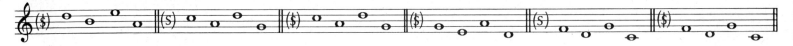

Einzelne Töne der Reihe erscheinen *eine Oktav höher oder tiefer* als andere. Mit Hilfe dieser Versetzung lassen sich aus den vier Tönen *Verlaufsformen* der Melodie gestalten, die *von dem Verlauf der Reihe* abweichen. Auf diese Weise entstehen die aufsteigenden Girlanden in Beispiel 2 und die rückläufige Melodie in Beispiel 3.

Töne der Reihen können auch — wie in der Begleitung zu Beispiel 3 — *im Zusammenklang* verwendet werden.

Melodien, die aus mehreren Transpositionen der Reihe entstehen, lassen sich *nicht* in eine *Tonart* einordnen. Die Töne der Reihe stehen gleichberechtigt nebeneinander, sie sind nicht auf einen Grundton bezogen. Ihren musikalischen Zusammenhang erhalten sie durch die rhythmische und melodische Gestaltung, die auf eine Entsprechung und Verknüpfung einzelner Melodieglieder abzielt.

In die Melodiebildung und Konstruktion der Begleitklänge können auch die Spiegelungen Umkehrung, Krebs und Umkehrungskrebs einbezogen werden (▷ Motiventwicklung S. 146 ▷ Andante S. 148 ▷ *Modellbogen IV 21* ▷ Zwölftontechnik ▷ Schönberg)

Mstislav
Rostropowitsch
(*1927)

Julian Bream
(*1933)

Ingrid Heiler (*1926)
am Sassmann-Cembalo
des Apostelgymnasiums
Köln

Nicanor Zabaleta
(*1907)

III. Geschlossene Tonräume

Der Quintraum oder Fünftonraum
▷ Maße für Tonabstände (Intervalle) S. 35/36
▷ Natürliche Intervalle S. 59

Singt und spielt die Melodie! Bestimmt das Intervall zwischen dem tiefsten und höchsten Ton. ▷ S. 35, 59. Welche Tasten und Töne werden in diesem Raum verwendet? Beobachtet den Melodieverlauf! Welche Bedeutung haben die begrenzenden Töne?

● Viele Melodien oder Melodieteile, die sich im *Raum einer Quinte* bewegen, benutzen alle fünf Töne, die von diesem Intervall eingegrenzt werden. Der Quintraum kann dann auch **Fünftonraum** genannt werden.

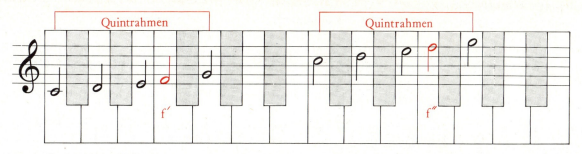

- Das Quintintervall faßt den dichtbesetzten Fünftonraum zusammen. Häufig sind die Töne der Quinte deutlich als Grenztöne des Melodieverlaufes ausgebildet. Alle diese Melodien enden im *unteren Ton der Quinte*, der starke Schlußwirkung hat und **Grundton** heißt.

Singt und spielt einige der folgenden Lieder, die euch bekannt sind, nach dem Gehör. Beachtet besonders die Melodieschlüsse und probiert aus, ob ein anderer als der Grundton eine vergleichbare Schlußwirkung hat. Gestaltet die Schlüsse dementsprechend um.

„Der Mond, der scheint" — „Der Kuckuck und der Esel" — „Hänsel und Gretel" — „Summ, summ, summ ..." — „Was soll das bedeuten, es taget ja schon" S. 144 — „Winter ade!" 📖 95 — „Jingle, Bells!"

📖 62: Schreibt einen Melodieschluß auf.

Hört und musiziert das folgende Lied. Bestimmt seinen Bewegungsraum und übertragt einige Beispiele aus dem Fünftonraum c—g in diesen neuen Raum. ▷ „Die Nachtigall" S. 32*

Gentil Coquelicot
(Ich gehe in mein Gärtelein)

Aus Frankreich

2. Um mir zu pflücken Rosmarein: ich sammle kaum drei Zweige ein.
3. ... da fliegt die Nachtigall herein.
4. ... sie sagt drei Worte in Latein.
5. ... die Männer brächten immer Pein.

Ausführung: Mit der zweiten Zeile jeder Strophe beginnt die folgende.

6. ... doch schlimmer noch die Burschen sei'n.
7. ... von Damen schwieg sie allgemein.
8. ... und lobt die Mädchen nur allein.

Deutsche Fassung: L. Holzmeister
Aus: Die Fidel, 130, Fidula-Verlag, Boppard/Rh.

Der Quartraum oder Viertonraum

▷ Dreitonordnungen auf weißen und schwarzen Tasten S. 35

Kunststück

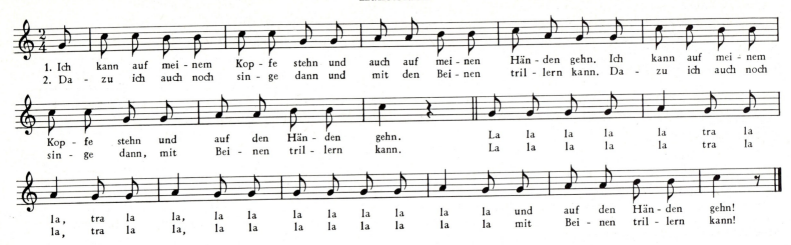

Singt und spielt die Melodie.

Welches Intervall wird von ihrem tiefsten und ihrem höchsten Ton gebildet? Welche Tasten und Töne werden in diesem Raum verwendet?

Beobachtet den Melodieverlauf, welche Bedeutung haben die begrenzenden Töne?

● Viele Melodien oder Melodieteile, die sich im *Raum einer Quarte* bewegen, benutzen alle vier Töne, die von diesem Intervall eingegrenzt werden. Dieser Quartraum wird deshalb auch **Viertonraum** genannt.

Melodien im Viertonraum sind meist auf den *oberen Begrenzungston* als ihren **Grundton** ausgerichtet.

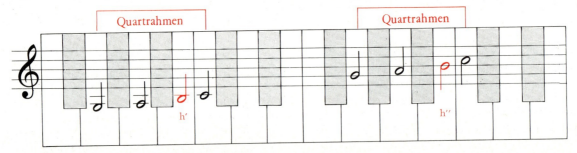

📖 63: Erfindet eine Viertonmelodie zu dem Ruf
„Ihr Herren mein,
der Sommer ist fein!"

▷ „My wife and I" S. 63*

Benennt und erläutert diese Ordnungsbilder:

Die natürlichen Intervalle

▷ Maße für Tonabstände S. 35

Intervalle auf weißen Tasten

Übersicht

● Singt in zwei Gruppen Tonleiter und Liegeton!

Den Abstand zwischen zwei Tönen (Noten) nennt man Intervall.

Das Intervall kann aufwärts oder abwärts gerichtet sein!

Das Intervall könnt ihr an der Anzahl der Töne der Tonleiter messen.

Ihr zählt: 1. die Stellen im Notensystem,
2. die Tonnamen der Stammtöne,
3. die weißen Tasten des Klaviers.

Beispiel für die Quinte:

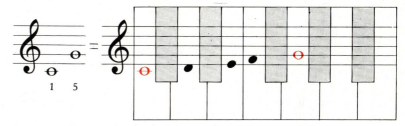

Der Abstand
von einem *ersten* zu einem *ersten* Ton heißt: **Prime**[4]
zu einem *zweiten* **Sekunde**[4]
zu einem *dritten* **Terz**[4]
zu einem *vierten* **Quart**[4]
zu einem *fünften* **Quint**[1]
zu einem *sechsten* **Sext**[2]
zu einem *siebten* **Septime**[3]
zu einem *achten* **Oktave**[4]

---

[1] lat. quintus — der fünfte
[2] lat. sextus — der sechste
[3] lat. septimus — der siebente
[4] ▷ S. 35/36

Die Tonart C-Dur

Der Oktavraum

Herrn Pastorn sin Kau!

Über ganz Norddeutschland verbreitet

1. Kennt ji al dat ni-ge Leed, ni-ge Leed, ni-ge Leed, wat die gan-ze Stadt al wet von Herrn Pa-storn sin Kau? Ja! Sing man tau, sing man tau von Herrn Pa-storn sin Kau, ja, ja, sing man tau, sing man tau von Herrn Pa-storn sin Kau![1]

Singt und spielt das Lied.

Legt den Tonvorrat der Melodie mit Tonkärtchen *Modellbogen II 4a* in das Tastenbild (Arbeitsheft, Umschlagseite 1).

📖 64: Schreibt ihn in die Klaviertasten.

Welchen Tonraum umfaßt die Melodie des Liedes? In welchem Bereich des ermittelten Tonraumes bewegt sich vorwiegend der erste Teil (Vorstrophe mit wechselndem Text), in welchem der zweite Teil (Refrain, Kehrreim mit gleichbleibendem Text)? Wo berühren sich beide Räume?

Welche Bedeutung hat der Wechsel des Tonraumes für die Stimmung des Liedes?

▷ „My wife and I" S. 63*

Die C-Tonleiter

● Der Tonvorrat des Liedes von „Herrn Pastor sin Kau" umfaßt mit *Quintraum und Quartraum* zusammen den *Oktavraum* zwischen c' und c''.

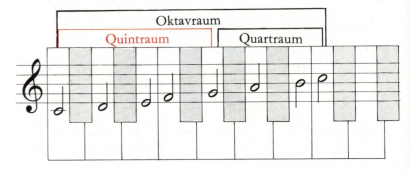

---

[1] 2. Ostern wär se dick und drall, Pingsten läg se dot in'n Stall.
3. As de wör in Stücken sneeden, hot dat ganze Dörp wat kreegen.
4. Un de Köster Dünnelang kreegt den Steert as Glockenstrang.
5. Un de olle Stadtkapell kreegt een niget Trommelfell.

6. Unse nige Füerwehr kreegt een Pott vull Wagenschmeer.
7. Dat linke Oog von unse Kau, dat kreegt — ik weet nich mehr genau.
8. Das rechte Oog hew'k ok vergäten, ik glöw, dat hebbt de Swin upfräten.
9. De Seel, de stiegt den Himmel tau, denkt wör jo ne Pastorenkau.

● Diese Leiter ist begrenzt durch den unteren und den oberen Grundton *c*. Wir nennen sie deshalb **C-Leiter**.

Legt die C-Leiter mit euren Tonkärtchen *Modellbogen II 4a* in das Modellklavier (Arbeitsheft, Umschlagseite 1). Vergleicht euer Ergebnis mit dem Schaubild oben.

Große und kleine Sekundschritte

Spielt den Anfang des Liedes von „Herrn Pastorn sin Kau" auf den weißen Tasten von dem Ton *d* aus! Hat die Melodie den gewohnten Klang?

Der wievielte Ton klingt falsch? Wie heißt er? Klingt er höher oder tiefer als erwartet?

● Vergleicht man bei der Verschiebung des Tonraumes die Tonfolgen *c — d — e* mit den Tonfolgen *d — e — f*, so klingt der dritte Ton, das *f*, tiefer als erwartet. Der Abstand zu seinem unteren Nachbarton *e* ist kleiner.

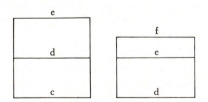

Die Töne *d—e* haben den Abstand einer *großen Sekunde* oder eines *Ganztonschrittes*;

die Töne *e—f* haben den Abstand einer *kleinen Sekunde* oder eines *Halbtonschrittes*.

Diese *Unterschiede* kann man *hören*, am Notenbild lassen sie sich *nicht ablesen*.

Betrachtet die *Tasten d—e* und *e—f* auf euren Instrumenten oder auf dem Modellklavier. Vergleicht die Lage der Tasten zueinander, die Gestaltung des Raumes zwischen ihnen.

● Den Größenunterschied der *Sekunden* kann man *am Tastenbild ablesen*: Bei der großen Sekunde liegt zwischen den beiden weißen Tasten eine schwarze; bei der kleinen Sekunde fehlt sie!

Kleine Sekunden liegen also zwischen den Tönen *e—f* und *h—c*.

Wiederholt das Hörexperiment für den Halbtonschritt *h—c*, indem ihr das Lied von „Herrn Pastorn sin Kau" mit den Tönen *g* und *a* beginnt.

Das Durmodell

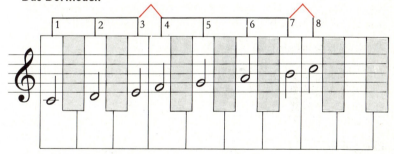

Ihr wißt jetzt, daß in der C-Leiter neben den fünf großen nur zwei kleine Sekunden stehen!

In das Schaubild sind Abstandszeichen für die Sekunden eingetragen:

— für die *große* Sekunde ⬜

— für die *kleine* Sekunde mit genau der halben Breite .

Beachtet, daß die senkrechten Striche genau auf den Notenkopf in der Mitte des Feldes darunter weisen!

- Die kleine Sekunde *e—f* liegt *zwischen der dritten und vierten Stufe*, die kleine Sekunde *h—c zwischen der siebenten und achten* Stufe der C-Leiter.

  Eine Tonleiter mit diesem Aufbau heißt *Dur-Tonleiter*. Die *C-Dur-Tonleiter* ist nur *ein* Mitglied der Dur-Familie.

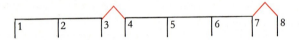

📖 65: Schreibt über die C-Dur-Leiter das Dur-Modell.

Vergleicht Lieder mit Tonleitermelodik, z. B. „Komm doch und folge mir" 📖 114

Anziehung zwischen Tönen

Die Töne der C-Dur-Tonleiter, die im *Abstand eines Halbtonschrittes* stehen, haben *besondere Eigenschaften*, die sich in einem Versuch aufzeigen lassen.

Der Leitton

Spielt und singt die Melodien! Lauscht besonders, was jeweils bei den letzten Tönen geschieht! Zu welchem Abschlußton streben sie hin?

📖 66: Schreibt die Beispiele mit ihren Abschlüssen auf.

- Berühren die Melodien den *Ton h*, so werden sie von ihm zum Grundton *c* geleitet. Der Ton *h* heißt deshalb **Leitton**. Er steht *auf der 7. Stufe* der C-Dur-Tonleiter.

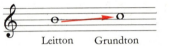

Der Gleitton

Singt und spielt diese Melodien und lauscht wieder, zu welchem Ton sie hinstreben, damit sich zusammen mit dem Liegeton eine Abschlußwirkung einstellt!

📖 67: Schreibt die Beispiele mit ihren Abschlüssen auf.

- Berühren die Melodien den *Ton f*, so gleiten sie zum Ton *e* herunter, wenn man seinem Tonwillen folgt. Der Ton *f* heißt deshalb **Gleitton**. Er steht *auf der 4. Stufe* der C-Dur-Tonleiter.

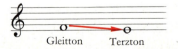

Leitton und Gleitton stehen im Halbtonabstand zu ihren Zieltönen.

Stellt ihr euch vor, daß die Zieltöne Leit- und Gleitton anziehen, so werdet ihr an einen Magneten erinnert, der nur dann wirkt, wenn das Eisen nahe liegt. Erläutert, was dieses Bild sagen will:

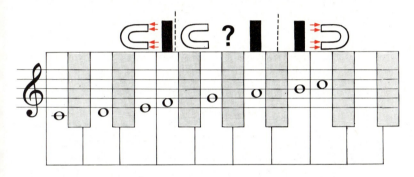

Wenn Leitton und Gleitton gleichzeitig erklingen, tritt ihre Spannungswirkung besonders hervor.

Singt und spielt das Beispiel.

📖 68: Schreibt den dritten und vierten Takt, die Auflösung!

Spielt nochmals die Melodien im vollständigen Quartraum (S. 58) und *begründet* nun, warum sie im Grundton schließen müssen.

Wiederholt Melodien, die im Quintraum stehen (S. 56), zeigt, wo der Ton *f* als Gleitton weitergeführt wird und beobachtet, welcher Ton am Ende des jeweiligen Melodieabschnitts steht.

● Durch den Leitton wird der *Quartraum* auf den oberen Grundton gerichtet. Er heißt deshalb auch **Leittonraum**. Durch den Gleitton wird der *Quintraum* auf den unteren Grundton gerichtet. Er heißt deshalb auch **Gleittonraum**.

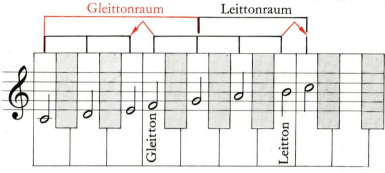

Leittonraum und Gleittonraum im Lied

Spielt „Fuhrmann und Fährmann" S. 66*; „Ich bin das ganze Jahr" S. 60*

Zeigt, wo sich Leitton und Gleitton auflösen und wo sie das Erscheinen des oberen und unteren Grundtones vorbereiten. Untersucht die Großraumordnung des Liedes von „Herrn Pastorn sin Kau", S. 60 und der beiden eben genannten Beispiele, indem ihr ihren Melodieverlauf jeweils mit einer Kurve in eine Übersicht eintragt. 📖 69

Welche der Lieder sind am oberen Grundton „aufgehängt", welche bewegen sich vom unteren zum oberen Grundton hin? In den beiden letzten Liedern schwingt die Melodie über den oberen Grundton hinaus. Begründet das vom Text her.

IV. Tonleiter- und Intervallehre

Dur-Tonarten mit einem abgeleiteten Ton

Die Tonart G-Dur

Der abgeleitete Ton fis

Singt das Lied „Nun will der Lenz uns grüßen".
Spielt nun den Melodieanfang nach den folgenden Noten.

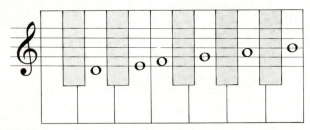

Zeigt an den Noten im Tastenbild die Melodie, die ihr *gespielt* habt; zeigt vor allem den ungewohnten Ton, der anders klingt, als vorher beim Singen. Klingt er *zu hoch* oder *zu tief*?

Welche Taste müßt ihr spielen, damit der Melodieanfang eurem Gesang entspricht?
● Der richtige Ton klingt um einen *halben Tonschritt höher* als der Ton *f*. Man spielt ihn auf der *schwarzen Taste rechts* neben der Taste *f*. Der Ton *f* verhilft dem neuen Ton auf der schwarzen Taste zu seinem Namen: *fis* wird *aus f + is* gebildet.
Die Note *f* gibt der Note *fis* ihre *Stelle im Notensystem*. Sie unterscheidet sich von der Note *f* nur durch das Kreuz als Vorzeichen, das die Form eines Leiterchens hat. Das *Kreuz* ist *Zeichen der Erhöhung* um einen halben Tonschritt.

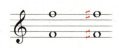 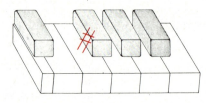

---

[1] 1. Nun will der Lenz uns grüßen, von Mittag weht es lau;
aus allen Ecken sprießen die Blumen rot und blau.
Draus wob die braune Heide sich ein Gewand gar fein
und lädt im Festtagskleide zum Maientanze ein.
2. Waldvöglein Lieder singen, wie ihr sie nur begehrt;
drum auf zum frohen Springen, die Reis' ist Goldes wert!
Hei, unter grünen Linden, da leuchten weiße Kleid'!
Heija, nun hat uns Kinden ein End all Wintersleid.
Aus dem 17. Jh. Text frei nach Neidhard von Reuenthal (um 1230)

● Der Ton *f* ist **Stammton**, der Ton *fis* ein von ihm **abgeleiteter Ton.**

Im ganzen Lied wird der abgeleitete Ton fis anstelle des Stammtones verwendet.

Der Quartraum in der Tonart G-Dur; fis als Leitton

Singt und spielt das folgende Lied. — Welche der Melodieglieder fallen durch eine besonders starke Schlußwirkung auf?

Schön ist die Welt
Aus Hessen

Schön ist die Welt, drum, Brü-der, laßt uns rei-sen, wohl in die wei-te Welt, wohl in die wei-te Welt.[1]

Tragt den Tonvorrat des einleitenden Rufes „Schön ist die Welt" und die Zeichen für die Sekundabstände in das Klavierbild von 📖 70 ein.

Untersucht
— den Abstand von seinem tiefsten zu seinem höchsten Ton,
— die Größe der Sekundschritte
— Richtung und Ziel der Melodie,
— die besondere Aufgabe, die der Ton *fis* hat.

Nennt zusammenfassend Tonraum und Grundton der Melodie.

● Der **Quartraum (Viertonraum)** *d—e—fis—g* wird durch den *Leitton fis* auf den *Grundton g* gerichtet. Er ist **Leittonraum** der **Tonart G-Dur.**

Übertragt Melodien aus dem Quartraum von C-Dur (S. 58) in den Quartraum von G-Dur. Erfindet selbst kurze Melodien im Quartraum beider Tonarten.

📖 71: Spielt und schreibt sie.

Soll ein ♯ nicht nur für eine einzelne Note, sondern für eine ganze Zeile gelten, so setzt man es einmal an den Zeilenanfang hinter den Violinschlüssel.

Spielt und singt die folgenden Liedausschnitte. — Welchem Quint- oder Quartraum gehören sie an? Bestimmt jeweils den Grundton und den Leit- oder Gleitton. Übertragt die Beispiele auch in andere Quint- oder Quarträume.

Kommt und laßt uns fröhlich sein. Ich bin das ganze Jahr vergnügt. Schön ist die Welt.

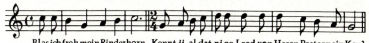

Blas ich froh mein Rinderhorn. Kennt ji al dat ni ge Leed von Herrn Pastorn sin Kau?

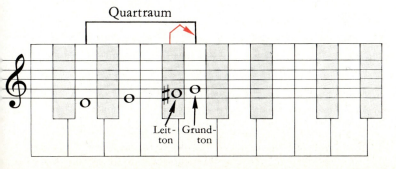

Quartraum
Leitton   Grundton

[1] 2. Wir sind nicht stolz, wir brauchen keine Pferde, die uns von dannen ziehn.
3. Wir steigen hin auf Berge und auf Hügel, wo uns die Sonne sticht.
4. Wir laben uns an jeder Felsenquelle, wo frisches Wasser fließt.
5. Wir reisen fort von einer Stadt zur andern, wo uns die Luft gefällt.

Die tiefe Stellung des Quartraumes in G-Dur-Liedern

Singt und untersucht das folgende Lied:

Untersucht ferner:

„Nun will der Lenz uns grüßen" S. 64; „Schön ist die Welt" S. 65

Welche Melodieglieder bewegen sich im *Quartraum*? In welcher *Klanglage* befinden sich diese Teile im Vergleich zu den anderen Abschnitten der Melodie? Welche Lage hat der *Grundton* zwischen dem tiefsten und höchsten Ton der ganzen Melodie?

📖 72: Zeichnet die Melodiekurven in die Zeitleisten. Betrachtet die Leiste als Grundtonhöhe.

Vergleicht die Kurven mit dem Raumverlauf der Melodien in C-Dur. ▷ S. 60.

● Haben G-Dur-Lieder ungefähr den Tonumfang einer Oktave, so sind Quint- und Quartraum der Tonart vertauscht: Der *Quartraum liegt unter dem Quintraum*.

● Die Räume stoßen im *Grundton* zusammen, der nun fast *in der Mitte des Tonumfangs* liegt.

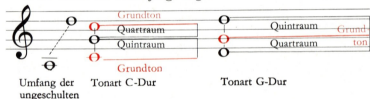

Ihr seht: Diese Anordnung von Quartraum und Quintraum ist durch den Umfang der ungeschulten Stimme bedingt.

---

[1] 2. Wem nicht geschenkt ein Stimmelein, zu singen froh und frei, mischt doch darum sein Lob darein mit Gaben mancherlei und stimmt auf seine Art mit ein, wie schön der Morgen sei.

3. Zuletzt erschwingt sich flammengleich mit Stimmen laut und leis aus Wald und Feld, aus Bach und Teich, aus aller Schöpfung Kreis ein Morgenchor, an Freude reich, zu Gottes Lob und Preis.

Aus: Kleines Liederbuch, Bärenreiter-Verlag, Kassel

Die G-Dur-Tonleiter

Legt mit den Tonkärtchen *Modellbogen II 4a, b* den Tonvorrat von G-Dur in das Tastenbild (Arbeitsheft, Umschlagseite 1):
— bei tiefer Stellung des Quartraumes *unter* dem Quintraum. (Den Tonvorrat könnt ihr der Tonleiterbewegung in den Takten 5 — mit Auftakt — und 6 des Liedes „Schön ist die Welt", S. 65, entnehmen.)
— bei Normalstellung des Quartraumes *über* dem Quintraum. (Zu diesem Zweck müßt ihr die Töne des Quartraumes eine Oktave höher stellen.)

📖 73: Schreibt als Test die G-Dur-Tonleiter in Normalstellung. Zeichnet zur Kontrolle das Durmodell darüber.

▷ „Ich gehe in mein Gärtelein" S. 57.

Die Tonart F-Dur

Der abgeleitete Ton hes

Singt das Lied „Ich bin der junge Hirtenknab" S. 62*.

Spielt nun den Melodieanfang nach folgenden Noten:

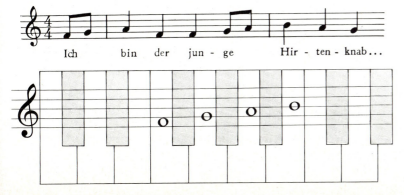

Welcher Ton klingt anders als vorher beim Singen? Liegt er *zu hoch* oder *zu tief*? Welche Taste müßt ihr spielen, damit der Melodieanfang eurem Gesang entspricht?

🔴 Der richtige Ton klingt um einen *halben Tonschritt tiefer* als der Ton h. Man spielt ihn auf der *schwarzen Taste links* neben der Taste h. Der Ton h verhilft dem neuen Ton auf der schwarzen Taste zu seinem Namen: *hes* wird *aus h + es* gebildet.

Die Note h gibt der Note hes ihre *Stelle im Notensystem*. Sie unterscheidet sich von der Note h nur durch das ♭. Das ♭ ist *Zeichen der Erniedrigung* um einen halben Tonschritt.

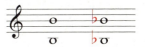

Der Ton **h** ist **Stammton**, der Ton **hes**, häufiger *b* genannt, ein von ihm **abgeleiteter Ton**.

Im ganzen Lied wird der abgeleitete Ton *hes* (*b*) anstelle des Stammtones *h* verwendet.

Der Quintraum in der Tonart F-Dur; b als Gleitton

Weise: aus Frankr., 13. Jahrh.

Kommt und laßt uns fröh - lich sein!¹

Tragt den Tonvorrat dieses Rufes und die Zeichen für die Sekundabstände in das Klavierbild von 📖 74 ein und untersucht die Merkmale:

— den Abstand von seinem tiefsten zu seinem höchsten Ton,
— die Größe der Sekundschritte,

---
[1] Kommt und laßt uns tanzen singen, Kommt und laßt uns fröhlich sein!

Textunterlegung: Fritz Jöde ▷ S. 65.
Möseler Verlag, Wolfenbüttel und Zürich.

— Richtung und Ziel der Melodie,
— die besondere Aufgabe, die der Ton *hes* hat!

Nennt zusammenfassend Tonraum und Grundton der Melodie.

● Der Quintraum (Fünftonraum) *c—hes(b)—a—g—f* wird durch den *Gleitton hes* auf den *Grundton f* gerichtet. Er ist **Gleittonraum** der **Tonart F-Dur**.

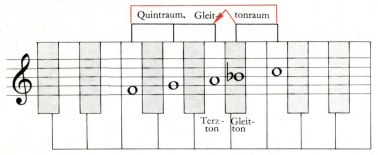

📖 75: Übertragt Melodien aus dem Quintraum von C-Dur (S. 56) und G-Dur (S. 65) in den Quintraum von F-Dur.

▷ „Lied vom Fuchs" S. 14*

Der Melodieverlauf von Liedern in F-Dur

Untersucht die Anordnung von Quintraum und Quartraum in den folgenden Liedern: „Das Feld ist weiß" S. 57*; „Ich bin der junge Hirtenknab" S. 62*.

▷ Umfang der Kinderstimme S. 66; S. 254 f.

Die F-Dur-Tonleiter

Legt mit Tonkärtchen *Modellbogen II 4a-c; III 5* die F-Dur-Tonleiter in das Klaviermodell und schreibt sie dann als Test mit dem Durmodell in das Klavierbild von 📖 76.

Weitere Durtonleitern

Erhöhte Stammtöne auf schwarzen Tasten

Der abgeleitete Ton *fis* entsteht durch Erhöhung aus dem Stammton *f*.

Zu den Tönen *c, d, g* und *a* könnt ihr entsprechend abgeleitete Töne bilden.

— Der Stammtonname *f* und die angehängte Silbe *-is* ergeben den *Namen* des erhöhten Tones *fis*.

Wie heißen die Töne, die auf gleiche Weise von den Stammtönen *c, d, g* und *a* abgeleitet werden? Schreibt sie auf. 📖 77

— Die *Note fis* nimmt im Notensystem die gleiche Stelle ein wie die Note *f*. Ihr unterscheidet sie durch das ♯.

📖 77b: Schreibt die Noten *c, d, g* und *a* und ihre erhöhten Ableitungen in das Notensystem.

— Die *Taste fis* liegt unmittelbar rechts neben der Stammtaste *f*. Legt die Tonkärtchen der Stammtöne *c, d, f, g, a* und ihre abgeleiteten Töne in das Tastenbild (*Modellbogen II 4a, b, d*).

📖 77c: Schreibt beide Reihen als Test in das Tastenbild.

— Der *Ton fis* klingt einen halben Tonschritt höher als der Ton *f*. Wie klingen die anderen erhöhten abgeleiteten Töne, wenn ihr sie gleich nach ihren Stammtönen spielt und singt?

Durtonleitern, die Stammtöne zum Grundton haben

Am folgenden Beispiel könnt ihr erkennen, wie sich **neue Durtonleitern** entwickeln lassen. Geht von der lückenlosen *Stammtonreihe d'—d"* aus.

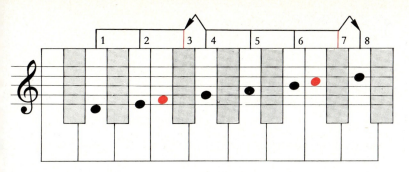

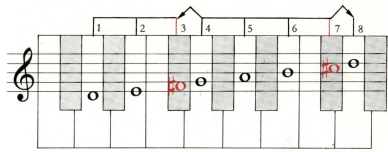

Nach diesem Verfahren wird aus der Stammtonreihe *d'—d''* die D-Dur-Tonleiter:

Spielt auf euren Instrumenten diese Stammtonreihe aufwärts und abwärts und singt sie auf Intervallsilben nach.

Intervallsilben kennzeichnen die Größe des Sekundschrittes. Wir bezeichnen einen Ganztonschritt durch „no", einen Halbtonschritt durch „nü". Der Anfangston behält seinen festen Tonnamen. Die oben abgebildete Leiter bezeichnen wir also durch *d* no nü no usw.

Ihr bemerkt, daß die *Stammtonreihe d'—d'' nicht* wie eine *Durtonleiter* klingt. Verändert nun die fremd klingenden Stammtöne. Probiert mit Spielen und Singen, bis ihr den durgerechten Leiterklang gefunden habt.
Die roten Stammtöne im Beispiel oben stehen nicht unter den zugehörigen roten Zeichen bei 3 und 7 im Durmodell. Sie müssen mit Hilfe von Vorzeichen an ihren Platz gerückt werden.

Legt die Leiter mit den neugewonnenen Tönen mit Tonkärtchen in das Tastenbild und zur Kontrolle das Durmodell darüber *(Modellbogen II 4a, b, d; III 5)*.

📖 78a: Schreibt die Tonleiter mit Modell als Test in das Klavierbild. Vergeßt die Vorzeichen nicht.

Tonleitern in E-Dur, G-Dur, A-Dur und H-Dur

Entwickelt nach dem dargelegten Verfahren die Tonleitern E-Dur, G-Dur, A-Dur und H-Dur *(Modellbogen II 4a, b, d).*
📖 78b

Achtet darauf, daß ihr in keiner der Tonarten einen Stammton unverbraucht überschlagt oder einen anderen doppelt — z. B. als Stammton und abgeleiteten Ton — verwendet.

📖 78c: Schreibt das folgende fehlerhafte Beispiel leitergerecht auf.

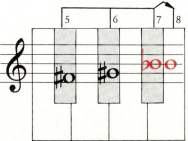

Übungen

Singt Durtonleitern mit ihren *festen Tonnamen* und auch mit den *Intervallsilben* no und nü.

Spielt Durtonleitern auf den Tasteninstrumenten mit dem *Intervallfingersatz* 1—2—3 4—1—2—3 4. Die Halbtonschritte werden bei diesem Fingersatz immer vom dritten und vierten Finger, das sind Mittelfinger und Ringfinger gegriffen.

Spielt und hört Lieder und Musikstücke in den oben genannten Tonarten; bestimmt Leitton- und Gleittonraum.

Quintverwandtschaft zwischen den Durtonleitern

📖 79: Stellt die Namen aller erarbeiteten Durtonleitern mit Zahl und Art der Vorzeichen nach zwei Gesichtspunkten in den Listen zusammen:

— nach *Grundtönen* geordnet in der Reihenfolge der benachbarten weißen Tasten: C-Dur, D-Dur, E-Dur, F-Dur usw.,
— nach *Art und Anzahl der Vorzeichen* geordnet: ein ♭, kein Vorzeichen, ein ♯, zwei ♯ usw. Erkennt ihr regelmäßige Zusammenhänge?

Welche *Leiterstufe* ist von der Veränderung betroffen, wenn ein ♯ oder ein ♭ neu hinzutritt? Schreitet von C-Dur aus nach rechts und links fort.

Welchen *Abstand* haben die *Grundtöne* der Tonarten, die in Liste 2 nebeneinanderstehen?

● Tonarten, deren *Grundtöne* untereinander das Intervall einer *Quinte* bilden, sind **quintverwandt**. Ihr Tonvorrat unterscheidet sich in *einem* Ton. In den ♯-Tonarten ist der neue Ton *Leitton* auf der 7. Leiterstufe, in den ♭-Tonarten ist er *Gleitton* auf der 4. Leiterstufe.

Reine Intervalle

Quinten und Quarten

▷ Der Auftakt S. 31; Quintraum S. 56; Quartraum S. 58

Sprünge über Quartraum und Quintraum in Auftakt und Volltakt

Welcher Melodieanfang springt über den *Quart*raum, welcher über den *Quint*raum? Auf welcher *Zählzeit* steht in diesen Sprüngen jeweils der Grundton der Tonart? Untersucht, wo ein Quint- oder Quartintervall in den Grundton *hinein*führt, wo es aus dem Grundton *heraus*führt!

Welche Intervallbewegung ist mit dem *Auftakt* verbunden, welche mit dem *Volltakt*?

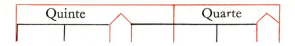

Ich wollt ein Bäumlein stei-gen, das nicht zu stei-gen war!⁴

Das Modell der Durtonleiter zeigt:

Die **Quinte** faßt *drei* Ganztonschritte und einen Halbtonschritt zusammen.

Die **Quarte** faßt *zwei* Ganztonschritte und einen Halbtonschritt zusammen.

Als Grundtonintervalle¹ überspringen Quinte und Quarte den Quintraum und Quartraum der Tonart.

Der *Grundton* steht meist auf *betonter Zählzeit*, so daß der Sprung in den Grundton *hinein* in der Regel *auftaktig*, der Sprung aus dem Grundton *heraus* in der Regel *volltaktig* ist.

Quinte und *Quarte*, *Oktave* und *Prime* bilden das *tragende Gerüst vieler Melodien* und der in ihnen dargestellten *Tonarten*.

Diese Intervalle von tragender Kraft heißen **reine Intervalle**².

📖 ³ Erfindet Melodieanfänge mit Quart- und Quintbeginn und schreibt sie auf!

Erprobt die Feststellungen der vorausgehenden Merksätze an den folgenden Beispielen! Singt mit guter Betonung der ersten Zählzeit!

Als ich ein-mal rei-ste in das Sach-sen-Wei-mar-land.

Wach auf mein Her-zens-schö-ne.

Freie Quint- und Quartsprünge

Quint- und Quartsprünge können auch unabhängig von Quintraum und Quartraum gebildet werden. Spielt und singt Quint- und Quartketten in den Tonarten C-Dur, G-Dur und F-Dur.

📖 80: Schreibt einige der Intervalle in die Klavierbilder, und zwar jeweils auf die Taste, die zum *tiefsten* Intervallton gehört.

---

¹ Im „Grundtonintervall" ist der Grundton der Tonart Intervallton.
² Nähere Erläuterungen zu den reinen Intervallen, die auch zum Verständnis ihres Namens beitragen, siehe in den Kapiteln „Der Zusammenklang reiner Intervalle", „Die Umkehrung der Intervalle", „Verschmelzung und Farbwert von Intervallmixturen", „Die Wertigkeit der Intervalle".
³ Für Aufgaben ohne Ziffer stehen die freien Seiten 70/71 im Arbeitsheft zur Verfügung.
⁴ 1. Ich wollt' ein Bäumlein steigen, das nicht zu steigen war. Da brachen alle Äste ab, da brachen alle Äste ab, und ich fiel in das Gras, und ich fiel in das Gras.
2. Ich meint', es wär eine Drossel, da war's eine Nachtigall. Und da war's mein wacker schönes Mädchen, und da war's mein wacker schönes Mädchen, die meine werden soll, die meine werden soll.
3. Dort unter der Schönauer Linde, da geht ein freier Tanz. Und da nahm ich mein wackerschönes Mädchen, und da nahm ich mein wackerschönes Mädchen, vertraulich bei der Hand, vertraulich bei der Hand.
4. Der Vater und die Mutter, die waren auch dabei. Und die wollten gerne wissen, und die wollten gerne wissen, was ich für einer sei, was ich für einer sei.
5. Was braucht's denn jeder wissen, was ich für einer bin: wenn ich mein Mädel gerne hab', wenn ich mein Mädel gerne hab', was geht's die Leute an, was geht's die Leute an?

Text und Melodie aus: H. Pröhle, Volkslieder und Volksschauspiele, 1855

Übung: Erfindet kleine Melodien, in denen Quint- und Quartintervalle auch außerhalb des Quint- und Quartraumes vorkommen. Schreibt sie auf.

▷ Gretschaninow, „In den Bergen" S. 77* und Kuhnau, „Kampf zwischen David und Goliath" S. 84*.

Der Zusammenklang reiner Intervalle

Klangband und Klangmixtur

Singt, spielt und hört folgende Liedausschnitte.

Untersucht:

Wie werden die reinen Intervalle verwendet?

Wie viele verschiedene *Stimmen* könnt ihr jeweils *unterscheiden*? Kann man sie als selbständig und unabhängig bezeichnen?

In welchen Beispielen könnt ihr die Stimmen *deutlich*, in welchen *weniger deutlich* unterscheiden? Stellt eine Rangordnung auf!

[1] 1. Old Mac Donald had a farm EIEIO. And on his farm he had some chicks, EIEIO. With a chick-chick here, and a chick-chick there, here a chick, there a chick, Ev'ry where a chick-chick.
2. ..... some ducks (quack - quack)
3. ..... some geese (gabble - gabble)
4. ..... a pig (oink - oink)
5. ..... a cow (moo - moo)
6. ..... a car (rattle - rattle)

Versucht zu beschreiben, wie sich der *Klang* der Melodien beim Hinzutreten gleicher Intervalle verändert!

🔴 Erklingen die Töne eines Intervalls nicht hintereinander wie in einer Melodie, sondern *gleichzeitig*, so verschmelzen sie in unserem Gehör zu einem **Klang**. Das Ergebnis dieser Klangmischung nennt man auch — nach einer Orgelstimme — **Mixtur**[1]. In der Mixtur wird der Klang verbreitet und dadurch auch in seiner **Farbe** verändert. Melodien, die in gleichbleibendem Intervallabstand parallel zueinander laufen, verschmelzen zu einem Klang- oder Mixturband.

Den *höchsten Verschmelzungsgrad* haben — wie in den Beispielen — die *reinen Intervalle*, unter ihnen an erster Stelle Prime und Oktave. Das könnt ihr beim Gemeinschaftssingen von Männerstimmen mit Frauen- oder Kinderstimmen beobachten. Häufig werden aber auch unbewußt Quintparallelen gesungen, ein Beweis für den hohen Verschmelzungsgrad des Intervalls.

📖 Spielt, singt und schreibt selbsterfundene Quint- und Quartmixturen. Die Liedmelodien von „Christ ist erstanden" (S. 49*) und „Es sungen drei Engel" (S. 49*) lassen sich zu Klangmixturen verbreitern.

▷ die *Grundklangmixturen* (Bordun) im Lied „Eines Tages früh" S. 10*, in den Stücken „In den Bergen" S. 77* und „Pifa" aus dem Oratorium „Der Messias" S. 81*, in gebrochener Form auch in „Juchee" S. 87*.

Die Umkehrung der Intervalle

Reine Quinten und Quarten im Umkehrungspaar

Singt und spielt die Montage der Liedanfänge (Beispiel A) und den Seemannsruf (Beispiel B)!

Richard Wagner (1813—83)
Aus der Oper: Der Fliegende Holländer.

Welchen *großen* Intervallraum durchmessen die Beispiele? Worin unterscheiden sich die beiden Beispiele im Hinblick auf Quinte und Quarte?
Nennt von unten nach oben die Namen der Töne, aus denen die zusammengehörenden Quint- und Quartintervalle gebildet werden! Was fällt euch dabei auf?

🔴 Ergänzt man eine *Quinte zur Oktave*, so entsteht im Oktavrahmen eine *Quarte*, ergänzt man eine *Quarte zur Oktave*, so entsteht im Oktavrahmen eine *Quinte*.

Die *Teilintervalle im Oktavrahmen* bilden ein **Intervallpaar**. Die Teilintervalle haben *Töne gleichen Namens in umgekehrter Reihenfolge*:

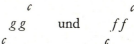

Ein *Intervallpaar* heißt deshalb auch **Umkehrungspaar**.

---

[1] Im *Orgelregister* vereinigen sich wenigstens *drei* Töne zum Mixturklang. Abweichend hiervon bezeichnen wir auch *zwei* parallel geführte Stimmen als Mixtur.

● Ein solches Umkehrungspaar entsteht auch, wenn man eine *Oktave durch einen Mittelton in eine Quinte und eine Quarte* gliedert.

Im Tastenbild findet ihr Umkehrungspaare aus Quinten und Quarten mit Hilfe des *Modells der Durtonleiter*: Die Gliederung in Quinte und Quarte, Quarte und Quinte erfolgt durch das 5. bzw. 4. Modellzeichen.

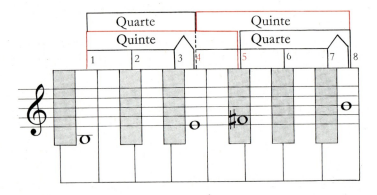

Übungen:

Bildet, den Beispielen entsprechend, zusammengehörende Quinten und Quarten, indem ihr

vom Intervallrahmen $d'—d''$,

vom unteren Quintintervall $e'—h'$,

vom oberen Quintintervall $a'—e''$ ausgeht.

📖 81: Schreibt die Beispiele auf.

📖 Erfindet kleine Melodien mit den Umkehrungspaaren Quinte/Quarte:

im Oktavrahmen $f—f$,

mit den Teilintervallen $h—fis$ oder $e—h$.

▷ Gretschaninow, „In den Bergen" S. 77*; „Das Feld ist weiß" S. 57*; „O Tannenbaum" S. 59*.

Teilung der Oktave in Umkehrungspaare

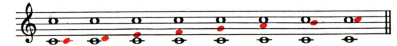

Das Beispiel zeigt euch *Umkehrungspaare*, die durch eine *wandernde Teilung der Oktave* entstehen. Spielt die Umkehrungspaare und bestimmt die Intervalle, die im Rahmenintervall der Oktave zusammenstehen.

📖 82: Schreibt sie auf.

Übt Umkehrungspaare auch in anderen Oktavrahmen und in der folgenden Weise:

Gemeinsam könnt ihr die Umkehrungspaare so darstellen:

Einer von euch singt die schwingenden Oktaven in halben Noten, während ein anderer in ganzen Noten die Tonleiter hinzufügt.

Die natürliche Moll-Tonart; a-Moll

Es saß ein schneeweiß Vögelein

Altes flämisches Lied

Textübertragung: W. v. Zuccalmaglio

Singt und spielt das Lied. Welche Tongruppen klingen ungewohnt und fremd?

Stellt fest:
— den Tonvorrat des Liedes, seinen Umfang,
— die Lage des Grundtones,
— die Stellung des Quartraumes in der Liedmelodie.

Legt den Tonvorrat mit den Kärtchen *Modellbogen II 4a-c, e*.

📖 83a: Tragt ihn in das Klavierbild ein.

Ordnet die Tonkärtchen dann so an, daß die Leiter *zwischen* den beiden Grundtönen steht. Den Tonvorrat des Quartraumes findet ihr in der Oberstimme.

📖 83b: Schreibt die Leiter auch in dieser *Normalform* auf.

Kennzeichnet die Sekundschritte der Leiter mit Hilfe der Modellzeichen und numeriert die Zeichen. Zwischen welchen Stufen liegen die Halbtonschritte?

[1] 2. Sag, willst du nicht mein Bote sein? „Ich bin ein zu klein Vögelein!"
3. Es nahm den Brief in seinen Mund, zog damit übern Tannengrund.
4. Es flog der Liebsten auf den Schoß: „Schläfst oder wachst oder bist du tot?"
5. „Ich bin getraut ein halbes Jahr, mich dünkt, es wären tausend Jahr!"

Könnt ihr den fremd klingenden Ton in der unten folgenden Tonleiter zeigen und seine Lage bestimmen?

● Eine Tonleiter mit den *Halbtonschritten* zwischen *zweiter und dritter* sowie zwischen *fünfter und sechster* Stufe heißt **natürliche Molltonleiter.**

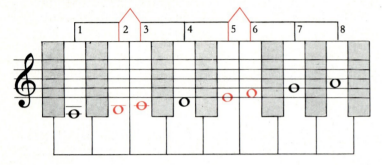

Beachtet, daß die Molltonarten im Gegensatz zu den Durtonarten mit kleinen Buchstaben geschrieben werden, also: A-Dur, aber a-Moll.

Lieder in der a-Moll-Tonart benützen im Hinblick auf den Umfang der Stimme den Quartraum meist in der Stellung *unter* dem Grundton! (▷ dazu die Ausführungen zu den Liedern in G-Dur, S. 66.)

Weitere Moll-Tonleitern

Erniedrigte Stammtöne auf schwarzen Tasten

▷ Erhöhte Stammtöne auf schwarzen Tasten, S. 68.

So wie ihr aus dem Stammton *h* durch **Erniedrigung** den Ton *hes (b)* abgeleitet habt, könnt ihr auch von jedem anderen Stammton aus abgeleitete Töne bilden. Schreibt die *Namen* und *Noten* der abgeleiteten Töne von *d, e, g* und *a*! Legt Tonkärtchen von den Stammtönen und abgeleiteten Tönen in das *Tastenbild (Modellbogen II 4a, b, c, f).*

📖 84a—c: Schreibt sie dann als Test in das Tastenbild! Kennzeichnet zusammengehörige Stammtöne und abgeleitete Töne durch einen Bogen.

Spielt Stammtöne und ihre Ableitungen und hört die Unterschiede in der *Tonhöhe.*

Molltonleitern, die Stammtöne zum Grundton haben

▷ Dur-Tonleitern, die Stammtöne zum Grundton haben, S. 68

Ein Beispiel

Am folgenden Beispiel könnt ihr erkennen, wie sich neue Molltonleitern entwickeln lassen. Geht von der lückenlosen *Stammtonreihe d'—d''* aus.

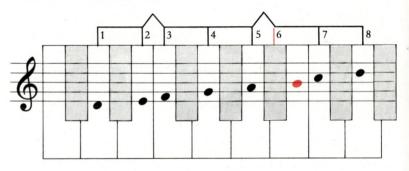

Spielt auf euren Instrumenten diese Stammtonreihe aufwärts und abwärts und singt sie auf Intervallsilben nach (▷ S. 69).

Ihr bemerkt, daß die *Stammtonreihe d'—d''* nicht wie eine *Mollleiter* klingt. Probiert so lange mit Spielen und Singen, bis ihr den mollgerechten Leiterklang gefunden habt.

Legt die Leiter mit den neugewonnenen Tönen mit Tonkärtchen in das Klavierbild und zur Kontrolle das Mollmodell darüber *(Modellbogen II 4a-c; III 6).*

📖 **85a:** Schreibt die Tonleiter mit Modell als Test in das Klavierbild. Vergeßt die Vorzeichen nicht.

Nach diesem Verfahren wird aus der Stammtonreihe d'—d" die natürliche d-Moll-Tonleiter:

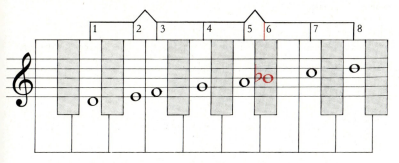

Tonleitern in c-Moll, d-Moll, e-Moll, f-Moll, g-Moll, h-Moll

Entwickelt nach dem dargelegten Verfahren die Tonleitern in den Tonarten c-Moll, d-Moll, e-Moll, f-Moll, g-Moll, h-Moll!

📖 **85b**

Singt Molltonleitern mit ihren *festen Tonnamen* und auch mit den *Intervallsilben* „no" und „nü". Spielt Molltonleitern auch mit dem Intervallfingersatz 123 12345. Die Halbtonschritte werden jeweils vom 2. und 3. Finger gespielt. ▷ S. 70

Sucht Lieder und Musikstücke in den neuen Tonarten.

Die Quintverwandtschaft zwischen den Molltonleitern

📖 **86:** Stellt die Namen aller erarbeiteten Molltonleitern mit Zahl und Art der Vorzeichen nach zwei Gesichtspunkten in den Listen zusammen:

— nach *Grundtönen* geordnet in der Reihenfolge der benachbarten weißen Tasten: c-Moll, d-Moll, e-Moll, f-Moll usw.

— nach der *Art und Anzahl der Vorzeichen* geordnet: vier ♭, drei ♭ usw., kein Vorzeichen, ein ♯ usw. Erkennt ihr auch hier — wie beim Überblick der Durtonleitern — regelmäßige Zusammenhänge?

Durch wie viele Töne unterscheiden sich benachbarte Tonarten in Liste 2? Welche Leiterstufe ist von der Veränderung betroffen,

— wenn *ein ♭* neu hinzutritt,

— wenn *ein ♯* neu hinzutritt?

Welchen *Abstand* haben in Liste 2 die *Grundtöne* benachbarter Tonarten?

● Molltonarten, deren *Grundtöne* miteinander das Intervall einer *Quinte* bilden, sind **quintverwandt**. Ihr Tonvorrat unterscheidet sich nur in *einem* Ton.

In der aufsteigenden Ordnung der ♯-Tonarten steht der neu hinzutretende Ton auf der *zweiten Stufe*, in den ♭-Tonarten steht der neue Ton auf der *sechsten Stufe*. (▷ S. 70)

▷ „Ach bitterer Winter" S. 37*; „Dort zwischen Ochs und Eselein" S. 39*; „Hine mah tow" S. 62*; „Kol do di" S. 64*.

Shalom Kanon; Worte und Weise aus Israel

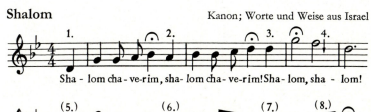

Sha - lom cha - ve - rim, sha - lom cha - ve - rim! Sha - lom, sha - lom!

Le hit - ra - ot, le hit - ra - ot, sha - lom, sha - lom!

Übersetzung: Friede sei mit euch, Freunde! Auf Wiedersehen.

Parallele Tonleitern

G-Dur und e-Moll

Spielt und singt dieses Beispiel. Führt auch beide Hälften gleichzeitig auf. Untersucht, was sie miteinander verbindet und wodurch sie sich unterscheiden.

Vergleicht
— ihren Tonvorrat (die verwendeten Stammtöne und abgeleiteten Töne),
— ihre Grundtöne und ihre Tonart,
— ihre Stimmung (auch in Verbindung mit dem Text).

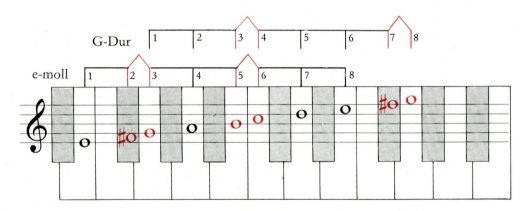

---

[1] 2. Schwan, im Singsang deiner Lieder grüß die grünen Birkenhaine. Alle Rosen gäb ich gerne gegen Nordlands Steine.
3. Grüße Schweden, weißer Vogel! Setz an meiner Statt die Füße auf den kalten Fels der Ostsee, sag ihr meine Grüße.

4. Grüß das Eismeer, grüß das Nordkap! Sing den Schären zu, den Fjorden; wie ein Schwan sei meine Seele auf dem Weg nach Norden.
Nachdichtung von E. Köbel in: G. Watkinson und G. Weiß, Musikwerk für Schulen, Bd. I Das Lied zum Unterricht, Möseler Verlag, Wolfenbüttel und Zürich / Voggenreiter Verlag, Bonn-Bad Godesberg 1968.

Die *Tonarten G-Dur und e-Moll* sind durch ein starkes Band der Gemeinsamkeiten zu einem *Paar* verbunden. Sie benutzen den *gleichen Tonvorrat*. Die *Tonleitern* von G-Dur und e-Moll gehen *denselben Tomweg*. Der Grundton der Molltonleiter liegt *einenhalb Tonschritte tiefer* als der Grundton der Durtonleiter. Dadurch stehen ihre *Halbtonschritte zwischen anderen Stufen* als in der Durtonleiter. — Eine Dur- und eine Molltonleiter aus denselben Tönen nennt man **parallele Tonleitern** (*gleichlaufende* Tonleitern).

Durch diese Unterschiede im Aufbau bedingt, klingt die *Dur*melodie *freundlich* und *hell*, im Gegensatz zu ihr die *Moll*melodie *ernst* und *gedeckt*.

Dur und Moll sind die beiden **Tongeschlechter**[1].

Zusammenstellung weiterer paralleler Tonleitern

Stellt aus den Übersichten für quintverwandte *Dur- und Moll-*Tonleitern 📖 79 und 86 eine Gesamtübersicht zusammen, in der Tonleitern *mit gleichen Vorzeichen* übereinanderstehen. Fertigt die Gesamtübersicht nach folgendem Muster an und tragt die Ergebnisse ein. 📖 87

Wie viele Tonleitern treten zu parallelen Paaren zusammen? Überprüft den Abstand der Grundtöne!

Das kleine Tonartenquiz

Anregungen für die Fragestellung des Quizmasters:

1. Welche Tonarten haben zwei ♯? 2. Welche Vorzeichen hat c-Moll? 3. Wie heißt die parallele Tonart zu h-Moll? 4. Wie heißen die parallelen Tonarten mit einem ♭? 5. Wie heißen die Dur- (Moll-)Tonarten mit ♯ (♭) in Quintordnung?

📖 Übertragt „Wir zogen in das Feld" und „Nun wollen wir singen" S. 55*, in die parallele Molltonart!

▷ „Schwesterl." S. 26*; „Prinz Eugen" S. 34*, „Das Glücke" S. 8*.

[1] lat. durus — hart; mollis — weich

[2] 2. Wir kam'n vor Siebentod, da hätt'n wir weder Wein noch Brot. Strampedemi
3. Wir kamen vor Friaul, da hätt'n wir allesamt voll Maul. Strampedemi ...
Worte und Weise volkstümlich. Aufgezeichnet in Georg Forsters „Frische teutsche Liedlein" (1540).
Ein Landsknecht im Heer Maximilians I. oder Karls V. schildert hier seine Erlebnisse in Italien. Siebentod ist die Stadt Cividale. Die unsinnig klingende Kehrzeile ist wahrscheinlich verkauderwelschtes Italienisch: „Strombetta mi-a-la-mi, presenti all mostra, signori!" (= „Trompetet: e-a-e, erscheint zur Musterung, ihr Herren!") Das Lied ist eine Parodie auf den Kirchengesang. ▷ S. 15*

Gleichnamige Tonarten; groß-kleine Intervalle

Terzen und Sexten

Gleittöne im natürlichen Moll

Singt und spielt die Melodien paarweise über angehaltenem Grundton. Vergleicht ihre Tonarten.
Achtet besonders auf die Stellen, bei denen sich die Melodierichtung im Spitzenton verändert: Welche Beziehung spürt ihr zwischen dem Spitzenton und seinem Nachbarton, wenn sie Ganzton- und wenn sie Halbtonabstand haben?

● Eine Durtonart und eine Molltonart mit dem *gleichen Grundton* sind *gleichnamige Tonarten*.

Die Töne auf der *dritten* und auf der *sechsten* Stufe der *Molltonleiter* lenken die Bewegung von Mollmelodien häufig nach unten. Sie sind im Gegensatz zu den entsprechenden Tönen der Dur-Tonleiter als *Gleittöne* wirksam, die von ihren unteren Nachbartönen angezogen werden.

Große und kleine Terzen und Sexten

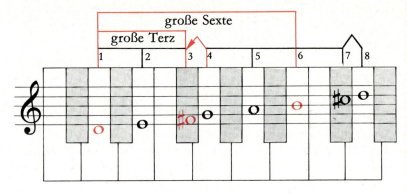

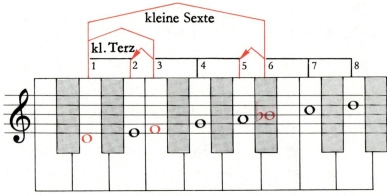

Spielt die verschiedenen Terzen und Sexten aus den Melodiebeispielen und begründet, warum man trotz des unterschiedlichen Klanges jeweils von Terzen bzw. Sexten sprechen muß. — Zeigt an den Modellbildern die *Unterschiede zwischen dem großen und dem kleinen Intervall*, indem ihr die *Anzahl der umspannten großen und kleinen Sekundschritte* feststellt.

📖 88: Tragt die Ergebnisse eurer Untersuchungen in die Liste ein!

● Die *allgemeine Bestimmung* der Intervalle ergibt sich aus der *Zählung der Leitertöne* (Sexte z. B. bezeichnet den Abstand von einem ersten zu einem sechsten Leiterton; ▷ S. 59). Die *genaue Größe eines Intervalls* erhält man, wenn man darüberhinaus die *Anzahl der großen und kleinen Sekundschritte* feststellt, die von diesen Leitertönen gebildet werden. (Die kleine Sexte z. B. umspannt drei große Sekundschritte — Ganztonschritte — und zwei kleine Sekundschritte — Halbtonschritte —.)

Terzen

	3 Leitertöne,	2 große	Sekundschritte:	(Durterz) **große Terz**
	3 Leitertöne,	1 großer	Sekundschritt:	(Mollterz)
		1 kleiner	Sekundschritt:	**kleine Terz**

Sexten

	6 Leitertöne,	4 große	Sekundschritte:	(Dur-Sexte)
		1 kleiner	Sekundschritt:	**große Sexte**
	6 Leitertöne,	3 große	Sekundschritte:	(Moll-Sexte)
		2 kleine	Sekundschritte:	**kleine Sexte**

Vergleicht die Übersicht mit den Modellbildern und 📖 88. Greift die Intervalle auf dem Instrument, klärt ihren Aufbau.

Eine Sexte findet und bestimmt man leichter, wenn man von der vertrauten *Quinte* ausgeht: Die *kleine Sexte* liegt als *Gleitton* im *Halbtonabstand* über ihr, die *große Sexte* liegt als *Pendelton* im *Ganztonabstand* darüber. Zur Kennzeichnung benutzen wir für die *großen* Intervalle das *Flachdach*, für die *kleinen* Intervalle das *Spitzdach*.

Die Kombinationsmodelle:

Schneidet sie vom Modellbogen ab *(Modellbogen III, 7).*

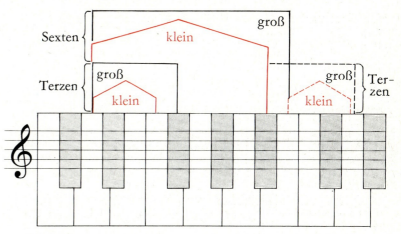

Übungen

Übertragt die Melodienanfänge auf S. 80 auch in die gleichnamigen Tonarten mit den Grundtönen *h, c, e* und *f*. Spielt, singt und schreibt einige Beispiele. 📖 89a

Spielt und schreibt große und kleine Terzen und Sexten in den oben angegebenen Tonarten. Benutzt die Kombinationsmodelle.

📖 89b

Erfindet selbst einfache gleichnamige Melodienpaare mit diesen Intervallen.

Singt und spielt Lieder in der natürlichen Molltonart. Beschreibt ihren Melodieverlauf und die Rolle der Gleittöne. Versucht, einige Abschnitte in die gleichnamige Durtonart zu übertragen. Welche Erfahrungen macht ihr dabei? ▷ S. 77

Versucht, Abschnitte aus Durliedern in die gleichnamige natürliche Molltonart zu übertragen.

Sekunden und Septimen

Große und kleine Sekunden

Singt und spielt die gleichnamigen Beispiele! Welcher Leiterton ist von der Veränderung betroffen? (Benutzt die Leiterbilder, S. 69, 77.) Wie ist jeweils sein Abstand zum oberen Grundton? Welcher der Töne ist euch wegen seiner besonderen Aufgabe an dieser Leiterstelle bekannt?

● Die siebente Stufe der Durtonleiter ist Leitton. Dieser hat den Abstand einer kleinen Sekunde zum oberen Grundton, zu dem er die Melodie hinlenkt. — Die *Molltonleiter* hat *keinen Leitton*. Ihre siebente Stufe bildet mit dem oberen Grundton das Intervall einer *großen* Sekunde.

📖 90: Übertragt die erste Zeile des Kanons „Wer holt uns über" S. 43* in die gleichnamige Tonart.

Große und kleine Septimen

Singt und spielt die gleichnamigen Melodien! ▷ S. 39*

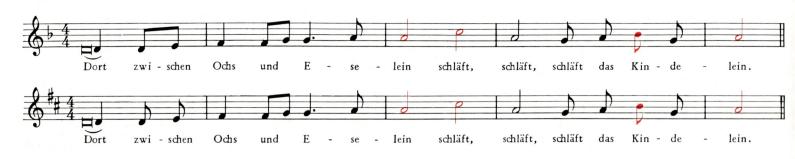

In diesem Paar gleichnamiger Melodien lösen sich die Spitzentöne *c* bzw. *cis* über die nächste melodische Wölbung *b* bzw. *h* in die Quinte *a* der Tonart auf. Spielt diese Innenmelodien (rote Noten) auch zum Liegeton *d* (Grundton). — Wo erfolgt diese Weiterführung gegen die Erwartung? (Versucht eine bessere Fortsetzung.)

Die melodischen Spitzentöne *c* bzw. *cis* bilden *mit dem ruhenden Grundton der Tonart Septimenintervalle*. Löst sie aus dem Zusammenhang des Liedes, hört und beschreibt im Vergleich die Zusammenklänge *d—c* und *d—cis*.

Diese Septimenintervalle sind im folgenden Kombinationsmodell aufgezeichnet. Stellt fest, *wie viele große und kleine Sekundschritte* (Ganz- und Halbtonschritte) die Intervalle jeweils umspannen und tragt das Ergebnis ein.

📖 91

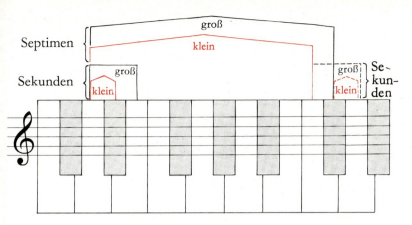

Groß-kleine Intervalle bestimmen das Dur- und Moll-Geschlecht

Zusammenfassung

Sekunden, Terzen, Sexten und Septimen kommen als *große* und *kleine* Intervalle vor. Man faßt sie deshalb unter der Bezeichnung **groß-kleine Intervalle** zusammen.

Im Grundton des *Durgeschlechts* stehen *große* im Grundton des natürlichen *Mollgeschlechts kleine* Intervalle (Ausnahme: die große Sekunde in Moll). Der *Charakterunterschied* der Tongeschlechter Dur und Moll ist von diesen *Intervallen* bestimmt.

Die **reinen** Intervalle Prime, Quarte, Quinte und Oktave weisen jeweils nur *eine Größe* auf. Gleichnamige *Dur- und Molltonarten* stimmen in den *reinen* Intervallen, die sich mit dem Grundton bilden lassen, überein.

Groß-kleine Intervalle auf verschiedenen Leiterstufen

Versucht, auf *allen* Stufen der gleichnamigen Tonleitern mit den Grundtönen *d, e, g* und *c* Terzen-, Sexten- und Septimenketten zu spielen und zu singen, z. B.:

 In der Molltonart führt der siebente Leiterton die Melodie oft abwärts. In der Durtonart ist er Leitton und drängt zur Auflösung in den oberen Grundton. Wird der Leitton nach unten „abgebrochen", so klingt er hart und ungewohnt.

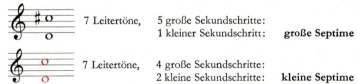

Eine Septime findet und bestimmt man leichter, wenn man von der vertrauten Quinte ausgeht; die *kleine Septime* liegt im Abstand einer *kleinen Terz,* die *große Septime* im Abstand einer *großen Terz* über dem Quintton.

Verändert die Melodie des letzten Durbeispiels so, daß sich der Leitton richtig auflöst.

📖 92: Übertragt einige der Übungen von S. 81 sinngemäß auf die Septime. Benutzt Kombinationsmodell *Modellbogen III 9.*

📖 93: Bestimmt einige von ihnen mit Hilfe der Kombinationsmodelle *Modellbogen III, 7, 9* und schreibt sie auf.

📖 94 Erfindet kleine Melodien, in denen Terzen, Sexten oder Septimen vorkommen. Schreibt eine auf.

Intervalle im Umkehrungspaar

Die Modellkombinationen

Ihr habt in einer *allgemeinen Bestimmung* festgestellt, daß sich Quinten und Quarten, Terzen und Sexten, Sekunden und Septimen als Umkehrungspaare zur Oktave zusammenschließen oder aus der Teilung der Oktave entstehen (▷ 73/74). Bestimmt mit Hilfe der Modellkombinationen die *genaue Größe groß — kleiner Intervalle im Umkehrungspaar* (▷ 80—83).

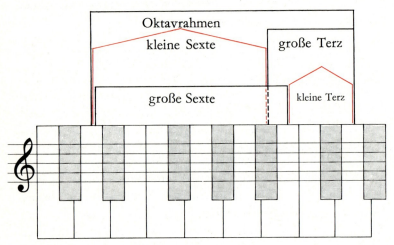

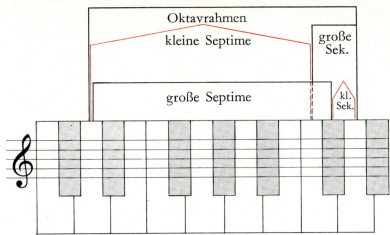

● **Sexten** und **Terzen** fügen sich zu zwei unterschiedlichen Umkehrungspaaren zusammen:

Die *große* Sexte ergänzt sich mit der *kleinen* Terz zur Oktave.

Die *kleine* Sexte ergänzt sich mit der *großen* Terz zur Oktave.

Vergleicht das Kombinationsmodell oben mit den Teilmodellen auf S. 81 und überlegt, wie ihr mit ihnen Umkehrungspaare finden könnt.

● **Septimen** und **Sekunden** fügen sich ebenfalls zu zwei Umkehrungspaaren zusammen:

Die *große* Septime ergänzt sich mit der *kleinen* Sekunde zur Oktave.

Die *kleine* Septime ergänzt sich mit der *großen* Sekunde zur Oktave.

Reine und groß-kleine Intervalle im Umkehrungspaar

Zusammenfassung

Reine Intervalle ergeben in der Umkehrung wieder *reine Intervalle*. Im Umkehrungspaar stehen zusammen:

Primen und **Oktaven, Quinten** und **Quarten.**

Groß-kleine Intervalle ergeben in der Umkehrung wieder *groß-kleine Intervalle*, es werden *aus großen kleine* und *aus kleinen große* Intervalle. Im Umkehrungspaar stehen zusammen:

Terzen und **Sexten, Sekunden** und **Septimen.**

Übungen mit groß-kleinen Intervallen

Intonationsübungen

Singt die Beispiele auf S. 80, 82 zu den gleichnamigen Tonarten über dem liegenden Grundton! Benutzt auch den *hohen* Grundton als Liegeton, schließlich beide Töne gleichzeitig! Ihr hört dann zu jedem Melodieton Umkehrungspaare. Spielt und singt andere Liedmelodien oder Ausschnitte von ihnen in der Durtonart und der natürlichen Molltonart zu einfachen oder doppelten Liegetönen! Übertragt sie dann in die zugehörigen gleichnamigen Tonarten.

Erfindet selbst gleichnamige Melodien zu Liegetönen und schreibt ein Melodiepaar auf.

Hornquinten

Musiziert die Liedausschnitte mit ihren Begleitmelodien. Bestimmt die Intervalle, die durch den Zusammenklang entstehen.

● Die Intervallverbindungen Sexte-Quinte-Terz und ihre Umkehrung, *Terz-Quarte-Sexte* heißen **Hornquinten**. Sie können von zwei Hörnern als Jagdsignal geblasen werden. *Terz* und *Sexte* bilden in diesen Kombinationen jeweils ein *Umkehrungspaar*.

Versucht die Kombination 2—3—4 aus Intervallen beider Gruppen.

Spielt die Klänge der Hornquintenverbindungen auch in springender Folge, z. B. 1—3—2, 3—5—4 und 2—4—3.

📖 95: Musiziert die unverkürzten Melodien und erfindet dazu Begleitstimmen, die mit ihnen an geeigneten Stellen Hornquinten bilden. Die Begleitstimmen können über und unter der Melodie liegen oder auch ihre Lage innerhalb des Liedes wechseln.

Sucht Hornquinten in Liedern und Instrumentalstücken, z. B. „Waldhornstück" S. 160, „Prinz Eugen" S. 34*, „In den Bergen" S. 77*. — Sucht auch Liedausschnitte, die sich durch eine zweite Stimme zu Hornquinten ergänzen lassen.

Macht aus dem folgenden Rhythmus ein Jagdhornstückchen mit Hornquinten in wechselnden Intervallkombinationen.

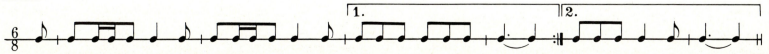

Basteleien mit Intervallen

📖 96: Die Liedausschnitte enthalten am Melodiebeginn oder an auffälliger Stelle charakteristische steigende oder fallende Intervalle und Umkehrungspaare.

Ihr könnt die Intervalle bestimmen (z. B. ⌢₃ = kleine Terz) und euch die Beispiele als Merkmelodien einprägen. Sie lassen sich aber auch als Arbeitsmaterial auswerten:
Bearbeitet die Melodien

— indem ihr den Umfang der Intervalle vergrößert oder verkleinert oder ihre Bewegungsrichtung umkehrt;
— indem ihr sie in die gleichnamige Tonart überträgt oder sie auf andere Stufen der gleichen oder einer anderen Tonleiter transponiert;
— indem ihr begleitende Stimmen erfindet;
— indem ihr freie Fortspinnungen entwickelt oder das Intervall mit einem prägnanten Rhythmus herausgreift und weiterverarbeitet.

Schreibt, spielt, singt. Benutzt die Modelle *Modellbogen III 7, 9*.

Pentatonik

Pentatonische Stammleiter u. pentatonische Grundreihe

▷ S. 88*

▷ S. 51*

Spielt und singt die Melodien. Welchen Verlauf und welche Wirkung haben sie? Schreibt jeweils den Tonvorrat in das Klavierbild. 📖 97

● Das Bild der Klaviatur hat *fünf verschiedene schwarze Tasten*. Melodien, welche sich dieser Töne bedienen, sind **pentatonische** Melodien[1].

In der Gruppierung 3 + 2 bilden die schwarzen Tasten die pentatonische **Stammleiter**. Ihr *Modell* hält Tastengruppierung und Tastenabstände fest:

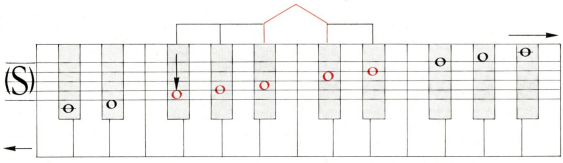

---
[1] griech. penta — fünf

- Viele pentatonische Melodien schwingen über den Tonraum aus, der durch die fünf schwarzen Tasten umschrieben ist. Sie benutzen einige dieser Tasten auch in der angrenzenden höheren oder tieferen Oktave. Die nach oben und unten *geöffnete* pentatonische Tonkette heißt pentatonische **Grundreihe.**

Wir orientieren uns in dieser Reihe an der Dreitongruppe, dem *pentatonischen Mittelstück* und an seinem tiefsten Ton, dem *Orientierungston*, nach dem wir die pentatonische Tonkette benennen. Z. B. heißt die Tonordnung auf schwarzen Tasten *pentatonische Grundreihe* (oder Stammleiter) *auf (S) f* (oder auf *fis*). Pentatonische Melodien breiten sich in gleitenden Wellen aus und wirken meist rund und ausgeglichen.

Vergleicht den Verlauf pentatonischer Melodien mit den Melodieformeln aus 3 und 4 Tönen (▷ S. 43).

- Die Pentatonik faßt den Tonvorrat der Tonarten mit 3 und 4 Tönen zusammen (▷ S. 41 f.). Diese *vorpentatonischen Tonarten* besitzen jedoch *eigenständige Melodieformeln* und sind keine verstümmelte Pentatonik.

Stammleitern und Grundreihen auf weißen Tasten

Schneidet das pentatonische Modell aus dem *Modellbogen III 13*; sucht mit seiner Hilfe am Klavierbild Stammtonleitern, die *nur weiße* Tasten benutzen und spielt sie. Kreuzt die entsprechenden *Tasten* im 📖 98 an.

Erweitert diese drei Stammleitern in den Tastenbildern zu Grundreihen! Kennzeichnet jeweils die Mittelstücke und die Orientierungstasten farbig und schreibt die Namen der Grundreihen auf.

Schreibt die Grundreihen von *c, f* und *g* in *Noten* in die Tastenbilder.

Melodische Schwungbewegungen

Singt und spielt diese Melodieausschnitte (▷ S. 33* und S. 46*) und auch die einleitenden Beispiele auf S. 86 und zeichnet Kurven von ihrem Verlauf.

Ba- lam- i pun-da Jon-piong pa- ta- e

Ei- ne Flö- te schnitzt ge-schwind; für das Münd-chen klein pas-send muß sie sein.

Welche Kurvengestalten entstehen dabei? Gebt ihnen kennzeichnende Namen.

- Die bevorzugte Bewegungsform der pentatonischen Melodien ist der *Schwung*, nicht der geradlinige, zielgerichtete Bewegungsablauf. Er ist ausgebildet als *Oberschwung, Unterschwung* (▷ den Anfang des „Trommelliedes" S. 30*)

- und *Wechselschwung*, der einfachen oder mehrfachen Verbindung aus beiden.

Wir unterscheiden Schwünge in *engen* Räumen und solche, die größere Ausschnitte des Melodieumfanges umgreifen. ▷ „Vögleins Traum" S. 28*; „Hügelauf, hügelab" S. 58*; „Nun bitten wir den Heiligen Geist" S. 51*.

📖 Singt, spielt und studiert pentatonische Melodien und zeichnet einige ihrer Schwungbewegungen auf.

Erfindet selbst pentatonische Schwungbewegungen und schreibt sie auf.

Die Tonart pentatonischer Melodien

Überprüft: Der *Schwerpunkt* vieler pentatonischer Phrasen liegt *am Anfang*: Sie setzen volltaktig in gehobener Tonlage ein, sinken ab und enden unbetont. Dadurch wird oft der Richtungsverlauf der ganzen Melodie bestimmt:

Der *Tonumfang* der aufeinanderfolgenden Phrasen *sinkt*, die Schlußtöne durchmessen den *Raum einer fallenden Quinte*.

📖 Haltet die Form der pentatonischen Schwünge, den Phrasenumfang und die Lage der Schlußtöne in den folgenden Melodien im Notenbild fest:

▷ „Kindertanz" S. 76*; „Hüpfende Frösche" S. 18*; „Trommellied von Feng Yang" S. 30*, z. B.

▷ „Abend auf dem Lande" S. 74*

Die Quinte schafft im offenen pentatonischen Raum einen deutlich umgrenzten Bereich, an dem sich der Melodieverlauf ausrichten kann. Das *Quintintervall* wird zum *Orientierungsrahmen der Tonart*, sein *tiefster Ton* ist *Grundton*.

Jede pentatonische Stammleiter kann in *vier übereinanderstehende reine Quinten* auseinandergezogen werden:

G Pentatonik: *g—d—a—e—h*; C Pentatonik: *c—g—d—a—e*
F Pentatonik: *f—c—g—d—a*;
Fis Pentatonik: *fis—cis—gis—dis—ais*.

Jede dieser Quinten kann Orientierungsrahmen für eine pentatonische Tonart werden.

Durch die *Füllung des Orientierungsrahmens* mit ein oder zwei Mitteltönen aus dem Vorrat der Grundreihe ergeben sich *unterschiedliche Grundklänge*, in der C Pentatonik z. B. die folgenden:

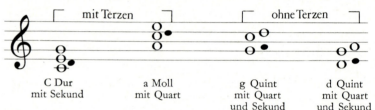

📖 Schreibt die Grundklänge auf, die in den oben genannten und in den folgenden Liedern Tonart und Klangcharakter bestimmen und notiert, wie sich die Melodien im Quintrahmen bewegen.

▷ „Swing low" S. 52*; „Vögleins Traum" S. 28*; „Bambusflöte" S. 46*.

Die Melodien von „Wind weht vom Meere" S. 33* und „Nun bitten wir den Heiligen Geist" S. 51* sind nach einem anderen Plan geführt: Die *Phrasen enden* meist *im gleichen Ton*. Weicht die vorletzte Phrase auf einen tieferen Ton aus — es ist oft die Quarte unter dem Grundton — so wirkt die Rückkehr zum Grundton besonders schlußkräftig.

📖 Haltet die Form der pentatonischen Schwünge, den Phrasenumfang und die Lage der Schlußtöne in den zuletzt genannten Liedbeispielen im Notenbild fest. — Welche Bauweise zeigt das Lied „In der Fremde", S. 58*? Musiziert und untersucht die pentatonische Melodie von Paul Hindemith:

Melodie

Paul Hindemith (1895—1963)

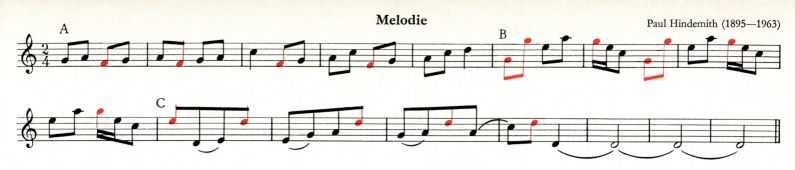

Aus: Wir bauen eine Stadt, Verlag B. Schott's Söhne, Mainz, Ed. 5424

Die Halbtonpentatonik

Die Pentatonik wurde schon in sehr alten Kulturen verwendet. Aber auch noch in der jüngeren Musizierpraxis hat sie ihren Platz. Ihre grundständige Einfachheit und ihre Zuordnung zu naturhaft elementaren seelischen Bereichen erklärt ihren weltweiten Gebrauch. Die reichen *Symbolvorstellungen*, die *mit der Zahl 5 verknüpft* sind, haben auch die Entwicklung der *„künstlichen" Fünfstufigkeit* gefördert, die dem folgenden Liede zugrunde liegt.

Kirschenblüt'[1]
(Sakura Sakura)

Japanisches Volkslied

Aus: Ryntaro Hattori, Japanese Folk-Songs, Tokyo 1967

---

[1] Puccini verwendet dieses Lied in seiner Oper „Madame Butterfly" als Cantus firmus im ersten Akt (Nr. 75).

Grundreihe der Halbtonpentatonik

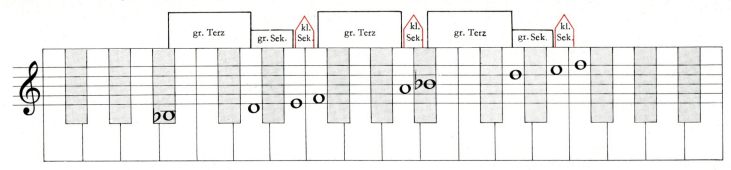

Überprüft: Die Grundreihe, aus welcher das Lied seinen Tonvorrat nimmt, hat 5 verschiedene Töne. Sie sind in Gruppen zu drei und zwei angeordnet und erinnern auch dadurch an die pentatonischen Grundreihen (▷ S. 86).
Die pentatonischen Grundreihen sind aus Ganztonschritten und kleinen Terzen aufgebaut, die neue Grundreihe hingegen erhält *einen Ganzton-, zwei Halbtonschritte*[1] *und große Terzen*. Nach diesen Unterscheidungsmerkmalen wählen wir die Namen:
Ganztonpentatonik — Halbtonpentatonik.
Die halbtonpentatonische Grundreihe enthält ein Quintintervall mit zwei Halbtonschritten *(e—b = verminderte Quinte)* und dessen Umkehrung, ein Quartintervall ohne Halbtonschritt *(b—e = übermäßige Quarte)*. Mit den Tönen der Ganztonpentatonik hingegen lassen sich nur reine Quinten bilden.
Das verminderte bzw. das übermäßige Intervall bestimmt den Klang der einzelnen Liedphrasen, aber auch das Verhältnis dieser Phrasen zueinander, denn ihre Schlußtöne heißen *e* und *b*. Der letzte Ton des Liedes, das *a*, löst den beherrschenden Klang *b—e* auf. Die Tonfolge *b—a* erinnert an den Phrygischen Schluß (▷ S. 92).

📖 99: Erfindet eine halbtonpentatonische Melodie mit dem Ausschnitt zwischen *e* und *f*.
Halbtonpentatonik finden wir in den Liedern der Japaner, der Indonesier und der Berber.

Kirchentonarten
▷ Gleichnamige Tonarten, groß-kleine Intervalle S. 80
🔴 Kirchentonarten werden in alten weltlichen und kirchlichen Gesängen, vor allem im *Gregorianischen Choral* verwendet. Ihre Namen, die auf griechische Volksstämme zurückgehen, lassen erkennen, daß sie *griechischen Ursprungs* sind.

Klang und Aufbau
Spielt und singt die Liedausschnitte dieses Kapitels.
Stellt fest,
— ob sie stärker an den Klang des Durgeschlechtes oder des Mollgeschlechtes erinnern;
— in welchem Ton die Melodie jeweils von diesem Tongeschlecht abweicht. (▷ Tonkärtchen *Modellbogen II 4a—c* und Modelle *Modellbogen III 5, 6*)

---
[1] Die Halbtonschritte haben im Liedbeispiel gleittönige Wirkung.

📖 100: Schreibt die Stammtonleitern, die den Melodien jeweils zugrunde liegen, vom tiefen bis zum hohen Grundton in die Tastenbilder, zeichnet die Abstandsmodelle darüber, kennzeichnet daran jeweils den Melodieton farbig, der vom Klang des Dur- oder Mollgeschlechtes abweicht, und bestimmt seinen Abstand vom Grundton der Tonart.

Der dorische Kirchenton

▷ S. 61*

● Eine Melodie mit *Mollcharakter* (also kleiner Terz und kleiner Septime), aber *großer Sexte* gehört dem dorischen Kirchenton an. (Dorisch d entspricht der Tonart d-Moll mit dem Ton h.) Die *dorische Sexte* verleiht der Melodie einen hellen Klang; sie ist Bestandteil des Durgeschlechts (S. 83).

● Eine Melodie mit *Durcharakter* (also großer Terz und großer Sexte), aber *kleiner Septime* gehört dem mixolydischen Kirchenton an. (Mixolydisch g entspricht der Tonart G-Dur mit dem Ton f.) Die *mixolydische Septime* wirkt wie ein *Gleitton*, wenn sie im oberen Bereich der Melodie steht. Darin wirkt sich der kleine Sekundschritt zwischen der 6. 7. Leiterstufe aus. Die kleine Septime ist Bestandteil des Mollgeschlechts.

Haltet die *Merkmale* des dorischen Kirchentones und der folgenden Kirchentöne *im Gedächtnis*. Versucht jedoch darüber hinaus durch experimentierendes Spielen und Singen eine *klingende Vorstellung von ihren Ordnungen* zu entwickeln. Dadurch wird aus eurem abfragbaren theoretischen Wissen eigentlich *musikalisches Hörwissen*:

Singt und spielt dorische Melodien über dem liegenden Grundton, z. B. „Den Ackersmann soll man loben" S. 61*; „Gehe ein in deinen Frieden" S. 55*; „Marien wart ein bot gesant" S. 25*; „So treiben wir den Winter aus" S. 60*; „What shall we do" S. 65*; „Braul" S. 182. Hört die dorische Sexte und zeigt sie im Notenbild. Spielt und singt die Lieder auch zum Vergleich mit der Mollsexte.

Singt und spielt Lieder im natürlichen Moll, z. B. „Ach bittrer Winter" S. 37* und „Es saß ein schneeweiß Vögelein" S. 75. Ersetzt die Mollsexten durch dorische Sexten.

📖 Schreibt ein auf diese Weise verändertes Melodieglied auf.

Der mixolydische Kirchenton

▷ S. 76*

Singt und spielt mixolydische Melodien über dem Grundton als Bordunstimme, z. B. „Horch, es nahn drei Kön'ge" S. 24*, und „Veni creator spiritus" S. 52*. Hört *die mixolydische Septime* heraus, zeigt sie in den Noten und spielt sie. Spielt und singt die Melodien auch *mit der großen, der Durseptime*. Übertragt einige Durlieder in die mixolydische Tonart.

📖 Schreibt ein so verändertes Melodieglied auf.

Der phrygische Kirchenton

Carl Orff (geb. 1895)
Text aus: Des Knaben Wunderhorn (1806)

Kind: Mut- ter, ach Mut- ter, es hun- gert mich! Gib mir Brot, sonst ster- be ich![1]

● Eine Melodie mit *Mollcharakter*, aber einem *kleinen Sekundschritt* zur zweiten Leiterstufe gehört dem phrygischen Kirchenton an. Phrygisch *e* entspricht der Tonart e-Moll mit dem Ton *f*. Die *phrygische Sekunde* wirkt wie ein Gleitton unmittelbar in den Grundton. Die kleine Sekunde kommt an dieser Stelle weder in der Dur- noch in der Molltonart vor.

Stellt die phrygische Sekunde in den folgenden Liedern fest: „Grüß Gott, du schöner Maien" S. 58*; „Zieh, Schimmel, zieh" S. 65*. Spielt sie auch mit der großen Sekunde.

Setzt Lieder, die in natürlichem Moll stehen, in den phrygischen Kirchenton, z. B. „Es saß ein schneeweiß Vögelein" S. 75.

Der lydische Kirchenton   ▷ Dissonanz und Konsonanz S. 97

Ach, mein rechter Fuß

Slovakisches Volkslied

1. Ach, mein rech- ter Fuß, der sagt mir: Mäd- chen geh nach Haus!
Wenn die Gei- gen klin- gen, will der lin- ke sprin- gen, bis der Tanz ist aus.[2]

---

[1]
   Mutter: „Warte nur, mein liebes Kind,
          Morgen wollen wir säen geschwind."
2. Alle: Und als das Korn gesäet war,
          Rief das Kind noch immerdar:
   Kind: „Mutter, ach Mutter! es hungert mich,
          Gib mir Brot, sonst sterbe ich."
   Mutter: „Warte nur, mein liebes Kind,
          Morgen wollen wir ernten geschwind."
3. Mutter: Morgen wollen wir dreschen geschwind."
4. . . . . . Morgen wollen wir mahlen geschwind."
5. . . . . . Morgen wollen wir backen geschwind."
6. Alle: Und als das Brot gebacken war,
          Lag das Kind schon auf der Bahr.

Aus: Schulwerk, Bd. IV, Verlag Schott's Söhne, Mainz, Ed. 4452

[2] 2. Und der Sohn des reichen Bauern
    bräcHT mich gern nach Haus.
    Doch dem wackern Knaben,
    der mich gern möcht' haben,
    dem reiß' ich nicht aus.
        Übertragung: Herm. Fuhrich

● Eine Melodie mit *Dur-Charakter*, jedoch überdehnter, *übermäßiger Quarte* (aus drei Ganztonschritten, lat. tri-tonus) gehört dem lydischen Kirchenton an. Lydisch *f* entspricht der Tonart F-Dur mit dem Ton *h*. Während alle anderen Kirchentöne durch groß-kleine Intervalle charakterisiert werden, liegt das Merkmal *des Lydischen bei den reinen Intervallen*. Die *lydische Quarte* war in unserer Musikkultur stets fremd und wurde deshalb in vielen Liedern zur reinen Quarte zurechtgesungen.

Stellt die lydische Quarte in den folgenden Liedern fest: „Island, herrliches Land" S. 47*; „Jubilate Deo" S. 50*; „Alphornthema" S. 62*.

Setzt Lieder, die in einer Durtonart stehen, in den lydischen Kirchenton, z. B. „Ich bin der junge Hirtenknab" S. 62*.

Kirchentöne als parallele Tonleitern

Erstes Gesamtmodell

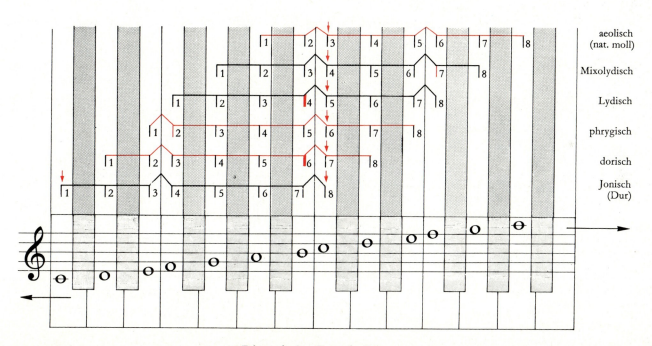

Diatonische Grundreihe von c

Die Kirchentonleitern, die in dem Gesamtmodell dargestellt sind, gehen alle den Tonweg der Stammtonreihe, jedoch von anderen Grundtönen aus. Sie haben die gleichen Halbtonschritte an jeweils anderer Stelle der Leiter. Sie sind deshalb *parallele Tonleitern*. — Den gemeinsamen Tonweg, der in Noten auf weißen Tasten aufgezeichnet ist, nennen wir *diatonische Grundreihe*. Die Kirchentöne sind als wechselnde *Oktavausschnitte Modi*, d. h. Darstellungsformen dieser Grundreihe.

Tonreihen sind diatonisch, wenn sie nach dem Muster von Dur- oder Molltonleitern und wie Stammtonreihen auf weißen Tasten aus Ganz- und Halbtonschritten aufgebaut sind. (Vgl. dazu die pentatonischen Reihen!) Eine diatonische Grundreihe können wir als eine nach oben und unten geöffnete Durtonleiter erklären, deren Grundton als Orientierungston dient, wie z. B. bei der diatonischen Grundreihe auf *c*. Die Pfeile innerhalb der Modelle weisen auf diesen Orientierungston. — Beginnt man bei ihm die Stufenzählung, so steht

auf der ersten Stufe der jonische,
auf der zweiten Stufe der dorische,
auf der dritten Stufe der phrygische,
auf der vierten Stufe der lydische,
auf der fünften Stufe der mixolydische

und auf der sechsten Stufe der aeolische Kirchenton[1].

Aeolisch, phrygisch und dorisch sind die *Mollmodi* mit der charakteristischen kleinen Terz. Sie sind durch rote Modelldächer gekennzeichnet. — Jonisch, Mixolydisch und Lydisch sind die *Durmodi* mit der charakteristischen Durterz. Modellzeichen, die vom Dur- oder Mollgeschlecht abweichen, sind farbig gekennzeichnet, und zwar große Intervalle breit, kleine Intervalle schmal.

Mit Hilfe des Gesamtmodells *Modellbogen III 14* und der Tastenfelder lassen sich *auch von anderen Grundreihen Kirchentöne* finden. Richtet man die Pfeile im Modell auf ihren Orientierungston, so stehen die Leitern unter den entsprechenden Modellen. — Die zum Orientierungston gehörige Durtonleiter gibt Auskunft über Art und Anzahl der abgeleiteten Töne.

Sucht mit Hilfe des ersten Gesamtmodells *Modellbogen III 14* Kirchentonleitern zu den Grundreihen auf *d* und *f* und zu solchen nach eigener Wahl. Legt sie mit Tonkärtchen *Modellbogen II 4a-f* in die Tastenfelder. Übertragt einige Beispielmelodien in die neuen Tonarten.

Legt Modelle mit ihren ersten Modellzeichen (Grundtöne!) an die Tasten *g* und *a*. Stellt fest, zu welchen Grundreihen die Leitern gehören. Beachtet dabei, auf welche Taste die Pfeile im Modell jeweils weisen.

Die Verwandtschaft der Kirchentöne; die diatonische Chromatik

Zweites Gesamtmodell

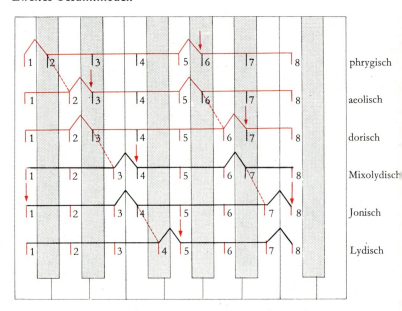

Die Anordnung der Kirchenton-Modelle *über dem gleichen Grundton* (nicht über der gleichen Grundreihe) läßt erkennen,

[1] Der jonische Kirchenton hat den Modellaufbau von Dur, der aeolische den Modellaufbau des natürlichen Moll.

daß sie alle im Rahmenintervall der *Oktave* und in dem Umkehrungspaar *Quinte/Quarte* übereinstimmen (▷ auch die pentatonischen Tonarten S. 88 und Dur-Moll S. 83).

Die Modelle sind nach ihrer Verwandtschaft im Aufbau geordnet. — *Die Mollmodi*, Kirchentöne mit Mollterz, gruppieren sich um das Aeolische (natürliches Moll), — die *Durmodi*, Kirchentöne mit Durterz, gruppieren sich um das Jonische (Dur-Modell).

In dieser Anordnung unterscheiden sich benachbarte Kirchentöne jeweils in einem Intervall: Beginnend mit dem Phrygischen, in dem alle groß-kleinen Intervalle klein sind, wird von Modell zu Modell ein neues Intervall aus dieser Gruppe groß. Im Lydischen greift diese Veränderung sogar auf die Gruppe der reinen Intervalle über: Aus der reinen wird die übermäßige Quarte. Auf diese Weise bleibt zwischen dem Phrygischen und dem Lydischen nur das Umkehrungspaar Quinte/Quarte unverändert erhalten. — In den Modellen sind kleine Intervalle schwarz, große und übermäßige farbig gekennzeichnet.

Wie die Pfeile zeigen, gehören die sechs Kirchentöne in dieser Anordnung sechs verschiedenen Grundreihen an. Alle 12 Töne innerhalb der Oktave werden verbraucht[1].

Übung: Spielt und legt *(Modellbogen II 4a-f)* mit Hilfe des zweiten Gesamtmodells *Modellbogen III 15* verschiedene Kirchentonleitern mit dem gleichen Grundton.

Hört, welchen Kirchenton euer Freund vorspielt und benennt ihn.

Authentische und plagale Melodieordnung

▷ Die tiefe Stellung des Quartraumes S. 66

Singt und spielt die Lieder „Ach, mein rechter Fuß" S. 92; „Grüß Gott, du schöner Maien" S. 58*; „Jubilate Deo" S. 50*; „So treiben wir den Winter aus" S. 60*; „Veni creator Spiritus" S. 52* und das Alphornthema S. 62*. Überprüft die *Lage des Grundtons* und sein Verhältnis zu *Quintraum* und *Quartraum*.

● Steht der Quartraum des Kirchentones auf dem Quintraum (Normalstellung), so spricht man von der *authentischen Anordnung*; die Melodie schwingt sich in der Regel zum Quintton der Tonart, Halteton oder Tenor genannt, um zum Liedschluß hin wieder zum Grundton abzusinken. (▷ „Jubilate Deo"). — Hängt der Quartraum in tiefer Stellung unter dem Quintraum, so spricht man von *plagaler Anordnung*[2]. Der Quintton der Leiter liegt jetzt an der oberen Grenze des Umfangs. Halteton oder Tenor wird deshalb sein nächster oder übernächster unterer Nachbarton. Die Leiterordnung plagaler Melodien bezeichnet man mit einer Vorsilbe als Hypo[3]-dorisch, Hypo-lydisch usw.

Der Charakter alter Melodien im Kirchenton

Der Unterschied zwischen den Tonarten Jonisch und Dur, Aeolisch und Moll liegt nicht im Aufbau der Leitermodelle, vielmehr in der *Gestalt der Melodien*:

Merkmale *kirchentonaler Melodien* sind: Stufenmelodik und unteilbare, motivisch nicht gegliederte Anlage des Melodiebogens aus melodischem Empfinden (▷ „Liedformen" S. 150f.). Eine harmonische Begleitung stört deshalb oft („Grüß Gott, du schöner Maien" S. 58*; „Wach auf, wach auf, du deutsches

---

[1] Dadurch erinnert dieses Gesamtmodell an die Chromatik. Wechselt eine Melodie jedoch abschnittsweise den Modus, ohne daß chromatische Fortschreitungen entstehen, so spricht man von diatonischer Chromatik. (▷ Hindemith, Siciliano S. 188)

[2] lat. plagalis — abgeleitet

[3] griech. — unter-

Land" S. 53*), und „Den Ackersmann soll man loben" S. 61*.

Merkmale von *Dur-Moll-Melodien* sind: Dreiklangsmelodik, motivische Gliederung und Aufbau nach harmonischen Formeln, z. B. authentischer Schluß, Vollkadenz usw. (▷ Akkordlehre S. 116) Eine harmonisch ergänzende Begleitung ist angebracht! (▷ „Grüß Gott, du schöner Maien" S. 156; „My wife and I" S. 63*; „Schwesterlein" S. 26* usw.)

Die melodische Molltonart

Spielt und singt die beiden Melodien. Bestimmt die Tonart (achtet auf Vorzeichen am Zeilenanfang und den Grundton am Ende des Stückes). Warum werden in der zweiten Beispielhälfte jeweils zwei Leitertöne erhöht[1]?
In welchem Tongeschlecht wird der Grundton auf vergleichbare Weise erreicht? Singt und spielt die Melodien zum Vergleich auch ohne die Alterationen.

● Der *Quartraum* der natürlichen Molltonart ist durch die Wirkung des Gleittones nach unten gerichtet. Der *alterierte Quartraum* ist durch den Leitton auf der 7. Leiterstufe *nach oben gerichtet*. Er hat sich dem *Dur-Quartraum* angeglichen. Fallende Melodien in Moll, welche die fünfte Leiterstufe zum Ziele haben, nutzen in der Regel die *gleittönige Stufen-*

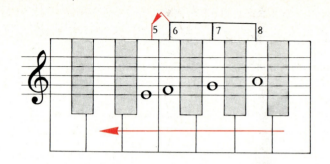

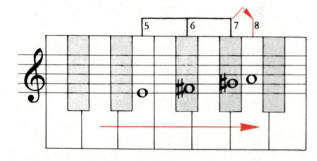

ordnung des Moll-Quartraumes aus. Steigende Melodien hingegen, die zum Grundton streben, bedienen sich der *leittönigen Stufenordnung des Dur-Quartraumes*.

---

[1] Die Erhöhung oder Erniedrigung von diatonischen Leitertönen (▷ S. 94) heißt **Alteration** (lat. alteratio — Veränderung).

[2] 1. Ich steh an deiner Krippen hier, o Jesu, du mein Leben. Ich komme, bring und schenke dir, was du mir hast gegeben. Nimm hin, es ist mein Geist und Sinn, Herz, Seel und Mut, nimm alles hin und laß dir's wohlgefallen!

2. Ich lag in tiefer Todesnacht, du wurdest meine Sonne, die Sonne, die mir zugebracht Licht, Leben, Freud und Wonne. O Sonne, die das werte Licht des Glaubens in mir zugericht't, wie schön sind deine Strahlen!

3. Ich sehe dich mit Freuden an und kann nicht satt mich sehen; und weil ich nun nichts weiter kann, bleib ich anbetend stehen. O daß mein Sinn ein Abgrund wär und meine Seel ein weites Meer, daß ich dich möchte fassen!

Text: Paul Gerhardt

● Eine Molltonleiter, welche aufwärts durch den Dur-Quartraum, abwärts durch den Moll-Quartraum führt, heißt *melodische Molltonleiter*.

Die aufwärts gerichtete melodische Moll-Tonleiter unterscheidet sich nur durch die *Mollterz* von der gleichnamigen Dur-Tonleiter.

Zur Beschreibung der modellgerechten Abstände in der natürlichen Molltonleiter aufwärts und abwärts verwenden wir statt der Klaviertasten nur noch entsprechende Kästchen!

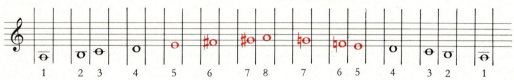

Legt die Leitern von melodisch *d*-Moll, *g*-Moll, *h*-Moll und *e*-Moll aufwärts mit Tonkärtchen von *Modellbogen II 4a-f* in die Tastenfelder. Benutzt *Modell III 16*.

📖 101: Schreibt sie modellgerecht auf- und abwärts in die Kästchen.

▷ „Nun sich der Tag geendet hat" 📖 156; „Bourree S. 71*; „Da draußen bei meiner Hütte" S. 56*.

Dissonanz und Konsonanz — Farbwert und Verschmelzung
Übermäßige und verminderte Intervalle im melodischen Moll

Aus: Die erste Zeit am Klavier. Alle Rechte bei Editio Musica, Budapest

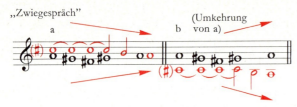

Musiziert das „Zwiegespräch", Beispiel a mit dem Intervallgerüst der letzten drei Takte und Beispiel b mit der Umkehrung dieser Intervallkette,

— in der Tonart A-Dur (stets mit *cis* statt *c*),
— in der Tonart melodisch a-Moll (stets mit *c*).

Beschreibt den klanglichen Unterschied der gleichnamigen Fassungen.
Welche Zusammenklänge haben vor allem weitertreibende Kraft? Sucht diese Intervalle und ihre Umkehrungen in den Beispielen a und b:

📖 102: Schreibt die Spannungsintervalle und die eingeschlossenen Leitertöne mit Abstandszeichen in ein Tastenbild;
zählt die Leitertöne (allgemeine Bestimmung);
zählt die Ganz- und Halbtonschritte (genaue Bestimmung).

Das „Zwiegespräch", enthält besonders in den drei letzten Takten die charakteristischen *Intervalle*, welche in der melodischen Molltonart *zwischen Quintraum* und *tiefgestelltem Quartraum* entstehen. (Beispiel b entspricht der Normalstellung der Räume mit hochgestelltem Quartraum.)

Untersucht man zunächst in der Durfassung die entscheidenden Quinten und Quarten, so stellt man in Beispiel a eine reine Quinte und zwei reine Quarten, im Beispiel b eine reine Quarte und zwei reine Quinten fest.

Die Originalfassung im melodischen Moll unterscheidet sich von der Durfassung nur in dem Mollterzton *c* der Tonart. Durch die tiefere Stellung dieses Terztones verengen sich in Beispiel a die Quinten und die Quarten, vergrößern sich in Beispiel b die Quarte und die Quinten.

● Die *verengten und erweiterten Quinten und Quarten* verschmelzen nicht wie die reinen; ihre Töne stehen vielmehr *in scharfer Klangspannung*, streben zueinander (Beispiel a) oder voneinander weg (Beispiel b) mit dem *Ziel der Entspannung im Einklang oder in der Oktave* (Bewegungsspannung).

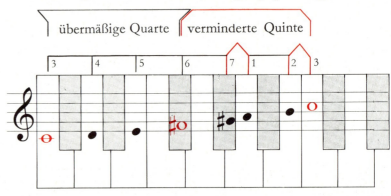

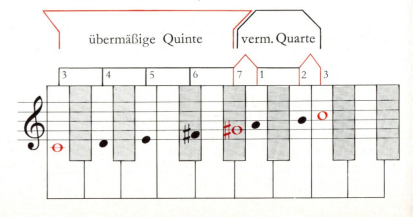

● Die *engen* Intervalle heißen
verminderte Quinte mit zwei Ganz- und zwei Halbtonschritten,
verminderte Quarte[1] mit einem Ganz- und zwei Halbtonschritten.
Ihre Umkehrungen, die *erweiterten* Intervalle, heißen
übermäßige Quarte mit drei Ganztonschritten,
übermäßige Quinte[1] mit vier Ganztonschritten.
Intervalle mit *geringer Verschmelzung* und *scharfer Klang-* und *Bewegungsspannung* heißen **Dissonanzen**[2]. Intervalle mit *hoher Verschmelzung* und *geringer Klang-* und *Bewegungsspannung* heißen **Konsonanzen**[3].

Mit dem Dissonanzgrad (Grad der Verschmelzung, der Klang- und Bewegungsspannung) verändert sich auch der **Farbwert** der Intervalle. Ihn nimmt man am deutlichsten wahr bei Klangparallelen mit verschiedenen dissonanten Intervallen. Vergleicht Klangparallelen von Quinten und Oktaven (▷ S. 72) mit solchen von Sexten und Terzen, Septimen und Sekunden. Spielt und singt.

📖 Schreibt verschiedenartige Klangparallelen auf und versucht, sie nach den Gesichtspunkten oben zu ordnen.
Spielt die folgenden Sätze des russischen Liedes und wertet sie aus:

Aus der kleinen, engen Kammer

Russisches Volkslied,
Harmonische Fassungen nach Igor Stravinsky (1882—1971)

Aus der kleinen engen Kammer grüße meine ferne Heimat
schau ich weit in's frische Feld; und die schöne junge Welt!

Aus: Trois Mouvements de Pétrouchka
Édition Russe de Musique, Verlag Boosey & Hawkes, London

Die farbigen Noten geben die Melodie des Liedes wieder. Diese wird durch die parallel mitgeführten Stimmen verbreitert und in ihrem Klang gefärbt. Erprobt die Farbwirkungen, die durch die verschiedenen Stimmkombinationen entstehen:
$1/2$, dann $2/3$ — Terzenmixtur; $2/3$, dann $1/2$ — Sekundenmixtur; $1/4$ (Oberstimme ohne Vorzeichen) — Mixtur aus reinen Quarten; $1/4$ (Oberstimme mit Vorzeichen) — Mixtur aus übermäßigen Quarten

[1] In der verminderten Quarte *gis - c* und in der übermäßigen Quinte *c - gis* treten *Leitton* des Dur-Quartraumes *und Gleitton* des Moll-Quintraumes zum Intervall zusammen und teilen ihm ihre melodische Spannung mit. Auch in den Durtonarten bilden Leitton und Gleitton verminderte Quinten und übermäßige Quarten, in C-Dur z. B. die Töne *h - f* und *f - h*. ▷ den Dominantseptimenakkord S. 134
[2] lat. dissonare — auseinanderklingen, nicht verschmelzen. Alle übermäßigen und verminderten Intervalle sind Dissonanzen, ferner Sekunden und Septimen.
[3] lat. consonare — zusammenklingen, verschmelzen; ▷ S. 72. Die reinen Intervalle wie Oktave und Quinte, aber auch Terzen und Sexten sind Konsonanzen. Die Quarte wird je nach Zusammenhang als Konsonanz oder als Dissonanz bewertet.

Die folgende Intervallreihe schreitet stufenweise von der Konsonanz zur Dissonanz fort. Die Keilöffnungen zeigen die Verstärkung eines Merkmals an. Ordnet die Merkmale Bewegungsspannung, Klangverschmelzung und Klangfarbe einem der beiden Keile zu.

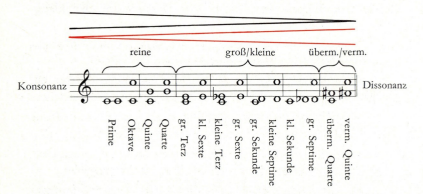

Die Konsonanz entfaltet ihre beste Kraft im Zusammenklang; den angenehmsten Zusammenklang bildet die große Terz. — Die Dissonanz entfaltet ihre beste Kraft im melodischen Nacheinander der Intervalltöne, z. B. bei Leit- und Gleitton. Den angenehmsten Intervallschritt bildet die große Sekunde.

(nach P. Hindemith, Unterweisung im Tonsatz, Schott 1940)

Untersucht und ordnet die folgenden Stücke unter den Gesichtspunkten von Konsonanz und Dissonanz. Beachtet die Zeit ihrer Entstehung.
„Mariae Wiegenlied" S. 22*; „Vögleins Traum" S. 28*; „Bambusflöte" S. 46*; „Jesus neigt sein Haupt" S. 20*; „Pir Sultan" S. 16*; „Von der Kriegsleute Orden" S. 15*; „Der Mond ist aufgegangen" S. 9*; „König in Thule" S. 11*; „Schwesterlein" S. 26*; „Lukaspassion" S. 90*

Schwierige Dur- und Molltonarten — die enharmonische Verwechslung

Abgeleitete Töne sind Grundton

Spielt nach dem Gehör Durtonleitern von B, Es, As und Des, natürliche Molltonleitern von fis, cis, gis und b aus. Überprüft, ob ihr die richtigen Leitertöne gefunden habt

— mit Hilfe des *Modellfingersatzes* für Dur- und Molltonleitern (S. 70 und S. 77)

— indem ihr sie mit *Tonkärtchen* von *Modellbogen II 4a-f* in die Tastenfelder legt und ihre Lage mit den *Modellen Modellbogen III 5,6* überprüft.

📖 103

Ergänzt mit euren Ergebnissen die Aufstellung der Durtonleitern 📖 79, der Molltonleitern 📖 86 und der parallelen Tonleitern 📖 87.

Tonarten mit abgeleiteten Tönen auf weißen Tasten, doppelten Erhöhungen und doppelten Erniedrigungen (Modellbogen II 4a-g)

Die Regel, daß kein Stammton zweimal in der Leiter verbraucht werden und keiner überschlagen werden darf, führt in einigen Tonarten zu ungewöhnlichen Schreibungen:

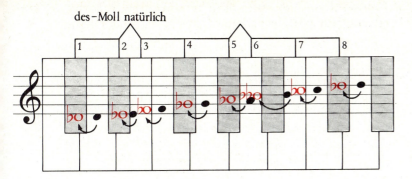

des-Moll natürlich

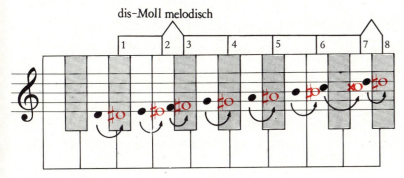

dis-Moll melodisch

Die schwarzen Punktnoten auf den weißen Tasten sind Stammtöne, die Pfeile, die von ihnen ausgehen, weisen auf die von ihnen abgeleiteten Töne (Noten mit Vorzeichen). Die roten Hohlnoten stehen unter den Modellzeichen und bilden die jeweilige Tonleiter.

Zur Tonart dis-Moll melodisch: Auf der zweiten und sechsten Leiterstufe stehen erhöhte Töne auf weißen Tasten. Die Note *eis (e-is)* steht auf der *f*-Taste und klingt auf Tasteninstrumenten wie *f*; die Note *his (h-is)* steht auf der *c*-Taste und klingt wie *c*. — Auf der siebenten Leiterstufe steht das doppelte erhöhte *cisis (c-is-is,* x = Doppelkreuz für ♯♯) auf der klanggleichen *d*-Taste.

Zur Tonart des-Moll natürlich: Diese Tonart liegt außerhalb unseres Quintenzirkels, wird jedoch verwendet. Sie zeigt auf der dritten und siebenten Leiterstufe erniedrigte Töne auf weißen Tasten: *fes (f-es)* steht auf der klanggleichen *e*-Taste, *ces (c-es)* auf der klanggleichen *h*-Taste. Die sechste Leiterstufe bildet das doppelt erniedrigte *heses (h-es-es)* auf der klanggleichen *a*-Taste.

Die Namen doppelt erhöhter Töne erhalten die zusätzliche Silbe *-is*, die Namen doppelt erniedrigter die zusätzliche Silbe *-es*.

📖 **104:** Schreibt *einfach* erhöhte und erniedrigte Töne auf weißen Tasten in das Tastenbild. Legt sie auch mit Tonkärtchen.

📖 **105:** Schreibt *doppelt* erhöhte und doppelt erniedrigte Töne in das Tastenbild. Legt sie auch mit Tonkärtchen.

📖 **106:** Schreibt die Tonleitern Fis-Dur und Ges-Dur, ferner es-Moll natürlich und dis-Moll in die Tastenfelder. Ergänzt mit euren Ergebnissen die Aufstellung der Durtonleitern (📖 79), der Molltonleitern (📖 86) und der parallelen Tonleitern (📖 87).

📖 **107:** Legt und schreibt aus dem Gedächtnis die natürliche des-Moll-Tonleiter und die melodischen dis-Moll und gis-Moll Tonleitern aufwärts in die Tastenfelder.

Die enharmonische Verwechslung

Vergleicht, wie ihr in der Aufgabe 📖 106 die Ges-Dur- und die Fis-Dur-Tonleiter geschrieben habt. Was ist beiden Tonleitern gemeinsam, wodurch unterscheiden sie sich?

Vergleicht die Schreibung der Noten, die auf gleichen Tasten stehen. Legt die entsprechenden Tonkärtchen *Modellbogen II 4 a-g* nebeneinander.

📖 **108:** Schreibt deren Namen und die Namen der zugehörigen Stammtöne paarweise auf, z. B. *fis (f)* — *ges (g)*.

● Der *Austausch der Schreibung* für den gleichen Ton (auf der gleichen Taste zu spielen) heißt *enharmonische Verwechslung*. In der Regel wird dabei eine erniedrigte Note durch eine erhöhte ersetzt und umgekehrt. Es können aber auch Stammtöne ausgetauscht werden (z. B. *f* durch *eis*, *h* durch *ces*, *d* durch *cisis* oder *eses* usw.). Immer wird ein anderer Stammton oder seine Ableitung herangezogen. — Das Beispiel der Fis-Dur und Ges-Dur Tonleitern zeigt, daß selbst die Schreibung ganzer Tonarten enharmonisch ausgetauscht wird.

Sucht in euren Tonleiterlisten ein weiteres Tonleiterpaar von gleichem Tongeschlecht, mit gleichem Klang und enharmonisch verwechselter Schreibung.

Der Tonartenkreis (Tonartenuhr, Quintenzirkel)

Die folgende Übersicht erfaßt sämtliche Kreuz- und B-Tonarten, geordnet nach Art und Zahl ihrer Vorzeichen. Parallele Dur- und Molltonarten stehen übereinander. (Vergleicht, ob 📖 87 mit dieser Aufstellung übereinstimmt.)

Die Tonartenreihe endet bei den b-Tonarten mit dem Paar Ges-Dur/es-Moll, bei den ♯-Tonarten mit dem Paar Fis-Dur/dis-Moll. Diese Dur- und Molltonleitern werden jeweils auf den gleichen Tasten gespielt, und sie klingen gleich.

● Über die enharmonische Verwechslung schließt sich die Tonartenreihe zum Tonartenkreis. Es entsteht die Tonartenuhr mit 12-Stellen.

Die geschlossenen Kreise der Dur- und Molltonarten in der Ordnung der Quintverwandtschaft heißen auch **Quintenzirkel**. (Mit dem Zirkel schlägt man einen Kreis.)

📖 109: Tragt die Tonarten in den Zirkel ein. Schreibt das jeweils zuletzt hinzutretende Vorzeichen hinter die Tonart. Kennzeichnet die Anordnung durch farbige Gestaltung.

Das große Tonartenquiz

Folgende Fragen mögen als Anregungen für den Quizmaster dienen (benutzt auch die Anregungen des kleinen Tonartenquiz S. 79):

1. Nennt die Reihenfolge der Tonabstände im Durmodell, natürlichen Mollmodell und im melodischen Mollmodell.

2. Nennt die ♯-(b-)-Tonarten und ihr letztes Vorzeichen in der Reihenfolge des Quintenzirkels.

3. Nennt die Tonnamen folgender Tonarten, spielt sie, singt sie auf Tonnamen: D-Dur, d-Moll natürlich, d-Moll melodisch (d-Moll harmonisch).

4. Bestimmt, welches Tongeschlecht die vorgespielte (gesungene) Tonleiter hat.

5. Welche Tonleiter hat die Töne *f g as b c d e*?

Die harmonische Molltonart

A. im harmonischen Satz

▷ Kombination von Dur- und Mollfunktionen S. 141

Beispiel 1 verbindet die Hauptdreiklänge der Tonart a-Moll miteinander. Die leitereigene Mollterz des Dominantdreiklanges *g* ist zur Durterz *gis* hochalteriert. Die Molltonart erhält dadurch einen Leitton.

Beispiel 2 fügt die Fortschreitungen in den drei Stimmen zu einer Leiter zusammen. Die Töne *f* und *gis* auf der 6. und 7. Leiterstufe kommen in keiner der Stimmen als melodische Fortschreitung vor.

● Die *Molltonleiter mit hochalterierter 7. Stufe* wird vorzugsweise im harmonischen Satz verwendet; sie heißt deshalb **harmonische Molltonleiter** (▷ S. 133 ▷ S. 142).

B. in der Melodie

Bestimmt Tonart und Tonvorrat dieses Liedes. Spielt und singt es.

Ungekämmt sind deine Haare

Worte und Weise eines Kolo aus Serbien

[1] 2. Geh' noch mal nach Haus und kämm' dich, lele Duneranke usw.
3. Dann komm wieder, führ den Kolo, lele Duneranke usw.

Übertragung: Herbert Hoss
Aus: Der Turm. Voggenreiter Verlag, Bad Godesberg

Welches Intervall läßt sich besonders schwer treffen? Wie ist seine klangliche Wirkung?

📖 110: Schreibt die Töne *f* und *gis* in das Tastenbild, bestimmt ihren Abstand, indem ihr die Stellen im Notensystem und die Zahl der Tasten berücksichtigt.

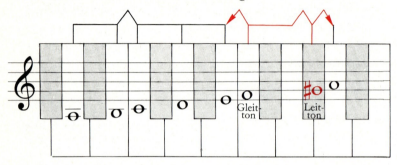

● Die Töne *f-gis* haben den Abstand einer Sekunde, weil ihre Noten auf benachbarten Stellen im Notensystem stehen. Dieser Sekundabstand ist um einen halben Tonschritt größer als die große Sekunde *f - g* und heißt deshalb **übermäßige Sekunde**.

Modellzeichen:

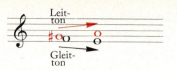

● Der übermäßige Sekundschritt liegt zwischen dem *Gleitton f* und dem *Leitton gis*. Sie teilen ihre melodische Spannung dem Intervall mit, welches die auseinanderstrebenden Töne in eine Verbindung zusammenzwingt. Das verleiht den Melodien eine für unser Ohr fremdartige Färbung, die uns an die osteuropäischen und orientalischen Ursprungsländer solcher Lieder erinnert.

▷ „Gestern vor dem Tor" S. 12*.

Legt mit den Tonkärtchen *Modellbogen II 4a-g* die harmonischen Molltonleitern von *h*, *g*, *e* und *c* aus. Benutzt *Modell III 19*.

📖 111: Schreibt Leitern und Modelle in die Tastenfelder. Spielt Lieder im harmonischen Moll in anderen Tonarten.

Die melodische Modulation

Singt und spielt das Lied.

Der Mai ist gekommen
Melodie: Justus W. Lyra (1822—1882)
Text: Emanuel Geibel (1815—1884)

Bestimmt die Tonart des Liedes. (Die Melodie schließt mit der Terz, der *Grundton* erscheint *in der zweiten Stimme*.)

Singt den zweiten Liedteil auch ohne den Ton *fis*. Welche Bedeutung hat er für die Zielrichtung der Melodie in diesem Abschnitt?

Auf welches Ziel ist die Melodie in den letzten vier Takten gerichtet?

Welcher Ton gibt ihr die entscheidende Wende?

● Erscheint in einer diatonischen Melodie ein *leiterfremder Ton*, so deutet er auf den *Übergang* in eine *verwandte Tonart* hin.

Der Übergang heißt **Modulation**. In Liedern und Musikstücken im Dur-Geschlecht wendet sich die Modulation bevorzugt der *Tonart der oberen Quinte* als Ziel zu (Quintverwandtschaft)[1].

Der Übergang in die neue Tonart führt in der Regel über deren *Leitton*.

● Der *neue Leitton* wird durch *Hochalteration* aus dem *Gleitton* der Ausgangstonart gewonnen, (z. B. *f* in C-Dur → *fis* in G-Dur). Seine Lenkkraft richtet die Melodiebewegung auf den *neuen Grundton* (z. B. *g*).

Die Modulation in die Zieltonart ist mit einer *Anspannung* verbunden, die in der *aufwärts* gerichteten Bewegung des *Leittones* und in der *Überhöhung des Melodiebogens* im Modulationsabschnitt spürbar wird.

In der *Rückmodulation* kehrt die Melodie bei nachlassender Melodiespannung über den *Gleitton* zur *Ausgangstonart* zurück.

Gleitton und *Leitton*, die durch Alteration auseinander hervorgehen, sind die *Weichen*, über die Hin- und Rückmodulation laufen:

Gleissystem der Modulation C-Dur — G-Dur — C-Dur

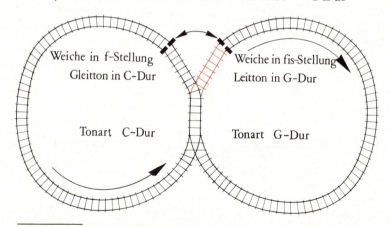

[1] Musikstücke im Mollgeschlecht wenden sich meistens zur parallelen Durtonart. (▷ „Schwesterlein" S. 26*; „Bourée" S. 71*; „Nachtlied" S. 54*; „Die Schweinchen" S. 4*)

Wollt ihr eigene Modulationen erfinden, so legt euch zunächst den *Weg* in einer *Kurzmodulation* zurecht, z. B.

Spielt und singt diese Kurzmodulation auch in G-Dur, D-Dur, F-Dur und B-Dur.

📖 Schreibt einige Beispiele auf.

Arbeitet sie zu achttaktigen Melodien aus und verwendet dabei die folgenden Taktbausteine.

▷ „Marsch in D-Dur" S. 158 ; „Menuett" S. 148; „Bunt sind schon die Wälder" S. 56*; „Spielstück" S. 72*; „Pendant la jeunesse" S. 71*.

Die Chromatik

Die Sonne steigt auf

Aus dem Oratorium: Die Jahreszeiten

Spielt die Melodien auf euren Tasteninstrumenten. In welcher Ordnung benutzt ihr dabei die Tasten? Vergleicht den Tastenvorrat, den ihr für diatonische Melodien braucht.
Legt den Tonvorrat von Hannes Melodie mit Tonkärtchen von *Modellbogen II 4a–g*.

📖 112: Schreibt ihn in die Tastenfelder.
Wie werden Noten auf benachbarten Tasten geschrieben?

© 1962 by Schott's Söhne, Mainz   Aus der Oper: Die Kluge

[1] Fortsetzung des Textes: Ich läge nicht in diesem Loch, wo Ratten mich und Mäuse noch lebendiglich verzehren. — So lag er da, der Pflug hat ihn ans Licht gebracht, so lag er da aus eitlem Gold, der verfluchte Mörser, ich seh ihn deutlich noch vor mir, wie leuchtend drauf die Sonne fiel, und innen ward er ganz und gar mit schwarzer Erde angefüllt. Oh, dieses Gold, oh, dieser Mörser, doch den Stößel dazu, den fand ich nicht.

● Die Tonfolge, die man auf der lückenlosen Reihe weißer und schwarzer Tasten aufwärts und abwärts spielen kann, heißt **chromatische**[1] **Tonleiter.** Sie setzt sich aus einer Kette von Halbtonschritten zusammen.

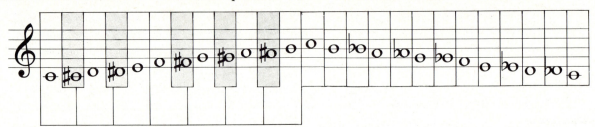

● Die Schreibung chromatischer Leitern ist nur möglich, wenn man *Stammtöne* und *abgeleitete Töne* in der *gleichen Leiter* verwendet. Diatonische Ganztonschritte werden dadurch geteilt:

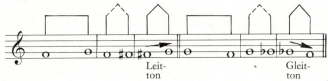

Es entstehen: *diatonische* Halbtonschritte. Ihr Zeichen: ⌂.
Sie enthalten Leitton oder Gleitton.

chromatische Halbtonschritte, die durch Stammtöne und von ihnen abgeleitete Töne gebildet werden.
Ihr Zeichen: ⌂

In der chromatischen Tonleiter werden also diatonische und chromatische Halbtonschritte aneinandergereiht.

Ein Musikstück mit zusätzlichen Leit- und Gleittönen hat **Spannungschromatik**[2].

Welches der einleitenden Musikbeispiele benutzt diatonische und chromatische Halbtonschritte, welches hebt durch die Gruppierungen innerhalb der Melodie stärker die diatonischen Halbtonschritte hervor? Welche Wirkung wollen die Komponisten mit diesem Einsatz der Mittel erzielen?

📖 113: Schreibt die leittönige und die gleittönige chromatische Leiter in die Abstandsfelder und tragt darüber die Zeichen für chromatische und diatonische Halbtonschritte ein.

📖 114: Schreibt die Tonwiederholungen in den folgenden Kanons so um, daß chromatische Fortschreitungen entstehen. Spielt die diatonischen und die chromatischen Fassungen und vergleicht ihre Wirkungen:

„Come, follow me"; „Lachend kommt der Sommer"

▷ „Trio aus dem „Menuetto" S. 163; „Schwesterlein", Strophe 4 und 5, S. 26*; „BACH" S. 143, S. 189

---

[1] griech. chroma — Farbe; diese Leiter wird als Einfärbung der diatonischen aufgefaßt.
[2] Wird die Chromatik benutzt, um einen Tonraum in fließender und gleitender Bewegung zu durchmessen so entfällt die Spannungswirkung. Man spricht von **Gleitchromatik**.
Die Streichinstrumente, einige Blasinstrumente und die menschliche Stimme vermögen darüber hinaus stufenlos zu gleiten. Diese Bewegungsform heißt **Glissando**.

V. Neue Rhythmen

Die punktierte Achtelnote

Stellt die Übungen paarweise dar: 1 mit 2, 1 mit 3, 2 mit 3.

Übung 1 und 3 können gesprochen und gelaufen werden; Übung 3 wird so dargestellt, als habe der Läufer einen verstauchten Fuß. Er kann damit nur leicht und flüchtig auftreten. Der unverletzte Fuß muß einen Teil der Last mitübernehmen und länger tragen.

In Beispiel 3 kann man statt ♪ ♪ ♪ auch ♪. ♪ oder ♪. ♪ schreiben. Vergleicht die Regel über die Punktierung von Noten auf S. 47.

Stellt die folgenden Beispiele zu Ketten von Achtelnoten dar. Stellt die rhythmischen Gruppen auch so um, daß der punktierte Achtelrhythmus eine andere Stellung im Takt erhält.

Führt die beiden letzten Beispiele zunächst einzeln, dann hintereinander und im Kanon auf. (Einsatz der zweiten Stimme bei *)

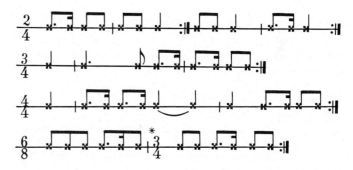

▷ „Chaconne" S. 170; „Pendant la jeunesse" S. 71*; „Schwesterlein" S. 26*; „Ich Kujawiak" S. 63*.

Die Triole

Schatzsuche

Klatscht in mäßigem Tempo die Zählzeiten des 2/4-Taktes und sprecht dazu die „Schatzsuche".

Ihr bemerkt: In einigen Zeilen müßt ihr mehr als zwei Silben auf einer Zählzeit unterbringen. Wie viele sind es jeweils?

Sprecht die Silben so, daß sie gleich lang klingen, ohne daß die Zählzeiten deshalb gedehnt werden.

📖 115: Schreibt nun die Noten auf, die zu den Silben gehören. Teilt dabei den Raum der Taktzeiten gleichmäßig auf.

● Soll ein Wert — z. B. der einer Viertelnote — in *drei* Längen unterteilt werden, so ist jede der drei Noten etwas kürzer, als sie bei einer Zweiteilung wäre:

 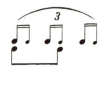

Die *Aufteilung* eines Wertes in *drei Längen* heißt **Triole**[1]. Zur Unterscheidung von der zweigliedrigen Unterteilung, deren Notenzeichen verwendet werden, muß die Triole durch eine schrägstehende *3* und einen zusammenfassenden Bogen gekennzeichnet werden:

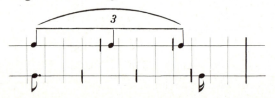

Das Verhältnis von Triole und punktierter Note zeigt die Gegenüberstellung:

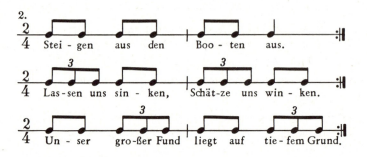

▷ „Menuetto" S. 162; „One More River" S. 68*; „Regen, Regen, höre auf" S. 42*.

Übungen:

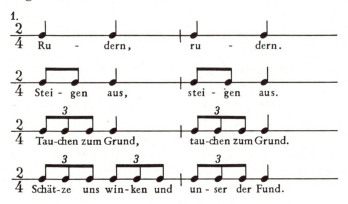

Wie verändert sich die Wirkung der Zeilen, wenn Triolen hinzutreten? Erfindet eine Melodie zur Schatzsuche.

---

[1] lat. tres, tria — drei

Die Synkope

Führt mit verteilten Rollen die folgenden rhythmischen Sätze auf. Sprecht, singt, klopft, klatscht. Beachtet die Betonungszeichen im Sprechrhythmus und in der Taktdarstellung der Begleitstimmen.

Nach Josef Haydn, Die Schöpfung

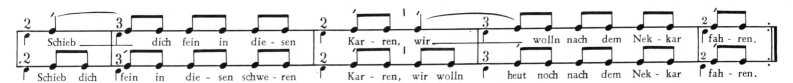

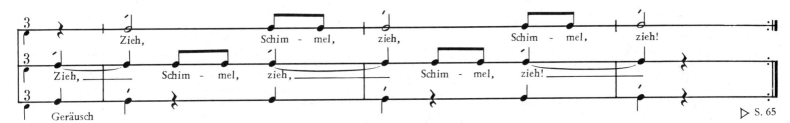

▷ S. 65

Untersucht, in welchen Zeilen und Takten die rhythmischen Akzente mit den natürlichen Taktschwerpunkten zusammenfallen und wo sie davon abweichen.

- Stellt sich der *Rhythmus gegen die Akzentordnung des Taktes*, indem er die Betonung auf eine unbetonte Taktzeit vorzieht, so sprechen wir von einer **Synkope**[1].

Welchen Vorgang in der Mitteilung des Textes wollen die Synkopen in den Beispielen jeweils nachgestalten? Wie müssen sie gesungen werden, um die beabsichtigte Wirkung zu erreichen? Wo liegen die Unterschiede in der Wirkung?

Die kleinen Synkopen:

[1] griech., „Zusammenschlagen", „Zusammenziehen"; zwei Betonungen schlagen zusammen.

- Oft haben Synkopen eine schwebende Wirkung, weil sie sich von der strengen Betonungsordnung des Taktes befreien und über sie hinweggleiten: **Schwebesynkope.**

In anderen Stücken steigern die Synkopen die innere Erregung. Dann empfinden wir die Spannung, die zwischen Rhythmus und Taktbetonung besteht: **Erregungssynkope, Spannungssynkope, Stausynkope.**

Erfindet synkopische Fassungen des Wortes „Hal-le-lu-ja", indem ihr den Wortrhythmus in eine Taktordnung stellt. Jede Silbe kann betont sein

▷ „Marsch" S. 158; Trio aus dem „Menuetto" S. 163; „Pavane de la Belle" S. 185; „Ländler" S. 85*; „Balami punda" S. 33*; „Nobody knows the trouble I see" S. 51*; „Swing low" S. 52*; „Schwesterlein" S. 26*; „Horch, es nahn" S. 24*; „Wer sich die Musik" S. 44*

Amerikanische Tanzrhythmen mit Synkopen (▷ Tänze)

(nach M. Seiber, Leichte Tänze, Verlag B. Schott's Söhne, Mainz 1933)

Ragtime:

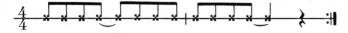

Blues:

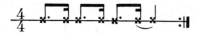

Cake-walk:

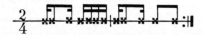

Foxtrott:

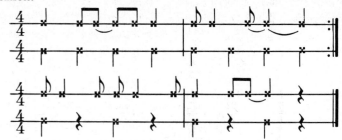

Vorübungen zum „Lied vom Fuchs" (▷ S. 14*)

Wir üben zu einer Kette geklopfter Achtelnoten die „umgekehrte" Punktierung:

Wir üben die „richtige" Punktierung:

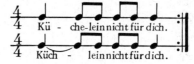

„Richtige" *und* „umgekehrte" Punktierung: (Achtel klopfen!)

Gesondert üben:

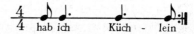

VI. Akkorde, Aufbau und Verbindung

Der Dreiklang

Klangcharakter und Aufbau: Grundton, Terzton, Quintton

▷ Reine Intervalle S. 70 ▷ Der Zusammenklang reiner Intervalle S. 72 ▷ Groß-kleine Intervalle S. 80 ▷ Dissonanz und Konsonanz S. 97 f.

Island, herrliches Land

Is - land, herr - li - ches Land! Des Glük - kes reif - wei - ße Mut - ter.

Wo ist dein al - ter Ruf, Frei - heit und mann - haf - te Tat?

Musiziert das Lied in der Fassung A und im Stil von B und C. (▷ „Zwiegesang" S. 47*; „Aus der kleinen engen Kammer" S. 99). Beschreibt die Unterschiede in der Klangwirkung. — Ordnet die folgenden Adjektive den Fassungen A, B und C zu: grell, leer, ausgeglichen, dicht, scharf, voll, gespannt, mild. — Ordnet die Fassungen nach ihrer Klangwirkung. — Begründet die Unterschiede in der Klangfarbe aus dem Charakter der verwendeten Mixturintervalle (▷ Dissonanz und Konsonanz S. 97).

● Tritt ein Ton in die Mitte des Quintrahmens, so entsteht ein **Dreiklang**. Der *Mittelton* bildet mit jedem der *Rahmentöne* das Intervall einer *Terz* (▷ Beispiel 1 umseitig).

● Im Dreiklang vereinigen sich die *Wirkungen der verschmelzungsstarken Quinte und der angenehmen Terz zu einem konsonanten,* d. h. ausgeglichenen und gefüllten *Gesamtklang.*

Beispiel 1: Dreiklang, 1. Terzintervall, 2. Terzintervall
Beispiel 2: Quintton, Terzton, Grundton, Quintrahmen, F-Dreiklang

Der tiefe Rahmenton heißt **Grundton** des Dreiklangs und gibt ihm seinen Namen (z. B. F-Dreiklang). Die anderen beiden Dreiklangstöne werden nach dem Intervall benannt, das sie mit dem Grundton bilden: der obere Rahmenton heißt **Quintton**, der Mittelton **Terzton** (Beispiel 2). Grundton, Terzton und Quintton sind die *Akkordton-Namen*[1].

In der *Akkordtonschreibung* kennzeichnen wir den Grundton durch eine Quadratnote ◇, den Quintton durch eine Hohlnote o und den Terzton durch eine Punktnote ●.

Spielt den C-Dreiklang, den D-Dreiklang, den E-Dreiklang, den G-Dreiklang und den A-Dreiklang. Zerlegt die Klänge jeweils in den Quintrahmen und die beiden Terzen.

📖 116: Notiert sie in Akkordtonschreibung. Spielt die Lieder „Christ ist erstanden" S. 49* und „Es sungen drei Engel" S. 49* mit Dreiklangmixturen. (▷ S. 72.)

📖 Schreibt ein Beispiel.

Dreiklangsübung für zwei Spieler oder Spielgruppen

× = Triangel
| = Holzstäbe

Spielt auch die Begleitung zu „Es ist ein Schnitter, heißt der Tod" S. 40*.

[1] lat. accordare — übereinstimmen; Akkord — Zusammenklang von wenigstens drei Tönen

Dur- und Molldreiklänge

▷ Gleichnamige Tonarten S. 80

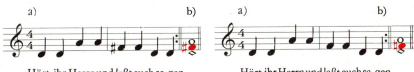

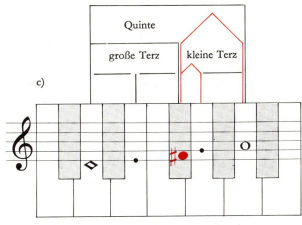

D-Dur-Dreiklang[1]

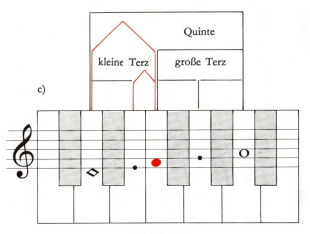

d-Moll-Dreiklang

Spielt, singt und untersucht die Beispielpaare unter a, b und c. Was wollen sie jeweils zeigen?

● Stehen *große* und *kleine Terz* im Quintrahmen aufeinander, so bilden sie einen **Durdreiklang**. Stehen *kleine* und *große Terz* im Quintrahmen aufeinander, so bilden sie einen **Molldreiklang**. Dur und Moll bezeichnen das **Tongeschlecht**. Es wird durch den Terzton bestimmt. Der

● *Durterzton* macht den Klang hell und strahlend; der *Mollterzton* liegt tiefer und macht ihn dunkel und ernst.

Ein Durdreiklang und ein Molldreiklang mit *gleichem Grundton* und mit gleichen Stammtönen sind *gleichnamige Dreiklänge*.

---

[1] Man kennzeichnet Dur-Dreiklänge mit großen, Moll-Dreiklänge mit kleinen Buchstaben: D = D-Dur-Dreiklang, d = d-Moll-Dreiklang.

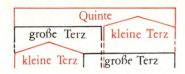

Erläutert den Aufbau dieses Kombinationsmodells für Dur- und Molldreiklänge. Erprobt die Verwendungsmöglichkeiten von *Modell IV 8* am Tastenbild.

Spielt mit den Tönen gleichnamiger Dreiklänge aus dem Gedächtnis den Melodienausschnitt „Hört ihr Herrn". Legt den verwendeten Tonvorrat mit Tonkärtchen in die Tastenfelder; benutzt das Kombinationsmodell *Modellbogen IV 8* zur Überprüfung der Ergebnisse.

117: Tragt den Tonvorrat in Akkordtonschreibung in die Tastenfelder ein.

Singt gleichnamige Beispiele ohne Unterstützung durch das Instrument, überprüft mit seiner Hilfe jedoch, ob ihr richtig gesungen habt.

▷ „Menuetto" S. 162; „Volksliedchen" S. 86*.

Je - der weiß, was so ein Mai -
kä - fer für ein Vo - gel sei.

aus der 6. Sinfonie von L. v. Beethoven

119 Tragt die Ergebnisse in die Listen ein. Verwendet das Kombinationsmodell als Hilfsmittel.

Dreiklangsmelodik I

118a: Erfindet zum folgenden Text Melodien im Zweivierteltakt. Verbindet die Dreiklangstöne in wechselnder Reihenfolge, z. B.

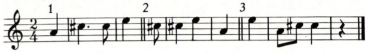

Bezieht Dur- *und* Mollterz ein. Bevor ihr einen Melodieabschnitt niederschreibt, solltet ihr ihn sicher singen und spielen können. Dabei läßt er sich prüfen und verbessern.

> Ich, Kin - der, bin Prinz Kar - ne - val.
> Ich spie - le Baß und Flö - te.
> Doch mir am lieb - sten ist der Schall
> Von ei - ner Blech - trom - pe - te.
>
> James Krüss, in Glück und Segen,
> hrsg. v. B. H. Bull, Mosaik-Verlag Hamburg 1964

Spielt und singt die folgenden Dreiklangsmelodien:

Spielt sie auf den höheren Stufen der jeweiligen Tonleitern mit leitereigenen Tönen. Bestimmt, ob ihr für die Melodien Dur- oder Molldreiklänge benutzen müßt.

In die Kreuz und in die Quer
fliegt und kriecht und krab - belt er.
(W. Busch)

▷ „Willkommen, lieber schöner Mai" S. 45*; „Jubilate Deo" S. 50*; „Swing low" S. 52*; „Ich Kujawiak" S. 63*; „Seeräuberlied" S. 67*; „Zwiefacher" S. 68*; „Trio" S. 80*; „Hüpfende Frösche" S. 18*; „Die Nachtigall" S. 32*; „Das Nachtlied" S. 54*; „Morgenstimmung" S. 86, S. 88*/89*; „Der Frühling hat sich eingestellt" S. 128; „CAFFEE" S. 143; „Mariä Wiegenlied" S. 22*; „Josef, lieber Josef mein" S. 50*.

Dreiklänge auf benachbarten Stufen

A. Shanty

B. Seemannslied

C. Amenformel des Gregorianischen Chorals[1]

In den Beispielen werden benachbarte Dreiklänge zu Klangfolgen zusammengefügt. In Beispiel A entsteht eine Muldenform ⌣, in Beispiel B eine Hügelform ⌢, in Beispiel C die Verbindung aus Hügel- und Muldenform ⌢⌣.

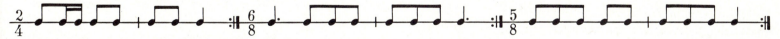

📖 118 b Gestaltet aus den Akkordfolgen Dreiklangsmelodien zu selbstgewählten Texten.

▷ „What shall we do with the drunken sailor", S. 65*

Spielt und singt die Beispiele A, B, C und die Dreiklangsübungen S. 114 auch *von anderen Stufen der vorzeichenlosen Leiter aus.* Wählt z. B. zum Anfang Dreiklänge mit den Grundtönen d, e, f und g. Hört und prüft, ob dadurch *neuartige Akkordkombinationen* entstehen, ob sich z. B. das Tongeschlecht der entsprechenden Dreiklänge oder der Abstand der Grundtöne verändert hat.

Wandelt die Klangwirkung der Akkordfolgen unter A, B und C ab

— indem ihr das Tongeschlecht eines oder mehrerer Dreiklänge verändert (etwa in Beispiel A die Klangfolge a - G - a zu a - g - a oder A - G - A)

— indem ihr den Sekundabstand der Grundtöne so verändert, daß aus dem Ganztonabstand ein Halbtonabstand wird (etwa in Beispiel A aus der Folge a - G - a die Verbindung As - G - As) oder aus dem Halbtonabstand ein Ganztonabstand (etwa in Beispiel B aus der Folge e - F - e die Verbindung e - fis - e). Behält man bei diesen Abwandlungen das ursprüngliche Geschlecht der Klänge bei, so wird die Verfremdung gegenüber der Ausgangskombination noch größer (z. B. a - G - a zu as - G - as und e - F - e zu e - Fis - e).

📖 120: Schreibt einige der Fassungen der Beispiele auf.

Verwendet einige der Klangfolgen in Dreiklangsspielen, z. B. zu den folgenden Rhythmen:

---

[1] Gregorianische Hymnen und Sequenzen, mittelalterliche kirchliche Gesänge, schließen mit Amenformeln, ähnlich oder gleich der farbig gedruckten Melodie in Beispiel C. Diese Amenformeln passen sich der Kirchentonart des jeweiligen Gesanges an und bauen dann auf verschiedenen Leiterstufen auf. Damit ändert sich auch die Größe der Sekundschritte zwischen den Melodietönen (▷ S. 93 f.).

Umkehrungen, Stellungen und Lagen

Umkehrungen: Intervallaufbau, Bezifferung

▷ Die Umkehrung der Intervalle S. 88
▷ Intervalle im Umkehrungspaar S. 104

Singt und spielt die drei Weckrufe hintereinander. Welcher Zusammenhang besteht zwischen ihnen; sind sie aus dem gleichen oder aus verschiedenen Dreiklängen gebildet?

📖 121 Schreibt die drei Akkorde paarweise auf *(a - b; b - c)*. Notiert dabei die Töne, welche an der gleichen Stelle des Notensystems stehen, mit der gleichen Farbe. Kennzeichnet den Weg, der zwischen den farbfreien Tönen liegt, mit einem Pfeil, bestimmt das Intervall, welches sie miteinander bilden.

● Durch die *Oktavversetzung eines Rahmentones* wird die Reihenfolge der Dreiklangstöne umgestellt. Aus der **Grundgestalt** (Ruf a) entstehen zwei weitere Gestalten, die man **erste und zweite Umkehrung** nennt (Rufe b und c).

Die *drei Gestalten des Dreiklangs* unterscheiden sich durch die Größe des *Rahmenintervalls* und durch Größe und Anordnung der beiden *Innenintervalle*.

📖 122 Bestimmt Rahmen- und Innenintervalle und schreibt die Ergebnisse in Zahlschrift zwischen die entsprechenden Intervalltöne.

● Die *Rahmenintervalle beider Umkehrungen sind Sexten*. Dadurch unterscheiden sich die Umkehrungen von der Grundgestalt, welche die Quinte zum Rahmenintervall hat.

Beide Umkehrungen haben *Quarte und Terz* zu *Innenintervallen*. (Die Grundgestalt ist an den beiden Terzen als Innenintervallen zu erkennen.) Bei der *ersten* Umkehrung liegt die *Quarte* oben im Sextrahmen, bei der *zweiten* Umkehrung liegt sie *unten*. *Der obere Ton im Quartintervall* ist immer der *Grundton*.

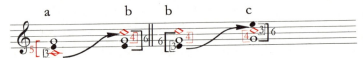

Grundgestalt   1. Umkehrung   1. Umkehrung   2. Umkehrung

Eine gebräuchliche Zahlenkurzschrift, **Bezifferung** genannt, hält die beiden *Intervalle* fest, welche *auf dem tiefsten Ton* stehen, also das Rahmenintervall und das *untere* Innenintervall. Sie kennzeichnet auf diese Weise die unterschiedlichen **Stellungen** des Dreiklangs.

Terz-Quint-Akkord   Terz-Sext-Akkord   Quart-Sext-Akkord

Der Farbdruck hebt die charakteristischen Intervalle hervor, die im allgemeinen schon für sich zur Kennzeichnung der Stellung ausreichen.

Die Bezifferung steht immer unter dem Dreiklang.

● Der *höchste Akkordton* gibt die *Lage* des Dreiklangs an.

Quintlage   Oktavlage   Terzlage

Die *Ziffer*, welche die Lage kennzeichnet, steht immer *über dem Dreiklang*.

Übungen:

📖 123a: Spielt die drei Weckrufe mit den Dreiklängen D-Dur und e-Moll. Schreibt die drei Gestalten der Dreiklänge auf und setzt die Bezifferung darunter.

📖 123b: Spielt und übertragt auch die harmonische Fassung des Liedanfangs „Die Gedanken sind frei" S. 120.

Mixturketten mit den Umkehrungen

▷ Verschmelzung und Farbwert von Intervallmixturen S. 99

📖 Übertragt einige der folgenden Beispiele aus der Grundgestalt in die Umkehrungen. Beschreibt die Unterschiede im Klang und erklärt sie aus der Anordnung der Akkordtöne und aus dem Intervallaufbau.

▷ „Amenformel" S. 117; „What shall we do" S. 117.

● Die Eigenschaften der *Akkordtöne*, die wir mit den Namen Grundton, Terzton und Quintton und durch die Akkordtonschreibung kennzeichnen, bleiben in den *Umkehrungen* weitgehend *erhalten*.

Der Klang der *Grundgestalt ruht* in sich; der Grundton ist gleichzeitig seine Basis, die Quinte als Intervall mit hoher Verschmelzung verstärkt seine Wirkung und schließt den Klang nach oben ab. Der Klang der *Umkehrungen* hingegen *schwebt*, weil in ihnen der Grundton nicht zugleich Basiston[1] ist: Die *erste* Umkehrung *hängt* am Grundton oben, die *zweite* Umkehrung ist *nach oben geöffnet*. Das wird durch die Terzlage und die Anordnung des Grundtones im Innern bewirkt.

Die *Sexten* als Rahmenintervalle geben den Umkehrungen einen *volleren* und weicheren *Klang*, als es die Quinte in der Grundgestalt vermag.

Lest Dreiklänge in verschiedenen Stellungen mit ihren Tonnamen und fügt die Akkordtonbezeichnungen hinzu.

📖 124: Schreibt sie in Akkordtonnotation auf.

📖 125: Es folgen Basistöne von Dreiklängen. Schreibt sie mit den entsprechenden Dreiklängen in Akkordtonnotation auf.

In der **Barockzeit** legte man die Begleitakkorde zu einem Musikstück durch die *bezifferte Baßmelodie* fest.

Der bezifferte Baß stellt den harmonischen Gang eines Stückes dar. Er heißt deshalb **Generalbaß**. Weil er ohne Unterbrechung durchgeführt wird, nennt man ihn **Basso continuo**[2].

Die Spieler der Akkordinstrumente besaßen eine große Fertigkeit in der Entzifferung und freien Gestaltung dieser Kurzschrift.

▷ „Jesus neigt sein Haupt" S. 20*.

Generalbaßlegen

Schneidet die Legekärtchen *Modellbogen IV 10* aus. Im Arbeitsheft (Umschlagseite 3) findet ihr einen Streifen mit Legefeldern (▷ S. 120). Legt nun die Dreiklangskärtchen auf das jeweils zugehörige Akkordsymbol. Welches Lied erkennt ihr?

---

[1] Der **Basiston** ist der jeweils *tiefste Ton* eines Akkordes. Nur in der Grundgestalt ist er gleichzeitig *Grundton*.
[2] ital., „fortwährender Baß"

Legefelder (wie Umschlagdeckel 📖)

Das Tongeschlecht der beiden Umkehrungen

Beschreibt, wo im Sextakkord und im Quartsextakkord jeweils der Terzton zu finden ist. Nennt die Durterz und die Mollterz und bestimmt mit Hilfe der beiden Modellbilder unten die Größe der Intervalle, die zwischen den beiden verschiedenen Terztönen und den anderen Akkordtönen entstehen.

a) **Sextakkord**

b) **Quartsextakkord**

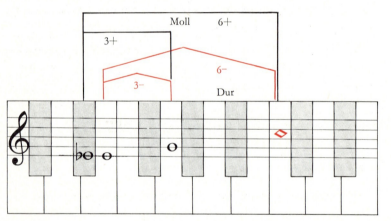

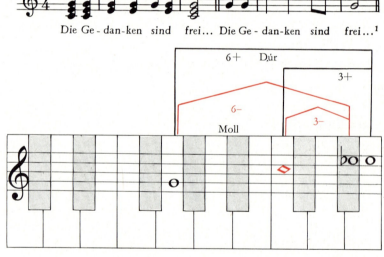

[1] 1. Die Gedanken sind frei. Wer kann sie erraten? Sie fliehen vorbei wie nächtliche Schatten. Kein Mensch kann sie wissen, kein Jäger erschießen mit Pulver und Blei: die Gedanken sind frei!

2. Ich denke was ich will und was mich beglücket, doch alles in der Still und wie es sich schicket. Mein Wunsch und Begehren kann niemand verwehren, es bleibe dabei: die Gedanken sind frei!

3. Und sperrt man mich ein in finsteren Kerker, ich spotte der Pein und menschlichen Werke; denn meine Gedanken, sie reißen die Schranken und Mauern entzwei: die Gedanken sind frei!

4. Drum will ich auf immer den Sorgen entsagen und will mich auch nimmer mit Grillen mehr plagen. Man kann ja im Herzen stets lachen und scherzen und denken dabei: die Gedanken sind frei!

Aus der Schweiz 1810

- Terz- und Sextintervalle sind
  im *Dur-Sext*akkord *klein*, im *Moll-Sext*akkord *groß* (Terzton ist Basiston)
  im *Dur-Quartsext*akkord hingegen *groß*, im *Moll-Quartsext*akkord *klein*. (Terzton liegt oben auf.)

Spielt auf weißen Tasten von *f, g* und *a* aus die Takte „Drunten im Unterland" und von *a, e* und *d* aus die Takte „Die Gedanken sind frei". Hört, ob das jeweils einen Dur- oder einen Molldreiklang ergibt und übertragt das Beispiel in das andere Tongeschlecht.

Legt den Tonvorrat der Beispiele mit Tonkärtchen in die Tastenfelder und überprüft mit den Kombinationsmodellen *Modellbogen IV 11,12*, ob ihr das Tongeschlecht richtig gehört und bestimmt habt.

📖 126: Schreibt die Ergebnisse auf. Z. B.

Dreiklangsmelodik II

Bildet Melodien aus den Umkehrungen eines Dreiklanges.

Sucht immer wieder neue Verbindungen zwischen den Tönen einer Umkehrung.

Versucht, Dur- und Mollterz in einem Beispiel zu verwenden. Benutzt die folgenden oder auch andere Rhythmen. (Vergleicht die Dreiklangsmelodik aus dem Quintakkord Seite 116.)

📖 127: Spielt, singt und schreibt.

> Ich reite auf scheckigem Pferde,
> Mein Lasso kreist über der Herde,
> Ich reite bei Regen und Wind
> Und treibe das langhornge Rind ...

Aus: Wallace Blue, Der graue Mustang, Franz Schneider Verlag, München 1966

▷ „Schwesterlein" S. 26*; „Prinz Eugen" S. 34*; Sucht weitere Melodien, die Dreiklänge in den Umkehrungen verwenden.

Die Dichte von Klängen im Tonraum

Enge und weite Harmonie

Musiziert das folgende Beispiel und vergleicht es mit den Takten des Shanty „What shall we do" S. 117.

▷ S. 65*

● Zieht man die drei Akkordtöne eines Dreiklangs so auseinander, daß zwischen ihnen jeweils *eine Akkordtonstelle unbesetzt* bleibt, so steht der Dreiklang in **weiter Harmonie**. Man gewinnt sie, wenn man von einer der Dreiklangsgestalten in enger Harmonie ausgeht (alle Akkordtöne stehen auf benachbarten Stellen) und den *Mittelton um eine Oktave* nach oben oder unten *versetzt*.

enge   weite
Harmonie Harmonie

● Die weite Harmonie läßt sich auch aufbauen aus *zwei Rahmenintervallen*, die man *aufeinander* stellt. (Im Beispiel „What shall we do" stehen Quinte a - e der Grundgestalt und Sexte e - c der ersten Umkehrung aufeinander. Auch die Kombinationen c - a / a - e und e - c / c - a sind möglich.)

📖 128: Baut Klänge in weiter Harmonie aus den Rahmenintervallen des C-Dur-Dreiklangs und aus den engen Stellungen des h-Moll-Dreiklangs auf.

Umspielte Terzen

Singt und spielt diese veränderte Fassung des Shanty „What shall we do" und vergleicht sie mit dem ersten Beispiel in weiter Harmonie auf S. 121.

Solostimme (Instrument)

What shall we do with the drun-ken sai-lor ear-ly in the morn-ing?

▷ S. 65*

● Die Starrheit in der Dreiklangsmixtur läßt sich besonders bei weiter Harmonie auflösen. Der Abstand zwischen den Akkordtönen kann von den Stimmen als Raum zu *melodisch-rhythmischer Umspielung* genutzt werden. Dazu eignet sich vor allem die *Melodie der Terztöne*, und zwar am besten, wenn sie *in der Harmonie obenauf* liegt. Die Umspielung sollte auch die Terztöne der gleichnamigen Dreiklänge einbeziehen, jedoch nicht höher oder tiefer als zwei Tonschritte von der Terzenlinie abweichen.

Sucht andere Umspielungen zur Melodie aus Terztönen oben. Schafft entsprechende Beispiele auch aus „Seemannslied" S. 117 und „Amenformel" S. 117.

📖 129: Schreibt einige Beispiele auf.

Spielt die Proben mit der verlagerten Terzenstimme und führt sie weiter. Beachtet dabei das eingeführte Melodiemuster der Umspielung. Vergleicht die drei Klangbilder miteinander und bestimmt Stellung und Lage der Dreiklänge (▷ S. 119).

Die Verwandtschaft von Dreiklängen

▷ Baßschlüssel S. 142

Überprüft: Bisher habt ihr Dreiklänge vorwiegend zu Mixturen gebraucht; diese Dreiklänge hatten jeweils die gleiche Stellung, ihre Grundtöne lagen auf benachbarten Stufen. Sie dienten der klanglichen Verbreiterung und Färbung einer Melodielinie (▷ S. 99). Mixturstimmen sind von einer übergeordneten Melodie abhängig und deshalb unselbständig.

Im folgenden übernehmen Dreiklänge eine selbständigere Aufgabe.
Beispiel 1a, b, c, d: Die begleitenden Dreiklänge stehen auf verschiedenen Stufen der F-Dur-Tonleiter und haben *wie in der Mixtur gleiche Stellung* (Ausnahme: 1a). Der *Abstand der Grundtöne* beträgt jedoch in 1b und c *mehr als einen Sekundschritt*. Wir sprechen bei diesen Bedingungen von einer *springenden Dreiklangsverbindung*.

▷ S. 120

Beispiel 2a, b, c, d enthalten nur die Begleitdreiklänge von 1a, b, c und d. Die *Verbindung zwischen den Dreiklängen* ist nun nicht mehr springend, sondern *gleitend*[1] gestaltet. In 1d wird die Mixtur durch Gegenbewegung gebrochen.

Singt und spielt die Melodietakte des Liedes mit den verschiedenen Fassungen der Begleitung in Beispiel 1. Prüft, wie weit sich der jeweils letzte Akkord im Beispiel klanglich vom F-Dur-Akkord entfernt.
Den Grad der harmonischen Abweichung stellt ihr am leichtesten fest, wenn einer von euch den F-Dur-Dreiklang als Vergleichsklang festhält, während ein anderer dazu eines der Beispiele vorträgt. Er bemißt sich nach der Anzahl der gemeinsamen Töne (▷ Beispiel 2).

---

[1] Bei gleitender Verbindung stehen die Dreiklänge einander auf gleicher Höhe gegenüber. Gemeinsame Töne können in der gleichen Stimme liegenbleiben, nicht gemeinsame werden durch kleine Tonschritte verbunden.

Stellt eine Rangfolge unter den Fassungen a, b, c und d auf; faßt die Beispiele 1 und 2 zusammen.

Eine gleitend verbundene Dreiklangsfolge hat *kein festes Fundament*, weil die Grundtöne in verschiedenen Stimmen stehen. Deshalb ziehen wir die *Grundtöne* aus den Dreiklängen heraus und setzen sie *als vierte Stimme* noch einmal unter die Dreiklangsfolge. Eine solche *Fundamentstimme*, auch *Baßstimme* geheißen, bewegt sich in tieferen Klanglagen und wird deshalb in der Regel im *Baßschlüssel* notiert (▷ S. 142).

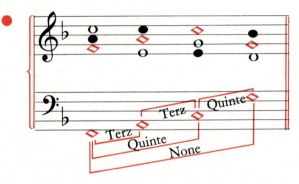

Die Verwandtschaft von Dreiklängen wird durch den *Abstand ihrer Grundtöne* gekennzeichnet:

Die Grundtöne terzverwandter Dreiklänge bilden das Intervall einer Terz. *Terzverwandte* Dreiklänge haben *zwei* gemeinsame Töne.

Die Grundtöne quintverwandter Dreiklänge bilden das Intervall einer Quinte. *Quintverwandte* Dreiklänge haben *einen* gemeinsamen Ton. (Der übernächste terzverwandte Dreiklang ist der nächste quintverwandte.)

Sekundbenachbarte Dreiklänge haben *keinen* gemeinsamen Ton. (Der übernächste quintverwandte Dreiklang ist der nächste sekundbenachbarte; zwei Quinten ergeben eine None, eine um die Oktav vermehrte Sekunde.)

Terzverwandte Dreiklänge stehen in so enger Verbindung, daß sie einander vertreten können. *Quintverwandte Dreiklänge* unterscheiden sich stärker; zwischen ihnen liegt ein deutlicher, *harmonieverändernder Schritt*. In springender und gleitender Verbindung bildet der *gemeinsame Ton* die *Drehachse der Bewegung!*

Springende Verbindung   Gleitende Verbindung

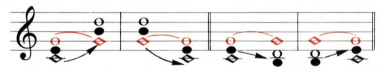

Der Pendelschlag quintverwandter Dreiklänge:

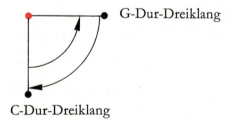

Verschränkte Anordnung   Hornquinten (Darstellung quintverwandter Dreiklänge in ausgesparter Form) ▷ 85.

Der gemeinsame Ton tritt nicht in derselben Stimme auf.   aus der verschränkten Anordnung entwickelt.

Übungen:

Wie viele terzverwandte Dreiklänge könnt ihr zu den folgenden Akkorden spielen? Kombiniert die Modelle *Modellbogen IV 8, 11, 12* über den Tastenfeldern.

Wie viele quintverwandte Dreiklänge könnt ihr zu den folgenden Akkorden spielen?

📖 130: Schreibt die Verbindungen in Akkordtonnotation auf. Verbindet terz- und quintverwandte Dreiklänge. Ein Muster:

Weitere Verwendungsmöglichkeiten quintverwandter Dreiklänge eröffnet das folgende Kombinationsmodell.

Kombinationsmodell für quintverwandte Dreiklänge

Die *schwarzen* Pfeile weisen auf die Töne des *unteren*, die *farbigen* Pfeile auf die Töne des *oberen* quintverwandten Dreiklanges.

Die Ziffern an den Pfeilen kennzeichnen Akkordtöne:

1 = Grundton, 5 = Quintton, 3+ = Durterzton,
3− = Mollterzton, 7 = Septime

Ihr könnt Dreiklangsmelodien aus quintverwandten Dreiklängen bilden, wenn ihr die Töne an der schwarzen und farbigen Leiste benützt und Übergänge zwischen ihnen schafft.

Die Kreise um schwarze und farbige Pfeile zeigen an, welche Töne bei gleitender Verbindung zusammengehören. Die Grundtöne sind in dem Kreis G zusammengeschlossen, Kreis I enthält die gemeinsamen Töne, die Kreise II und III umschließen kleine oder große Sekundschritte.

Sucht nun mit dem Kombinationsmodell *Modellbogen IV 17* an den Klaviertasten quintverwandte Dreiklänge.

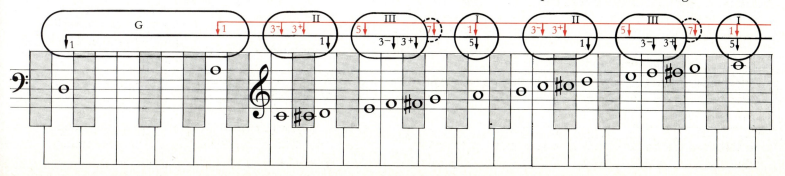

Beginnt die Arbeit mit dem Spiel und der Niederschrift einzelner Stimmen, stellt dann zwei und drei Verbindungen gleichzeitig her.

Die Arbeit läßt sich bis zur Gemeinschaftsimprovisation steigern: ein Rhythmusinstrument markiert den Takt; auf ein Zeichen wechseln alle den quintverwandten Dreiklang.

Grade der Terzverwandtschaft

Singt und spielt die Liedausschnitte und die Dreiklangspaare in Akkordtonschreibung. Welche der Verbindungen wirken fremd und überraschend? Woran liegt das? Beachtet auch, ob die Paare gleiches oder verschiedenes Tongeschlecht haben.

Die Chromatik S. 106

■ gemeinsame Töne
■ chromatische Veränderungen im Tonvorrat der F-Dur-Tonleiter

▷ „Mariae Wiegenlied" von Max Reger, S. 22*. (Taktzahlen verweisen auf diese Komposition.)

● Terzverwandte Dreiklänge, deren Töne der gleichen diatonischen Tonleiter angehören, stehen in **diatonischer** *Terzverwandtschaft*. — Sie ist Terzverwandtschaft *ersten Grades*. Die Dreiklänge haben *zwei gemeinsame Töne*.

Terzverwandte Dreiklänge, deren Töne nicht oder nur teilweise der gleichen diatonischen Tonleiter angehören, stehen in **chromatischer** *Terzverwandtschaft*; im zweiten Dreiklang werden jeweils Leitertöne chromatisch verändert.

Das bewirkt eine klangliche Überraschung. Die chromatische Terzverwandtschaft ist dreifach gestuft.

Verwandtschaft *zweiten Grades* liegt bei *einer chromatischen Veränderung* vor. Sie betrifft den Terzton des zweiten Dreiklangs. Der Terzton des ersten Dreiklangs bleibt als gemeinsamer diatonischer Ton erhalten.

Verwandtschaft *dritten Grades* liegt bei *zwei chromatischen Veränderungen* vor. Sie betreffen Grundton und Quintton des zweiten Dreiklangs. Grundton oder Quintton des ersten Dreiklangs bleiben als gemeinsame diatonische Töne erhalten.

● Verwandtschaft *vierten Grades* liegt bei *drei chromatischen Veränderungen* vor. Sie betreffen alle Töne des zweiten Dreiklangs. Die Verwandtschaft beruht lediglich auf der Gemeinsamkeit von Stammtönen.

Diese chromatischen Tonveränderungen bewirken die zunehmende Fremdheit und Überraschung bei der harmonischen Fortschreitung.

Spielt vom d-Moll- bzw. G-Dur-Dreiklang aus die jeweils angegebenen terzverwandten Dreiklänge. Stellt fest und kennzeichnet durch Farbe, welche Töne gemeinsam bleiben und welche chromatischen Veränderungen der diatonischen Leiter vorliegen. Bestimmt den Grad der Terzverwandtschaft.

📖 131: Schreibt einige Beispiele auf.

d-Moll-Dreiklang		G-Dur-Dreiklang	
diaton. Leiter: natürl. d-Moll		diatonische Leiter: G-Dur	
Terz abwärts	Terz aufwärts	Terz abwärts	Terz aufwärts
groß: B-Dur	Fis-Dur	groß: Es-Dur	H-Dur
b-Moll	fis-Moll	es-Moll	h-Moll
klein: H-Dur	F-Dur	klein: E-Dur	B-Dur
h-Moll	f-Moll	e-Moll	b-Moll

Ersetzt in der Amenformel (S. 117) sekundbenachbarte Dreiklänge durch terzverwandte. Benutzt das Kombinationsmodell für Dur- und Molldreiklänge *Modellbogen IV 8*.

Ersetzt in der Begleitung von „Gott gnad dem großmächtigen Kaiser" (S. 15*) diatonische durch chromatische Terzverwandtschaft.

▷ „Ländler" S. 85*; „Maria sitzt im Rosenhag" 22*; „Abend auf dem Lande" 74*.

Die Funktion der Klänge in der Tonart

Formen des authentischen Schlusses

Singt und spielt das Frühlingslied und entwickelt dazu eine akkordische Begleitung. In einigen Takten ist die Melodie schon aus den Tönen des passenden Begleitdreiklanges gebildet. Führt das ganze Lied auf und begleitet zunächst nur diese Melodieteile.

Text: A. H. Hoffmann von Fallersleben (1798—1874) — Frühlingslied — Joh. Friedrich Reichardt (1752—1814)

Ergänzt die Lücken mit je einem der bereits gefundenen Dreiklänge.

Verbindet die Dreiklänge springend und gleitend.

📖 132: Schreibt die Dreiklangsfolge auf.

Welche Verwandtschaft besteht zwischen den Begleitdreiklängen?

In welcher Folge treten die Dreiklänge in den beiden Hälften des Liedes auf?

Auf welchen Stufen der C-Dur-Tonleiter liegen die Grundtöne der Dreiklänge?

● Bestimmt ein *quintverwandtes Dreiklangspaar* den harmonischen Ablauf eines Musikstückes oder Liedes, so stehen die *Grundtöne* der Dreiklänge fast immer *auf der ersten und fünften Stufe der Tonleiter*. Die Stufenzeichen für diese Dreiklänge sind I und V. Ihrer Bedeutung entsprechend heißen die Dreiklänge auf diesen Stufen **Hauptdreiklänge**. Innenschlüsse (Einschnitte durch Innehalten) und Außenschlüsse (am Ende von Musikstücken) werden harmonisch meist durch eine *Verbindung der Hauptdreiklänge* I und V gestaltet. Eine solche Verbindung heißt **authentischer[1] Schluß**.

[1] griech., „gültig", „glaubwürdig", „zuverlässig"

Musiziert Melodie und Begleitung des Frühlingsliedes in den Tonarten D-Dur und B-Dur. — Wie heißen jeweils die Hauptdreiklänge? — Spielt die Begleitklänge auch in gleitender Verbindung zusammen mit der Melodie der Grundtöne. — Versucht ferner eine ausgeparte Form der Begleitung, indem ihr einzelne Stimmen aus der gleitenden Akkordfolge mit und ohne Baßmelodie zum Liede erklingen laßt.

Ganzschluß und Halbschluß; die harmonische Darstellung der Tonart

Musiziert diese Fassung des Liedes und vergleicht sie mit der ersten, die ihr in 📖 121 entwickelt habt. Beachtet besonders die harmonischen Abschlüsse, welche in der Mitte des Liedes und an seinem Ende entstehen. Wie sind sie harmonisch und melodisch gestaltet?

● Als *Innenschluß*, der ein Stück gliedert, hat die authentische Akkordkombination meist die Anordnung *I—V*. Dieser harmonische Abschluß ist nicht endgültig, weil vom *Endklang V* eine *schwebende Wirkung* ausgeht. Die Melodie der Grundtöne steigt um eine Quinte nach oben oder fällt um eine Quarte nach unten[1].

Als *Außenschluß*, der ein Stück beendet, hat die authentische Akkordkombination fast immer die Anordnung *V—I*. Der

● Dreiklang der *I. Stufe* hat *abschließende Wirkung*. Die Melodie der Grundtöne fällt um eine Quinte in den Grundton der Tonart oder springt über eine Quarte in ihn hinein[1].

Die Folge *I—V* heißt *authentischer* **Halbschluß**,
die Folge *V—I* heißt *authentischer* **Ganzschluß**.

Innerhalb der Schlüsse ist der Dreiklang der *V. Stufe Spannungsklang*, der Dreiklang der *I. Stufe Ruheklang*, End-

---
[1] ▷ „Reine Intervalle" S. 70 f.

klang, *Grundklang* der Tonart. Will man diese Eigenschaften der Klänge bezeichnen, so nennt man den Dreiklang auf der *V. Stufe* **Dominantdreiklang**[1] (Zeichen: D), den Dreiklang auf der *I. Stufe* **Tonikadreiklang** (Zeichen: T).

Im *Wechselspiel zwischen Halbschluß und Ganzschluß*, Weggehen vom Grundklang zum Spannungsklang und Rückkehr vom Spannungsklang zum Grundklang stellt sich der *harmonische Kernbereich der Tonart* dar.

Die Aufgaben, welche T und D bei dieser Darstellung der Tonart übernehmen, sind ihre **Funktionen**. Man nennt sogar T und D selbst Funktionen der Tonart. Die harmonischen Schlußformen stehen in Verbindung mit dem melodischen Halb- und Ganzschluß (Vgl. S. 153).

Erläutert an der Skizze den harmonischen Gang des „Frühlingsliedes" in der Tonart C-Dur.

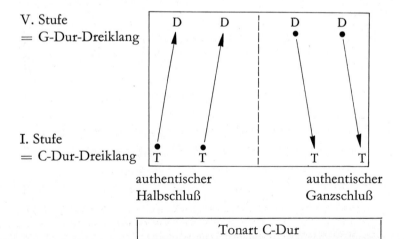

Spielt die folgenden Dreiklangskombinationen.

Bestimmt die verwendeten Dreiklänge, ihre Lage und Harmonie (z. B. F-Dur, Quintlage, weite Harmonie), ihre Funktion in der Tonart (z. B. Oberdominante in B-Dur), die Innen- und Außenschlüsse (z. B. Innenschluß authentisch Takt 2 usw.). Beschreibt zusammenfassend den harmonischen Weg zwischen Tonika und Dominante nach dem Muster der Skizze links, beachtet auch, ob der Harmoniewechsel auf betonter oder unbetonter Taktzeit erfolgt.

[1] lat. dominare — herrschen, hier: den Zugang zum Grundklang beherrschen

Baß-Melodie und Funktionswechsel

Rundherum in einem Kreis

Aus Schlesien

[1] 2. Wo mag denn mein Schatz heut sein, läßt mich sitzen ganz allein, weiß, daß ich ihn lieb so sehr und kommt doch nicht her. Dreh dich ...

3. Dreh dich, Rädlein, immerzu, dreh dich ohne Rast und Ruh, dreh dich, Rädlein, es wird Zeit, brauch ein Hochzeitskleid! Dreh dich ...

Musiziert das Lied und seine Begleitung.

Bestimmt die verwendeten Funktionen — zieht die Kette aus Achtelnoten taktweise zu Akkorden zusammen: welche Stellung haben die Dreiklänge, auf welche Weise sind sie miteinander verbunden? Welche Akkordtöne liegen in der Baßstimme? Welche Formen des authentischen Schlusses werden am Ende der Melodiebögen verwendet?

Musiziert den Liedsatz mit und ohne Baßstimme, dann nur mit Melodie und Baßstimme, spielt schließlich die Baßstimme alleine. Welche Bedeutung hat die Baßstimme für die Darstellung der Funktionen und ihres Wechsels? Könnt ihr euch zum Erklingen der Baßstimme den harmonischen Gang des Satzes, insbesondere die authentischen Schlüsse vorstellen?

● Der *Funktionswechsel* in einem harmonischen Satz wird in besonderer Weise durch den *Gang der Baßstimme* zur Geltung gebracht. Sie trägt den harmonischen Aufbau und vermag ihn schon alleine zu verdeutlichen (▷ Generalbaß S. 119).

📖 Erfindet zu der Baßmelodie des Liedsatzes neue Melodien und Begleitformen. Verwendet dabei den Text des Liedes oder einen passenden Text nach eigener Wahl.

📖 Ersetzt authentische Ganzschlüsse durch authentische Halbschlüsse in den Takten 4 und 12. Geht bei der Veränderung von der Baßmelodie aus, folgt mit Melodie und Begleitung.

📖 133: Erfindet Melodien und Begleitungen über den Baßstimmen. Gestaltet die Sätze auch als Marsch und Walzer.

Kombination von Dur- und Molldreiklängen im authentischen Schluß

Kirchentonarten S. 90 ff.   Die harmonische Molltonart S. 103
Kombinationsmodell für quintverwandte Dreiklänge S. 125

Pleasantry (Scherz)

Melodie: Béla Bartók (1881—1945)

Aus: For Children. Verlag Boosey & Hawkes, London

Spielt Melodie und Begleitung auf vierfache Weise:

— mit dem Ton *fis*,

— mit den Tönen *fis* und *b*,

— ganz ohne abgeleitete Töne,

— mit dem Ton *b*

Zieht die Töne der Dreiklangsmelodie und die Töne der Begleitung zusammen und bildet mit den gewonnenen Dreiklängen authentische Schlüsse in der Form T D T. Bildet aus diesen Klängen angemessene Begleitungen des Liedes.

Beschreibt, welche Kombinationen aus den Tongeschlechtern der D - und T - Dreiklänge jeweils entstehen.

Welche der vier Verbindungsformen klingen euch vertraut, welche sind euch etwas fremd? Welche der Fassungen hat einen Leitton?

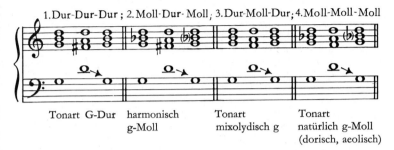

- Für den authentischen Schluß ergeben sich vier Möglichkeiten, wenn Tonika und Dominantdreiklang Dur- und Mollgeschlecht haben können.

- Die *Durdominante* kommt leitereigen in der *Durtonart* vor. In Anpassung an die Durtonart übernimmt die *Molltonart* die *Durdominante* und fügt dem Mollgeschlecht dadurch einen *Leitton* ein. Diese Veränderung führt zum *harmonischen Moll.* (▷ S. 103)

Begleitet die folgenden Lieder mit den Funktionen T und D. Beachtet besonders, ob sie Dur- oder Molldreiklänge sein müssen oder ob beide Tongeschlechter möglich sind.

▷ „Alle, die mit uns auf Kaperfahrt" S. 66*; „Es saß ein klein wild Vögelein" S. 57*.

Gebt den im folgenden Kanon verwendeten Hauptdreiklängen ein anderes Tongeschlecht. Erprobt einige Kombinationen zwischen T und D.

Preis und Lob und Ehre

Ludwig Ernst Gebhardi (1787—1862)
Kanon zu 4 Stimmen

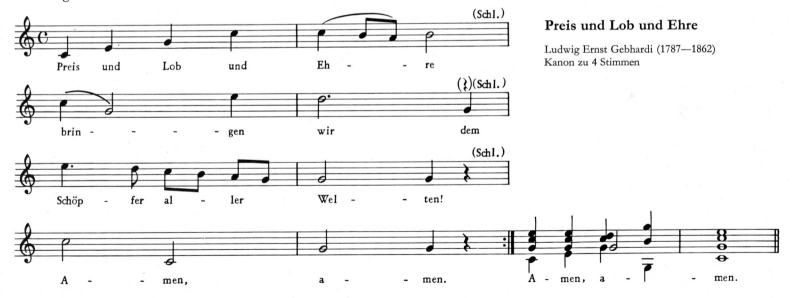

Verfahrt ähnlich mit den Beispielen: „He, jo, spann den Wagen an" S. 41*; „Wer Musicam verachten tut" S. 42*.

📖 134: Spielt und schreibt Dreiklangsmelodien aus den Tönen der T- und D-Funktion. Ihr könnt jede Funktion als Dur- und Molldreiklang verwenden. Fügt die Baßmelodie darunter. Benutzt das Kombinationsmodell für quintverwandte Dreiklänge. Ergänzt die Beispiele zu 8 Takten.

Der Dominantseptimen- und Nonakkord

▷ Verminderte Quinte, S. 99

Spielt und singt die Melodiemuster ohne und mit den Vorzeichen in den Klammern (Dur und Moll). Die anschließenden Akkordfolgen bieten den harmonischen Extrakt der Melodien. Führt sie mit verteilten Stimmen auf.

Nach „So sei gegrüßt" von Robert Schumann (1810—1856)

Septimenakkord   Non(en)akkord

Beachtet die Schreibung der neuen Akkordtöne!

Welche Schlußbildung liegt den Verbindungen zugrunde? (Bestimmt T- und D-Funktion).

Wo findet ihr in der Akkordbildung Erweiterungen der bekannten Dreiklangs-Gestalt? Beschreibt den Intervallaufbau der neuen Klänge.

Untersucht in Melodie und Akkordverbindung, wie die neuen Töne weitergeführt werden.

● Dreiklänge werden durch *Aufschichten weiterer Terzintervalle* zu Vierklängen und Fünfklängen. Solche Akkorde erhalten ihren *Namen* nach dem Intervall, welches der *Grundton* mit dem *höchsten Ton* bildet:

Am häufigsten treten Septimenakkorde und Nonakkorde als *Erweiterung des Dominantdreiklanges* auf und heißen dann **Dominantseptimenakkord (D^7)** und **Dominantnonakkord (D^9)**. Im D^7-Akkord tritt zum Dur-Dreiklang immer eine *kleine* Terz hinzu; darauf baut im D^9-Akkord noch eine weitere Terz auf.

---

[1] 1. Zwischen Berg und tiefem, tiefem Tal saßen einst zwei Hasen, fraßen ab das grüne, grüne Gras, fraßen ab das grüne, grüne Gras bis auf den Rasen.
2. Als sie satt gefressen, fressen warn, setzten sie sich nieder, |: bis daß der Jäger, Jäger kam :| und schoß sie nieder.

3. Arme Häslein, hättet ihr gekannt doch des Jägers Schlingen, |: könntet noch im warmen Sonnenschein :| durch die Wälder springen.
4. Als sie sich nun aufgesammelt hattn und sich besannen, |: daß sie noch am Leben, Leben warn, :| liefen sie von dannen.

Worte und Weise nach Erks Volksgesangbuch, 1868

● *Kleine Septime* und *verminderte Quinte* sowie ihre Umkehrungen verschärfen als *Dissonanzen* die Dominantspannung und erhöhen das Lösungsgefälle zur Tonika:

Der *Septimton* ist *Gleitton* und wird immer nach unten geführt.

Er bildet mit dem Leitton zusammen das *verminderte Quint-Intervall*[1].

Der D^7 enthält als Teilakkord neben dem Dur-Dreiklang einen *verminderten Dreiklang*, in dem sich *zwei kleine Terzen* als Inneninterwalle unter dem Rahmenintervall der *verminderten Quinte*[2] zusammenschließen.

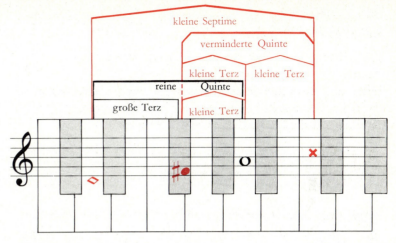

Übungen:

Spielt Dominantseptimenakkorde mit den Grundtönen *c, e, f* und *as* und legt sie mit Tonkärtchen von *Modellbogen II 4a–f* in die Tastenfelder. Benutzt *Modell IV 20* zur Kontrolle. Spielt und legt, wie sie sich in die Tonikaklänge auflösen. Geht zunächst von dissonanten Teilintervallen aus. Verwendet auch *Modell IV 17* (Verbindung quintverwandter Dreiklänge ▷ S. 125).

📖 135: Schreibt die verschiedenen Verbindungen von D^7–T auf.

Untersucht und begleitet Lieder mit D^7-Melodik; verfolgt die Auflösung dissonanter Intervalle. ▷ „Drunten im Unterland" S. 141; „Die güldene Sonne" S. 47*; „Wie lieblich schallt" S. 48*; „Nicht lange mehr ist Winter" S. 42*; „Das Wandern" S. 6*; „Menuett" S. 78*; „Ländler" S. 85*. — Verstärkt die Dominantfunktion (S. 128—132) durch Septimenzusatz i. d. Begleitung.

---

[1] Farbige Noten sind Bestandteil eines dissonanten Intervalls.
[2] ▷ S. 99

Der Trugschluß

▷ Die melodische Molltonart S. 96

Pleasantry

nach Béla Bartók (1881—1945)

Spielt die beiden Oberstimmen in der Tonart G-Dur (nur mit *fis*) und in der Tonart melodisch g-Moll (Takt 1 *fis - e*; Takt 2 *f - es*) bis in die erste Klammer. Könnte das Scherzlied so enden? Welchen Akkord hört ihr in 1, welcher harmonische Schluß ist angedeutet?

Fügt nun zu den beiden Stimmen die Baßmelodie hinzu. Was fällt euch an ihrer Führung auf? Welcher Akkord beschließt nun die Zeile? Beurteilt erneut die Schlußfähigkeit der harmonischen Wendung in 1.

Bestimmt, auf welcher Stufe der Tonleiter der Akkord aufbaut? Welche Gemeinsamkeiten hat er mit dem Tonikaakkord? Spielt nun den Wiederholungsteil (mit 2.) und ergänzt den fehlenden Baßton so, daß ein endgültiger Abschluß entsteht.

● In der Regel erfolgt der harmonische Abschluß eines Stückes im authentischen Ganzschluß. Erklingt nun *an der Stelle der Tonika* der terzverwandte *Dreiklang der VI. Stufe*, so täuscht er die Schlußerwartung, weil er von der Tonika ablenkt. Die Verbindung V—VI heißt **Trugschluß**. Besonderes Merkmal des Trugschlusses ist der *aufwärts*

gerichtete *Sekundschritt des Basses*, zu dem die Oberstimmen häufig in Gegenbewegung verlaufen.

Die harmonische Bewegung kommt im Trugschluß für eine Weile zum Stehen, knüpft dann wieder bei der D an, um in der T zu schließen.

📖 136: Führt die Beispiele zu einem Trugschluß weiter und schließt mit einem Ganzschluß ab.

📖 Begleitet die Liedteile, die durch die folgenden Texte gekennzeichnet werden, mit trugschlüssigen Wendungen und führt sie dann mit authentischen Ganzschlüssen zuende. Geht von der begleitenden Baßmelodie aus. „Alle, die mit uns auf Kaperfahrt . . ." bei „die haben Bärte, die kommen mit"; "When Israel was . . ." bei "let my people go!"

Die Unterdominante; der plagale Schluß (Kirchenschluß)

Singt und spielt den Ruf aus einem Spiritual mit seiner Begleitung. Stellt fest, wo Tonika und Oberdominante verwendet werden. Welcher Dreiklang wird außerdem eingesetzt? Nennt seinen Grundton.

Seine Funktion in der Tonart soll ermittelt werden:
Auf welche Weise ist er mit dem Tonikadreiklang verwandt? Wo liegt der gemeinsame Ton? Welche Bewegung machen Oberstimmen und Baßstimme, wenn er mit dem Tonikadreiklang verbunden wird? — Vergleicht diese Stimmführung mit der Stimmbewegung bei der Kombination T—D—T.

● A. Gelenkanordnung   B. gleitende Anordnung mit Baßmelodie

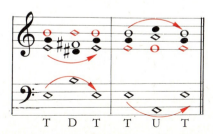

● C. verschränkte Anordnung

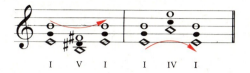

D. Hornquinten

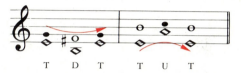

Der Dreiklang H-Dur auf der fünften Leiterstufe der Tonart e-Moll *steht auf dem Quintton* des Tonikadreiklangs. Der a-Moll-Dreiklang, der auf der vierten Leiterstufe aufbaut (Stufenbezeichnung IV), *hängt am Grundton* des Tonikadreiklangs. Wie die Gelenkanordnung zeigt (Beispiel A), sind beide Klänge mit dem Tonikadreiklang *quintverwandt*.

Der Dreiklang auf der *IV. Stufe* schafft einen *zweiten Zugang zum Tonikadreiklang*. Im Gegensatz zum Dominantweg (authentischer Schluß), der *von oben* kommt, erfolgt der Zugang über den Dreiklang der IV. Stufe *von unten*. Will man diese Zuleitungsfunktion bezeichnen, so nennt man den Dreiklang der IV. Stufe **Unterdominantdreiklang** (Zeichen: U) oder Subdominantdreiklang (Zeichen: S).

Der harmonische Schritt von der *Unterdominante zur Tonika* (U—T) — erfolgt er am Ende eines musikalischen Abschnitts — heißt **plagaler Schluß**. Er ist auch in seiner Bauweise das genaue *Gegenstück zum authentischen Schluß*. Das zeigt sich in der gegenläufigen Bewegung der Stimmen.

- die sich bei der Gelenkanordnung (A), der gleitenden Anordnung (B) und bei der verschränkten Anordnung (C) auf jeweils andere Weise darstellt. Die Hornquiten (D) können als ausgesparte verschränkte Anordnung aufgefaßt werden.

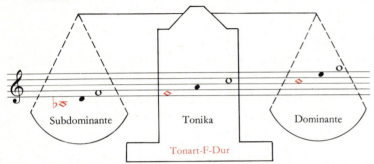

- Tonikadreiklang (T = I. Stufe), Dominantdreiklang (D = V. Stufe) und Unterdominantdreiklang (U = IV. Stufe) sind **die Hauptdreiklänge** einer Tonart. Dreiklänge, die auf einer anderen Stufe der Tonleiter aufbauen, sind *Nebendreiklänge*.

Wird ein plagaler Schluß an ein bereits abgeschlossenes Musikstück *angehängt* — die Melodie hat schon den Grundton erreicht —, so heißt er **Kirchenschluß**.

📖 137: Hängt an das Lied „König von Thule" einen Kirchenschluß an! ▷ S. 11*

Authentischer und plagaler Schluß im Wechselschlag

Begleitet die Melodie mit beiden harmonischen Fassungen. Wo liegen die Unterschiede zwischen Begleitung 1 und 2?

Marc Antoine Charpentier (1624—1704)

Aus: Tedeum

📖 138: Zeichnet den harmonischen Verlauf in die Quintenfelder ein. Welche der beiden harmonischen Fassungen wirkt im Satz ausgewogener?

● Ein harmonischer Satz, der sich *ausschließlich in authentischen* Wendungen bewegt, wirkt leicht einseitig belastet. Den Ausgleich, das Gegengewicht schafft der *plagale Gegenschwung*. Die Tonart wird mit Hilfe der beiden Dominanten „beidseitig" aufgebaut.

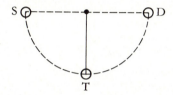

Die wichtigsten Einschnitte und Ruhepunkte eines Stückes sind in der Regel mit authentischen Ganz- und Halbschlüssen besetzt. Das betrifft vor allem seine Mittel- und Außenschlüsse!

Die *plagalen Gegenschwünge* bilden aber häufig *Höhepunkte* der harmonischen Entwicklung.

Singt und spielt plagale Schlüsse in verschiedenen Tonarten mit Dreiklängen in gebrochener Form (▷ das Muster S. 125). Das Kombinationsmodell für quintverwandte Dreiklänge könnt ihr auch für die Gestaltung plagaler Schlüsse einsetzen: rote Leiste = Tonikadreiklang; schwarze Leiste = Unterdominantdreiklang (*Modellbogen IV 17*).

Singt den Kanon „Willkommen, lieber schöner Mai" S. 45*. Bestimmt nach dem Gehör und aus dem Notenbild das Auftreten des Unterdominantdreiklanges.

📖 139: Singt und spielt den einfachen Liedsatz „Aus der kleinen engen Kammer" ▷ S. 61*. Tragt den harmonischen Ablauf in die Quintenfelder ein.

📖 140: Singt und spielt die Melodien „Ich hab die Nacht geträumet S. 154, „When Israel was" und „Willst du tauschen"
📖 140 und entwickelt aus den Akkordbuchstaben eine Begleitung. Geht von der Baßmelodie aus. Tragt den harmonischen Ablauf in die Quintenfelder ein.

Vergleicht den harmonischen Ablauf der drei Liedbegleitungen und vor allem Stellung und Aufgabe des U-Klanges.

Übung:

Spielt zu der Dreiklangsfolge die Baßmelodie! Die farbigen Noten helfen euch dabei. Spielt und singt den vierstimmigen Satz.

Singt zum vierstimmigen Satz das Lied „Der Mond ist aufgegangen". ▷ S. 9*

Begleitet das Lied auch
a) nur mit den drei Oberstimmen des Satzes;
b) nur mit der Baßmelodie.

Analysiert den harmonischen Aufbau der folgenden Stücke: „Wie lieblich schallt" S. 48*; „König in Thule" S. 11*.

Die Vollkadenz

Ha ha ha, you and me, lit-tle brown jug don't I love thee! I love thee!
Ha ha ha, komm nur her, klei-ner brauner Krug, ich lieb dich sehr! lieb dich sehr!

▷ S. 63*.

Singt und spielt den Kehrreim. Untersucht, worin die melodische und harmonische Geschlossenheit der Taktgruppe begründet liegt.

📖 141: Zeichnet den harmonischen Verlauf in die Quintenfelder ein. (Welche Dreiklänge werden verwendet, welche Funktion haben sie in der vorliegenden Tonart, wie sind sie angeordnet?)

● Werden plagaler und authentischer Schluß miteinander verbunden, so steht zwischen den beiden Dominantklängen der Tonikadreiklang: T U T D T; das harmonische Pendel fällt von den Dominanten aus immer wieder auf die Tonika zurück. (▷ das Bild des Quintenpendels auf S. 139.)

In der neuen Verbindung T U D T ist der Tonikadreiklang zwischen den Dominantdreiklängen ausgeschieden; *plagaler* und *authentischer Schluß* wachsen zu einer *neuen Einheit* zusammen.

Der *Pendelausschlag zum Unterdominantdreiklang* ist so stark, daß er von der Anziehung des Tonikadreiklanges nicht aufgezehrt wird, sondern *zur Dominantfunktion* durchschwingt.

● Dieser **harmonische Rundschlag** faßt die Hauptdreiklänge kraftvoll zusammen. Er umschreibt vollkommen den Kern-

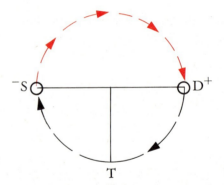

bereich der Tonart. Die Verbindung der Hauptdreiklänge in der Art des harmonischen Rundschlages heißt **Vollkadenz**[1] (vollkommene Kadenz, vollkommener Abschluß).

---

[1] Kadenz (lat. cadere — fallen) bezeichnet den *Quintfall der Grundtöne* in der Baßmelodie, besonders den zwischen D und T. Er verstärkt die endgültige und abschließende Wirkung des harmonischen Rundschlags.

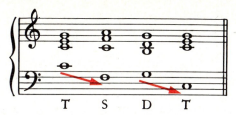

📖 Musiziert und schreibt das Beispiel "My wife and I lived" auch in den Tonarten C-Dur und B-Dur. Geht in der Begleitung von der Melodie der Grundtöne (Baß) aus und sucht neue Begleitformen zur Melodie. Verwendet *Modell IV 18*.

📖 142 Entwickelt zu dem Liede „Winde wehn..." eine einfache Begleitung mit den Hauptdreiklängen. Stellt den harmonischen Gang in den Quintenfeldern dar und bestimmt die Schlußformen.

Kombination von Dur- und Mollfunktionen

▷ Die harmonische Molltonart S. 103
▷ Kombination von Dur- und Molldreiklängen im authentischen Schluß S. 132
▷ Kirchentöne S. 90 ff.

Schwedisches Tanzlied

[Noten: Zum Tan-ze, da geht ein Mä-del mit gül-de-nem Band!]

[1] 1. Zum Tanze, da geht ein Mädel mit güldenem Band, das schlingt sie dem Burschen gar fest um die Hand.
2. Mein herzallerliebstes Mädel, so laß mich doch los: Ich lauf dir gewißlich auch so nicht davon.
3. Kaum löset die schöne Jungfer das güldene Band, da war in den Wald schon der Bursche gerannt.

Schwäbische Volksweise

[Noten: Drunten im Un-ter-land, da ist's halt fein!] [2]

Spielt die Melodieanfänge und die Begleitung. Sie ergänzen sich zu Vollkadenzen. Berücksichtigt jeweils eine der Vorzeichengruppen, lest ohne Vorzeichen oder einmal mit *gis*, so wie es am Zeilenanfang vorgeschlagen ist. Jede Lesart versetzt das Beispiel in eine andere Tonart; auch Kirchentöne werden eingeführt. Bestimmt die Tonart, die ihr jeweils spielt und benutzt dabei das zweite Gesamtmodell für Kirchentöne *Modellbogen III 15*.

Mit der Tonart und dem Modus ändert sich auch das Tongeschlecht eines oder mehrerer Hauptdreiklänge. Aus der wechselnden Kombination ihrer Tongeschlechter ergeben sich verschiedene Klangwirkungen, die auf ihre Art zusammen die jeweilige Tonart erschöpfend darstellen; denn die drei Hauptdreiklänge enthalten alle Töne der Leiter.

📖 143: Tragt die Tonart des Ausschnittes und das Tongeschlecht der Hauptdreiklänge in die Liste ein.

[2] 1. Drunten im Unterland, da ist's halt fein. Schlehen im Oberland, Trauben im Unterland, drunten im Unterland möcht i wohl sein.
2. Drunten im Neckartal, da ist's halt gut. Ist mer's da oben 'rum manchmal au no' so dumm, han i doch alleweil drunten gut's Blut.
3. Kalt ist's im Oberland, drunten ist's warm; oben sind d' Leut so reich, d'Herzen sind gar net weich, b'dehnt mi net freundlich an, werdet net warm.
4. Aber da unten 'rum, da sind d'Leut arm; aber so froh und frei und in der Liebe treu, drum sind im Unterland d'Herzen so warm.

● Aus dem Tonvorrat der einzelnen Tonarten ergeben sich zwischen den Hauptdreiklängen *Kombinationen von unterschiedlichem Klangcharakter.*

● Die Hauptdreiklänge der *Durtonart* haben *alle Durgeschlecht,* die Hauptdreiklänge der *natürlichen Molltonart* haben alle *Mollgeschlecht.*

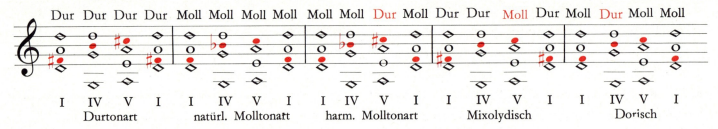

Bezeichnend für die *harmonische* Molltonart ist die *Durdominante zwischen Mollfunktionen,* charakteristisch für die *mixolydische* Tonart die *Moll-Dominante zwischen Durfunktionen,* charakteristisch für die *dorische* Tonart die *Dur-Subdominante zwischen Mollfunktionen.*

📖 144: Übertragt das Tedeum (S. 138) in die natürliche und harmonische Molltonart, in den dorischen und mixolydischen Kirchenton, indem ihr die entsprechenden Vorzeichen in Melodie und Begleitung eintragt. Verwendet das zweite Gesamtmodell für Kirchentöne *(Modellbogen III 15).* Begleitet die Melodien mit den entsprechenden Hauptdreiklängen.

▷ „Rumänischer Tanz" S. 182; „Wenn der Dudelsack erklingt" S. 69*; „Bauerntanz" S. 76*; „Willst du tauschen". 📖 140.

Der Baßschlüssel, das Elf-Linien-System

Um auch tiefe Töne übersichtlich notieren zu können, gebrauchen wir den F- oder Baß-Schlüssel.

Zwischen den Punkten dieses Schlüssels liegt die F-Linie.

Ihr seht, wie sich der Notierungsraum des Baßschlüsselsystems organisch an den Notierungsraum des Violinschlüsselsystems anschließt.

📖 145: Setzt die Tonreihe im Baßschlüssel nach unten fort und schreibt die Notennamen darunter.

Prägt euch die Lage der Noten im neuen System ein. Von einigen „Stützpunkten" aus findet ihr euch leicht im Neuland zurecht.

📖 146: Die Namen von Noten können Wortzusammenstellungen ergeben. Welche sind es?

147: Übertragt die folgenden Wörter in die Notenschrift des Baßschlüssels: Affe, Asche, Fach, Agfa, Asbach, Hefe, Sage, Gabe, Base, Bagage, Gas, Esche, Egge.

Einige Komponisten haben auf diese Weise Wörter in Noten übertragen und als Themen für manche Kompositionen verwendet. Das bedeutendste Beispiel für die musikalische Verwendung ist der Name: B-A-C-H. (▷ das Namenszitat im „Siciliano" S. 189 ▷ den Kanon unten)

148a: Übertragt den folgenden Kanon eine Oktave höher in den Violinschlüssel und singt ihn dann.

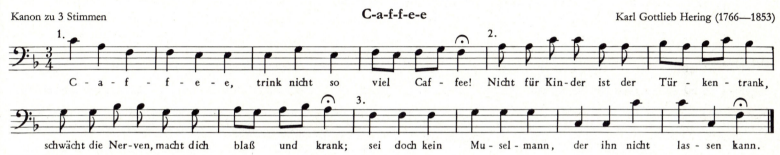

148b: Übertragt den Kanon „Auf ihr Brüder" zwei Oktaven höher in den Violinschlüssel und singt ihn dann. Aus dieser Gegenüberstellung könnt ihr euch eine Lesehilfe für den Baßschlüssel herleiten: Im Violinschlüssel stehen die Noten gleichen Namens eine Zeile (einen Zwischenraum oder eine Linie) höher.

VII. Musikalische Formen

Das Motiv

Das Motiv als kleinste melodische Formeinheit

Aus Schlesien

Singt und spielt das Lied so, daß man die *kleinen Bewegungseinheiten* unterscheidet, aus denen sich die Melodie aufbaut.

📖 149: Trennt die Tongruppen durch Gliederungsstriche. Vergleicht die Bewegungseinheiten, die ihr ausgegliedert habt, miteinander. Welche von ihnen entsprechen einander, welche haben abweichende Anlage?

📖 150: Schreibt rhythmisch ungleiche Tongruppen in die untereinander geordneten Taktleisten, und zwar so, daß betonte Taktzeiten unter die Pfeile zu stehen kommen.

Bestimmt die notierten Tongruppen:

— nach ihrer Ausdehnung (Taktzahl, Anzahl der Zählzeiten),
— nach Auftakt und Volltakt,

---

[1] 1. Treibt zusammen, treibt zusammen die Schäflein fürbaß! Treibt zusammen, treibt zusammen, dort zeig ich euch was. Dort in dem Stall, dort in dem Stall, werdet Wunderding sehen, treibt zusammen einmal!
2. Ich hab nur ein wenig von weitem geguckt, da hat mir mein Herz schon vor Freude gehupft: Ein schönes Kind, ein schönes Kind, liegt dort in der Krippe bei Esel und Rind.
3. Das Kindlein, das zittert vor Kälte und Frost. Ich dacht mir: Wer hat es denn also verstoßt, daß man auch heut, daß man auch heut ihm sonst keine andere Herberg anbeu't?
4. So gehet und nehmet ein Lämmlein vom Gras und bringet dem schönen Christkindelein was! Geht nur fein sacht, geht nur fein sacht, auf daß ihr dem Kindlein kein Unruh nicht macht!

— nach der Art der Endung (auf betonter und unbetonter Zählzeit),
— nach dem rhythmischen Aufbau,
— nach dem Richtungsverlauf (▷ S. 34, S. 43).

Überprüft: Die Tongruppen innerhalb einer Zeile sind ähnlich gebaut. — Sie stehen nicht unverbunden nebeneinander, sondern sie gehen wie Wellen auseinander hervor.

Die erste Viertongruppe des Liedes ist nach oben gerichtet. Sie gibt mit ihrem Auftakt den Anstoß zur aufwärts gerichteten wellenförmigen Ausbreitung. Anstoß und Bewegungsrichtung in der letzten Zeile verlaufen in umgekehrter Richtung. Dazwischen verweilt Zeile 2 auftaktlos in der Schwebe.

Die geordnete Gesamtbewegung der Melodie spiegelt sich in der Kette der betonten Taktzeiten (▷ S. 42).

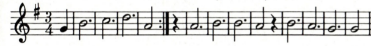

Spielt die Innenmelodie mit dem Lied zusammen.

● Eine kleine, rhythmisch und melodisch geprägte, in sich geschlossene Tongruppe, die einer Melodie den Anstoß gibt oder ihren Verlauf gliedert, heißt **Motiv**[1].

Das *einhebige* Motiv (Symbol: m) gruppiert sich um einen Taktschwerpunkt und füllt den Raum eines *Kurztaktes*[2] oder kleinen Taktes.

Häufig verschmelzen zwei solcher einhebigen Motive zu einer Einheit und bilden ein *zweihebiges* Motiv (Doppelmotiv Symbol: M). Es füllt entweder zwei Kleintakte oder einen *Normaltakt*[3].

●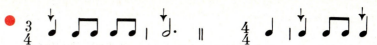

Doppelmotive lassen sich immer in zwei meist unterschiedliche *Kurzmotive* untergliedern:

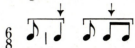

Motive können *auftaktig* und *volltaktig* beginnen; sie können auf einer *betonten* Zählzeit enden *(männlich)* oder auf einer *unbetonten (weiblich)*.

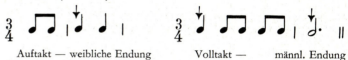

Auftakt — weibliche Endung   Volltakt — männl. Endung

Männliche Endungen haben stärkere Schlußkraft als weibliche (▷ das Beispiellied). Oft werden Doppelmotive zu ausgedehnteren Melodieausschnitten zusammengehängt.

📖 150: Kennzeichnet die Merkmale der Motive mit den folgenden Zeichen: ↓ einhebiges Motiv, ↓↓ Doppelmotiv, AT = Auftakt; VT = Volltakt; wE = weibliche Endung, mE = männliche Endung.

📖 151: Gliedert in den Melodieausschnitten die Motive aus und kennzeichnet sie durch Klammern. Doppelmotiv: ⌐¬ Jede Taktbetonung erhält einen Pfeil.

📖 152: Gestaltet die Innenmelodie des Liedbeispiels mit anderen Motiven aus:

---

[1] lat. movere — bewegen, in Bewegung setzen.
[2] Kurztakte haben nur eine Hebung: $^2/_4$, $^3/_4$ Takt usw.
[3] Normaltakte haben zwei Hebungen; sie sind zusammengesetzt: $^4/_4$, $^6/_8$ usw.

Motiventwicklung

Untersucht in den folgenden Liedausschnitten die einzelnen Motive und vergleicht sie miteinander. Auf welche Weise entfaltet sich aus dem Motiv die Melodie?

Vergleicht in diesem „Doppelmotiv" besonders die farbig hervorgehobenen Noten.

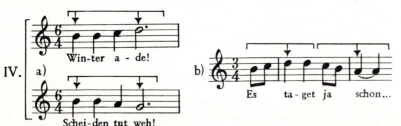

Achtet hierbei besonders auf den *Motivausgang*, die letzten drei Noten.

● Aus der bewegenden, drängenden Kraft eines Motivs wächst wie aus einem Keim die Melodie.

Die wichtigsten Arten der *Motivverknüpfung* (▷ Beispiele I bis V) sind:

I. Die Wiederholung: Die einfachste Art der Motivverknüpfung besteht in der Aneinanderreihung gleicher Motive.

II. Die Sequenz: Wird ein Motiv auf einer anderen Tonstufe wiederholt, so entsteht die *Sequenz*[1]. In ihr entfaltet sich der melodische Bewegungsanstoß des Motivs.

Die *steigende Sequenz* dient der Steigerung des Ausdrucks. Die *fallende Sequenz* führt zum Nachlassen der Spannung.

Wird ein Glied der Sequenz etwas verändert, so sprechen wir von einer *freien Sequenz* (▷ Bsp. V).

III. Die Vergrößerung: Werden die Töne eines Motivs im Notenwert verdoppelt oder verdreifacht, so entsteht die *Vergrößerung*.

IV. Die Umkehrung: Wendet man die Intervalle eines Motivs in die entgegengesetzte Bewegungsrichtung, so entsteht die *Umkehrung*. Man nennt sie auch *horizontale Spiegelung*. (▷ S. 54, S. 148 und *Modell IV 21*).

---

[1] lat. sequi — folgen.

● V. Der Krebs: Wenn die Töne eines Motivs in rückwärtiger Richtung ablaufen, entsteht der *Krebs*[1]. Man nennt ihn auch *vertikale Spiegelung*. (▷ S. 54, 148 und *Modellbogen IV 21*).

Das folgende Schaubild zeigt die Kombination der beiden Spiegelachsen.

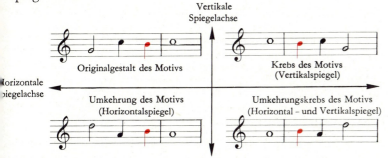

Die Spiegelachsen können auch als Klappachsen gedacht werden, um die sich die Melodie wendet. Am Horizontalspiegel werden oben und unten sowie die Bewegungsrichtung der Intervalle ausgetauscht. Es entsteht die Umkehrung der Melodiebewegung. Originalgestalt und Umkehrung haben an entsprechender Stelle einen gemeinsamen Ton (rot gekennzeichnet). Es ist im Beispiel die Terz der Originalgestalt, wenn man vom tiefsten Ton ausgeht. Er wird Festhaltung genannt. Auch andere Melodietöne können zur Festhaltung werden.

Welcher Ton ist in Beispiel IVa, welcher in IVb, welcher in V Festhaltung?

Am Vertikalspiegel werden links und rechts, Anfang und Schluß ausgetauscht. Es entsteht der Krebs der Melodiebewegung.

Durchläuft die Melodie beide Spiegelvorgänge, so entsteht der Umkehrungskrebs.

📖 153: Ordnet die Motive des Glockenliedes (▷ S. 61*) in Spiegelfelder ein. Kennzeichnet die „Festhaltung".
Die eingeklammerten Noten werden bei der Bestimmung vernachlässigt!

Übungen: Sucht im Lied „Was soll das bedeuten" weitere Sequenzen heraus.

Untersucht auch die Motivverknüpfung in folgenden Beispielen: „Der Mond ist aufgegangen" S. 9*; „Ich gehe in mein Gärtelein" S. 57; „Schwesterlein" S. 26*; Ländler B-Dur, S. 85*.

Übt unter Verwendung folgender Motive das Singen und Spielen von Sequenzen.

📖 Erfindet zu folgendem Text eine Melodie mit Sequenzen und schreibt sie auf.

Spißi spaßi Kasperladi
hicki hacki Karbonadi
trenschi transchi Appetiti
fressi frassi fetti fitti.

Schlicki schlucki Kasperluki
dricki drucki mameluki
michi machi Kasperlores
spißi spaßi tscha kapores.

Franz Graf von Pocci, aus: Kasperl unter den Wilden, in: Sämtliche Kasperlkomödien, München 1910

---

[1] Der „Krebs" hat ein Vorbild in Wörtern oder Sätzen, die, rückwärts gelesen, einen Sinn ergeben. Z. B. Regen — Neger; ein Esel — lese nie!

● Eine Sequenz mit vielen Motivgliedern wirkt leicht mechanisch und eintönig. In ernsthaften Kompositionen findet man selten mehr als drei gleichartige Glieder.

📖 154 Gestaltet folgende Innenmelodien zu motivisch geformten Melodien aus.

Untersucht den motivischen Aufbau der folgenden Komposition:

Hans Jelinek
Aus: „Zwölftonfibel für Klavier" Heft 3/4, Möseler-Verlag 1953

R-Reihe; U-Umkehrung;
K-Krebs; UK-Umkehrungskrebs

▷ Zwölftontechnik ▷ *Modell IV 21* ▷ S. 53 f.

Interpretation eines instrumentalen Beispiels

Menuett

Wolfgang Amadeus Mozart (1756—1791)
im Alter von 6 Jahren

Ein *zweihebiges*, gegliedertes *Doppelmotiv* (M = m¹ + m²) bestimmt den Aufbau des Menuetts und des Trios. Im Verlauf des Stückes werden die Teilmotive — getrennt und vereint — auf verschiedene Weise sequenziert und *abgewandelt*.

In großen Intervallen, Terz — Sext, durchmißt das Motiv m¹, mit zwei Achteln auftaktig beginnend, den Oktavraum, fängt die Fallbewegung auf und führt sie in einer weiblichen Endung stufenweise nach oben an das Motiv m² heran.

Motiv m² ist wiederum auftaktig, verwendet nur gleichmäßige Viertelnoten und hat nur den Bewegungsumfang einer großen Sekunde. Die ebenfalls weibliche Endung ist genau die Umkehrung der Endung von m¹.

Den Zusammenhang der folgenden Ausschnitte mit dem Ausgangsmotiv erkennt ihr, wenn ihr jeweils Ausdehnung, rhythmische Gestaltung und Bewegungsrichtung vergleicht, Gemeinsames und Unterscheidendes feststellt. — Wo kommen diese Motivformen und parallele Gestaltungen im Notentext vor? Entdeckt ihr noch andere Motivabwandlungen?

Vokale und instrumentale Formbilder

Die Reihenform

Aus: Das kölnische Volks- und Karnevalslied,
hg. von Paul Mies, Staufen-Verlag, Köln 1951

Singt und spielt. Wie ist die Melodie dieses einfachen Kinderliedes gebildet? Wie viele Abschnitte sind erkennbar? Singt die Melodie einmal ohne Text. Warum entsteht kein Abschluß? Wodurch wird also die lose Reihung der Melodieabschnitte beendet?

Überprüft: Die *formelhafte Wiederholung* ein- und desselben Motivs läßt keine Schlußwirkung aufkommen. Mit dem Text endet auch das Lied.

● Die *einfachste melodische Formung* entsteht durch *Reihung gleicher Teile*. Ein so gestaltetes Lied steht in der *Reihenform*.

Musiziert das türkische Lied „Pir Sultan Abdahl" (S. 16*) und beschreibt Aufbau und Gliederung der Melodie. (Beachtet, daß im zweiten Takt entsprechend der türkischen Gepflogenheit der zweite Teil des Motivs vom Instrument übernommen wird!)

Wodurch erhält diese Melodie einen festen Abschluß?

● Die Reihe gleicher Tongruppen kann „offen" bleiben wie bei vielen Kinderliedern. Meist wird sie jedoch durch ein eigenes Motiv abgeschlossen.

📖 Erfindet nach dem Prinzip der Reihenform eine Melodie zu folgenden Texten:

Zauberspruch

Eins, zwei, drei! Kuckucksei,
Kräutlein zum Rattenschwanz!
Vier, fünf, sechs! alte Hex,
macht einen Besentanz.
Sieb'n, acht, neun! Mondenschein,
sie lädt zum Feste ein.
Zehn, elf, zwölf! Katz und Wölf
soll'n ihre Gäste sein.

Dank

Erde, die uns dies gebracht,
Sonne, die es reif gemacht:
Liebe Sonne, liebe Erde,
Euer nie vergessen werde.

(Christian Morgenstern 1871—1914)

▷ „Lied vom Fuchs" S. 14*.

Das Ein-Bogen-Lied

(Der Melodiebogen oder die Satzgruppe)

Im Maien die Vögelein singen — 1820 aufgezeichnet

1. Im Mai-en, im Mai-en die Vö-ge-lein sin-gen, die Läub-lein aus Grün-hei-de sprin-gen.
2. Sie tan-zen, sie sprin-gen vor Herz-lieb-chens Tür, da ge-het ein A-bend-tänz-chen her-für.
3. Ein A-bend-tänz-chen, es wäh-ret nicht lang, mit ei-ner Schal-mei-en aus En-gel-land.
4. Wir hof-fen, sie wer-den schon wie-de-rum kom-men, der lu-sti-ge Mai bringt uns fröh-li-chen Som-mer.

Aus: Erk-Böhme, Nr. 960a

Singt die Strophen des Tanzliedes
— zur vorliegenden ganzen Melodie
— nur zur ersten Melodiezeile.

Welche der Fassungen entspricht der Reihenform, worin unterscheidet sich ihr gegenüber die andere Fassung?

Könnt ihr die Unterschiede an den folgenden Skizzen erläutern?

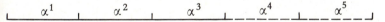

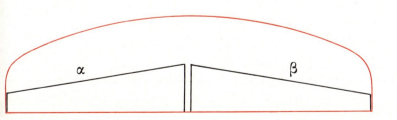

Wie viele Hebungen und Takte hat jede der beiden Liedhälften, wie viele das ganze Lied?

🔴 In der offenen Reihenform kann die Melodie durch gleichartige Glieder beliebig erweitert werden. Der **Melodiebogen** ist demgegenüber begrenzt. In ihm schließen sich zwei melodisch unterschiedliche, aber einander entsprechende *Phrasen*[1] als *Vorder-* und *Nachsatz* zur Einheit zusammen. Die Phrasen (Sätze) enthalten jeweils *vier Hebungen* in zwei Normal- oder vier Kurztakten und stellen dadurch das *Gleichgewicht* innerhalb des achthebigen Melodiebogens her. Der Melodiebogen, auch **Satzgruppe** genannt, bildet die kleinste *geschlossene Form*, das *Ein-Bogen-Lied*.

▷ „O Tannenbaum S. 59*"; „Es sungen drei Engel" S. 49*; „Nun wollen wir singen das Abendlied" S. 55*.

📖 155 Bestimmt Betonungen, Takte, Phrasen und Melodiebogen des Liedes „Die Tiroler sind lustig", indem ihr über der Melodie nach dem Muster auf S. 152 ein Formbild aufbaut.

---

[1] griech., phrasis = Satz

Formbild: Das Ein-Bogen-Lied: a (αβ)

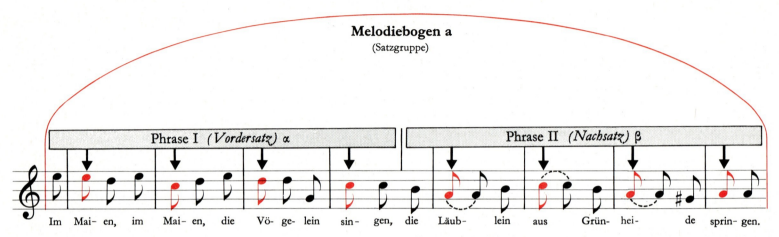

Zur Kennzeichnung der Formteile eines Liedes verwenden wir
für Melodiebögen: kleine Buchstaben;
für Phrasen: griechische Buchstaben.

Melodiegleiche Formteile haben gleiche Buchstaben: z. B. aa bzw. αα/ββ usw.
Melodieungleiche Formteile haben verschiedene Buchstaben: ab bzw. αβ usw.
Bei geringfügiger Abweichung steht: aa' bzw. αα' usw.

Die Wiederholung eines Melodiebogens wird bei der Formbestimmung mitgezählt, sofern der Text weitergeführt wird.

Führt zum Mailied Tanzbewegungen aus, die seinem Formablauf entsprechen. Wo ändert ihr die Bewegungsrichtung?

Die symmetrische Zweigliedrigkeit in der Einheit des Melodiebogens legt ein Hin und Zurück der Bewegung nahe. Veranschaulicht diesen Vorgang auch mit anderen Mitteln körperlicher Darstellung.

Stellt in den folgenden Rhythmusbeispielen Vorder- und Nachsatz, Hin und Zurück durch unterschiedliche Gestaltung dar: durch Aufteilung auf zwei im Raum getrennt aufgestellte Spieler, durch den Klang verschiedenartiger Rhythmus- und Melodieinstrumente und durch voneinander abweichende Melodiebildung.

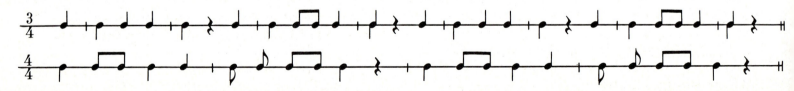

Halbschluß und Ganzschluß

▷ Authentischer Halb- und Ganzschluß S. 129

Die Tiroler sind lustig

Kinderlied

Die Ti-ro-ler sind lu-stig, die Ti-ro-ler sind froh. Sie trin-ken ein Gläs-chen und ma-chen's dann so:
Erst dreht sich das Weibchen, dann dreht sich der Mann, dann tan-zen sie bei-de, juch-hei-ßa, zu-samm!

Untersucht die motivische Gliederung der Melodie und vergleicht sie mit der Gliederung des Textes, wie sie im Reim, in den Satzzeichen und in der Aufzählung angedeutet ist.

Vergleicht die Gestalt der Motive in den beiden Phrasen. Wo stellt ihr Gleichheit fest, wo Abweichungen?

Singt Vorder- und Nachsatz auch in umgekehrter Reihenfolge. Wie ist die Wirkung?

Überprüft: Vordersatz und Nachsatz stehen durch die Verwendung melodiegleicher Motive in enger Beziehung zueinander. Die Schlüsse sind voneinander abweichend gestaltet. Der Vordersatz schließt im fünften Leiterton, der Nachsatz mit dem Grundton der Tonart.

● Der Melodieschluß mit einem Akkordton des Dominantdreiklanges (Leiterstufen 5, 7 und 2) hält den Vordersatz *wie eine Frage geöffnet*. Er heißt *Halbschluß*. Die Melodie des Nachsatzes bringt mit einem Akkordton des Tonikadreiklangs (fast immer Leiterstufe 1) die *Antwort* im *Ganzschluß*. Durch Halb- und Ganzschluß wird die Beziehung zwischen Vorder- und Nachsatz verdichtet und die Einheit des Melodiebogens verstärkt.

Jede der beiden Phrasen des Beispielliedes gliedert sich in zwei doppelhebige Motive (Halbsätze), jedes doppelhebige Motiv wieder in zwei einhebige Motive. Der Textaufbau folgt dieser Melodiegliederung. Im Gegensatz hierzu steht der motivisch wenig geprägte unteilbare Melodiezug im Liede „Im Maien, im Maien die Vögelein".

● Motivisch gegliederte Melodiebögen bauen sich in der Regel *in allen Größenordnungen der Formung symmetrisch* auf:

— zwei Motive schließen sich zu einem Doppelmotiv,
— zwei Doppelmotive zu einem Satz (Phrase),
— zwei Sätze (Phrasen) zu einem Melodiebogen zusammen.

Die *Einheit* eines solchen Melodiebogens *ruht auf einem pyramidisch geschichteten Unterbau*.

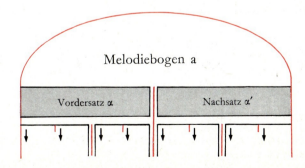

Hebt die Motivbildung der folgenden Melodien durch abwechselnde klangliche Gestaltung (Singen, Flöten usw.) und durch verschiedene Formen körperlicher Bewegung hervor.

📕 Erfindet zu den folgenden Textbeispielen Melodien vom Ausmaß eines Melodiebogens. Schreibt ein gelungenes Beispiel auf.

Jäger, bind dein Hündlein an,
daß es mich nicht beißen kann[1].

Ein Häschen spielt im Mondenschein,
ihm leuchten froh die Äugelein.

Der fahrende Spielmann

Ich bin nur ein Vogel mit losem Gefieder,
ich wetz' meinen Schnabel, ich sing meine Lieder[2]!

[1] Aus: Deutsches Kinderlied und Kinderspiel, hg. v. F. M. Böhme, Leipzig, Breitkopf und Härtel, Neudruck 1924.
[2] In „Lieder fürs Leben", Verlag für Jugend und Volk, Wien.

Das Zwei-Bogen-Lied — die einteilige Liedform

(Periode und Doppelsatz-Gruppe)

Ich hab die Nacht geträumet

2. Ein Kirchhof war der Garten, das Blumenbeet ein Grab, und von dem grünen Baume fiel Kron' und Blüten ab.
3. Die Blüten tät ich sammeln in einen goldnen Krug, der fiel mir aus den Händen, daß er in Stücken schlug.
4. Draus sah ich Perlen rinnen und Tröpflein rosenrot. Was mag der Traum bedeuten, Herzliebster, bist du tot?

Worte 1820 bei Zarnack. Weise bei Friedrich Nicolai, Eyn feyner kleyner Almanach, 1777.

Untersucht die Form des Liedes. Welche Gliederung läßt sich aufgrund der Schlußbildungen erkennen?

Gehört das Lied der einbogigen Form an? Zählt die Hebungen.

Gestaltet den ersten Melodiebogen durch einen Ganzschluß zu einem Ein-Bogen-Lied um.

Sucht Vorder- und Nachsatz dieses und auch des zweiten Melodiebogens und bestimmt ihre Schlüsse.

Überprüft: Das Lied umfaßt zwei achthebige Melodiebögen, die durch Halb- und Ganzschluß aufeinander bezogen sind. *Beide Bögen, deren Einheit durch den zusammenhängenden Text unterstrichen wird, gliedern sich wiederum in Vordersatz und Nachsatz.* (Halbschluß im ersten Bogen auf der Dominante, im zweiten Bogen auf der Subdominante!) Die Zuordnung und Entsprechung der beiden Melodiebögen zeigt sich im rhythmischen Ablauf und in der parallel gestalteten Melodieführung. (Melodiebogen a′ steigert die Bewegung des ersten Bogens a, indem er Quart- und Quintsprung zu Oktavsprüngen streckt!)

● Eine in sich geschlossene Melodie aus zwei Melodiebögen (Zwei-Bogen-Lied) heißt **Periode**[1], wenn die Bögen in ihrer Motivgestaltung und symmetrischen Durchgliederung (Phrasen — Halbsätze) *einander entsprechen* und außerdem durch Halbschluß und Ganzschluß *aufeinander bezogen* sind[2] (▷ Formbild S. 156). Fehlen diese Merkmale, so kennzeichnen wir das Zwei-Bogen-Lied als **Doppelsatzgruppe**[3] $A = a\,(\alpha\,\beta)\,b\,(\gamma\,\vartheta)$.

Den Melodieverlauf mit dem Formbild $A = a\,(\alpha\,\alpha)\,a'\,(\beta\,\alpha')$ nennt man ebenfalls eine Periode. An die Stelle der motivisch parallelen Führung der beiden Melodiebögen nach dem Muster „Ich hab die Nacht geträumet" tritt die kurzatmige *Wiederholung der Einleitungsphrase* ($\alpha\,\alpha$) und ihre *Wiederaufnahme* in der Abschlußphrase ($\beta\,\alpha'$).

● Es entsteht ein **architektonischer**, besonders abgeschlossener **Melodieverlauf**, der einen motivisch anders gestalteten Teil (β) überwölbt[4].

Weist bereits das *Einbogenlied Periodenmerkmale* auf, so können wir es **Kurzperiode** nennen: $a = \alpha\,\alpha'$[5].

📖 156 Zeichnet das Formbild der Periode über der Melodie des Liedes „Nun sich der Tag geendet hat".

In *allen Formgrößen des Liedes* ist auch **Dreigliedrigkeit** möglich:

— das dreigliedrige *Taktmotiv* ▷ „Die Nachtigall" S. 32* (Ein-Bogen-Lied)

— die dreigliedrige *Phrase* ▷ „Die güldene Sonne" S. 47* (Ein-Bogen-Lied)

— der dreigliedrige *Melodiebogen* ▷ „Ave Maria" S. 175 (Melodiebogen); ▷ „Der Mond ist aufgegangen" S. 9*; „Nun ruhen" S. 180; „Bunt sind schon" S. 56* (Periode)

— die dreigliedrige *Periode* ▷ „Es tagt der Sonne" S. 66; „Was macht der Fuhrmann" S. 66* (drei Satzgruppen)

— dreigliedrige Kurzperiode; ▷ „Schwesterlein" S. 26*

---

[1] griechisch: Umlauf, Kreislauf.
[2] „Nun sich der Tag geendet hat" 📖 156; „Bauerntanz" S. 76*; „Zwiegespräch" S. 97.
[3] Lieder, die nicht motivisch durchgestaltet sind: ▷ „So treiben wir den Winter aus" S. 60*; „Ich bin das ganze Jahr vergnügt" S. 60*; „Schön ist die Welt" S. 65; „Es war ein König in Thule" S. 11* und das unregelmäßig gebaute „Uns kommt ein Schiff" S. 175.
[4] ▷ „Der Mai ist gekommen" S. 104; „Was soll das bedeuten" S. 144 (Schlußphrase bringt die Umkehrung des Anfangs); ▷ „Rumänischer Volkstanz" S. 183 und „Vögleins Traum" S. 28*.
[5] „Die Tiroler sind lustig" S. 153; jedoch nicht: „Im Maien, im Maien" S. 152

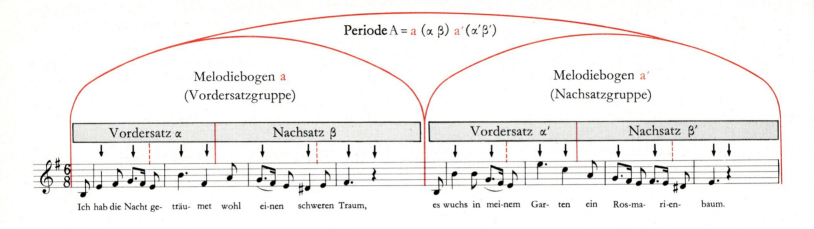

Die zweiteilige Liedform

2 Hört, ihr Herrn, und laßt euch sagen: unsre Glock hat elf geschlagen! Elf Apostel blieben treu, einer trieb Verräterei. Menschenwachen ...

3 Hört, ihr Herrn und laßt euch sagen: unsre Glock hat zwölf geschlagen! Zwölf, das ist das Ziel der Zeit; Mensch bedenk die Ewigkeit! Menschenwachen ...

4 Hört, ihr Herrn, und laßt euch sagen: unsre Glock hat eins geschlagen! Ist nur ein Gott in der Welt, ihm sei all's anheimgestellt. Alle Sternlein müssen schwinden, und der Tag will sich einfinden. Danket Gott, der uns die Nacht hat so väterlich bewacht!

Singt die Lieder, bestimmt aus der Zahl der Hebungen die Sätze (Phrasen), Melodiebögen und Doppelsatzgruppen (Perioden). Welche Ausdehnung haben die Melodien? — Untersucht, welche Melodiebögen eines Beispiels durch gleiche oder ähnliche Motive aufeinander bezogen sind. Vergleicht die Lieder in dieser Hinsicht.

- Eine Melodie aus *zwei* Doppelsatzgruppen oder Perioden steht in der *zweiteiligen Liedform*. Aus der *Reihung* melodie-ungleicher Hälften entsteht die *offene* Form (a a' b b'; a b c d); *greift* der letzte Melodiebogen auf den ersten *zurück*, entsteht die *architektonisch geschlossene* Form (a a b a; a b c a). (▷ Merksatz zum Zwei-Bogen-Lied S. 155.)

▷ „Ungekämmt sind deine Haare" S. 103; "Little brown jug" S. 63*; „Kol dodi" S. 64*; „Gestern vor dem Tor" S. 12*; „Nun will der Lenz uns grüßen" S. 64; „Ländler" S. 85*; „Josef, lieber Josef mein" (asymmetrisch 9 + 7 Takte) S. 50*.

Die Dualform

Untersucht den folgenden Marsch von J. S. Bach und vergleicht seine Merkmale mit denen der einteiligen und zweiteiligen Liedform (S. 154—156).

Bestimmt die Ausdehnung der beiden großen Formteile.

Untersucht, an welchen Stellen des Ablaufs motivische Entsprechungen vorliegen.

Beschreibt den harmonischen Weg des Stückes, indem ihr zunächst die harmonischen Angelpunkte, die Tonarten an Anfang und Ende der Abschnitte bestimmt, dann aber auch die Modulationen aufzeigt und die berührten Tonarten benennt.

---

[1] 2. Die kalten Wind verstummen, der Himmel ist gar blau, die lieben Bienlein summen daher auf grüner Au.
O holde Lust im Maien, da alles neu erblüht, du kannst mir sehr erfreuen mein Herz und mein Gemüt.

Marsch

Johann Sebastian Bach (1685—1750)

- Eine gewisse *Ähnlichkeit mit der zweiteiligen Liedform* weist die **Dualform** auf: Beide gliedern sich in zwei gleichwertige Teile, die in der Liedform meistens, in der Dualform immer wiederholt werden. Während die beiden Hälften der Liedform immer das Ausmaß von 8taktigen Perioden aufweisen, d. h. also symmetrisch gestaltet sind, werden die beiden *Teile der Dualform vorzugsweise asymmetrisch* angelegt. Sie sind zwar — ähnlich der Periode ▷ S. 154f — *motivisch parallel gestaltet*, weisen aber in der Regel *unterschiedliche Längen* auf. Zudem folgen sie im Gegensatz zu den Liedformen gern dem Prinzip der Fortspinnungstechnik[1] barocker Melodieentfaltung (▷ Beispiel). Das Ausmaß der Teile kann dabei das einer Periode bei weitem überschreiten.

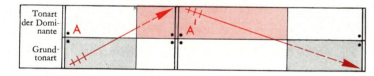

Das wichtigste Unterscheidungsmerkmal zwischen zweiteiliger Liedform und Dualform liegt im harmonischen Verlauf der Wiederholungsteile. In der Liedform wird in den beiden Formteilen die Grundtonart nur in Ausnahmefällen verlassen. Demgegenüber gehört die *Modulation zum wesentlichen Merkmal der Dualform*. Der erste Teil setzt in der *Tonika* ein, moduliert und schließt in der *Tonart der Dominante*. Dieser Vorgang weckt, durch die Wiederholung verstärkt, die Erwartung der Rückmodulation im zweiten Teil, der in der Tonart der Dominante beginnt und — häufig *auf dem längeren Weg über benachbarte Tonarten* — *zur Ausgangstonart* zurückkehrt. Die *formale Zweiteiligkeit* wird so von einer harmonischen Dreiteiligkeit überlagert.

Z. B. Suitensätze der Barockzeit ▷ Tänze Nr. 6—10 ▷ Menuett und Trio S. 148; „Pendant la jeunesse" S. 71*; „Mein Stimme klinge" S. 48*.

Die kleine dreiteilige Liedform

Singt das Lied „In der Fremde" S. 58*.
Bestimmt die Ausdehnung der einzelnen Formteile nach der Zahl der Hebungen (Takte) und grenzt Motive, Sätze (Phrasen), Melodiebögen und Perioden ab. Benennt gleiche und ungleiche Formteile auf den verschiedenen Formebenen mit gleichen bzw. ungleichen Buchstaben (▷ Formbild der Periode S. 156). Beachtet das Da capo. — In welchen Punkten unterscheidet sich der formale Ablauf von dem der Dualform (S. 157; beachtet Schlüsse und Wiederholungen bzw. Wiederaufnahmen).

📖 157a: Entwerft das Formbild des Liedes mit Formbuchstaben in der Taktleiste.

- Verlauf der kleinen dreiteiligen Liedform:
  Wir hören eine erste Periode (A), der sich eine zweite (B) mit anderen Motiven anschließt. In der dritten Periode (A) erkennen wir die erste wieder und empfinden ihre *Wiederkehr als Abrundung und Abschluß der Gesamtmelodie*. — Vergegenwärtigen wir uns den Ablauf in der Erinnerung, so entsteht im Überblick eine *symmetrische, architektonisch geschlossene Form*: **A B A**.

Hört das „Waldhornstück" S. 160 und das „Volksliedchen" S. 86*. Entsprechen diese Instrumentalstücke der dreiteiligen Liedform?

---

[1] Fortspinnung ist die melodische Fortbewegung aus nur einem Bewegungsimpuls. Man findet das Merkmal der Fortspinnung vor allem in der Musik vor 1750. Sie steht im Gegensatz zur motivgebundenen Entwicklung.

Waldhornstück — ▷ Der authentische Schluß S. 128

aus „Notenbuch für Wolfgang" zusammengestellt von Leopold Mozart, 1762. Edition Schott 3781 Mainz, hgg. Heinz Schüngel.

Zeigt die zutreffenden und abweichenden Merkmale auf. Wo läßt sich der *Einfluß der Dualform* nachweisen? Wo wird der formale Ablauf des **A B A** durch harmonische Ganz- und Halbschlüsse ausgestaltet?[1]

📖 157b: Entwerft eine Formskizze des „Waldhornstücks" unter Einschluß der harmonischen Merkmale über einer Taktleiste.
Beachtet bei der Bestimmung der Formeinheiten, daß es sich um eine Kurzperiode handelt (▷ S. 155).
Ordnet das folgende Formbild einem der erwähnten Stücke zu und erläutert es.

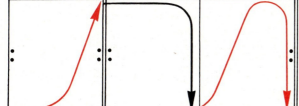

● Die dreiteilige Anlage ist durch die Anweisung zur *Wiederholung* von einer *zweiteiligen Gliederung* überlagert.

▷ „Siciliano" S. 188; „Bourlesque" S. 72*; „Gavotte" S. 70*; „Das Glücke" S. 8*; „In den Bergen" S. 77*.

Die *Da capo-Form* entspricht in der Abfolge ihrer Großglieder *der dreiteiligen Liedform*, die Ausdehnung dieser Formglieder *überschreitet* jedoch das Maß einer Periode. ▷ „Pifa" S. 81*; ▷ „da capo" und „Arie".

Die große dreiteilige Liedform

Überprüft auf S. 162/63: Das Menuett wird nach dem Minore wiederholt. Es entsteht eine *geschlossene dreiteilige Anlage* aus selbständigen Stücken. Diese Anordnung heißt *große dreiteilige Liedform*, ihr Buchstabensymbol ist **Ag Bg A′g**.
Der *Mittelteil* **Bg** steht häufig in der Tonart der Oberdominante, aber auch in der Paralleltonart, im gleichnamigen Moll oder Dur, seltener in der Tonart der Unterdominante (z. B. Menuett des sechsjährigen Mozart, S. 148).
Er hat häufig die Bezeichnung *Trio*. Seine *Besetzung* ist im Vergleich zu den voll instrumentierten Rahmenteilen **Ag** und **A′g** *durchsichtig und sparsam* gehalten, ursprünglich auf *drei Instrumente* beschränkt. ▷ Tänze: Gavotte
In regelmäßig gebauten Beispielen stehen die geschlossenen Formabschnitte der großen dreiteiligen Liedform **Ag** und **Bg** jeweils in kleiner dreiteiliger Liedform, so daß eine dreiteilige Anlage in verschiedenen Formgrößen vorliegt:

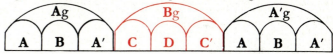

Diese Anlage findet Anwendung in den Tänzen der Klassik und in den kleinen Werken romantischer Komponisten[2]. Die Formteile, die Haydn in seinem Menuetto S. 162/63 zu kleinen dreiteiligen Liedformen und zu einer großen dreiteiligen Liedform zusammenfügt, haben unterschiedliche Ausdehnung. Der Meister treibt sein Spiel mit der Symmetrie.

---

[1] Der Teil B wechselt häufig in die *Paralleltonart* (▷ „Das Glück S. 8*; „Bourree" S. 71*) oder in die *Tonart der Dominante* (▷ „Pifa" S. 81*). Trotzdem beginnt auch dann der anschließende *Teil A′* immer in der Tonika.
[2] Muster: „Knecht Ruprecht" in „Jugendalbum" von Robert Schumann. Im „Menuett des 6jährigen Mozart" S. 148 stehen die Großteile hingegen in der Dualform.

Menuetto
(aus einer Sonate)

Joseph Haydn (1732—1809)

Die Rondoformen

Das Kettenrondo

Grünet die Hoffnung — Jacob Kremberg (1650—1720)

von vorn bis Schluß

Singt und spielt das Lied. Bestimmt seine Großgliederung nach Text und Melodie. Durch welche Mittel der Melodieführung und der Gedankenordnung werden die Großteile des Liedes miteinander verbunden?

Überprüft: Zwei ungleiche Melodien wechseln miteinander ab. Die längere, der **Kehrreim** oder **Refrain**, wird zu einem gleichbleibenden, die kürzere, **Strophe** oder **Couplet** genannt, zu einem wechselnden Text gesungen. Bei der Darstellung übernimmt die ganze Gruppe (A = Alle) den Kehrreim, wechselnde Einzelsänger (E) tragen die Strophen vor. Bei bewegtem Vortrag spürt man den Tanzcharakter des Liedes.

Die Melodie des Couplets enthält eine Modulation in die Tonart der Oberdominante. Das Gefälle der Rückmodulation und auch die Gedanken des Textes (vgl. den Doppelpunkt) münden in den Kehrreim ein. Der Kehrreim selbst schließt nicht im Grundton, sondern mit der Terz des Tonikadreiklangs. Er bleibt offen für das anschließende Couplet, Kehrreim und Strophe sind auf diese Weise miteinander verknüpft.

[1] 2. ... Hassen und Neiden muß ich zwar leiden, doch soll's die Freuden nicht von mir scheiden: Grünet ...

3. ... Hoffen und Freuen kann nicht gereuen, alles Gedeihen wird sich erneuern: Grünet ...

4. ... Hoffnung wird bringen treulichen Dingen alles Gelingen, drum will ich singen: Grünet ...

(Aus: Musikalische Gemüths-Ergötzung, Dresden 1689)

● Ein Lied, in dem Kehrreim und Strophen regelmäßig miteinander abwechseln und wie die Glieder einer Kette ineinander hängen, heißt **Kettenrondo**.

▷ „Swing low" S. 52*; „Hirtenlied" S. 64; „Der kleine Prinz" S. 93* und andere Lieder mit Kehrreim.

Das instrumentale Kettenrondo

Im gesungenen und getanzten Rondo wiederholte man die Coupletmelodie so oft, wie Textstrophen und Einzeltanzpaare vorhanden waren. — Untersucht, mit welchen Mitteln im *instrumentalen* Rondo S. 83* Abwechslung und Zusammenhang geschaffen werden. Setzt Formbuchstaben auf eine Zeitleiste 📖 S. 72.

Die kleine klassische Rondoform

Anleitung zur Formanalyse des Menuetts auf S. 78*:
— Welche Taktgruppen schließen sich durch den Charakter ihrer Motive (melodisch/rhythmische wie auch harmonische Formung), durch Bildung von Melodiebögen und Perioden mit unterschiedlich gewichteten Schlüssen zu Formeinheiten zusammen?
— Welche Formteile entsprechen einander und gehen höherwertige Formganze ein, sei es im Sinne unmittelbarer oder späterer Wiederholung oder der Dreigliedrigkeit (▷ dreiteilige Liedformen S. 159 ff.).
— Welche Abschnitte verharren in einer Tonart, welche Verwandtschaft besteht jeweils zur Grundtonart G-Dur, wo finden sich modulierende Wendungen und Abschnitte als Hin- und Rückleitung?
— Entwerft ein Formbild des Menuetts. Setzt Formbuchstaben auf verschieden hohen Formebenen an. Tragt Tonarten, modulierende Überleitungen und Taktzahlen ein. — Wo liegen die Unterschiede zum Kettenrondo?

● Idealtypus der klassischen Rondoform — das **Bogenrondo**

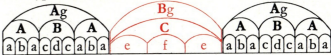

Das ältere Kettenrondo bindet die unbegrenzte Reihe seiner Couplets lediglich durch den immer wieder aufgenommenen Kehrreim zur Form (lineare Reihung). — *Die jüngere klassische Rondoform* beschränkt die Zahl der Couplets auf zwei und macht sie durch Wiederaufnahme (**B**) und zentrale Stellung (**C**) zu tragenden Elementen einer **architektonisch-gewölbten Bogenform**. Darunter werden auch die zahlreichen Kleinglieder (a—f) geordnet (mehrschichtig gestufter Formverlauf). — In der obersten Formebene ähnelt diese Rondoform der großen dreiteiligen Liedform (**Ag Bg Ag**). **B** steht in der Dominanttonart, **C** im gleichnamigen Moll, in der Mollparallele oder in der Subdominante. — *Unterschiede zur kleinen dreiteiligen Liedform* liegen in der mittleren und unteren Formebene: keine überlagernde Zweiteiligkeit durch Wiederholungszeichen; **A** schließt immer in der Tonika; wenigstens **A** ist nochmals dreiteilig untergliedert (**A** = aba); die Formanlage organisiert sich auf drei Ebenen; sie ist ausgedehnter und reicher entfaltet als in der dreiteiligen Liedform.

In welchen Punkten weicht das Menuett S. 78* vom Idealtypus der klassischen Rondoform ab! Warum gehört es zum Typus der *kleinen* klassischen Rondoform?

Das klassische Rondo tritt als selbständige Komposition, jedoch auch als letzter Satz in Sonaten und Instrumentalkonzerten auf. (▷ Romanze 📖 S. 75; Schubert: „Gretchen am Spinnrad")

Die Variation

Die Figuralvariation oder die ornamentale Variation

Wer nur den lieben Gott läßt walten

Worte und Weise: Georg Neumark (1621—1681)
Orgelsatz mit kolorierter Melodie von J. S. Bach (1685—1750)

Wer nur den lieben Gott läßt walten und hoffet auf ihn alle Zeit,
den wird er wunderbar erhalten in aller Not und Traurigkeit.
Wer Gott, dem Allerhöchsten, traut, der hat auf keinen Sand gebaut.[1]

[1] 2. Was helfen uns die schweren Sorgen, was hilft uns unser Weh und Ach? Was hilft es, daß wir alle Morgen beseufzen unser Ungemach? Wir machen unser Kreuz und Leid nur größer durch die Traurigkeit.

3. Sing, bet und geh auf Gottes Wegen, verricht das Deine nur getreu und trau des Himmels reichem Segen, so wird er bei dir werden neu. Denn welcher seine Zuversicht auf Gott setzt, den verläßt er nicht.

Singt und spielt die Choralmelodie „Wer nur den lieben Gott läßt walten". Hört dann den Orgelchoral von J. S. Bach. Könnt ihr darin die Liedmelodie wiedererkennen? Probiert, ob sie sich zum Orgelstück singen oder spielen läßt. Warum müßt ihr dabei die Melodie besonders langsam vortragen? Sucht in der Melodie des Orgelstückes die Noten der Liedmelodie, beschreibt und benennt die Formen der melodischen Veränderung. (Benutzt die Verzierungstabelle!) Welche Veränderungsformen sind in der Übersicht nicht aufgeführt?

Die melodische Auszierung einfacher Melodien erinnert an die Verschnörkelungen und farbreichen Verzierungen, mit der in früherer Zeit die Mönche die Handschriften ausgestattet haben. Schrift und Melodie lassen sich „*kolorieren*[1]".

● Die planvolle Veränderung einer Melodie heißt **Variation**[2].
  Eine Variation, die durch die Auflösung der Melodiegestalt in *umspielende Figuren* und *Verzierungen* (Ornamente) entsteht, heißt *Figuralvariation* oder *ornamentale Variation*.

Harmoniefreie Töne

In der Freizügigkeit der Stimmführung liegt es begründet, daß die Harmonien mitunter durch Einzeltöne getrübt werden, die der konsonanten Einheit des Klanges widerstreben und als Dissonanzen nach Auflösung drängen. Sie heißen: Harmoniefreie Töne und werden in vier Gruppen eingeteilt:

Die **Wechselnote** ist eine Nebennote auf unbetonter Zählzeit.

1. Takt

Der **Vorhalt** ist eine Nebennote, die auf betontem Taktteil eintritt und sich auf unbetontem Taktteil auflöst. Er entsteht meistens dadurch, daß ein Ton aus einem Akkord in den folgenden Klang übergehalten wird und dann verspätet in die Harmonie einschwingt. Vorhalte können von oben und von unten gebildet werden.

Takt 2/3

Die **Vorausnahme** (Antizipation) ist ein umgekehrter Vorhalt. In ihr erscheinen auf leichtem Taktteil ein Ton oder mehrere Töne, die zur folgenden Harmonie gehören und dieser vorausklingen.

8. Takt

Der **Durchgang** besteht aus einem oder mehreren harmoniefreien Tönen, die auf unbetonter Zählzeit zwischen zwei akkordeigene Töne eingeschoben sind.

2. Takt

Verzierungen

Die Auszierung einzelner Melodietöne durch Figurenwerk spielt in der älteren Instrumental- und Gesangsmusik sowie

---

[1] lat. color — Farbe; Bach übernahm die Technik der „Kolorierung" von dem Organisten Georg Böhm (1661—1733). Nach ihm wird auch heute noch ein kolorierter Choral **Böhmscher Orgelchoral** genannt.
[2] lat. variatio — Veränderung.

heut noch in der exotischen, vor allem orientalischen Musik eine große Rolle. Ursprünglich wurden Verzierungen improvisiert. Aber schon Bach pflegte dem Spieler die Ausführung von Figuren genau vorzuschreiben. Nur noch wenige Abkürzungen für Verzierungen sind in Gebrauch:

Der **Pralltriller** ist ein schneller einmaliger Wechsel zwischen Hauptnote und oberer Nebennote.

2. Takt

Der **Mordent** (ital. mordente = Beißender) ist ein schneller einmaliger Wechsel zwischen Hauptnote und unterer Nebennote.

1. Takt

Der **Triller** ist ein schneller häufiger Wechsel mit der oberen Nebennote. Er hat meistens einen „Nachschlag".

1. Takt

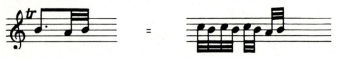

Der **Doppelschlag** entsteht durch die Verbindung der Hauptnote mit der oberen und unteren Nebennote in schneller Folge.

5. Takt

Der **kurze Vorschlag** ist ein Vorhalt von kürzester Dauer. Der Wert der Note ist nicht genau zu messen. (Der Notenhals ist durchstrichen!)

4. Takt

Der **lange Vorschlag** (Notenhals ist nicht durchstrichen!) entspricht genau dem Wert seiner Note und wird vom Wert der Hauptnote abgezogen.

7. Takt

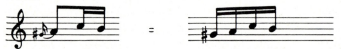

Variationen wurden ursprünglich *improvisiert*, d. h. aus dem Stegreif gestaltet. Das geschieht auch heute noch im kirchlichen Orgelspiel, im Jazz usw.

Übungen: Versucht euch selbst in der Improvisation von Variationen.

📕 Spielt und schreibt Figuralvariationen zu dem Lied „Der Mond ist aufgegangen", S. 9*. Führt die angefangenen Beispiele fort.

a) Mit verschiedenen Verzierungen und Umspielungen:

b) Mit einer gleichmäßigen Figur:

Variiert auch „My wife and I lived" S. 63* zu einer rhythmischen Begleitung im two beat.

Die Cantus-firmus-Variation

▷ Der freie Kontrapunkt, S. 173.

In der figuralen Variation greift die Veränderung in die Melodie ein. Die *Cantus-firmus-Variation* läßt die Melodie selbst hingegen unverändert. ▷ „Nun ruhen alle Wälder" S. 180; „Dort zwischen Ochs und Eselein" S. 39*; „Es saß ein Eul" S. 173; „Bambusflöte" S. 46*.

Im Cantus-firmus-Satz wird die Hauptmelodie von einem freien Kontrapunkt oder von imitierenden Stimmen polyphon begleitet. Cantus-firmus-Sätze im erweiterten Sinne können jedoch auch homophon oder nur rhythmisch gestaltet sein. ▷ „Es ist ein Schnitter" S. 40*; „Bei stiller Nacht" S. 38*; „Horch, es nah'n drei Kön'ge" S. 24*.

📖 Erfindet eine polyphone Begleitstimme zu „Gehe ein in deinen Frieden" S. 55*, eine rhythmisch selbständige Akkordbegleitung zu „Kol dodi" S. 64* und eine selbständige rhythmische Geräuschbegleitung zu „My wife and I lived" S. 63*.

Die Charaktervariation

Hört die Volksliedballade „Schwesterlein" mit der Klavierbegleitung von Johannes Brahms S. 26*. Untersucht zunächst die Begleitungen für die Strophen 1—3 und 4—5 und vergleicht sie. Beachtet die Gestaltung des Rhythmus, des Tempos, der Lautstärke und der Harmonik, den Bewegungsumfang der rechten Hand und die Baßführung. Beziet die musikalischen Unterschiede auf Inhalt und Stimmung der jeweils begleiteten Textstrophen. Die Gestaltung der ersten Fassung bringt in Erinnerung, daß „Schwesterlein" ursprünglich ein Tanzlied gewesen ist.

● Mit der Veränderung vor allem des Tempos, des Tongeschlechts, der Harmonik, Lautstärke, Klanglage und Klangdichte in der Variation wandeln sich meist auch *Ausdruck* und *Stimmung* der Musik. — Eine Variation mit diesen Merkmalen nennen wir im Gegensatz vor allem zur Figuralvariation **Charaktervariation**.

Charaktervariationen kommen in der Regel in Instrumentalwerken vor, die ausdrücklich Variationen genannt werden. Als *variiertes Strophenlied* kann jedoch auch das ▷ Kunstlied eine Folge von Charaktervariationen enthalten. Mit dieser Gestaltungsweise geht der Komponist auf einen deutlichen Stimmungswechsel zwischen den Textstrophen oder auf durchgehende Steigerungszüge ein.

Die Veränderung kann sich im wesentlichen auf die Instrumentalbegleitung beschränken (▷ „Schwesterlein"), oder aber auch die Singstimme einbeziehen (▷ „Prinz Eugen" S. 34*; „Die Schweinchen" S. 4/5*).

Hört zum Elementarsatz 📖 S. 73 Mozarts Variationen in A-Dur. Benennt die Charaktervariationen. — Untersucht auch „Vögleins Traum" S. 28* als Charaktervariation.

Die Ostinato-Variation

Hört die Chaconne auf S. 170 und folgt dabei dem Notenbild.

Entdeckt ihr in der Melodie, in der Baßstimme oder/und im harmonischen Gang der acht Abschnitte Gemeinsamkeiten oder Entwicklungen, die einen *durchgehenden Zusammenhang* begründen? — Liegt eine *Figuralvariation* (gleiche Innenmelodie) oder eine *Cantus-firmus-Variation* vor (unveränderte Hauptstimme)? — Vergleicht auch Bewegungsrichtung, rhythmische Bewegungsform und Klanglage der Melodien.

Chaconne

Henry Purcell (1659—1695)

Überprüft: Die *Melodien* der acht Abschnitte gehen nicht von einer gemeinsamen Innenmelodie aus, sie sind *selbständig gebildet und nicht Variationen eines Themas*.

Die Baßmelodien hingegen entsprechen einander weitgehend, in Zeile 6 werden die Baßtöne rhythmisch umspielt, in Zeile 8 an zwei Stellen durch Läufe verbunden. Dieser *ostinate*[1], d. h. *ständig wiederholte Baß ist einem Cantus-firmus vergleichbar*, zu dem ständig neue Kontrapunkte hinzutreten. Der Vergleich mit echten Cantus-firmus-Sätzen („Es saß ein Eul" S. 173; „Nun ruhen alle Wälder" S. 180) zeigt jedoch, daß die Unterstimme zwar in melodischen Sekundintervallen geführt ist, daß sie aber insgesamt *zu wenig rhythmisches und melodisches Leben* besitzt, um als Cantus-firmus gelten zu können.

Die Unterstimme ist vielmehr als *Baßstimme zu einer festen Harmonienfolge* aufzufassen.

Der Auszug gibt die Akkordfolge wieder, die — von kleinen Varianten abgesehen — das harmonische Gerüst für alle Abschnitte darstellt. Die letzten vier Takte enthalten eine Vollkadenz. Diesen Zusammenhang könnt ihr erproben, wenn ihr das Harmoniegerüst zu allen Abschnitten mitspielt oder auch mehrere Variationen gleichzeitig darstellt. (Erfindet auch eigene Melodien über der Baßstimme.)

In den Melodien spielen punktierte Viertel- und Achtelnoten eine wichtige Rolle. Daneben stehen jedoch auch Abschnitte mit unpunktierter, gleichförmiger Rhythmik.

Hier eine Übersicht über die Anordnung dieser Elemente in den Abschnitten:
1. eine Achtelpunktierung pro Takt in der Melodie
2. zwei Achtelpunktierungen pro Takt **in der** Melodie
3. in dreiTakten drei Achtelpunktierungen in der Melodie
4. glatte Viertelbewegung im Zusammenspiel mehrerer Stimmen (vorher nur in der ‚Begleitung')
5. durchgehende Achtelpunktierung in der Melodie
6. durchgehende Achtelpunktierung in der Unterstimme
7. glatte Achtelbewegung im synkopischen Zusammenspiel mehrerer Stimmen
8. verschiedene Punktierungen und glatt durchgehende Sechzehntelbewegung, abwechselnd in Ober- und Unterstimme

Beachtet:
I. die Zunahme der Achtelpunktierung in den Abschnitten 1, 2, 3 und in dem Paar 5/6
II. die Zunahme der glatten Notenwerte in den Abschnitten 4, 7 und 8. Sie unterbrechen die Entwicklungsreihe von I. Mehrere Stimmen ergänzen sich rhythmisch.
III. Melodische Zusammenfassung der Punktierung und der glatten Notenwerte in dem Schlußabschnitt 8.

🔴 **Chaconne**[2] oder **Passacaglia**[3] (▷ Tänze) nennt man ein Musikstück im Dreivierteltakt, in dem sich eine wechselnde Folge von *Melodien über einem kurzen ostinaten Baß als harmonischem Fundament* entwickelt. Das kurze Baßthema schreitet meist in melodischen Sekundschritten abwärts und endet mit einer harmonischen Schlußformel.

Die Variationen sind in der Oberstimme fast immer so gestaltet, daß über die bloße Melodienreihung hinaus ein *formaler Zusammenhang und ein höhepunktartiger Abschluß* entsteht.

Neben dem *ostinaten Baß* als Grundlage einer Variationenreihe steht der *Ostinato*[1] als Begleitfigur zu einer vorgegebenen Melodie. (▷ „Dort zwischen Ochs und Eselein" S. 39*; „Horch, es nah'n drei Kön'ge" S. 24*; „Juchee, Juchee" S. 87*; „Ostinato" S. 82*)

---

[1] lat. ostinato (obstinato) = hartnäckig.
[2] Die Chaconne ist ursprünglich ein wilder spanischer Tanz.
[3] span. pasar una calle (mit Instrumenten durch eine Straße gehen) Passacaglia: so viel wie Gassenhauer.

VIII. Die Polyphonie

Der freie Kontrapunkt

Die Cantus-firmus-Technik

Nachtfahrt

Worte und Weise aus einem „Fliegenden Blatt" um 1570.
Satz: Paul Hindemith (1865—1963)

Aus: Übungsbuch, Verlag B. Schott's Söhne Mainz, Ed. 3601

Musiziert diesen Satz und vergleicht seine beiden Stimmen
— die Ausdehnung der einzelnen Melodienzeilen
— die Verteilung des Textes auf die Tonfolge und ihre betonten und unbetonten Zählzeiten
— ihren Rhythmus
— ihren Richtungsverlauf.

Wodurch unterscheidet sich diese Form der Satzgestaltung von den Klangparallelen (▷ S. 99) und von der akkordischen Begleitung einer Melodie (▷ S. 11*)? Stellt die Unterschiede durch grafische Skizzen dar.

● Sind die Stimmen, die in einem Musikstück gleichzeitig erklingen, in ihrem rhythmischen und melodischen Verlauf so unabhängig voneinander gestaltet, daß sie auch als selbständige Melodien gelten können, so bilden sie einen **polyphonen**[1] **Satz**.

Der **Cantus-firmus-Satz** (▷ S. 180 und S. 39*) stellt *eine der möglichen polyphonen Konstruktionen dar*: die *führende Stimme* ist als Liedweise oder Choral *vorgegeben* und bereits bekannt. Um sie rankt sich das polyphone Geflecht der anderen freien Stimmen.

📖 158: Schreibt zu dem Lied „Nun ruhen alle Wälder" eine polyphone zweite Stimme.

Das polyphone und das harmonische Quodlibet

Singt die beiden Beispiele, in denen zwei Melodien kombiniert sind, und vergleicht sie miteinander. Stellt dabei jeweils fest, wie weit die einzelnen Stimmen rhythmisch, melodisch und tonartlich selbständig sind.

Aus dem Schlußsatz der IX. Symphonie

L. v. Beethoven (1770—1827)

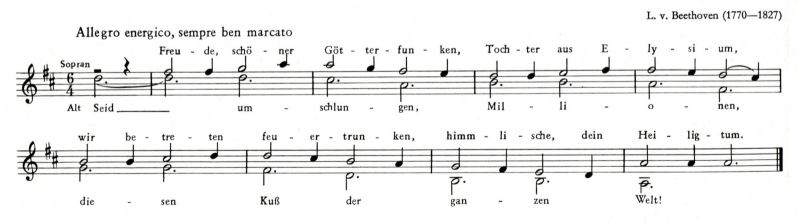

---

[1] Polyphonie (griech.): gleichzeitiges Erklingen mehrerer selbständiger Stimmen. Der Gegenbegriff ist „Homophonie" (griech. „Gleichklang"). Er bedeutet: gleichzeitiges Erklingen voneinander abhängiger Stimmen; eine führende Melodie — meist in der Oberstimme — wird von untergeordneten Stimmen oder Klängen begleitet. Das geschieht entweder in der Form der klangverbreitenden Parallelen oder durch harmonische Stützen oder **Füllungen**.

Ave Maria, gratia plena / Uns kommt ein Schiff gefahren

Paderborn 1617

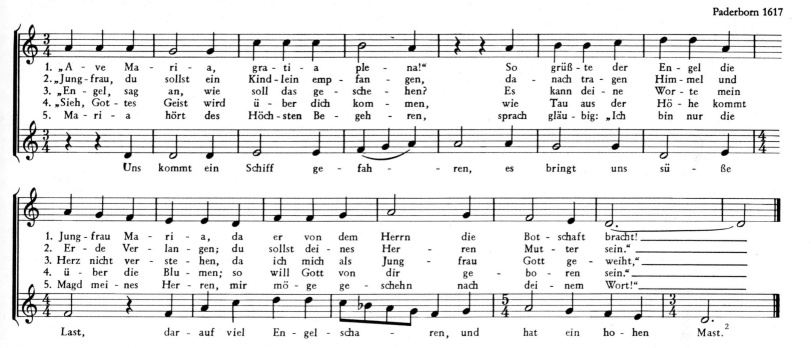

- Im **Quodlibet**[1] werden eigenständige (Lied)-Melodien mit je eigenem Text zu einem polyphonen Satz zusammengefügt.

Die melodische Selbständigkeit der Stimmen tritt besonders hervor, wenn Ausdehnung und Schwerpunkte der Melodiebögen nicht genau zusammenfallen. Von besonderem Reiz kann die tonartliche Verschiedenheit der Lieder sein. Es handelt sich meistens um Melodien, die schon vorher vorhanden und bekannt waren und zu einer neuen Einheit verbunden werden.

Seit dem 15. Jahrhundert sind Quodlibets beim geselligen Musizieren aus dem Stegreif zur Unterhaltung gesungen worden. Dieses gesellige Quodlibet ist weniger kunstvoll. Es fügt Melodien zusammen, die zu einer einfachen Harmoniefolge, einem „Akkordschema" passen.

[1] lat. quod libet — was beliebt, was gefällt
[2] 2. Das Schiff kommt uns geladen, Gott Vater hat's gesandt; es bringt uns hohe Gnaden, Christ, unsern Heiland.
3. Das Schiff kommt uns geflossen, das Schifflein geht an Land, hat Himmel aufgeschlossen, den Sohn heraus gesandt.
4. Hier liegt es in der Wiegen, das liebe Kindelein; sein Aug' glänzt wie ein Spiegel. Gelobet muß es sein!

Folgende Lieder lassen sich miteinander im Quodlibet singen:

1. „Heißa Kathreinerle" / „Zum Tanze, da geht ein Mädel"
2. „Heut kommt der Hans zu mir" / „Lauter frohe junge Leut sind wir" / „Der Schneider hat sein Zieg'n" / „Drunten im Unterland" / „Rosenstock, Holderblüt"
3. „Kommt, ihr G'spielen" / „Schau, wohl tritt der Hansl daher"
4. „Wenn alle Brünnlein fließen" / „Ich wollt' ein Bäumlein steigen" / „Ich ging an einem Frühmorgen"
5. „Wenn die Bettelleute tanzen" / „Alleweil ein wenig lustig" (mit Motivvergrößerung),
6. „Caffee" / „Drei Gänse im Haberstroh" / „Es tönen die Lieder" / „Himmel und Erde" / „Drunten im Unterland".
7. „Ein Heller und ein Batzen" / „Im Frühtau zu Berge" / „Es hat sich ein Trömmlein gerühret".

Der gebundene Kontrapunkt

Die strenge Imitation

Der polyphone Kanon im Einklang

Singt das folgende kontrapunktische Beispiel. Worin zeigt sich hier die Selbständigkeit und Unabhängigkeit der Stimmen?

Musica et vinum

Kanon zu 2 Stimmen

Erasmus Sartorius (1577—1637)

- Im **Kanon** erhalten zwei (oder mehr) völlig gleiche Stimmen ihre Unabhängigkeit durch die *Verschiebung des Einsatzes* der 2. Stimme oder weiterer Stimmen. Unterschiedliche Rhythmen und Melodieformen treffen im Zusammenklang aufeinander. Der Kanon heißt *strenge Nachahmung* oder *strenge Imitation*[1].

▷ „Regen höre auf" S. 42*; „Wer sich die Musik erkiest" S. 44*.

Folgende Lieder lassen sich im Kanon singen: „Ein Jäger aus Kurpfalz"; „Es, es ist ein harter Schluß"; „Grüß Gott, du

---

[1] lat.: imitatio — Nachahmung.

schöner Maien"; „Wem Gott will rechte Gunst erweisen";
„Es ist ein Ros entsprungen"; „O Freude über Freude". Sucht
den richtigen Einsatz der 2. Stimme.

📖 159 Schreibt zu dem Lied „Morgen woll'n wir Hafer
mähn" eine Kanonstimme unter die Melodie.

Der Kanon auf verschiedenen Stufen

Singt den folgenden Kanon. Vergleicht zeilenweise den Verlauf
der Kanonstimmen und den Intervallabstand zwischen den
Stimmeinsätzen.

Aus: Kantorei-Sätze Bärenreiter Verlag Kassel 1949.

● Die imitierenden Stimmen eines Kanons können im Einklang, in der Oktave, aber auch in jedem anderen Intervall einsetzen. Um die Einheit der Tonart zu erhalten, wird z. B. bei Quint- oder Quarteinsatz die Größe einzelner Melodieintervalle verändert. (▷ „Marien wart ein bot gesant" S. 25*; ▷ Fuge)

📖 **160** Versucht einen Quintkanon mit „Wach auf du deutsches Land" (Oberquint), S. 53*; „Der Mond ist aufgegangen" (Unterquart), S. 9*; „Alles verrinnt" (Oberquint), S. 61*; „Veni redemptor gentium" (Oberquint); „Freu dich Erd und Sternenzelt" (Unterquart).

Der Scheinkanon

Musiziert den folgenden Kanon: Was steht im Vordergrund: der harmonische Zusammenklang oder die polyphone Eigenständigkeit der Stimmen?

Aus: Lose Blätter Nr. 50, Möseler Verlag, Wolfenbüttel und Zürich.

● *Gesellige Kanons* entstehen meist aus *harmonischen Schlußformeln*. Die Stimmen des akkordischen Satzes werden auseinandergenommen und hintereinandergereiht. Weitere Merkmale sind: rhythmischer Gleichklang der Stimmen, Entsprechung in der Textverteilung, Einsatz der Folgestimmen mit der Wiederkehr des harmonischen Einsatzes nach Ablauf einer periodischen Einheit. Solche **Scheinkanons**, auch Radel genannt, führen auf einfache Weise zum harmonischen Satz, jedoch nicht zur Polyphonie.

▷ „Caffee", S. 143; „Gute Nacht", S. 41*; „Preis und Lob und Ehre", S. 133; „Wer holt uns über", S. 43*; „Sonne im Mai", S. 43*; „Wer Musicam verachten tut", S. 42*; „He Jo, spann den Wagen an", S. 41*; „Willkommen, lieber schöner Mai, S. 45*.

📖 **161** Entwickelt einen Scheinkanon aus einem harmonischen Schluß.

Der **polyphone Kanon** geht im Gegensatz zum Scheinkanon nicht vom harmonischen Zusammenklang aus, sondern vom kontrapunktischen Verhältnis der Stimmen. Jedes Melodie-

glied muß so erfunden werden, daß es eine gute Fortsetzung des vorherigen und gleichzeitig ein guter Kontrapunkt zu ihm ist: a ← b ← c ← d ← e
↓ ↓ ↓ ↓
a   b   c   d   e

📖 162 Versucht, den Kanonbeginn um einige Glieder zu erweitern.

Die freie Imitation

Musiziert das Bicinium[1]: Wodurch unterscheidet es sich von einem Cantus-firmus-Satz bzw. einem Kanon?
Welche Teile der Melodie werden in den einzelnen Stimmen imitiert?

Aus: Bicinien der Renaissance, Bärenreiter Verlag Kassel

● Wenn die imitierende Stimme nur den Kopf der Melodie nachahmt, die Fortsetzung aber frei gestaltet, sprechen wir von einer **freien Nachahmung** oder **freien Imitation**.

Erläutert die Beziehungen zwischen polyphonen Stimmen an den folgenden Bildern:

1. ○ ○ ○ □ □ □ × × × + + +
    ○ ○ ○ □ □ □ × × × + + +

2. ○ ○ ○ □ □ □ × × × + + +
    ○ ○ ○ | | | — — —

3. ○ ○ ○ ○ ○ ○ ○ ○ ○
   × × × × × × × × ×

Betrachtung geschlossener Stücke

Untersucht, spielt und singt zur Verdeutlichung den Satz von Hugo Distler „Frühling läßt sein blaues Band ...", den Satz von Hans Haßler „Crucifixus". Kennzeichnet die Teile der Stimmen, die in strenger oder freier Imitation stehen, mit einer, die Teile, die im freien Kontrapunkt stehen, mit einer anderen Farbe. 📖 163

▷ „Choralvorspiel" nach Pachelbel, S. 180.

---

[1] Bicinium ist die Bezeichnung für einen zweistimmigen kontrapunktischen Vokal- oder Instrumentalsatz.

IX. Interpretationen

„Nun ruhen alle Wälder" (Choralvorspiel nach Pachelbel) von Joh. G. Walther

▷ Cantus-firmus-Variation S. 169; ▷ Freie Imitation S. 179.

Nun ruhen alle Wälder

Satz: Joh. Gottfried Walther (1684—1748)
ursprünglich für Orgel

Singt die Choralmelodie ohne den Begleitsatz und auch zusammen mit ihm!
Welche rhythmischen Grundwerte bestimmen den Gang der Choralmelodie, welche den Gang der Begleitstimmen?
Durch welche Satztechnik werden Choral und Begleitung miteinander verbunden? Ordnet Choralzeilen und Begleitabschnitte einander zu!

Überprüft:

Choralmelodie und polyphone Begleitstimmen bilden *getrennte Bewegungsabläufe*, die *übereinandergeschichtet* sind. Der Choral schreitet im Grundwert der Viertelnote, die Gegenstimmen setzen im Vorspiel und in den Zwischenspielen mit Achtelwerten ein und steigern sich beim Einsatz der Choralzeile zu einer Sechzehntelbewegung, die auf die beiden Begleitstimmen verteilt ist[1].
Die bewegten kontrapunktierenden Stimmen sind auf die Choralmelodie bezogen; sie nehmen in den Zwischenspielen *Teile des Cantus-firmus in verkürzten Notenwerten vorweg*. Dabei imitiert die zweite Begleitstimme den Einsatz der ersten. Beide bieten *Vorimitation der* jeweiligen *Choralzeile*.
Im zweiten Zwischenspiel werden die Teile der übernommenen Choralmelodie in bewegten Figuren umspielt. Die Vermehrung der Sechzehntelwerte führt zu einer Bewegungssteigerung im Aufbau.

● Die Technik der polyphonen Choralbearbeitung durch *Vorimitation in verkürzten Notenwerten zu den Choralzeilen* wurde von **Johann Pachelbel** (1653—1706) entwickelt und nach ihm benannt.
Im Gottesdienst der protestantischen Kirche dient der *Choral der Verkündigung des Gotteswortes*. Ihm vor allem gilt die kunstvolle Choralbearbeitung: der Schmuck des polyphonen Gewandes (Vorspiel nach Pachelbel) und die melodische Auszierung durch Ornamente und Figuren (Choralvorspiel nach Böhm, ▷ S. 166).

---

[1] Ergänzungsrhythmus oder komplementärer Rhythmus.
[2] 2. Der Tag ist nun vergangen, die güldnen Sternlein prangen am blauen Himmelssaal: Also werd ich auch stehen, wenn mich wird heißen gehen mein Gott aus diesem Erdental.
3. Auch euch, ihr meine Lieben, soll heute nicht betrüben kein Unfall noch Gefahr! Gott laß euch selig schlafen, stell euch die güldnen Waffen ums Bett und seiner Engel Schar.
(Strophen gekürzt)

Die instrumentale Choralbearbeitung für die Orgel findet gottesdienstlich Verwendung
— als Vorspiel vor dem Choralgesang (Choralvorspiel),
— zur Begleitung des Liturgen, des Chores oder der Gemeinde,
— im strophenweisen Wechsel mit Gemeinde und Chor.

Erst später wurden kunstvolle Bearbeitungen auch im Konzert vorgetragen.

Brâul — Rumänischer Volkstanz (Kirchentonale Harmonik) von Béla Bartók

▷ Kombination von Dur- und Molldreiklängen S. 132, 141;
▷ Trugschluß S. 136; ▷ Die einteilige Liedform S. 154.

Brâul
Rumänischer Volkstanz
Béla Bartók (1881—1945)

Aus: Universal Edition 5802

1. Gliederung und Aufbau der Melodie

Volltaktige Ketten von Achtelnoten in Staccatoartikulation bestimmen den *leichtfüßig-beweglichen Charakter* des Tanzes. Die Phrasen α, β und α' enden in einem *straffen punktierten Rhythmus* mit langem Ausklang auf betonter Zählzeit.

Dieser federnde *männliche Schlußrhythmus* (▷ S. 145) stützt sich jeweils dreimal auf dem gleichen Ton ab und hebt diesen als *Schlußton der Phrase* besonders hervor:

Die gliedernden Einschnitte grenzen die Phrasen deutlich gegeneinander ab. — Abweichend von diesen Schlüssen führt die dritte Phrase, β′, die *Achtelkette bis zu ihrem Ende* durch. Es entsteht ein *weiblicher Schluß* von geringerem Gewicht (Schlußton auf *un*betonter Zählzeit; ▷ S. 145).
Läßt man die Wiederholung unberücksichtigt, so hat der Tanz sechzehn Hebungen (= einhebige Kurztakte) und entspricht damit der *Ausdehnung einer Periode* (▷ S. 155).

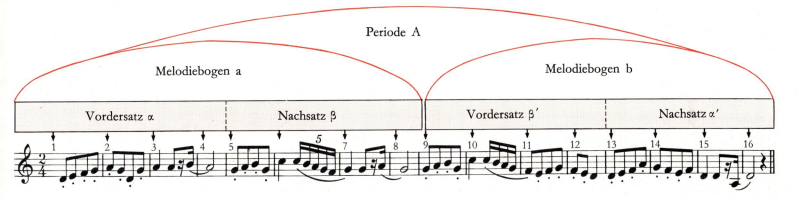

Das Schaubild verdeutlicht die Untergliederung der Periode in *vier Phrasen* und die Art der Verbindung *zwischen den Melodiebögen* a und b:

Die Melodiebögen a und b enthalten zwar Entsprechungen, die *Phrasen* innerhalb der Melodiebögen sind jedoch *in gegenläufiger* Anordnung aufeinander bezogen; es entsteht ein architektonisch geschlossener und gleichzeitig bogenförmig rückläufiger Melodieaufbau (αβ — β′α′). (▷ die *parallele* Anordnung der Phrasen „Ich hab die Nacht geträumet", S. 156.) — *Einleitungs- und Schlußphrase* entsprechen sich vor allem durch ihren *rhythmisch vollkommen gleichen Ablauf* und den *ansteigenden Melodiebeginn von Ton d aus*. Phrase α strebt zur Quinte *a* und *öffnet* dadurch die Melodie. Phrase α′ wendet sich zum Grundton *d* zurück und *schließt* die Melodie ab. Spielt zur Bestätigung einen Melodiebogen aus α und α′.

Die Abweichung im Richtungsverlauf wird durch die *Umstellung der beiden höchsten Töne* eingeleitet:

Die beiden *Innenphrasen* β und β′ setzen mit dem Ton *g* eine Quarte höher ein als die beiden Außenphrasen, β wirkt wie eine *steigernde Sequenz* von α. Die erhöhte melodische Spannung, die damit gegeben ist, findet ihren *Höchstpunkt in den beiden Spitzentönen c*, zu denen sich die beiden melodischen Innenglieder aufschwingen. Phrase β hält die Spannung bis zu ihrem Schlußton *g*, während Phrase β′ zum Grundton *d* absinkt und in dem erwähnten weiblichen Schluß aufhört. Die Abweichung im Richtungsverlauf wird wiederum durch den *Austausch zweier*

Töne eingeleitet, diesmal im Zusammenhang mit den glissandoartigen Tonfolgen und ihrer Weiterführung:

Die *bogenförmige Wölbung der Melodiebewegung,* deren Wendepunkt in Takt 9 im Ton g erreicht ist, entspricht der rückläufigen Anordnung der Phrasen.

2. Bewegungsformen der Begleitung

Die leicht und biegsam federnde tänzerische Begleitbewegung ist als eine *Folge von weiträumigen Wechselschwüngen zwischen tiefem Baßton und hohem Akkordklang* angelegt. Die Akkorde werden meist durch zwei Töne im Piano und in Staccatoartikulation sparsam angedeutet. — Wie die Melodie, so hält auch die Begleitung zum Phrasenende inne. Nur der Abschluß der dritten Phrase, β', weicht von der üblichen Gestaltung ab: In den Takten 11/12 wird die *Schwungbewegung* durch dicht benachbarte Akkorde *gedämpft* und am Ende sogar *umgestürzt.*

3. Tonart und harmonischer Gang

Der Tanz steht in der *dorischen Tonart* (▷ S. 91). Im dritten Melodietakt tritt die *dorische große Sexte,* der Ton h, charakteristisch hervor. Im harmonischen Bereich ist die *G-Dur-Unterdominante* mit dem *Terzton h* Kennzeichen des Dorischen. Sie kommt besonders im zweiten Takt der Begleitung zur Wirkung. Der Ton h liegt als höchster Ton offen im Klang.

Der *dorische Subdominantklang* bestimmt den Charakter der ganzen *ersten Melodiebogens,* und zwar sowohl in der plagalen Formel der α-Phrase als auch im mixolydischen Stufenschluß der Akkordfolge G — F⁶ — G in der β-Phrase (▷ S. 142). Die *Rückwendung zur Tonika* erfolgt in harmonisch sehr bewegter Art unter dem *zweiten Melodiebogen.* Sie nimmt im Gegensatz zum ersten den *Weg über die Dominante.* Dabei wird jedoch nicht der Dominantklang a-Moll der dorischen Tonart, sondern — in *Anpassung an das gleichnamige harmonische d-Moll* — der *Dominantklang A-Dur* verwendet. Das geschieht besonders auffällig in der *Trugschlußwendung* mit den Dreiklängen A-Dur — B-Dur in der β-Phrase und in der *Vollkadenz* der α'-Phrase, die beide Dominanten zusammenfaßt und das Stück abschließt. Die harmonische Auslegung der dorischen Tonart führt zu ungewohnten Dreiklangsverbindungen und Umdeutungen: Phrase β' setzt mit dem *Unterdominantseptakkord* ein, der *wie ein Dominantseptakkord* zum folgenden C-Dur-Klang leitet. Es schließt eine harmonisch bewegte Akkordfolge an, die auf den Tonikaakkord zustrebt, aber zunächst *in den Trugschluß abgleitet:* G² - C - F - A - B.

Zusammenfassung:

Die *Periode* wird melodisch durch die rückläufige Anordnung der Phrasen, harmonisch durch die Verwendung des subdominantischen und des dominantischen Weges in den beiden Melodiebögen und durch eine bewegte Harmonik *zu einem straffen musikalischen Bogen gespannt.* Der Hörer spürt die Zielstrebigkeit seiner Bewegung besonders zum Abschluß der β'-Phrase: Der Trugschluß, die weibliche Melodieendung im vorzeitig erreichten Grundton deuten an, daß der Bogen mißlingen könnte. Um so zwingender wirkt der kraftvolle melodische und harmonische Abschluß.

Pavane (harmonische Klangspiele) von Maurice Ravel

▷ Die Dichte von Klängen im Tonraum S. 121;
▷ Dissonanz und Konsonanz S. 97.

Pavane de la Belle an Boris Dormant

Maurice Ravel (1875—1937)

Aus: Ma Mere l'Oye. Kinderstücke für Klavier zu 4 Händen, 2 händige Bearbeitung mit Erlaubnis der Editions Durand & Cie., Editeurs — proprietaires, Paris.

Diese Musik[1] vergegenwärtigt die *Bewegung der Tänzer*: deren feierlich-gemessene Haltung durch das Lento-Zeitmaß und durch die zurückhaltende Dynamik, ihren ruhigen Grundschritt durch die ostinate Tonwiederholung in der Altstimme ♩ , das Hin und Zurück der Tanzrichtung durch die Melodiebogenpaare der beiden regelmäßig gestalteten und durch eine viertaktige Überleitung miteinander verbundenen Perioden.

Das eintaktige *Doppelmotiv* (▷ S. 145) mit *Schwebesynkope* bestimmt durch wörtliche Wiederholungen den Ablauf der Melodie.

Es erscheint in drei Varianten: in der ersten Halbperiode als Bogen, in der zweiten, symmetrisch entsprechenden als Mulde, in der überleitenden Viertaktgruppe als abgeflachter Bogen mit verschobenem Wendepunkt (▷ S. 34 ▷ S. 43).

Das synkopisch schwebende Taktmotiv erklingt insgesamt zehnmal. Ihm entspricht in der Tenorstimme das gegenläufige Motiv in Sekundschritten. Die Wiederholungen dieser Kombination, die Tonrepetitionen in der Altstimme, die Orgelpunktbildung unter dreien der vier Melodiebögen und die kaum veränderte Dynamik zwischen p und pp begründen die *Einheit der ruhigen Grundstimmung*. Das musikalische Geschehen bleibt auf sehr *feine Veränderungen*, vor allem im Bereich der Klangdichte und der *harmonischen Klangfarben* beschränkt. Ein Beispiel dafür, wie der Komponist dabei verfährt, bietet Melodiebogen b an zweiter und an letzter Stelle im Stück: Ein auffälliges Klangmerkmal ist der weite Abstand zwischen den Akkordtönen, ihre Ausbreitung über mehrere Oktaven. Der vom Akkord umschlossene Tonraum steht unter der Spannung vor allem der dissonanten Intervalle. Die *raumspannende Wirkung der überweiten Harmonie* wird durch einen Vergleich mit einer Fassung in enger Harmonie verdeutlicht:

schwarze Ziffern: Intervalle

1, 2, 3, 4: Numerierung der Stimmen

I, II, III, IV: Numerierung der Akkorde

Raumspannung besteht in Akkord I zwischen den Stimmen 4—3 (kleine None) 1—2 (große None) und 4—2 (kleine Septime). Diese *Septime* bildet als liegender Klang die *Klammer* zwischen den verschiedenen Akkorden.

Stellt man die Akkordtöne der einzelnen Klänge so zusammen, daß ein *Terzenaufbau* entsteht, so ist der Basiston gleichzeitig der Grundton des Klanges. In jedem der Takte wechseln ein d- und ein e-Akkord miteinander ab:

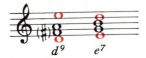

Akkord I, II, IV   Akkord III

---

[1] Viele Werke des französischen Komponisten **Maurice Ravel** haben Tanzcharakter, manche sind als **Ballettkompositionen** unmittelbar für den Tanz geschaffen; zu ihnen zählt die Suite „Meine Mutter, die Gans", zu der Ravel mehrere Klavierfassungen und eine Orchesterfassung geschrieben hat. Schuf er tänzerisch bestimmte Musik, so gestaltete er oft alte und auch neue Tanztypen nach (▷ Pavane). Ravel erzählt in seiner Ballettmusik eine *Tiergeschichte für Kinder*.

Tauscht man im unvollständigen Nonenakkord die Stellung von Grundton *d* und None *e gegeneinander aus*, so liegen sie auf einer Höhe mit den gleichen Tönen des Septimenakkordes auf *e*. So entsteht die *Septimenklammer*.

Ton *e* ist als Liegestimme wechselnd Nonenton und Grundton, Ton *d* abwechselnd Grundton und Septimenton. Trotz der *geringen Verwandtschaft* zwischen den beiden komplizierten Akkorden werden sie durch Liegestimmen und Sekundfortschreitungen *eng miteinander verbunden*.

Auf diesem Gegensatz beruht die starke *harmonische Farbwirkung* der Akkordkonstruktion. Die dritte Stimme ist eine *Melodie der Terztöne*. Sie verbindet in einem *chromatischen Gang* den Moll- und Durterzton *f* und *fis* des *d*-Nonenakkordes und den Mollterzton *g* des *e*-Septimenakkordes.

Die gleitende Bewegung dieser schweifenden und sehr charakteristischen Terzenstimme ist auch für die *Veränderung der Raumspannung und der Klangfarbe* von großer Bedeutung. Mit dem Liegeton von Stimme 4 ergeben sich: kleine None *e—f*, große None *e—fis* und kleine Dezime *e—g*, mit dem Ton *d* von Stimme 2 große Sexte *f—d*, kleine Sexte *fis—d* und Quinte *g—d*.

Melodiebogen b *verweilt kreisend im Wechsel* zwischen den beiden Akkorden, um die *Raumspannung* zwischen den dissonanten Intervallen und den *Reiz der Dissonanzfarben* als Stimmungswerte zur Wirkung zu bringen.

Die *tonartliche Bindung* der Farbenakkorde in Melodiebogen b bleibt *in der Schwebe*, bis am Bogenende der aeolische authentische Schluß (Dreiklänge *e*-Moll — *a*-Moll) die Beziehung zur Tonika *a*-Moll herstellt (▷ S. 132).

Deutet man die Klangfarbenakkorde unter Melodiebogen b im Rahmen der aeolischen a-Moll-Tonart, so hat der e-Moll-Klang Dominantfunktion (Orgelpunkt *e*), der mit ihm verkoppelte d-Moll/Dur-Klang Subdominantfunktion (ostinate Tonwiederholung auf *d*).

Die Auswertung der Dissonanzen und des Dominantenwechsels als Klangfarbenereignisse schwächen die Funktion, die sie ursprünglich für die Darstellung der Tonart besitzen.

Auf ähnliche Weise werden auch unter den anderen Melodiebögen der Pavane Farbakkorde festgehalten und erst am Ende funktionsgerecht weitergeführt. Das geschieht auf ganz gleiche Art unter Bogen A'b, auf verwandte und weniger komplizierte Weise unter Bogen A'a'.

Dieser wiederholt melodisch den Bogen Aa, unterlegt jedoch der a-Moll-Tonika — die dort im Zusammenklang der Stimmen vorherrscht, aber auch durch den Melodiebeginn dominiert — zusätzlich den Subdominantklang d-Moll (Orgelpunkt *d*). Die *Schichtung von Subdominante und Tonika* findet ihre Lösung in einer Halbschlußwendung nach e-Moll.

● Obgleich die *Melodiebögen* innerhalb der Perioden *durch Halb- und Ganzschlüsse aufeinander bezogen* sind, tritt die *Darstellung der Tonart* in ihren Funktionen hinter der *sich verselbständigenden Klangwirkung der Farbflächen* zurück. Selbst der *Übergang zwischen Melodiebögen* in der gleichen Periode wird als *Klangfarbenwechsel* empfunden. Das synkopisch schwebende Motiv liegt mit seinen zahlreichen Wiederholungen innerhalb der Klangfläche und *erhält den Klang in stehend kreisender Bewegung*.

In der Orchesterfassung des Stückes ergänzt der Komponist die *harmonischen Farbwerte* durch die *Klangfarben ausgesuchter Instrumente*.

Das Überwiegen der harmonischen und instrumentalen Klangfarbe über die funktionsgebundene Darstellung der Tonart, sowie die Einordnung der Melodiebewegung in das Klangspiel sind Merkmale der Musik des französischen ▷*Impressionismus*.

Siciliano (Diatonische Chromatik) von Paul Hindemith
▷ Kirchent. parall. Tonl. S. 93 ▷ Verw. d. Kirchent.; diat. Chromatik S. 94
P. Hindemith im Vorwort zu seinem Spiel für Kinder „Wir bauen eine neue Stadt"
„Spiel für Kinder: damit ist gemeint, daß dieses Stück mehr zur Belehrung und Übung für die Kinder selbst als zur Unterhaltung erwachsener Zuschauer geschrieben ist."

Musiziert zu drei Freunden das Siciliano, bis euch Klang und Ablauf vertraut sind.

Streichtrio: 3 Viol., oder Violine, Bratsche, Cello. Blockflötentrio: 1 Sopran, 2 Altfl. Melodicatrio: 1 Sopran, 2 Altmelodica.

Aus: Wir bauen eine neue Stadt, B. Schott's Söhne 1930, Mainz.

Die Rahmenteile A und A'

Das *Siciliano*[1] ist aus einem *Doppelmotiv* M gestaltet, dessen Rhythmus unverändert beibehalten, dessen melodische Gestalt jedoch mehrfach umgeformt wird:

In den parallelen Formabschnitten Aa und A'a steigt die Melodie mit diesem Doppelmotiv in *Wellenbewegung* eine *Quinte aufwärts*. Die anschließenden Takte (Ab und A'b) *spalten Teilmotiv* m^2 ab und bestreiten mit ihm den Weg *zurück* durch die Quinte. In Abschnitt A' führt eine Coda zum Ausklang des ganzen Stückes.

Die *Tonart* des Stückes läßt sich bestimmen, wenn man den *Tonvorrat* auf den jeweiligen *Zentralton* bezieht[2].

Der *Bordun* (der unveränderte Basiston) *d* hat in den Formteilen A und A' die Funktion des *Zentraltones*. Zu seiner Festigung trägt der Quintton *a* bei, der ständig in den Motiven von Ab und A'bc erklingt.

Überprüft: Die Melodieabschnitte Aa und Ab bzw. A'a und A'b und A'c verwenden voneinander *abweichenden Tonvorrat*. Ihre Aufgabe als steigende und fallende Hälften von Spannungsbögen wird dadurch unterstrichen. Untersucht und bestimmt den Tonvorrat dieser Melodieabschnitte gesondert und bezieht ihn auf den Zentralton. Benutzt die beiden Gesamtmodelle für Kirchentöne *(Mod. III 14, 15)* in Verbindung mit dem Tastenbild.

Für die Bestimmung von Abschnitt b müssen die Töne *fis* und *gis* durch *cis* ergänzt werden, für die Bestimmung von Abschnitt c der Ton *es* durch *b*: die ergänzten Töne werden zwar von der Melodie nicht berührt, jedoch steht in der Ordnung des Quintenzirkels *cis* vor *gis* und *b* vor *es*.

Wege zur Bestimmung des Tonvorrats: 1. Legt das *zweite* Gesamtmodell für Kirchentöne an die Taste *d* an (Zentralton aller A und A' Abschnitte). Stellt fest, welches Einzelmodell auf den ermittelten Tonvorrat weist. 2. Bestimmt aus dem Tonvorrat die Grundreihe (die zugehörige Durtonleiter). Legt den Orientierungspfeil des *ersten* Gesamtmodells an den Orientierungston. Über der Taste *d* steht der Grundton des gesuchten Kirchentones.

📖 164: Tragt die Ergebnisse eurer Untersuchung in die Übersicht ein.

Der Mittelteil B

Die Bestimmung des Tonvorrats im Formabschnitt B soll wieder von der Feststellung der *Zentraltöne* ausgehen.

Die Basisstimme schreitet in Ba zweimal von *d* in Sekundschritten *abwärts zum Ton a* und verweilt dort für eineinhalb Takte. Basiston *a* kann sich jedoch nicht als neuer Zentralton festigen, weil ihm in der Melodiestimme im gleichen Takt hartnäckig der *Ton g entgegengestellt* wird. Die Töne *g* und *a* sind im Abschnitt Ba wechselnde Schwerpunkte des unentschlossen kreisenden Doppelmotivs. Die Suche nach einem neuen Zentralton wird an dieser Stelle unentschieden abgebrochen.

Bestimmt die Tonarten von Ba und berücksichtigt *g* und *a* als mögliche Zentraltöne.

📖 164: Tragt die Ergebnisse in die Übersicht ein.

---

[1] Das Siciliano ist ein Instrumental- oder Vokalstück im Sechsachteltakt, in langsamem Tempo und in wiegender Bewegung. Es ist verwandt mit dem Pastorale, einer weihnachtlichen Hirtenmusik. Seine Merkmale sind: Terzenparallelen zur Melodie und eine begleitende Bordunstimme (▷ Pifa S. 81*).

[2] Paul Hindemith meidet Begriffe, die zur Kennzeichnung kadenzgebundener Musik geprägt wurden. Er spricht deshalb nicht von Grundtönen sondern von Zentraltönen.

Abschnitt Bb beginnt mit einem *Schritt der Zentraltonmelodie nach h*. Diesmal kreist das Doppelmotiv nur um *eine Mitte*, um den Ton *e*. Er ist auch das Ziel eines neuen, diesmal aufwärtsgerichteten zweifachen Sekundganges von *h* aus: die Unterstimme geht voran, die Oberstimme folgt im Kanon. Ton *e* ist so auf doppelte Weise als *neuer Zentralton* bestätigt. Stellt den Tonvorrat und den Tonartwechsel in Bb fest.
📖 164: Tragt die Ergebnisse in die Übersicht ein.
Die *Reprise* (Wiederkehr des Anfangs) beginnt mit einem Sekundschritt der Zentraltonmelodie *von e nach d*.

Der **Stufengang der Zentraltöne** im Mittelteil B zwischen den Rahmenteilen:

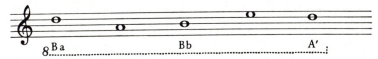

In den Abschnitten Ba und Bb erfolgt die Modulation jeweils durch *Verlagerung des Zentraltones* innerhalb der gleichen Grundreihe, während sie in den Abschnitten A und A' durch einen *Wechsel in der Grundreihe* bei gleichbleibendem Zentralton entsteht.

Die Mittelstimme

In den Rahmenteilen A und A' ist die Mittelstimme als *selbständige Melodie* ausgebildet (▷ das Zitat des Namens Bach in den letzten Takten des Stückes). Sie verfügt über einen unabhängigen, zuweilen (▷ A'bc) chromatisch genutzten Tonvorrat (die Hauptmelodie ist rein diatonisch geordnet).

Die Eigenbewegung gleichzeitiger Stimmen führt zu neuen, zuweilen *harten Zusammenklängen*, die jedoch untereinander nach dem Gesetz des *harmonischen Gefälles* geordnet sind.

Die harmonische Skizze der Takte 1—3 zeigt, daß der Klang mit der höchsten Verschmelzung (Quinte + Oktave) auf dem Gipfel des Gesamtbogens von A steht und diesem Ziel- und Wendepunkt besonderes Gewicht verleiht. ▷ Dissonanz und Konsonanz, S. 97.

● Die Erweiterung des Tonvorrats führt zur *Verwendung aller chromatischen Töne* innerhalb der Oktave. Der Vorrat wird jedoch *nicht in chromatischen Fortschreitungen* dargestellt, sondern durch den *Wechsel zwischen den diatonischen Grundreihen der Kirchentöne* im Sinne des zweiten Gesamtmodells.

Mit der *diatonischen Chromatik*, der gesteigerten *Selbständigkeit der Stimmen* und der *Erweiterung* der Möglichkeiten des *Zusammenklangs* will der Komponist P. Hindemith die Tonsprache *aus der Enge* überkommener Ordnungen *lösen*:

„Dur- und Moll-Tonleitern sind gewiß ein reiches Material. Erst durch sie wurde die ungeheure Entwicklung ermöglicht. Begünstigt sie aber nicht auch die Einführung von Formeln und festgelegten Wendungen, in denen Musik zu ersticken droht[1]?"

---

[1] P. Hindemith, Unterweisung im Tonsatz, Verlag B. Schott's Söhne, Mainz 1973

Siciliano — Larghetto[1] **(Konstruktion mit motivischen und harmonischen Elementen, Bitonalität) von Igor Strawinsky**

[1] Der Titel der Sammlung, aus der das „Larghetto" entnommen ist, heißt „*Die fünf Finger*", 8 sehr leichte *Melodien über* 5 *Noten*. Sie sind so gesetzt, „... daß die Finger der rechten Hand, wenn sie erst richtig auf den Tasten liegen, ... während des ganzen Stückes ihre Lage nicht mehr zu verändern brauchen, während die linke Hand, die die Melodie begleitet, ganz leichte harmonische und kontrapunktische Figuren auszuführen hat ... Diese kleine Arbeit ... soll mit ganz einfachen Mitteln im Kinde das Vergnügen wecken an einer Melodie und an der Art, wie sie auf eine rudimentäre (einfache, unentwickelte) Begleitung bezogen ist." (Aus: Igor Strawinsky, Leben und Werk — von ihm selbst, Verlag Schott's Söhne, Mainz 1957)

Aus: Les Cinq Doigts, Edition Chester, London, 1922

Im Larghetto liegen die Finger der rechten Hand auf den Tasten *d e fis g a*. Die linke Hand spielt im Umfang der Oktav *d—d'*. Insgesamt steht beiden Händen nur der diatonische Vorrat von 12 Tönen in der oberen Mittellage des Klaviers zur Verfügung (▷ die Bedeutung des Klangraumes in der Pavane von Ravel, S. 185 f.). Nur in zwei Takten der linken Hand wird das leitereigene *fis* zu *f* alteriert.

Das Larghetto hat die Merkmale des **Siciliano** und des **Pastorale** (▷ S. 190): den Sechsachteltakt, das langsame Tempo, den punktierten Rhythmus und Liegestimmen (jedoch nicht nur als Unterstimmenbordun wie in den Takten 1—3, sondern auch in jeder der anderen Stimmen).

Überschaut man die Melodie bis zum gliedernden Doppelstrich vor Takt 8, so fällt die *zunehmende Länge der Phrasen* auf: ein — eineinhalb — zwei — zweieinhalb Takte. Diese asymmetrische Anlage und die Gesamtzahl von sieben Takten entsprechen nicht den Bedingungen einer Periode. Trotzdem sind die Takte ausgewogen gegliedert: Zieht man nämlich die beiden ersten Phrasen zusammen, so entsteht die Taktgliederung $2^1/_2 : 2 : 2^1/_2$.

● Die Melodie entfaltet sich aus dem zweihebigen Motiv des ersten Taktes, jedoch nicht im Sinne der Sequenz und des motivisch durchgegliederten Melodiebogens (▷ S. 153), vielmehr durch eine gedrängte, ständig um neue Glieder erweiterte Aufreihung und Kombination von Motiven und Motivabwandlungen:

Die Klammer kennzeichnet das Motiv M des ersten Taktes, U die Umkehrung, K den Krebs, UK den Umkehrungskrebs. Der Buchstabe (s) besagt, daß der Terzsprung zu einem Sekundgang aufgefüllt ist. Dabei, und auch in anderen Zusammenhängen, werden rhythmische Gestalt und ursprüngliche Betonungsordnung des Motivs aufgegeben.

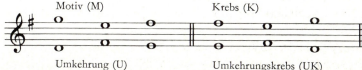

Einige Melodietöne lassen sich zwei, einzelne sogar drei Motivgruppierungen zuordnen: Im 4. Takt gehört der Ton *fis* auf der dritten Zählzeit zum Umkehrungskrebs *g - a - fis*, zur Originalgestalt *a - fis - g* (der kurze Vorschlag *a* wird dabei nicht als motivbildende Note anerkannt) und zur Umkehrung *fis - a - g* (der kurze Vorschlag wird in die Motivbildung einbezogen). Die *Vieldeutigkeit* ist ein Merkmal der *Dichte in der Motivverknüpfung.*

Phrasierung und Motivbegrenzung fallen nicht immer zusammen. In Takt 3 zerschneidet die Phrasierung das Motiv *g - e - fis* und ordnet seine Töne verschiedenen Phrasierungsbögen zu. In Takt 7 ergeben die melodieschließenden Töne *fis - e* erst zusammen mit dem *g* der Wiederholung von Takt 1 den Krebs des Motivs.

Die Melodie gerät durch den *Kurzschluß der Motive* in eine *enge Kreisbewegung,* in der sie jedoch durch unerwartete Gruppierungen, melodische Wendungen und Schlüsse immer wieder *am freien Ausschwingen gehindert* wird. Für einige Takte entsteht der Eindruck eines „*stabilen Klangmobile*", d. h. von einer *Bewegung, die sich aus sich selbst erhält.* Die Taktschwerpunkte ergeben eine einfach geordnete, abgeschlossene *Innenmelodie*:

Die ersten drei Takte der Melodie sind auf den Tonvorrat *e fis g* beschränkt und deuten harmonisch durch ihre Töne *e* und *g* auf den *e-Moll-Dreiklang.* Die Begleitung steht damit in Übereinstimmung durch den Orgelpunkt *e,* Terz *g* und Quinte *h.*

Im 4., 5. und 6. Takt wird der Vorrat der Melodie um den Ton *a* erweitert. Immer wieder erklingt die Terz *fis - a* und deutet auf den *D-Dur-Dreiklang.* Die Begleitung bestätigt ihn jedoch nicht eindeutig. Sie mischt Töne von anderen Akkorden bei:

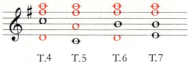

(schwarze Noten sind fremd im D-Dur Dreiklang)

Der D-Dur-Dreiklang kommt nicht unvermischt zur Darstellung. Erst in Takt 7 (in der zweiten Klammer) *vereinigen* sich wieder beide Hände *im unvermischten e-Klang* ohne Terz.

● *Der zweite Teil* (Takte 8—22) ist deutlich *auf den ersten bezogen*: Berücksichtigt man die Wiederholung des ersten Teiles, so hat er fast gleiche Taktzahl mit diesem: 14 (7 + 7) : 15. Die Schlüsse entsprechen einander genau in ihrer Hinwendung vom gemischten D-Dur-Klang zum reinen, terzlosen *e*-Klang.

Der zweite Teil steigert die Spannung zwischen dem *e-Klang* und dem *d-Klang* zu einem *scharfen Gegensatz.* Im Zusammenhang dieser *harmonischen Steigerung* ist die rechte Hand durchgehend zweistimmig, der Gesamtklang häufig vierstimmig gestaltet.

In Takt 8 erscheint in der rechten Hand erstmals der fünfte Ton des Vorrats, das *d.* Es wird als Wiederholungston bis Takt 13 festgehalten. Damit kündigt sich der *Durchbruch des d-Klanges* an. In den Takten 8 und 9 steht das *d* noch hart gegen den Ton *e,* der im *e*-Klang das harmonische Geschehen des ersten Abschnittes abgeschlossen hat. In den Takten 10 und 12 wird nun der ungemischte *d*-Klang erreicht und befestigt:

Die rechte Hand gewinnt erstmals ihren vollen Tonumfang in der Quinte *d - a,* die linke Hand unterstützt und füllt den Rahmen durch die Terz *f - a.* Die überraschende *Mollterz f* gibt den beiden Durchbrüchen ihre besondere klangliche Auszeichnung. Als *Höhepunkte* hervorgehoben werden diese Takte 10 und 12 ferner — durch die Verwendung der bisher ausgesparten ungemischten Grundgestalt

des G-Dur-Dreiklangs in der ersten Takthälfte (terzverwandter Vertreterklang von e-Moll).
— durch die rhythmische Konzentration (es fehlt die bewegliche Siciliano-Punktierung).
— durch *forte* als dynamische Höchststufe der ganzen Komposition.

● Der anschließende Verlauf des Stückes ist bis zu seinem Ende durch das harte *Gegeneinander* der beiden tonalen Pole *D-Dur* und *e-Moll* bestimmt.

Dreiklänge werden am deutlichsten durch ihren Quintrahmen umrissen. Darum muß der Ton *a* in der beherrschenden Oberstimme der Takte 12—21 als *Quintton des D-Dur-Dreiklanges*, sowie der Wiederholungston *h* in der Mittelstimme der Takte 15—22 als *Quintton des e-Moll-Klanges* aufgefaßt werden. Beide tonalen Pole werden vorübergehend verstärkt durch ihre anderen Akkordtöne Terz und Grundton. Das Übergewicht des e-Moll-Klanges entsteht jedoch erst in den beiden letzten Takten durch die leere Quinte *e - h* in der linken Hand.

● Wird ein Dreiklang durch die Beimischung fremder Akkordbestandteile getrübt, so sprechen wir von der **Stufenmischung**. Sie *verschleiert* die harmonische Fortschreitung. Stehen sich jedoch — wie in den Takten 15—21 — *zwei Klangzentren* deutlich erkennbar gegenüber, so sprechen wir von **Bi-tonalität**[1].

Im Raum der bitonalen Spannung, in den Takten 15—21, fließt als ein neues „stabiles Klangmobile" der bewegliche punktierte *Sicilianorhythmus*, als sei er vorher aufgestaut worden. Er verwendet Verknüpfungsformen des Einleitungsmotivs. Die Phrasierung ist gleichmäßiger durchgeführt als im ersten Teil: In den Takten 15 und 16 steht ein dreitöniges kurzatmiges Motiv auf der Stelle, als suche es einen Ausweg aus der gespannten Klangsituation. Dann leitet sich eine *fallende Sequenz* mit zweihebigen Sequenzgliedern ein, die in Takt 18 in Gang kommt und gleichzeitig mit der harmonischen Lösung am Ziel ist.

● Igor Strawinsky beschränkt sich bei der Komposition des Larghetto auf einen *schmalen Tonvorrat* und auf wenige *ausgesuchte Konstruktionselemente*. Er *komponiert* mit diesem aufs äußerste beschränkten Material, indem er es *in melodischen und harmonischen Kombinationen nach dem Reihungsprinzip* entwickelt.

„Man gebe mir etwas Begrenztes, Bestimmtes, eine Materie, die meiner Arbeit insofern dienen kann, als sie im Rahmen meiner Möglichkeiten liegt. Sie bietet sich mir mit ihren Grenzen dar ... Meine Freiheit besteht also darin, mich in jenem engen Rahmen zu bewegen, den ich mir selbst für jedes meiner Vorhaben gezogen habe. — Ich gehe noch weiter: meine Freiheit wird um so größer und umfassender sein, je enger ich mein Aktionsfeld abstecke und je mehr Hindernisse ich ringsum aufrichte. Wer mich eines Widerstandes beraubt, beraubt mich einer Kraft. Je mehr Zwang man sich auferlegt, um so mehr befreit man sich von den Ketten, die den Geist fesseln."

„Komponieren bedeutet für mich, eine gewisse Zahl von Tönen nach gewissen Intervallbeziehungen zu ordnen. Diese Bemühung zwingt dazu, den Mittelpunkt zu suchen, an dem die Tonreihe zusammenläuft, die ich bei meiner Unternehmung verwende. Ich muß also, wenn ein Mittelpunkt vorhanden ist, eine Kombination suchen, die zu ihm hinführt." Igor Strawinsky[2]

Die Erwartung, im Larghetto ein typisches Siciliano zu hören, wird enttäuscht: Die Melodie kommt nicht zu der freischwingenden Entfaltung, die zum Typus einer Melodie im Sechsachteltakt gehört. Auch die dramatische Zuspitzung im Durchbruch der Fortetakte und die Spannung zwischen den bitonalen Polen fügen sich nicht in das Bild des besinnlichen Sicilianos. Der monotone Begleitrhythmus und die „durchdrehende" punktierte Bewegung ab Takt 13 mechanisieren Teilelemente des Sicilianocharakters. Das Verständnis der Stücke setzt die *Kenntnis des typischen Siciliano* voraus. Sein Reiz besteht in der eigenwilligen und *vom Typus abweichenden*, oft *formelhaften Verwendung der Merkmale*.

---

[1] bi-tonal — auf zwei Tonzentren bezogen
[2] Aus: Musikalische Poetik, Insel-Verlag Frankfurt 1960

X. Musik in unserer Umwelt

Die Mittler von Musik als Tonspeicher — ihre technische Entwicklung

Fast jeder von euch besitzt oder benutzt einen **Plattenspieler**, und viele haben auch ein **Tonbandgerät**. Wir bedienen diese Vermittler von Musik meist, ohne über ihre Arbeitsweise nachzudenken.

Schon früh haben Menschen Überlegungen angestellt, wie sie den flüchtigen Schall festhalten und über ihn verfügen könnten. Ein italienischer Physiker schrieb 1589: „Darüber hatte ich mir vorgenommen, die Worte in der Luft (ehe sie gehört werden) mit bleyernen Röhren aufzufangen und so lange verschlossen fortzuschicken, daß endlich, wenn man das Loch aufmachte, die Worte herausfahren müssen[1]".

Von diesen guten Vorsätzen bis zu den Schallkonserven unserer Zeit, Schallplatte und Tonband, war ein weiter Weg zurückzulegen.

Die Schallplatte

Ein Experiment:
Legt den Tonabnehmer eines Plattenspielers bei ausgeschaltetem Lautsprecher auf eine sich drehende Schallplatte. Wenn ihr nahe genug bleibt, hört ihr sehr leise aber deutlich, was die Platte an Darbietungen enthält. Bei älteren Platten genügt schon eine Nadel, die mit einer Pinzette in die Rille gehalten wird, um den Inhalt abzuhören. Wie ist das möglich?

Die Rille der Schallplatte hat enge Kurven. Gleitet der Abtaststift durch sie hindurch, so gerät er in mechanische Schwingungen, die sich dem ganzen Tonabnehmer mitteilen. Die umgebende Luft nimmt die **mechanischen Schwingungen** auf und gibt sie als **Schallschwingungen** an unser *Ohr* weiter (▷ Entstehung von Schall, S. 17).

Welche Männer haben die ersten Grundlagen der Schallaufzeichnung entwickelt? — Wie arbeitet der „Edison Phonograph" im Unterschied zum Grammophon (▷ den Prinzipaufbau)? Was versteht man bei der Schallaufzeichnung unter Tiefenschrift, was unter Seitenschrift? — Unterrichtet euch aus dem Lexikon.

Führte man zunächst Schallschwingungen in mechanische und mechanische Schwingungen wieder in Schallschwingungen unmittelbar über, so schaltete man bald eine **elektrische Schwingungsphase** dazwischen.

---

[1] Aus: Schallaufzeichnung, in: Die Musik in Geschichte und Gegenwart Bd. 11, Verlag Bärenreiter Kassel 1963, Sp. 1572 ff.

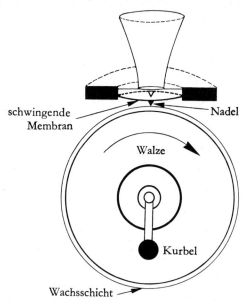

Prinzipaufbau des Edison-Phonographen (Tiefenschrift)

Prinzipaufbau des Grammophons nach Berliner (Seitenschrift)

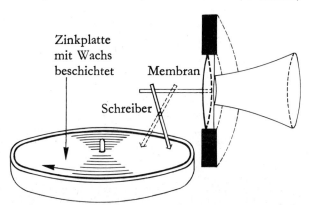

← Schwingungsschreiber — elektrisch gesteuert

Plattenpresse mit Preßmatrize ↓

Seit 1925 werden im Aufnahmeverfahren Mikrophone und durch Strom gesteuerte Schwingungsschreiber (Stifte, welche Schwingungen in eine Platte ritzen), seit 1931 im Wiedergabeverfahren Tonabnehmer, Kopfhörer und Lautsprecher verwendet. Diese elektrischen Schwingungsumwandler führen mechanische und Schall-Schwingungen in elektrische Schwingungen über und umgekehrt. Innerhalb der elektrischen Phase lassen sich schwache Schwingungsvorgänge mit Hilfe einer Elektronenröhre verstärken. Aufnahme und Wiedergabeverfahren werden durch diese Hilfen erheblich erleichtert und verbessert.

Während im mechanischen Verfahren der Frequenzbereich auf den Umfang von 600—2000 Hz begrenzt bleibt, ermöglichen die elektrischen Schwingungswandler und Verstärker die Ausweitung auf den Umfang von 80—5000 Hz.

Seit 1953 wurde die ältere Schellackplatte (78 UpM - Umdrehungen pro Minute) durch die **Langspielplatte** ersetzt. Die unmittelbare Nachfolge der Schellackplatte trat in den Jahren 1953—1958 die Single aus Kunststoff an. Sie nahm vor allem das gängige Schlager- und Unterhaltungsrepertoire auf.

Hört zum Vergleich der Tonqualität Schellackplatten vom Grammophon sowie ältere und neuere Langspielplatten. Vergleicht die Technik der Geräte, informiert euch über die Qualitätsmerkmale der verschiedenen Platten und über Unterschiede ihrer Herstellung.

Im Jahre 1958 wurde die **Stereoschallplatte** entwickelt. In Entsprechung zu unserer Schallwahrnehmung mit Hilfe beider Ohren wird z. B. Orchestermusik nun von einem nach rechts und einem nach links gerichteten Mikrophon aufgenommen und getrennt gespeichert (zweikanalige Aufnahme). Strahlt man die getrennten Aufnahmen wieder gleichzeitig über einen rechten und linken Lautsprecher ab, so erleben wir ein räumliches Klangbild wie im Konzertsaal. (▷ S. 199)

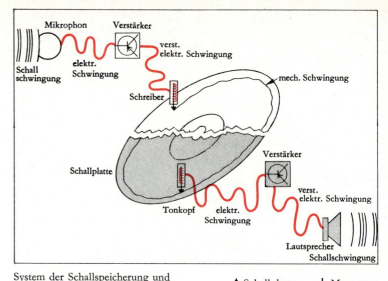

System der Schallspeicherung und Wiedergabe über elektr. Zwischenphasen: ↑ Schallplatte ↓ Magnetton

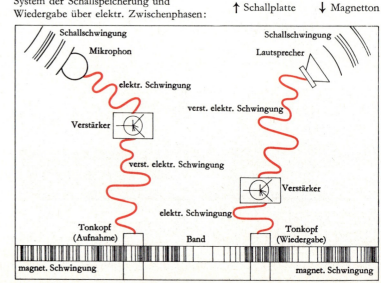

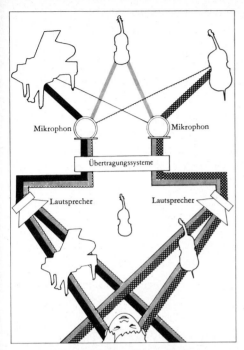

Zweidimensionale Höreindrücke — vermittelt durch stereophone Aufnahme und Wiedergabetechnik ←

Zwei Rillen einer Stereoplatte unter dem Mikroskop — stereophone Schallinformationen auf den unterschiedlich modulierten Flanken ↓

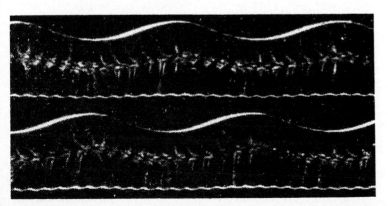

Hört sinfonische Musik, Chormusik, Kammermusik und solistische Darbietungen von stereophonischen Platten und sucht festzustellen, wie jeweils die beiden Kanäle eingesetzt werden. Wodurch unterscheidet sich eine monaural[1] geschnittene Schallplattenrille von einer stereophonisch[1] geschnittenen?

In Kürze wird die **Quadrophonie** den Markt beherrschen:

„Während die Stereophonie die Bewegung in die Wiedergabe einführt, fügt jetzt die Quadrophonie die Klangtiefe hinzu, die den Hörer einhüllt[2]. — Bei der quadrophonischen Wiedergabe kann ein Sinfonieorchester sich nicht nur über die beiden Frontlautsprecher — wie bei der herkömmlichen stereophonischen Wiedergabe — darstellen, vielmehr können nun rückwärtige Lautsprecher den Widerhall übermitteln und dem Hörer so die Gegenwart des Konzertraumes bieten. — Solodarbietungen kann man so aufnehmen, daß neue musikalische Effekte geschaffen werden, wobei der Hörer ganz von Klang umgeben ist. — Schließlich ist es jetzt einem Künstler möglich, sich auf einer Platte frei umherzubewegen, links und rechts, vorne und hinten, wie bei Aufnahmen von Theateraufführungen und Shows."[3]

Das Tonband als Schallspeicher

Brachte die Einführung und Verfeinerung der elektrischen Tonumwandler seit 1925 die erste große Veränderung in die Aufnahmetechnik, so wurde die zweite Umwälzung durch die Entwicklung der **Magnetton-Aufzeichnung** eingeleitet.

Seit 1941 werden Aufnahmen nicht mehr unmittelbar in die Platte geschnitten, sondern zunächst auf Tonband aufgenommen. Eine Bandaufnahme gestattet — im Gegensatz zur einmal geschnittenen Schallplatte — Korrekturen. Mißlungene Teile können durch bessere Fassungen ersetzt werden. Erst eine insgesamt befriedigende Bandaufnahme wird zur Schallplattenherstellung verwendet.

---

[1] griech. mono — allein; stereo — räumlich, körperlich
[2] Diese Umschreibung spricht die Unterschiede der zwei- und dreidimensionalen Wiedergabe an.
[3] Aus: "The Columbia Stereo/Quadrophonie ('SQ') Record" General and Technical Data der CBS Laboratories. (Stamford, Connecticut 06905, ohne Jahr)

Magnettonkopf mit Spule für Aufnahme und Wiedergabe

Tonbandmaschine mit eingelegtem 25-mm-Band und zugehörigem Mischpult

Das Verfahren der Magnetton-Aufzeichnung beruht auf der Entdeckung, daß sich in einer Drahtwicklung (Spule) Magnetfelder aufbauen, die der Stärke der durchgeleiteten Stromschwingungen entsprechen. Ein mit eisenmagnetischen Spezialmaterial beschichtetes Kunststoffband, eben das Tonband, das an einer solchen Spule, dem Tonkopf, vorbeigeführt wird, hält die Magnetfelder in der jeweiligen Stärke fest. Es wird magnetisiert. Beim Abspielen des Bandes werden im Tonkopf mit Hilfe der gespeicherten Magnetfelder die elektrischen Schwingungen erzeugt und im Lautsprecher in Schallschwingungen zurückverwandelt.

Beschreibt Aufbau und Arbeitsweise eines Tonbandgerätes.

Welche Eingänge und Ausgänge sind vorhanden? Welche anderen Musikgeräte kann man also anschließen? Zu welchem Zweck kann das geschehen?
Wie muß ein Tonbandgerät ausgestattet sein, wenn man mit ihm monaurale und stereophonische Aufnahmen machen und wiedergeben will?
Was heißt „play back"?
Was kann man mit einem Mischpult, was mit „multiplay" anfangen? ▷ S. 216.
Durch welche Leistungswerte unterscheidet sich ein Tonbandgerät der mittleren Preisklasse von denen eines Spitzengerätes? (Die Werbeprospekte geben Auskunft!)
Wodurch unterscheidet sich die Hallwirkung vom Echoeffekt? ▷ S. 215

Welches sind die Vorzüge der Tonbandwiedergabe gegenüber der Schallplatte? Denkt an die Wiederholung von Werkausschnitten, an die Zusammenstellung zum Zweck des Vergleichs.

Arbeitet mit Tonbandgerät und Mikrophon. Welche Möglichkeiten bieten sich dafür?

Manipulation nennt man die Beeinflussung einer Wiedergabe durch Veränderungen in der Einstellung der Apparate.

Wie klingt eine Band- oder Plattenwiedergabe bei Veränderung der Laufgeschwindigkeit oder der Umdrehungszahl? Wie klingt eine Sprach- oder Musikaufnahme, wenn ihr das Tonband verkehrt auflegt, was geschieht, wenn ihr die Lautstärke übersteuert? In welcher Art von Hörbildern könnte man solche Wirkungen einsetzen?

Elektronische Tonerzeugung — der Moog Synthesizer

Die elektrischen Schwingungswandler können keinen Schall hervorbringen, den sie nicht zuvor aufgenommen haben. Nur mit dem Tongenerator vermag man aus rein elektrischen Schwingungsvorgängen Töne zu erzeugen.

Während sich der Schall, der uns in der Natur begegnet, aus mehreren verschiedenen Schwingungen zusammensetzt, die sich unserem Ohr als Geräusch oder Klang darstellen, vermag der **Tongenerator** einen unvermischten, reinen Ton mit sinusförmigem Schwingungsbild (Sinuston) zu erzeugen, der an den Klang einer Querflöte erinnert. Sinustöne hören wir auch zu den Testbildern des 2. und 3. Fernsehprogramms.

Durch die Zusammensetzung von Sinustönen läßt sich natürlicher Schall nachahmen. Von besonderem Interesse sind jedoch die neuen, vorher nie gehörten Klänge und Geräusche, die man nun erzeugen kann. Mit der Entdeckung und musikalischen Auswertung befassen sich immer mehr Komponisten, seit Karlheinz Stockhausen und andere 1951 im WDR Köln solche sogenannte *Elektronische Musik* realisierten, die sich nur im Lautsprecher darstellen läßt.

Der Film- und Fernsehkomponist Heinz Funk am Moog Synthesizer

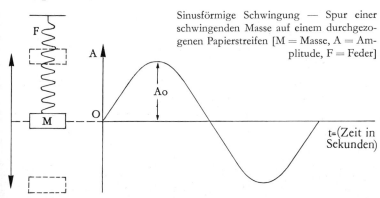

Sinusförmige Schwingung — Spur einer schwingenden Masse auf einem durchgezogenen Papierstreifen [M = Masse, A = Amplitude, F = Feder]

In den ersten Jahren verwendeten die Musiker Geräte, die für die Zwecke der Meßtechnik gebaut worden waren. Die Realisation elektronischer Kompositionen auf Tonband war außerordentlich mühsam. Das änderte sich, als der Amerikaner Dr. Robert Moog im Jahre 1968 den Synthesizer, den Zusammensetzer, als elektronisches Musikinstrument schuf, das mühelos spielbar ist.

Im Synthesizer lassen sich weit über sechzehn Millionen verschiedene Klänge und Rhythmen schalten und programmieren. Ein Menschenleben würde nicht ausreichen, um alle Möglichkeiten des Instrumentes kennenzulernen.

Walter Carlos machte das neuartige Instrument schlagartig weltbekannt durch sein Arrangement Bachscher Musik, das er selbst für die Schallplatte „Switched on Bach" einspielte. In der Pop-Musik werden die Möglichkeiten des Synthesizers zur Verfremdung und Bereicherung des Sound eingesetzt. Die Pop-Formation Emerson Lake & Palmer verwendete den Synthesizer als Bühneninstrument im Konzert; viele andere Gruppen sind ihr darin gefolgt.

Es ist zu erwarten, daß eine neue Generation von Musikinstrumenten entsteht, welche vor allem diese Möglichkeiten der Klangschöpfung auswertet.

Die kommerzielle Verwertung von Musik

Verkaufsziffern

Die technischen Verbesserungen an Schallplatte und Abspielgerät führten zu ihrer weltweiten Verbreitung und zu steigenden Verkaufserfolgen.

Der *Wert* aller in der Bundesrepublik verkauften Schallplatten belief sich 1965 auf 380 Mio. DM, 1972 jedoch schon auf 998,8 Mio. DM. Der wertmäßige Umsatz hat sich also **innerhalb von sieben Jahren fast verdreifacht**.

Diese Wertsteigerung geht nur zum geringeren Teil auf die jährliche Überproduktion von Titeln mit Unterhaltungsmusik zurück; ihre überwiegende Menge erbringt kaum erwähnenswerte Umsätze (▷ S. 209). Läßt man sie außer Betracht, so dürfte die Zahl von 25000 wirklich **verkauften Titeln**, die aus dem Jahr 1931 bekannt ist, heute nur unwesentlich überschritten werden. — Die Verkaufsentwicklung beruht vielmehr hauptsächlich auf den hohen Stückzahlen, die dank wirksamer Werbemethoden von einzelnen Produktionen umgesetzt werden. Die Beatles verkauften innerhalb von drei Jahren in aller Welt ca. 150 Mio. von ihren Schallplatten.

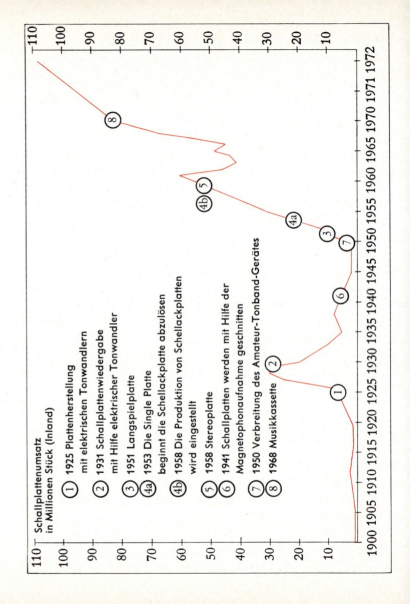

Die vorangehende Graphik gibt den Stückzahlenverkauf seit 1900 wieder; sie faßt die heute gängigen Plattentypen Single (17 cm Durchmesser, 45 Umdrehungen in der Minute) und die LP (Langspielplatte 30 cm Durchmesser, 33 Umdrehungen in der Minute) mit den seit 1968 unbedeutenden „kleinen Langspielplatten" (25 LP und 17 EP[1]) zusammen.

Wertet den Verlauf der Kurve aus. — Beachtet vor allem Wendepunkte und andere auffällige Veränderungen in der Verlaufsrichtung und versucht, sie mit Hilfe eurer Eltern und Lehrer zu deuten:
Wo wirken sich offensichtlich technische Neuerungen und Verbesserungen auf die Verkaufsentwicklung aus, wo allgemeine politische und wirtschaftliche Ereignisse wie Krisen- und Blütezeiten sowie Kriege?

Jährlich werden auf allen Weltmärkten zusammen etwa 1 Milliarde Schallplatten verkauft. Hintereinander aufgelegt würden sie länger als vierzigtausend Jahre spielen. Etwa die Hälfte dieser Menge wird in den USA, ungefähr ein Drittel in Europa umgesetzt.

In der Rangordnung ihrer Bedeutung auf dem Weltmarkt der Schallplatte folgen auf die USA (1972: 719 Mio Stück) Japan (150 Mio Stück), Sowjetunion (140 Mio Stück) und Bundesrepublik Deutschland (109,5 Mio Stück). Großbritannien und Frankreich schließen sich an.
Während das Schallplattengeschäft in den USA hinter Rüstung und Öl zu den größten der Volkswirtschaft zählt, ist es in der Bundesrepublik Deutschland mit 0,2% fast ohne Belang.

Die hohen Umsätze und ihre Steigerung gehen auf allen Weltmärkten auf das Konto der **U-Musik**[2]. Der Umsatz der E-Musik[3] steigt ebenfalls, jedoch weit langsamer, so daß sich die Schere zwischen den Umsatzzahlen der U- und der E-Musik immer weiter öffnet. Im Jahre 1972 kamen auf 100 verkaufte Schallplatten nur 11 aus dem Bereich der E-Musik, 1967 waren es noch 30. In Amerika liegt der Anteil seit Jahren unter 10. —

Im Jahre 1972 stieg gegenüber 1971 der Umsatz an Musikkassetten um 66,2% auf 6,1 Mio. Stück. Sie enthalten fast ausschließlich U-Musik.

Am Aufschwung des Musikgeschäftes nimmt — über die Jahre gesehen — auch die Industrie der technischen **Musikgeräte** teil. Im Jahr mit den bisher höchsten Umsatzziffern, 1970, hatte die Produktion der Unterhaltungselektronik gegenüber 1967 mehr als den dreifachen Wert erreicht (DM 1,5 Milliarden / DM 4,7 Milliarden). Im Jahre 1972 wurden in der BRD 5,5 Mio. Rundfunkgeräte aller Art mit einem Wert von 1,1 Milliarden, 700 000 Tonbandgeräte mit einem Wert von DM 200 Mio. hergestellt. Angesichts solch gewaltiger Steigerungsraten stellt sich die Frage, wann einmal der Bedarf an Musikgeräten und Schallplatten gedeckt sein wird.

Am 31. 12. 1972 waren 20,29 Mio. von den 22,4 Mio. Privathaushalten in der Bundesrepublik angemeldete Hörfunkteilnehmer, d. h. in 91 von 100 Haushalten standen Rundfunkgeräte. Hier ist der Grad der Sättigung nahezu erreicht (Sättigung mit Fernsehgeräten 1972: 81 von Hundert). Geräte zur Schallplattenwiedergabe hingegen besaßen 1969 nur 47 von 100 Haushalten, im Jahre 1970 waren es schon 56. Wie im Bereich der Wiedergabegeräte, so sind auch auf dem Gebiet der Schallplatte die Grenzen der Ausdehnung noch nicht sichtbar: Verteilt man nämlich den wertmäßigen und den stückzahlenmäßigen Jahresumsatz auf die Einwohner der Bundesrepublik, so entfiel im Jahre 1969 auf jeden Kopf der Bevölkerung ein

---

[1] extended play — verlängerte Laufzeit
[2] U-Musik — Unterhaltungsmusik, wie Schlager, Operettenmelodien, Tanzmusik und Pop-Musik.
[3] E-Musik — ernste Musik, vor allem klassische Musik.

Betrag von 8,80 DM (= 0,142% des verfügbaren Einkommens) oder 1,25 Schallplatten. In Großbritannien kamen auf jeden Kopf 2, in den USA 3 Schallplatten (= 0,17% des verfügbaren Einkommens).

Musik als Eigentum — das Urheberrecht

Welche Möglichkeiten bieten sich dem Komponisten, seine Werke gewinnbringend zu verwerten?
Auf welche Weise können andere seine Kompositionen benutzen und ihm dabei möglicherweise schaden? Wie kann sich der Komponist dagegen schützen, wer muß ihm dabei helfen?

Bald nach der Erfindung des Buchdrucks durch Gutenberg (um 1450) begann man auch mit dem **Notendruck**. Er wurde um 1500 durch Petruccis Verfahren mit beweglichen Notentypen zu Vollkommenheit und Präzision entwickelt. Erreichte die mühsame und kostspielige handschriftliche Vervielfältigung nur einen kleinen Kreis, so eröffnete sich durch den mechanischen Notendruck die Möglichkeit der **massenhaften Notenherstellung** und des Verkaufs **zu erschwinglichen Preisen**. Der Handel mit gedruckten Noten wurde zu einem einträglichen Geschäft.

Das führte sogleich zum Mißbrauch. Einmal im Druck erschienene Kompositionen wurden ohne Verständigung mit dem Hersteller und ohne Erlaubnis des Komponisten von anderen nachgedruckt und zu niedrigeren Preisen verkauft.[1] Luther wetterte in seiner „Vermahnung an die Drücker": „seyt yhr nu straßen reuber und diebe worden? ... Sollt nicht ein Drucker dem andern aus christlicher Liebe ein Monden oder zween zu gut harren, ehe er ihm nachdruckt?"

Wohl konnten Fürsten, Städte und Kirche den Komponisten schützen und den unerlaubten Nachdruck verbieten. Solche Privilegien[2], die auf Antrag und gegen Gebühr zu erlangen waren, verloren jedoch an der Landes- und Stadtgrenze ihre Wirkung.

Es bedurfte eines Kampfes der Urheber bis in das 19. Jahrhundert hinein, bis der **gesetzliche Schutz der geistigen Güter** allgemein durchgesetzt war. In Deutschland geschah das, wenn auch noch unter gewissen Vorbehalten, erst in der preußischen Gesetzgebung von 1870.

Die folgenden Lebensberichte bekannter Komponisten, die sich durch andere ähnliche vermehren ließen, verweisen noch auf eine **zweite Lücke im Urheberschutz:**

Wolfgang Amadeus Mozart war einer der am meisten geschätzten Komponisten seiner Zeit. Seine Opern wurden an allen Opernhäusern mit großem Erfolg aufgeführt, seine Werke überall in Europa gespielt. Der Kaiser zollte seinem Genie Anerkennung. — Mozart selbst besaß oft genug nicht einmal die paar Kreuzer, seinen Wein zu bezahlen, und mußte seine Freunde immer wieder um Geld bitten, wenn er mit seiner Familie nicht länger Hunger leiden wollte. Sein Leib wurde in einer Massengruft der Armen bestattet, die 16 Särge aufnahm. ▷ S. 276.

Carl Maria von Webers Hauptwerk, die Oper „Der Freischütz", wurde rasend schnell zur populärsten Oper der Welt. Webersche Melodien sang man in Australien ebenso wie in Amerika. Der Komponist aber war stets unterwegs in den Städten Europas, in denen seine Opern aufgeführt wurden. Mit vierzig Jahren starb er in London an einem Lungenleiden, geehrt und arm. ▷ S. 280.

Operntheater, **Veranstalter und Künstler,** welche die Musik der Komponisten zur Aufführung brachten, zogen daraus oft großen **wirtschaftlichen Nutzen**, die **Urheber**, auf deren Schaffen der Erfolg beruhte, **gingen meist leer aus**, wenn sie nicht gerade auf eigenes Risiko sogenannte Akademien veranstalteten, in denen sie ihre Werke zu Gehör brachten. Durch die Entwicklung der technischen Tonträger bahnte sich eine noch gewinnbringendere Verwertung der kompositorischen Leistung an.

---

[1] Raubdruck, bei Platten Raubpressung
[2] Vorrechte, Sonderrechte (▷ Lully)

Im Jahre 1901 wurde **den Urhebern** in Deutschland durch Gesetz **das alleinige Aufführungsrecht** an ihren Werken zugesprochen; im Jahre 1909 bezog man auch die **mechanische Vervielfältigung** und die **Aufführung mit Hilfe technischer Tonträger** in den Urheberschutz ein. — Wer seitdem die Werke Dritter aufführen oder mechanisch verwerten will, bedarf der Genehmigung des Urhebers und ist verpflichtet, diesen an dem wirtschaftlichen Gewinn zu beteiligen.

Seit 1966 ist geistiges Eigentum 70 Jahre nach dem Tode des Urhebers geschützt. Die Einkünfte kommen den Erben zugute. Nach Ablauf der Schutzfrist können die Werke entschädigungslos verwertet werden.

Befragt
— *Veranstalter von Schul-, Volksmusik-, Chor- und Sinfoniekonzerten,*
— *Verantwortliche für Werbe-, Partei- und Wahlkampfveranstaltungen,*
— *Inhaber oder Geschäftsführer von Filmtheatern,*
— *Geschäftsleute, die für ihre Kunden Musik abspielen (Friseure, Gastwirte, Omnibusunternehmer, Inhaber von Bekleidungsgeschäften, Imbißstuben, Schaufensterpassagen, Diskotheken usw.), ob sie Zahlungen zugunsten der Komponisten und Textdichter leisten, wie hoch die Beträge sind und wie sie sich errechnen.*

Macht es für diese Zahlungen einen Unterschied, ob die Darbietungen durch Musiker oder von Tonträgern erfolgen? Was bedeuten die GEMA-Hinweise auf den Schallplattenetiketten?

Wie soll der Urheber alle seine Rechte wahrnehmen und ihre Beachtung durch andere überprüfen? Er überschaut nicht einmal das Musikleben seiner Heimatstadt, geschweige denn die Konzerttätigkeit und den Musikvertrieb in seinem Lande oder in der ganzen Welt.

Zu diesem Zweck mußten sich viele Urheber zusammenschließen. Das geschah in Deutschland erstmals im Jahre 1903 auf Anregung des Komponisten Richard Strauss und des Juristen Friedrich Rösch. Sie gründeten die „Genossenschaft deutscher Tonsetzer" und die „Anstalt für musikalisches Aufführungsrecht", welche die Anliegen der Urheber in der Öffentlichkeit vertraten.

Heute nimmt diese Aufgaben die **„Gesellschaft für Musikalische Aufführungs- und mechanische Vervielfältigungsrechte"**, die **GEMA**, wahr. Sie erteilt im Auftrage die Genehmigung zur Verwertung und nimmt die Tantiemen ein, die sie nach Abzug der Betriebs- und Verwaltungskosten an die Urheber abführt. Durch die Zusammenarbeit mit 44 ausländischen Verwertungsgesellschaften kommen auch die außerhalb der Bundesrepublik anfallenden Gewinnanteile in die Hände der Urheber im Inland.

Aus dem Jahresbericht der GEMA 1970:

Einnahmen aus Verwertungsrechten	annähernd	174,0 Mio. DM
davon aus Aufführungs-, Vorführungs-, Sende- und Wiedergaberechten		86,0 Mio. DM
aus Vervielfältigungs- und Herstellungsrechten		87,7 Mio. DM
Zuweisungen an die Urheber[1]		162,5 Mio. DM

Mit dem Differenzbetrag wurden Kosten und Verpflichtungen abgedeckt.

Das folgende Schaubild gibt eine Übersicht über die Tätigkeitsfelder der GEMA. (Aus „Geschäftsbericht des Vorstandes für das Geschäftsjahr 1963")

---

[1] Bei der Verteilung der Einnahmen wird neben dem materiellen auch der kulturelle Wert der Werke berücksichtigt. Darum erfolgen alljährlich Zuwendungen für die E-Musik aus den Einnahmen der U-Musik, 1970 ca. 4,4 Mio. DM.

Das Schaubild verdeutlicht die Mittlerrolle der GEMA bei der Wahrnehmung der sog. ‚kleinen' Rechte der Urheber und Verleger: sie umfassen die über den privaten Bereich hinausgehende, also öffentliche und auch gewerbliche Nutzung von Werken. — Ansprüche aus Bühnenaufführungen (Opern, Operetten, Musicals usw.), die sog. ‚großen' Rechte, werden von der GEMA nicht vertreten. Urheber und Bühnenverlage handeln die Vergütung selbst mit den Veranstaltern aus. Sie beträgt in der Regel 10% der Kasseneinnahmen.

Beispiele aus den Tarifen der GEMA:

1. Wird in einem Ort mit über 300 000 Einwohnern in einem Saal mit über 500 bis 3 000 Personen Fassungsvermögen für ein Konzert mit ernster Musik bis zu DM 10,— Eintrittsgeld verlangt, so sind für zwei längere Werke an die GEMA abzuführen:
DM 75,— bei Solistenkonzerten und Chorkonzerten mit einem Begleitinstrument,
DM 62,— bei Darbietungen eines Kammerorchesters,
DM 135,— bei Darbietungen eines sinfonischen Orchesters mit mehr als 9 Instrumenten.
2. Veranstalten allgemeinbildende und berufsbildende Schulen Schulkonzerte oder Schulfeiern mit konzertmäßigen Darbietungen, so sind DM 18,75 zu zahlen, wenn der Eintritt DM 1,— bis 1,50 beträgt und der Konzertraum bis zu 500 Personen faßt.
3. Inhaber von Kaufhäusern, Warenhäusern und Einzelhandelsgeschäften, die in Verkaufsräumen und Erfrischungsräumen zur Unterhaltung ohne Veranstaltungscharakter Musik von Tonträgern bieten, zahlen je Raum bis zu 200 qm jährlich DM 120,—, bei größeren Räumen entsprechend mehr.
4. Musik, die in Funk und Fernsehen gesendet wird, ist gebührenpflichtig, auch wenn sie von Platten und Bändern der Industrie abgespielt wird.[1]

Musik als Ware — Die Vergütung als Anreiz zur Veröffentlichung und Massenproduktion von Musik

Der gesetzliche Schutz und die weltweite Durchsetzung des Urheberanspruchs haben die wirtschaftliche Existenz des frei schaffenden Künstlers sicherer gemacht.

Sie verursachen aber auch die sprunghafte Entfaltung einer Musikproduktion, die weniger auf künstlerische Qualität als vielmehr **auf größtmöglichen wirtschaftlichen Gewinn bedacht** ist. Gelingt es nämlich, einen Schlager in die breite Öffentlichkeit zu bringen, so fließen **Tantiemen**[2] aus den Aufführungen durch Kapellen und von Schallplatten bei Veranstaltungen und Sendungen der Massenmedien und bei der Verwendung in einem Musikfilm zusammen und summieren sich

---

[1] 1967 zahlten Rundfunk und Fernsehen 60 Mio. DM an die GEMA. 60% aller Musikdarbietungen im Rundfunk werden mit Industrieaufnahmen gemacht.
[2] Gewinnanteile, Vergütung nach der Höhe des Geschäftsgewinns.

zu stattlichen Beträgen, die den Autoren (Komponist und Textdichter) den Sängern und den Verlegern[1] zugute kommen.

Ein Musterbeispiel wirtschaftlichen Erfolges stellen die Beatles dar, die nach drei Jahren gemeinsamer öffentlicher Tätigkeit bereits Millionäre waren und nach fünf Jahren (1963—1968) über Einnahmen von 70 Mio. Pfund verfügten.

Besonders hoch sind im Falle des Erfolgs die Einnahmen aus der Schallplattenproduktion. Hier werden auch noch Großhändler und Einzelhändler am Gewinn beteiligt.

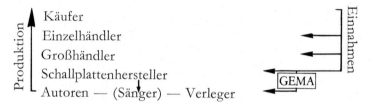

Bei der Schallplattenproduktion übernimmt der Hersteller die Vergütung für die künstlerische Leistung des Sängers, der nicht zu den Autoren zählt.

Der Verbraucher zahlt für eine LP DM 22,—, für eine Single DM 5,—. Wer erhält Anteile von diesen Beträgen, wie hoch sind sie, was leisten die Empfänger dafür?

Die **Anteile** der einzelnen Parteien am Ladenpreis sind durch den *Verteilungsschlüssel* genau geregelt. Die grafische Übersicht auf S. 208 schlüsselt auf, wie die Rechnung bei einer 30 LP zu DM 22,— und bei einer Single zu DM 5,— aussieht.

Erläuterungen zur Anlage der Übersicht auf S. 208:

Die innere graue Kreisfläche enthält die Anteile an einer Single zu DM 5,—, das farbige Kreisband darum die Anteile an einer LP zu DM 22,—. Die roten Ziffern geben die Werte für *eine* Schallplatte an, die schwarzen Ziffern dahinter die Werte für 100 000 Stück.

Die rot gedruckten Zahlen im äußeren Ring sind *Prozente vom Ladenpreis* DM 22,— und DM 5,—. In diesem Endpreis sind 11% Mehrwertsteuer enthalten. Die mit der Herstellung und dem Absatz beschäftigten Geschäftspartner gehen bei der Berechnung ihrer Anteile vom sogenannten *Detailpreis* aus; er entsteht durch Abzug der Mehrwertsteuer: LP DM 19,82, Single 4,50. Der Großhändler bringt außerdem den Rabatt des Einzelhändlers in Abzug, bevor er seine 20% berechnet. Diese handelsüblichen Prozentangaben sind schwarz abgedruckt.

Warum liegen die Anteile des Herstellers und des Einzelhandels so hoch? Warum ist der Anteil des Großhandels mehr als die Hälfte kleiner als der des Einzelhandels?

Warum erhält der Künstler (Star, Sänger) so viel wie die Autoren und der Verleger zusammen?

Warum erhält der Verleger $\frac{4}{8}$, Komponist und Textautor jedoch nur je $\frac{2}{8}$ des von der GEMA kassierten Betrages?

Anmerkungen zu den Anteilen am Verkaufserlös von Schallplatten:

Der **Einzelhändler** hat das Verkaufsrisiko; 5% der eingekauften Schallplatten kann er bei Nichtverkauf zurückgeben, befinden sich noch mehr unverkaufte Schallplatten in seinem Lager, so hat er den Verlust selbst zu tragen. Bei einem Jahresumsatz zwischen 6 500 und 160 000 DM erhält er eine Gutschrift (Bonus) über 2—12%.

Nicht alle Schallplatten gelangen über den **Großhandel** zum Verbraucher; ein Teil (ca. 20%) wird vom Hersteller unmittelbar an den Einzelhändler geliefert, so daß sich dadurch der Anteil des Großhändlers von 20% auf 17% im Schnitt senkt.

---

[1] Der Verleger ist der natürliche Partner der Urheber bei der geschäftlichen Verwertung des geistigen Eigentums. Komponisten, Textdichter und Sänger suchen eine feste Zusammenarbeit mit ihm, er besorgt für sie und mit ihnen die Produktion der Schlager, d. h. die Herstellung von marktgerechten Studioaufnahmen, bietet diese der Industrie zur Weiterverarbeitung auf Schallplatten an und erstrebt einen mehrjährigen Vertrag über die Zusammenarbeit zwischen allen Beteiligten. Er hat schließlich Sorge zu tragen, daß die Titel auch im Notendruck veröffentlicht werden. Das sogenannte Papiergeschäft wirft heute jedoch kaum noch einen Gewinn ab.

Anteile der mit Herstellung und Vertrieb von Schallplatten befaßten Geschäftspartner am Ladenpreis

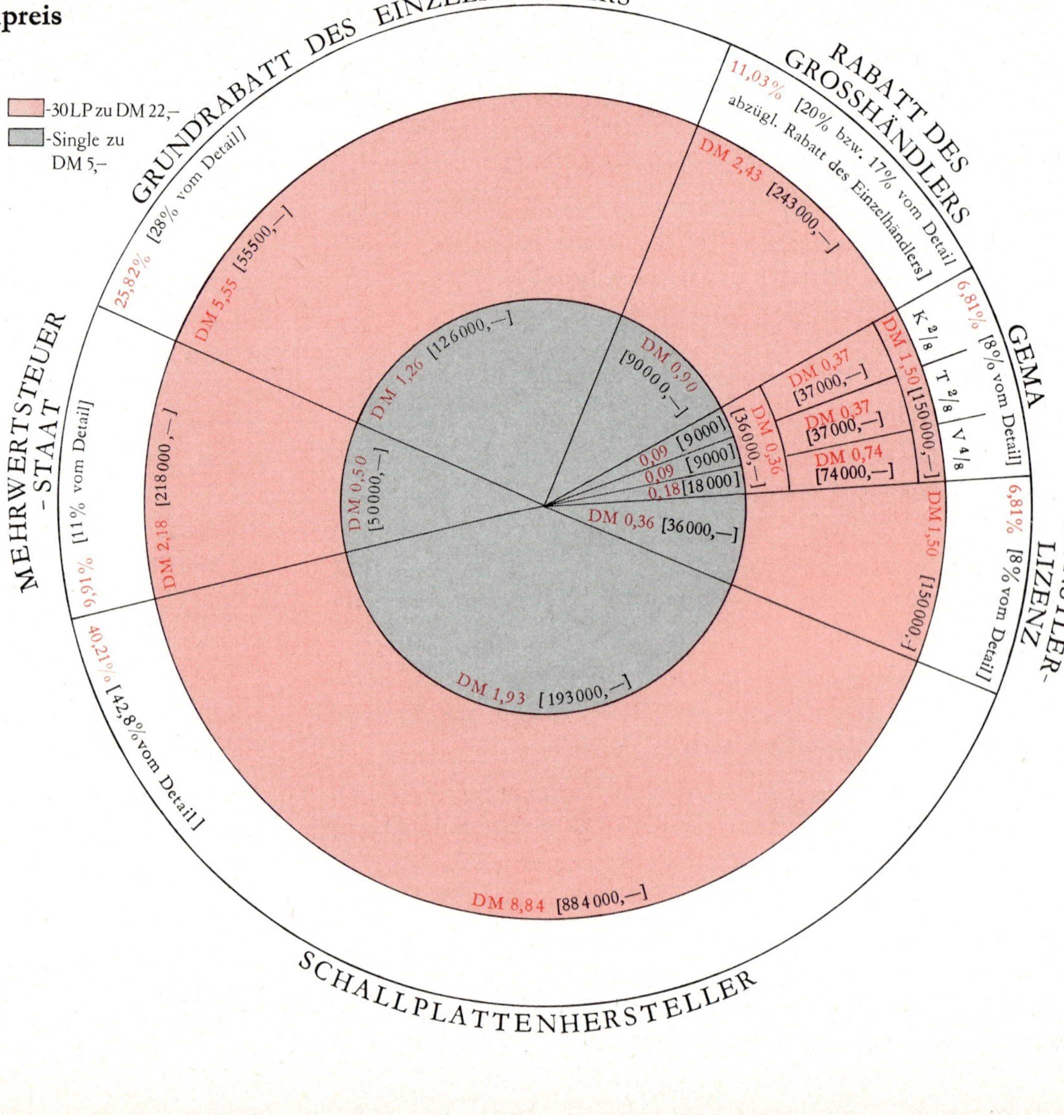

- 30 LP zu DM 22,–
- Single zu DM 5,–

GRUNDRABATT DES EINZELHÄNDLERS
25,82% [28% vom Detail]
DM 5,55 [55500,–]
DM 1,26 [126000,–]

RABATT DES GROSSHÄNDLERS
11,03% [20% bzw. 17% vom Detail abzügl. Rabatt des Einzelhändlers]
DM 2,43 [243000,–]
DM 0,90 [9000,–]

GEMA
6,81% [8% vom Detail]
K 2/8 T 2/8 V 4/8
DM 0,37 [37000,–]
DM 1,50 [150000,–]
0,09 [9000,–]
0,09 [9000,–]
DM 0,36 [36000,–]

KÜNSTLER-LIZENZ
6,81% [8% vom Detail]
DM 0,37 [37000,–]
DM 0,74 [74000,–]
0,18 [18000]
DM 1,50 [150000,–]
DM 0,36 [36000,–]

MEHRWERTSTEUER -STAAT-
9,91% [11% vom Detail]
DM 2,18 [218000,–]
DM 0,50 [50000,–]

SCHALLPLATTENHERSTELLER
40,21% [42,8% vom Detail]
DM 8,84 [884000,–]
DM 1,93 [193000,–]

Kalkulationsbasis: Produktion und Verkauf von 100000 Stück —
rote DM-Beträge: Anteile am Verkauf *einer* Platte
Beträge in Klammern: Anteile am Verkauf von 100000 Platten

Der **Hersteller** hat mit dem ihm verbleibenden Anteil hohe Kosten abzudecken. Für die Aufnahme der Darbietungen auf Tonband, die zu einer LP weiterverarbeitet werden soll, muß er im Schnitt DM 40 000,— aufbringen, für die Vorbereitungen des Vierfarbdrucks auf beiden Seiten der Plattentasche (Künstlerfotos, Klischees) etwa DM 1500,—. Legt man eine durchschnittlich erfolgreiche Auflage von 100 000 produzierter und verkaufter Platten zugrunde, so verteilen sich solche und ähnliche Festkosten entsprechend.

Der Anteil des Herstellers von 40,21% = DM 8,48 pro Platte gliedert sich dann so auf:

Aufnahme DM —,25; Entwicklung des Taschendrucks DM —,02; Taschendruck —,60; Plattenpressung DM 1,19; Werbung DM 1,38; Versand DM 1,38; Verwaltung DM —,94; Vertrieb DM —,66; Lager und Risiko DM 2,20; Reingewinn DM —,23.

Werden weniger als 100 000 Platten umgesetzt, so ist der Reingewinn geringer als DM 0,23. Viele Platten — vor allem solche mit klassischer Musik — werden mit Verlust produziert.

Die Verdienstspanne der Herstellerfirma ist größer:
1. wenn höhere Absätze erzielt werden: es entstehen höhere Einnahmen bei gleichen Festkosten,
2. wenn die GEMA keine urheberrechtlichen Ansprüche erhebt, weil der Komponist länger als 70 Jahre verstorben ist,
3. wenn vorhandene Aufnahmen mehrfach verwertet werden, z. B. auf einer Single, auf einer LP Sammelplatte, auf einer Wohltätigkeitsplatte usw. Dabei entfallen die Aufnahmekosten.

Platten der Billigpreisklasse (bis DM 12,80) und der Mittelpreisklasse (bis DM 20,—) können nur angeboten werden, wenn solche günstigen Voraussetzungen gegeben sind.

Werden die beiden Plattenseiten von verschiedenen **Autoren und Verlegern** gestaltet, so teilt man die GEMA-Gewinne entsprechend auf.

Der **Sänger** (Star, Künstler) schließt mit dem Plattenhersteller einen Vertrag ab, durch den er in Entsprechung zu seinem „Marktwert" mit 6—16% vom Detailpreis beteiligt wird.

Die Beispiele zeigen, welchen Gewinn schon eine Komposition von drei Minuten Dauer in günstigen Fällen abwirft. Auch weniger populäre Schlager bringen zuweilen Riesensummen ein, wenn sie nämlich mit einem Hit zusammen auf derselben Platte veröffentlicht werden.

Jährlich produziert man Tausende von Schlagertiteln ins Blaue hinein; da sich der Erfolg nicht voraus berechnen läßt, versucht man es mit großen Serien in der Hoffnung, daß wenigstens einige Treffer darunter sein könnten.

Im Jahre 1972 kamen 2664 Singles zur Veröffentlichung; nur 11% von ihnen, nämlich 331 Stück, wurden so bekannt, daß sie in einer Hitparade Aufnahme fanden. Die entsprechenden Zahlen für die Langspielplatte sind: 3326 Veröffentlichungen, nur 4,93%, nämlich 164 Stück, erschienen in einer Hitparade. Zu Spitzenhits entwickeln sich jährlich nur zwischen 50—100 Schlager.

Die Erfolgsplanung gelingt am zuverlässigsten, wenn mehrere Funktionen in einer Hand liegen.

James Last, der als „Party King" seit Jahren die größten Erfolge mit Langspielplatten erzielt, ist Komponist, Arrangeur, Orchesterleiter und Polydor-Produzent[1].

Kurt Feltz, seit 1950 unangefochten „King of Hits", ist tätig als Texter (weit über 2000 Texte), Drehbuchautor, Operettenlibrettist und Produzent von Ariola (Peter Alexander), Polydor (René Carol, Dagmar Koller) und Electrola (Ralf Bendix). Außerdem ist er Mitglied im Aufsichtsrat und im U-Musik-Programmausschuß der GEMA. 1971 wurde er als interessantester Texter ausgezeichnet.

Eine begrenzte Anzahl von Teams mit genau abgestimmten Interessen beherrscht heute die Schlagerszene. Diese Gruppen wachen darüber, daß ihre Marktanteile nicht durch Neulinge und Außenseiter geschmälert werden. Am bekanntesten ist das Team um den Interpreten **Roy Black** geworden. Seit Jahren arbeitet er zusammen mit dem Produzenten Hans Bertram, dessen Ehefrau Elisabeth als Texterin und Werner Twardy als Komponisten.

Die Zusammenarbeit der Schallplattenindustrien hat durch internationale Zusammenschlüsse feste Formen gefunden: Aufnahmen, die in den Vereinigten Staaten eine gute Plazierung

---

[1] Produzenten führen im Auftrag der Industrieunternehmen, die sich einen eigenen Verlag angegliedert haben, Texter, Komponisten, Arrangeure und Sänger zum Zwecke größtmöglicher Übereinstimmung zusammen. Die innere Abstimmung ist nicht selten entscheidend für den Erfolg eines Schlagers.

in den Hitlisten erreichen, werden fast regelmäßig von allen europäischen Ländern im Original übernommen. Meist folgen zahlreiche Aufnahmen in der jeweiligen Landessprache der Originalversion auf dem Fuße. Die Gewinnsteuerung hat globale Ausmaße angenommen.

Der Schlager — ein zum Massenverbrauch hergestellter Artikel

Begriffsbestimmung

Heute nennt man jedes für die *Verbreitung durch Medien und durch Massenproduktion der technischen Mittler* bestimmtes, drastisch auf den Augenblickserfolg zielende Tanz- oder Stimmungslied einen Schlager — gleichgültig, ob es schon bekannt ist oder nicht. Ein Sendetitel des Bayerischen Rundfunks „Unbekannte Schlager" verwendete den Begriff in diesem Sinne.

Der Brockhaus von 1956 berichtet, das Wort Schlager sei 1881 zum ersten Mal in Österreich für „zündende Melodie" und später auch für Waren und Bücher gebraucht worden, die reißenden Absatz fanden. Hier steht das Wort noch in seinem ursprünglichen Sinne als **Erfolgsbegriff**: ein Lied gilt erst dann als Schlager oder Hit[1], wenn es wie ein Blitz „eingeschlagen" hat. Man legt dabei mindestens 20000 öffentliche Aufführungen jährlich zugrunde. Spitzenschlager erreichen bis zu 120000 öffentliche Aufführungen. Zuspruch beim Volk fanden einfache, eingängige Melodien aber auch schon, bevor es die Möglichkeit mechanischer Vervielfältigung und technische Medien gab und bevor man sie Schlager nannte. Es waren vor allem Volkslieder, aber auch Melodien aus Opern, Operetten (Gassenhauer) und Instrumentalstücken, die sich durchsetzten und beliebt wurden.

Benennt, singt oder spielt Volkslieder, Opern-, Operetten- und Instrumentalmelodien aus älterer Zeit, die auch heute noch bekannt sind. Befragt ältere Menschen, welche Melodien dieser Art sie kennen.

Die Verbreitung von Melodien hat dazu geführt, daß man den heutigen Schlager das „**Volkslied unserer Zeit**" nennen konnte. Er füllt weitgehend den Bereich musikalischer Betätigung aus, der früher durch das Volkslied beherrscht wurde.

Volkslied und Schlager

Jedoch darf man die unterschiedlichen Bedingungen nicht übersehen, unter denen Volkslied und Schlager stehen.

Volkslieder werden in einem überschaubaren Kreis von Personen gesungen, die sich zu einem bestimmten Zweck für eine längere Dauer zu einer Gruppe zusammenschließen. Die Mitglieder dieser Gruppe sind so miteinander bekannt, daß jeder mit jedem in direkte Verbindung treten kann.

Bindung innerhalb der Gruppen ist: Zugehörigkeit zu einer Familie, zur gleichen Altersschicht (sowohl jugendlicher als auch alter Menschen), zum gleichen Wohngebiet (Nachbarschaftsbeziehungen), zum gleichen Stand (z. B. Arbeiterstand, häufig unter internationalem Gesichtspunkt), zur gleichen Religionsgemeinschaft, zur gleichen politischen Gruppierung, zum gleichen geselligen Zusammenschluß. Bindung schafft schließlich die Tätigkeit am gleichen Arbeitsplatz und im gleichen Beruf. Diese Gruppen bilden sich nicht, um zu singen, sondern Menschen singen, weil sie dadurch eine Gruppe werden; das Lied ist hier nicht Selbstzweck, sondern Mittel und Gebrauchsgegenstand zur Selbstfindung. In ihm können sich auch verschiedene Gruppen gleicher Gesinnung begegnen, andersartige sich gegeneinander abgrenzen. Die Weitergabe des Gebrauchsliedes von Mund zu Mund an gleichgestimmte Gruppen führte in vielen Fällen zu seiner Verbreitung über ganze Kontinente und zu seiner lebendigen Verwendung während vieler Jahrhunderte.

Dabei wurde es zurechtgesungen, d. h. an die jeweiligen Bedürfnisse der Gruppe angepaßt. Ein und dasselbe Lied tritt deshalb in vielen Varianten auf.

Stellt fest, in welchen Gruppen eurer Umwelt heute noch gesungen wird. Welche Lieder werden ausgesucht, wie werden sie dargeboten, begleitet?

---

[1] engl. hit — Schlag, so viel wie Schlager

Seit vielen Jahren geht der Bestand von Gruppen, in denen das Lied leben kann, sehr zurück. Die wichtigsten Veränderungen wurden durch die weitgehende Auflösung des bäuerlichen Lebensverbandes und die Zusammenballung von Menschen in den modernen großen Industriestädten eingeleitet.
Wohl ist das Gruppenlied heute noch lebendig in den Zusammenschlüssen der Jugend. Man befaßt sich vor allem mit ausländischer Folklore.
Auch bei den Begegnungen, welche durch „offene Türen" angeregt werden, spielt das Lied eine gewisse Rolle.
Anlaß zum Singen findet man noch bei Ausflugsfahrten in Auto und Bus, vermehrt auch bei Martinsbräuchen, Sternsingen und Altenbetreuung.

Die künstliche „Volksliedpflege", wie sie in der Schule und von Gesangsvereinen mit Hilfe von Liederbüchern und Bearbeitungen betrieben wird, wie sie uns in den Unterhaltungsproduktionen von Rundfunk und Schallplatte begegnet, ist vielerorts an die Stelle des dienenden Gruppensingens getreten, man darf jedoch nicht übersehen, daß diese Darbietungsformen auch als Anstöße zum ursprünglichen Singen wirksam werden können.

Findet die Gruppe im Liede den natürlichen und ungestellten Ausdruck ihrer Gemeinsamkeit, so sucht der **Schlager** umgekehrt ein Publikum, das ihn annehmen soll. Er kann es nur gewinnen mit Hilfe der Sendemedien, der Pressemedien, der technischen Mittler und einer allgegenwärtigen Werbung (▷ S. 235). Der Schlager trifft dabei nicht auf integrierte Gruppen, die ihn für ihre Gemeinschaft brauchen, sondern auf Millionen von einzelnen Personen. Schlager dringen pausenlos auf den Großstadtmenschen ein, ohne daß er sich ganz gegen sie abzuschirmen vermöchte — falls er das überhaupt wollte. Sie sind kurzlebig, nicht zuletzt, weil sie von einer Flut neuer Produktionen verdrängt werden. Man veranschlagt die **Verkaufsaussichten** eines Schlagers auf ein halbes Jahr (ein Monat Anlauf, drei Monate Großumsatz, zwei Monate Abklingen). Die Verbraucherhaltung wird nach den Interessen der Hersteller gesteuert.

Stellt Schlager des Tages zusammen und nennt auch solche der letzten Jahre, auf die ihr euch besinnen müßt.

Schlager, die diese Regel durchbrechen und noch nach Jahrzehnten gesungen werden, sind Evergreens[1]. Doch nicht einmal das Evergreen wird im Sinne des Volksliedes verändert und angepaßt. Ob ein Lied zum Hit, zum Bestseller wird, hängt nicht ausschließlich vom Einsatz der Massenmedien ab. Medien und Werbung vermögen die Erfolgsaussichten zu verbessern, ursprüngliche Schlagerqualitäten ersetzen können sie nicht.
Die Wirkung eines Schlagers kommt durch die **Abstimmung zwischen Text, Melodie, Arrangement und Sound**[2] zustande.

Text, Schlagzeile und Strophenbau

Durch welchen Textausschnitt kennzeichnet ihr einen Schlager so, daß jeder sofort erkennt, welchen ihr meint? Stellt einige Beispiele dafür zusammen. Untersucht den Strophenbau einiger Schlagertexte (▷ S. 93*).

Der **Text** gliedert sich in **Vorstrophe** (auch Vers) **und Refrain** (▷ S. 164, Kettenrondo). Die Vorstrophe mündet organisch in den Refrain ein, der — wie Kenner sagen — den Schlager „macht". Von zentraler Bedeutung ist die erste Refrainzeile, die **Schlagzeile**. Sie besonders setzt sich im Gedächtnis fest: „O, mein Papa..."; „Wunder gibt es immer wieder..."; „Schön ist es auf der Welt zu sein" usw. „Butterfly", „Good by Mama".

Von welcher Art sind die Kernworte der Schlagzeilen? Welche Vorstellungen rufen sie hervor? Auf welche Wirkung zielen sie ab? Untersucht einige Beispiele (▷ S. 93*).

---

[1] engl., „Immergrün"   [2] engl., sound — Schall, Geräusch, Klang

Der Text des Schlagers ist um immer wiederkehrende und klischeehaft verwendete Substantive gebaut, die Gefühle und Gedankenverbindungen allgemeinster Art wachrufen: Heimat, Ferne, Welt, Leben, Sehnsucht, Träume, Heimweh, Liebe, Glück, Himmel, Ideale, Schmerz, Herz, Verlassenheit, Einsamkeit, Hawaii, Südsee, Heidelberg, San Remo, Treulosigkeit ...
Jeder wird durch diese Reizworte angeregt, das Angedeutete mit persönlichen Vorstellungen und Gefühlen auszufüllen und so der Mitteilung des Schlagers zuzustimmen, der entweder Trost in den Alltagsnöten spenden oder in eine Traumwelt des Glücks entführen möchte. In jedem Fall findet man sich mit den scheinbar unabänderlichen Gegebenheiten ab (▷ S. 93*).
Viele Schlager der letzten Jahre beginnen nicht mehr mit dem Vers, sondern mit dem Kehrreim. Diese Neuerung verstärkt — wie auch die Verkürzung des Kreislaufs zwischen Vers und Kehrreim — die Wirkung des zentralen Reizwortes. Die Aussage des Schlagers gewinnt die **Prägnanz eines Werbeslogans**, der so eingehämmert wird, daß er in der Erinnerung haften muß (▷ S. 93*).

Thematik

Die Schlagertexte fangen geschickt die sich wandelnde Denkungsart der Zeitgenossen auf; die Autoren spüren die Hits von morgen „wie den Regen im Hühnerauge" (Kurt Feltz). Nicht selten spiegelt der Schlager das politische Zeitgeschehen oder nimmt gar offensichtlich oder versteckt Einfluß darauf.

In den „goldenen zwanziger Jahren" sang man frech — unbekümmerte Ulklieder: „Mein Papagei frißt keine harten Eier ...". Auch heute spielt das Lied mit doofem und ulkigem Text neben der Schnulze wieder eine Rolle.
Als um 1930 die Furcht vor einer bevorstehenden Katastrophe im Zeichen der Weltwirtschaftskrise wuchs, waren weiche Stimmungslieder beliebt, die einen Hang zum Traumhaften zeigten: „Kauf mir einen bunten Luftballon ...".
Als Adolf Hitler 1939 den Zweiten Weltkrieg vom Zaune brach, sang Deutschland den Durchhalteschlager: „Das kann doch einen Seemann nicht erschüttern ...".
Als sich der Krieg seinem bitteren Ende näherte, produzierte man mit höchster Genehmigung durch das Propagandaministerium: „Es geht alles vorüber ..." und „Ich weiß, es wird einmal ein Wunder gescheh'n ...".
1946, auf dem Höhepunkt der Umsiedlungswelle, gab es die erste große Heimatschnulze: „Möwe, du fliegst nach der Heimat ...".
1949 aber, als auf der Basis von Darlehen und Anleihen das Wirtschaftswunder begann, sangen die Bundesrepublikaner: „Wer soll das bezahlen ...?"
1963 mehrte sich das Unbehagen an der langen Kanzlerschaft Adenauers. Die Sympathien vieler richteten sich auf Ludwig Erhard, der allgemein als Nachfolger galt. Die Texter fanden: „Laß doch mal den Dicken ran, laß ihn zeigen, was er kann ...".

Seit den sechziger Jahren dringt die **Kritik an der Ordnung unserer Gesellschaft** auch in den Schlager ein.
Nicht nur Rockgruppen und hauptamtliche Protestsänger wie Franz Josef Degenhardt, Wolf Biermann (DDR), und Wolfgang Neuß, auch Gruppen und Stars der Unterhaltungsbranche nehmen Sozialkritisches in ihr Repertoire auf, so die „Bläckföß" („Drink doch eine met") und Udo Jürgens („Lieb Vaterland"), 1971. Diese Themen treffen bei der kritikbereiten jüngeren Generation auf Zustimmung, festgelegte Schlagerhörer jedoch wenden sich ab (▷ S. 238).
Selbst im religiösen Bereich gewinnt der Schlager zunehmend an Bedeutung. — Als **Kirchenlied unserer Zeit** soll er dazu beitragen, die Kirchen für die Umwelt, ihre Probleme und Menschen zu öffnen und dem Gottesdienst neue Ausstrahlung in den Alltag zu ermöglichen.

Merkmale des älteren und neueren Schlagers

Untersucht zunächst Bildung und Aufbau einiger älterer Schlagermelodien. Stellt ähnliche und für diesen Schlager typische Melodiewendungen zusammen (▷ S. 93*).
Schlagermelodien, häufig als „Ohrwürmer" apostrophiert, müssen einfach und eingängig sein, um ohne Mühe aufgefaßt werden zu können.

Neue Schlager lehnen sich in Melodiegestalt, Aufbau und Text meist an tausendfach bewährte Muster an. Das gibt ihnen den Anschein des Bekannten und erhöht die Erfolgsaussichten. Schlagermelodien stehen vorwiegend im Durgeschlecht, vermeiden melismatische Auszierungen der Melodie, benutzen bevorzugt kleine Intervalle, zuweilen gefühlvolle Chromatik, wiederholen und sequenzieren Motive und Phrasen, bauen sich in vollkommen symmetrischen Melodiebögen und Perioden auf, beschränken den Tonumfang auf den Bereich des Brustregisters, meiden vor allem den Übergang in die Kopfstimme (Merkmal des Kunstgesangs, vom ungeschulten Sänger meist nicht zu leisten), bedienen sich schließlich im Tanzschlager der jeweils aktuellen Tanzrhythmen. Die Frequenz ihrer Taktzeiten liegt in einem Bereich, in dem sich der Hörer gerne zu begleitender Körperbewegung durch Wippen und Gehen und damit auch zur inneren Anteilnahme anregen läßt.

In der Schlagermode war **Amerika** von jeder tonangebend; vor allem seit 1945, also in und nach der Zeit der amerikanischen Besatzung in Deutschland steht die Bundesrepublik ganz unter dem Einfluß des amerikanischen Schlagergeschäftes.

Importiert wurden: Foxtrott, Shimmy, Charleston (1920/21), Slowfox, English Walz, Tango; Swing (1945), Boogie Woogie (1946), Samba (1950), Mambo (1952), Raspa (1953—55), Cha-cha-cha (1957), Calypso (1957), Twist; Rock 'n Roll (1958), Bossa nova (1962). — Ausnahmen bilden der skandinavische Letkiss (1964), der russische Casatschok (1968) („Anuschka" von Udo Jürgens 1969) und der Lipsi aus der DDR. ▷ Tänze.

Heute orientiert sich der Schlager vorwiegend an **drei Ausdrucksmodellen** als Grundtypen:

Typ 1: volksliedhaft naiv mit glücklich-vergnügter Grundstimmung (**Happy-Schlager**; Merkmal: Off beat-Rhythmus, Anreger: Herb Alpert)[1].

Typ 2: melodisch ausdrucksvoll mit sanfter, weicher Grundstimmung (**expressiver „Soft"-Schlager**; Hauptvertreter: Roy Black).

Typ 3: rhythmisch **motorisch mit Merkmalen des Beat** (durchlaufende Achtelbewegung; Beispiel: Middle of the Road: „Tweedle Dee Tweedle Dum").

Daneben unterscheidet man noch den **chansonhaften Schlager**, der durch das französische Lied beeinflußt ist, (Vertreterin: Mireille Mathieu) und den **folkloristischen Schlager** (Vertreter: Heino).

Seit 1965 wirkte sich die **regelfreiere Gestaltung der Beatmusik** auch auf die Formung des Schlagers aus.

Man verließ die totale Symmetrie der Bögen und kam zu individuell ausbalancierten Bildungen mit ungeradtaktigen Phrasen, Taktwechsel, Dehnungen und melismatischen Auszierungen („Wunder gibt es immer wieder").

Das Interesse des Hörers bleibt länger an die vom Schema abweichende, aber deshalb keineswegs schwerer verständliche Melodie gebunden. Die **melodische Schlagzeile** wird in der erwähnten Kurzform des Schlagers zum einprägsamen und fast unverlierbaren Signal gesteigert.

Litaneiartig gebaute Schlager wie „Mamy blue" bestehen fast nur noch aus der Schlagzeile und ihrer reihenförmigen Wiederholung (▷ S. 150).

Stellt die Besonderheiten an einigen neueren Schlagern heraus, die von der glatten Bildung der älteren abweichen. Erfindet selbst Text und Melodie eines solchen Schlagers. Probiert verschiedene Formen der Begleitung mit verschiedenen Instrumenten. Nehmt das Ganze auf Tonband und entscheidet euch für die beste Lösung (▷ S. 93*).

Arrangement, Sound, Aufnahmetechnik

Im **Arrangement** erhält der Schlager sein akustisches „make up". Der Arrangeur legt die harmonisch-rhythmische und motivische Struktur der Begleitung und die Instrumentation in einer Partitur fest. Das Arrangement schafft einen **breiten gefühlswirksamen Klanghintergrund zur Melodie**, darf jedoch nur bei deren Ruhepunkten, Pausen oder leeren Stellen selbständiger hervortreten. Oft kann eine raffinierte „Orchester-

---
[1] engl. soft — sanft

malerei" eine schwache Melodie retten oder einen Schlager zum Hit machen. Das Arrangement soll gefallen, es soll aber auch auffallen, d. h. originelle Reizelemente enthalten, die den Hörer aufmerken lassen.

Während die älteren Arrangements für Salonorchester im Satz beliebig aufgefüllt werden konnten (ad-libitum-Besetzung), sind heute **Spezialarrangements** gefragt, die in ihren Mitteln genau auf Text, Melodie und Interpreten zugeschnitten sind. Dazu können grundsätzlich Instrumente und Stilmittel aller Musikepochen und Kulturkreise herangezogen und gemischt werden.

Viele dieser Instrumente und Kunstmittel lösen beim Hörer sofort **vorgeprägte Empfindungen und Vorstellungen** aus.

Woran erinnern Hawaiigitarre, Balalaika, Gitarre und Mandoline, Mundharmonika und Schifferklavier, Röhrenglocken, Kastagnetten, Zither, Trompete allein und im Zusammenwirken mit der Trommel, Hörner, Streicher, Flöte, Blechbläser, Beatgitarre, Walzer und Marsch?

Realistische Geräusche vermitteln genaue Eindrücke; Vogelgezwitscher, Wind-, Meer- und Regengeräusche, Babyschreien, Pferdegetrappel usw.

Udo Jürgens fügt seinem Schlager „Der Champion", den er dem Vernehmen nach zur Erinnerung an den tödlich verunglückten Rennfahrer Jochen Rind geschrieben hat, den Geräuschhintergrund der Rennpiste bei: aus dem Motorengeräusch vorbeidonnernder Rennwagen lösen sich motorisch hämmernde Klavierakkorde. Baß und Schlagzeug markieren Schicksalsschläge, das wiederholt absteigende Baßmotiv läßt die Vorstellung zahlreicher Rennrunden entstehen.

Immer wird auch das Arrangement an **modische Strömungen** angepaßt. Als es galt, die vom Beat begeisterte Jugend für den Schlager zurückzugewinnen, fügte man den Arrangements ab 1965 Elemente des Beat bei. Die Ergebnisse der Studioexperimente nannte man Beat-Fox, Slow-Beat, Shuffle-Beat. 1970/71 gab es sogar den Bolero-Beat und die Beat-Polka. Als härteste Varianten stellte man Rock oder Slow-Rock vor, schließlich sogar den Beat-Rock.

Untersucht die Mittel, die in den Arrangements einiger Schlageraufnahmen verwendet werden.

Der **Background-Chor** stellt einerseits den Solisten als Mitglied einer großen Gemeinschaft heraus, bezieht andererseits vor allem den einsamen Hörer in diese scheinbar spannungsfreie und harmonische Gemeinschaft ein.

Informationsarme Schlagermelodien verlieren schnell an Spannung, wenn sie beim Vortrag mehrfach wiederholt werden. Das Arrangement begegnet dieser Gefahr durch **Verbreiterung und Intensivierung des Klangvolumens,** indem es neue Gruppen wie Bläser oder Chor hinzutreten läßt.

Ein weiteres Mittel ist mit der unvermittelten Rückung des Tonsatzes[1] um einen halben Ton nach oben oder in eine Tonart in chromatischer Terzverwandtschaft gegeben (▷ S. 125). Gegenstück zur Steigerungstechnik ist das Ausklingen der Schlagerdarbietung mitten im Zusammenhang, die **Ausblendung.** Der Schlager endet nicht mehr — wie in der älteren Aufführungspraxis üblich — höhepunktartig mit dem Refrain; vielmehr soll er nach seinem Verlöschen unterschwellig weiterklingen und endlos erscheinen.

Verwendet einige der erwähnten Mittel des Arrangements auch in eigenen Versuchen.

Ein charakteristisches Arrangement begründet in Verbindung mit einer typischen Spielweise und bestimmten Manipulationen der Aufnahmetechnik den unverwechselbaren **Sound** eines Orchesters.

Wie Beispiele zeigen, kann schon der Sound allein erfolgreich sein: so wurde das amerikanische Volkslied "Little brown jug" (▷ S. 63*) erst beliebt, nachdem Glenn Miller es für sein Orchester bearbeitet hatte. Mantovanis Orchestersound ist durch die verhallten Streichinstrumente charakterisiert, Ray Conniffs u. a. durch

[1] auch lift genannt, von engl. — sich heben

den Einsatz des Background-Chores im Sinne von Instrumentalstimmen. In jüngerer Zeit traten James Last (Party Sound) und Herb Alpert (Bläsersatz im Happy-Schlager) mit einem unverwechselbaren Sound hervor. — Werden Evergreens neu aufgenommen, so ist der dabei erzielte neue Sound allein maßgebend für den Erfolg.

In zunehmendem Maße gewinnt die **Aufnahmetechnik** Bedeutung für die Gestaltung des Klangbildes.

Man unterscheidet grundsätzlich zwischen den Aufnahmen mit klassischer und Pop-Musik. Bezeichnend für die Aufnahmen mit ernster Musik ist das Bemühen, die akustischen Eigenschaften eines guten Konzertraumes mit seinem natürlichen Nachhall in die Aufnahme einzubringen. Immer werden deshalb auch Mikrophone in größerem Abstand von den Instrumenten, also im Raum aufgebaut.

Der Klangraum von Pop-Aufnahmen hingegen entspricht in keiner Weise unseren normalen Hörerfahrungen. Man nennt ihn deshalb einen **illusionären Klangraum**, vielleicht aber auch, weil er in der Vorstellung des Hörers Illusionen und Traumbilder erzeugen soll.

Der Aufnahmeleiter ist an der natürlichen Raumakustik nicht interessiert. Er baut die Mikrophone deshalb dicht vor den einzelnen Instrumenten und Sängern auf. Die so gewonnenen Einspielungen werden entweder schon während der Aufnahme oder in der Nachbereitung technisch weiterverarbeitet.

Als Möglichkeiten hierfür bieten sich:

Echo und **Hall**. In beiden Fällen wird das ursprünglich aufgenommene Schallereignis durch Wiederholung und Klangbrechung verstärkt.

Rücken die Echos so nahe an den Erstschall heran, daß sie mit ihm zu einem einzigen Höreindruck verschmelzen, so entsteht Hall. Er vergrößert und verlängert die Schallwirkung.

In Studioaufnahmen wird er in einem Hallraum erzeugt. An einem Ende dieses Raumes wird der Schall über Lautsprecher eingespielt, von den harten Wänden reflektiert, dann am anderen Ende von Mikrophonen verhallt wieder abgenommen und der Erstaufnahme beigemischt. Daneben verwendet man Hallplatten und Hallspiralen.

Häufig wird der **Gesang** des Solisten in der Popmusik **zur musikalischen Großaufnahme** verarbeitet.

Die Melodie, die er unmittelbar und leise in das Mikrophon singt, kann dynamisch so verstärkt werden, daß sie neben einer im Forte gesungenen Tonfolge gleichgewichtig bestehen kann. Bei kleinen, wenig tragfähigen Stimmen hebt man besonders den mittleren Bereich des Klangumfanges dynamisch an, weil dadurch Klangfarbe, Glanz und Unmittelbarkeit (Präsens) besonders gesteigert werden. Wird die verstärkte Stimme zusätzlich verhallt, so erhält die Melodie plötzlich Weite und Raum. Sie wirkt sowohl fern und mächtig als auch nah und einschmeichelnd. Das vermittelt eine Wirkung von großer Klangsuggestion, die den Hörer einhüllt, fasziniert und gegebenenfalls von dem Gefühl der Vereinzelung befreit.

Weniger angenehm als eindringlich und aufreizend wirkt die **Verzerrung durch Übersteuerung** des Verstärkers und durch den Einsatz von Filtern. Der Klang kann über dosierbare Geräuschanteile bis zum reinen Geräusch verändert werden.

Solche Manipulationen sind Kennzeichen bestimmter Beatstile, insbesondere Stilmerkmal des Gitarrenspiels von Jimi Hendrix. Ein jüngeres Beispiel bietet der Mundharmonikaklang in der Kennmusik des Films „Spiel mir das Lied vom Tod...".

Untersucht Popmusikaufnahmen auf Manipulationen der Aufnahmetechnik hin. Versucht, eure eigenen Arrangements zu verhallen, zu verzerren und mit Echos an geeigneter Stelle zu verarbeiten, falls euch ein entsprechend bestücktes Tonbandgerät zur Verfügung steht.

Mehrkanalige Aufzeichnung — Play back

Mit Hilfe der Stereophonie und der Quadrophonie kann man zwei bzw. vier verschiedene Schallereignisse gleichzeitig und unabhängig voneinander speichern. — Moderne Studiogeräte stellen bis zu 24 solcher Speicherspuren zur Verfügung. Dabei benutzt man Bänder von 3 Zoll Breite; das Normalband mißt $1/4$ Zoll (▷ S. 200 Bild eines achtspurigen Tonkopfes).

Vor allem bei der Herstellung von Popmusikaufnahmen wird diese Möglichkeit genutzt, indem man den einzelnen an einer Produktion beteiligten Gruppen getrennte Mikrophone zuteilt und ihre Beiträge auf getrennte Spuren aufnimmt. Dem Tonmeister eröffnen sich daraus zahlreiche Möglichkeiten, die Gruppen nach seinen Vorstellungen technisch unterschiedlich zu behandeln, z. B. Hall der Streicher gegen „trockene" Akustik der Rhythmusgruppe zu setzen, die dynamische Balance zwischen den einzelnen Gruppen eigenwillig zu regeln. So entsteht ein **imaginäres Klangbild** aus der Vorstellungskraft des Toningenieurs.

Mit Hilfe des Play back[1]-Verfahrens können die getrennten aufzuzeichnenden Gruppen auch zeitlich getrennt voneinander aufgenommen werden.

Jede der Gruppen verfolgt dann über Kopfhörer, was vor ihr bereits eingespielt wurde und fügt ihren Beitrag auf einer Parallelspur synchron hinzu. Die Rhythmusgruppe gibt das Zeitgerüst für ein Musikstück. Mit ihr wird man die Serie der Teilaufnahmen beginnen. Es folgen die Harmoniegruppen, Streicher oder Bläser, die instrumentalen Solisten und die elektronischen Effekte.

Als letzter erscheint der Solist im Studio. Durch Mehrfachaufnahmen vermag ein vielseitiger Musiker mit sich selbst vielstimmig zu musizieren. Ein besonderer Effekt entsteht, wenn eine Zweitaufnahme der Singmelodie über die erste kopiert wird.

Das vielspurige Play back-Verfahren erbringt technisch perfekte Teilaufnahmen, welche die besten Voraussetzungen für Experimente mit dem Sound bieten.

Starreklame und Konsumgüterwerbung

Schallplattenangebot über verschiedene Vertriebswege

Wo überall könnt ihr Schallplatten erwerben? Nennt möglichst viele verschiedenartige Verkaufsstellen.

Der Schlager ist eine Ware, an deren Massenumsatz Industrie und Handel, Autoren und Verleger, aber auch die mit der Herstellung beschäftigten Angestellten und Arbeiter interessiert sind. Soll sie vertrieben werden, so muß sie für den Verbraucher zum Kauf bereitstehen. Die heute schon klassischen Verkaufsstätten für Schallplatten sind Musikaliengeschäfte, Buch- und Zeitschriftenhandel und Rundfunk-Fachgeschäfte. Die Schallplatte steht durch ihren meist musikalischen Inhalt, als Kulturgut und als technischer Gegenstand in enger Beziehung zu den Waren, die in den erwähnten Branchen zunächst vertrieben wurden. Das legte die Angliederung des Schallplattenverkaufs nahe.

Wer früher eine Schallplatte erwerben wollte, mußte eine dieser Verkaufsstätten aufsuchen.

Die Erprobung neuer Vertriebswege entsprach dem Gedanken, das Kaufen zu erleichtern. **Schallplattenklubs und Buch-**

---

[1] engl. play back — zurückspielen. Play back mit Life-Elementen bieten die Hitparaden des Fernsehens: das fertige Arrangement läuft vom Tonband, während der Star dazu ins Mikrophon singt. — In Funkopern werden die Rollen häufig von Schauspielern dargestellt, während die komplette Musik vom Band kommt. Diese Verfahren lösen den Interpreten von Aufnahmeraum und Orchester. Man kann ihn in der Landschaft und vor wechselnden Kulissen präsentieren.

gemeinschaften schicken ihren Kunden die Platten mit der Post ins Haus, die Bestellung erfolgt auf dem gleichen Wege. Der Gang in das Schallplattengeschäft kann entfallen. Durch eine begrenzte Auswahl wird der Interessent von der Aufgabe befreit, sich im riesigen Angebot des Handels, wie es z. B. im Bielefelder Katalog zusammengefaßt ist, zurechtfinden zu müssen.

Welche Organisationen haben sich vornehmlich auf den Schallplattenversand spezialisiert? Wie sind die Bezugsbedingungen? Welche Arten von Platten werden angeboten, welche nicht? Vergleicht die Angebote verschiedener Versandunternehmen und zieht auch den Bielefelder Katalog hinzu.

In jüngerer Zeit bietet man Schallplatten überall dort an, wo viele Menschen hinkommen. Solche Brennpunkte des Publikumsverkehrs sind Warenhäuser, Super- und Verbrauchermärkte, Schreib-, Tabakwaren- und Lebensmittelgeschäfte, außerdem Tankstellen.

Sucht Verkaufsstellen und Stände an solchen Brennpunkten auf und vergleicht, wie dort Schallplatten angeboten werden: sind Möglichkeiten zum Abspielen vorhanden? Steht geschultes Personal zur Kundenberatung zur Verfügung? Wodurch wird der Käufer auf die Schallplatten aufmerksam gemacht? Wo und wie sind sie untergebracht? Wie kann man sie erwerben? Welche Arten von Platten werden angeboten, welche nicht? Versucht zu erfahren, wie oft im Jahr der Bestand umgesetzt wird!

Der **Anteil** des klassischen Fachhandels **am Schallplattenumsatz** ist im Laufe der letzten Jahre von 85% auf 65% zurückgegangen. 20% kommen auf die Warenhausabteilungen, 15% auf den Versand und auf die Verbrauchermärkte und andere Umschlagstellen im Publikumsverkehr.

Steuerung und Manipulation — Formen der Einflußnahme auf den Verbraucher

Die Werbung über zahlreiche Kanäle soll Aufmerksamkeit und Interesse für das Produkt Schlager erregen und darüberhinaus den Wunsch nach dem Besitz und Verbrauch dieses Produktes wecken. Dieser Wunsch löst häufig das erstrebte Kaufverhalten des Verbrauchers aus. Steuerung und Manipulation unterdrücken seine kritisch prüfende Haltung (▷ S. 225).

Anstöße zum Schallplattenerwerb aus dem Blickwinkel des Käufers:

Warum wählt ihr aus dem großen Angebot eine bestimmte Schallplatte für euch zum Kauf aus? Befragt Jugendliche, Kinder und Erwachsene. Stellt die Antworten geordnet zusammen. Vergleicht mit der folgenden Übersicht.

Wodurch sehen sich Käufer zur **Wahl einer bestimmten Schallplatte** veranlaßt?

Von je hundert von ihnen, die beim Kauf befragt wurden, nannten

41 den Rundfunk
33 Empfehlung und Anhören bei Freunden und in Diskotheken
25 ihre Neigung zu bestimmten Künstlern und Musikgattungen
25 das Fernsehen
17 Schaufensterauslagen
13 Kataloge und Prospekte
9   Zeitschriftenbesprechungen
(Die Käufer nannten zum Teil mehrere Wahlgründe.)

Überprüft: Im Bewußtsein der Verbraucher geht die geringste Wirkung von den Mitteln aus, die für das Auge bestimmt sind oder sich des geschriebenen Wortes bedienen, die weitreichendste Wirkung von denen, die sich an das Ohr wenden; allen voran steht der Rundfunk. Auch die persönliche Empfehlung und Vermittlung ist von hohem Werbewert.

Die niedrigste Einstufung der visuellen Werbemittel, die in der Befragung zum Ausdruck kommt, deckt sich nicht ganz mit der entsprechenden Bewertung durch die Werbemanager und Promoter[1].

Werbung in Zeitschriften und Prospekten, das Studium von Katalogen und die Lektüre von Besprechungen wecken das Interesse und halten es wach. Der entscheidende Anstoß zum Kauf, über den sich der Verbraucher Rechenschaft gibt, geht meist von der Musik und von der persönlichen Ausstrahlung des interpretierenden Stars aus.

Die Schallplatte im Rundfunk

Nennt Sendereihen mit Schlager- und Popmusik in Funk und Fernsehen, die ihr kennt. Informiert euch aus der Rundfunk- und Fernsehzeitung über weitere Sendungen. Hört kurze Ausschnitte. Wieviel Zeit haben die einzelnen Programme für solche Sendungen reserviert? Läßt sich feststellen, ob Aufnahmen der Schallplattenindustrie oder funkeigene Produktionen gesendet werden? Wird Schlagermusik mit kritischen oder zustimmenden Anmerkungen vorgeführt? Zu welchem Zweck wird sie gesendet?

Vor dem letzten Weltkrieg kamen Schlager vor allem durch den Film unters Volk. Erfolgreiche Filmschlager wurden im Nachhinein nochmals durch Rundfunk und Schallplatte ausgewertet. Auch der Verkauf von Noten, das sog. „Papiergeschäft", brachte damals namhafte Gewinne, denn zahlreiche Musikkapellen sorgten für Stimmung und spielten zum Tanz, wo heute Musikbox, Rundfunk, Fernsehen und Disk-jockey für Unterhaltung sorgen (▷ S. 222). Rundfunk und Schallplatte arbeiteten gleichgewichtig neben- und miteinander. Erst unter dem Einfluß amerikanischer Organisationsvorbilder, die von der Besatzung in ihren Soldatensendern vorgeführt wurden, hat sich auch in Deutschland nach 1945 das Gewicht zugunsten der Schallplatte verschoben.

Nach diesem Organisationsmuster beginnt die **Verbreitung des Schlagers** mit der Herstellung von Schallplatten, die allen Rundfunksendern zur Verfügung gestellt werden. Die Sendeanstalten ihrerseits müssen dem Wunsch des Hörers entsprechen, der den **Rundfunk als wichtigsten Lieferanten von musikalischer Zerstreuung** schätzt. 60% der gesamten Sendezeit steht für Musik zur Verfügung und der überwiegende Teil davon für Pop-Musik und Operette. Sendeanstalten verfügen aber nicht über eine hinreichende Finanzkraft, um diesen gewaltigen Bedarf durch Eigenproduktionen decken zu können. In ihren Unterhaltungssendungen sind sie deshalb weitgehend auf die Zulieferung von Industrieaufnahmen angewiesen.

Damit nun bestimmte Platten immer wieder zu günstigen Sendezeiten eingesetzt wurden, interessierte man Rundfunkangestellte an ihrem Verkauf. Man ließ sie oder ihre Ehefrauen als Komponisten oder Texter „mitfahren". Auch Übersetzungen ausländischer Texte fielen häufig an, da infolge der geschmacklichen und wirtschaftlichen Amerikanisierung des deutschen Marktes zirka 60% aller angebotenen Schlager aus dem Ausland kommen. Auch diese Arbeiten warfen Gewinn ab und wurden von Rundfunkangestellten übernommen. Seit einiger Zeit müssen Angestellte ihre Urheberschaft melden. Dadurch wurden diese Formen der Einflußnahme zurückgedrängt.

Hört ihr Radio Luxemburg? Wie oft in der Woche und wie lange? Befragt auch euren Bekanntenkreis und stellt die Ergebnisse zusammen. Fertigt eine Aufstellung über die verschiedenartigen Sendeinhalte an. — Mit welchen Slogans wirbt Radio Luxemburg in Zeitschriften um Hörer? Entspricht die Sendung diesen Ankündigungen?

---

[1] engl. promote — fördern, vorwärts bringen

Hörergruppen von unterschiedlicher Größe möchten in den Sendungen des Rundfunks die verschiedenartigsten Interessen berücksichtigt sehen. Für musikalische Unterhaltung gibt es überwältigende Mehrheiten, für andere, z. B. für neue Musik, Kammermusik, allgemein E-Musik, stehen nur oft verschwindend kleine Minderheiten (▷ S. 230/31). Die **Programmgestalter** ihrerseits erkennen eine über den reinen Hörerwillen hinausgehende **pädagogische Aufgabe** darin, anspruchsvolle Musik anzubieten und auch die neue Musik zu fördern. Sie dienen damit auch dem Ansehen des Senders (▷ S. 228 f.).

Die Leistung der Programmgestalter beruht auf dem sehr schwierigen Ausgleich zwischen all diesen Gesichtspunkten. Mehrere Programme in einer Sendeanstalt können sich wechselseitig ergänzen. Während z. B. WDR/NDR I mit seinem gemischten Programm (u. a. klassische Musik, informierende und kommentierende Beiträge aus dem geistigen Leben der Zeit) vorwiegend gehobene Ansprüche bedient, ist bei den stärker unterhaltungsbezogenen Sendungen von WDR II an die Mehrheiten gedacht. Der WDR III wendet sich mit seinem Nachtprogramm ausschließlich an Minderheiten.

Ein **kompromißloses Mehrheitenprogramm** bietet Radio Luxemburg, das als stärkster Sender Europas mit seinen „fünf fröhlichen Wellen" in deutscher Sprache vom Nordkap bis in die Sahara zu empfangen ist. In der Bundesrepublik hören 7,62 Mio. Menschen diesen ausländischen Sender; insgesamt erreicht er wohl — wenn auch nicht täglich — 16 Mio. Deutsche (▷ S. 232 Hörer des Mehrheitenprogramms von Radio Luxemburg).

Wöchentlich treffen etwa **45 000 Briefe und Postkarten von Hörern** ein, so viele, wie Unterhaltungsabteilungen anderer Sendeanstalten nicht einmal im Jahr erhalten. Es werden aussortiert: Verehrerpost für die siebzehn sympathischen „Sprecher" (Disk-jockeys, Ansagerinnen und Ansager, Moderatoren, Plattenplauderer), Anfragen nach Staradressen und Schlagertiteln, Autogrammbitten und sehr viele Hörerwünsche.

Wie sieht das Programm aus, das den mehrheitlichen Vorstellungen vor allem seiner jungen Hörer entspricht? Da Radio Luxemburg fast seine gesamte Sendezeit von 19 Stunden zur Verfügung stellt, können nahezu alle Hörerwünsche erfüllt werden.

Täglich gehen wunschgemäß etwa 320 vorwiegend deutsche Schlager in den Äther. Dabei handelt es sich ausschließlich um Industrieaufnahmen. Als Einblendung müssen die Hörer oft mitten im Schlager **Werbesprüche** hinnehmen, die von einigen wegen ihres stumpfsinnigen Inhalts kritisiert und als Belästigung empfunden werden. Jedoch gerade die Werbung, vor allem für die Waschmittel, die „Weißmacher", bringt Jahresumsätze zusammen (schon 1970 weit über DM 200 Mio.), die den Sender zum steuerkräftigsten Unternehmen des kleinen Staates machen.

Daneben gibt es Kurznachrichten, Informationen für Autofahrer und Urlauber, und als Wichtigstes **Plaudereien** als Überleitung von Platte zu Platte, in denen Modefragen, Starklatsch, Szenen aus dem Höreralltag und Hörerpost serviert und kommentiert werden. Anrufer können häufig in der Sendung mit dem Moderator sprechen. Alles ist eingehüllt in Freundlichkeit und gute Laune. Die „Sprecher", die sich mit ihren Vornamen vorstellen, schaffen einen ungezwungenen, lockeren, fast familiären Kontakt zum Hörer, der sich ins Studio versetzt fühlt.

Diese Sendungen aus Luxemburg bieten ihren Hörern eine harmlose, heitere, heile Welt, in der es keine harten Gegensätze, keine ungelösten Widersprüche, keine kritischen Äußerungen gibt. Mit Problemen des geistigen, religiösen, politischen oder ökonomischen Lebens werden sie nicht belastet. Gerade die Illusion, der angenehme Ausschnitt der Wirklichkeit, von dem keine Anforderungen ausgehen, repräsentiere das Ganze, kommt der menschlichen Neigung entgegen, das Anspruchsvolle, Anstrengende, nüchtern Unfreundliche abzuweisen und zu verdrängen. Darauf beruht großenteils die Anziehung eines so gestalteten Programms.

Der zunächst geschmähte, dann aber als erfolgreich anerkannte Unterhaltungsstil von Radio Luxemburg wird mittlerweile von anderen Sendern nachgeahmt oder abgewandelt, so von Europawelle Saar, WDR II, Radio Bremen, vom Süddeutschen Rundfunk und vom Südwestfunk.

Die Musikbox als Hitmacher

Wo sind Musikautomaten aufgestellt? (Unterscheidet verschiedenartige Lokale.) Wie werden sie bedient, wie arbeiten sie? Wie ist die Qualität der Wiedergabe? Wie viele und welche Platten sind eingestellt, wie oft werden sie ausgewechselt? Welche Personengruppen hören Musik aus den Automaten? Wie beurteilt ihr die Unterhaltung mit Automaten?

Nicht nur in der Berufswelt und im öffentlichen Leben, auch in der Freizeit ist die Maschine zum Partner des Menschen geworden. Sicher macht das verbreitete Spiel mit den Unterhaltungsautomaten (über 275000 Stück in der Bundesrepublik) Freude, vor allem, weil der Mensch, dessen Lebensrhythmus von der Maschine bestimmt wird, abends der Maschine seinen Willen aufzwingen kann und so einen heilsamen Ausgleich der Rollen bewirkt. Allerdings wird auch das Unpersönliche dieser Freizeittätigkeit beklagt.

In welchem Umfang jedoch kann der Besucher einer Gaststätte, der eine Musikbox bedient, seine musikalische Unterhaltung wirklich selbst wählen? Zwar steht eine Anzahl von Platten zur Wahl, bei größeren Automaten bis zu 200 Stück, jedoch werden von vornherein nur solche Schlager eingestellt, die bereits über Rundfunk und Fernsehen einen gewissen Bekanntheitsgrad erreicht haben. Die Musikbox fördert dadurch die Entwicklung dieser Schlager zum Hit. Ohne es zu wissen, wird der Automatenspieler in diesen Prozeß eingespannt. Jährlich kaufen die Aufsteller für die nunmehr 90000 in der Bundesrepublik Deutschland betriebenen **Musikautomaten** etwa 10 Mio. kleine Platten beim Großhandel ein. Das ist mehr als der vierte Teil aller Singles, die 1970 insgesamt umgesetzt wurden. Die GEMA kassiert jährlich mehr als 4 Mio. DM von den Aufstellern und nochmals 0,32 DM pro Platte von den Herstellern. Der große Einfluß der Automatenaufsteller läßt sich auch von der Tatsache ablesen, daß sie bei entsprechender Bestückung nicht einmal aller ihrer Boxen ganz allein einen Schlager zum Erfolg führen könnten (▷ S. 210).

Hitparade und Hitliste — Gewinner im Hintergrund

Nennt Sender und Zeitschriften, die Hitparaden durchführen und Hitlisten veröffentlichen (worin besteht der wesentliche Unterschied?), abdrucken oder abspielen. Wie kommen Hitlisten zustande? Wer sucht die Schlager aus, die in den Hitparaden vorgestellt werden, nach welchen Gesichtspunkten werden sie ermittelt? Enthalten die Listen selbst darüber genaue Angaben? Wie äußern sich dazu die Redaktionen? — Für wen sind Paraden und Listen bestimmt, welchen Zweck verfolgen sie? — Welche Bedeutung messen Menschen eurer Umgebung den Hitparaden bei?
Führt selbst Hitparaden durch. Begründet eure Entscheidungen durch möglichst genaue Hinweise auf bestimmte Schlagermerkmale.

Zählwerke, die in eine Reihe von Musikmaschinen eingebaut sind, bieten die Möglichkeit, den Grad der Beliebtheit eines bereits bekannten Schlagers unbestechlich zu ermitteln. Diese Zählergebnisse stellen in Verbindung mit anderen Marktdaten die Grundlage für die Hitliste „aktuelle 50" dar, die von der Fachzeitschrift „Automatenmarkt" zusammengestellt und wöchentlich auf den neuesten Stand gebracht wird. Die fünfzig beliebtesten Schlager erscheinen darin in entsprechender Ordnung; gleichzeitig ist zu ersehen, ob eine Platte „im Kommen" ist (Trendangabe).

Ähnlich verläßliche **Hitlisten** bringen die Fachzeitschriften „Der Musikmarkt" und „Schallplatte" heraus. Sie legen die Verkaufsziffern des Einzelhandels zugrunde.

Gestützt auf diese Informationen können Schallplattenhersteller bedarfsgerecht produzieren, Groß- und Einzelhandel marktgerecht einkaufen. Es stellte sich heraus, daß aber auch die Verbraucher ein reges Interesse für die aktuelle Information über ihr eigenes Musikverhalten besitzen. In den Hitlisten können sie sich bei dem schnellen Wechsel der Mode darüber informieren, was gerade „in" ist. Zeitschriften, Rundfunk- und Fernsehsender nützen dieses Interesse, um ihre eigene Aktualität zu steigern. Das geschieht u. a. durch die folgenden Maßnahmen:

— Hitlisten werden schlagartig und auf breitester Basis veröffentlicht. Sie erscheinen in vielen Zeitschriften und Zeitungen, werden auf Postern in Schaufenstern und hinter Theken aufgehängt, in Sendungen der Rundfunk- und Fernsehanstalten immer wieder erwähnt oder gar in entsprechender Ordnung vorgeführt. Schlager kommen so ins Bewußtsein der Hörermassen, sie werden zu einer Angelegenheit von öffentlichem Interesse.

— Presse- und Sendemedien übernehmen nicht nur die Hitlisten der Fachzeitschriften, sie ermitteln auch selbst Hitlisten. Das Kundeninteresse wächst erheblich, wenn das Ergebnis ausdrücklich durch eine eigene Hörerbefragung ermittelt („Bravo Musikbox"), der Hörerwunsch ausgewertet („Die erfolgreichsten LP-Hits von Radio Luxemburg") oder die Ermittlung als Unterhaltung und Show abgewickelt wird („ZDF Hitparade" mit Dieter Thomas Heck).

Die Hitlisten und Hitparaden machen Schlager in kürzester Zeit populär und stellen einen Werbefaktor (Promotionfaktor) allererster Ordnung dar. Sie steigern nicht nur die Kaufbereitschaft ganz allgemein, sie richten das Käuferinteresse vor allem auf die erstplazierten Titel, so daß der Trend zum Spitzenhit, der ja schon in der Plazierung angelegt ist, zusätzlich verstärkt wird. Die Industrie kann viele gleiche Güter produzieren und arbeitet mit höhrem Gewinn und kann billiger anbieten, als wenn sie viele verschiedene Produkte herstellen müßte (▷ S. 209).

Gewinne und Überleben der Industrieunternehmen hängen von dem Erfolg oder Mißerfolg ab, gute Plazierungen in den Hitlisten zu erreichen. Aber auch Autoren, Verleger und Sänger sind betroffen. Das bewirkt eine Verschärfung des Konkurrenzkampfes zwischen ihnen allen. Darum versuchen die konkurrierenden Parteien immer wieder, die Ergebnisse der Befragungen zu beeinflussen, und zwar auf eine Weise, die den ursprünglichen und vorgegebenen Sinn solcher Ermittlungen geradezu auf den Kopf stellt.

Als die Zustimmung des Publikums in öffentlichen Veranstaltungen noch durch **Applausmesser** registriert wurde, mietete man die ersten Stuhlreihen und besetzte sie mit Fans, die vorher günstiges Verhalten geübt hatten.

Redakteure von Funk und Presse, welche die Auswahl und Plazierung von Schlagern nach der Anzahl der **Hörerzuschriften** entscheiden wollen, sehen sich immer wieder Bergen von Wunschkarten mit gleicher Handschrift, ähnlichem Absender und gleichem Poststempel gegenüber. Hier sind — oft gelenkt von der Industrie oder vom Star selbst — Fan-Klubs am Werk, die einen Titel auf einem Spitzenplatz sehen möchten. Die Verfälschung des Hörerwunsches wird bei dieser Art der Einflußnahme besonders augenfällig, wenn man bedenkt, daß 1 Fan auf 200 schweigende Hörer kommt und durch seine Stimme für sie spricht (▷ 235).

Werden die **Verkaufsziffern des Einzelhandels** zur Ermittlungsgrundlage einer Hitliste gemacht, so kann man sich — wie es zuweilen von der Industrie gehandhabt wird — in die Liste hineinkaufen, indem man im Schallplattenladen hinreichende Mengen des eigenen Fabrikates erwirbt.

Schlagerfestivals haben, ähnlich den Hitparaden, Auslese und Werbecharakter. In zahlreichen Fällen wurden die Gewinner schon vorher hinter den Kulissen ausgehandelt und Jurymitglieder bestochen.

Die wenigen Hinweise zeigen den scharfen Kontrast zwischen den Illusionen, die von Schlager, Star und Werbung für den Verbraucher aufgebaut werden, und der *geschäftlichen Wirklichkeit* im Hintergrund.

Disk-Jockey und Superstar — Werbung über Personen

Nennt den Namen bekannter Disk-jockeys. Hört Sendungen, in denen solche Plattenplauderer tätig sind. Schreibt Sprachwendungen auf, die man in diesem Zusammenhang häufig hört. Wird eine solche Ausdrucksweise auch außerhalb von Sendungen gebraucht? Warum? Wer gebraucht sie? Warum wird die Tätigkeit des Jockeys von vielen so hoch eingeschätzt?

Werbung über Personen ist erfolgreicher als die noch so geschickte, aber unpersönliche Darstellung von Qualität und Nutzen einer Ware. Diese Grunderfahrung bestimmt die Werbepläne aller Promoter und Werbefachleute.

Darum ist z.B. der **Disk-jockey**[1] in Rundfunk und Diskothek eine der interessantesten Figuren für den Werbeagenten.

Der Disk-jockey verleiht dem Abhören von Schallplatten den Charakter aktueller Life-Unterhaltung, indem er die Platten auf gefällige Weise ankündigt und kommentiert. Darüberhinaus unterstreicht er seine gemeinnützige Aufgabe und seine Nähe zum Hörer durch aktuelle Informationen, Autofahrertips, Beratung in Lebensfragen — alles so leicht serviert, daß es als Unterhaltung genossen werden kann (▷ S. 219 Radio Luxemburg).

In den Tanzlokalen löst er die „Hauskapelle" als Vermittler von Unterhaltung mehr und mehr ab.

Leicht können Einführung und Kommentierung den Charakter von Empfehlungen annehmen, vor allem auch dadurch, daß gewisse Platten häufiger zu Gehör gebracht werden als andere. Um dieses Einflusses willen werden Disk-jockeys von der Industrie umworben. Man stellt ihnen kostenlos alle neuen Aufnahmen zu — Rundfunkmoderatoren des NDR z. B. sprechen von wöchentlich ca. 200 Langspielplatten, 75 kleinen Platten und 150 Bändern. Nicht selten folgten persönliche Aufmerksamkeiten wie Uhren, Eisschränke und Stereoanlagen.

Nennt die Namen von Stars, die in der Bundesrepublik und im Ausland bekannt sind. Kann man sie alle als Künstler bezeichnen? Wie sind sie Stars geworden, wie leben sie heute? Wie erfahren wir etwas über sie? Wie kommt es, daß sie vor allem so viele junge Menschen zu begeistern vermögen?

---

[1] engl. disk — Scheibe, Platte; jockey — Verkleinerungsform des schottischen Jock (Jack), bezeichnet den Rennreiter, außerdem allgemein einen Burschen, für den sich die Leute interessieren. Erste Disk-jockey-Sendung des WDR: 1952 mit Chris Howland.

Die nachhaltigste Werbewirkung geht von der Figur des **Superstars**[1] aus. Stars, wie sie sich uns präsentieren, fallen jedoch nicht vom Himmel, sie werden vielmehr in geplanten, abgestimmten Aktionen „gemacht".

Zunächst erforscht man, welche menschlichen Eigenschaften und Verhaltensweisen von bestimmten Zielgruppen geschätzt werden. Sodann montieren Promoter und Manager ein Persönlichkeitsbild aus Dichtung und Wahrheit, das dem **Image**, dem **Vorstellungsbild der Zielgruppe** entspricht und es verstärkt. Dabei sind zwei Grunderfordernisse zu berücksichtigen:
1. Stars haben als **Inbegriff dynamischer und optimistischer Lebensführung** zu erscheinen. Sie ist die Grundlage ihres Aufstiegs. Stars werden verlangt, man reißt sich um sie, sie stecken voll bedeutender Pläne für die Zukunft. Glück und Erfolg werden für jedermann greifbar in extremem Wohlstand und Luxus, in einem eigenwilligen, extravaganten Lebensstil. Alles was sie tun, macht ihnen Spaß und gute Laune.
Insofern präsentiert sich der Star als unerreichbarer Märchenprinz im fernen Wunderland, er fasziniert den Alltagsmenschen.
2. Damit sich daraus nicht der Neid der Besitzlosen entwickelt, hat der Star auch auf den höchsten Wogen des Glücks und Erfolgs bescheiden, anspruchslos, einfach, fleißig, hilfsbereit, fröhlich, zufrieden, ehrlich, dankbar, rundherum menschlich zu bleiben. Das führt ihn wieder in unsere Nähe zurück.

Meist werden die Montageteile des Images in einer Erfolgsgeschichte, **Successstory**, nach dem Motto „vom Arbeiterkind zum Superstar" zusammengefaßt. Eine solche Story wird stets durch Sensationsmeldungen, Skandale, Enthüllungen und persönliche Bekenntnisse weitergesponnen.

Untersucht die folgende Successstory des Peter Maffay. Wodurch ist das bürgerliche Leben des jungen Mannes bestimmt, wodurch sein Leben als Star? Nennt die Schlüsselworte, durch die beide Zustände charakterisiert werden. Warum sind die vielen Schwierigkeiten vor dem großen Durchbruch so ausführlich dargestellt? Wodurch wurde der Übergang vorbereitet, wodurch bahnte er sich an? Wie beurteilt ihr die Voraussetzungen, die Peter Maffay für die Laufbahn als Schlagersänger mitbrachte?
Bringt in Erfahrung, wie Peter Maffay heute lebt.

Peter Maffay ist 20 und hat kastanienbraunes Haar. Vor drei Monaten hängte er seinen Beruf an den Nagel – er wußte warum:

Ein Liebeslied erfüllte alle meine Träume

„Vor drei Monaten stand ich noch jeden Morgen um halb sieben auf. Mit der Straßenbahn fuhr ich zur Arbeit in einem Münchner Poster-Verlag. Dort verdiente ich als Grafiker-Lehrling monatlich 145 Mark. Glücklich war ich erst in meiner Freizeit, wenn ich singen durfte." — Peter Maffay schweigt nachdenklich, zündet sich eine Zigarette an. Jetzt wohnt der Junge mit dem kastanienbraunen Haar und den dunkelbraunen Augen während seiner Gastspielreisen durch die Bundesrepublik in den besten Hotels, er besitzt einen Mercedes und er singt, wann es ihm Spaß macht. Seit zwei Monaten steht er mit seinem zärtlichen Liebeslied „Du" in der Hitparaden ganz oben. — „Manchmal denke ich, alles ist nur ein Märchen. Aber meine Autogrammpost — ich bekomme über 200 Briefe täglich — beweist mir täglich das Gegenteil. Das hätte ich 1963 nicht einmal zu träumen gewagt", meint Peter strahlend. — 1963 hatte Peter seine Geburtsstadt Kronstadt in Rumänien verlassen. Er war 14 Jahre alt und sollte mit seinen Eltern nach Amerika auswandern. — „Aber das Reisegeld reichte nur bis Waldkraiburg, 70 Kilometer von München entfernt." Hier hörte Peter zum erstenmal in seinem Leben Schallplatten von den Beatles. „Ich tauschte meine Geige gegen eine elektrische Gitarre ein. Mein Vater durfte das gar nicht wissen. Denn acht Jahre lang hatte ich ihm zuliebe rumänische Volkslieder gespielt. Jetzt aber übte ich die Hits der Beatles und Rolling Stones." — 1968 verließ er das Gymnasium. „Eigentlich wollte ich schon damals mein Geld als Musiker verdienen, doch meine Eltern waren dagegen. Ich wurde Grafiker. An den Wochenenden sang ich im Münchner Talentschuppen ‚Song Parnass'. Dort wurde ich auch entdeckt. Aber meinen Beruf hängte ich erst an den Nagel, als ‚Du' ein Hit war. Das Lied hat meinen größten Traum erfüllt."

---

[2] engl. star — Stern; der Superstar ist eine alles überglänzende, weithin sichtbare Erscheinung.

Seine Wirkung erzielt der Sänger weniger durch die künstlerische Qualität seiner Leistung — davon kann oft nicht gesprochen werden. Seine Durchschlagskraft und Glaubwürdigkeit beruht vielmehr auf der Einheit, die zwischen den Liedern und eben dem Image zu bestehen scheint. Das Lied muß ein Teil der Rolle sein, die der Star der Öffentlichkeit vorspielt. Nur dann kommt er bei den Hörermassen an. Die Zugkraft der Masche begründet den Marktwert des Stars, der sich in Verkaufsziffern messen läßt. Besonders erfolgreich sind in der Bundesrepublik Deutschland ausländische Sänger und solche, die sich einen fremden Akzent zulegen. Man zeigt sich bemüht, das Image so auszulegen, daß sich möglichst viele Käuferschichten (Zielgruppen) vom Kleinkind bis zu den Großeltern angesprochen fühlen. Auch über den Charakter der Schlager zielt man auf bestimmte Empfänger.

Versucht, das Image verschiedener Stars zu beschreiben. Welche Zielgruppen sprechen sie an?

Roy Black stieß mit seinen Liedern in den vom Beat vernachlässigten Bereich gemütvoller Stimmungen vor und wurde zum Star der weichen Welle. Als „lieber braver Junge", der Rauschgift und Gammler ablehnt, und seiner Mutter beim Abtrocknen hilft, entwickelte er sich zum Wunschbild jüngerer und älterer Mütter. Den Teenagern wird er als treuer, verständnisvoller Freund nahegebracht, den sie als ihr Idol verehren.

Peter Alexander, meistverdienender deutscher Sänger, erfolgreichster Fernsehstar, spielt seine Rolle als Wiener Charmeur und findet bei allen Altersgruppen Anklang. Er ist einer Ermittlung zufolge beliebteste Person bei der deutschen Jugend.

Aufschlußreich ist die Mitteilung des Managers von **Udo Jürgens**: „Wir zielen auf Kunden von zehn bis neunzig, deswegen sind unsere Liedchen so angelegt, daß für jede Kategorie etwas Brauchbares dabei ist." Nur die Beatfreunde zwischen 25 und 35 Jahren versagten sich ihm. Udo Jürgens wurde als Markenartikel aufgebaut. Das geht sowohl auf die Qualität seiner Lieder und Arrangements zurück, die er als Komponist meist selbst schafft, als auch auf sein gesellschaftliches Ansehen, seit er bei Bundeskanzler Kiesinger zu einer Party und bei Bundeskanzler Brandt zu einem Sommerfest eingeladen war. Diese Demonstrationen seiner Prominenz ließen ihn seinerzeit zu höchstem Starruhm emporklettern.

Entscheidend für die Wirkung des Stars ist nicht nur seine schlichte Menschlichkeit, die sich in seinen Liedern wirkungsvoll darstellt, entscheidend ist auch, daß er den Kontakt zu den Verbrauchermassen so pflegt, daß sich jeder persönlich angesprochen und dem Star nahe fühlen kann.

Wie ist das bei der Millionenzahl der Staranhänger zu ermöglichen?

Kontaktersatz — Futter für die Anhänger

Wie stellen sich junge Menschen auf die Stars ein, die sie verehren? Wie versuchen sie, ihnen nahe zu sein? Welche Aufgaben erfüllen für sie Starautogramme, Starfoto und Schallplatte?

Alle Medien sind dem Star behilflich, sein Publikum zu erreichen. Zeitschriften, Zeitungen und Illustrierte bieten wie Rundfunk und Fernsehen in regelmäßigen Abständen an gleicher Stelle gewissermaßen berufliche Informationen über Stars und Gruppen, sie berichten über erfolgreiche Veranstaltungen, Tourneepläne, Neuerscheinungen auf dem Schallplattenmarkt, Aktuelles aus der Arbeit der Popgruppen und Sänger. Daneben fließt ein breiter Strom von Mitteilungen aus dem privaten Bereich durch die Klatschspalten der Illustrierten. Gibt der Alltag nicht genug an Informationen her, so schafft man künstlich Situationen, in denen der Star sich darstellen kann. Die Zeitschrift „Bravo" z. B. lädt Stars in eine ihnen völlig fremde Umgebung ein, stellt ihnen Aufgaben, die sie in Aktion bringen, und fertigt daraus farbreiche und vielseitige Bildreportagen.

Peter Wyngarde, als Jason King aus der englischen Kriminalserie „Department S" bekannt, mußte sich in Bayern bewähren, dort eine Blaskapelle dirigieren, Bierkrüge stemmen und Knödel essen. — Ricky Shane, der Junge aus Detroit, erlebte eine „Geschichte aus Tausendundeiner Nacht im Reich von Ali Baba". Vor der Kamera posierte der Star in der Kleidung der Berber in der afrikanischen Sahara.

Sammelt Starnachrichten und sucht die Absicht zu erkennen, aus der sie in die Welt gesetzt wurden.

Doch auch der intensive Einsatz aller Medien alleine vermöchte nicht die menschliche Fremdheit zu beseitigen, die im Grunde zwischen Star und Anhänger besteht. Durch das absichtsvolle **Angebot von Kontaktersatz** wird dieser Abstand scheinbar verringert und aufgehoben.

Dinge und Vorgänge, die an den Star erinnern, sollen an seiner Stelle verehrt oder im Gedanken an ihn nachgeahmt werden. Dazu könnte dienen: sein Foto, sein Autogramm, seine Schallplatten, seine Art, sich zu kleiden, zu sprechen, zu denken und zu leben. Auch Kontakte zwischen dem Star und einzelnen seiner Anhänger lassen sich in diesem Sinne auswerten, wenn man über das Zusammensein öffentlich — und möglichst mit Bild — berichtet.

Besser als die Zeichnung oder das gemalte Abbild vermag das Foto die Anwesenheit des Stars vorzutäuschen. Er ist unleugbar „da". Aus den **Farbaufnahmen der Schallplattentaschen** kommt er, durch farbige Bildhintergründe gewissermaßen nach vorn geschoben, in fast lebensechter Körperlichkeit auf den Betrachter zu. Zeitschriften bieten ganzseitige oder auch gefaltete vierseitige Bilder, sogenannte Poster und Pesto im Riesenformat 84 cm × 54 cm, die man sich als Starersatz an die Wände seines Zimmers heften kann. Am weitesten treibt wohl die Zeitschrift „Bravo" den Kult über das Bild im sogenannten „Starschnitt": „Zückt die Scheren! Ein Stück von Bobs rechtem Bein wartet darauf, ausgeschnitten zu werden. Im nächsten Heft folgt Teil 3." Wer diesem Begleittext zum Starschnitt folgt und die gesammelten Starteile zusammenfügt, erhält ein lebensgroßes Abbild, dessen magische Wirkung besonders zur Verehrung auffordert.

Auch das Autogramm wie der Schallplattenbesitz, insbesondere aber die Schallplattenvorführung selbst werden als Kontaktersatz genommen. Daraus erklärt sich auch, warum trotz des reichhaltigen Schlagerangebots durch die Rundfunkanstalten Schlagerplatten in Massen gekauft werden.

Finden Begegnungen zwischen Stars und ihren Anhängern statt, wie das im Konzert, in der Autogrammstunde, im Interview mit Hörern geschieht, so ist die Öffentlichkeit doch stets in irgendeiner Form anwesend. Meist werden die Einzelbegegnungen geradezu organisiert, um als Kontaktdemonstration veröffentlicht werden zu können.

Welche Bedeutung hat es für die Leser, daß Bravo-Girl und Teenager des Jahres 1970 aus ihren eigenen Reihen und von Bravo-Lesern selbst gewählt wurde und daß sie nun in der Bildreportage an seinen Begegnungen mit Stars teilnehmen können? Wie wirkt auf sie die Feststellung „Meine Lieblings-Stars sind meine besten Freunde"? — Wie ist es zu verstehen, wenn man einen solchen Bericht Kontaktersatz für die Masse der Leser nennt? Welche Rolle hat also das Mädchen zu spielen? Warum hält Uschi Glas die bei Dreharbeiten verwendete Klappe mit der Aufschrift „Bravo Girl" vor?

„Alle meine Träume werden wahr"

„Meine Lieblings-Stars sind meine besten Freunde"

Hans-Jürgen Bäumler sieht in Wirklichkeit noch besser aus als auf Bildern, stellte ich fest, als ich ihn und Uschi Glas bei den Dreharbeiten zu dem Film „Hurra, unsere Eltern sind nicht da" in München besuchte.

Kontaktersatz ähnlicher Art bieten Stars an, wenn sie in Interviews und Reportagen vor einer breiten Öffentlichkeit Einblick in ihre private Sphäre gewähren. Jedem einzelnen Leser soll das schmeichelhafte Bewußtsein vermittelt werden, er sei persönlich ins Vertrauen gezogen und eingeweiht.

Verbrauch an Konsumgütern — ein Schlüssel zur Scheinwelt des Glücks

Häufig gestattet schon der Slogan Einblick in die Methoden, mit deren Hilfe die Werbung die unmittelbarste und nachhaltigste Wirkung zu erzielen hofft. Meist bedient sie sich jedoch einer Kombination von Wort und Bild, Wort und Musik, oder sie komponiert Wort mit Bild und Ton zusammen (▷ S. 244, Werbung mit Musik).

Untersucht die folgenden Beispiele. Mit welchen Mitteln wird das Produkt dem Käufer nahegebracht? Welche Wirkung geht von der Ware aus?

Sucht andere Beispiele von Werbung und zeigt an ihnen den aufgedeckten Zusammenhang auf. Stellt fest, welche Anteile der Werbeaussage jeweils von Wort, Bild oder Ton übernommen werden.

Die Werbung verweist nicht nur auf die Vorteile, die unmittelbar aus dem Besitz und Gebrauch einer Ware kommen. Sie möchte darüberhinaus häufig wirksamere Antriebskräfte mobilisieren. Sie verspricht deshalb dem Käufer in andeutender Form, mit dem Erwerb eines Konsumgutes könne er sich seine geheimsten Glückserwartungen selbst erfüllen. Denn der Ware wird unmittelbar verwandelnde Kraft zugesprochen. Schon ihr Besitz macht schön, erfolgreich und versetzt in andauernde Hochstimmung. Kindern vermittelt sie grenzenlose Freizeit voll von Märchen und Abenteuern (▷ Werbung f. Hohner Mundharmonika).

Zwischenstufen wie die Entrichtung des Kaufpreises, Benutzung und Anwendung werden übersprungen, ein Mißerfolg ist ausgeschlossen. Der Zusammenhang wirkt automatisch: der Besitz des Konsumgutes ist der Schlüssel zur Scheinwelt des Glücks, ja es macht dieses Glück selber aus (Verdinglichung seelischer Zustände).

Wie die Werbung, so bieten auch Unterhaltungssender (Radio Luxembourg), Zeitschriften („Bravo") und Stars (▷ Peter Maffay, S. 223) eine unwirklich märchenhafte Scheinwelt ohne Schatten an. Sie alle wirken auf die Triebkräfte des menschlichen Handelns ein und versuchen, sie zu steuern.

Die begeisterte Verbrauchergemeinschaft

Leserzuschriften zu Personen und Sachproblemen, zu Fragen des öffentlichen und privaten Lebens führen zur Klärung von Argumenten, Situationen und Meinungen.

Sucht in Zeitungen und Zeitschriften nach Beispielen für diese Art des Meinungsaustauschs, in denen es Lesern und Redaktionen ernsthaft um Klärung aktueller Fragen geht.
In welcher Form äußern sich in den folgenden Proben Bravo-Leser? Wodurch sehen sie sich zur Äußerung veranlaßt? — Nach welchen Gesichtspunkten werden sie ausgesucht? Wird das Auswahlverfahren näher erläutert? — Wer wird in den Proben mit dem Wort „Euch" angesprochen? Ist das korrekt, wenn man bedenkt, wie eine solche Befragung zustande kommt? — Für welchen Zweck lohnt es sich, solche Befragungen durchzuführen? Wie wird in den Beispielen das Befragungsergebnis verwertet?

1. Im Jahre 1970 wurden „die zwanzig beliebtesten Beatgruppen" mit folgendem Einführungstext vorgestellt: „Stars der Otto-Wahl; Eure Lieblinge — von Euch gewählt: Auf vier Seiten und in Farbe stellen wir die zwanzig Beatgruppen vor, die letztes Jahr in den Hitparaden auf den vorderen Plätzen lagen. Schneidet Euch die Fotos Eurer Lieblingsgruppen aus — als wertvolle Ergänzung zum Bravo-Poplexikon". Es folgen zwanzig Gruppenbilder von Beatles (91 030 Stimmen) bis zu den Jethro Tull (1979 Stimmen).

Der Begleittext zur Hitliste der Zeitschrift lautet:
2. „Jede Woche fragt „Bravo" viele tausend Leser nach ihren Lieblingsschlagern. Jede Woche erscheinen diese Hits Eurer Wahl in der Bravo-Musicbox."
3. Im Zusammenhang mit einer anderen Hitliste: „Das sind Eure Lieblingsschlager!"

In den veröffentlichten Ergebnissen von Leserbefragungen zu allen möglichen konsumbezogenen Themen scheint sich der Leser selbst zu begegnen. Einer ‚Zeitschrift des Lesers' fühlt er sich besonders verbunden. Da die überwiegend zustimmenden Äußerungen der Befragten als die Meinung aller ausgegeben werden, bietet sich das Bild einer umfassenden, begeisterten Verbrauchergemeinschaft (▷ S. 221, 225).
Aber: nach welchen Gesichtspunkten wurden Leser für die Befragung ausgesucht (▷ S. 228), haben solche Befragungen überhaupt stattgefunden?
Oder tarnt sich die Werbung mit dem angeblichen Leserwillen, um dem Verbraucher um so wirkungsvoller diktieren zu können, was er zu kaufen hat (▷ S. 235)?
Ziel der Einflußnahme ist der junge Käufer und sein Geld, wie die Inserentenwerbung der Bravoredaktion offen zugibt: „Unsere 14—24jährigen sind reich, aber ihre Einkaufsgewohnheiten bilden sich erst! In „Bravo" informieren sich jede Woche Millionen junger Käufer mit Milliarden DM Taschengeld....". In der Tat wird „Bravo, Deutschlands größte Zeitschrift für junge Leute", wie sich die Verbraucherillustrierte nennt, wöchentlich von ca. 2.77 Mio. Personen zwischen 14 und 29 Jahren gelesen. — Den Anteil der von Jugendlichen zwischen 14 und 19 Jahren erworbenen Schallplatten schätzt man auf ein Drittel des gesamten Schallplattenumsatzes. Schon 1969 verfügten 14—24jährige über 20 Milliarden DM Kaufkraft.

Das Verhalten des Hörers unter dem Einfluß technisch vermittelter Musik

Hörerbefragungen

Dank der Medien und der technischen Mittler sieht sich heute ein jeder einem umfassenden Musikangebot gegenüber. Der **Konzertbesuch**, früher neben dem Selbstmusizieren die einzige Form der Musikbegegnung, ist an eine Reihe von Voraussetzungen und Auflagen gebunden: Man kauft Eintrittskarten, sucht zu vorbestimmter Zeit den angegebenen Konzertraum in angemessener Kleidung auf; man trifft zusammen mit anderen, gleichermaßen erwartungsvoll und festlich gestimmten Menschen und hört mit ihnen das vorbereitete und angekündigte Musikprogramm an. Man hat keine Möglichkeit, auf Inhalt und Bedingungen der Aufführung Einfluß zu nehmen. Der Entscheidungsanteil schmilzt fast auf die Frage zusammen, ob man das Konzert besuchen will oder nicht; alles andere liegt bereits fest. Demgegenüber hat der technisch ausgerüstete Hörer einen weit größeren Verfügungsspielraum, zu entscheiden, wie, wo und was er hören möchte.
Rundfunk und Fernsehen bieten parallel laufende Programme an, zwischen denen er wählen kann. Doch bleibt er an Programmangebot und Sendezeiten gebunden.
Bei **Platte, Tonband und Cassette** wird der Entscheidungsanteil des Hörers fast nur durch die verfügbaren Musikkonserven begrenzt. An diese und andere Feststellungen in den voraufgehenden Kapiteln knüpfen sich Fragen, durch die der **Hörer** verstärkt ins Blickfeld rückt:

Wie verhält er sich nun tatsächlich innerhalb der durch die Technik erweiterten Möglichkeiten; welche Vermittlungsformen der Musik wählt er aus; für welche Musik entscheidet er sich; wie weit und auf welche Weise wird sein Verhalten von der Steuerung und Manipulation von außen beeinflußt; kommt er mit seinen persönlichen Bedürfnissen den Absichten der Werbung entgegen; auf welche Weise beeinflußt die Gruppe, in der er lebt, sein Musikverhalten; lassen sich Unterschiede im Verhalten der Hörer feststellen, wodurch sind sie zu begründen?

In allen voraufgehenden Ausführungen wurden schon Rückschlüsse auf das Hörerverhalten gezogen, denn der Hörer als Adressat aller Musikvermittlung konnte in diesen Erörterungen nicht ganz ausgeklammert werden (▷ S. 217 f.). Weiteren Aufschluß über einige der Fragen erhalten wir aus Ermittlungen, die von unabhängigen, das heißt am Musikgeschäft selbst nicht beteiligten, Instituten zur Meinungsforschung eingeholt werden. Ihre **Befragungen** erfolgen auf der Grundlage wissenschaftlich gesicherter Methoden. Sie werden an einen Bevölkerungsquerschnitt gerichtet, der in seiner Zusammensetzung dem Bevölkerungsteil genau entspricht, dessen Meinung erforscht werden soll (Repräsentativbefragung). Die Ergebnisse spiegeln exakt das Meinungsbild der Gesamtgruppe.
Befragungen zum Musikhören im Rundfunk geben vor allem die Sendeanstalten in Auftrag, und zwar in der Absicht, die Reaktion der Hörer auf die Gestaltung der Rundfunk- und Fernsehprogramme zu erfahren und daraus die Hörerwünsche abzulesen (▷ S. 219). Die Ergebnisse gestatten aber darüber hinaus auch einen Einblick in das Musikverhalten allgemein.

Das Institut „Infratest" ermittelte:

Das Musik- und *Hörverhalten bestimmter Personengruppen* weicht in vielen Fällen beträchtlich von dem errechneten Durchschnitt ab. Bei der Auswertung von Befragungsergebnissen werden deshalb die Antworten gesondert aufgeführt, welche von Personen bestimmter Berufsgruppen, unterschiedlicher Schulbildung und Altersschichtung gegeben wurden. Aus der

Gegenüberstellung lassen sich interessante Zusammenhänge ablesen. Die folgenden Übersichten bieten Material für eine solche Betrachtungsweise.

Musizieren gehört offenbar zu den Bildungsgütern: der Zusammenhang zwischen Ausbildungsstand und musikalischem Interesse macht das deutlich. Mit Musikinstrumenten können umgehen: von Befragten mit Abitur und Hochschulbildung jeder zweite; von Mittel- und Fachschulabsolventen jeder dritte; von Befragten mit Volksschulbildung mit Lehre jeder fünfte, ohne Lehre jeder zehnte. Es sind vor allem die „klassischen" Instrumente (Klavier, Geige, Flöte), die von Personen mit höherer Schulbildung gespielt werden[1].

Die gleichen Tendenzen spiegeln sich auch in den verschiedenen Berufsgruppen wieder. In Beamten- und Angestelltenfamilien gehört es häufiger als in anderen Bevölkerungsgruppen zum guten Ton, ein Musikinstrument zu spielen. So geben ein Drittel der Beamten und ein Viertel der Angestellten an, mit einem Instrument vertraut zu sein. Bei den Beamten dominieren Kenntnisse im Klavier- und Geigespielen. Am wenigsten Interesse und offenbar auch Möglichkeiten gibt es in dieser Hinsicht in den Arbeiterfamilien. Wenn überhaupt, so wird am ehesten in dieser Bevölkerungsgruppe Mundharmonika gespielt.

Generationsunterschiede sind indessen kaum zu beobachten: das Interesse am Musizieren ist in allen Altersgruppen etwa gleich. Allerdings schiebt sich bei den Jüngeren die Gitarre[1] deutlich in den Vordergrund (▷ S. 234).

Aus: Infas Report vom 2. 9. 1970. Pressemitteilung des Instituts für angewandte Sozialwissenschaft Bad Godesberg.

Potentielle[2] und tatsächliche Hörzeit in Prozenten bei Jugendlichen und Erwachsenen (▷ S. 232 Hörer des Mehrheitsprogramms von Radio Luxembourg)

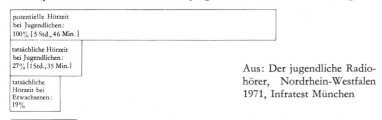

Aus: Der jugendliche Radiohörer, Nordrhein-Westfalen 1971, Infratest München

---

[1] Die modischen Strömungen der Popmusik und der Folklore haben Jugendliche zum Spiel der akustischen, der Beat- und der Western-*Gitarre* angeregt (▷ S. 237). Ihre Beschäftigung mit den *klassischen Instrumenten* geht nicht zuletzt auf das Angebot von Musikschulen und Jugend-Musik-Werken in kleinen und größeren Städten zurück, die häufig mit den allgemeinbildenden Schulen zusammenarbeiten.

[2] = die zum Hören freie Zeit

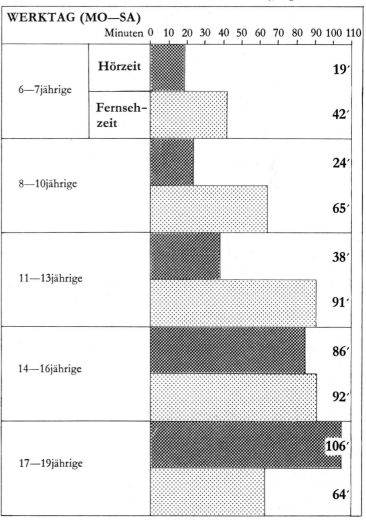

Durchschnittliche Hör- und Fernsehzeit 6—19jähriger

Aus: Das Kind als Radiohörer, Nordrhein-Westfalen 1971, Infratest München.

Interesse an Musik

Sozialstatistische Angaben	Insgesamt	Interessieren Sie sich für Musik?				Interessieren Sie sich für klass., ernste, Schlager u. leichte Musik?				Sind Sie aktives Mitglied im Gesangverein od. Chor?		
		Sehr	Etwas	Wenig	Keine Angabe	klass. u. l. Musik	nur kl. Musik	nur l. Musik	Keine Angabe	Aktives Mitgl. i. Gesangv.	Nicht.-mitgl.	Keine Angabe
	%	%	%	%	%	%	%	%	%	%	%	%
Bundesgebiet (insgesamt)	100	33	47	17	3	15	23	59	3	6	89	5
Volksschüler ohne Lehre	100	23	51	22	4	9	13	70	8	3	89	8
Volksschüler mit Lehre	100	32	50	16	2	14	22	62	2	7	88	5
Mittel-, Real-, Fachschule, ohne Abitur	100	47	41	11	1	19	35	44	2	8	89	3
Abitur, Abitur und Studium	100	54	32	14	—	36	42	22	—	9	90	1
Rentner	100	33	41	23	3	7	34	50	9	7	89	4
Freie Berufe, Selbständige	100	31	42	22	5	14	20	60	6	9	89	2
Angestellte	100	39	48	11	2	22	25	51	2	5	93	2
Beamte	100	37	53	10	—	22	42	34	2	7	80	13
Facharbeiter	100	33	50	14	3	12	14	72	2	7	86	7
An- u. ungelernte Arbeiter	100	26	52	21	1	15	14	72	2	3	88	9
Interesse an klass. Musik	100	49	41	9	1	39	61	—	—	11	84	5
Interesse an leichter Musik	100	30	52	17	1	20	—	80	—	6	89	5
18 bis 24 Jahre	100	51	40	7	2	15	8	77	—	8	86	6
25 bis 34 Jahre	100	35	50	14	1	19	16	64	1	6	93	1
35 bis 49 Jahre	100	32	47	19	2	18	21	58	3	6	89	5
50 bis 64 Jahre	100	30	49	17	4	13	31	52	4	6	86	8
65 Jahre und älter	100	27	43	27	3	5	34	51	10	7	88	5

Quelle: infas-Repräsentativuntersuchung, Bundesgebiet, Mai 1970, Randon-Auswahl, 1092 Befragte, eigene Erhebung (leicht gekürzt).

Musikpräferenzen der Jugendlichen

An 1., 2. oder 3. Stelle von 16 Musikarten genannt (Rangreihe) %

Musikart	Gruppe	%
Pop- und Beatmusik	Gesamt	77
	Oberschüler	81
	Berufstätige	75
Deutsche Schlager	Gesamt	56
	Oberschüler	31
	Berufstätige	64
Fremdsprachige Schlager	Gesamt	51
	Oberschüler	52
	Berufstätige	50
Chansons	Gesamt	18
	Oberschüler	26
	Berufstätige	15
Jazz	Gesamt	16
	Oberschüler	24
	Berufstätige	15
Alte Schlager/Evergreens	Gesamt	18
	Oberschüler	6
	Berufstätige	21
Leichte Unterhaltungsmusik	Gesamt	12
	Oberschüler	12
	Berufstätige	13
Musicals	Gesamt	12
	Oberschüler	14
	Berufstätige	12

Musikpräferenzen der Jugendlichen (Fortsetzung)

An 1. 2. oder 3. Stelle von 16 Musikarten genannt (Rangreihe) %

Musikart	Gruppe	%
Ausländische Folklore	Gesamt	9
	Oberschüler	11
	Berufstätige	6
Operettenmelodien	Gesamt	7
	Oberschüler	6
	Berufstätige	10
Tanzmusik	Gesamt	6
	Oberschüler	6
	Berufstätige	8
Klassische Sinfonien	Gesamt	5
	Oberschüler	14
	Berufstätige	1
Deutsche Volksmusik	Gesamt	4
	Oberschüler	3
	Berufstätige	5
Moderne Sinfonien	Gesamt	4
	Oberschüler	9
	Berufstätige	2
Opern- und Opernmelodien	Gesamt	2
	Oberschüler	4
	Berufstätige	2
Kammermusik	Gesamt	0
	Oberschüler	2
	Berufstätige	0

Aus: Der jugendliche Radiohörer, Nordrhein-Westfalen 1971, Infratest München

Spartenpräferenzen[1] der Kinder

Sparte	%
Schlager	76
Unterhaltungsmusik	45
Kinderfunksendungen	40
Schulfunksendungen	32
Unterhaltungssendungen	31
Volkslieder, Volksmusik	24
Sportsendungen	22
Jugendfunksendungen	22
Kriminalhörspiele	16
Sendungen über fremde Länder und Menschen	16
Sendungen in denen aus Büchern vorgelesen wird	15
Operettenmelodien	9
Gottesdienste, Morgenandachten	5
Klassische Musik, Konzerte	5

Aus: Das Kind als Radiohörer, Nordrhein-Westfalen 1971, Infratest München

Hörer des Mehrheitenprogramms von Radio Luxembourg

1. Zeitvolumen, das Jugendliche in Nordrhein-Westfalen aufbringen, um Radio Luxembourg, WDR II und WDR I zu hören, ausgedrückt in %:

Gesamtvolumen der tatsächlichen Hörzeit von Jugendlichen in Nordrhein-Westfalen: 100%
Radio Luxemburg: 61%
WDR II: 18%
WDR I: 4%

Aus: Der jugendliche Radiohörer Nordrhein-Westfalen 1971, Infratest München

2. Hörzeit in Minuten von Jugendlichen in Nordrhein-Westfalen[2], die täglich wenigstens einmal Radio hören; Verteilung auf Radio Luxembourg, WDR II und WDR I:

Hörzeit von Jugendlichen in Nordrhein-Westfalen, die wenigstens einmal täglich Rundfunksender hören: 2 Std., 12 Min.
Hörzeit bei Radio Luxemburg: 2 Std., 3 Min.
Hörzeit beim WDR II: 1 Std., 21 Min.
Hörzeit beim WDR I: 57 Min.

Aus: Der jugendliche Radiohörer Nordrhein-Westfalen 1971, Infratest München

[1] Sparte = Abteilung, Gebiet; Präferenz = Vorrang
[2] ▷ S. 229 (Potentielle Hörzeit)

3. Zeiträume, in denen 4% und mehr der Gesamtbevölkerung in Nordrhein-Westfalen Radio Luxembourg, den WDR II und den WDR I hören:

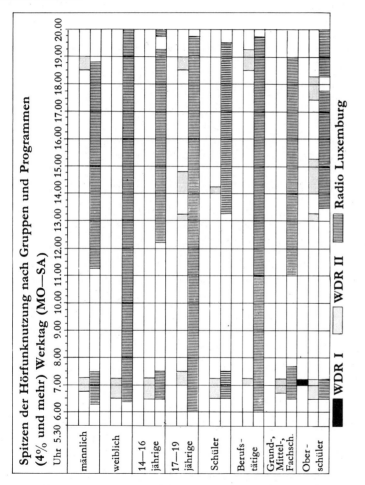

Aus: Der jugendliche Radiohörer, Nordrhein-Westfalen 1971, Infratest München

Der Unterhaltungshörer

Der Schlager als zum Massenverkauf produzierter Artikel muß auch den anspruchslosesten Hörer als möglichen Musikkäufer ansprechen. Darum vermeidet man alles, was *dem Hören Widerstände* entgegensetzen und *Anstrengung* abverlangen könnte: die vorgeordneten Träger musikalischer Gedanken, Melodie (▷ S. 144 f.), Harmonie (▷ S. 113 f.) und Form (▷ S. 150 f.) werden wie die Texte nur mit einem Minimum an Aussage befrachtet. Das Gewicht, welches anderseits der äußeren Aufmachung beigemessen wird, steht in keinem ausgewogenen Verhältnis zur musikalischen Aussage der vorgeordneten Träger. Zur Wirkung kommen vor allem die nachgeordneten musikalischen Merkmale, das Arrangement (▷ S. 213) unter besonderer Berücksichtigung der metrischen und rhythmischen Bereiche (▷ S. 213), der Sound, der wesentlich durch die Manipulationen der Aufnahmetechnik bestimmt wird (▷ S. 214) und der Interpretationsstil des Stars (▷ S. 224).

Diese musikalisch-textliche Gestaltung zielt auf einen Hörer, der *nicht mitdenken*, sondern sich vom Strom der suggestiven Reize *ablenken* und *mitnehmen lassen* will. Durch längere Eingewöhnung kann sich aus diesem Hören ohne Zuhören (Weghören) eine dumpfe Zerstreutheit als Dauer- und Allgemeinzustand entwickeln. Wir kennzeichnen den in eine unbewußte Hörhaltung abgleitenden Menschen als **Unterhaltungshörer**.

Gehaltvolle Musik, die durch größeren Reichtum, größere Informationsdichte, ausgearbeitete Feinstruktur der musikalischen Ereignisse und weiträumigere Gestaltung gekennzeichnet ist, verlangt zu ihrem Verständnis gesteigerte Aufmerksamkeit für Vorgänge und Zusammenhänge. Dieses **bewußte Hören** muß gelernt und trainiert werden. Es führt zu Erkenntnissen und vermittelt Kenntnisse.

Viele Menschen sind durch Gewöhnung so auf die Einstellung des Unterhaltungshörens festgelegt, daß ihnen die Umstellung auf ein bewußtes Hörverhalten nicht mehr gelingt. Sie nehmen anspruchsvollere klassische oder ungewohnte moderne Kompositionen mit unangemessenen Erwartungen auf, finden so keinen Zugang und wenden sich ab.

Musik für den einzelnen — Verdrängung der Wirklichkeit

Der Unterhaltungshörer braucht die Wirkung, welche der Schlager auf ihn ausübt, und er gebraucht Unterhaltungsmusik, um diese Wirkung, nämlich Zerstreuung, Ablenkung und eine gewisse Stimmung immer wieder zu erfahren. Häufig sucht er den Reizeinfluß der Klänge, um das unterschwellige Gefühl der Ratlosigkeit, Langeweile und Leere nicht aufkommen zu lassen. Musik erfüllt also eine Funktion in seinem Leben, die weitgehend unabhängig ist von der bewußten Wahrnehmung musikalischer Vorgänge, ja geradezu durch bewußtes Hören gestört wird.

Die Aufgaben, welche die Musik für den einzelnen, aber auch für die Gemeinschaft übernimmt, können sehr verschiedener Art sein (▷ S. 210 f. Volkslied in der Gruppe).

Sehr häufig wird zur Entspannung und zum Ausgleich nach einer anstrengenden Tätigkeit in Beruf oder Schule gesungen, musiziert oder Musik gehört. Sie dient auch dem Ausgleich während einer mechanischen oder einseitig beanspruchenden Arbeit. Aus diesem Grunde werden z. B. Hausfrauen, Handwerker und Autofahrer zu Dauerhörern.

Besonders Arbeiter am Fließband nehmen dankbar die unterhaltsame Musikberieselung aus dem Lautsprecher wahr, weil sie ihrer seelischen Verödung und Verkümmerung als Folge maschinenhaft monotoner Tätigkeit entgegenwirkt (▷ S. 246). Darüber hinaus wird Musik als Antriebshilfe in Anspruch genommen, wenn sich bei Unlustgefühlen keine spontanen Impulse zur Arbeit einstellen wollen. Jeder weiß, wie oft sie z. B. zur Anfertigung von Hausaufgaben erklingt.

Viele Menschen, deren Lebensbedürfnisse und Gefühlserwartungen in der Wirklichkeit keine oder keine ausreichende Erfüllung finden, suchen einen Ersatz durch die Musik.

Zärtlichkeitsgefühle, Einsamkeits- und Heimwehgefühle, Gefühle der Kameradschaft und Abenteuersehnsucht, Machtgefühle und Erfolgserlebnisse von Menschen beiderlei Geschlechts und aller Altersstufen erhalten in der Schlagerdarstellung durch die Stars ihre Ersatzerfüllung. Die Hörer fühlen sich verstanden, getröstet, bestätigt und zufriedengestellt.

Das erzeugt Zustimmung und schafft Übereinstimmung mit der Botschaft des Schlagers und seiner Sänger. Ältere Starverehrer tragen die Bilder ihrer Idole im Herzen, viele jüngere hängen sie auch an die Wände ihrer Zimmer. Sie lesen regelmäßig die Konsumillustrierte „Bravo, Deutschlands größte Zeitschrift für junge Leute" (▷ S. 227), sind Dauerhörer bei Radio Luxemburg (▷ S. 219) und nehmen dankbar jeden Kontaktersatz (▷ S. 224) wahr, der sie ihrem Idol näherzubringen verspricht. Sie suchen Gemeinschaft mit ihm durch z. T. unbewußte Nachahmung von Kleidung, Gesangsstil und Gitarrenspiel, Sprech- und Denkweise.

Alle diese Verhaltensmerkmale können als Ausdruck der **Identifikation**[1] mit dem Idol gedeutet werden. Sie schafft das Bewußtsein, mit dem Star eins zu sein und dadurch an dem öffentlichen Glanz teilzunehmen, der ihn umgibt. Diese Art seelischer Abhängigkeit kennzeichnet den **Fan**[2].

---
[1] lat., „Verschmelzung", „Ineinssetzung", „Gleichsetzung"
[2] engl. fanatishen — der bedingungslose, unkritisch-fanatische Anhänger

Schlagerrausch und Idolkult hinterlassen beim unvermeidlichen Erwachen ein ungutes Gefühl, das oft durch erneute Wirklichkeitsflucht betäubt wird; die Ersatzwirkung vergeht und verlangt nach Wiederholung.

Die Identifikation des einzelnen kann der Star nicht mit gleichartigen persönlichen Bindungen[1] beantworten. Er wird sie in der Regel z. B. in der Hörerpost, beim Aufschrei der Fan-Massen im Live-Konzert spüren und durch neue Angebote von Kontaktersatz (▷ S. 224) erwidern. Die Identifikation als Einbahnvorgang muß deshalb zur seelischen Verarmung, die innere und äußere bewußte und unbewußte Anpassung zur Überlagerung eigener Verhaltensmöglichkeiten und zur Selbstentfremdung führen.

Der Einfluß der Gruppe — Erzeugung von Konsumzwängen

Jugendliche Unterhaltungshörer und Starfans suchen Gemeinschaft in mehr oder weniger festen Gruppen (▷ S. 210). Diese können Organisation oder Namen eines Fan-Clubs annehmen; viele haben jedoch den Charakter eines privaten und zufälligen, oft durch Nachbarschaft angeregten Zusammenschlusses. Die Mitglieder fühlen einander durch ähnliches Verhalten, durch verwandte Gewohnheiten im Lebensstil verbunden, geben sich jedoch über diese Grundlagen und über ihre Stellung zueinander keine Rechenschaft.

Das Schlagerhören entspricht diesen gefühlsmäßigen Grundlagen und wird häufig zu einem tragenden Bestandteil des Gemeinschaftserlebnisses. Solche „unmündige" Gruppen lassen sich leicht von fremden Interessen bestimmen, ohne daß ihnen wiederum die Tatsache der Außensteuerung in der Regel bewußt wird. Sie sprechen besonders auf die Einflüsse der Konsumgüterwerbung und der Starreklame an, deren Signale sie sich unbewußt als Verhaltensvorschriften zu eigen machen.

Der einzelne, der in der Gruppe ja immer etwas gelten will und ihre Anerkennung sucht, wird von ihr an diesen Verhaltensbildern gemessen und entsprechend eingestuft oder ausgeschlossen. Will er das vermeiden, so muß er sich anpassen, das heißt nicht selten, die Fremdbestätigung durch Konsum — auch durch Musikkonsum — erkaufen.

Viele außengesteuerte Gruppen werden so zum mächtigen Verstärker des Werbeeinflusses und der Starreklame (▷ S. 127). Auch in der Erwachsenenwelt gilt die Konsumfähigkeit als Maß für die soziale Bewertung des einzelnen. Zur Oberschicht gehört, wer sich mehr „leisten" kann als der Durchschnitt. Die Werbung baut das Streben nach sozialem Status in ihre Strategie ein. Unterhaltungsmusik mit dem Orchester James Last z. B. wird als „Super Party Sound" angeboten. Wer sie erwirbt, trägt ein Stück vom begehrten Lebensstil der Oberschicht nach Hause. Der Konsum wird zum Transportmittel des sozialen Aufstiegs.

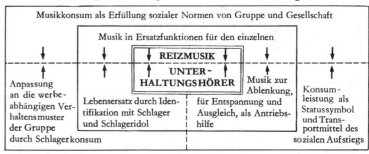

Persönliche und gemeinschaftsgebundene Antriebe zum Schlagerkonsum

---

[1] Zu den ersten Beatgruppen hatten die Fans einen etwas engeren persönlichen Kontakt, wenigstens so lange, wie diese noch vorwiegend im Bereich des eigenen Wohnviertels auftraten und noch nicht zu Starruhm emporgestiegen waren. Die Beatles und andere Beatgruppen verdanken ihren Aufstieg weitgehend dem Einsatz der lokalen Fangruppen.

ROCK — sein Stil und seine Geschichte

In den 50er Jahren geriet das Verhältnis vieler Jugendlicher zur Gesellschaft der Erwachsenen in eine Krise. Sie erlebten, wie ihre Eltern vom Berufskampf, vom Streben nach Erfolg und vom Konsum der reichlich verfügbaren Wohlstandsgüter voll beansprucht waren. Sie spürten zugleich ihre tiefe Unsicherheit, die sich aus dem *Verlust einer umfassenden menschlichen Sinnorientierung inmitten der hocharbeitsteiligen und kommerziell gesteuerten Industriegesellschaft* ergab. Die Heranwachsenden mißtrauten der innerlich bereits zerfallenen bürgerlichen Werteordnung und vermochten sich nicht mit ihr und ihren unglaubwürdig gewordenen Vertretern zu identifizieren. Der früh verstorbene amerikanische Filmheld James Dean wurde zum Idol einer kritischen, alleingelassenen bürgerlichen Jugend. Das Bewußtsein der Einsamkeit und gesellschaftlichen Abseitsstellung löste besonders Mitte der 60er Jahre eine *radikale Absage an die Welt der Erwachsenen* aus, veranlaßte die *Suche nach neuen, tragenden Werten zur Begründung eines menschlicheren Lebens* und führte zur Formulierung kategorischer *Forderungen an die Gesellschaft*, u. a. nach eigenem Freiheitsraum, nach Selbstbestimmung und Mitbestimmung in Betrieb, Schule und Familie. Abwendung und Protest wurden unübersehbar in den Straßenkrawallen und brutalen Terrorakten jugendlicher Banden, der ‚Rocker' ‚Mods', ‚Teds' und ‚Hell's Angles', sie fanden gewaltlosen Ausdruck im Jargon[1], in der Kleidung[2] und in den Formen des Verhaltens[3], durch die jugendliche Gruppen ihr Anderssein demonstrierten, sie wurden unüberhörbar in einer *motorisch-ekstatischen Musik, die dem vitalen Grundbedürfnis entsprach und durch ihre mitreißende Wirkung eine sprachlose Freizeitkommunikation zwischen den Heranwachsenden ermöglichte* (▷ S. 235). Deren Bedürfnis war stark, denn ihre Isolierung beruhte nicht zuletzt auf dem Unvermögen, über das Medium der Sprache tragende Kontakte zur Umwelt herzustellen und aufrechtzuerhalten. Darüber hinaus ergriffen die Jugendlichen das Angebot der Rockmusik in Diskotheken, Beatkellern, Popkonzerten und Festivals auch als eine Möglichkeit, der *Verpflichtung durch Autorität und dem Zwang zur Leistung in Beruf und Schule wenigstens eine Zeitlang zu entgehen* und von einem *Dasein in völliger Ungebundenheit* zu träumen (S. 239).

Die *klassische Musik und der Jazz* sprachen in erster Linie eine elitäre Schicht von Kennern an, die durch ihr kultiviertes Verhalten ein höheres gesellschaftliches Niveau repräsentierten. Jazz und Klassik kamen als Medium gefühlsbetonter Kommunikation nicht inFrage, zumal vor allem die klassische Musik von technisch perfekten, aber scheinbar unbeteiligten *Berufsmusikern* vorgeführt wurde.
Der zündende Funke sprang vielmehr von Gruppen jugendlicher *Dilettanten* über, die mit äußerster Hingabe und letztem Einsatz ihren einfachen und lauten Beat spielten, ihre Schlagerlieder sangen und allein dadurch überzeugten.

Der **Rock** bzw. Beat bezog — ähnlich wie schon der Jazz vor ihm — seine Faszination für die Jugendlichen aus einer immer wieder neuartigen Überlagerung und Verschmelzung (Akkulturation) von vertrautem europäischem und amerikanischem Liedgut (Schlager, ▷ Country Musik) und fremdartiger afrikanischer Musik und Interpretationsweise (▷ Blues, ▷ Rhythm & Blues — R&B —, ▷ Gospel). *Rock und Jazz sind Produkte* der **Akkulturation**.
1954 mischte der Südstaatler Bill Haley seiner *Country Musik*, die er durch Einführung einer elektrischen Lead-Gitarre (▷ S. 237 f), durch drängende Tempi und dröhnende Lautstärke

---

[1] z. B. ‚to get high' — in Drogenrausch kommen; ‚to turn on' — antörnen — in Stimmung bringen
[2] z. B. Lederkleidung der Rocker; bunte, poppige Kleidung; zerschlissene Kleidung der Hippies
[3] z. B. Motorradkult, Drogen- und Musikkonsum ▷ S. 234

aggressiver gestaltete, den harten Beat des R&B-Schlagzeugs bei (▷ S. 238). Formal fußte er auf dem ▷ Blues und auf dem Strophenprinzip gängiger Schlagerproduktionen. Im Gesanglichen übernahm er vom City Blues die kurzatmigen Melodiefloskeln, die meistens eng um einen zentralen Ton kreisen. — Dieser elementare Stil des **Rock'n Roll** (▷ S. 213) *heizte die Emotionen der Jugendlichen an* und wurde als Ausdruck des Protests verstanden (so in Rockfilmen wie ‚Saat der Gewalt'). Haleys Tourneen mit der Gruppe ‚The Comets' löste überall Krawall und Zerstörung aus. — Seine Nachfolger Chuck Berry, Little Richard, Elvis Presley und deren Nahahmer benutzten durchgehend das Bluesschema als formales Gerüst und *verstärkten den afrikanischen Anteil durch Übernahme entscheidender Artikulations- und Intonationsmerkmale des Blues*. Die Faszination der Musik und ihrer Interpreten steigerte sich durch anspielungsreiche Gestik im Rahmen der gewaltigen Fernseh- und Bühnenshows. — Allerdings vermochte diese Ausgestaltung nicht die Abnutzung aufzuhalten, welcher der Rock'n Roll durch billige kommerzielle Massenimitationen und durch Korruption zum Zweck der Verkaufsförderung (Payola Skandal) ausgesetzt war.

Wie der Rock'n Roll in Amerika, so waren auch die *Anfänge des Beat in England* (1958) vor allem von sozial schwächeren und zum Teil entwurzelten Bevölkerungsschichten getragen. Das *Elend der Arbeiterjugend besonders in Liverpool* gehörte ebenso zu seiner Entstehung wie die Einflüsse des *Rock'n Roll* (u. a. Englandtournee Haleys 1957 und Jerry Lewis 1958), des *Blues* und des heimischen *Skiffle*, einer fröhlichen Primitivmusik auf Banjo und Gitarre, Kamm mit Seidenpapier, Krug, Kistenbaß und Waschbrett. Zahlreiche Bands, die ihre Instrumente meist nur mäßig beherrschen — 1962 waren es ca. 400, die mit dieser Freizeitbeschäftigung etwas Geld verdienen wollten — entwickelten daraus in den Beatkellern Liverpools den primitiven **Mersey-Sound**[1], der ab 1963 durch die Beatles weltweit bekannt wurde.

Mittelpunkt ihrer Darbietungen waren zunächst Schlager- und Bluesmelodien oder an sie angelehnte eigene Liedversuche und Improvisationen. — Im Vergleich zur Schlager- oder gar ausgebildeten Stimme klang die *Beatstimme* exaltiert, rauh, rauchig, sprechend bis schreiend. Sie bewegte sich vorwiegend an der oberen Grenze des Stimmumfangs (▷ S. 213). — Die selbst verfaßten *Texte* waren meist banal, zuweilen spielerisch, gaben jedoch durch ihre Thematik Auskunft über die Vorstellungswelt der Gruppen und ihrer Fans. — Den Gesang begleitete man mit Gitarren, deren Saitenschwingungen von einem magnetischen Tonabnehmer unmittelbar aufgenommen und dann elektrisch verstärkt wurden („pick up-System' der E-Gitarre, vergleichbar der Arbeitsweise des magnetischen Tonabnahmers beim Plattenspieler ▷ S. 196 f, S. 198). *E-Gitarren* waren durch den R&B und den von ihm beeinflußten Rock'n Roll eingeführt worden. Hinzu trat — wie schon im Jazz, R&B und Rock'n Roll — das *Schlagzeug*: große Trommel (Bas-drum), zwei bis drei Tom-toms, eine kleine Trommel mit Schnarrsaiten (Snare-drum), mehrere hängende Becken (Cymbals) und ein fußbedientes Doppelbecken (Hi-hat) ▷ Abb. S. 245. In der ersten Phase, im klassischen Beat, steuerten die Gitarren eine harmonisch-akkordische Füllung bei, die in Übereinstimmung mit den Taktschwerpunkten stand (Rythmus-Gitarre).

1964 erlebte man das Übergreifen der bereits hochkommerzialisierten englischen Beatbewegung auf amerikanische Konzertveranstaltungen vor allem durch die Tourneen der Beatles, der Animals und der Rolling Stones. Viele Monate standen die Beatles an der Spitze nicht nur der englischen, sondern auch der amerikanischen Hitlisten. Diese Erfolge wie auch die späteren Tourneen von Spencer Davis 1966, der Cream, Traffic und J. Hendrix Experience 1967/68 förderten die Entstehung bzw. Entwicklung einer starken *bodenständig amerikanischen Beatbewegung ab 1965/66 um das Zentrum von San Francisco.* Diese neue **West-Coast-Musik** artikulierte sich vorwiegend im kommunikativ und kreativ dichten Feld der Live-Auftritte, so z. B. im kurzzeitig selbstverwalteten „Fillmore East".

---

[1] Liverpool liegt am Mersey-River.

Im Gegensatz zur ersten Generation des Rock'n Roll setzte die zweite Generation des klassischen Beat ihre eigenen Soundvorstellungen und Texte gegen die kommerziell orientierten Einebnungsversuche der Industrie durch. *Die Gruppen komponierten und improvisierten nicht nur selbst eine eigenständige Musik, sie produzierten sie auch im z.T. eigenen Studio*, als erste die Beach Boys, die ihre Karriere als Vokalgruppe mit dem unterhaltungsnahen Surf Sound aufbauten.

Live-Konzert, Platte und Band sind die authentischen Vermittler des Rock, der — im Gegensatz zur klassischen Musik — im Notenbild nicht angemessen festgehalten werden kann. Über diese Medien vermochten die Gruppen die *volle Identifikation mit ihrem musikalischen Material* zum Ausdruck zu bringen. Dadurch schufen sie ihrerseits die Voraussetzungen für die *Identifikation der Fans mit ihnen*. Die wechselseitigen Beziehungen waren fester und ehrlicher begründet als die zwischen den Schlagerstars und ihren Anhängern (S. 234 f).

Eine wesentliche Verbesserung des Spielniveaus, die Verbreiterung und Vertiefung der persönlich-musikalischen Aussage führte u. a. zu einem *Überwiegen des instrumentalen Anteils* („Instrumental-elektrischer Beat' ab 1966), der in aller Regel durch vokale Einleitungs- und Schlußteile gerahmt wurde. Das englische Trio Cream mit dem Gitarristen Eric Clapton durchbrach bei seinen Aufnahmen als erste Gruppe die Vier-Minuten-Grenze, an die man sich im Hinblick auf die Hitparaden zu halten pflegte. Es dehnte in den Konzerten seine *instrumentalen Improvisationen bis zu 30 Minuten aus und benötigte zum Transport seiner Musik fast ausschließlich die Langspielplatte*.

Alle Instrumente wurden solistisch virtuos gespielt. Die Gitarre löste sich aus ihrer mehr akkordischen Begleitfunktion und rückte in Entsprechung zur Singstimme zum wichtigsten nun ganz selbständigen Melodieinstrument, zur *Lead-Gitarre* (führenden Gitarre) auf. Neben ihr stellte die *Baß-Gitarre* mit Hilfe einer rhythmisch streng geordneten Motivik den metrischen Hintergrund und das harmonische Fundament dar (▷ S. 119 Generalbaß). Sie übernahm dadurch auch die Funktionen der ausscheidenden Rhythmusgitarre. Tasteninstrumente (meist elektrische Orgel), seltener Saxophon (über den R&B aus dem Jazz herübergewechselt) oder eine zweite Leadgitarre konnten einbezogen werden.

Neue Erlebnisbereiche und Soundelemente, die keineswegs immer verkaufskonform waren, wurden von den Gruppen erschlossen und einbezogen: *Studioexperimente* mit Hilfe der Aufnahmetechnik (▷ S. 215) unter Einschluß eines allseitigen Instrumentariums und der *Elektronik*[1], *Drogenerfahrung*[2], *indische Musik und Kultur*[3].

Die **psychedelische Musik** verstieg sich immer mehr in experimentelle Künstlichkeit und rief ab 1968 als Gegenbewegung den brutal lauten[4] und rhythmisch einfach strukturierten, in Sound und Aufbau unkomplizierten **Hard Rock** hervor, der sich häufig wieder an Harmonik und Formschema des Blues bzw. Rock'n Roll (Rock Revival) orientierte. Von dieser rhythmischen und formalen Festigung des musikalischen Materials sind bis 1973 fast alle Stilarten beeinflußt worden. Andererseits forderte diese Schrumpfung der Mannigfaltigkeit auf eine beherrschende Stilrichtung eine erneute *Differenzierung der Mittel* heraus. Sie wurde vorwiegend geleistet durch die *Mischung des Rock mit verschiedenen z. T. neu herangezogenen Stilen und Formen wie Jazz, Klassische Musik, Oper*[5] *und Volksmusik*.

---

[1] ausgelöst durch die LPs der Beatles ‚Revolver' von 1966 und ‚Sgt. Pepper's Lonely Heart Club Band' von 1967, dem ‚Jahr des Studios'

[2] Entgrenzung des starren formalen Aufbaus in der Psychedelischen Musik z. B. 1966/67 in San Francisco bei Jefferson Airplane, Grateful Dead

[3] u. a. Entwicklung zur statischen Musik mit geringen Veränderungsgraden und Verwendung der Sitar im Raga-Rock, ausgelöst 1965 durch den Beatle George Harrison — In dieser Zeit wird von Amerika her der Ausdruck Beat durch das Wort Rock ersetzt.

[4] Selbst in geschlossenen Räumen wurden Verstärkeranlagen mit 10 000 Watt und mehr verwendet.

[5] Tommy, Jesus Christ Superstar

Die gesellschaftskritischen Gruppen des sogenannten Underground suchten im **Polit Rock** das Bewußtsein ihrer Zuhörer durch den Einsatz drastischer Mittel für gesellschaftliche Mißstände zu schärfen: durch die agitatorisch übersteigerte Darstellung anzuprangernder Zustände in den Szenen ihrer Shows und durch die Geräuschmontagen und Collagen auf ihren Schallplatten. Der dadurch gesteigerte Überdruß an den gesellschaftlichen Zwängen und am Konsumverhalten der Bürger, am europäisch-amerikanischen Kulturbetrieb, an den innenpolitischen und außenpolitischen Praktiken[1] hatte bei den Jugendlichen eine zweifache Auswirkung: er mündete einerseits unmittelbar in *Protest und Aktion*[2] ein, nährte andererseits in Verbindung mit ekstatischer Musikerfahrung den *Traum von der einfachen, gewaltlosen und umfassend menschlichen Gemeinschaft* außerhalb der bestehenden Gesellschaft (Hippie-Mentalität)[3]. Daraus erklären sich die gewaltig anwachsenden Besucherzahlen bei den mehrtägigen **Open-Air-Festivals**, die 1967 mit dem Monterey-Pop-Festival begannen.

In solchen Massentreffen, vor allem 1969 in Woodstock, dem gigantischsten von ihnen (400000 Besucher), glaubte man die *Formierung einer Gegengesellschaft* zu erleben, welcher der Hippieführer Abbie Hoffmann übereilt das Etikett **Woodstock Nation** gab. Jedoch fehlte der Fluchtbewegung aus den Normen der städtischen Leistungsgesellschaft in eine ursprungsnahe, vermeintlich voraussetzungslose Gemeinschaft die *Kraft, sich zu organisieren, und das Konzept, sich dauerhaft innerhalb oder außerhalb der Gesamtgesellschaft zu verwirklichen. Zu viele begnügten sich mit der angeregten Lebensführung, die ihnen der Rock vermittelte, und verloren sich im Drogen-Trip in die Erfahrung der eigenen Seele. —*

Greifbare Ergebnisse hatten nur die *Veranstalter gelungener Festivals* zu verzeichnen. Zu den Einnahmen aus Eintrittsgeldern kamen bei einigen solche aus Zweitauswertungen durch Schallplatten- und Filmdokumentationen in Höhe vieler Millionen Dollar oder DM hinzu. Auch die **Free Concerts** (Konzerte ohne Eintritt), die in ihren Anfängen Ausdruck einer antikapitalistisch-sozialen Gesinnung waren (z. B. bei der Gruppe ‚Grateful Dead' 1966 in den Parks von San Francisco) wurden bald *zu Public Relation-Veranstaltungen umfunktioniert*, hinter denen die wirtschaftlichen Interessen der Gruppen, der Werbe- oder Schallplattenfirmen, der Film- oder Fernsehgesellschaften standen. Dazu zählen die Auftritte der Rolling Stones 1969 im Londoner Hyde Park und auf der verwahrlosten Autorennbahn von Altamont nahe San Francisco (300000 Besucher). *Die herbeigeströmten Massen wurden als kostenlose Statisten zu einträglichen Filmdokumentationen mißbraucht*, selbst dann noch, als in Altamont chaotische Zustände ausbrachen, Menschen zu Tode kamen oder einer vor den Augen der Akteure von einem Mitglied der ‚Hell's Angles' erstochen wurde.

Nicht nur in diesen Beispielen trat das Gewinnstreben vieler Rockgruppen zutage. Trotz ihrer Kritik an der kapitalistischen Gesellschaft, die einen Teil ihrer Anziehung auf die Massen der Jugendlichen ausmachte, jagten sie selbst hektisch Reichtum und Luxus nach, den ihnen nur das gescholtene System vermitteln konnte. *Rock bot ihnen eine Möglichkeit zum Ausstieg aus ihren sozialen Spannungen und einen Weg zum sozialen und wirtschaftlichen Aufstieg außerhalb der festgelegten Bahnen der Gesellschaft.*

Viele, die der Rock nach oben getragen hat, genießen heute zurückgezogen Luxus und Wohlstand, unter ihnen die Rolling Stones, der einst so unternehmende Beatle John Lennon, der wohl bekannteste Folk-Protestsänger Bob Dylan und Jefferson Airplan, die nur mehr selten oder gar nicht auf der Rockszene erscheinen. Der kritische Teil der ehemaligen Fans wendet sich enttäuscht ab, jüngere Fans allerdings kommen hinzu. Andere Superstars des Rock, die zu rücksichtslos auf Selbstverwirklichung im Selbstgenuß aus waren (Ego-Trip), sind *an ihrer maßlosen Lebensführung, an Drogenmißbrauch und Ausschweifung zerbrochen*, unter ihnen Al Wilson von Canned Heat, Jimi Hendrix, Janis Joplin, Jim Morison von den Doors und Brian Jones von den Rolling Stones. Viele, die aufstiegen, verloren den Kontakt zur Masse der Fans, der allein ihre Musik lebendig erhielt.

[1] Vietnameskalation, Polizeiaktionen
[2] Black Power, Studententumulte, Bürgerrechtsbewegung
[3] Vgl. das Musical „Hair".

Das führte um 1970 zum *Stillstand in der Entwicklung* dieser Gruppen. Man begnügte sich allgemein mit der *Nachahmung bewährter Rockmuster*. Rock'n Roll Veteranen wie Bill Haley, Jerry Lee Lewis und Little Richard unternahmen weltweite Comeback-Tourneen. Elvis Presley zog wieder gewaltige Fernsehshows auf. Jüngere Gruppen imitierten den archaischen Rock'n Roll (Rock Revival ▷ S. 238). Einige kehrten zum einfach begleiteten Lied zurück und gaben ihm eine sehnsüchtige Heimwehstimmung, wie James Taylor, Neil Young und Carole King. Die allgemeine Rückwendung erhielt das Etikett **‚Nostalgie'**. Andere ließen den Rock immer mehr zur *Show mit extravaganter Note* um jeden Preis entarten und bauten dabei auf die *Rückbildung im Kritikvermögen der Fans*, so Alice Cooper, Roxy Music und David Bowie. Rockgruppen wurden wie Schlagerstars mit künstlich verordnetem Starimage ‚gemacht', die Fans nach den bekannten Methoden manipuliert (▷ S. 223 f). — Obgleich die Aussage des Rock schal geworden war, berichtete die Musikindustrie 1973 über steigende Umsätze.[1]
Einige Solisten und Gruppen stechen aus der trüben Gesamtsituation 1973/74 durch *schöpferische Originalität und hohes technisches Niveau* hervor. Möglicherweise knüpfen künftige Entwicklungen an ihre Leistungen an:

Carlos Sanatana: ‚Caravansarai' 1972 auf CBS (lateinamerikan. Rhythmik und Jazz)
Weather Report: ‚I Sing the Body Electric' 1972 auf CBS (Jazz Rock)
Miles Davis: ‚Bitches Brew' 1970 auf CBS (Jazz Rock)
Mahavishnu Orchestra (gegründet 1971 von John McLaughlin): ‚Birds of Fire' 1973 auf CBS (virtuoser Jazz Rock)
Caravan: ‚Waterloo Lili' (Konzeptmusik)
Steeleye Span: ‚Below the Salt' 1972 auf Chrysalis (Folk)
Carole King: ‚Tapestry' (Soft Rock)
Steve Wonder: ‚Innervisions' (Soul)

Die Geschichte des Rock und seiner Stile beruht auf der Geschichte seiner Solisten und Gruppen. Weitere Informationen darüber bieten:

Siegfried Schmidt-Joos, Barry Graves: ‚Rock Lexicon', Rowohlt Handbuch 1973
Nic Cohn: ‚AWopBopaLooBop ALopBamBoom' Pop History, Rowohlt Taschenbuch 1973
Rolf-Ulrich Kaiser: ‚Das Buch der neuen Popmusik', Econ Verlag 1970
ders.: ‚Rock Zeit', Econ Verlag 1972
Tony Palmer: ‚Electric Revolution', Bärmeier & Nikel 1971

[1] ▷ S. 231: Musikpräferenzen der Jugendlichen 1971

Die Funktion des Rock für die Generation der Jugendlichen (Zusammenfassung)

ROCK
— ist Ausdruck jugendlichen Protestes gegen die Wertvorstellungen und Lebensformen der Erwachsenenwelt,
— ist ein Instrument politischer Bewußtseinsbildung und der Anleitung zu politischer Aktivität.

ROCK
— ist ein Mittel zum Ausstieg des Musikers aus den Spannungen seines sozialen Milieus, zum wirtschaftlichen und sozialen Aufstieg und zur bindungslosen Selbstverwirklichung,

ROCK
— ist ein Medium gefühlshafter Freizeitkommunikation zwischen Jugendlichen und der Identifikation mit dem Leitbild Star,
— ist Ferment einer umfassenden Generationsgemeinschaft und jugendlichen Gegengesellschaft mit der Neigung, Jugendlichkeit als absoluten Wert gegen altersfremde Inhalte und Äußerungsformen abzugrenzen.

ROCK
— ist ein Werkzeug zur kommerziellen Ausbeutung der Massen.

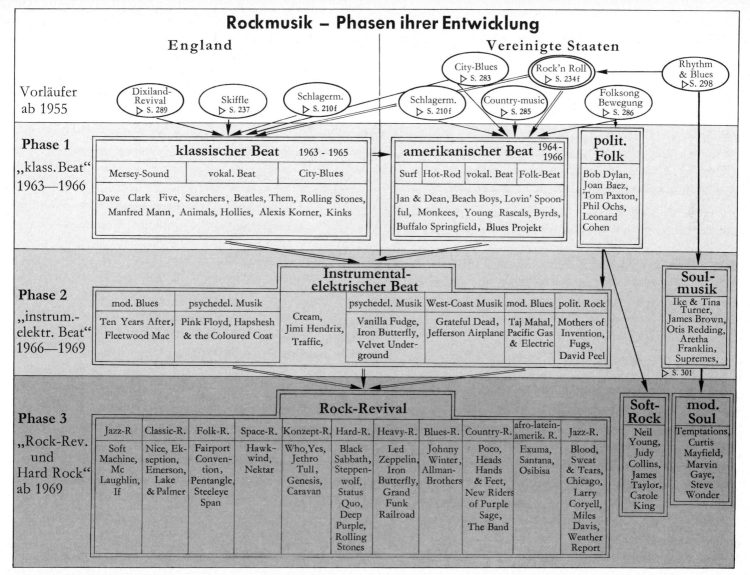

Werbe- und Sachinformation über Musik und Musiker

Informationen können sich u. a. unterscheiden

— durch den Gegenstand, den sie behandeln,
— durch den Gesichtspunkt, unter dem sie einen Gegenstand beleuchten,
— durch Deutlichkeit und Ausführlichkeit der Aussage,
— durch die Absicht, in der sie geboten werden,
— durch die Zielgruppen, für die sie bestimmt sind.

Je nach Beantwortung dieser Fragen werden Informationen in einem Konzertführer, einem Lexikon, einem Werbeprospekt, dem Einführungstext auf einer Schallplattentasche, einer Jugendzeitschrift, einer Fachzeitschrift oder einer Tageszeitung zu suchen sein. Bestimmt die folgenden Proben nach den Gesichtspunkten oben.

Aus Büchern über Musik

Sie spielten im Crawdaddy Club von Richmond, trafen 1963 ihren späteren Manager Andrew Loog Oldham, übernahmen von den Beatles deren Komposition "I Wanna Be Your Man", brachten als zweite Single heraus und stiegen mit ihr in den Olymp der Hitparaden. Ihre Band hatten sie 1962 gegründet. Sie nannten sie nach dem "Rolling Stone Blues" des Negers Muddy Waters.
Bei dem Neger besorgten sie sich ihren Namen, aus dem Großstadt-Rhythm and Blues der Neger holten sie ihren Sound. Sie stahlen bei Muddy Waters, Howling Wolf, Chuck Berry, Bo Diddley und Rufus Thomas. Sie hatten sich deren Platten besorgt, sie oft gehört und nachgespielt. So machten sie dann auch ihren ersten Titel. Sie wiederholten, was sie kannten; und Jahre später entschuldigte sich Mick Jagger: „Wir spielten Blues, um damit die Leute anzutörnen." ... Über den Country-Sound des Albums "Begger's Banquet" sagt Jagger: „Wir wissen über die Country-Musik wirklich nichts, wir spielen einfach nur Spiele. Wir sind nicht genug in der Materie drin, um Bescheid zu wissen".
Naiv übernehmen, was einem begegnet; es weitergeben, ohne es zu prüfen; vordergründige Reize als realen Sound ausgeben — das ist die Geschichte von **Mick Jagger & Die Rolling Stones.**

Aus: Rolf Ulrich Kaiser, Rock-Zeit, Econ Verlag, Düsseldorf 1972

Peter und der Wolf für Sprechstimme und großes Orchester (1936)
1936 schreibt Prokofieff Worte und Musik zu dem musikalischen Märchen „Peter und der Wolf", das er selbst eine „Sinfonische Erzählung für Kinder" nennt. Die erstaunliche Fähigkeit des Illustrierens und Kommentierens mit musikalischen Mitteln, die sich Prokofieff durch seine langjährige Erfahrung mit Oper und Film erworben hatte, findet in diesem jung und alt durch Natürlichkeit und melodisch-instrumentale Einfälle bezaubernden Werk einen beglückenden Niederschlag. „Peter und der Wolf" ist jedoch nicht nur als märchenhaft heiteres, sondern auch lehrreiches Werk gedacht. So wird jede Gestalt der Erzählung durch ein bestimmtes Instrument und Thema bzw. Motiv musikalisch skizziert.

Aus: Manfred Gräter, Konzertführer, Fischer Bücherei Nr. 94, 1955.

Off-beat ('afbiːt, engl., weg vom Schlag, neben dem Schlag) bezeichnet die für den → Jazz typischen, gegen das gleichbleibende Grundschlagen (→ Beat — 1) der Rhythmusgruppe gesetzten freieren Akzentuierungen der Melodiegruppe, die mit Hilfe der Notenschrift nicht fixierbar sind. Der O.-b. ist, wie der Beat, nicht nur ein Merkmal des Jazz, sondern auch der gesamten musikalischen Negerfolklore der USA und hat sich dort als Überrest afrikanischen Musizierens behauptet.
Lit.: A. M. Dauer, Der Jazz, Kassel (1958); ders., Jazz — die magische Musik, Bremen 1961; E. L. Waeltner, Metrik und Rhythmik im Jazz, in: Terminologie der neuen Musik, hrsg. v. R. Stephan, = Veröff. d. Inst. f. Neue Musik u. Musikerziehung Darmstadt V, Berlin 1965.

Aus: Hugo Riemann, Musiklexikon, Art. Off-beat; Verlag Schott, Mainz, 1967.

Schallplattenanzeige:

Alfred Brendel, den hochgerühmten Pianisten der Wiener Schule, annoncieren wir als neuen Philips-Exklusivkünstler. Der heute 40jährige Österreicher ist, wie er von sich selbst sagt, „slawisch und romanisch angereichert durch beide Eltern". Er wurde von Paul Baumgartner ausgebildet, empfing aber auch persönliche Anregungen noch von Edwin Fischer und Eduard Steuermann. Ein Preis im Busoniwettbewerb 1949 bedeutete für den 18jährigen erste Bestätigung seiner künstlerischen Intentionen. Bald darauf schon trat er als Solist internationaler Festivals hervor (Edinburg, Athen, Warschau, Prag, Wien, Salzburg). Seit 1963 konzertiert er alljährlich in Nordamerika. Brendels Repertoire reicht von Haydn bis Schönberg. Seine besondere Hingabe gilt den Werken Mozarts, Beethovens und Liszts. Die beiden vorliegenden Beethovenplatten sind der Auftakt einer Neueinspielung des gesamten Sonatenzyklus.

Fachzeitschrift für Schallplatte, Musik und Hifi-Technik

○ **Maurice André mit seinen Schülern — Fünf Konzerte für 2, 3, 4 und 6 Trompeten** (Torelli, Sinfonia à 4; Alberti, Sonate für 2 Trompeten und Streicher; Bononcini, Sinfonie op. IIa für 2 Trompeten und Streicher; Stölzel, Concerto grosso à 4 Chöre D-dur; Telemann, Konzert für 3 Trompeten, Pauken, Streicher) — Maurice André, Bernard Gabel, Guy Touvron, Bernard Soustrot, Mineo Sugiki, Pierre Schweizer, Trompete; Pierre Pierlot, Oboe; Orchestre de Chambre Jean-Francois Paillard, Philippe Caillard
Electrola 1 C 065-28297 (1 SM 30)

Bedeutung: André im barocken Element, ohne Chancen für seine Schüler; ein neuer Torelli im Katalog
Darstellung: musikantisch schmetternd, auf gutem bis hohem Niveau
Klangbild: offen, recht präsent, deutlich hallig, sehr voll, unverfärbt, ausgewogen, sehr räumlich
Fertigung: deutliches Rumpeln, mangelhafte Werk- und Interpretenangaben
Zum Vergleich herangezogen: Scherbaum, Simek, Kuentz (DG 136518) — Smithers, Laird, Marriner (Philips 6500110) 2/72 — Schneidewind, Zickler, Pasch, Schetsche, Ackermann, Jahn, Faerber (Turnabout TV 34299) — Statter, Peers, Peress, Schulze (Turnabout TV 34297)

Wer glaubt, sich anhand dieser Platte ein Bild über die pädagogische Arbeit Andrés machen zu können, kommt garantiert nicht auf seine Kosten. Das nur gleich im voraus denen, die, wie auch ich, den Titel in dieser Richtung auslegen wollen. Hier spielt André, und seine Schüler dürfen mitspielen — Individualität ist nicht gefragt, es muß alles klingen wie beim Grand Chef. Freilich bieten die dargebotenen Barockwerke und -werkchen wenig Möglichkeit zur individuellen Entfaltung, da man zumeist fröhlich in Terzen zusammenschmettert. Aber zumindest Telemann hat in seinem Konzert für drei Trompeten neue Wege beschritten und die drei Solisten bewußt voneinander unterschieden. Dabei wird dann besonders deutlich, wie bewußt der Meister von seinen Schülern kopiert wird und dadurch Andrés Personalstil zum Klischee, zu „Masche" wird. Durch mangelhafte Angaben auf Plattenetikett und Plattentasche werden die fünf Eleven dazu vollends zur Anonymität verdammt; zwar sind sie namentlich erwähnt, doch weiß man nie, wann wer wo was spielt — das weiß man nur beim Stölzel, denn da blasen alle sechse. Auch im übrigen lassen dieser Electrola-Taschentext und die Werkangaben nach Art des Hauses zu wünschen übrig. Ich darf mir Einzelheiten sparen. Fazit: Eine vertane Chance für fünf André-Schüler und 25,— DM zu viel für die lieblose Präsentation. Holger Arnold

Aus: „fono forum", November 1972

Zeitschriftenwerbung:

Klassik. Man hört wieder Klassik! Waldo de los Rios kam mit „Mozart 40" in die Pop-Hitparaden und Schlagerstar Karel Gott singt traumhaft schön Smetanas „Moldau". Die Grenzen zwischen Pop und Klassik verwischen. Immer mehr „Pop-Fans" entdecken die Klassik, denn Musik von Beethoven, Bach, Schubert und Mozart ist kein Privileg für Leute mit Frack und Mahagonimöbeln. Klassische Musik zu mögen hat nichts mit dem Alter zu tun. Denn die „alten" Klassiker können sehr modern, dynamisch und erregend klingen; aber auch zärtlich und romantisch: Wenn sie von Klasseleuten (Könnern) interpretiert werden, wie Herbert von Karajan, Karl Böhm und Claudio Arrau; Dirigenten, die die Jugend ansprechen und die „Alten" begeistern; Dirigenten, die Sänger, Sängerinnen und Instrumentalsolisten mitreißen — gleichgültig ob Anfänger oder „Arrivierte" — dieses Mitreißen fördert Leistungen, die vor allem die Jugend der „ernsten" Kunst aufgeschlossen machen: sie überzeugen. Die folgenden drei Seiten geben einen leider sehr sparsamen Überblick. Aber verständlicherweise kann das Stichwort Klassik nur Hauptthema eines eigenen umfassenden Nachschlagewerkes sein.

Sammelt nun selbst Musikinformationen aus den verschiedensten Quellen, und begründet, warum ihr sie unter den einen oder den anderen der einleitend aufgeführten Gesichtspunkte eingliedert.

Erkundet, wo ihr Literatur über Musikfragen ausleihen (Musik- und Volksbüchereien) und erwerben könnt (Musikalischer Fachhandel Buchhandel mit Musikabteilung).

Informiert euch über preisgünstige Taschenbuchreihen, in denen Schriften über Musik erscheinen. Sichtet die einschlägigen Prospekte!

Sammelt zur Vorbereitung auf eine Musikdarbietung (öffentliches Konzert, Rundfunk, Fernsehen oder Platte) Informationen über Werk, Komponisten, ihre Zeit und ihr Publikum sowie über ihre Interpreten aus allen verfügbaren Quellen (Opern- und Konzertführern, Plattentexten, Lexika, Schulfunk-Begleitheften, Pressekritiken, Zeitschriften und Zeitungen usw.).

○ Schallplattenveröffentlichung, die mindestens ein Werk enthält, das in der vorausgegangenen Ausgabe der deutschen Schallplattenkataloge nicht anzutreffen war.

Musik als Transportmittel und als Instrument der Fremdsteuerung

Der unbestimmte Gefühlscharakter der Musik — ihre Einwirkung auf das Unbewußte

Erläutert, welche Aufgaben der Musik in den Bildtafeln S. 245 zufallen. Warum wird im Kaufhaus, im Wartezimmer des Arztes, im Kurpark, bei der Modenschau Musik als Darbietung oder Hintergrundberieselung angeboten? — Warum erklingt zu besonderen Ereignissen des öffentlichen und privaten Lebens Musik? (Nennt Beispiele.) — Warum ist Musik unentbehrlich auf dem Jahrmarkt, im Zirkus, an Karneval? — Was soll Marschmusik bewirken, wenn sie für Soldaten gespielt wird, aus den Lautsprechern von Wahlkampfautos, auf Parteiveranstaltungen oder auf dem Tanzboden erklingt?

Nehmt solche Umweltmusik auf Tonband; untersucht ihre Wirkung, die dazu verwendeten Mittel und die Absicht, die von den Veranstaltern mit der Darbietung dieser Musik verbunden wurde.

Die Marseillaise hat die Idee der Befreiung in der Französischen Revolution, das Horst-Wessel-Lied die Parolen der nationalen Erhebung, die Beat-Musik den Protest der jungen Generation vorantragen helfen. Wie ist es möglich, daß Musik so eingesetzt und so verstanden werden kann? — Die Wirkung der Musik geht sowohl unmittelbar von ihr selbst aus als auch von dem Zusammenhang, in dem sie zur Darbietung kommt. Schon das Kind lernt sie so kennen, wenn die Mutter es z. B. mit einer einfachen Melodie beruhigt, aufheitert oder in den Schlaf singt.

In sehr vielen Fällen entsteht so durch die Gewöhnung des ständigen umgangsmäßigen Hörens ein fester, aber durchaus unbewußter Zusammenhang zwischen einer bestimmten Musik, ihrer Wirkung auf uns und unserer Reaktion.

Diese Wirkung ist unbestimmt und allgemein, wir können sie nur unzureichend umschreiben, etwa mit den Worten wie: ruhig, aufgeregt, traurig, mitreißend usw.

Ist dieser Zusammenhang einmal eingeübt und gelernt, so stellt sich die Wirkung auch ein, wenn die Musik als klanglicher Hintergrund kaum beachtet wird. In diesem unbewachten Zustand kann ihr Einfluß sogar besonders tiefgreifend sein.

Ihr unbestimmter Charakter läßt die Koppelung an außermusikalische Zwecke und Absichten zu, so daß diese Absichten auf dem Rücken der Musik zur Zielgruppe transportiert werden. — Ihre Auswirkung auf den unbewußten Teil unseres Verhaltens macht Musik dann geeignet, die Mitglieder der Zielgruppe nach der Absicht der Absender zu beeinflussen und zu steuern (▷ S. 246).

Werbung mit Musik in Funk und Fernsehen

Um in wenigen Sekunden einen starken und nachhaltigen Eindruck erzielen zu können, wirkt die Werbung über **mehrere Informationskanäle** gleichzeitig auf Hörer und Zuschauer ein; im Rundfunk wählt man abgestimmte Wort-Ton-Kombinationen, im Fernsehen Wort-Bild-Ton-Kombinationen[1] (▷ S. 226).

---

[1] Werbung kostet viel Geld. 1972 zahlte man im Westdeutschen Werbefernsehen für 15 Sekunden DM 8500,—, für 60 Sekunden DM 24200,— zuzüglich Umsatzsteuer. 1970 kamen in ca. 24 Tagen bei deutschen Rundfunkanstalten DM 17 966 743,—, bei deutschen Fernsehanstalten DM 54 586 980,— für Werbung ein. — Warum ist Werbung so teuer? Wer bezahlt sie?

Süßer die Glocken nie klingen — Musik zum Weihnachtsgeschäft

Musik zum Gleichschritt — Stärkung soldatischer Gesinnung

Musik zündet — Frohsinn beim Rosenmontagszug am Rhein

Kommunikation durch ekstatische Musik — Carlos Santana, Woodstock 1969

Verfolgt Werbesendungen in Rundfunk und Fernsehen.
Welche Bestandteile der Gesamtwirkung fallen aus, wenn bei Fernsehwerbung wechselweise Ton und Bild ausgeblendet werden? Für welchen Zweck wird also vor allem der Musikanteil eingesetzt? (▷ S. 247 und S. 248). — *Prüft an jedem einzelnen Beispiel, welche Vorstellungen mit Hilfe der Musik erweckt werden sollen und welche musikalischen Mittel dafür eingesetzt werden* (▷ S. 214 Vorverständnis-Bekanntheitserlebenis, ▷ S. 212/13 Signalwirkung der Werbemusik).
Plant Werbemaßnahmen für eine schulische Veranstaltung; stimmt Musik und Bildbeiträge mit euren Werbeslogans ab.

Arbeitsmusik und Musiktherapie

Ertönt zum immer gleichen Handgriff am Fließband, in Montagehallen und industriellen Produktionsstätten Musik aus dem Lautsprecher, so will sie nicht nur der seelischen Verkümmerung der einseitig beanspruchten Arbeiter vorbeugen. Die gelöste Stimmung, welche die Musik vermittelt, beeinflußt auch ihren Arbeitsrhythmus, führt zu erhöhter Leistungsbereitschaft und zu höheren Produktionsergebnissen. Besonders günstig sind die Resultate, wenn der Charakter der Musik im Verlauf der Arbeitszeit an die Ermüdungskurve angepaßt wird. Dies geschieht auf der Grundlage wissenschaftlicher Testversuche (▷ S. 234: Musik als Antriebshilfe).

Wie bewertet ihr diese Verwendung von Musik?

Die Medizin bedient sich in europäischen Staaten und in Nordamerika der reinigenden, ordnenden und aktivierenden Wirkung der Musik bei der Heilung von Kindern aber auch von Erwachsenen, die nervlich-seelisch erkrankt oder in ihrem Verhalten zur Umwelt gestört sind. Diese Form der Heilbehandlung heißt **Musiktherapie**[1].

Die Ursachen für Schäden der erwähnten Art liegen oft in unbewußten Tiefenschichten der Person, die durch das helfende Wort des Heilpädagogen nur mittelbar erreicht werden können. Musik wirkt unmittelbar auf das Unbewußte des Menschen ein und beeinflußt von daher nicht nur das psychische Verhalten, sondern auch Blutdruck, Pulsschlag, Atmung und Muskelspannung, z. B. in der Schlaftherapie.

In der *aktiven* Therapie gestalten die Patienten meist mit anderen zusammen selbst Melodie und Rhythmus auf dem Orffschen Instrumentarium, auf Streich- und Zupfinstrumenten. In der *passiven* Therapie hören sie Musik vor allem von Bach (Ordnungsmusik), Haydn und Mozart, ferner Programmusik wie Smetanas „Moldau", keinesfalls jedoch dynamisch ausgeprägte, gefühlshaft romantische Werke, moderne Musik und Jazz, und zwar, weil solche Musikstücke sich in weit geringerem Maße ordnend und ausgleichend auszuwirken vermögen. An die Darbietungen können sich Aussprachen anschließen.
Musik wird medizinisch auch bei Gruppengymnastik, Hypnose und autogenem Training eingesetzt.

[1] Heilbehandlung mit Musik.

Musik in Film, Fernsehen und Oper

Ton zum Bild — Musik als Hilfskunst

Stellt fest, welche Aufgabe die Musik in Nachrichten-, Magazin- und Eurovisionssendungen des Fernsehens hat, welche Rolle sie in belehrenden und unterhaltsamen Beiträgen für Kinder und in den Unterhaltungsfilmen für Erwachsene, in Western, Krimis, Science Fiktion-Streifen spielt. — Nehmt solche Musik auf Tonband, und versucht euch beim Wiederhören zu erinnern, zu welchen Bildvorgängen sie dargeboten wurde. Versucht der Ton, die Aussage des Bildes mit seinen Mitteln zu wiederholen oder zu ergänzen? Werden Personen oder wiederkehrende Situationen musikalisch gekennzeichnet (Kennmusik)? Stellt sich das Bild in eurer Vorstellung wieder deutlich ein, so kann dies ein Zeichen für die treffsichere musikalische Gestaltung sein. — Welche Schallmittel werden bei den erwähnten Sendungen bevorzugt verwendet, elektronische oder mit Hilfe von Instrumenten und Stimmen erzeugte Klänge und Geräusche?
Erfindet zu einer Folge gemalter Bilder oder zu einem selbst gedrehten Film Begleittext und untermalenden Schall. Verwendet neben Instrumenten auch Gebrauchsgegenstände des Alltags zu seiner Erzeugung, und versucht ferner, ihn mit Hilfe eines Tonbandes zu manipulieren (▷ S. 22, S. 215).
Themenvorschläge: Ein Abenteuer unter Wasser — Eine Feuersbrunst — Schiffbruch am Meeresstrand — In der Halle des Bergkönigs — Ein schöner und ein quälender Traum.

Bild zum Ton — Verdeutlichung musikalischer Vorgänge oder Ablenkung?

Untersucht das Verhältnis von Ton und Bild bei Sendungen konzertanter Musik im Fernsehen, z. B. in einer Wiedergabe der Matthäuspassion von Bach, einem Weihnachtskonzert der Regensburger Domspatzen, einem Sinfoniekonzert, einem Solistenkonzert auch mit Begleitung eines Orchesters.
Was soll verdeutlicht werden, wenn man in den begleitenden Bildern Landschaften, stilentsprechende Werke der Architektur und bildenden Kunst oder die darstellenden Musiker und Solisten zeigt?
Stehen Bildführung und Bildwechsel in Übereinstimmung mit Aufbau und Gliederung der Musik, verweisen sie auf die in diesem Augenblick wesentlichen Dinge oder verliert sich der Kameramann an eine wirkungsvolle Optik; lenken die Bilder von der Musik ab oder dienen sie ihrem Verständnis?

Bei Fernsehübertragungen von Pop-Musik hat die **Bildregie** nicht zu befürchten, die Wirkung eines in sich geschlossenen anspruchsvollen Kunstwerks zu beeinträchtigen oder zu zerstören. Hier ist es sogar erwünscht, daß sie alle ihre Möglichkeiten ausspielt. Die Erscheinung des Stars und die Mitteilung seines Liedes werden durch die optische Aufmachung und die Tricks der Bildtechnik zu eindrucksvoller Bedeutung gesteigert (▷ S: 233 Hervortreten nachgeordneter musikalischer Merkmale).
Untersucht und beschreibt die Bildmittel in Personality-Shows von Musikstars, in Hitparaden und musikalischen Unterhaltungssendungen.

Die Produktion musikalischer Unterhaltungssendungen gehört zu den aufwendigsten Unternehmungen des Fernsehens mit zugleich höchsten Zuschaltquoten. Eine Fernsehminute mit musikalischer Unterhaltung kostete 1970 DM 3949,—, eine Hörfunkminute mit leichter Musik im selben Jahr hingegen nur DM 26,—.

Malt Bilder zu musikalischen Schallplattenvorführungen und versucht festzustellen, von welchen ihrer Merkmale ihr euch habt anregen lassen.

Ton und Handlung — die Gattung Oper

In der ▷ Oper gehen *Ton und Handlung eine engere Verbindung* ein als z. B. im Spielfilm, der Musik als untermalende Hilfskunst verwendet.

Die *Spannung*, die durch die Komplikationen der Handlung entsteht, wird vor allem *durch die Mittel der Musik* zum Ausdruck gebracht. Die handelnden Personen sind daran als *Sänger und Sängerinnen wesentlich beteiligt.* Die Kunst der musikalischen Gestaltung beansprucht dabei nicht selten größere Aufmerksamkeit als die oft belanglose Handlung selbst.

Das **Rezitativ**, ein sprachnaher Gesang über harmonischen Akkordstützen oder mit malender Orchesterbegleitung (▷ Rezitativ) *steigert den dramatischen Ausdruck des Wortes*; die **Arie**, ein vom Orchester begleiteter und im Vergleich zum Volkslied kunstvoller, nach musikalischen Gesetzen aufgebauter und gegliederter Gesang, *dient den handelnden Personen zur Darstellung ihrer Gefühle und Stimmungen* (▷ Arie). (Zur weiteren Information über Geschichte und Wesen der Oper vgl. die Kurzbiographien von Monteverdi, Lully, Gluck, Händel, Mozart, Weber, Wagner, Verdi, Mussorgsky, Hindemith, Strawinsky, Orff, Henze und Zimmermann. Vergleicht auch die Stichworte zu den verwandten Gattungen Oratorium, Singspiel, Operette, Musical und die Bemerkungen über die zeitgenössischen Rock-Opern „Tommy" und „Jesus Christ Superstar" (▷ S. 238 ▷ „Bearbeitung" ▷ „Song").

Die technischen Medien Funk, Fernsehen und Film haben sich wie die technischen Mittler Tonband, Schallplatte und Cassette der Oper auf ihre Weise angenommen.

Zunächst machte man *Ton- und Filmaufnahmen von Bühnenaufführungen* und bot sie über Medien und Mittler an. Dann ging man zu *Studioproduktionen* über, die frei waren von den störenden Begleiterscheinungen der Live-Mitschnitte.

Studioproduktionen haben ihre arteigenen Grenzen und Möglichkeiten: die *Funkinszenierung* z. B. versucht, den Anschauungsverlust durch Aufnahme bestimmter Umweltgeräusche in das Hörbild und Veränderung des Mikrophonstandes, die Bewegung vortäuscht, auszugleichen; die *Fernsehinszenierung*[1] hat mit der Enge des Fernsehbildes fertig zu werden. Sie meidet deshalb die Totale, die dem Gesamtüberblick des Theaterbesuchers entspricht, und bevorzugt ihr gegenüber den Bildausschnitt, den Wechsel des Blickwinkels, Naheinstellungen, Großaufnahmen, Kameraschwenks und Überblendungen.

Vergleicht Funk- und Fernsehinszenierungen mit Bühnenaufführungen. Zeigt an einigen Szenen auf, wie die erwähnten Möglichkeiten der Technik im Zusammenhang mit Handlung und Musik zur Anwendung gekommen sind (▷ Anwendung des Play back in der Fernsehinszenierung S. 216).

Die *Darstellungsmittel von Funk und Fernsehen* haben schließlich zu Opernkompositionen angeregt, die nur noch von diesen Medien, jedoch *überhaupt nicht mehr auf der Bühne* dargestellt werden können.

---

[1] 1953 wurde Benjamin Brittens Kinderoper „Der kleine Schornsteinfeger" als eines der ersten Bühnenwerke für das Fernsehen inszeniert (▷ S. 54*).

Konzertleben

Organisatorische Durchführung von Konzertveranstaltungen

Untersucht Konzertankündigungen auf Plakaten und in Zeitungen. Worüber unterrichten sie? Beachtet besonders, was ganz oben und ganz unten abgedruckt ist!
Wer sorgt dafür, daß Konzerte stattfinden können; wer veranstaltet sie; wer trägt die Unkosten, wenn die Besucher ausbleiben?

Konzertdirektionen sind Geschäftsunternehmen, die sich mit der Vorbereitung und Durchführung musikalischer Veranstaltungen befassen. Sie planen Konzertreihen für eine ganze Saison und verpflichten dazu vertraglich Instrumentalsolisten, Konzertsänger, Chöre und Orchester. Arbeiten sie dabei auf eigene Rechnung, so tragen sie auch das Risiko eines geschäftlichen Mißerfolges.
Sie übernehmen aber auch die Vorbereitung und Durchführung von Konzerten und Konzerttourneen im Auftrag der Künstler oder anderer interessierter Personen. Das geschäftliche Risiko liegt dann bei diesen Auftraggebern.

Große Konzertdirektionen haben auch die amtliche Genehmigung, für eigene und fremde Konzerte Künstler zu vermitteln, sie betreiben eine Konzertagentur. In der Regel sind Veranstalter jedoch auf selbständige Konzertagenturen[1] angewiesen, die Vertragsabschlüsse mit den Künstlern zustandebringen.

Vereine und Gesellschaften, die häufig einen Laienchor betreuen und unterhalten, Kulturämter von Städten und Gemeinden, Reiseorchester wie das Stuttgarter, das Bamberger oder das Rheinische Kammerorchester treten als Veranstalter regelmäßiger Konzerte hervor, um das kulturelle Leben zu bereichern und Laien an das Musizieren heranzuführen.
Im Gegensatz zu den Geschäftsunternehmen, die mit Gewinn arbeiten müssen, werden ihre Konzerte aus den öffentlichen Etats der Gemeinden, Städte und Länder mitfinanziert. Nur so lassen sich erschwingliche Eintrittspreise ermöglichen.

Der Bühnenetat einer deutschen Großstadt beläuft sich auf ca. DM 25 Mio. im Jahr. Davon werden Oper, Schauspiel und städtisches Orchester unterhalten. Nur etwa der vierte Teil dieser Unterhaltskosten kommt über die Kasseneinnahmen wieder herein. Der Rest wird aus Steuergeldern bestritten.
Konzerte mit rundfunkeigenen Ensembles und Orchestern können oft zu niedrigen Eintrittspreisen oder ganz ohne Eintrittsgeld veranstaltet werden. Die Honorare für die Musiker fließen aus den Sendegebühren.

Wofür muß eine Konzertdirektion sorgen, wenn sie einen erfolgreichen Konzertablauf gewährleisten will? Wertet die folgende Übersicht aus.

Ein Pianist, der in der Musikwelt bekannt werden möchte, gibt ein Konzert in einer Großstadt, um die Beachtung einer international angesehenen Presse zu finden. Er wendet sich an eine Konzertdirektion, die in seinem Auftrag und auf sein Risiko die Veranstaltung vorbereitet und durchführt. Sie macht ihm nach dem Konzert die folgende Rechnung auf:

Saalmiete (1 200 Plätze)	DM 1 000,—
Personal an Garderobe und Eingängen usw. Lohnsteuer eingeschlossen	DM 200,—
Inserate in 3—4 Tageszeitungen der Stadt	DM 750,—
Eintrittskartendruck	DM 60,—
500 Schriftplakate je nach Größe ca.	DM 300,—
Plakatanschlag an 200 Stellen	DM 450,—
Programmdruck	DM 250,—
Büro-Kosten	DM 200,—
Leihgebühr, Transport und Stimmen des Flügels	DM 500,—
Druck und Versand von Einladungskarten	DM 200,—
GEMA-Gebühren je nach Programm (▷ S. 206)	unterschiedlich
Honorar der Konzertdirektion für die Durchführung der Organisation	DM 500,— bis DM 700,—

---

[1] Es gibt heute in der Bundesrepublik etwa 100 private Vermittler und Agenturen. Nach dem Arbeitsförderungsgesetz vom Juni 1969 soll die Künstlervermittlung aus den privaten Händen genommen und den Landesarbeitsämtern übertragen werden. Die Betroffenen fürchten, daß diese Arbeitsämter den Anforderungen des Konzertwesens nicht gewachsen sein werden.

Die Karten zum Besuch eines solchen Konzertes kosten zwischen DM 4,— und DM 12,—, ihr Verkauf müßte bei vollem Haus zwischen DM 10000,— und DM 12000,— an Kasseneinnahmen bringen, sie liegen aber in der Regel nur bei DM 500,—, da das Konzert eines unbekannten Künstlers keine große Anziehung auf die Besucher ausübt, ein großer Teil der Karten mit Einladungen an einflußreiche Persönlichkeiten des Musiklebens verschickt, ein anderer Teil verschenkt wird, damit das Konzert nicht vor leeren Stuhlreihen stattfinden muß.

Wird ein Künstler für die Mitwirkung in einem fremden Konzert gewonnen, so erhält er

DM 300,— bis 400,— wenn er ganz unbekannt ist,

DM 1500,— wenn er bereits eine gute Plazierung in einem Wettbewerb erreicht hat, sein Name schon in Presse und Rundfunk genannt wurde (Eintritt DM 6,— bis 15,—).

DM 8500,— bis 9000,— wenn er zur Spitzenklasse der Instrumental- oder Gesangssolisten gehört (Eintritt DM 8,— bis 30,—).

Kammerorchester mit Bläsern (große Besetzung)
erhalten für ein Konzert DM 4000,—
Angesehene Sinfonieorchester DM 15000,— bis 20000,—
Spitzenorchester wie die Berliner oder Wiener Sinfoniker oder das NDR-Rundfunkorchester erhalten mehr. Der Eintritt liegt dann bei DM 8,— bis 34,— und darüber.

Die Vorwerbung für einen Zyklus mit ca. 10 Konzerten in einer Konzertsaison, durch die Konzertbesucher zum Abonnement eingeladen werden, kostet ca. DM 12000,—.

Heute können Konzertdirektionen nicht allein von den Veranstaltungen mit ortseigenen Klangkörpern und mit klassischer Musik leben. Sie weiten ihr Tätigkeitsfeld mit der **Durchführung von Gastspielen und Popveranstaltungen** aus.

Tourneen mit Popgruppen umfassen 10—20 Konzerte in verschiedenen Städten und werden durch die Zusammenarbeit mit einer Illustrierten auf breitester Basis vorbereitet. Tourneeunternehmen zahlen an die Verlage, damit ihr Vorhaben durch den Presseeinsatz ein Höchstmaß an Publicity erreicht. In den Ankündigungen heißt es dann z. B. „Stern" präsentiert ...
Spitzengruppen der Popmusik wie Deep Purple erhalten wie auch Spitzenstars der Schlagerbranche (Peter Alexander, Anneliese Rothenberger) DM 40000,— pro Auftritt. Der Eintritt liegt auf allen Plätzen gleich bei DM 10,—.

Für den wirtschaftlichen Erfolg eines Konzertes ist neben der Organisation, der Qualität und Bekanntheit der Mitwirkenden auch das **Programm** entscheidend.

In einem Interview, das eine deutsche Wochenzeitung am 17. 12. 1971 veröffentlichte, äußerte sich Herbert von Karajan zu der Frage, warum die als Staatsorchester hoch subventionierten Berliner Philharmoniker, sein Orchester, fast ausschließlich Musik aus dem klassisch-romantischen Repertoire anbieten:

„Es ist eine Tatsache, daß das Publikum bestimmte Dinge hören will ... Verkaufen sie einmal ein Konzert mit zeitgenössischer Musik in normalen Veranstaltungen bei denselben Preisen, die klassische Programme haben: Das schlechte Resultat kennen Sie ... Und das was wir bieten, ist doch, was die Leute wollen."

Warum wollen die Besucher von Karajan-Konzerten „bestimmte Dinge" hören? Welche Gesichtspunkte sind für die Programmgestaltung maßgebend? Welche anderen Gesichtspunkte haltet ihr daneben für möglich?

Formen öffentlicher Konzerte

Konzerte in Darbietungsform finden in großen Städten in eigens für diesen Zweck errichteten geräumigen festlichen Sälen statt. Sie können von jedermann gegen ein Eintrittsgeld besucht werden. Ausführende und Zuhörer sitzen sich mit streng getrennten Aufgaben gegenüber. Der Ursprung solcher Darbietungskonzerte liegt weit in der Geschichte zurück.

Absolute Fürsten hielten sich eine Oper, ein Orchester und einen Chor, damit sie die höfische Gesellschaft unterhielten, außerdem wollten sie in ihnen und der von ihnen hervorgebrachten Kunst Macht und Glanz ihres Standes zur Schau stellen (Repräsentation, Demonstration).

Mit dem Zerfall dieser Oberschicht und dem wirtschaftlichen und gesellschaftlichen Aufstieg des Bürgertums wurde Kunst vor allem in den Städten mit wohlhabender Bürgerschaft gepflegt. Ab 1739 (Frankfurt) veranstalteten sie nach englischem Muster Konzertreihen, die jeder Bürger besuchen konnte. Da sich wertbewußte Virtuosen und geschäftlich denkende Musiker ihre Leistung wie eine Ware bezahlen ließen, mußte zur Deckung der Unkosten ein Eintrittsgeld erhoben werden. Im 19. Jahrhundert baute man Konzertsäle und Opernhäuser für große Besucherzahlen, die den höfischen Fest- und Prunksälen nachempfunden waren und Ausdruck des bürgerlichen Selbstgefühls und Bildungsanspruchs sind. Moderne Konzertsäle werden stärker nach praktischen Erfordernissen, vor allem denen der Akustik eingerichtet.

Komponisten unserer Zeit suchen neben den Konzertformen, die aus der Geschichte in die Gegenwart hineinragen und sie noch weitgehend mit der Darbietung klassischer Meisterwerke beherrschen, **neue Darstellungs- und Aufführungsformen für Musik** zu entwickeln.

Das starre Gegenüber von Aufführenden und Publikum wird aufgelöst. Die Musiker haben wechselnde Aufgaben zu übernehmen, die ihre ständige Bewegung im Raum erfordern. Die Komposition "Music walk" (Musikspaziergang) schrieb John Cage 1957 für einen oder mehrere Pianisten, die alle ein Klavier, mehrere Radios und Plattenspieler zu bedienen haben.
Die körperlichen **Aktionen im Raum** haben gleiche Bedeutsamkeit wie die Klänge in der Luft. Die Musiker werden zu Schauspielern, die Musik verbindet sich mit Elementen des Balletts und des Theaters; sie spricht in dieser Ausweitung viele Sinne gleichzeitig an. Die Aktionen gelten aber nicht der Darstellung einer Handlung, die von der Musik untermalt würde, sie sind vielmehr an die Erzeugung der Schallereignisse gebunden: sie sind **instrumentales Theater**. (▷ Werbung mit Musik S. 244, Ton zum Bild S. 247, Ton und Handlung S. 248)

Musik in Aktion schafft einen neuen **Kontakt zum Publikum**. Die Spieler bewegen sich zwischen den Gästen, die selbst zu Agierenden werden können. In Stockhausens „Musik für ein Haus" von 1968 müssen die Besucher entscheiden, in welchem Stockwerk und in welchem Zimmer sie welche Musik hören wollen. Sie können dabei sitzen, stehen oder sich bewegen, sich mit den Musikern unterhalten oder mitwirken (Wandelkonzerte). (▷ Entscheidungsanteil am Konzert S. 228).

Musik in Aktion ist nur eine Spielart des Bemühens um **sichtbare Musik**. Darunter fällt auch die Aufteilung der Klangkörper über den ganzen Raum, die Verbindung von Bildgeschehen mit Musik (Filmmusik, jedoch wiederum nicht zur Hintergrundillustration einer selbständigen Handlung), die Einbeziehung des Schriftbildes der Musik mit Annäherung zur Grafik und Malerei. Immer nimmt Musik den Kontakt auf zu anderen Medien, ohne jedoch mit ihnen zu verschmelzen.
Musik verliert in diesem Zusammenhang ihren Fest- und Feier-Charakter, sie dient nicht mehr der Erbauung des Gemütes. Sichtbares, Gesprochenes und Geräuschhaftes werden mit Handlung, Bild, Zufall, Schweigen und bereits historischer Musik zusammen komponiert. **Musik ist ein Teil des Alltags**, dessen Elemente in sie eingehen, selbst wenn sie häßlich sind.

Versucht, aus Musik Aktionen zu entwickeln; setzt den Ablauf von Schallereignissen zu Sichtbarem in Beziehung.

Mauricio Kagel: PROBE, Versuch für ein improvisiertes Kollektiv 1970. Uraufführung: Oslo, Sonja Henie og Niels Onstads Museum 9. 5. 1971.
aus dem Programmheft: Einzige Mitwirkende sind die Kartenerwerber selbst.... Alle akustischen Ereignisse sind ohne Hilfe von Instrumenten oder besonderen Requisiten zu erzeugen. Statt dessen versuchen die Teilnehmer zahlreiche Varianten des Singens und Sprechens. Ferner: perkussive Geräusche mit Händen und Füßen (am eigenen Körper, auf Wänden und Fußboden, mit Stühlen und auf dem Podest). — Elektronische Apparatur.
▷ Darbietungskonzert S. 253

Musikalische Ausbildung — Musik als Beruf

Ihr alle habt Unterricht in Musik als **Schulfach**. Natürlich wollt ihr später nicht alle Musik als Beruf ausüben. Darauf möchte euch der Schulunterricht auch gar nicht vorbereiten. Vielmehr sollt ihr in die Lage versetzt werden, als Hörer Musik zu verstehen und zu beurteilen. Dadurch gewinnt ihr auch die Voraussetzungen, aktiv über die Rolle der Musik in der Öffentlichkeit mitzubestimmen.

Diesem Ziel dient die Ausbildung der musikalischen Wahrnehmungs- und Urteilsfähigkeit, die Einführung in die vielfältigen Erscheinungen europäischer aber auch außereuropäischer Musikkulturen und die Erhellung von Hintergründen, welche den einzelnen, die Gesellschaft und die geschäftliche Auswertung von Musik betreffen (▷ S. 202 f., die Behandlung des Schlagers).

Welche Ziele kann man im Auge haben, wenn man sich über den Schulunterricht in Musik hinaus weiterbildet?
Welche Möglichkeiten für eine solche Weiterbildung bestehen im Bereich eures Wohnortes, eurer Schule, eures Landes?
Was kostet eine solche musikalische Weiterbildung? Welche musikalische Tätigkeit wird durch sie eröffnet?

Im Jahre 1970 wurden in der Bundesrepublik 70000 Schüler auf Instrumenten unterrichtet, die meisten in Klavier (30,0%), Gitarre (19,4%), in Streichinstrumenten (16,6%) und Blockflöte (14,3%) ▷ S. 229.

Seit 1964 findet jährlich unter der Schirmherrschaft des Bundespräsidenten der Wettbewerb **„Jugend musiziert"** statt. In fünf Altersstufen können schon Kinder unter 10 Jahren und Jugendliche bis 24 Jahre, die noch kein Berufsstudium begonnen haben, über den Regionalwettbewerb und die Ausscheidung auf Landesebene bis zum Bundeswettbewerb aufsteigen. Sie erhalten Urkunden, Preise und Sonderprämien.

Junge Instrumentalisten, die sich in diesem Wettbewerb ausgezeichnet haben, werden im Bundesjugendorchester zusammengefaßt, das 1969 gegründet, 1970 mit einer Auftragskomposition als Uraufführung an die Öffentlichkeit trat und im gleichen Jahre die Auszeichnung der Herbert-von-Karajan-Medaille für die beste Interpretation eines zeitgenössischen Werkes erhielt.

Leistungsstarke Jugendorchester gibt es auch in Großbritannien, den Niederlanden, Schweden, Polen, Jugoslawien, der UdSSR, Kanada und den USA.

Wie wirken sich Laienwettbewerbe vor allem unter Jugendlichen und die Tätigkeit von Jugendorchestern auf das Musikinteresse und den Leistungsstand des Instrumentalspiels aus?
Stellt zusammen, wo überall in der Öffentlichkeit musikalische Aufgaben wahrgenommen werden. Denkt z. B. an Schule, Kirche, Oper, Konzert, Vereine, Funk und Fernsehen.
Informiert euch genau über die Tätigkeit der entsprechenden Personen, ihre Ausbildung, über die Musik, die sie zu vermitteln haben und darüber, wie sie von den sie umgebenden Gruppen und Personen eingeschätzt werden. — Besucht sie bei ihrer Arbeit. Laßt euch berichten, macht Interviews mit Mikrophon und Tonband auch mit den Menschen, die ihre Tätigkeit aus nächster Nähe oder aus einem gewissen Abstand begleiten.

Vergleicht unter diesen Gesichtspunkten

— den Bandleader eines Unterhaltungsorchesters mit dem Dirigenten eines Sinfonieorchesters oder Musiker, die unter ihrer Leitung spielen,

— *den Schlagersänger mit dem Konzert- und Opernsänger,*

— *den Musiklehrer in der Schule mit dem Privatmusiklehrer und dem Leiter eines Laienchores,*

— *den Kantor (Kirchenorganisten) mit dem Konzertorganisten,*

— *den Tonmeister mit dem Leiter eines Chores oder Orchesters, die ein Musikstück einstudieren und aufführen,*

— *die Mitglieder eines Laienchores (Jugendchor, Schulchor, Männerchor) mit denen eines Berufschores (Rundfunkchor, Opernchor).*

Blick ins Bundesjugendorchester während einer Probe

J.S. Bachs „Matthäuspassion" für fünf Solostimmen, zwei vierstimmig gemischte Chöre, Cantus-firmus-Chor, zwei Orchester und Orgel im Kölner Gürzenich unter Philipp Röhl am 15. März 1975

XI. Stimmkunde und Stimmbildung

Wie wir die Stimmen einteilen

Die beiden Stimmgruppen beim Gemeinschaftsgesang

Bei vielen Anlässen, beim Gottesdienst, zu Weihnachten, beim offenen Singen, bei bunten Abenden, im Karneval und auf Hitparaden, wird auch heute noch gemeinschaftlich (einstimmig) gesungen.

Ihr unterscheidet dabei *zwei Gruppen*, deren Stimmen hoch oder tief klingen.

Ordnet die folgenden Personenkreise einer der Gruppen zu:
Knaben, Mädchen, Frauen, Männer.
An welcher Beschaffenheit des „Stimmapparates" liegt es, daß die Stimmen in der einen Gruppe hoch, in der anderen Gruppe tief klingen?

Ähnlich wie bei den Instrumenten hängt auch die hohe und tiefe Klanglage der Stimme von der Masse des schwingenden Materials ab (▷ S. 23).

Das ‚Stimmaterial' sind die beiden Stimmbänder im Kehlkopf, deren Schwingungen den Klang der menschlichen Stimme erzeugen. Männer haben wesentlich größere Stimmbänder als Frauen und Kinder (▷ S. 260).

Der mittlere Umfang der ungeschulten Stimme

Die vier Stimmen im Chor

Die meisten Stimmen neigen dem oberen oder dem unteren Bereich des mittleren Umfangs zu, viele, vor allem geschulte Stimmen überschreiten ihn wesentlich.

Die Unterschiede in der Klang*lage* bedingen einen voneinander abweichenden Stimm*klang*, *Timbre*[1] genannt. Hohe Stimmen haben ein helles, tiefe ein dunkles Timbre.

Frauen- und Kinderstimme:
(ch.St. = charakteristischer Stimmraum)

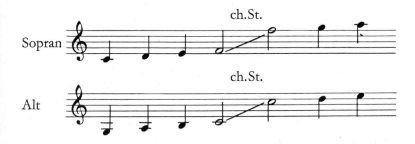

Die charakteristischen Klangbereiche der vier Stimmen überlagern sich teilweise und ergänzen sich zum Gesamtumfang von mehr als drei Oktaven.

Wenn diese Stimmen gleichzeitig eingesetzt werden, entsteht der Klang des 4stimmig **gemischten Chores**. Weil jede Stimme in ihrer natürlichen Lage singen kann, ist hier der ideale Chorklang verwirklicht.

Neben dem gemischten Chor stehen die **Chöre mit gleichen Stimmen**: *Männerchor* (überwiegend 4stimmig), *Frauenchor* (3- und 4stimmig) und *Kinderchor* (2- oder 3stimmig). Solche Chöre sind in ihrem Klangraum auf etwa 2 Oktaven beschränkt; zudem bewegen sich die Außenstimmen (besonders im 4stimmigen Satz) vorwiegend im Grenzbereich ihres Umfanges.

Wie wir richtig singen
Voraussetzungen und Weg

Die Normalatmung

Das Atmen ist für uns so selbstverständlich, daß wir ihm kaum Beachtung schenken. Es ist aber sehr wichtig zu wissen, was dabei vor sich geht. Viele Menschen sind in Gefahr, durch vorzugsweise sitzende Haltung während der Arbeit die Atemmuskulatur einseitig zu betätigen. Die Folge davon ist eine zu geringe Sauerstoffzufuhr, die wiederum Ursache von vielerlei Krankheiten sein kann.

---

[1] franz., „Klangfarbe der Gesangstimme", ▷ S. 23

Worauf sollen wir beim Atmen achten?

Wichtig ist eine *richtige Körperhaltung*.
Beim Einatmen spannen sich Zwerchfell und Brustwandmuskulatur gleichzeitig. Der Rumpf weitet sich „spindelförmig" (Abb. 2). Durch die Brustspannung der unteren Rippen wird das kuppelförmige Zwerchfell[1] nach unten gezogen (Abb. 3a). Die Lungen dehnen sich und die Luft strömt in den so vergrößerten Raum ein. Beim Ausatmen entspannen sich Rumpf und Zwerchfell wieder.

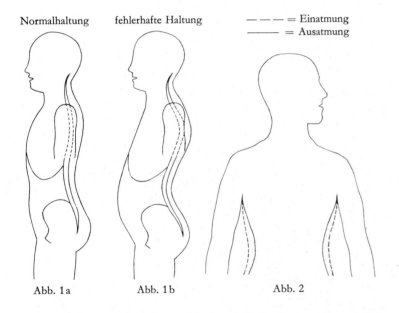

Abb. 1a — Normalhaltung
Abb. 1b — fehlerhafte Haltung
Abb. 2
----- = Einatmung
——— = Ausatmung

Die Schultern dürfen beim Atmen nicht hochgezogen werden, weil dadurch das Zwerchfell über den Höchstpunkt der Ausatmungsstellung gebracht wird. Der Luftraum verkleinert sich, statt größer zu werden (Abb. 3b).

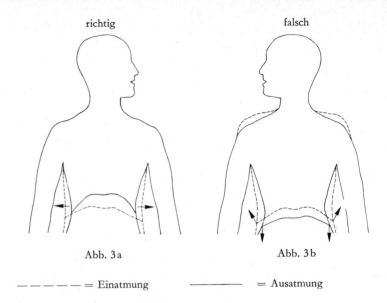

Abb. 3a richtig — Abb. 3b falsch
----- = Einatmung   ——— = Ausatmung

Übung zur Kräftigung der Brustwandmuskulatur

Dehnt die unteren Rippen mit einem Ruck seitwärts und laßt sofort wieder locker! Kontrolliert das „Spreizen", indem ihr beide Handballen seitlich an den unteren Rand des Brustkorbes anlegt! Kümmert euch dabei zunächst nicht um die Atmung! Führt diese Übung auch im Sitzen, aber bei aufrechter Haltung durch! Achtet darauf, daß die Schlüsselbein- und Halspartie völlig entspannt bleiben! (Übt nicht länger als 2 bis 3 Minuten hintereinander!)

Wo spüren wir den Atem?

Normalerweise atmet der Mensch durch die Nase. Nur bei größerer Anstrengung wird durch den Mund geatmet.

[1] mhd. twerch-quer

Bei richtiger Atemführung ist der Luftstrom innen am Nasenrücken zu spüren und ganz leise zu hören. Die Nasenflügel verengen sich unmerklich, wie es geschieht, wenn man den Duft einer Blume einatmet (Abb. 4a).

Der durch Verengung des Nasenganges auftretende Widerstand ist erforderlich, um die Spannkraft der Atemmuskulatur in Brustkorb und Zwerchfell ständig anzuregen. Weiten sich die Nasenflügel, dann ist die Atmung falsch. Beim Ausatmen gehen die Nasenflügel wieder locker auseinander. Das Luftgeräusch ist ganz gering und wird zunehmend leiser. Bei der Mundatmung übernimmt der hinter der Nasenwurzel befindliche Teil des Rachens die Formung des Atems (Abb. 4b.) Das Wechselspiel zwischen Atemsteuerung und Zwerchfelltätigkeit könnt ihr fühlen, wenn ihr mit der Nase schnuppert und gleichzeitig die Hände an den unteren Brustkorb legt. Dieses Wechselspiel kann man auch bei hechelnden Hunden gut beobachten.

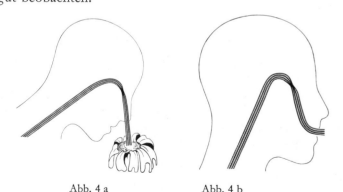

Abb. 4 a   Abb. 4 b

An dieser Stelle spürt ihr die Atemluft!

Übung zur Kontrolle der Atemsteuerung

Beugt euch zu einer Blume hinab und atmet langsam ihren Duft ein. Achtet auf das leise Atemgeräusch, das nicht abreißen darf. Das Einatmen soll ohne Pause in das Ausatmen übergehen. Nie so tief wie möglich ein- oder ausatmen! Nie während des Einatmens sprechen!

Die Singatmung

Die „Normalatmung" reicht für das Singen nicht aus. Um den Ton, der in einer *Luftsäule* schwingt, ruhig schwebend tragen zu können, bedarf es eines ruhenden „Luftpolsters".

So wie sich eine Vase von unten füllt, obwohl das Wasser von oben einfließt, füllt sich auch die Lunge von „unten" mit Luft. Die Luft soll nun in ihrer „eigenen Schwere" wie ein „Polster" auf dem gedehnten Zwerchfell „ruhen". Diesen Zustand nennen wir **Atemruhe**.

Abb. 5

Übung zur Erlangung der Atemruhe

Um das Gefühl für die Atemruhe zu bekommen, wiederholen wir die erste Spreizübung in folgender Veränderung:

— Wir dehnen die unteren Rippen wie bei Übung 1, versuchen aber, die Spreizstellung beizubehalten.
— Wir lassen den Atem einströmen und auf dem Zwerchfell zur Ruhe kommen.
— Wir lassen nun die Luft auf einen „ss"-Laut gleichmäßig ausströmen und achten darauf, daß die *Flanken nicht einsinken*. (Das wird euch zu Anfang schwerfallen, bei längerem Training aber immer besser gelingen. Es kommt nicht auf die Dauer des Ausatmens an. Wenn ihr neuen „Lufthunger" verspürt, atmet ihr wieder ein.)
— Wir bewegen den Kopf leicht hin und her, um keine Spannung in der Kinn- und Halspartie aufkommen zu lassen. Wir wippen etwas in den Knien (ähnlich wie beim Seilspringen, ohne die Füße vom Boden zu lösen). So begünstigen wir, daß sich die Atemruhe einstellt.

Die Tonstütze

Auf dem „Luftpolster" erhebt sich die *schwingende Luftsäule*. Darauf schwebt der Ton wie ein Zelluloidball auf einem Wasserstrahl.
Luftpolster und Luftsäule bilden im Augenblick des Singens die **Tonstütze**, so wie eine Säule erst „Stütze" wird, wenn eine Last darauf ruht. Die Länge der Klangsäule hängt von der Höhe des Tones ab. Wie bei den Orgelpfeifen verkürzt sich nach der Höhe zu die schwingende Luftsäule.

Die Register

Wir kennen drei Stimmbereiche, die wir **Register** nennen: das *Brustregister* (der Ton resoniert vor allem im Brustraum), das *Mittelregister* (der Ton resoniert vor allem im Mundraum), das *Kopfregister* (der Ton resoniert vor allem im Kopfraum oberhalb des Zäpfchens, das sich bei zunehmender Höhe immer mehr in sich zusammenzieht).

Während sich Brust- und Mittelregister klanglich kaum unterscheiden, hat das Kopfregister eigene Klangqualitäten. Diese gilt es zu entwickeln. Das Mittelregister fängt mit dem c' (bei Männerstimmen) oder c'' (bei Frauen- und Kinderstimmen) an. Der Beginn des Kopfregisters hängt von der Stimmgattung (Sopran, Alt, Tenor, Baß) ab. Bei Knaben- und Mädchenstimmen ist im allgemeinen *fis''* oder *g''* der erste Kopfregisterton. Dieser klingt bei ungeübten Sängern dünn, pfeifenartig, oft auch hauchig und wird Fistelstimme[1] oder — bei Männerstimmen — Falsett[2] genannt.
Um das Kopfregister sängerisch brauchbar zu machen, müssen sich die *Schwingungen vom Kopf her auf die gesamte Tonsäule übertragen*. Dieser *zwerchfellverbundene Kopfregisterton* ähnelt dem weichen Klang eines gestopften Waldhorns. Wir erspüren bei völliger Atemruhe den Sitz des kleinen dünnen Tones, indem wir ihn auf die Silben no oder na leicht „antippen". Dabei entsteht eine *Luftverdichtung*, die wir als *Anschlagspunkt an der Schädeldecke* spüren. Dieser Fistelton wird über einen zwischen Kichern und Greinen liegenden Klangausdruck vorsichtig zum Mezzoforte verstärkt, nicht als Schwellton, sondern in stärker werdenden Einzeltönen. Der Anschlagspunkt im Kopf darf sich dabei nicht verschieben und die Halsmuskulatur nicht spannen. (Bei manchen Stimmen dauert es sehr lange, bis sich die Verbindung zum Zwerchfell einstellt. Man muß dann mit großer Geduld weiterüben.) Die *Töne des Mittelregisters* werden ebenso durch leichtes Antippen erfühlt. Der *Anschlagspunkt* liegt dann *vorn am Gaumen*.

---

[1] lat. Fistula — Rohrpfeife
[2] lat. „falsche Stimme"

Übungen zur Erschließung der Klangräume

Laute und ganz leise Töne sind in ihrem „Sitz" schwer zu kontrollieren. Deshalb üben wir mit halber Lautstärke (mf.). Wir beginnen in mittlerer Tonlage und gehen chromatisch in die Höhe. Höchste Töne werden dabei immer nur kurz berührt, dann folgt wieder ein neuer Übungsansatz von der Mittellage her. Die Tiefe sollte nicht besonders geübt werden. Sie entwickelt sich bei richtiger Atemführung von selbst und wird nur von Zeit zu Zeit kontrolliert.

Die Übungssilben[1] können auch auf einer Tonhöhe geübt werden; ebenso sind Tonleiterketten möglich. Bei allen Übungen sollt ihr ein vollkommenes Legato beachten, ohne die Töne zu verschleifen!

Beachtet auch die folgenden Hinweise:

— Um jede Spannung der Halspartie zu vermeiden, öffnen wir den Mund „nach oben", indem wir den Unterkiefer locker hängen lassen und *den Oberkiefer aufklappen* (wie die Hunde beim Bellen oder andere Tiere bei der Lautgebung).

— Wir verwenden zur Übung vorzugsweise die Vokale „a" und „o" mit einem vorgeschalteten „n". Das „e" und das „i" werden nur im Wechsel mit „a" und „o", das „u" am besten gar nicht geübt, weil man „u" in der Höhe ohne Spannung der Lippen und ohne Treiben mit der Luft schwer bilden kann. Der richtige „Sitz" des „u" stellt sich in Verbindung mit den anderen Vokalen nach und nach von selbst ein.

— Der Konsonant wird bereits auf derselben Tonhöhe gesungen wie der folgende Vokal!

— Singt jeden Vokal mit völlig lockerer Mundpartie! Macht vor allem keine „Greifbewegungen" mit den Lippen. In der Tiefe wird der Mund fast gar nicht, in der mittleren Lage etwas, in der Höhe zunehmend mehr geöffnet, aber nie so weit, daß Spannungen eintreten. Der Vokal „a" wird von der Tiefe bis zur Höhe mit gleichbleibend leicht geöffnetem Mund gebildet.

---

[1] Wir verwenden hier die Übungssilben als Vorstufe für das Textsingen.

Was wir über die Mutation wissen sollen

Was geschieht, wenn sich der Stimmbruch einstellt?

Mädchen und Jungen kommen gleicherweise in den Stimmbruch: Mädchen etwa mit 12 Jahren, Jungen etwas später. Der **Stimmbruch** oder die **Mutation**[1] kann aber auch früher eintreten oder sich verzögern! Bei Mädchen ist die Mutation nicht so auffällig wie bei Jungen.

Was geschieht äußerlich?

Der Kehlkopf und die Stimmbänder wachsen in überraschend kurzer Zeit. Die Schleimhäute röten sich wie bei einer Entzündung und schwellen an.

Was ist erkennbar und hörbar?

Bei Knaben: Die Stimme fängt an „umzukippen", sie klingt belegt und heiser. Die Töne sprechen schlecht an. Das Singen verursacht oft Schmerzgefühle. Aber schon nach wenigen Monaten fallen die Behinderungen fort und das Stimmorgan gewinnt im „neuen" Tonbereich an Fülle, Glanz, Farbe und Umfang. Bei Mädchen: Die Stimme bekommt einen spröden, hauchigen Beiklang. Sie ist oft monatelang belegt. Auch beim bloßen Sprechen treten mitunter Ermüdungsgefühle auf. Vorübergehend können einige Töne in der Höhe verlorengehen. Die Tongebung ist unsicher.

Was können wir in dieser Zeit für unsere Stimme tun?

Zu Schwierigkeiten kommt es eigentlich nur, wenn vor der Mutation die Stimme durch zu lautes Singen, Schreien usw. überanstrengt wurde.
Es ist falsch, in der Zeit des Stimmbruchs das Singen völlig einzustellen. Beachtet aber: Übertriebenes Leisesingen kann genau so schädlich wie Lautsingen oder gar Schreien sein. Wählt unter den Liedern solche mit geringem Umfang aus. Singt stets in der bequemsten Lage: Ihr dürft nie gröhlend singen. Dadurch kann für immer die Stimme geschädigt werden. Achtet vielmehr auf weiche Tongebung! Ersetzt lautes durch deutliches Sprechen. Treten Halsschmerzen auf, dann müßt ihr eure Stimme schonen. In schweren Fällen geht zum Arzt! Atemübungen und vorsichtige Stimmübungen erleichtern den Übergang (▷ S. 256 ff.). Wer seine Kinderstimme richtig gepflegt und trainiert hat, wird auch die Mutation leicht überstehen.

---

[1] lat., „plötzlich eintretende Veränderung"

Agnes Giebel und das Orchester der Beethovenhalle unter Volker Wangenheim — Schallplattenaufnahme mit dem Lied "Freudvoll und leidvoll" aus Beethovens Musik zum Schauspiel „Egmont" von Goethe

XII. Übersichten und Verzeichnisse
Modelle der Information und Kommunikation durch Schall

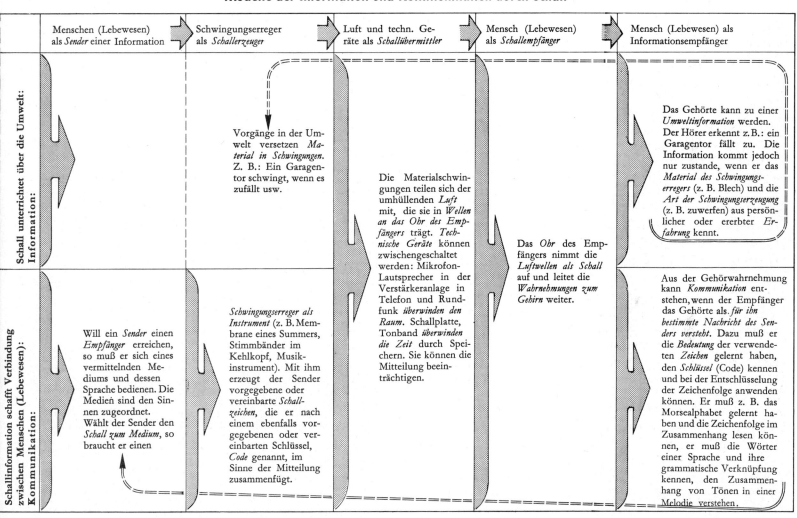

Die Musik im Ablauf der Geschichte

Jahrhundert	Allgemeine Stilepochen	Stilepochen der Musik Kompositionsformen	Werke / Sammlungen / Methoden	Musiker / Theoretiker	Instrumente	Literarische Epochen
um 350		Hymnen und Psalmen Antiphonen	Te Deum laudamus (Ambrosius)	Ambrosius, Bischof von Mailand († 397)		↑ Heldenlied/Zaubersprüche
um 600	ROMANIK	Der einstimmige liturgische Gesang der kath. Kirche →	Sammlung und Neuordnung der liturgischen Gesänge durch Papst Gregor den Großen	Papst Gregor der Große († 604)		Beginn des Endreimes
um 750			744 Gesangschule im Kloster Fulda		Orgel (Geschenk des oströmischen Kaisers an Pippin) Fidel	← Stabreim
800		Frühzeit des Volksgesanges	814 Karl der Große läßt Heldenlieder niederschreiben, die sein Sohn Ludwig der Fromme 830 vernichtet.			
850						
900		Die Kunst der fahrenden Spielleute	Sequenzen Organum	Notker Balbulus († 912)		
950			Leisen			
1000		Frühe Mehrstimmigkeit			Harfe (zuerst in Irland)	
1050			Ostersequenz (Wipo v. Burgund) Notenliniensystem mit fester Tonhöhe, Solmisation	Wipo von Burgund († nach 1048) Guido von Arezzo († um 1050)	Blockflöte (Frühformen reichen bis zur Steinzeit) Trompete (Sarazenischen Ursprungs)	Spielmannspoesie
1100		Motetus und Conductus				
1150	GOTIK →	Troubadour, Trouvers, Minnesänger	Engl. Diskant			Höfisches Epos Ritterliche Dichtung
1200		2. Periode des deutschen Liedes →	Dreiteilige Strophe (Barform)	Palestinalied (Kreuzzugslied)	Leoninus Perotinus Magnus Walther von der Vogelweide Neidhard von Reuenthal	Anfänge d. Geige Laute (aus Spanien stammend)
1250		Ars antiqua	Ballata/Rondeau	Christ ist erstanden (Leise) Nun bitten wir den Hl. Geist (Leise) Mensuralnotation Um 1280 Carmina burana		Mysterien-/Passionsspiele
1300			Madrigal			
1350		Ars nova	Motette/Messe	Jenaer Liederhandschrift 1364 Festmesse zur Krönung Karls V. in Reims (Machaut) Um 1400 Kolmarer Liederhandschrift	Guillaume de Machaut (etwa 1305—1377)	Cembalo (2. Hälfte des 14. Jh.s)
1400	Renaissance →	3. P.	M.S.			Clavichord	F. Sp.
1450			N.Sch.			Krummhorn Windkapselinstrumente	

synchronoptische Tafel

dert	Dichterische Werke	Dichter	Künstlerische Epochen, Kunstwerke	Künstler	Geistige Strömungen / Theologen / Philosophen / Wissenschaftler / Technik	Allgemeine Geschichte
350			526 Grabmal des Theoderich in Ravenna		Wulfilas, Bischof der Westgoten, Bibelübersetzer	379-395 Theoderich I. 453 Attilas Tod
600			537 Hagia Sophia in Konstantinopel		395 Augustinus Bischof in Nordafrika	Reich der Franken
750					719-754 Bonifatius	Pippin 751 König der Franken
800	Hildebrandslied		Karolingische Kunst — Aachener Münster			Lehensstaat — Karl der Große (800 Kaiserkrönung)
850	Heliand				Mönchskultur / Cluniareform	
900					Cluniazenserorden	Otto I. (962 Kaiserkrönung)
950			Ottonische Kunst — Hallenkrypta in Straßburg/Gernrode		Scholastik	Sachsen
000	Ruodlieb		Wartburg			
050	Ezzos Gesang von den Wundern Christi		Salische Kunst — 1033 Dom zu Speyer / Buchmalerei in Reichenau		Hof-Kultur — Abtrennung der oströmischen Kirche	Salier — Heinrich IV. (1056-1106)
100	Rolandslied		St. Aposteln in Köln			1077 Gang nach Canossa / Kreuzzüge
150	Nibelungenlied Gudrunlied		Staufische Kunst — 1163 Notre Dame in Paris		Zisterzienserorden/ Ritterorden / Franziskaner / Dominikaner	Staufer — Friedrich I. Barbarossa (1152-1190)
200	Parzival Tristan	Wolfram von Eschenbach † 1220 Gottfr. v. Straßburg	1166 Der Löwe von Braunschweig Goldschmiedearbeiten		Albertus Magnus (1193-1280)	Friedrich II. von Hohenstaufen (1212-1250)
250	Meier Helmbrecht	Wernher der Gartenare (um 1280)	Dreikönigsschrein in Köln		Mystik → Thomas von Aquin (um 1225-74)	Interregnum 1254-73
300	Göttliche Komödie	Dante (1265—1321) Petrarca (1304—74)	1248 Dom zu Köln Bamberger Reiter	Erwin von Steinbach († 1318)	Meister Eckhart (um 1260- um 1328)	Rudolf von Habsburg (1273-1291)
350	Decameron	Boccaccio (1313—75)	Straßburger Münster Marienburg		Hus (um 1369-1415)	Habsburger → Territorialstaat →
400	Ackermann aus Böhmen	Johann von Saaz † 1415	Dogenpalast in Venedig			Karl IV. (1347-1378) 1356 Gold. Bulle
450			K.M. / J.R. / Schn.	St. Lochner († 1452)	Gutenberg, Erfinder des Buchdrucks († 1468)	

Die Musik im Ablauf der Geschichte

Jahr-hundert	Allgemeine Stilepochen	Stilepochen der Musik Kompositionsformen	Werke / Sammlungen / Methoden	Musiker / Theoretiker	Instrumente	Literarische Epochen
1450	↑ GOTIK ↑ RENAISSANCE	↑ Meistersinger ↑ Niederländische Schule A cappella-Stil / Vocal-Kontrapunkt 3. Periode des deutschen Liedes (Zeitalter der kontrapunktischen Ausgestaltung)	um 1460 Lochamer Liederbuch	H. Isaac		↑ Passionsspiele ↑ Fastnachtsspiele
			um 1480 Glogauer Liederbuch			Volksbücher
1500	BAROCK		1493 Maximilian I. gründet Hofkapelle / Innsbrucklied (Isaac)			
		Evangel. Choral	um 1530 Venezianische Schule, begründet durch Niederländer A. Willaert			Reformationsdichtung
			1545 Rhaw: Bicinia	Palestrina		
1550		Choralpassion Motettenpassion	um 1550 Römische Schule	Orlando di Lasso		
			1563 Missa Papae Marcelli (Palestrina)	Haßler		
				C. Monteverdi Praetorius		
1600		Ballet de cour (Hofballett)		H. Schütz	Querflöte	Hoftheater
		Geistliches Konzert	1607 Oper „Orpheus" (Monteverdi)		Oboe (Paris)	
		Generalbaßlied Toccata, Suite, Fuge Oper / Oratorium →	1610 Musae Sioniae (Praetorius)		Vollendung der Geige Stradivari (1644–1737)	
1650		oratorische Passion Kantate	Geistliche Chormusik (Schütz) Symphoniae sacrae (Schütz)	J. B. Lully		
		Concerto grosso →	Buxtehude: „Lübecker Abendmusiken"	Couperin Purcell Pachelbel Joh. Krieger		
			1689 Purcell: Dido und Äneas" (engl. Oper)	J. G. Walther Bach	Guarnéri (1687–1744)	
1700				Händel		
			1729 Matthäus-Passion (Bach)	Gluck † 1787	Hammerklavier (Italien)	
		Singspiel	1742 Messias (Händel) 1747–50 Kunst der Fuge (Bach)		Klarinette	
1750						

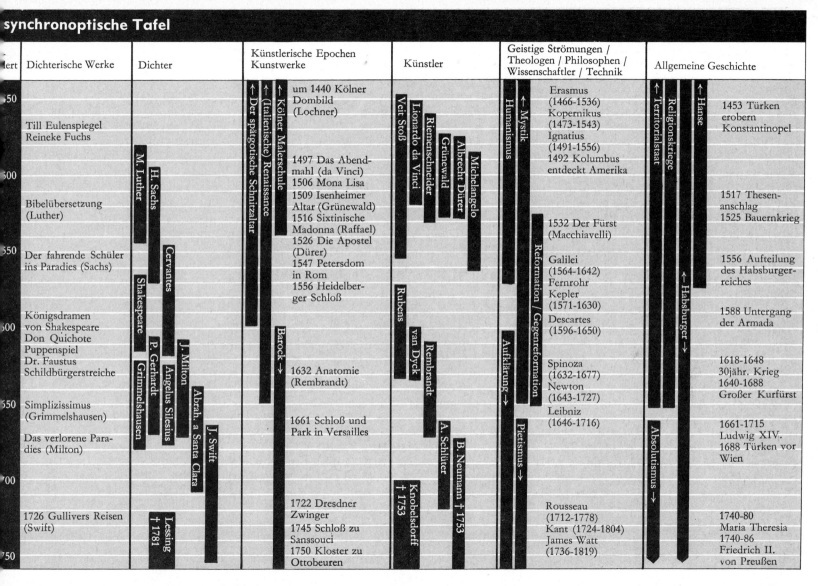

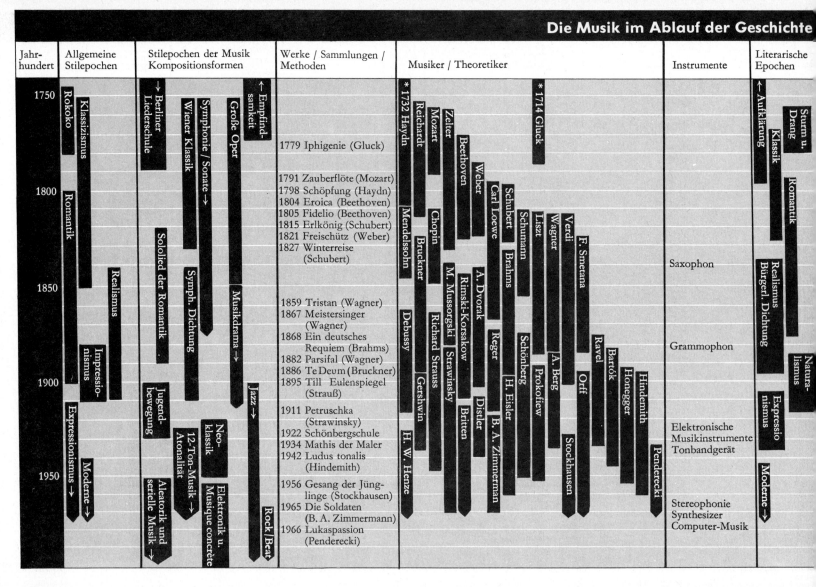

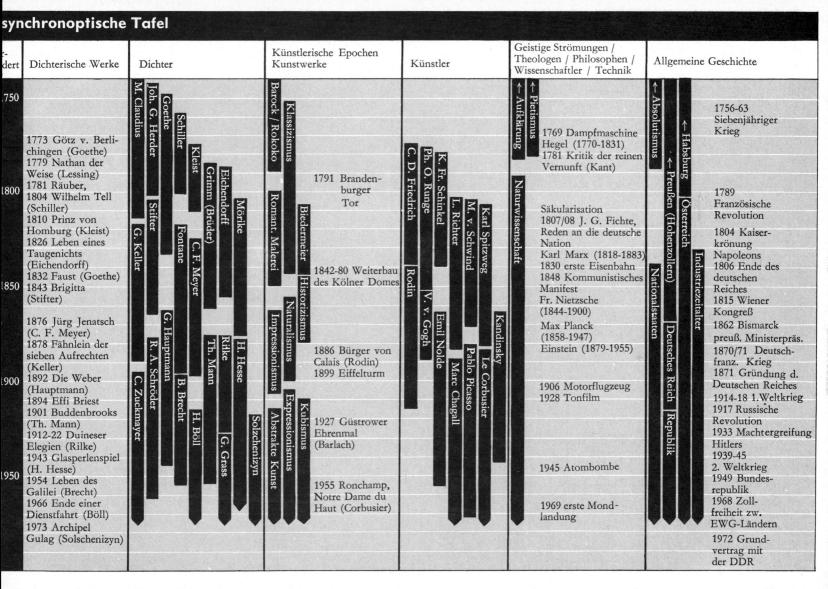

Biographisches Musikerverzeichnis

Ambrosius, der heilige, geb. 333 in Trier, gest. 397 in Mailand, wo er seit 374 als Bischof wirkte. Er hat den ▷ Antiphon- und ▷ Hymnengesang in die römische Kirche eingeführt und gilt als der „Vater des strophischen Kirchenliedes" (▷ 📖 S. 65. Veni redemptor gentium). Das Tedeum, meist ▷ Ambrosianischer Lobgesang genannt, stammt nicht von ihm.

Bach, Johann Sebastian, geb. 21.3.1685 in Eisenach, gest. 28.7.1750 in Leipzig, überragte als vielseitiger Instrumentalist, Komponist und Lehrer alle Künstler seiner Zeit.
Er stammte aus einer über ganz Thüringen verbreiteten Musiker- und Kantorenfamilie. Sein Vater Ambrosius war ▷ Stadtpfeifer. Schon als Kind wurde er von seinem ältesten Johann Sebastian beide Eltern und wurde von seinem ältesten Bruder in Ohrdruff bis zu dessen frühem Tode erzogen. Vom 15. bis 18. Lebensjahr war er Chorknabe und Gymnasiast der Michaelisschule in Lüneburg. Dann wurde er für kurze Zeit Violinist der Hofkapelle in Weimar und 1703 mit 18 Jahren Organist in Arnstadt. Wie schon als Studiosus, so suchte er auch während dieser Tätigkeit nach altem Handwerksbrauch Orgelmeister in anderen Städten auf, um von ihnen zu lernen (▷ Choralvorspiele nach Böhm und Pachelbel S. 166, S. 180). Er wanderte nach Lübeck zu Altmeister Dietrich Buxtehude. Diesmal überzog er den Urlaub seiner Vorgesetzten ganz erheblich und kehrte erst nach einem Vierteljahr zurück. Der Stadtrat zog ihn zur Rechenschaft und warf ihm bei dieser Gelegenheit auch vor, den Gemeindegesang durch kühne Choralbegleitungen verwirrt zu haben.
Bach wechselte die Stellung. Nach einjähriger Organistentätigkeit in Mühlhausen war er 1708 bis 1717 Hoforganist und seit 1714 außerdem Konzertmeister im Dienste des Herzogs von Sachsen-Weimar. Unter dem Auftrag, Kirchenstücke zu komponieren und aufzuführen, entstanden viele seiner Orgelwerke und Kantaten. 1717 folgte Bach dem Ruf des Fürsten Leopold von Anhalt-Cöthen und war bis 1723 in seinem Dienst als Kapellmeister tätig. Hier standen entsprechend seiner Aufgabe Kammermusikwerke und Instrumentalmusik im Vordergrund seines Schaffens. Ab 1723 bis zu seinem Tode war Bach Kantor der Thomaskirche und -schule in Leipzig. Er besorgte mit seinen Kompositionen, die er mit den Chorschülern des Gymnasiums aufführte, die gesamte Kirchenmusik der Leipziger protestantischen Gemeinden. Hier entstanden viele seiner reifsten Werke: die Matthäuspassion (▷ Passion, ▷ Mendelssohn Bartholdy), die h-Moll Messe (▷ Messe), der zweite Teil des „Wohltemperierten Klaviers" (▷ temperierte Stimmung), das „Musikalische Opfer" — nach einem Thema, das ihm der Preußenkönig Friedrich II. anläßlich eines Besuchs in Berlin gestellt hatte, was ihn veranlaßte, diese Komposition dem König zu widmen — und die unvollendete „Kunst der Fuge", z. T. in der Zeit seiner Erblindung geschaffen.
Bach wurde als Instrumentenkenner und schöpferisch kombinierender Improvisator hoch geschätzt. Mehrfach trat er besonders hervor, zuletzt bei seinem Besuch in Potsdam (s.o.), zu seiner Cöthener Zeit in Hamburg, wo er von dem greisen Organisten Reinken bewundert wurde, und vorher schon anläßlich eines geplanten musikalischen Wettstreites mit dem in Frankreich berühmten Klavierspieler Marchand, der jedoch nicht zustande kam, weil der Konkurrent es vorzog, heimlich vorzeitig abzureisen.
Bach hat zweimal geheiratet. Seine Söhne gehörten ihrer Musikauffassung nach einer neuen Zeit an (▷ Vorklassik). W. Friedemann war als Organist in Dresden und Halle, Carl Philipp Emanuel als Kammercembalist bei Friedrich II. in Berlin und später als Kirchenmusikdirektor in Hamburg, Johann Christoph als Hofkapellmeister in Bückeburg, Johann Christian in Mailand und London tätig. — ▷ S. 158 (Marsch) ▷ S. 92* (Choral a. d. Weihnachtsorat.) ▷ S. 166 (Wer nur den lieben Gott) ▷ S. 309 f (Bourrée, Gavotte, Menuett, Passacaglia) ▷ 📖 S. 76 (Gavotte) ▷ S. 274 (Abb.).

Bartók, Béla, geb. am 25.3.1881 in Ungarn, gest. am 26.9.1945 in New York, vereinigt in einmaliger Weise drei Fähigkeiten: „die des schaffenden Künstlers — des wissenschaftlich forschenden Volkskundlers — des musikalischen Pädagogen." (Paul Mies)
Den ersten Klavierunterricht erhielt er von seiner Mutter, die nach dem frühen Tode des Vaters, des Direktors der heimatlichen Landwirtschaftsschule und hochbegabten ▷ Dilettanten, den Lebensunterhalt als Lehrerin erwarb. Nach Absolvierung des Gymnasiums in Preßburg, wo er auch Klavier und Komposition studierte, besuchte er zwischen 1899 und 1903 die Königliche Musikakademie in Budapest. Zusammen mit Zoltán Kodály studierte er bei den Bauern die ungarische Volksmusik. Dabei erwies sich, daß die Musik der Zigeuner nicht ungarischen Ursprungs ist, wie man in Europa bisher geglaubt hatte (Brahms: „Ungarische Tänze"; Liszt: „Ungarische Rhapsodien), daß sie als volkstümliche Kunstmusik gelten muß, die mit dem bodenständigen ▷ Volkslied nichts zu tun hat. — Die Forschungen wurden auch auf andere Sprachgebiete (Balkan, Türkei, Arabien) ausgedehnt. Die Begegnung mit dem musikalischen Reichtum der Bauernmusik regte Bartóks Schöpferkraft an und führte zur Einschmelzung folkloristischer Elemente in seine Kunst.
1907 wurde Bartók Professor für Klavier in Budapest. Von 1917 an betätigte er sich als frei schaffender Künstler. Seine Konzertreisen führten durch ganz Europa und Amerika. Aus Abneigung gegen den Faschismus ging er 1940 für immer nach Amerika. Dort starb er in Armut und Not. Bartóks kleinere Instrumentalstücke sind vorwiegend Bearbeitungen von Volksliedmelodien (z.B. „For children"). In seinem „Mikrokosmos" baut er einen Lehrgang des Klavierspiels auf, dessen Stücke gleichzeitig Muster moderner Komposition sind. Daneben schuf Bartók Lieder, Chormusik, Streichquartette, Orchesterwerke, Klavierkonzerte und die Oper „Herzog Blaubarts Burg".
▷ S. 74* (7 Klavierstücke) ▷ S. 14* (Lied vom Fuchs) ▷ S. 28* (Vögleins Traum) ▷ S. 182 f. (Bräul) ▷ S. 275 (Abb.).

Beethoven, Ludwig van, geb. am 16.12.1770 in Bonn gest. am 26.3.1827 in Wien, war der erste Musiker

dem es gelang, sein Leben und Werk ohne Abhängigkeit von Kirchen und Fürsten, also frei schaffend zu gestalten. Den ersten nur unregelmäßigen Unterricht erhielt er von seinem Vater, der keine so glückliche Hand wie Vater Leopold ▷ Mozart hatte.
1778 trat der begabte Knabe erstmals als Pianist in Köln auf. Bei Chr. G. Neefe (Unterricht ab 1782) studierte er das „Wohltemperierte Klavier" von J. Sebastian sowie die Werke von Carl Philipp Emanuel ▷ Bach. Mit 15 Jahren erhielt er eine Anstellung als Cembalist an der kurfürstlichen Kapelle. Hier lernte er die süddeutsche Orchestermusik, vor allem die Werke Haydns und Mozarts kennen. 1787 ermöglichte ein Stipendium einen Besuch bei Mozart in Wien, bei dem er studieren wollte. Er hatte aber nur „einigen" Unterricht, da er wegen Erkrankung der Mutter nach Bonn zurückgerufen wurde. Nach deren Tode mußte der Achtzehnjährige die Sorge und Verantwortung für die Familie übernehmen, weil der Vater wegen Trunksucht entmündigt wurde.
An der Bonner Universität belegte Beethoven Philosophievorlesungen, um die Mängel seiner Schulbildung auszugleichen. 1792 wurde er Schüler von Haydn und siedelte nach Wien über. Nebenbei nahm er auch Unterricht bei Albrechtsberger und Salieri. Bald hatte er als Pianist, vor allem als Improvisator, als Komponist und Dirigent große Erfolge. Er fand Eingang in die führenden Kreise von Wien. Fürsten wurden seine Schüler, Freunde und Gönner.
Mit 28 Jahren verspürte er erstmals Anzeichen eines Gehörleidens, das zu seiner späteren Taubheit führte. Kuren, Medikamente und Hörvorrichtungen brachten nur vorübergehende Besserung. Er versuchte, so lange wie möglich sein Leiden geheimzuhalten, weil es für ihn als Musiker unerträglich war, ein Nachlassen des Gehörs zugeben zu müssen. Im sog. „Heiligenstädter Testament", 1802, kam seine Verzweiflung darüber zum Ausdruck. In den folgenden Jahren fand er zunehmend Beachtung und Anerkennung als Komponist. Ein bedeutsames historisches Ereignis war 1812 die Begegnung zwischen Beethoven und Goethe. Sein schwindendes Gehör machte Beethoven nach und nach zum Sonderling. Unterhaltungen waren von 1819 an nur noch schriftlich möglich. Die sog. Konversationshefte sind für uns heute wichtige Dokumente der letzten Lebensjahre des Meisters.
Von seinen Werken, den 9 Sinfonien, den mehr als 30 Klaviersonaten, den Violin- und Cellosonaten, den Streichquartetten und Liedern ragen in besonderer Weise seine einzige Oper „Fidelio", die 9. Sinfonie und die „Missa solemnis" hervor. Mit Beethoven endet die Epoche der ▷ „Wiener Klassik".
▷ S. 78* (Menuett) ▷ S. 72 (Die Himmel rühmen) ▷ S. 174 (Freude schöner Götterfunken) ▷ S. 274 (Abb.)

Brahms, Johannes, geb. am 7.5.1833 in Hamburg, gest. am 3.4.1897 in Wien, wurde von ▷ Schumann 1853 in dem Aufsatz „Neue Bahnen" als der kommende berufene Meister angekündigt, „der den höchsten Ausdruck der Zeit in idealer Weise auszusprechen berufen wäre."
Sein Vater war ein Hamburger Kontrabassist, der in bescheidenen Verhältnissen lebte. Trotzdem erhielt Johannes einen gediegenen und strengen Musikunterricht bei Eduard Marxsen. Mit 14 Jahren bereits mußte er zum Lebensunterhalt der Familie beitragen. Er unterrichtete selbst, leitete Männerchöre und spielte abends in Schenken und Bürgerhäusern zum Tanz auf. Mit 20 Jahren erregte er als Klaviervirtuose Aufsehen. 1853 lernte er Robert Schumann kennen. Diese Begegnung war das nachhaltigste Ereignis seines Lebens. Über den Tod Schumanns hinaus blieb er der Familie freundschaftlich verbunden. Nach vorübergehender Tätigkeit als Musikdirektor in Detmold ging er 1872 als Leiter der Singakademie nach Wien und lebte seit 1875 ohne wirtschaftliche Sorgen als freischaffender Künstler nur noch der Komposition und der Interpretation seiner Werke. Zahlreiche Ehrungen wurden ihm zuteil. Die Universitäten Cambridge und Breslau verliehen ihm die Doktorwürde. Als Dank komponierte er die Akademische Festouvertüre. Sein kompositorisches Schaffen umfaßt alle Gebiete mit Ausnahme der Oper. Neben den vielen Klavierwerken stehen Orchesterkompositionen, vor allem die vier Sinfonien, über 200 Lieder, Volksliedbearbeitungen, das „Deutsche Requiem" und andere Chorwerke, sowie Kammermusik für verschiedene Besetzungen. Den Abschluß bilden 11 Choralvorspiele für Orgel, u.a. „O Welt, ich muß dich lassen".
▷ S. 62* (Alphornthema) ▷ S. 26* (Schwesterlein) ▷ S. 32* (Die Nachtigall) ▷ S. 275 (Abb.)

Britten, Edward Benjamin, geb. am 27.11.1913 in Lowestoft, gest. 6.12.1976, war führender englischer Opernkomponist. Er trat auch als Pianist und Liedbegleiter hervor. Sein bedeutendstes Bühnenwerk ist „Peter Grimes", eine düstere Seefahrerballade. 1949 entstand das Kinderspiel „Wir machen eine Oper! — Der Kleine Schornsteinfeger".
▷ S. 54* und S. 248

Bruckner, Anton, geb. am 4.9.1824 in Ansfelden (Oberösterreich), gest. am 11.10.1896 in Wien, war Singknabe am Stift St. Florian, ergriff den Beruf eines Schullehrers, wurde Stiftsorganist in St. Florian und 1856 Domorganist in Linz. Als Orgelimprovisator erlangte er große Berühmtheit. Er betrieb intensive Theoriestudien bei Simon Sechter in Wien, dessen Nachfolge er 1868 als Professor für Harmonielehre antrat. Zeitlebens begeisterte er sich für die Musik Richard Wagners. Vom 40. Lebensjahr an trat er als Komponist bedeutender Sinfonien und Orchestermessen an die Öffentlichkeit. Alle Werke, vor allem das Tedeum spiegeln seine große Frömmigkeit wider. Über die unvollendete 9. Sinfonie schrieb er: „Dem lieben Gott gewidmet", ähnlich wie Bach seine Werke signierte: „Soli Deo Gloria" (Allein Gott die Ehre).

Chopin, Frédéric, geb. am 1.3.1810 in der Nähe von Warschau, gest. am 17.10.1849 in Paris, gilt als der bedeutendste Komponist Polens. Sein Lehrer war der Schlesier Josef Elsner. Nach pianistischen Anfangserfolgen in Warschau ging er 1830 über Wien und München nach Paris, wo er in den Salons der großen Gesellschaft begeisterte Anerkennung fand. Zu seinem Freundeskreis gehörten ▷ Liszt, Berlioz, Heine, Balzac und die Dichterin George Sand.
Chopin hat fast nur Klavierwerke geschaffen. In ihnen vereinen sich virtuose Eleganz, romantische Empfindung und slavische Freude am Rhythmus. Zu den wichtigsten Werken zählen die Polonaisen ▷ S. 311 (Polonaise), Mazurken, Etüden, Préludes, Balladen und Walzer.

Couperin, François, geb. am 10.11.1668, gest. am 12.9.1733 in Paris, ist — ähnlich wie J. S. Bach in Deutschland — der hervorragendste Vertreter einer Familie von Organisten, Clavecinisten und Komponisten. Er bekleidete verschiedene Organistenämter in Paris und war Lehrer der königlichen Familie. Er schrieb fast nur Klavierwerke, die er mit Vorliebe als programmatische ▷ Charakterstücke gestaltete. Im Vordergrund stand die ▷ Suite, deren Satzzahl er auf 4 oder 5 beschränkte.

269

Debussy, Claude Achille, geb. am 22.8.1862 in St. Germain-en-Laye, gest. am 25.3.1918 in Paris, ist der Schöpfer des Französischen ▷ Impressionismus. Er studierte am Conservatoire in Paris. Nach Abschluß der Studien weilte er 1881/82 vorübergehend in Rußland, wo er die Werke ▷ Tschaikowskys, Borodins und ▷ Mussorgskys kennenlernte. Für die Kantate „L'Enfant prodigue" 1884 wurde er mit dem Rompreis ausgezeichnet, der ihm einen Aufenthalt in Italien ermöglichte. In Rom trieb er vor allem gregorianische Studien und begeisterte sich für die a cappella-Kunst von ▷ Lassus und ▷ Palestrina. Zwei Fahrten zu den Festspielen nach Bayreuth 1888/89 (Tristan und Parsifal) zeigen den vorübergehenden Einfluß Wagners, von dem er sich aber bald völlig abkehrte, nicht zuletzt veranlaßt durch die Begegnung mit Brahms in Wien und Bizets Oper „Carmen". Bei der Weltausstellung 1889 in Paris lernte er die Musik des Fernen Ostens kennen. Die Begegnung mit den impressionistischen Malern und symbolistischen Dichtern gab Anregung für den neuen Kompositionsstil. Mit Debussy übernimmt Frankreich die führende Position in der Musikgeschichte Europas. Zu den wichtigsten Werken von Debussy gehören: Die Klavierstücke (z. B. Childrens corner, ▷ S. 317 Cakewalk, Préludes), die sinfonische Dichtung „La Mer" und die Oper „Pelléas und Mélisande".

Distler, Hugo, geb. am 24.6.1908 in Nürnberg, gest. am 1.11.1942 in Berlin, gehört zu den führenden Chorkomponisten der Gegenwart. Nach seinen Studien bei dem Thomaskantor Günther Ramin und H. Grabner in Leipzig wirkte er als Organist an St. Jakobi in Lübeck, dann als Chorleiter und Lehrer in Stuttgart und Berlin. Der Schwerpunkt seines Schaffens liegt im Bereich der Chormusik. Er geht von einer rhythmisch freizügigen, lebendigen Wortdeklamation aus und erreicht dadurch ein durchsichtiges, feingliedriges polyphones Satzbild. Mit den Formen der ▷ Motette, der ▷ Passion und der ▷ Kantate knüpft er an die Zeit vor J. S. Bach an. Nach dem Krieg erlebte sein Werk einen Siegeszug in Laien- und Berufschören. Zu seinen bekanntesten Werken gehören die „Deutsche Choralmesse", der „Jahrkreis", das „Mörike-Chorliederbuch" und die „Choralpassion".
▷ 📖 S. 68 („Frühling läßt sein blaues Band"

Dvořák, Anton, geb. am 8. 9. 1841 in Mühlhausen an der Moldau, gest. am 1.5.1904 in Prag, ist neben Smetana der bekannteste tschechische Komponist. Er war das älteste von acht Kindern eines Fleischhauers und Gastwirts. Die ersten musikalischen Anregungen erhielt er von seinem ebenfalls musikbegabten Vater. Als Sechzehnjähriger studierte er an der Orgelschule des Prager Konservatoriums. Seinen Lebensunterhalt verdiente er sich als Mitglied einer Tanzkapelle und später als Bratschist der tschechischen Oper. Johannes ▷ Brahms erkannte das große Talent Dvoraks. Auf seinen Einfluß geht es zurück, daß dieser 1873 ein österreichisches Staatsstipendium erhielt und daß er bald über die heimatlichen Grenzen hinaus bekannt wurde. Seit 1890 lehrte er als Professor am Prager Konservatorium. Die Universitäten von Cambridge und Prag verliehen ihm die Würde eines Ehrendoktors. 1892 wurde er für zwei Jahre nach den USA beurlaubt, wo er die künstlerische Leitung des National Conservatory in New York übernahm. Hier gab er den Anstoß zu einer auf amerikanischer Folklore fußenden nationalamerikanischen Musik. In seiner 9. Sinfonie „Aus der neuen Welt" werden böhmische Musikantenmusik und amerikanische Neger- und Indianerfolklore miteinander verwoben. Außer Sinfonien schrieb er Opern, Kirchen-, Chor- und Kammermusik, sowie Klavierwerke und Lieder. Bekannt sind vor allem das Requiem, die Zigeunerlieder, das Cellokonzert, das „Dumky"-Trio und die Slavischen Tänze, in denen alle Tanztypen der slawischen Völker vertreten sind. ▷ S. 316 (Kolo)

Eisler, Hanns, geb. am 6.7.1898 in Leipzig, gest. am 6.9.1962 in Ost-Berlin, schuf zusammen mit dem Dichter J.R. Becher die Nationalhymne der DDR. Nach Studien in Wien, u.a. bei A. ▷ Schönberg und A. v. Webern, und eigener Lehrtätigkeit in Berlin ab 1925 emigrierte er 1937 in die USA, wo er an der University of Southern California als Dozent tätig war. Seit seiner Rückkehr 1948, die ihn über Prag nach Ost-Berlin führte, gilt er dort als einer der Wortführer der kommunistischen Musikbewegung (1950 Mitgliedschaft bei der Deutschen Akademie der Künste, Verleihung des Nationalpreises der DDR im selben Jahr). Schon sein op. 11, „Zeitungsausschnitte" für Gesang und Klavier, in dem banale, locker gereimte Alltäglichkeiten vertont sind, signalisiert die Abkehr von einer bürgerlich verstandenen Musikkultur, von Kunstwerk - Feierlichkeit, Pathos und Lyrismus. Eisler stellte sich in den Dienst der proletarischen Klasse. Seine Kompositionen, die z.T. für die Straße bestimmt sind (Arbeiterchöre, Kampflieder, Songs, Chorwerke mit Orchester, Kantaten, Lehrstücke, Opern und ▷ Filmmusiken) sind ▷ Funktionsmusik eines sozialistischen Realismus. Sie erschöpfen sich jedoch nicht in der Bestätigung und Festigung der herrschenden sozialistischen Staatsform, sonden suchen das Bewußtsein der Proletarier der damaligen Zeit für die Notwendigkeit revolutionärer gesellschaftlicher Prozesse zu öffnen. Eislers Tonsprache bleibt bei aller funktionsbedingten Einfachheit stets originell in der musikalischen Formung und hat einen höheren Rang, als der Musik im engen Musikverständnis sozialistischer Kulturfunktionäre zugestanden wird.

Gershwin, George, geb. am 26.9.1898 in New-York-Brooklyn, gest. am 11.7.1937 (an einem Gehirntumor) in Hollywood, hat es verstanden, auf höchst persönliche Art die Ausdruckselemente des ▷ Jazz in die traditionellen sinfonischen Formen einzuschmelzen. Er wuchs als Sohn eines kleinen Geschäftsmannes in bescheidenen, musikfremden Verhältnissen auf, erhielt aber mit 12 Jahren geregelten Musikunterricht und kam früh mit der großstädtischen Unterhaltungsmusik in Berührung. Mit 16 Jahren bereits war er als Gutachter für Tanzlieder bei einem New-Yorker Verlag tätig. Seine ersten Kompositionen waren Songs und Schlager. Durch einen Verleger erhielt er Zugang zum Broadway-Theater, für das er Revuen und Operetten schrieb. 1924 komponierte er auf Veranlassung des damaligen „King of Jazz" Paul Whiteman die „Rhapsody in Blue", durch die sein Name in der ganzen Welt bekannt wurde. Es folgten ein Klavierkonzert in f-Moll (1925), die sinfonische Fantasie „Ein Amerikaner in Paris" (1928), die „Kubanische Ouvertüre" (1932) und vor allem sein Hauptwerk, die Negeroper „Porgy and Bess" (1935), für die er ausgedehnte Spezialstudien in einem Negerdorf in den Südstaaten betrieben hatte. In seinen letzten Lebensjahren schrieb er in erster Linie ▷ Filmmusiken. Die lebensbejahende, von Rhythmus und Klang getragene Heiterkeit und die verträumte Sentimentalität seiner Musik in ihrer Bindung an Jazz und gegenwärtige städtische „Volksmusik" werden von den amerikanischen Landsleuten als Ausdruck ihres eigenen Wesens empfunden. Die Originalität seiner Musik fand auch Anerkennung bei namhaften Komponisten wie Strawinsky, Ravel und Schönberg.

Gluck, Christoph Willibald, geb. am 2.2.1714 in Erasbach/Oberpfalz, gest. am 15.11.1787 in Wien, reformierte die ▷ Oper aus dem Geiste des Dramas, wie nach ihm R. ▷ Wagner. — Mit etwa 17 Jahren ging er als Musikant auf Wanderschaft, um dem Musizierverbot des Vaters, der Förster war, zu entgehen. Er kam über Prag und Wien nach Mailand, wo er bei Sammartini den einzigen historisch belegbaren Unterricht seines Lebens nahm. Da er sich unterwegs schon als praktizierender Autodidakt auf der Opernbühne umgesehen hatte, konnte ihm ein Erfolg mit einer eigenen Oper gelingen, obgleich er in Mailand ein Fremdling war. Als Folge davon wurde er — auch bei Fortsetzung seines langen Wanderlebens — mit zahlreichen Opernaufträgen — sogar für hochbedeutende musikalische und gesellschaftliche Anlässe bedacht. — Gluck, der zunächst in die Tradition der italienischen Musik- und Typenoper mit Intrigenhandlung hineinwuchs, wandte sich seit 1758, nachdem er geheiratet und in Wien 1752 seßhaft geworden war, auch der französischen Deklamations- und Schauoper mit Lied- und Tanzeinlagen zu. (▷ Stil) — In seinen Reformopern, die 1762 mit „Orpheus und Euridice" einsetzten, ließ er die gegensätzlichen nationalen Stilmerkmale zu einer übernationalen Sprache zu verschmelzen und der Oper gleichzeitig eine neue Bedeutungstiefe hinzuzugewinnen: große sittliche Ideen wie z.B. die Gattentreue sollten ihr zugrunde liegen. Musik durfte nicht mehr nur durch klangsinnliche Schönheit fesseln, sie hatte sich vielmehr einem sinnvollen dramatischen Handlungsverlauf unterzuordnen, mußte in Einfachheit, Wahrheit und Natürlichkeit Sprache des Herzens und starker Leidenschaft wirklicher Menschen sein. — Mit seiner letzten und wohl besten Reformoper „Iphigenie auf Tauris" gelang es ihm 1779, sich in Paris im offenen und dramatischen Streit mit den Piccinisten, den Anhängern eines italienischen Komponisten, durchzusetzen. — Dank seines gewaltigen Ansehens konnte Gluck wie ein moderner Künstler aus eigenem Antrieb und eigener Verantwortung heraus schaffen, zu freier künstlerischer Aussage vorstoßen und seine Vorstellungen mit Energie durchsetzen. Er war der höfischen Auftragskunst entwachsen. ▷ Beethoven

Gregor I., der Große, Papst von 590—604, wirkte für die organisatorische und politische Festigung der Römischen Kirche, sowie für die Missionierung Englands. Seit dem 8. Jahrhundert wurden die Melodien der Meßgesänge auf ihn zurückgeführt. (Gregorianischer ▷ Choral). Seine Arbeit am Meßritus bezieht sich aber nur auf die liturgische Anordnung und Zusammenstellung der Texte. An der Entwicklung des Kirchengesanges hat er durch Reorganisation der Sängerschola teilgenommen.

Guido von Arezzo, geb. um 992 in Arezzo, gest. vielleicht 17.5.1050 als Eremit, ist der bekannteste Musiktheoretiker des Mittelalters. Er erfand die Notenschrift auf vier Linien im Terzabstand und führte zwei bewegliche ▷ Schlüssel ein:

Auf G. geht auch die Solmisation (Übungssilben ▷ S. 259) zurück. ▷ Notation.

Händel, Georg, Friedrich, geb. 23.2.1685 in Halle, gest. am 14.4.1759 in London, ist neben Bach der größte Meister des Spätbarock. Anders als Bach, der seine engere Heimat kaum verließ, entwickelte sich Händel zum Weltbürger, der sich in Italien genauso zu Hause fühlte wie in England oder Deutschland. Er war nicht in eine Musikerfamilie hineingeboren. Das Musikstudium mußte gegen den Willen des Vaters, eines Barbiers und Hofchirurgen, durchgesetzt werden. Fr. Wilh. Zachow, Organist der Marktkirche in Halle, wurde Georg Friedrichs Musiklehrer. Mit 16 Jahren war Händel schon Organist am Dom, studierte jedoch zunächst Jura. 1703 ging er als 2. Geiger an die Hamburger Oper. Er trat aber bald als Cembalist, Kapellmeister und Komponist hervor. 1706 reiste er nach Italien, wo er in künstlerische Berührung mit Arcangelo Corelli und Alessandro Scarlatti kam. 1710 wurde er Kapellmeister im Dienste des Kurfürsten von Hannover. Als sein Dienstherr König von England wurde, übersiedelte Händel als Hofcembalist und Komponist nach London. Hier gründete er in eigener wirtschaftlicher Verantwortung drei ▷ Opernunternehmen, scheiterte aber jedesmal trotz bester Beziehungen zum Hofe am Widerstand des Adels. Nach schwerer Krankheit und dem Verlust seines ganzen Vermögens erzwang er sich erneut Anerkennung durch seine ▷ Oratorien. Deren Form führte er zur Hochblüte und gab ihr das Gepräge für die folgenden Jahrhunderte. 1751 erblindete er — wie Bach —, spielte aber noch bis zu seinem Tode bei den Aufführungen seiner Oratorien das Cembalo und die Orgel. Als englischer Staatsbürger wurde er in der Westminster-Abtei beigesetzt. Händels Hauptwerk „Der Messias" überstrahlt seine zahlreichen Oratorien und Opern, die wegen der undramatischen Textbücher z.T. der Vergessenheit anheimgefallen sind. Vereinzelte Versuche der Wiederbelebung sind erfolgversprechend. Von seinen Instrumentalwerken begegnen wir in den Konzertsälen den Klavierwerken, den Violin- und Triosonaten, den Orgelkonzerten und den Concerti grossi. ▷ S. 81* (Pifa) ▷ S. 307 ff. (Allemande, Chaconne, Courante, Sarabande, Gigue, Musette) ▷ S. 274 (Abb.)

Haßler, Hans Leo, geb. 26.10.1564 in Nürnberg, gest am 8.6.1612 in Frankfurt/M., war der erste deutsche Musiker, der in Italien studierte. Seine Bedeutung liegt in der Verbindung italienischer Formen mit deutschen Texten. Von ihm stammt die Weise zu dem Passionslied „O Haupt voll Blut und Wunden".
▷ 📖 S. 67 (Crucifixus) ▷ Parodie

Haydn, Franz Josef, geb. am 31.3.1732 in Rohrau (Niederösterreich), gest. am 31.5.1809 in Wien, schuf den neuen sinfonischen Stil (▷ Sinfonie), der die klassische Periode einleitete. Er war der Sohn eines armen Stellmachers. 1740 kam er als Sängerknabe am Stephansdom nach Wien, wo er Unterricht im Violin- und Klavierspiel erhielt. Wegen des Stimmbruchs wurde er als Sänger entlassen und mußte sich als Tanzbodengeiger und Klavierlehrer sein Brot verdienen. Bei dem damals berühmten italienischen Komponisten Porpora betätigte er sich als Aufwärter sowie als Begleiter von Gesangslektionen und erhielt dafür Unterricht in Komposition und Generalbaß. 1759 fand er eine Anstellung als Komponist und Kapellmeister beim Grafen Morzin, 1761 eine solche bei dem musikliebenden Fürsten Esterházy. Für Orchester und Solisten in Esterházy schrieb Haydn seine meisten Orchester-, Klavier- und Kammermusikwerke. Als 1790 die Auflösung des Orchesters erfolgte, zog Haydn nach Wien. 1791/92 und 1794/95 unternahm er — inzwischen berühmt geworden — zwei Reisen nach London, wo er in Oxford zum Ehrendoktor ernannt wurde. Das englische Chorwesen beeindruckte ihn stark und regte ihn zur Komposition seiner Oratorien „Die Schöpfung" und „Die Jahreszeiten" an.
▷ S. 106 (Gesang der Hanne) ▷ S. 111 (Und der Geist Gottes)

Von seinen 120 Sinfonien sind vor allem die „Oxford-", die „Militär-", die „Paukenschlag-" und die „Abschiedssinfonie" populär geworden. Großer Beliebtheit erfreuen sich auch die Klavierwerke und die Streichquartette, während seine Opern, Singspiele und Lieder — bis auf unsere Nationalhymne — und einige Kanons vergessen sind. Seine Meßkompositionen werden von den Kirchenchören immer wieder aufgeführt. ▷ S. 274 (Abb.)

Henze, Hans Werner, geb. am 1.7.1926 in Gütersloh, gehört zu den profilierten Opernkomponisten der jüngeren Generation. Seine bekannten Werke sind die Opern: „König Hirsch", „Der Prinz von Homburg" und „Der junge Lord". Er hat auch bedeutende Ballette, Sinfonien und Instrumentalkonzerte geschrieben.

Hindemith, Paul, geb. am 16.11.1895 in Hanau, gest. am 28.12.1963 in Frankfurt/M., war ausübender und komponierender Musiker in einer Person und glich darin den Meistern des ▷ Barock. Er beherrschte das Spiel der Violine, der Bratsche, der Viola d'amore, des Horns und des Klaviers. Darüberhinaus gilt er als bedeutender Theoretiker und Lehrer. Er nahm entscheidenden Einfluß auf die Entwicklung der Musik in der ersten Hälfte des zwanzigsten Jahrhunderts.
Schon mit zwanzig Jahren war Hindemith Konzertmeister an der Oper in Frankfurt. Als Bratschist im Amarquartett setzte er sich für die neue Musik ein. In späteren Lebensjahren trat er als Dirigent vor allem seiner eigenen Werke auf.
Im Jahre 1927 übernahm Hindemith eine Klasse für Komposition an der Hochschule für Musik in Berlin; 1935 verließ er Deutschland aus politischen Gründen und wurde Berater der türkischen Regierung für das Musikleben in diesem Lande. Später ging er in die USA, wo er als Dozent an der Yale Universität lehrte. Von 1951 an unterrichtete er auch in Zürich. In seiner Schrift „Unterweisung im Tonsatz" faßte er die Erfahrungen seiner Tätigkeit als Komponist und Lehrer zusammen und formulierte so die Grundlagen zu einer Theorie der neuen Musik ▷ S. 100, ▷ S. 191
Als Komponist durchlebte Hindemith eine radikale Frühphase, in der er den herrschenden Kulturbetrieb mit robusten Parodien und Elementen der Unterhaltungs- und Jazzmusik herausforderte (z.B. Suite 1922; Kammermusik 1921 für kleines Orchester).

Bald aber schuf er Werke von großem künstlerischem Ernst (z.B. Liederzyklus „Marienleben" nach Gedichten von R. M. Rilke, den „Ludus tonalis", ein Gegenstück zu Bachs „Wohltemperiertem Klavier", die Oper „Mathis der Maler" und Werke für fast alle Instrumente und verschiedene Besetzungen). In ihre moderne Tonsprache flossen Formen und Stilmittel der alten Musik und des ▷ Volksliedes ein. Hindemith schrieb auch Werke für das Laien- und Jugendmusizieren, z.B. das Spiel für Kinder „Wir bauen eine neue Stadt". ▷ S. 44* (Wer sich die Musik) ▷ S. 82* (Ostinato) ▷ S. 188 (Siziliano) ▷ S. 317 (Boston) ▷ S. 319 (Shimmy) ▷ S. 274 (Abb.)

Honegger, Arthur, geb. am 10.3.1892 in Le Havre als Sohn schweizerischer Eltern, gest. am 27.11.1955 in Paris, nahm viele Anregungen der älteren und jüngeren Musik auf und war einer der vielseitigsten Komponisten seiner Zeit. Er studierte u.a. Violine und Komposition am Konservatorium in Zürich und später Komposition und Orchesterleitung bei Widor und d'Indy in Paris, wo er sich 1913 niederließ. Unter seinen vielen bleibenden Künstlerfreundschaften ragt die „Gruppe der Sechs" heraus, deren Wortführer der vielseitige Jean Cocteau wurde. Die Mitglieder des Zusammenschlusses verstanden sich vor allem als französische Musiker, die pflegten einen freundschaftlichen Ideenaustausch, ohne sich jedoch an ein gemeinsames ästhetisches Programm zu binden. — Seinen Weltruf begründete Honegger 1921 mit seinem szenischen Oratorium „König David". Sein Ansehen festigte sich durch die sinfonische Dichtung „Pacific 231", in der die Fahrt einer Schnellzuglokomotive musikalisch dargestellt wird. Honegger war an der Entwicklung der ▷ Film- und Rundfunkmusik maßgebend beteiligt, schrieb die Sportsinfonie „Rugby" und das Ballett „Skating Rink", daneben aber auch Werke von tiefem menschlichen und religiösen Ernst wie das szenische Oratorium „Johanna auf dem Scheiterhaufen", die „Sinfonie liturgique" und die „Suite archaique". Für alle die ganz verschiedenartigen Aufgaben fand er dank der unbefangenen spontanen Frische und Vitalität seines Wesens immer wieder originelle kompositorische Lösungen. — Honegger war auch als Geigensolist, Dirigent eigener Werke und Musikkritiker tätig.

Isaac, Heinrich, geb. um 1450 wahrscheinlich in Brügge, gest. 1517 in Florenz, war Hofkomponist Kaiser Maximilians I.. Als gebürtiger Niederländer lebte er lange in Italien und nahm fast alle Musikbestrebungen seiner Zeit auf und förderte sie. Neben gewaltigen polyphonen Werken finden sich auch schlicht volkstümliche wie der berühmte Liedsatz zum Innsbrucklied.

Krieger, Johann, geb. am 1.1.1652 in Nürnberg, gest. am 18.7.1735 in Zittau, genoß in seiner Zeit großes Ansehen als bedeutender Kontrapunktiker. Mit seinen „Partiten" (Suiten) lieferte er wichtige Beiträge zur barocken Klaviermusik. Händel schätzte ihn als Orgel- und Klavierspieler. ▷ S. 83* (Rondeau) ▷ S. 71* (Bourrée).

Lasso, Orlando di (Roland Lassus) geb. um 1532 in Mons (Hennegau), gest. am 14.6.1594 in München, ist der letzte und bedeutendste Großmeister der (polyphonen) Niederländerzeit. Er war — im Gegensatz zu seinem Zeitgenossen Palestrina, der aus Rom nie hinausgekommen ist — in allen Musikzentren Europas zu Hause. Er schuf kirchliche und weltliche Vokalkompositionen von hohem Rang.

Leoninus, französischer Komponist in der 2. Hälfte des 12. Jahrhunderts, ist mit dem jüngeren Magister ▷ Perotinus der Hauptvertreter der Notre-Dame-Schule. Er schuf zweistimmige ▷ Organumkompositionen. ▷ Klangband und Klangmixtur S. 72.

Liszt, Franz, geb. am 22.10.1811 in Raiding (Burgenland), gest. am 31.7.1886 in Bayreuth, war der faszinierendste Klaviervirtuose des vorigen Jahrhunderts. Als ungarischer Staatsbürger geboren, war er in allen Musikstädten Europas von Paris bis Petersburg zu Hause. Er förderte Künstler wie ▷ Wagner, ▷ Chopin und ▷ Smetana in entscheidender Weise und begründete die „Neudeutsche Schule", eine Art Fortschrittspartei, die sich gegen mehr konservative, an der Klassik orientierte Komponisten wie ▷ Brahms und ▷ Mendelssohn abgrenzte. Seine historische Bedeutung liegt in der Entdeckung neuer harmonischer Wirkungen, raffinierter Effekte der ▷ Instrumentation und in der Schaffung der ▷ Sinfonischen Dichtung als Gattung. ▷ Bartók ▷ S. 315 (Czárdás)

Loewe, Carl, geb. am 30.11.1796 in Löbejün bei Halle, gest. am 20.4.1869 in Kiel, gilt bis heute als der ausgesprochene Balladenkomponist seiner Zeit. Er wurde von ▷ Reichardt und ▷ Zelter musikalisch gefördert, studierte aber zunächst Theologie. 1820 erhielt er eine

Anstellung als Kantor und Organist. Ein Jahr später wurde er Musiklehrer am Gymnasium in Stettin. Von seinen vielen Kompositionen (Opern, Oratorien, Synfonien, Kammermusiken, Liedern) haben heute nur noch seine Balladen Bedeutung. Die bekanntesten sind: Edvard, Erlkönig, Prinz Eugen ▷ S.34*, Heinrich der Vogler, Archibald Douglas.

Lully, Jean Baptiste, geb. am 28.11.1632 in Florenz als Sohn eines Müllers, gest. am 22.3.1687 in Paris, ist der Begründer der französischen Nationaloper. — Mit 14 Jahren kam er als Kammerdiener und Lehrer der italienischen Sprache bei der Prinzessin Montpensier nach Paris. Bald konnte er seine Kenntnisse und seinen Geschmack als Geiger der Hauskapelle und durch den Besuch wertvoller musikalischer Veranstaltungen bilden. — Seit 1653 komponierte er für den Pariser Hof und wurde durch die unaufhaltsam durch seine Leistungen, durch Geschäftstüchtigkeit und Geschick und von der Gunst des Königs Ludwig XIV. nach oben getragen. 1662 erhielt er die Stellung eines Musikmeisters der königlichen Familie und betreute die gesamte Musikpflege am königlichen Hofe. 1680 wurde er als „Sekretär des Königs" mit dem Adelstitel ausgezeichnet. Schon seit der Gründung einer eigenen Opernakademie 1672 dank eines königlichen Privilegs beherrschte er auch das Musikleben der Stadt Paris. Niemand durfte seine Werke ohne Erlaubnis aufführen (▷ S. 204 Fürstenprivilegien). — Lully schuf als Reaktion auf die Übermacht der Italiener einen eigenen national-französischen Bühnenstil, der sich vor allem auf eine eigenständige ausgedehnte Verwendung von Chor und Ballett und eine sprachnahe ▷ monodische, mit Hilfe des Orchesters dramatischer Rezitativgestaltung stützte. Das Ballett wurde schließlich zu einem tragenden Element in den großen szenisch-musikalischen Tanzschauspielen. Neuerungen auf dem Gebiet der Tanzkompositionen sind die Eröffnung durch eine großangelegte sog. französische ▷ Ouverture und die Einführung des Menuetts. Lully selbst trat neben dem König als Ballett-Tänzer auf, ein Anzeichen für die vollkommene Entsprechung seiner Musik zur gesellschaftskultur des Hofes. In Fragen der Texte und der Dramaturgie bestand eine Zusammenarbeit mit den Bühnenklassikern Molière und Corneille. — Bei der Aufführung seines Tedeums leitete Lully Chor und Orchester in damals üblicher Weise, indem er den Takt mit einem Dirigentenstab auf den Boden stampfte.

In seinem Eifer traf er den eigenen Fuß, nahm jedoch von der Verletzung so wenig Notiz, daß sie sich schlimm entwickelte und er an den Folgen starb.

Machaut, Guillaume de, geb. um 1300 vielleicht in Machaut (Ardennen), gest. 1377 in Reims, war der bedeutendste französische Komponist des 14. Jahrhunderts. Als Dichterkomponist knüpfte er an die Tradition des ▷ Minnesangs an. Er schrieb Balladen, Rondeaux, Motetten und eine vierstimmige Messe.

Mendelssohn Bartholdy, Felix, geb. am 3.2.1809 in Hamburg, gest. am 4.11.1847 in Leipzig, führte als Zwanzigjähriger in Berlin die in Vergessenheit geratene Matthäuspassion auf und leitete damit das Wiederaufleben der Musik J. S. Bachs ein. Er genoß eine vorzügliche Erziehung. Er lernte Sprachen, Zeichnen, Malen, Tanzen, Schwimmen, Reiten und Ringen. In seinem begüterten Elternhaus verkehrten Dichter und Philosophen (Schlegel, Schleiermacher u.a.). Mit Goethe, den er 1821 kennengelernt hatte, stand er im Briefwechsel. Friedrich ▷ Zelter war sein strenger Musiklehrer, der seinen Schüler gegen den Brauch der Zeit im Geiste Bachs unterrichtete. Mit 9 Jahren bereits trat Mendelssohn öffentlich als Pianist auf. Schon als siebzehnjähriger Primaner komponierte er sein berühmtestes Meisterwerk, die Ouvertüre zu Shakespeares „Sommernachtstraum". Reisen nach England, Schottland, Paris und Italien brachten Anregungen und musikalische Erfolge.
1833 wurde er Kapellmeister in Düsseldorf, 1835 Dirigent des Leipziger Gewandhausorchesters, dessen Leistungsfähigkeit er systematisch steigerte und dadurch einen hohen Maßstab auch für die Arbeit anderer Orchester aufstellte. 1843 gründete er das Leipziger ▷ Konservatorium. Das große Ansehen, das er zu Lebzeiten genoß, verblaßte nach seinem Tode. Zu den Werken von bleibendem Wert zählen neben der Musik zum „Sommernachtstraum" das Violinkonzert, die „Lieder ohne Worte", das d-Moll-Klaviertrio, das f-Moll-Quartett, seine Oratorien und Sinfonien.

Messiaen, Olivier, geb. 10.12.1908 in Avignon, gehört zu den führenden modernen Komponisten Frankreichs, betrachtet Komponieren als einen Akt seines katholischen Glaubens. Er verarbeitet in seinen Werken die verschiedensten Anregungen: Gregorianik, griechische und indische Rhythmik, impressionistische Klänge (▷ Impressionismus), russische Musik, Vierteltontechnik und Vogelgesang. Er schrieb die erste ▷ serielle Komposition, in der nicht nur die Tonhöhen, sondern auch Tondauern, Klangfarben, Dynamik und Anschlagarten durch Reihen geordnet sind: „Mode de valeurs et d'intensités". Bekannt sind seine Orgel-, Chor- und Orchesterwerke.

Monteverdi, Claudio, getauft am 15.5.1567 in Cremona, gest. am 29.11.1643 in Venedig, ist der erste bedeutende Musikdramatiker und Reformer der ▷ Oper. Von 1590 bis 1612 stand er im Dienste des Herzogs Vincenzo I. Gonzaga von Mantua, zunächst als Sänger und Violinist, seit 1601 als verantwortlicher Leiter der kirchlichen und weltlichen Musik. Von dessen Nachfolger wurde er unvermittelt entlassen. Er übernahm erst 1613 nach einem Probekonzert und auf einstimmige Wahl hin das Amt eines Kapellmeisters am St. Markus Dom in Venedig, in dem er 30 Jahre bis zu seinem Tode, zuletzt als geweihter Priester, in höchstem Ansehen wirkte. Veranlaßt durch seine Tätigkeit dort schuf er viele Werke der Kirchenmusik. Seit 1615 wurde er durch Aufträge aus Parma und Mantua, wo man die gewaltsam getrennten Fäden wieder aufnehmen wollte, zur Opernkomposition angeregt. Seine erste Oper „Orfeo" hatte er schon 1607 geschrieben, seine späteren Opern, von denen starke Impulse auf die künftige Opernentwicklung ausgingen, schuf er für Venedig (z.B. „Die Krönung der Poppea"), seit dort im Jahre 1637 das erste öffentliche Opernhaus eröffnet worden war. — Seine erste Schaffensperiode, die seine achtjährige Studienzeit in Cremona und die Tätigkeit in Mantua umfaßt, war vorwiegend der Madrigalkomposition gewidmet. Diese ästhetisch anspruchsvolle mehrstimmige Vokalkunst für die gehobene und gebildete Gesellschaft wurde schon von Monteverdis Vorgängern als Gegenstück zur polyphonen ▷ Motette der Niederländer („Prima Prattica", Vorrang der melodischen Linie vor dem Wort) gesehen. Nicht zuletzt dank der Beiträge Monteverdis entwickelte sie sich zur herrschenden experimentellen Gattung einer „Neuen Kunst" („Musika nova"). Hier erlangte die Musik eine nie erlebte Ausdrucksfülle, sie gewann die Mittel, Naturszenen bildhaft zu malen, die Inhalte der Worte zu schildern und zu deuten, die Dramatik von Situationen zu steigern. Monteverdi tat den

Johann Sebastian Bach Georg Friedrich Händel Joseph Haydn

Wolfgang Amadeus Mozart Ludwig van Beethoven Carl Maria von Weber

Franz Schubert

Robert Schumann

Paul Hindemith

Johannes Brahms

Béla Bartók

Igor Strawinsky

entscheidenden Schritt zum konzertierenden Stil und zum Solomadrigal mit Generalbaß und schuf damit Grundlagen des Frühbarock („Secunda Prattica" ▷ Barock).

Die Errungenschaften der „Secunda Prattica" übernahm Monteverdi in seine Opern. Hier konnte er an die Ergebnisse der Florentiner Camerata anknüpfen, deren Vertreter im einstimmig rezitativischen akkordgestützten Sologesang seelisch erregtes, affektgeladenes Sprechen nachahmten. Solche Monodien fügten sie mit Liedern und Chorsätzen zu Opernszenen zusammen. Monteverdi erweiterte diese Möglichkeiten der Szenengestaltung und des Ausdrucks z.B. durch Erinnerungsmotive, Chromatik, Tonalitätsschwankungen, unvermittelten Wechsel zwischen Kreuz- und B-Tonarten, Verdichtung des Rezitativs zu arienhaftem Ausdruck, vielseitiger Verwendung von Chor und Orchester (Pizzicato, Tremolo).

Wenige Jahrzehnte nach seinem Tode ebbte das zunächst große Interesse an Monteverdis Kunst ab. Erst Ende des 19. Jahrhunderts bahnte die Musikwissenschaft eine Monteverdi-Renaissance an, die zur Neuherausgabe und Aufführung seiner Werke, zu Bearbeitungen (u.a. durch ▷ Orff), und zu zahlreichen Schallplattenproduktionen bis in die Gegenwart hinein geführt hat.

Mozart, Wolfgang Amadeus, geb. am 27.1.1756 in Salzburg, gest. 5.12.1791 in Wien, war vielleicht das vielseitigste Musikgenie der Geschichte. In allen musikalischen Gattungen schuf er überragende Werke. Seine schulische und musikalische Grundausbildung verdankt er seinem Vater Leopold, dem salzburgisch erzbischöflichen Vizekapellmeister, der ein hervorragender Pädagoge, erfahrener Komponist und ausübender Musiker war. Mit sechs Jahren erregte Wolfgang als Pianist und Komponist Aufsehen. Konzertreisen, die er mit Vater und Schwester unternahm, machten ihn als Wunderkind an allen Höfen Europas bekannt. Mit vierzehn Jahren fand er Anstellung als Konzertmeister der erzbischöflichen Kapelle in Salzburg. Es folgten drei Studienreisen nach Italien. Überall wurde der junge Meister bewundert und gefeiert. Der Papst ernannte ihn zum „Ritter vom heiligen Sporn". Es gelang ihm jedoch nicht, eine angemessenere Stellung zu finden. Sein Dienstherr, der Erzbischof von Salzburg, hielt ihn in strenger Abhängigkeit, die Wolfgangs Stolz und Wertgefühl verletzte. Deshalb verließ er 1781 nach einer Auseinandersetzung seinen Salzburger Dienst und suchte sich in der Weltstadt Wien durch Komposition und Unterricht eine unabhängige Existenz aufzubauen. 1782 heiratete er Konstanze Weber. Trotz seiner Erfolge mit Opern, Sinfonien, Konzerten, Messen, Sonaten und Streichquartetten hatte er stets mit Geldnöten zu kämpfen. Die ständigen Sorgen und die Überarbeitung bei zartester Gesundheit führten zum frühen Tode schon im 37. Lebensjahr. Da die Mittel für ein ordentliches Begräbnis nicht reichten, wurde Mozart in einem Armengrab, in der „allgemeinen Grube" beigesetzt. ▷ S. 204.

Das ▷ Requiem, sein letztes und unvollendetes Werk schuf der bereits schwer erkrankte Mozart im bezahlten Auftrag für einen ihm unbekannten musikbegeisterten böhmischen Grafen. Der bediente sich zur Vermittlung eines Boten, der das Requiem als seine eigene Komposition ausgeben wollte. Angesichts der ungewöhnlichen Umstände betrachtete Mozart das Requiem als für ihn selbst bestimmte Totenmusik.

Zu seinen bekanntesten Werken gehören: Die Opern „Die Entführung aus dem Serail", „Die Zauberflöte", ferner die „Krönungsmesse", die „Jupitersinfonie", die „Kleine Nachtmusik", die Klaviersonate in A-Dur, das Lied „Komm lieber Mai" ▷ S. 72* (Spielstück) ▷ S. 148 (Menuett) ▷ S. 160 (Waldhornstück) ▷ 📖 S. 74 (Sonate A-Dur) ▷ 📖 S. 75 (Romanze „kl. Nachtm.") ▷ S. 311 (Contredanse), ▷ S. 313 (Fandango) ▷ S. 274 (Abb.).

Mussorgski, Modest, geb. am 21.3.1839 in Karewo (Gouvernement Pleskau), gest. am 28.3.1881 in Petersburg, ist der selbständigste und genialste Vertreter der romantischen russischen Nationalschule (▷ Romantik). — Die Kindheit auf den Gütern der Eltern, die Landadelige waren, begründete seine tiefe Zuneigung zu den einfachen Bauern, zur Nation und ihrer Geschichte. Der Familienbesitz ermöglichte Mussorgski die Laufbahn eines Gardeoffiziers und schließlich für kurze Zeit ein freies Komponistenleben in Petersburg. Nach Auflösung der Güter infolge der Befreiung aller Bauern aus der Leibeigenschaft mußte er jedoch seinen Lebensunterhalt als Beamter verdienen. Er lebte mit Freunden in einer sog. Kommune und bildete mit Borodin, Cui, ▷ Rimski-Korsakow und dem führenden Balakirew das „Mächtige Häuflein", eine Gruppe national fortschritlich gesonnener Komponisten. Während die meisten aus dieser „Gruppe der Fünf" russische Folklore nach den Gesetzen der westlichen Kompositionslehre bearbeiteten, leitete Mussorgski auch seine (oft modale) Harmonik, die Stimmführung seiner Polyphonie und das (oft wechselnde) Metrum aus dem Stil der russischen Bauernmusik ab. Er nahm dabei Züge des ▷ Impressionismus, des ▷ Expressionismus und der Moderne (z.B. Bartók) vorweg und beeinflußte jüngere russische Komponisten (z.B. Strawinsky). Sinfonische Durchführungen und westliche Polyphonie (z.B. Fugen) waren ihm zuwider. Seine Eigenheiten wurden von seinen Freunden teilweise verkannt und seiner autodidaktischen musikalischen Bildung zugute gehalten. Diese Einschätzung führte dann zu Überarbeitungen einiger Werke durch schulmäßig ausgebildete Mitstreiter (z.B. der historischen Oper „Boris Godunow" durch Rimski-Korsakow). Mussorgskis Anliegen war es, durch die Musik als einer Form menschlicher Rede „der Wahrheit gemäß" mit den Menschen zu sprechen. Absolute Formmusik wollte und konnte er nicht schreiben. Darum sind seine Kompositionen auch meist mit dem Wort und mit außermusikalischen Vorstellungen verbunden (neben den Opern z.B. in der Klavierkomposition „Bilder einer Ausstellung" — ▷ Ravel ▷ Bearbeitung — und in der ▷ sinfonischen Dichtung „Eine Nacht auf dem kahlen Berge"). — Sein mitfühlendes, vertrauendes wenn auch oft aufbrausendes Wesen, das ihm die Zuneigung vieler Menschen, vor allem der Kinder eintrug, machte ihn auch empfänglich für das Leid und Elend der „erniedrigten und beleidigten" russischen Menschen und für sozialreformerische Ideen.

Neidhardt von Reuenthal, geb. um 1180, gest. um 1240, ist nächst Walther von der Vogelweide der älteste ▷ Minnesänger, von dem Lieder mit Melodien erhalten sind. Die frischen Weisen haben viele Musikanten zur Nachahmung angeregt.
▷ S. 59* (Maienzeit bannet Leid) ▷ S. 64 (Nun will der Lenz uns grüßen)

Notker Balbulus (der Stammler), geb. um 840 in der Schweiz, gest. am 6.4.912 in St. Gallen, gilt als einer der ältesten und bedeutendsten Verfasser von ▷ Sequenztexten. Die ihm zugeschriebene Antiphon „Media vita in morte sumus" (Mitten wir im Leben) stammt nicht von ihm.

Orff, Carl, geb. 10.7.1895 in München, gehört zu den führenden Bühnenkomponisten Deutschlands. 1924 gründete er zusammen mit Dorothee Günter in München eine Schule für Gymnastik, Tanz und Musik (Günterschule). Hier entwickelte er aus alten Vorbildern das nach ihm benannte „Orff-Instrumentarium". Durch sein „Schulwerk", einer Zusammenstellung von Musizierbeispielen für dieses Instrumentarium, gab er der Musikerziehung neue Impulse. Als Bühnenkomponist schuf er eine neue Form des Musiktheaters. Er ging dabei von der Deklamation der Sprache aus. Der Wortrhythmus erzeugt den musikalischen Rhythmus, der sich wiederum in Einklang mit der Körperbewegung befindet. Melodisch und tonartlich erinnern seine Kompositionen an die Frühformen unserer Musik ▷ Psalmodie, kirchentonartliche Melodik (▷ S. 95), Organum-Gesang (▷ Klangparallelen). Harmonisch werden in sich ruhende Klänge mit Quarten- und Quintenschichtung sowie Klangparallelen bevorzugt. Chromatik wird nur aus Gründen der Charakteristik verwendet (▷ S. 107 „Ach hätt' ich meiner Tochter nur geglaubt"). Zu seinen bekannten Werken zählen: Carmina burana ▷ S. 316 (Zwiefacher), Der Mond, Die Kluge, Das Weihnacht- und Osterspiel, Die Bernauerin u. a.

Pachelbel, Johann, geb. am 1.9.1653 in Nürnberg, gest. ebd. am 3.3.1706, galt als der hervorragendste Organist und Komponist der Barockzeit vor J. S. Bach, mit dessen Vater er befreundet war. Seine überdauernde kompositorische Leistung lag auf dem Gebiet der Choralbearbeitungen. ▷ S. 180

Palestrina, Giovanni Pierluigi da, geb. um 1525 in Palestrina (Kirchenstaat), gest. am 2.2.1594 in Rom, ist der Großmeister der klassischen ▷ A-cappella-Epoche, dessen Satzkunst beispielhaft für spätere Bemühungen um die Kirchenmusik geworden ist. Er war von 1537—42 Chorknabe an Santa Maria Maggiore, später Organist und Kapellmeister an verschiedenen Kirchen Roms, zuletzt am Petersdom, wo er als „Fürst der Musik" beigesetzt wurde.
Die Grundzüge des „Palestrina-Stils" sind: völlige Ausgewogenheit zwischen Harmonie und Linie; ferner Diatonik, Stufenmelodik, gleichmäßige Verteilung von melismatischem und syllabischem Vortrag, sowie akkordischer und polyphoner Partien; strenge Durchführung der Imitation, fließende, oft komplementäre Rhythmik.
Palestrinas Hauptwerk ist die „Missa Papae Marcelli". Daß er durch dieses Werk die Kirchenmusik vor dem Verbot durch das Tridentiner Konzil (1545—63) gerettet habe, ist allerdings Legende. Das Konzil hat nicht die mehrstimmige Musik abschaffen, sondern nur die liturgischen Texte wieder stärker in den Mittelpunkt der Kirchenmusik rücken wollen. U. a. wurden Auswüchse der Chanson- und ▷ Parodie-Messen bekämpft. Palestrina schrieb 93 Messen, über 500 Motetten und über 100 Madrigale.
Die Palestrina-Renaissance des 19. Jahrhunderts führte 1868 zur Gründung des Cäcilienvereins, der sich eine Reform der katholischen Kirchenmusik aus dem Geiste der A-cappella-Musik des 16. Jahrhunderts zur Aufgabe machte.

Penderecki, Krzystof, geb. am 23.11.1933 in der Nähe von Krakau, gehört zu den bedeutendsten lebenden Komponisten Polens. Er erweiterte die Klangmöglichkeiten konventioneller Instrumente durch neuartige Spielweisen. Der Singstimme erschloß er neue Ausdrucksbereiche durch Manipulationen mit den konsonantischen und vokalischen Anteilen der Sprache (▷ S. 22), durch Chorglissandi und Staccati sowie Pfeiftöne usw.
Die neuen Ausdrucksmöglichkeiten, die er sich planvoll erarbeitet hatte, setzte er gesammelt in seiner Lukaspassion ein, die er in den Jahren 1963—66 als Auftragskomposition für den WDR Köln schuf. Der nachhaltige Erfolg dieses Werkes beruht vor allem auf der Unmittelbarkeit und Eindringlichkeit seiner musikalischen Sprache. (▷ Partitur S. 90*)

Pepping, Ernst, geb. 12.9.1901 in Duisburg, ist der führende Vertreter der neueren evangelischen Kirchenmusik. Die Grundhaltung seines Werkes ist polyphon und basiert auf der oft kirchentonartlich gefärbten erweiterten Tonalität. Er schrieb Messen, Motetten, Liedsätze, Chorzyklen, Orgelwerke und 3 Sinfonien.

Perotinus Magnus, französischer Komponist um 1200, ist der bedeutendste Vertreter der Notre-Dame-Schule. Seine Leistung besteht in der Fortbildung der Organumkompositionen (▷ Klangparallelen) durch Hinzufügen weiterer Oberstimmen bis zur Vierstimmigkeit. (Duplum, Triplum, Quadruplum) ▷ Leoninus

Praetorius, Michael, geb. 15.2.1571 in Creuzburg bei Eisenach, gest. 15.2.1621 in Wolfenbüttel, ist ein Meister der evangelischen Kirchenmusik, dessen Werke heute noch lebendig sind. Sein mehrbändiges Werk „Musae sioniae" enthält 1244 mehrstimmige Kirchengesänge. Praetorius ist auch als Musikschriftsteller von Bedeutung. Sein theoretisches Werk trägt den Titel „Syntagma musicum" und gibt Aufschluß über Musik und Musizierpraxis sowie die Instrumente der damaligen Zeit. Bekannt ist sein vierstimmiger Satz zu: „Es ist ein Ros' entsprungen".

Prokofjew, Serge, geb. 11.(23.)4.1891 in Sonzowka (Rußland), gest. 5.3.1953 in Moskau, russischer Komponist, war — wie Strawinsky — Schüler von Rimski-Korsakow, lebte seit 1918 als Pianist und Komponist im Exil, kehrte aber 1933 in die Heimat zurück. Sein Schaffen umfaßt alle Gattungen. Von Bedeutung sind die Sinfonien, Opern, Klavierwerke und Lieder. Bekannt ist das musikalische Märchen „Peter und der Wolf". ▷ S. 242 ▷ S. 4* (Die Schweinchen)

Purcell, Henry, geb. 1659 wahrscheinlich in London, gest. 21.11.1695 in London, ist der größte englische Komponist der ▷ Barockzeit. Er schrieb Opern, weltliche und kirchliche Chorwerke sowie Instrumentalmusik für verschiedene Besetzungen. ▷ S. 170 (Chaconne)

Ravel, Maurice, geb. am 7.3.1875 in Ciboure (Basses Pyrénées), gest. am 28.12.1937 in Paris, schließt sich dem impressionistischen Kompositionsstil seines älteren Landsmannes ▷ Debussy an, gerät aber nach dem Krieg unter den Einfluß von ▷ Strawinsky und macht dessen Wendung zum neo-klassizistischen Stil mit. Sein Bolero (1928) ist einer der größten Orchestererfolge seiner Zeit gewesen. Ravel schrieb Klavier- und Orchesterwerke, Lieder, Opern und Ballette. ▷ S. 185 (Pavane)

Reger, Max, geb. am 19.3.1873 in Brand (Fichtelgebirge), gest. am 11.5.1916 in Leipzig, hinterließ mit 43 Jahren Hunderte von Werken. Die ersten musikalischen Anregungen bekam er im Elternhaus. Es folgte eine gründliche Ausbildung bei dem Weidener Organisten Lindner, später bei dem Musikwissenschaftler Hugo Riemann. Ab 1901 betätigte sich Reger als Lehrer und Pianist in München. 1907 wurde er Universitäts-Musikdirektor und Lehrer am Konservatorium in Leipzig. Viele seiner Schüler sind namhafte Musiker geworden. 1911 erhielt er die Anstellung als Hofkapellmeister in Meiningen. Ab 1914 blieb er freischaffender Künstler. Regers kontrapunktisches Können war beispiellos. Bach war sein großes Vorbild.

Die Polyphonie Regers ist von einer am Orgelklang orientierten chromatisch gesteigerten Harmonik durchdrungen. Er weitet die Tonalität bis zur Grenze des Atonalen und stellt so eine Verbindung zwischen Spätromantik und Gegenwart her. Die Grundpfeiler seines Schaffens sind die gewaltigen Orgelwerke, für die er in seinem Freund, dem Thomaskantor Karl Straube, einen kongenialen Interpreten gefunden hatte. Bedeutsam sind auch die Kammermusikwerke, die Lieder und Chöre sowie die Klavier- und Orchesterstücke, z.B. die „Mozart-Variationen". ▷ S. 22* (Maria sitzt im Rosenhag).

Rimski-Korsakow, Nikolai Andrejewitsch, geb. am 18.3.1844 in Tischwin, gest. am 21.6.1908 in der Nähe von Petersburg, war einflußreiches Mitglied der „Gruppe der Fünf" (▷ Mussorgski). Er entstammte einer russischen Adelsfamilie und wurde zunächst Seeoffizier. Aber schon auf der Marineschule betrieb er Musikstudien. Auf einer Weltumsegelung schrieb er seine erste Sinfonie. Seit 1871 war er Lehrer und Komponist am Petersburger Konservatorium. Für seine Freunde setzte er sich selbstlos ein, ergänzte, bearbeitete und instrumentierte deren Werke (▷ Mussorgski). Die Musik von Rimski-Korsakow ist — im Gegensatz zu der von Mussorgski — stärker vom Westen (Berlioz, Liszt) beeinflußt. Er schrieb zahlreiche Opern, Sinfonien, Lieder und Kammermusik. Bekannt sind: die sinfonische Suite op. 35 „Scheherazade" (aus „Tausend und eine Nacht") und das Capriccio espagnol op. 34 ▷ S. 313 (Fandango).

Sachs, Hans, geb. am 5.11.1494 und gest. am 19.1.1576 in Nürnberg, ist der volkstümlichste und originellste und dank der Oper von Richard Wagner auch heute noch bekannteste ▷ Meistersinger. Er besuchte die Lateinschule, erlernte dann das Schuhmacherhandwerk und ließ sich nach fünfjähriger Wanderschaft in seiner Vaterstadt als Meister nieder. Er schuf über 4000 Meisterlieder, etwa 1700 Spruchgedichte, Fabeln, Schwänke, Legenden und 208 Schauspiele.

Schönberg, Arnold, geb. am 13.9.1874 in Wien, gest. am 13.7.1951 in Los Angeles (USA) ist der Wegbereiter des musikalischen ▷ Expressionismus. Mit seiner „Methode der Komposition mit zwölf nur aufeinander bezogenen Tönen" (▷ Zwölftontechnik) schuf er eine Tonordnung außerhalb der Tonalität. ▷ S. 53 f.
▷ *M IV*, 21

Seine musikalische Entwicklung vollzog sich fast ganz ohne Unterricht. Er war im wesentlichen Autodidakt. Nur einige Monate erhielt er Unterweisungen im Kontrapunkt bei seinem späteren Schwager Zemlinsky, in dessen Orchester er als Cellist wirkte. Ab 1901 war er als Dirigent, Komponist und Lehrer wechselnd in Berlin und Wien tätig. Zu seinen Schülern zählten Alban Berg und Anton Webern. Der Komponistenkreis um Schönberg wird als „Wiener Schule" bezeichnet. Nach dem Ersten Weltkrieg gründete Schönberg den „Verein für musikalische Privataufführungen", um fortschrittlichen Komponisten die Möglichkeit für Werkaufführungen zu bieten. Von 1925 bis 1933 lehrte er als Professor an der Musikhochschule in Berlin, emigrierte dann und fand Aufnahme in den USA als Lehrer an der Universität von Hollywood.
Sein Schaffen umfaßt Werke für Orchester, Chor, Kammermusik, Klavier und Gesang. Vor allem in seiner „Harmonielehre" faßt er seine Gedanken über Kunst und Komposition zusammen.

Schubert, Franz, geb. 31.1.1797 in Liechtenthal bei Wien, gest. 19.11.1828 in Wien, ist der Schöpfer des romantischen Sololiedes (▷ Lied). — Er war der Sohn eines Schullehrers, kam als Singknabe in die Wiener Hofkapelle und erhielt Kompositionsunterricht u.a. bei Salieri. Nach dem Stimmbruch verließ er das Konvikt, trat in die Präparandie ein und wurde Schulgehilfe seines Vaters. Drei Jahre lang gab er Elementarunterricht an der Liechtenthaler Schule. Diese Tätigkeit stellte ihn wenig zufrieden. Dann siedelte er nach Wien über und widmete sich ganz der Musik. Er lebte stets in dürftigen Verhältnissen, unterhalten von Freunden und Gönnern. Seine Musik schrieb er vorzugsweise für einen kleinen Kreis gleichgesinnter Freunde, die ihre geselligen Zusammenkünfte, Lese- und Musikabende „Schubertiaden" nannten. Er starb 31jährig an einer Typhusinfektion, ein Jahr nach Beethoven, in dessen Nähe er beigesetzt wurde. Schubert hat meisterhafte Instrumentalmusik geschaffen: Klavierwerke, Streichquartette und Sinfonien. Seine eigentliche Bedeutung erlangte er als Schöpfer der modernen Liedkomposition (▷ Lied). Mit den bahnbrechenden Vertonungen der Goethe-Gedichte „Erlkönig" und „Gretchen am Spinnrad" als 18jähriger wird die über 600 Lieder zählende Reihe eingeleitet. Einige seiner Melodien sind Volkslieder geworden. ▷ S. 312 (Ecossaise)
▷ S. 6* (Das Wandern) ▷ S. 85* (Ländler) ▷ S. 275 (Abb.)

Schütz, Heinrich, geb. 14.10.1585 in Köstritz bei Gera (Thüringen), gest. 6.11.1672 in Dresden, hat das Verdienst, die Tradition der deutschen Musik durch das Elend des 30jährigen Krieges hindurch bewahrt und entscheidend gefördert zu haben. Mit 13 Jahren wurde er Kapellknabe am Kasseler Hof, studierte nach dem Stimmbruch Jura, ging aber 1609 auf Drängen des Landgrafen Moritz zur Ausbildung als Komponist und Organist nach Italien und wurde Schüler von G. Gabrieli in Venedig. Nach seiner Rückkehr 1613 wurde er Hoforganist in Kassel, 1617 Hofkapellmeister in Dresden. Dieses Amt bekleidete er — von kriegsbedingten Unterbrechungen abgesehen — bis zum Lebensende. Grundlage seines Schaffens war — wie bei Bach — das religiöse Erlebnis. Er schrieb u.a. Motetten, geistliche ▷ Konzerte, drei ▷ Passionen, die Auferstehungshistorie und das Weihnachtsoratorium. Seine einzige Oper „Daphne" — die erste deutsche Oper überhaupt — ist verlorengegangen.

Schumann, Robert, geb. am 8.6.1810 in Zwickau, gest. am 29.7.1856 in Endenich bei Bonn, zögerte infolge seiner musikalisch-literarischen Doppelbegabung lange, bis er sich endgültig für die Musik entschied. Er war der Sohn eines erfolgreichen Buchhändlers, Verlegers und Schriftstellers. Während der Schulzeit beschäftigte er sich vorzugsweise mit Literatur (Jean Paul), die er in der väterlichen Buchhandlung kennenlernte. Nach Absolvierung des Gymnasiums studierte er zunächst Jura. Erst 1830 begann er mit dem Musikunterricht bei dem Leipziger Klavierpädagogen Fr. Wieck, dem Vater seiner Frau Clara, mußte jedoch nach einem Jahr die Laufbahn eines Virtuosen aufgeben, weil er sich durch unvernünftiges Üben eine Fingerlähmung zugezogen hatte. Daraufhin wandte er sich ganz der Komposition zu. Im Mittelpunkt seines Schaffens stand das Klavier. Er ließ sich gern von außermusikalischen Eindrücken anregen und steigerte das ▷ Charakterstück zum romantisch poetischen Stimmungsbild („Album für die Jugend" ▷ S. 86*, „Kinderszenen" u. a.). Nächst dem Klavierstück galt seine besondere Neigung dem Sololied. Den größeren Formen wie Sinfonie und Konzert widmete er sich erst in den späteren Jahren. Seiner schriftstellerischen Neigung folgend gründete er 1834 die „Neue Zeitschrift für

Musik". Als Herausgeber zeichneten die „Davidsbündler" (nach dem biblischen Sänger David genannt), eine nur in Schumanns Phantasie existierende Vereinigung von Künstlern und Kunstfreunden, die gegen das geistlose unkünstlerische Philistertum kämpften. Schumann setzte sich in seiner Zeitschrift für junge Talente ein (1834 für Chopin, 1853 für Brahms) und schuf vielbeachtete Muster für eine positive und verantwortete Musikkritik. Mit seinen „Musikalischen Haus- und Lebensregeln" wandte er sich an musikalische Laien und Jugendliche. Seine berufliche Tätigkeit als Lehrer in Leipzig, als Chorleiter in Dresden oder als Kapellmeister in Düsseldorf war stets von kurzer Dauer. ▷ S. 275 (Abb.).
Die letzten beiden Lebensjahre verbrachte er — geistig krank geworden — in einer Heilanstalt.
Zu seinen bekannten Werken gehören außer den Klavierkompositionen und Liedern das Klavierkonzert, die Rheinische Sinfonie, Kammermusik und Chorwerke.

Smetana, Friedrich, geb. am 2.3.1824 in Leitomischl, gest. am 12.5.1884 in Prag, ist der Begründer der tschechischen Nationalmusik. Er studierte an der „Prokschen Musikanstalt" in Prag. 1848 gründete er dort eine eigene Musikschule. 1856—1860 war er Dirigent der Philharmonischen Gesellschaft in Göteborg (Schweden). In den sechziger Jahren betätigte er sich als Chordirigent und Kritiker. Von 1866 bis zu seiner Ertaubung 1874 wirkte er als Kapellmeister im Prager Nationaltheater. Danach lebte er als freischaffender Komponist. Die letzten beiden Lebensjahre verbrachte er mit einer geistigen Erkrankung. Smetana hat die tschechische Musik zu internationaler Bedeutung geführt. Sein an den deutschen Klassikern und an Franz Liszt orientiertes Schaffen umfaßt Opern, sinfonische Werke, Kammer- und Klaviermusik. Bekannt sind die Oper „Die verkaufte Braut", die sinfonische Dichtung „Mein Vaterland" und das Streichquartett „Aus meinem Leben". ▷ S. 315 (Polka). ▷ Romantik ▷ Stil (Nationalstil) ▷ Sinfonische Dichtung ▷ 📖 S. 77 (Moldau)

Stockhausen, Karlheinz, geb. 22.8.1928 in Mödrath bei Köln, ist zur Zeit der bekannteste Vertreter der sog. ▷ elektronischen Musik. Er studierte an der Kölner Musikhochschule und an der Universität Bonn, danach bei ▷ Messiaen und Darius Milhaud in Paris. 1953 wurde er Mitarbeiter am Kölner Studio für elektronische Musik (▷ S. 202) und ist heute Lehrer für Komposition an der Kölner Musikhochschule. Mit der elektronischen Komposition „Gesang der Jünglinge im Feuerofen" (1956) (mit einbezogener manipulierter Knabenstimme) erregte er weltweites Aufsehen. Unter seinen vielen Kompositionen sind bekannt geworden: Zyklus für einen Schlagzeuger (1959), Momente für Sopransolo, 4 Chorgruppen und 13 Instrumentalisten (1958—62), das bislang einzige Theaterstück „Originale" (1961), vor allem aber das abendfüllende Werk „Hymnen", in dem Nationalhymnen als Tonmodelle benützt werden.

Strauss, Richard, geb. 11.6.1864 in München, gest. am 8.9.1949 in Garmisch, ist einer der letzten Repräsentanten der tonalen Musik. Er war Kapellmeister in Meiningen, München, Wien und Berlin, lehrte von 1917—20 auch Komposition in Berlin und lebte seit 1924 als freischaffender Musiker. Seine Bedeutung liegt in der Fortführung und Steigerung der von ▷ Liszt und Berlioz begründeten ▷ Sinfonischen Dichtung, sowie in der weiterführenden Verwendung der Leitmotivik und Spannungsharmonik ▷ Richard Wagners. Neben den großen Orchesterwerken dieser Art wie „Till Eulenspiegel" und „Don Juan" stehen die bekannten ▷ Opern „Salome", sowie — in Zusammenarbeit mit Hugo von Hofmannsthal — „Elektra" und der „Rosenkavalier". Auch das Liedschaffen nimmt im Gesamtwerk einen breiten Raum ein. Vom volksliedartigen Gebilde bis zum artistischen Gesangsprunkstück sind alle Abstufungen vertreten.

Strawinsky, Igor, geb. 5.(17.)6.1882 in Oranienbaum bei St. Petersburg, gest. am 6.4.1971 in New York, ist neben ▷ Hindemith und ▷ Bartók einer der hervorragendsten Komponisten in der ersten Hälfte dieses Jahrhunderts. Er studierte Jura und war Privatschüler von ▷ Rimski-Korsakow. Sein Schaffen vollzog sich in der westlichen Welt, in der Schweiz, von 1920 bis 1939 in Frankreich, dann in den USA. — Angeregt durch den russischen Ballett-Impresario Diaghilew und in Zusammenarbeit mit ihm schuf Strawinsky die sog. russischen Ballette: u.a. „Feuervogel" (1910), „Petrouschka" (1911) und „Le Sacre du Printemps" (Frühlingsopfer 1913), dessen rhythmische und klangliche Elementarkraft in Paris einen der größten Theaterskandale der Geschichte auslöste. — Zwischen 1920 und 1930 entstanden die Werke des „Neo-Klassizismus", in denen tänzerische Folklore bewußt gemieden wurde und rauschhaft Dionysisches und dekorativ Wirkungsvolles zugunsten des klar Geformten, Geistigen, Apollinischen zurücktraten. Repräsentativ für diese Phase ist neben dem Ballett „Appollon Musagète" (1928) und der „Psalmensymphonie" (1930) das Opernoratorium „Oedipus Rex" (1926), nach der griechischen Tragödie des Sophokles eingerichtet von Jean Cocteau. Die Personen nehmen eine statuenhaft unbewegte Haltung ein, tragen Masken, die alles Individuelle löschen und singen in der dem Alltagsgebrauch entrückten lateinischen Sprache. Die Musik entspricht diesen Stilmitteln des Monumentalen, schicksalhaft Erhabenen durch ein „statisch" konstruiertes Klangbild, das die Spannungsmechanismen funktionsbestimmter Harmonik meidet. ▷ S. 192 (Siciliano) ▷ S. 128 (Funktion von Klängen) — Im Alter setzte sich Strawinsky mit ▷ Schönbergs ▷ Zwölftontechnik auseinander. — In allen Schaffensphasen liebte Strawinsky die Anlehnung an die Musik fremder Epochen und anderer Komponisten. ▷ Parodie

Telemann, Georg Philipp, geb. 14.3.1681 in Magdeburg, gest. 25.6.1767 in Hamburg, genoß zu Lebzeiten größeren Ruhm als der um etwa ein Jahr jüngere J. S. Bach, mit dem er befreundet war und bei dessen Sohn C. Ph. Emanuel er die Patenschaft übernommen hatte. Bereits mit vier Jahren verlor er seinen Vater, besuchte die Gymnasien in Magdeburg und Hildesheim und studierte nach dem Willen seiner Mutter zunächst Jura. Eine Begegnung mit Händel und das rege musikalische Leben in Leipzig gaben den Anstoß, den Musikerberuf zu ergreifen. Er wirkte als Organist und Musikdirektor anfangs in Leipzig, später in Eisenach, Frankfurt und Hamburg. Er hinterließ ein umfangreiches Gesamtwerk: 12 Jahrgänge kirchlicher Festmusik, 19 Passionen, 35 Opern, 600 Konzerte und kammermusikalische Werke. ▷ S. 8* (Das Glücke)

Verdi, Giuseppe, geb. 10.10.1813 in Le Rancole (Italien), (im selben Jahr wie die großen Dramatiker des vorigen Jahrhunderts: Georg Büchner, Friedrich Hebbel, Otto Ludwig und Richard Wagner), gest. am 27.1.1901 in Mailand, führte die italienische ▷ Oper zu einem neuen Höhepunkt. Er ist der ebenbürtige Gegenspieler ▷ Richard Wagners als Musikdramatiker. Er knüpft unmittelbar an seine Vorgänger Rossini, Bellini, Donizetti an und bleibt der italienischen Singoper treu. Er verfeinert und bereichert den Orchesterklang, übernimmt aber nicht den sinfonischen Stil Wagners. Die Schönheit und Wirkung seiner dramatischen Musik beruht in der Hauptsache auf der großlinigen Melodik, mit der er jede seelische Stimmung auszudrücken vermag.

Von seinen vielen Opern sind auf den Spielplänen u.a. immer wieder zu finden: „Rigoletto", „Macbeth" (nach Shakespeare), „La Traviata", „Troubadour", „Don Carlos" (nach Schiller), „Aida", „Othello" (nach Shakespeare). Künstlerisch bedeutsam ist auch sein Requiem.

Wagner, Richard, geb. am 22.5.1813 (▷ die Lebensdaten Verdis) in Leipzig, gest. am 13.2.1883 in Venedig, ist als Dichterkomponist Schöpfer des Musikdramas (▷ Oper). Schon während seines Besuchs der Dresdener Kreuzschule und des Leipziger Nicolaigymnasiums entwickelte sich die Neigung des jungen Wagner zur Musik, vor allem durch die ganz selbständige Beschäftigung mit Webers Oper „Der Freischütz", Mozarts Opernouvertüre zur „Zauberflöte" und Beethovens 9. Sinfonie. Damals schon bildete sich der Entschluß, den Beruf des Musikers zu ergreifen. Jedoch erst als Leipziger Student erhielt Wagner bei Thomaskantor Weinling einen systematischen Kompositionsunterricht, den er schon nach weniger als einem halben Jahr erfolgreich beenden konnte. — Sein wechselvolles Leben führte ihn nach Verpflichtungen an verschiedenen Opernhäusern 1837 als erster Musikdirektor nach Riga. 1839 mußte er, in Schulden geraten, heimlich vor seinen Gläubigern fliehen. Unter den Eindrücken der von Stürmen bedrohten dreieinhalbwöchigen abenteuerlichen Seefahrt im Segelschiff gewann der Stoff seiner späteren Oper „Der fliegende Holländer" Gestalt. Die Flucht führte über London nach Paris, wo Wagner bittere Hungerjahre durchzustehen hatte. Zur Aufführung seines „Holländers" (▷ Joho S. 73) in Dresden kehrte er 1842 nach Deutschland zurück. Seit seinem dreißigsten Lebensjahr (1843) wirkte er als hochangesehener königlicher Hofkapellmeister in Dresden. Hier brachte er u.a. seine Oper „Tannhäuser und der Sängerkrieg auf der Wartburg" (▷ Minnesang) zur Aufführung. — Auch diese Tätigkeit wurde durch äußere Umstände unterbrochen, diesmal durch Wagners Beteiligung am Maiaufstand 1849. Sie trug ihm eine steckbriefliche Verfolgung ein, der er sich wiederum nur durch die Flucht entziehen konnte. — Das Schweizer Ehepaar Wesendonk bot Wagner für zehn Jahre eine großzügige Zufluchtsstätte in seinem Landhaus bei Zürich. In der Ruhe dieses Aufenthalts gediehen die theoretischen Schriften über „Das Kunstwerk der Zukunft", „Oper und Drama" und das gedankentiefe Musikdrama „Tristan und Isolde". — Nach seiner Amnestierung erlebte Wagner erneut schwere Jahre in Deutschland, bis er 1864 von dem achtzehnjährigen Bayernkönig Ludwig II., seinem Bewunderer und lebenslang fördernden Freund, nach München berufen wurde. Aber auch hier mußte er sich nach eineinhalbjähriger Tätigkeit entfernen, und zwar auf Bitten des Königs, der dem Druck des Adels und der öffentlichen Meinung nachgab. In diese Zeit fällt die Komposition der heiteren Oper „Die Meistersinger von Nürnberg" und die Heirat mit Cosima, der Tochter von Franz Liszt, die Wagner gefördert und unterstützt hatte. 1871 übersiedelte Wagner nach Bayreuth, wo in den folgenden Jahren das Festspielhaus erbaut und in Gegenwart des preußischen und des bayerischen Königs mit der Festspieltrilogie „Der Ring der Nibelungen" eröffnet wurde. Das Bühnenweihfestspiel „Parsifal" schrieb Wagner nur für die Aufführung in Bayreuth. In der Festspielstadt liegt Wagner auch begraben. Gestützt auf Vorstellungen ▷ Monteverdis und ▷ Glucks entwickelte Wagner seine Idee des Gesamtkunstwerks, in dem Musik, Dichtung, Schauspielkunst und Malerei zusammenwirken, um das Drama menschlicher Empfindungen darzustellen. Diesem Ziel dient auch der durchgehende Sprechgesang und die „unendliche" Melodie, mit denen er die herkömmliche Gliederung in Nummern, Rezitative und Arien überwindet sowie die reiche Verwendung von ▷ Leit- und Erinnerungsmotiven.

Wagners Leistung für die Entwicklung der Tonsprache in der Oper hat seiner Kunst Weltgeltung verschafft und die Weiterentwicklung der Musik in vieler Hinsicht entscheidend beeinflußt (▷ Impressionismus ▷ Expressionismus ▷ Bruckner ▷ Verdi ▷ Debussy).

Walther, Johann Gottfried, geb. 18.9.1684 in Erfurt, gest. 23.3.1748 in Weimar, war mit J. S. Bach im zweiten Grade verwandt und befreundet. Als Komponist galt er als Meister besonders auf dem Gebiet der Orgel-Choralbearbeitung. Er war auch als Musiktheoretiker tätig und schrieb ein Lexikon.
▷ S. 180 (Nun ruhen alle Wälder)

Weber, Carl Maria von, geb. 18.11.1786 in Eutin (Holstein), gest. 5.6.1826 in London, ist der Schöpfer der romantischen deutschen Oper. Der Vater zog als etwas abenteuerlicher Wandertheaterdirektor von Holstein bis Salzburg durch die Lande. Den Adelstitel hatte er sich selbst zugelegt. Carl Maria, mit Mozarts Frau Constanze im zweiten Grade verwandt, erhielt Musikunterricht u.a. bei Michael Haydn und bildete sich zu einem glänzenden Pianisten heran. 1813 wurde er Direktor am Theater in Prag, 1816 an der deutschen Oper in Dresden. Hier schuf er seine drei großen Opern, die jedoch ihre Uraufführung in anderen Städten erlebten. (▷ S. 204) Aus London erhielt er 1824 den Auftrag für das Covent Garden Theatre eine Oper nach Wielands „Oberon" zu schreiben und ebenda zu dirigieren. Von der Reise, die er als schwerkranker Mann am 16.2.1826 im eigenen Wagen antrat, sollte er nicht mehr zurückkehren. Auf Wagners Betreiben erfolgte 1844 die Überführung der Gebeine Webers nach Dresden. Mit dem „Freischütz" hat Weber endgültig die Vorherrschaft der italienischen Oper gebrochen und dem erwachenden deutschen Nationalgefühl künstlerisch Rechnung getragen.

Der „Freischütz" hat durch die Verwendung von Erinnerungsmotiven unmittelbar auf ▷ Wagner fortgewirkt. Neben seinen Opern sind bis heute noch das Konzertstück für Klavier und Orchester und die „Aufforderung zum Tanz" sehr bekannt. ▷ S. 274 (Abb.)

Zelter, Carl Friedrich, geb. am 11.12.1758 und gest. am 15.5.1832 in Berlin, ist neben J. P. A. Schulz und Joh. Friedrich Reichardt der Hauptvertreter der jüngeren Berliner Liederschule. Er erlernte das Maurerhandwerk, widmete sich aber daneben einem intensiven Musikstudium. 1800 übernahm er die Leitung der Berliner Singakademie. Er wurde Begründer der preußischen staatlichen Musikpflege und Musikerziehung und errichtete eine Instrumentalistenschule. 1809 gründete er die „Liedertafel", die Vorbild für alle späteren Männergesangvereine wurde. Mit Goethe verband ihn eine lebenslange Freundschaft. Am bekanntesten ist seine Vertonung „Es war ein König in Thule".
▷ S. 11*

Zimmermann, Bernd Alois, geb. am 20.3.1918 in Bliesheim bei Köln, gest. am 10.8.1970 in Köln, gehört zu den bekannten Komponisten der jüngeren Generation. Er studierte in Köln und Berlin Musik, Germanistik und Philosophie. 1958 erhielt er eine Professur an der Musikhochschule in Köln. Er schrieb Instrumental- und Vokalmusik. Sein hervorragendstes Werk ist die Oper „Die Soldaten". (1965 Uraufführung in Köln.)

Lexikalisches Sachverzeichnis

Abgeleiteter Ton 64, 67
Abgesang = Schlußabschnitt der ▷ Barform
absolutes Gehör = die Fähigkeit, die genaue Höhe eines Tones nur nach dem Gehör zu bestimmen
absolute Musik (von lat. absolutus = losgelöst) = eine Musik, die nicht über außermusikalische Vorstellungen (▷ Programmusik), sondern nur aus sich selbst zu verstehen ist
a cappella (ital. = nach Art der [Sänger]-Kapellen) = unbegleiteter Chorgesang 264, ▷ Kapelle ▷ Palestrina 277
accelerando 16
Accompagnato (ital. = begleitet) = ▷ Rezitativ mit Begleitung mehrerer Instrumente. ▷ auch: Arioso
Achtelnote 39
—, punktierte 109
Achtelpause 40
adagio 16
ad libitum (lat.) = nach Belieben
aeolischer Kirchenton 94
agitato (ital.) = sehr bewegt, erregt, heftig
Agogik (von griech. agogein = führen) = die geringfügigen Veränderungen in Tempo und Tonstärke, die zur Verdeutlichung von Gliederung und Ausdruck dienen
Air (franz. von lat. aria = Weise, Melodie) ein einfaches Lied oder liedhaftes Instrumentalstück mit klarer periodischer Gliederung ▷ Periode
Akkord 113 f
Akkordton-Namen 114
Akkordton-Schreibung 114
Akkordeon ist ein seit 1830 bekanntes volkstümliches Blasebalginstrument mit durchschlagenden Metallzungen. Ursprünglich nur mit Knöpfen ausgestattet, brachte es bei Zug und Druck verschiedene Klänge hervor. Heute erklingen bei Zug und Druck die gleichen Töne. Während die rechte Hand dabei die Melodie auf Tasten spielt, sind für die linke Hand die Baß- und Akkordknöpfe erhalten geblieben. (Vgl. den Namen des Instrumentes) 20
Akkulturation 236
Akustik (griech. akustikos = hörbar) ist die Lehre vom Schall (Teilgebiet der Physik). Sie behandelt:

1. die Tonerreger (schwingende Körper und Luftsäulen 17)
2. die Wellenlehre (Schwingungszahl [Frequenz] 17, Schwingungsweite [Amplitude] usw.)
3. die Obertöne (Partial- oder Teiltöne)
4. die Stimmungen und die Intervalle 35 (reine und temperierte Stimmung)

Akzent (lat. ad = dazu; cantus = Gesang) = Betonung, Hervorheben eines Tones; Zeichen für die Betonung 28
Aleatorik (von lat. alea = Würfel) ist ein nach 1950 in der Kompositionspraxis der neuen Musik aufgekommener Begriff. Es handelt sich hierbei um musikalische Vorgänge, deren Verlauf nur im Groben festgelegt ist, im einzelnen aber bei der Aufführung vom Zufall abhängt. ▷ 23 ▷ 125 f.
alla breve (ital. = wie eine Brevis [alter Notenwert]) bezeichnet die Verdopplung des Tempos durch Umwandlung eines Vierviertaktes in einen Zwei-Halbe-Takt. Zeichen dafür: ₵
alla marcia (ital.) = marschmäßig
allargando = langsamer, breiter werdend
allegro 16
allegretto = kleines Allegro; Tempo zwischen allegro und andante 16
Alleluja (hebräisch = Preiset Jahwe) = im gregorianischen Choral gebräuchlicher Gebetsruf ▷ Messe
Allemande 307
Alphorn = eine einfache Holztrompete, in Gebirgsländern verbreitet, heute noch Nationalinstrument in der Schweiz. Es wird aus den beiden Hälften eines trockenen Tannenstammes herausgeschnitzt, die dann wieder zusammengelegt und mit Bast gebunden werden. Es kann eine Länge bis zu 4 Metern erreichen. Besonderes Kennzeichen ist der zu hohe 11. Oberton (Fis in der C-Dur-Leiter). ▷ Alphornthema S. 62*
Alt = tiefe Frauenstimme 255 ▷ Organum
Alteration 96
amabile = lieblich
Ambrosianischer Lobgesang = der Hymnus „Te Deum laudamus" Großer Gott, dich loben wir. ▷ Ambrosius 268

Amen 117
amerikanische Tanzrhythmen 112 (▷ Tänze)
Amplitude = Schwingungsweite ▷ Akustik
Analyse (griech. = Auflösung) ist die Gliederung eines Ganzen in seine Teile; die genaue Untersuchung eines Musikstückes
andante 16
andantino = ein wenig belebter als andante
animato = beseelt, angeregt, belebt
Anpassung 235
Ansatz = Art der Tonerzeugung bei Blasinstrumenten und beim Gesang
Ansatzrohr 22
Anschlag = Art der Tastenberührung beim Spiel eines Tasteninstrumentes
Anthems (engl. von lat. antiphona ▷ Antiphon) heißen in England seit der Mitte des 16. Jahrhunderts die Chorkompositionen in englischer Sprache nach religiösen, nicht liturgiegebundenen Texten.
Antiphonen (von griech. anti = gegen und phone = Stimme) sind liturgische Gesänge, deren Vortrag zwischen zwei ungleich starke Gruppen von Sängern aufgeteilt wird. Die Antiphon bildet Eingangs- und Schlußstück des Psalmengesanges 262. ▷ Ambrosius 268
Antriebshilfe 234 f.
appassionata = leidenschaftlich
Applausmesser 221
Arbeitsamt 249
Arbeitsmusik 234, 246
architektonisch-geschlossene Form 155, 157, 159, 165, 183
Arie (von ital. aria = Weise, Melodie) = kunstvolles Gesangsstück in ▷ Oper und ▷ Oratorium, häufig aus drei Teilen bestehend, wobei der letzte die Wiederholung des ersten ist. Sie heißt deshalb: Da-capo-Arie. ▷ da capo
Arioso = arienähnlich, sangbar; Rezitativ, das der Arie angenähert ist. ▷ Accompagnato
Arpeggio = (nach Harfenart) gebrochene Akkorde auf Tasten- und Streichinstrumenten

arrangieren = Einrichten eines Musikstückes für bestimmte Instrumente ▷ Bearbeitung ▷ Instrumentation
Arrangement 201, 211 f., 233
Ars antiqua (= alte Kunst) bezeichnet die Kunst der frühen Mehrstimmigkeit von ca. 1220—1320, die durch ▷ Organum, Motetus (▷ Motette) und Mensuralnotation (▷ Mensuralmusik) bestimmt wird.
▷ Leoninus 272 ▷ Perotinus 277
Ars nova (= neue Kunst) umfaßt den Zeitraum von 1320—1377 (Tod ▷ Machauts) und ist gekennzeichnet durch Erweiterung der Notation (kleine Notenwerte) sowie durch neu aufkommende Kompositionsformen wie ▷ Madrigal, ▷ Ballade ▷ Rondeau und vor allem die isorhythmische Motette, bei der aufeinanderfolgende Abschnitte melodisch verschieden, jedoch nach einer vorgegebenen Rhythmusfolge rhythmisch gleich (iso) gestaltet werden. 262
Artikulation (von lat. artus = Gelenk) = Verdeutlichung
1. in der Sprache: deutliche Bildung der Laute
2. in der Musik 23, 237
assai = genug, sehr
Atemführung 257
Atemluft 20
Atemruhe 257
Atemsteuerung 257
Atemstrom 20
Atmung 246
    Normalatmung 255
    Singatmung 257
atonal ist eine Musik, die nicht auf einen ▷ Grundton (▷ Tonika, ▷ Zentralton), bzw. auf ein harmonisches Zentrum (▷ Kadenz) bezogen ist. 266
Aufführungspraxis ▷ Praetorius 277
Aufgesang ▷ Barform
Aufnahmetechnik 215, 233, 238
Aufstieg
—, sozialer 235
—, sozialer und wirtschaftlicher 239 f.
Aufnahmeverfahren 198
Auftakt 31 f., 70
auftaktiges Motiv 145
Ausbeutung 240
Ausbildung, musikalische 252
Ausblendung 214
Ausweichung = eine vorübergehende ▷ Modulation
Außensteuerung 235

authentischer Schluß 128
— **Ganzschluß** 129, 153
— **Halbschluß** 129, 153
authentische Melodieordnung 95
Autodidakt (gr. = Selbstlerner)
▷ Gluck 270 ▷ Mussorgski 276 ▷ Schönberg 278
Autorität 236
Autogramm 224

B = ♭ 67
B — Tonarten 76, 102
Background (engl. = Hintergrund) = der harmonisch-rhythmische Klanggrund, der einer Melodie in Jazz und Schlagermusik hinterlegt wird 214
Background-Chor 214
Bagatelle (franz. = unbedeutende Kleinigkeit) heißt ein Musikstück geringen Umfanges, oft in zwei- oder dreiteiliger Liedform. Beethoven schrieb Bagatellen für Klavier.
Bänkelsänger heißen Sänger, die seit dem 17. Jahrhundert auf Gassen und Märkten vor dem Volk von aktuellen Ereignissen wie Katastrophen, Verbrechen, Hinrichtungen und politischen Vorgängen sangen und dabei oft auf einem „Bänkel", einer kleinen Bank, standen, um besser gehört und gesehen zu werden. Sie verkauften diese Informationen auch in gedruckter Form. Diese Arten der Mitteilung wurden später durch die Zeitung ersetzt. ▷ Trommellied von Feng-Yang 30*;
▷ Calypso 320
Balalaika ist ein russisches Nationalinstrument mit meist dreieckigem Resonanzkörper aus Tannenholz. Es wird in 6 Größen (Piccolo-Kontrabaßlage) gebaut. Die 3 (seltener 4) Saiten sind durch Bünde unterteilt und werden mit einer Schlagfeder oder der bloßen Hand geschlagen. 214
Balance 216
Ballade (Tanzlied) ursprünglich ein einstimmiges, volkstümliches, erzählendes, strophisches Tanzlied für Vorsänger und Chorrefrain. Seit dem 18. Jahrhundert bezeichnet die Ballade ein erzählendes Gedicht mit sagenhaftem, dramatisch bewegtem Inhalt. Bedeutende Balladenkomponisten sind u. a. ▷ Schubert und ▷ Carl Loewe (▷ Prinz Eugen 34*). Daneben gibt es im 19. Jahrhundert Klavier- und Orchesterballaden (Chopin, Brahms). 262
Ballett ist eine mit Musik verbundene Tanzdarbietung auf der Bühne, früher meist als Einlage in der Oper, seit dem vorigen Jahrhundert als selbständiges Bühnen-

stück. 264 ▷ Strawinsky 99 ▷ Ravel „Meine Mutter, die Gans" 185 f. ▷ Tschaikowsky „Nußknackersuite" 📖 S. 79
Banjo ist ursprünglich ein Instrument der afrikanischen, dann der nordamerikanischen Neger, eine Schlaggitarre mit langem Hals, einem dem Tamburin ähnlichen Schallkörper und 5—7 Darmsaiten. Das Banjo wird in der Jazzmusik verwendet. 237
Barform ist eine auf den Troubadour- und Minnesang zurückgeführte Form. Seit der Meistersingerzeit versteht man darunter eine asymmetrisch gebaute Strophe. Sie besteht aus zwei metrisch übereinstimmenden und in der Melodie gleichen Textzeilen, den Stollen, die den **Aufgesang** bilden, und einem **Abgesang**, der in der Regel länger als ein, aber kürzer als zwei Stollen und in der Melodie selbständig gestaltet ist: A A B.
Wird die Stollenmelodie ganz oder teilweise im Abgesang wiederaufgenommen, so entsteht ein **Reprisenbar**: A A B A.
▷ „Ach bitter Winter" 37*; „Maienzeit, bannet Leid" 59*; „Marien wart ein bot gesant" 25*; „Wach auf, du deutsches Land" 53*; 262
Bariton (griech. = tieftönend) =
1. Männerstimme zwischen Tenor und Baß, 255
2. Blasinstrument mit Ventilen, dem Tenorhorn verwandt,
3. Baryton = altes, gambenähnliches Saiteninstrument (6-saitig)
Barkarole (von ital. barca = Boot) = Arbeitslied der Gondelführer (Gondolieri) in Venedig, vorzugsweise im 6/8-Takt mit weicher Moll-Melodik. Auch Bezeichnung für ein Klavierstück im 6/8- oder 12/8-Takt. (Chopin: op. 60 Fis-Dur; Mendelssohn: „Lieder ohne Worte")
Barock (port. barroco = schiefrund [nach der Perlmuschel]) heißt die kulturgeschichtliche Epoche vom Ende des 16. Jahrhunderts bis ca. 1750.
Das Barock ist eine Kultur, die gesellschaftlich von den Höfen und höheren geistlichen Kreisen getragen wird und die weitgehend ihrer Repräsentation dient. Das Lebensgefühl der Menschen wird von sehr gegensätzlichen Vorstellungen bestimmt: Im Widerstreit mit Sinnen- und Weltfreude stehen Daseinsangst, Weltverachtung und Jenseitssehnsucht.
Stärkstes Sinnbild dieser Epoche ist ihr Baustil, der sich von Italien ausgehend über ganz Europa verbreitet. Musikgeschichtlich wird das Barockzeitalter durch die Erfindung der ▷ Monodie und des ▷ Generalbasses

eingeleitet und gekennzeichnet. Die Musik entfaltet ihre gesamte bis heute herrschende Formwelt. Neben der ▷ Oper, dem ▷ Oratorium, der ▷ Kantate und dem ▷ Sololied entwickeln sich eine selbständige Orchestermusik (▷ Concerto, ▷ Suite) und eine solistische Instrumentalmusik (▷ Sonate). Die Instrumentalmusik gewinnt Vorrang gegenüber der Vokalmusik, die stets instrumental begleitet wird. In der Folge entsteht ein berufsmäßiges gesangliches und instrumentales Virtuosentum. Die ▷ Kirchentonarten werden durch die Dur-Molltonalität abgelöst. Der moderne ▷ Takt mit der geregelten Folge von Schwer-Leicht beginnt sich durchzusetzen. Neuartig an der Barockmusik ist der Zug ins Monumentale, die Steigerung des Gefühlsmäßigen, die Gebundenheit des persönlichen Ausdrucks an musikalische Symbole (rhetorische ▷ Figuren). 264, 272

Die wichtigsten Komponisten sind:
im Frühbarock (um 1560—1620) ▷ Monteverdi 276 ▷ Haßler 271 ▷ Praetorius 277
im Hochbarock (um 1620—1680) ▷ Schütz 278 ▷ Lully 273 und ▷ Purcell 277
im Spätbarock (um 1680 bis ca. 1750) ▷ Bach 268 ▷ Händel 271

Bas-drum 237
Basis 119
Basiston 119, 190
Baß 131, 139, 141, 172, 255
Basse danse 306
Baßklarinette = tiefe ▷ Klarinette mit nach oben gebogenem Schallbecher
Basso continuo 119
Baßschlüssel 124, 142
Bearbeitung nennt man die Veränderung von Kompositionen für eine andere Form ihrer Aufführung. Die Bearbeiter richten eigene oder fremde Stücke für ursprünglich nicht vorgesehene Instrumente und Stimmen ein, d. h. sie passen sie den klanglichen und spieltechnischen Möglichkeiten der neuen Klangmittel an: Bach schrieb ein Doppelkonzert für zwei Violinen in d-Moll zu einem Konzert für zwei Klaviere, Beethoven sein Klaviertrio op. 1, 3 in c-Moll zu seinem Streichquartett op. 104 um; die Rock-Oper „Tommy" der Gruppe „The Who" erschien auch in einer sinfonischen Fassung.

Häufig ergänzen die Bearbeiter die musikalische Substanz, wie es in den verschiedenen Formen der Choralbearbeitung geschieht (▷ 166, 180, 182 ▷ Choralvorspiel).

Die anderen Klang- und Stilmittel verleiten aber auch zu weitergehenden Eingriffen in das vorgegebene Werk. Dies geschieht häufig in den Adaptionen klassischer Kompositionen durch Jazzmusiker oder Popgruppen wie „The Swingle Singers", „Jaques Loussier" (Play Bach), „Nice", „Emerson Lake and Palmer" und „Ekseption". ▷ Parodie.

Der Wert solcher Adaptionen bemißt sich danach, ob die Vorlage lediglich in verkürzter oder vereinfachter Form kopiert wird, oder ob sich neue schöpferische Ideen mit der Vorlage verbinden.

Von der Bearbeitung ist die freie Benützung eines Themas zu unterscheiden, z.B. in den klassischen Variationenwerken. ▷ die Benützung von „Josef, lieber Josef mein" in „Mariä Wiegenlied" von Reger 22* und des historischen Volkslieds „Prinz Eugen", in der gleichnamigen Ballade von Karl Loewe 34*.

Die Grenzen zwischen freier Benützung eines vorgegebenen Themas, Bearbeitung, ▷ Arrangement und ▷ Instrumentation sind fließend. ▷ Zitat

Beat
1. = die durchgehende Markierung der Zählzeiten des fast immer geraden Taktes in ▷ Jazz- und ▷ Rockmusik vor allem durch das Schlagzeug. Auf diesem metrischen Fundament vermag sich erst der für den Jazz typische ▷ Off-beat zu entwickeln.
2. = Rock 236; Beat-Fox, Slow-Beat, Shuffle-Beat, Bolero-Beat, Beat-Polka, Slow-Rock, Beat Rock 214, Hard Rock 238, Rock Revial 238, Polit-Rock 239, Raga-Rock 238, Classic-Rock 228, Instrumental elektrischer Beat 238, Klassisches Beat 237

Be-Bop ▷ Jazz
Becken = Schlaginstrument, bei dem zwei Metallteller gegeneinander geschlagen werden (Cymbals) 237
Befragung
—, Hörerbefragung 228 f., 240 ▷ Hitlisten, Hitparaden
— Leserbefragung 227
Belcanto (ital.) = schöner Gesang ist eine im 19. Jahrhundert entstandene Bezeichnung für den italienischen Kunstgesang.
Berceuse (franz.) = Wiegenlied, auch Bezeichnung für ein Instrumentalstück von wiegendem Charakter (6/8-Takt) z.B. Chopin, Op. 57, Des-Dur
Berufsmusiker 252
Beschleunigung 16
Betonung (▷ Akzent) 28

Betonungsordung 34, 36, 45, 48
Betonungsstufen 45
Betonungszeichen 28
Bewegungsrichtung 34, 43
Bewegungsspannung 98 f.
Bezifferter Baß 118 f.
Bicinium (lat. = Zwiegesang) ist die im 16. Jahrhundert übliche Bezeichnung für einen kontrapunktisch gestalteten zweistimmigen Vokal- oder Instrumentalsatz. 177, 179, Crucifixus von Haßler 📖 S. 67
Bielefelder Katalog 217
Bi-Tonalität 192, 195
Blasebalg 20
Blasinstrumente 20
Blechblasinstrumente 21
Blechbläser 214
Blues ist das bedeutendste im Gegensatz zu Spiritual und Gospel weltliche Liedgut der nordamerikanischen Negerbevölkerung. In ihm erzählt ein Einzelner einer kleinen Gemeinschaft von Gleichgestellten von Schwierigkeiten seines Lebens. Der Bluessänger schneidet in einer viertaktigen Anrufung sein Problem an und verleiht ihm durch Wiederholung Nachdruck. In einem viertaktigen abschließenden Nachsatz erklärt und begründet er, wie er den Problemen seines Alltags begegnen will [4(A) + 4(A) + 4(B) = 12 Takte].
Beispiel:
Ich verspielte mein Geld,
  Meine Bude, mein Glück.
Ich verspielte mein Geld,
  Meine Bude, mein Glück,
Und wie ich's verspielte,
  Gewinn ich's zurück.
Charakteristisch für die Vortragsweise der Bluesmelodien ist die Intonation der ▷ „blue notes", die als „unsauber" gesungene Terzen und Septimen etwa zwischen den großen und kleinen Intervallen liegen und auf ein afrikanisches Tonsystem zurückgehen. Harmonisch stand der Blues ursprünglich auf *einer* Stufe, der Tonika (I). Später, als man ihn mit Harmonieinstrumenten (Mundharmonika, Banjo, Gitarre, Klavier) begleitete, entwickelte sich ein harmonisches Schema. Die Funktionen in den 12 Takten: A_1 I I I I | A_2 IV IV I I | B V IV I I* |. Charakteristisch ist die klangliche Überlagerung in der zweiten Phrase (A_2): während die

---

* Bei Reihung von Bluesstrophen überleitend V an Stelle von I.

Melodie in der Tonika (I) verharrt und dabei die Mollterz einführt, weicht die Begleitung in die Unterdominante (IV) aus. — Die Entwicklung dieser festen Bluesform ging Hand in Hand mit der Verstädterung der Negerbevölkerung, die sich ab 1920 im „Chicago-Stil" (▷ Jazz) abzeichnet. Neben diesem „City-Blues", der Anfang der 50er Jahre wie der ▷ R&B von E-Gitarre und einer Combo begleitet wurde, erhielt sich der ursprüngliche Blues zur Begleitung einer akustischen Gitarre als „Country-Blues". Er wies weniger eindeutige formale Merkmale auf und war für einen begrenzten Hörerkreis bestimmt, während der „City Blues" eine breite Hörerschaft auch unter den Weißen fand. — Der Blues ist von grundlegender und durchgehender Bedeutung für Jazz und Rockmusik. 112, 236 f. ▷ Boogie Woogie ▷ 241

Blue notes = im Blues die 3. und 7. Stufe der Tonleiter, die weniger als einen Halbton erniedrigt werden, die also zwischen großer und kleiner Terz, bzw. großer und kleiner Septime liegen.

Bogen
1. = Bindebogen (Legato-Bogen) über mehrere Noten (▷ Phrasierung, ▷ Artikulation)
2. = Haltebogen zwischen zwei Noten auf gleicher Höhe,
3. = der mit Roßhaar bezogene Bogen zum Spielen der Streichinstrumente

Bogenform 165, 183
Bolero 313
Boogie-Woogie ist eine Klavierspielweise des ▷ Jazz, die im Zusammenhang mit dem ▷ Blues in den 20er Jahren in Chikago entstand und um 1930 international bekannt wurde. Sie wurde später von den Big bands der Swing-Ära als Spielweise übernommen. Dem harmonischen Bluesschema wird durch die linke Hand des Pianisten eine einprägsame, meist rhythmisierte ostinate Baßfigur (walking bass) unterlegt.

z.B.   oder: oder:

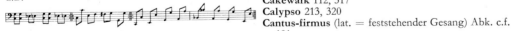

Die rechte Hand führt das Bluesschema unter Verwendung von Trillern, gebrochenen Akkorden, Tonskalen und Tremoli in stets neuen Varianten aus.
Der Boogie-Woogie ist heute die bevorzugte Musik zum sportlich exaltierten „Jitterbug", einem nordamerikanischen Tanz im 4/4-Takt von mittlerem bis schnellen Tempo, der meist „offen", d.h. ohne Berührung der beiden Partner getanzt wird.

Bordun (von burdo, -one [Schallwort, sprachliche Herkunft ungeklärt] = Hummel, Brummbaß)
1. mitklingende, gleichbleibende Baßpfeife des Dudelsackes ▷ Musette,
2. Baßsaiten der Drehleier,
3. Bezeichnung eines tiefen, weichklingenden, gedackten, meist 16 Fuß-Registers in der ▷ Orgel,
4. die in der Volksmusik übliche Praxis, in der Tiefstlage langgezogene, unverändert ausgehaltene Töne von Instrumenten oder Singstimmen zur Melodie spielen bzw. singen zu lassen.▷ „Wer sich die Musik erkiest" 44* ▷ „Ach bittrer Winter" 37* ▷ „Eines Tages früh" 10* ▷ Siciliano 190

Bossa nova 213, 321
Boston 317
Bourrée 310
Bratsche (ital. Viola da braccio = Armgeige) gehört zur Familie der Violinen (Altvioline). Sie ist mit 4 Saiten im Quintabstand bespannt: C g d' a'
Bratschenschlüssel ▷ Schlüssel
Bravo 224 f., 234
Braul, (Branle) 306
Break (engl. = Lücke, Unterbrechung) ist im ▷ Jazz die Bezeichnung für eine kurze, improvisierte, häufig virtuose Phrase, bei der jeweilige Solist eine Lücke überbrückt, die beim plötzlichen Aussetzen der Rhythmus- und Melodiegruppe entsteht.
Bruststimme/Brustregisterstimme 23, 254 ff.
Buchgemeinschaften 217 f.
Buffo (ital. buffone = Hofnarr, komische Theaterfigur) = Sänger komischer Rollen (Tenor- oder Baßbuffo)
Burleske (ital. Burla = Spaß, Spott) = eine Komposition von heiter-karikierendem oder derb-komischem Charakter ▷ 72*

Cakewalk 112, 317
Calypso 213, 320
Cantus-firmus (lat. = feststehender Gesang) Abk. c.f. 181
— Satz 173 f.
— **Variation** 169
Casatschok 213, 322
Cassette 202, 228
Celesta (ital. = Himmlische) = Stahlplattenklavier mit hölzernen Resonatoren (1886) in einem harmonium-artigen Gehäuse. Der Ton ähnelt dem des Glockenspiels.
Cembalo (von ital. clavicembalo, aus clavis [Taste] und Cymbal [Becken]) = Kielflügel, Klavier mit Zupfmechanik, mit einem bis zwei Manualen und einem silbrig rauschenden Klang. Instrument der Generalbaßzeit 18, 262
Cha-Cha-Cha 213, 321
Chaconne 169 f., 310
Chanson (von lat. cantio = Gesang) = früher einstimmiges französisches Lied, heute ein dem Schlager verwandtes Kabarettlied 231
Charakterstück = Sammelbezeichnung für lyrische Stücke in beliebiger Form, kürzere Instrumentalstücke (meist für Klavier), deren Charakter im allgemeinen durch die Überschrift gekennzeichnet wird. ▷ Bartók „Abend auf dem Lande" 74*, „Summen und Surren" 73*, „Zwiegespräch" 97 ▷ Couperin 269 ▷ Schumann 278 „Volksliedchen" 86* ▷ Gretschaninoff „In den Bergen" 77*
Charleston 213, 320
Chor (von griech. chorós = Tanzplatz, Reigentanz, Tanzlied, Schar der Tänzer) =
1. Gemeinschaft singender Personen 214 254 f.,
2. mehrstimmige Komposition für solche Gemeinschaften,
3. Altarraum, wo der Chor singt,
4. Instrumentengruppen: Bläserchor, Streicherchor . . .
Choral =
1. einstimmiger liturgischer Gesang der katholischen Kirche, dessen Wurzeln in der spätantiken und byzantinischen Musik sowie im jüdischen Tempelgesang liegen. Er wurde durch ▷ Gregor den Großen (um 600) erstmals geordnet, daher: ▷ gregorianischer Choral 90, 117, 262, 271 ▷ Neumen,
2. das deutschsprachige Gemeindelied der evangelischen Kirche. Mit der Eindeutschung vieler gregorianischer Gesänge wurde auch der Name „Choral" übernommen. 166, 180 f.
Choralvorspiel
—, Böhmscher Orgelchoral 167
— nach ▷ Pachelbel 180, 277, ▷ J. S. Bach 268 ▷ Bearbeitung
Chorus = auf kollektivem Stegreifspiel beruhende freie Umspielung einer stets wiederholten Refrainmelodie beim ▷ Jazz ▷ Blues ▷ Schlager
Chromatik 106 f., 213
—, diatonische 94, 188

—, Gleitchromatik 108
—, Spannungschromatik 108
chromatische Halbtonschritte 108
— **Tonleiter** 108
Clarino (von lat. clarus = hell) = hohe Trompete (von Bach verwendet)
Cluster (engl. = Traube) nennt man ein Klanggebilde, das durch Übereinanderschichtung kleinster Intervalle (große und kleine Sekunden oder auch Vierteltöne) entsteht. Die Bezeichnung „Ton-cluster" wurde 1930 von dem amerikanischen Komponisten Henry Dixon Cowell geprägt.
Notenbeispiel (Riemann-Lexikon S. 177):

Coda (ital. = Schwanz) = letzter Teil eines Musikstückes mit der Funktion, den Satz abzuschließen. ▷ Sonatenform.
Collegium musicum = alte Bezeichnung für eine Vereinigung von Musikfreunden; Liebhaberorchester an Universitäten, Schulen usw.
con brio (ital.) = feurig
Concerto grosso (großes Ensemble, Wortbedeutung ▷ Konzert) = eine Musizierform, in der zwei vom Generalbaß getragene Klangkörper einander gegenüberstehen: eine stärker besetzte Gruppe, das Ripieno oder Tutti, musiziert im Wechsel mit einer Solistengruppe, dem Concertino.
Concerto grosso heißt auch die für diese Musizierform geschaffene mehrsätzige Komposition.
Wenn die Solistengruppe auf ein Instrument reduziert wird, entsteht das — meist virtuose — Solokonzert.
Concerti grossi schrieben fast alle Barockmusiker, vor allem Corelli, Vivaldi, Händel und Bach (Brandenburgische Konzerte). 264
Contre danse 311
Continuo ▷ Basso continuo
Country and Western Music = nordamerikanische Volksmusik der weißen Bevölkerung, basierend auf dem Liedgut eingewanderter Cowboys („Hillbilly-Musik") und auf instrumentalen Spielweisen, die in den Tanzsalons des mittleren Westens zu hören waren. Als charakteristische Instrumente haben sich herausgebildet: Banjo, akustische Gitarre und vielfach Geige, die bisweilen spritzige Spielfiguren beisteuert. Seit Beginn der Massenproduktion (Hauptproduktionsort Nashville, daher „Nashville-Sound") sind auch hier leichtes Schlagzeug und elektrische Gitarre (z.T. in glissierenden Tonbewegungen: „Slide-Gitarre" oder „Bottleneck-Gitarre") obligatorisch geworden. Interpreten: Johnny Cash, Marty Robbins, Lester Flatt/Earl Scruggs, Ray Price, Billy Walker
Country-Sound 236, 242
Couplet (von lat. copula = Verknüpfung) bedeutet ursprünglich Reimpaar, dann Folge von Versen bzw. wechselnde Strophen zwischen dem gleichbleibenden Kehrreim. Im instrumentalen ▷ Rondo des 17. und 18. Jahrhunderts werden die Zwischensätze, die den ▷ Refrain ablösen, Couplet genannt. 164
Courante 308
crescendo 14
C-Tonleiter 60, 62
Csárdás 315
Cymbals (▷ Becken) 237

da capo (ital. = von vorn) = Vorschrift für die Wiederholung eines Musikstückes bis zur Stelle, die mit Fine (Ende), Segno (Zeichen) oder einer ▷ Fermate bezeichnet ist. Abkürzung: D.C. ▷ Arie 159, 161
dal segno (ital. = vom Zeichen an) Vorschrift, ein Musikstück vom Zeichen an (𝄋 𝄌) zu wiederholen. Abkürzung: Dal S. oder D.S.
decrescendo 14
Dezime (lat. = zehnte) = der zehnte Ton der diatonischen Leiter, zehnstufiges Intervall (Oktav und Terz)
diatonische Chromatik 94, 188 f.
— **Grundreihe** 93 f.
— **Halbtonschritte** 108
Dichte von Klängen 121
   Raumdichte 121, 186
   Zeitdichte von Schallereignissen 15
Dilettant (ital. dilettare = erfreuen, ergötzen) = Nichtfachmann, Laie, Musikliebhaber, heute meist in abfälligem Sinne gebraucht 236, 268 ▷ Laie
diminuendo 16
Diphthong (griech.) = Zwielaut, z.B. ei, au 22
Dirigent, dirigieren (lat. dirigens = leitend, lenkend) 28, 37, 53 ▷ Lully 273
Dirty tones (engl. = schmutzige Töne) = Bezeichnung im Jazz für gewollt unreine, zu tief angesetzte, gepreßt intonierte Töne
Disk-jockey 218 f., **222 f.**
Diskothek 205, 236
Dissonanz 97, **99**, 135, 187
— **grad** 99
Divertimento (ital. = Vergnügen, Unterhaltung) =
1. bis ca. 1750 Titel von Sammelwerken unterhaltender Musik mit verschiedener Besetzung,
2. in der Zeit von Haydn und Mozart sonaten- oder suitenhaftes Instrumentalstück als höfische (auch bürgerliche) Unterhaltungsmusik
Dodekaphonie (griech. dodeka = zwölf und phone = Stimme) ▷ Zwölftontechnik
dolce (ital.) = sanft, süß, lieblich
Dominant(e) 130, 133, 142
Dominantdreiklang 130
Dominantnonakkord 134, 153, 187
Dominantseptimenakkord 134 f.
Doppelfuge ▷ Fuge
Doppelkanon = Kanon mit zwei verschiedenen Themen
Doppelmotiv 145, 186
Doppelrohrblatt 20
Doppelsatzgruppe 154 f
Doppelschlag 168
dorische Kirchentonart 91, 142
— **Sexte** 91, 184
Dreigliedrigkeit 155
Dreiklang 113 f.
   Tongeschlecht des Dreiklangs 115, 120
   Gestalten des Dreiklangs 118
Dreiklänge auf benachbarten Stufen 117, 128
—, **gleichnamige** 115
—, **quintverwandte** 123 ff., 128
—, **terzverwandte** 124, 126
—, **Verbindung zwischen** 123 f.
Dreiklangsmelodik 96, 116, 121
Dreiklangsmixtur 113, 119
Dreivierteltakt 36
Dreischlagsnote 37
Dreischlagspause 37
Drogen 236, 238 f.
Drum 237
Dualform 157 f.

285

Duole (lat. zwei) = Aufteilung dreier Zählzeiten auf zwei gleiche Werte; ▷ Triole ▷ Hemiole
Dudelsack ▷ Sackpfeife
Dur-Dominante 133
Dur-Funktion 141
Dur-Dreiklang 115
Dur-Geschlecht 79, 83, 91, 142
Dur-Modell 61
Dur-Modus 94
Dur-Terz 94, 115
Dur-Tonleiter 61, 68 ff., 191
Durchgang 168
Dynamik 11 f.

Echo (in der griech. Mythologie eine Bergnymphe, die aus Gram zum Felsen versteinte, weil Narzissus ihre Liebe verschmähte. Nur noch ihre Stimme blieb) =
1. in der Akustik: der von einer Wand reflektierte Schall, der getrennt vom Primärschall mit einer gewissen Verzögerung wahrgenommen wird. Beträgt die Laufzeit des Schalls weniger als 1/20 sec., so entsteht nur ein Nachhall. 11, 215
2. in der Musik, besonders in der Barockzeit: gern gebrauchtes Kunstmittel, kürzere Phrasen leise zu wiederholen.
3. Mittel der modernen Aufnahmetechnik ▷ Hall
Echoeffekt 200
Eccossaise 312
Ego-Trip 239
Eigentum, geistiges 204
Einbogenlied 151
Einflußnahme 218, 222
—, auf junge Käufer 227
—, der Gruppe 235
Einschlagnote 28
Einwirkung auf das Unbewußte 244
Einzelhändler 208, 221 f
ekstatische Musikerfahrung 239
Elektrischer Beat 238
elektronische Klangerzeugung 201
— **Musik** 201, 238, 266, 279
— **Orgel** 238
E-Musik = ernste Musik **203**, 219
Endung, männlich — weiblich 145, 182 f.
Englischhorn = Oboeinstrument in der Altlage mit birnenförmigem Schallbecher, eine Quint tiefer klingend als die ▷ Oboe

Englischer Diskant ▷ Klangparallelen
English Waltz 213, 318
enharmonische Verwechslung 100 f
Ensemble (franz. = zusammen, miteinander) =
1. Gemeinschaft einer musizierenden Gruppe (z.B. Kammermusikvereinigung),
2. Zusammenwirken mehrerer Solisten in der ▷ Oper (im Gegensatz zum Chor),
3. das ständige Sängerpersonal einer Bühne,
4. eine Kleinbesetzung in der ▷ U-Musik und im ▷ Jazz
Erfolgsplanung 209
Erhöhung 64, 96
Erniedrigung 67, 76, 96
Erregungssynkope 112
Ersatz
Ersatzerfüllung 234 f
Kontakt **224**, 234
espressivo (ital.) = ausdrucksvoll
Etat 249
Etüde (franz. = Übung, Studie) ist ein geschlossenes Übungsstück, das aus bestimmten spieltechnischen Problem verarbeitet und der Steigerung der Spielfertigkeit dient. Seit Schumann, Chopin und Liszt werden Etüden auch zum Konzertvortrag komponiert.
Evergreen 211, 215, 231
Expressionismus (lat. expressio = Ausdruck) = extrem gesteigerte Ausdruckskunst, eine zu Beginn des 20. Jahrhunderts in Deutschland und Österreich entstandene geistige Bewegung, die von der Malerei ausgeht (Kandinsky), dann die Dichtung (Trakl, Heym, Benn) und die Musik erfaßt. 276, 280
Das Bedürfnis der Komponisten, Unerhörtes und Neues auszusagen, führt u.a. bei Bartók, Hindemith und Strawinsky zur Erweiterung der tonalen Harmonik (▷ 188 und 192 Sicilianos), bei ▷ Schönberg 278, Berg, v. Webern u.a. zur Aufgabe der Tonalität. ▷ Zwölftontechnik

Fagott (ital. fagotto = Reisigbündel) = Doppelrohrblattinstrument ▷ Oboe) mit geknicktem Windkanal, Tonumfang von B bis f″. Das Kontrafagott steht eine Oktave tiefer.
Falsett 258 ‚Falsettisten hießen im 16. Jahrhundert die Sänger, die im hohen Kopfregister die Altpartien in geistlichen Vokalwerken sangen, da Frauen in Kapellchören nicht zugelassen waren. ▷ Kastraten
Fan 221 f., **234**, 239 f.

Fandango 313
Fanfare (franz. „Trompetengeschmetter", Herkunft ungewiß) =
1. helle, ventillose Trompete,
2. Trompetensignal,
3. kurzes, signalartiges Musikstück für Blechbläser
Fantasie (griech. phantasia = Erscheinung, Vorstellung) =
1. Musikstück in freier Form,
2. aus dem Stegreif gespieltes Stück
Farbgebung, neue Möglichkeiten 22
Farbwert 97, 99, 187
Fauxbourdon ▷ Klangparallelen
Fermate (ital. Fermata = Halt, Ruhepunkt) = Aushaltezeichen: ⌒ über einem Ton oder einer Pause. In der ▷ Da capo-Arie zeigt die Fermate den Schluß an.
Fernsehen 217, 221, 223, 229, 239, 244, 246 ff.
Festival 236
Monterey Pop-Festival 239
— **Woodstock** 239
— **Altamont** 239
— **Schlager-Festival** 222
Figuralvariation 166
Figuren = melodischer Schmuck, Ornament. Figuren sind melodisch-rhythmische Formeln, mit deren Hilfe eine einfache Melodie umspielt wird. ▷ Figuralvariation 166 ▷ Innenmelodie 42. Als „rhetorische Figuren" (d.h. redende F.) werden sie in der Barockmusik verwendet, um Bilder und Gesten zu „malen" und im Ausdruck zu steigern sowie um Gedanken auszudeuten, die im Text enthalten sind. ▷ Programmusik
▷ Uns kommt ein Schiff gefahren 175
▷ Es ist ein Schnitter 40*
▷ Jesus neigt sein Haupt und stirbt 20*
▷ Wach auf, du deutsches Land 53*
Film
—, Dokumentation 239
—, Musik 247 ▷ Eisler 270 ▷ Honegger 272 ▷ Gershwin 270
—, Schlager 218
Kontrapunktischer — 251
Konzertfilm 247
Filter 215
Finale (lat. finis = Ende) =
1. Schlußsatz (z.B. einer Sinfonie)
2. Schlußteil einer Oper
Fistelstimme 258 ▷ Falsett

Flageolett (franz. = kleine Flöte) = flötenartiger Ton auf Streichinstrumenten. Die angestrichene Saite wird vom Finger nicht heruntergedrückt, sondern nur berührt. Dadurch entstehen Schwingungsknoten, die die Saite entsprechend den Obertönen in 2, 3, 4 usw. schwingende Teilstücke aufgliedern. ▷ Teiltöne
Flöteninstrumente 13, 20, 214
Flügel 19, 23 ▷ Klavier
Flügelhorn, auch Bügelhorn = ein der Trompete nachgebildetes Signalhorn in B, dem Kornett verwandt
Folklore 229, 232, 238, 240, 242
Folksong ist die Darbietung von Volksliedern aus der Vergangenheit zunächst durch angelsächsische Folksinger, die ihre eigenen Texte und Melodien zur akustischen Gitarre vortrugen. Darin kam die Identifikation mit ihrem Material zum Ausdruck. Sänger der 40er und 50er Jahre sind: Pete Seger, Woody Guthrie und The Weavers. — Als Bob Dylan auf dem Newport Folk-Festival 1965 seine Lieder erstmals auf einer E-Gitarre begleitete, leitete er damit unter erheblichem Widerspruch der Folk-Bewegung die Verbindung von Folksong und Beat ein, die sich bis dahin in beträchtlicher Distanz gegenübergestanden hatten (Folk-Rock).
Form (lat. forma = Gestalt) entsteht durch die Ordnung des klingenden Materials. (Die meisten Kapitel dieses Buches behandeln Möglichkeiten der Materialformung.) ▷ 144 ff.
forte/fortissimo 13
Fortspinnung ist ein motivisch nicht gegliederter melodischer Bewegungsvorgang in der Folge eines Motivs oder Themas 156. ▷ Polyphonie 173 ff.
Foxtrott 112, 213, 318
Frauenchor 255
Free Concert 239
Fremdsteuerung 244
Frequenz 17, 198
Frosch = Griffende beim Bogen der Streichinstrumente
F (Baß)-Schlüssel 142 ▷ Schlüssel
Fuge (lat. fuga = Flucht) ist das letztentwickelte Kompositionsprinzip des kontrapunktischen Stils. Ein prägnantes, meist unperiodisches und zur Fortspinnung offenes Thema wird in der Exposition (1. Durchführung) nachahmend durch alle Stimmen geführt, wobei es wechselnd in der Grundtonart (Tonika) und in der Dominante erscheint. Dem Thema tritt ein Kontrapunkt (Gegensatz) gegenüber, der im Verlauf der Fuge wechseln, aber auch beibehalten werden kann. Die folgenden, durch Zwischenspiele verbundenen, oft unvollständigen Durchführungen erweitern den harmonischen Grundriß (Subdominante, Paralleltonart usw.) und führen im letzten Teil in die Hauptonart zurück. Fugen mit zwei Themen heißen Doppelfugen, mit drei Themen Tripelfugen, mit vier Quadrupelfugen. 264, 266 ▷ Motette ▷ Imitation
Fugato = fugenmäßig gebauter Abschnitt
Funkoper 216
Fünftonleiter ▷ Pentatonik
Fünftonraum 56 f., 67
Funktion 128, 130, 132, 187, 234
Funktionelle Musik 244, 270
Fußton = Kennzeichnung der Klanghöhe eines Orgelregisters nach der Länge der jeweils tiefsten Pfeife. Mißt eine offene Lippen-Pfeife 8 Fuß oder 8′ (altes Längenmaß, 15—40 cm), so klingt der Ton (groß) C. Dann hat das ganze Register Normallage, d.h. es stimmt mit der Klanghöhe anderer Instrumente, z.B. des Klaviers überein. Der 16′ klingt auf derselben Taste eine Oktave tiefer, der 4′ eine Oktave höher usw. Die Bezeichnung „Fuß" wird auf Zungenstimmen und gedeckte Pfeifen, die nur halbe Länge messen, sinngemäß übertragen.

Gaillarde 307
Galopp 315
Gambe (verkürzt aus Viola da gamba) = Kniegeige, Beingeige
Ganze Note 46
Ganze Pause 46
Ganzschluß 129, 153, 155
Ganztonleiter = Teilung der Oktave in 6 gleiche Teile (temperierte Ganztonstufen)

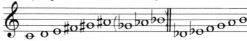

▷ „Juchee" 87*
Ganztonpentatonik 90
Gavotte 309
Gehörsempfindungen 17
Geige 13, 19, 23, 229, 262
GEMA 205 ff.
—, Vermerk auf Schallplattenlabel 205
—, Jahresbericht 1970, 205
—, Tarif 206, 249
—, Tätigkeitsfelder 206
Generalbaß 119 f., 238, 264
Generalpause = das Innehalten innerhalb eines Musikstückes oft für die Dauer eines ganzen Taktes
Geräusche 18, 22, 201, 214, 239
Geräuschbildung 11 f., 22
Geräuschfarbe 17 f.
Gesellschaft
  Gegengesellschaft 239 f.
  Kritik an der Gesellschaft 236, 239
  Künstler und Gesellschaft;
  a) Komponisten: ▷ Monteverdi, ▷ Hans Sachs, ▷ Bach, ▷ Händel, ▷ Gluck, ▷ Haydn, ▷ Mozart, ▷ Beethoven, ▷ Chopin ▷ Mussorgski. 268—278
  b) Nachschaffende Künstler: 237, 250, ▷ Virtuose
  Musik und Gesellschaft: ▷ Volkslied, ▷ Kunstlied, ▷ Tänze (z. B. Gavotte), ▷ Minnesang, ▷ Meistersang, ▷ Barock, ▷ Vorklassik, ▷ Monteverdi, ▷ Lully
Gewinn 204, 222
Gigue 309
Gitarre (von griech. Kithara = ein gezupftes oder mit Plektron gespieltes altgriechisches Saiteninstrument)
1. akustische Gitarre = ein sechssaitiges Zupfinstrument mit Bünden und einem 8-förmigen Resonanzkörper 13, 19, 23, 229, Hawaiigitarre 214; Western-Gitarre 229 (▷ Abb. 55)
   ▷ Grifftabelle 328
2. E-Gitarre (elektrische Gitarre) 214 (▷ Abb. 245)
   a) Rhythmus-Gitarre 237 f
   b) Lead-Gitarre 236, 238
   c) Baßgitarre 238
Gleichnamige Dreiklänge 115
— Tonarten 80 f.
gleitende Verbindung von Dreiklängen 124, 137
Gleitton 62, 91, 105, 135
Gleittonraum 63, 67
Glissando 108
Glockenspiel =
1. ein in Holland, Belgien und Nordfrankreich verbreitetes Musikinstrument, bei dem (heute) mindestens 25 Glocken in chromatischer Folge an Kirch- und Rathaustürmen aufgehängt sind und von Hämmern angeschlagen werden. Das Spiel erfolgt von einer Manual- und Pedalklaviatur aus.
2. auf Rahmen angebrachte, abgestimmte Metallstäbchen, die mit Klöppeln oder Tasten angeschlagen

werden. (In Mozarts Zauberflöte verwendet Papageno ein solches Glockenspiel.) 13, 17, 19
Gong (lautmalendes Wort aus Indonesien) = eine freihängende Metall- (meist Bronze-)Scheibe, die mit einem weichen Schlägel zum Klingen gebracht wird. 17 ▷ Schlaginstrumente
Gospel stimulierende, religiöse Vokalmusik der schwarzen Bevölkerung Nordamerikas (ähnlich dem Spiritual). Die Interpretation dieser stark rhythmisch geprägten Musik gerät durch bisweilen äußerst expressiven Vortrag von Solo-, bzw. Chorsängern (Ruf-Antwort-Prinzip wird häufig angewandt) leicht an den Rand der Ekstase. Instrumentale Begleitung (in erster Linie Rhythmus-Instrumente) ist möglich. 236
Grammophon 197, 266
grave (ital.) = schwer, ernst
grazioso (ital.) = anmutig
Gregorianischer Choral 90, 117
Großhandel 207 f.
Growl (engl. = brummen) = Instrumentaleffekte im ▷ Jazz: Veränderung der Klangfarbe bei Blechinstrumenten mittels Flatterzunge, Dämpfer usw. Growl wurde zuerst im Orchester von Duke Ellington entwickelt. ▷ Hot
Grundreihe 94
— diatonische — 94
Grundton 57, 62, 66, 105
— **des Dreiklangs** 113 f., 119
— **intervall** 71
Gruppe
—, und Hörverhalten 228
—, und Volkslied 211
  Beatgruppe 237 f
—, unmündige Gruppe 235 f.
  Zielgruppe 223, 242, 244
G-(Violin)-Schlüssel 53 ▷ Schlüssel

Halbe Note 29
Halbe Pause 29
Halbkonsonanten 22
Halbschluß 129, 153
Halbtonpentatonik 89 f.
Halbtonschritt, diatonischer 61, 108
Hall 200, 215
Haltebogen 37
Harfe (altd. harpfa von idg. drehen, sich krümmen, d.h. mit gekrümmten Fingern spielen) = größtes Zupfinstrument, dessen Saiten in einen dreieckigen Rahmen eingespannt sind. Die moderne Harfe ist diatonisch Ces-Dur gestimmt. Die Stimmung kann durch Pedaltritte zweimal chromatisch erhöht werden, so daß alle Tonarten und Töne von Ces bis ges'''' ausführbar sind. (▷ Abb. 55), 262
Harmonie, enge 121 f.
— **freie Töne** 167
—, **weite** 121 f.
—, **überweite** 186
— **lehre** = Lehre vom Aufbau der Funktion und der Verbindung der Akkorde in der Dur-Moll-tonalen Musik
harmonisch 18
harmonische Funktion 128 ff.
harmonisches Gefälle 191
harmonisches Pendel 139
harmonischer Rundschlag 140
harmonischer Satz 139
Hauptdreiklänge 128, **138**, 142
Hawaiigitarre 214
Hebung 145, 155
Helligkeit 23
Hertz 17
Hersteller von Schallplatten 207 ff., 218, 220
Hemiole 52 ▷ Duole
Hexachord = Reihe von sechs Tönen in stufenweiser Folge
Hi-hat 237
Hilfslinie 41
High Fidelity (engl.) = hohe Wiedergabetreue
Hippie 236
Hit 210, 211, 220 f., 227
  Spitzenhit 221
Hitlisten 221, 237
Hitparaden 221, 247, 254
Homophonie 169, 174
Honorar für Künstler 250
Hören
—, bewußtes 233
—, Unterhaltungshören 233
Hörerbefragung 228
Hörerpost 219, 221
Hörerwille 219
Hörerwünsche 219, 228
Hörfeld 17
Hörgrenze 17
Hörschwelle 13
Hörverhalten 228

Hörzeit 229 f.
Horn = ein altes Signalinstrument. Der Ton wird wie bei der ▷ Trompete mit den Lippen gebildet. Ursprünglich konnte man durch Überblasen nur die ▷ Obertöne der Grundstimmung hervorbringen. Mit Hilfe der Ventile läßt sich die Länge des Schallrohres mehrfach verändern, so daß mehrere Grundtöne und Obertonreihen und somit die chromatische Skala zur Verfügung stehen. 21, 214 ▷ Abb. 21 und 253
Hornpipe =
1. Blasinstrument mit einfachem Rohrblatt und einem Schallstück aus Horn; Es wird mit dem Mund angeblasen oder auch als ▷ Sackpfeife benützt.
2. 312
Hornquinten 85, 124, 137
Horst-Wessel-Lied 244
Hot (engl. = heiß) = eine aus der Gesangsweise der Neger vor allem auf das Spiel von Blasinstrumenten übertragene musikalische Darstellungsweise, die einen Erregungszustand zum Ausdruck bringt. Wichtigstes Kennzeichen des ▷ Jazz. Ausdrucksmittel sind: Hot-Intonation (Vibrato, heftiges Anspielen von Einzeltönen, ▷ Dirty tones, ▷ Blue notes ▷ Growl), im rhythmischen Bereich ▷ Off-beat und ▷ Swing.
Hymne (griech. = Lobgesang, Festlied zu Ehren der Götter und Heroen) = im Mittelalter lateinisches Loblied auf Gott und seine Heiligen, erste gereimte und in Strophen gegliederte Dichtung, von großem Einfluß auf die Entwicklung des deutschen Liedes. Hymnenbeispiele: Tedeum (Großer Gott), Veni creator spiritus (Komm Schöpfer, Geist), Pange lingua (Preise, Zunge das Geheimnis). 117, 262 ▷ Ambrosius 268. Nationalhymne ist ein Lied, welches das Zusammengehörigkeitsgefühl und das Nationalbewußtsein seines Volkes zum Ausdruck bringen soll und bei feierlichen staatlichen, sportlichen usw. Anlässen erklingt. Z. B. Deutsche Nationalhymne ▷ J. Haydn 271 ▷ Stockhausen 279
Hypodorisch 95 ▷ Kirchentonarten
Hypolydisch 95 ▷ Kirchentonarten

Identifikation 234, 238, 240
Idolkult 235
Illustrierte 224, 250
Image 223, 240
Imitation, strenge 176
—, **freie** 179
  Vorimitation 181

Impressionismus (lat. Impression = Eindruck, nach dem Bild von Monet „Impression de soleil couchant" [Sonnenuntergang] von 1872) = Eindruckskunst, eine von der französischen Malerei ausgehende und vor allem auf die französische Musik übergreifende Kunstrichtung. Der Künstler reagiert auf Naturstimmungen und fängt seine Eindrücke mit ihren feinsten Schattierungen im Kunstwerk ein. Die oft programmatischen Über- oder Unterschriften verweisen auf den jeweiligen Naturhintergrund. (▷ Ravel „Meine Mutter, die Gans" 185)
Musikalische Stilmittel sind: Weitung des tonartlichen Raumes zur sog. sphärischen Tonalität durch Freigabe der Klänge aus den engen Bindungen der ▷ Funktionen, (▷ Klangparallelen, ▷ Farbwert 97 f., ▷ 185 Pavane) schwebende, die Taktschwerpunkte verschleiernde Rhythmik, Entdeckung neuer Klangreize in kirchentonalen Wendungen, in ▷ Pentatonik und Ganztonleiter, in fernöstlicher, vor allem javanischer Folklore. 187, 273, 276, 280
▷ Debussy 270 ▷ Ravel 277 ▷ Programmusik ▷ Charakterstück
improvisieren (lat. improvisus = nicht vorgesehen, unvermutet) = etwas ohne Vorbereitung, „aus dem Stegreif" gestalten 167, 237 f.
Indische Musik 238
Industriegesellschaft 236
Information 242; ▷ 11, **261**
Informationskanäle 244
Infratest 228 f., 232
Innenmelodie 42, 82, 145, 148, 194
Innenintervall 114, 118
Innenschluß 129
Instrumentation oder Instrumentierung (Orchestration) ist die Verteilung der Stimmen einer Komposition auf die verschiedenen Instrumente des Orchesters. Im Unterschied zum ▷ Arrangement und der ▷ Bearbeitung ist bei der Instrumentation die Möglichkeit der Orchesterbesetzung von Anfang an vorgesehen oder die Umsetzung einer Komposition in die Orchestersprache besonders naheliegend. (Z.B. Ravel-Mussorgsky „Bilder einer Ausstellung") ▷ 201
Instrumental-Beat 238
Instrumentenwahl 229, 252
Interesse an Musik 230, 240
Interpretation (lat. interpretatio = Auslegung, Deutung) =

1. (praktische) Interpretation ist die nachschöpferische Verwirklichung einer Komposition durch den Instrumentalisten, Sänger oder Dirigenten. 233
2. (theoretische) Interpretation ist die erklärende und ausdeutende Hinführung zu Form und Gehalt eines Musikstückes, die so „zur Sprache" gebracht werden. Sie bietet dem Interpreten und dem Zuhörer Hilfen für das musikalische Verständnis 148, 180, 236 f.

Intervalle 35, 56, 59
—, reine 70, 83
—, groß-kleine 80, 83 f.
—, übermäßige, verminderte 97
Intervallpaar 73
Intervallrahmen 74
Intervallraum 73
Interview 225
Intonation (lat. intonare = die Stimme vernehmen lassen) =
1. das Anstimmen eines Choralgesanges durch den Solisten, Priester (z.B. Credo), Kantor oder auch die Orgel
2. das Einstimmen in eine vorgegebene Tonhöhe; das Einhalten und Treffen des richtigen Tones beim ein- und mehrstimmigen Musizieren (▷ Hot-Intonation) 237
3. das Einregulieren der Klangfarbe besonders bei Orgelregistern
Invention (lat. invenire = finden) = musikalische Erfindung, polyphones Musikstück geringen Umfangs ohne bestimmte Form
ionischer Kirchenton 94

Jagdhorn ▷ Horn
Jargon 236
Jazz (Herleitung des Wortes umstritten, vielleicht von kreolisch jazz = eilen, oder von einem amerikanischen Umgangswort jazzy = grell, bunt, erregend, schreiend) = Ein Musizierstil, der Ende des 19. Jahrhunderts entstand, als die nordamerikanischen Neger die europäische Marsch und Unterhaltungsmusik aus ihrem Empfinden heraus nachzuahmen versuchten. Von unmittelbarem Einfluß sind ▷ Spiritual, sowie ▷ Blues und ▷ Ragtime. Kennzeichen:
— eine der C.f.-▷Variation ähnliche Improvisationstechnik, bei der ein bekannter Blues oder Schlagerrefrain mehrmals in freier Manier umspielt, ▷ koloriert oder rhythmisch umgestaltet wird (▷ Chorus).
Die Mitglieder der Band können ihre Improvisationen solistisch nacheinander oder gleichzeitig als Kollektivimprovisation spielen.
— der Grundschlag im 2/4- oder 4/4 Takt (▷ Beat), der durch synkopierte Rhythmen überlagert wird (▷ Off-beat, Swing) 112
— eine eigenwillige Tonbildung und Phrasierung (▷ Hot) 231, 242, 236—240, 270
Die wichtigsten Entwicklungsstufen und Stile:
New Orleans-Stil (um 1890)
Dixieland-Stil (seit 1892, 1917 erste Plattenaufnahme)
Chikago-Stil (seit 1920), sinfonischer Jazz (seit 1930), modern Jazz (seit 1953, Be-Bop, Free Jazz, Mischformen mit ▷ Beat) 266
Jazz und Jugend 236
Jodeln (von lautmalend „jo", verwandt mit „johlen") = In Gebirgsgegenden (Alpen) übliches textloses Jauchzen in großen Intervallen (Akkordzerlegungen), häufiges Umschlagen der Stimme vom ▷ Brust- ins ▷ Kopfregister
Jubilus = melismatische Tonfolge innerhalb des Gregorianischen Chorals, Ausdruck geistlicher Freude, vor allem bei Allelujamelodien ▷ Koloratur ▷ Sequenz
Jugendliche Banden 236
Jugend
—, Arbeiterjugend 237
—, bürgerliche Jugend 236
Jugendlichkeit als Wert 240
Jugend musiziert (Wettbewerb) 252
Jugendorchester 252, Abb. 253
Jury 222

Kadenz/Vollkadenz 140
Kammermusik (ursprünglich ein soziologischer Begriff: die Musik, die in der camera, dem Musizierraum der absolutistischen Fürsten dargeboten wurde, im Gegensatz zur Hausmusik, die in Bürgerhäusern erklang) = Sammelbezeichnung für weltliche Vokal- und Instrumentalmusik, deren Besetzung für kleine bis mittlere Räume berechnet ist. Die klassischen und romantischen instrumentalen Kammermusikwerke haben meist dieselbe Satzfolge wie die Sonate.
Die häufigsten Besetzungen:
Duett = zwei Singstimmen (▷ Bicinium)
Duo = zwei Instrumente
Terzett = drei Singstimmen
Trio = drei Instrumente

Quartett
a) = vier Singstimmen
b) = vier Instrumente
  1. Streichquartett: 1. und 2. Violine, Bratsche, Cello
  2. Klavierquartett: Klavier, Violine, Bratsche, Cello
  3. Bläserquartett: Flöte, Oboe, Klarinette, Fagott

Quintett
a) = fünf Singstimmen
b) = fünf Instrumente
  1. Streichquintett (Die Streichquartettbesetzung wird um ein zweites Cello oder eine zweite Bratsche erweitert.)
  2. Klavierquintett (Die Streichquartettbesetzung wird durch das Klavier ergänzt.)
  3. Bläserquintett (zum Bläserquartett tritt das Horn hinzu.)

Sextett
a) = sechs Singstimmen
b) = sechs Instrumente
  1. Streichsextett (Bratsche und Cello doppelt besetzt)
  2. Bläsersextett (wechselnde Besetzung)

Septett
a) = sieben Singstimmen
b) = sieben Instrumente, meist aus Streichern und Bläsern gemischt

Oktett
a) = acht Singstimmen
b) = acht Instrumente in verschiedenen Kombinationen

Kammerton = die international vereinbarte Höhe für den Ton a′, 1885 zunächst auf 435 Hz, seit 1939 auf 440 Hz festgesetzt

Kanon 82, 133, 143, **176**
— auf verschiedenen Stufen 177
— im Einklang 176 f.
— in der Oktave 177
— in der Quart 177
— in der Quint 177
— rhythmischer 30
  Scheinkanon 178

Kantate (lat. cantare = singen) nennt man die Vertonung einer lyrischen, geistlichen oder weltlichen Dichtung, in deren Sätzen Chor und Solisten jeweils allein (Solokantate), wechselnd oder in verschiedenen Kombinationen eingesetzt und von Instrumenten begleitet werden. Neben der strophisch gegliederten Choral- und Volksliedkantate stehen vielgestaltige Kompositionen, u.a. solche, die mit ▷ Rezitativen und ▷ Arien Elemente der ▷ Oper und des ▷ Oratoriums übernehmen. Bachs „Weihnachtsoratorium" faßt sechs Kantaten zusammen. ▷ H. Distler 270

Kantor (von lat. cantare = singen) =
— allgemein Sänger oder Kirchensänger,
— seit dem 16. Jahrhundert der für die Kirchenmusik verantwortliche Schulgesanglehrer,
— heute Titel des leitenden Kirchenmusikers einer Gemeinde 253

Kantorei = alte Bezeichnung für einen Kirchenchor (▷ Kapelle)

Kapelle (von lat. cappa = Mantel mit Kapuze) = zunächst Heiligtum, in dem der Mantel des heiligen Martin aufbewahrt wurde, danach jedes kleine Gotteshaus, insbesondere die Kapelle des Fürsten, in der die „Capellani", die Hofgeistlichen, den Choralgesang pflegten. Auch diese Sängergemeinschaft wurde dann Kapelle genannt. Die rein vokale Aufführungspraxis (▷ a cappella) wurde ab 1550 durch Hinzunahme von Instrumenten erweitert (▷ Barock). Seit 1700 verwendet man das Wort im allgemeinen nur noch für Instrumentalgruppen von der „Hauskapelle" des Gastwirts (▷ 218) bis zum Sinfonieorchester (z. B. Sächsische Staatskapelle).

Kapellmeister = Leiter eines Chores oder Orchesters

Kastagnetten (von span. castaña = Kastanie) = spanisches Handklapperinstrument, das aus zwei Holzschalen besteht, die mit einem Band an Daumen und Fingern befestigt und durch Fingerbewegung gegeneinandergeschnellt werden 214

Kastraten (lat. castrare = entmannen) Vom 16. bis ins 18. Jahrhundert hinein herrschte in Europa die Unsitte, die Entwicklung der Knaben zu Männern durch einen operativen Eingriff abzubrechen, um ihre Sopran- oder Altstimme zu erhalten. In der katholischen Kirchenmusik Italiens übernahmen die Kastraten die Aufgabe der ▷ Falsettisten. Der eigentliche Ort ihrer solistischen Erfolge aber war die ▷ Oper. ▷ Barock

Kaufverhalten 217
Kehlkopf 21
Kehrreim 60, 164
Kennmusik 247
Kesselmundstück 21
Kettenrondo 164 f.
Kielflügel ▷ Cembalo

Kirchenschluß 137 f.
Kirchentonarten 90, 117
—, aeolisch 94, 187
—, dorisch 91, 142, 183
—, jonisch 94
—, lydisch 92
—, mixolydisch 91, 142
—, phrygisch 92
— 1. Gesamtmodell 93, 190
— 2. Gesamtmodell 94, 142, 190
Klang 11, 18
— band 72, 99, 272
— bild, imaginäres 216
— charakter 18
— dichte 121, 186
— erzeugung 19 ff.
— farbe 17 f., 73, 186, 255
— gemisch 18
— geräusch 18
— mixtur 72 f., 99, 272
— parallelen 72, 99 (▷ C. Orff 276 f.)

Sextakkordketten mit der Hauptstimme unten: Englischer Diskant (neulat. = auseinander singen) des 12. Jahrhunderts, improvisatorisches Verfahren, das heute noch im „Älperstil" fortlebt. 262

Sextakkordketten mit Hauptstimme oben: Fauxbourdon (franz. = falscher Baß des 15. Jahrhunderts, durch den englischen Diskant angeregt.

Quinten- und Quartenparallelen: Organum (griech. Organon = Werkzeug, Musikinstrument), früheste vokale Mehrstimmigkeit (9. Jahrhundert), vermutlich unter Verwendung von Instrumenten ▷ Leoninus 272 ▷ Perotinus 277

Klangmobile, stabiles 194 f.
Klangraum, illusionärer 215, 255, 259
Klangspannung 98 f.
Klangverschmelzung 97
Klangverstärker (Resonanzkörper) 19
Klarinette (Verkleinerung von ▷ Clarino) 13, 20, 266
Klassik, klassisch (lat. classicus = ersten Ranges, mustergültig) heißt im Zeitabschnitt kultureller Gipfelleistung und seiner mustergültigen Werke. „Klassisch" ist ein Werk, in welchem die in seiner Epoche wirkenden Ausdrucks- und Formkräfte überzeugende und überdauernde Gestalt gewonnen haben. In diesem Sinne sind die Werke Palestrinas ebenso klassisch zu nennen wie die Bachs, Beethovens oder Schuberts. Im engeren Sinne wird die Zeit von Haydn, Mozart

und Beethoven als Wiener Klassik bezeichnet. (▷ 266) Der Begriff kennzeichnet eine Periode mit einheitlichen Merkmalen ihrer Werke, eine ▷ Stilperiode 161 ▷ Vorklassik ▷ Romantik ▷ Barock ▷ L. v. Beethoven 269 ▷ Haydn 271 ▷ Mozart 276
Klassik und Jugend 230 f., 240
Klaviatur 24
Klavichord (lat. clavis = Schlüssel, Riegel, Taste und griech. chorde = Saite) = Älteres kleines, neben Orgel und Cembalo wichtigstes Tasteninstrument in der Barockzeit mit quer zur Klaviatur verlaufenden Saiten. Beim Anschlag ein Metallplättchen (Tangente) das auf dem Tastenhebel befestigt ist, die Saite und bringt sie zum Klingen. 264
Klavier (Wortbedeutung ▷ Klavichord) =
1. Sammelbezeichnung für alle Tasteninstrumente,
2. das von Cristofori 1709 entwickelte Hammerklavier, bei dem der Ton durch Anschlag eines Hämmerchens erzeugt wird. Der Ton kann bei entsprechendem Anschlag laut (forte) und leise (piano) erklingen. Daraus erklärt sich die Bezeichnung Fortepiano, bzw. Pianoforte. 13, 17, 19, 22, 24, 229, 266
Klavierauszug ist die Einrichtung eines Chor-, Orchester- oder Kammermusikwerkes für Klavier. Die Chor- bzw. Instrumentalstimmen werden auf zwei Notensysteme (für das vierhändige Spiel auf zweimal zwei Systeme) zusammengefaßt, so daß die Komposition (Oper, Sinfonie usw.) zum Zwecke des Kennenlernens oder als Hilfe bei der Probenarbeit auf dem Klavier dargestellt werden kann.
Kolo 103, 316
Kolorieren (lat. color = Farbe) heißt die bereits in der Musik des Mittelalters übliche Technik, eine Melodie mit umspielenden kleinen Notenwerten zu verzieren.
Mit **Koloratur** bezeichnet man die kunstvolle, ursprünglich in der Barockoper von den Sängern improvisierte Verzierung einer Arie. 167
Komposition (lat. componere = zusammensetzen) = Anordnung, Aufbau eines künstlerischen Werkes nach bestimmten Vorstellungen seines Schöpfers. In der Musik das notenmäßig (tonschriftlich) ausgearbeitete Werk, dessen Herstellung Begabung und Kenntnis musikalischer Materialgesetze verlangt. ▷ Form
Kombinationsmodell für
— **große und kleine Septimen** 82
— **quintverwandte Dreiklänge** 125, 132 ff., 139, 141
— **Sexten und Terzen** 81, 84
— **Sekunden und Septimen** 82, 84
— **Dur- und Molldreiklänge** 116
Kommunikation 11, 236, 240
Kommunikationsmodell 261
Konkurrenz 221
Konservatorium (lat. conservare = bewahren) war ursprünglich ein Waisenhaus, in dem musikbegabte Kinder Musikunterricht erhielten. Heute versteht man unter Konservatorium eine größere Musikschule, in der alle Instrumentalfächer, Gesang, Dirigieren, Theorie, Komposition, Musikpädagogik usw. studiert und mit einer staatlichen Prüfung abgeschlossen werden können. ▷ Mendelssohn 273
Konsonant (lat. consonare = mitklingen) = Mitlaut 22, 259
Konsonanz 97, **99** f., 114
Konsum 225, 235, 236
Konsumzwang 235
Kontaktersatz 224 ff., 234
Kontaktdemonstration 225
Kontrabaß 18, 23
Kontrafaktur ▷ Parodie
Kontrapunkt, freier 173
—, **gebundener** 176
Konzert
1. (von mittellat. und ital. concertare = übereinstimmen) ▷ Ensemble von Sängern oder Instrumentalisten, auch die Vereinigung beider Gruppen seit den Anfängen des Konzertes 1519
2. (von lat. concertare = wettstreiten)
  a) Wettstreit zwischen zwei vokalen, instrumentalen oder gemischt vokal-instrumentalen Klangkörpern beim gemeinsamen Musizieren; z.B. in den mehrchörigen Motetten, im „Kleinen geistlichen Konzert" des Heinrich ▷ Schütz 278 und im ▷ Concerto Grosso, dem altklassischen Typus des Konzertes. Geltung zwischen ca. 1590 und 1750
  b) Wetteifern zwischen einem oder mehreren Solisten und dem Orchester in der Entfaltung sinfonischer Entwicklungen (▷ Sinfonie ▷ Sonatenform) im Konzert der Wiener Klassik und der von ihr abhängigen Epochen. Geltung seit dem 18. Jahrhundert bis in die Gegenwart.
3. die für diese Musizierformen geschaffenen Kompositionen
4. Zusammenkunft von Hörern mit den Darbietenden 250 f., 264, 266

Konzertbesuch 228
Konzertfilm 247
Konzertformen 237 f., 250 f.
Darbietungskonzert 250
Instrumentales Theater 251
Wandelkonzert 251
Konzertagentur 249
Konzertdirektion 249 f.
Konzertleben 249
Konzertmeister = der erste Geiger eines Orchesters, in großen Orchestern auch der Stimmführer der einzelnen Orchestergruppen, der für das Einstimmen verantwortlich ist, das Spiel anführt und dem Dirigenten in den Proben behilflich ist.
Konzertsaal 250
Kopfhörer 198, 216
Kopfstimme/Kopfregisterstimme 23, 213, 258
Korrepetitor (lat. = Mitwiederholer) = Kapellmeister am Theater, der mit den Sängern die Solopartien einstudiert
Kulturamt 249
Krawalle 236
Krakowiak 314
Krebs 54, **147**
Kreuz = ♯ 64
— **tonarten** 65, 102
Kritik
— **an der Generation der Eltern** 236
— **an der Gesellschaft** 212, 236 f., 239
Musikkritik ▷ Schumann 378 ▷ Smetana 379 ▷ Honegger 272
Kubanische Musik. Tänzerische Folklore, gekennzeichnet durch „heiße" südamerikanische Rhythmik (▷ Rumba, Samba 319, Mambo 321) und charakteristische Rhythmusinstrumente (Bonga- und Congo-Drums, Maracas, Rumbastäbchen); Einfluß auf ▷ Jazz (Be-Bop, Cuban-Jazz) und Beat (▷ Carlos Santana, 240)
Kunstlied = eine Liedgattung, die wegen des gesteigerten und verfeinerten persönlichen Ausdrucks in Melodie und zugehöriger Begleitung hohe Ansprüche an Solisten und Hörer stellt. Es steht im Gegensatz zum ▷ Volkslied, aber auch in ständigem Austausch mit ihm. ▷ „Schwesterlein" 26*
Die Geschichte des Kunstliedes beginnt mit den Liedern der ▷ Minnesänger und ▷ Meistersinger (▷ Maienzeit, bannet Leid 59*), erlebt eine Blüte im mehrstimmigen Gesang der Reformationszeit und im gene-

291

ralbaßbegleiteten Sololied des ▷ Barock. ▷ „Jesus neigt sein Haupt" 20*
Den Höhepunkt erreicht die Entwicklung in der Romantik. Mit den Vertonungen ▷ Schuberts 278 und der nachfolgenden Meister wird das Lied den großen Gattungen der Instrumentalmusik ebenbürtig. Die Klavierbegleitung nimmt an der Ausdrucksgestaltung des Textes gleichrangig Anteil. Folgende Typen finden Verwendung:
— das Strophenlied ▷ Lied ▷ „Das Wandern ist des Müllers Lust 6*, 169
— das variierte Strophenlied; Die Melodie paßt sich dem veränderten Ausdruck der Strophen durch Variierung an. ▷ „Mariä Wiegenlied" 22*, 169
— das durchkomponierte Lied; Die Komposition erstreckt sich über die ganze Strophenfolge unter Verwendung musikalischer Formen: Bogenform A B A, Rondo-Sonatenform, Barform usw. ▷ „Prinz Eugen" 34*, 169, 266
Kurztakt 145, 151, 183
— **motiv** 145
Kurzperiode 155

Lage des Dreiklangs 118
Laie 249
Ländler 314
Längenmelodie = Melodie, in der den Tonlängen feste Tonhöhen zugeordnet sind 47 ▷ serielle Musik
Largo 16
Larghetto 192
Lärmbekämpfung 13
Laute (arab. al-ûd = eigentlich Holz, dann Instrument aus Holz) = uraltes Zupfinstrument, das von Arabien über Spanien nach Europa gelangte. Im Gegensatz zur flachen Gitarre hat die Laute einen schalenförmigen Schallkörper. Sie war im 16. und 17. Jahrhundert das beliebteste Hausinstrument und hat in unserem Jahrhundert neben der Gitarre wieder neues Interesse gefunden. 229, 262
Lautsprecher 198 f., 200
laut (leise) 11 f.
Legato 23
Leistung 235, 236
Leistungsdruck 236
Leitmotiv ist eine musikalische Wendung (meist ein Thema!) mit einprägsamen Merkmalen. Es dient in der Oper (▷ R. Wagner 280), Programmusik (▷ R. Strauss 279) und im Film zur Charakterisierung von Personen, Situationen oder Sachen und paßt sich durch musikalische Umgestaltung der Entwicklung der Handlung und der Charaktere an. ▷ Kennmusik im Film 247
Leitton 62, 105, 108, 133, 135
— **raum** 63, 65
Lento 16
Letkiss 213, 322
Libretto (ital. = Büchlein) = Textbuch zu Oper, Operette, Oratorium usw.
Lied (althd. liod = Preislied, verwandt mit lat. laudare = loben; mhd. liet = Strophe) ist Sammelbezeichnung für die Vielzahl kleinerer und größerer musikalischer Formen für Gesang. Grundmodell und Zentralform ist das Strophenlied mit sangbarer, meist periodischer Melodie, die bei allen Strophen gleich bleibt. Es kann über das variierte Strophenlied zur überstrophischen Gestaltung erweitert werden. Vorformen des Strophenliedes sind Singzeile und Litanei. 278
▷ Volkslied ▷ Kunstlied ▷ Ballade ▷ Romanze ▷ Volkslied und Schlager 210
Liedform
—, **einteilige** 154
—, **große dreiteilige** 161
—, **kleine dreiteilige** 159
—, **zweiteilige** 156 f.
Liegeton 62, 85 ▷ Bordun
Lift 214
Lipsi 213
Liturgie (griech. Leitourgia = öffentlicher Dienst) = offizielle Ordnung der Gebete und Gesänge des Gottesdienstes. Die liturgische Musik der katholischen Kirche ist vor allem der Gregorianische ▷ Choral.
Live-Konzert 235, 237 f.
— **Mitschnitt** 239, 248
Liverpool 237
Luft 17
Luftsäule 20, 21, 257 f.
Luren = aus Bronze gegossene Blasinstrumente unserer germanischen Vorfahren (16.—6. vorchristliches Jahrhundert). Die über 2 Meter langen Kultinstrumente, die immer als zwei symmetrische gefunden wurden, sind in der Form Mammutzähnen oder Tierhörnern nachgebildet, haben konische oder kesselförmige Mundstücke und einen posaunenähnlichen Klang.
lydische Kirchentonart 92
— **Quarte** 93

Madrigal (ital. Herkunft des Wortes umstritten) = italienisches mehrstimmiges Kunstlied des 14.—16. Jahrhunderts. Die Madrigal-Dichtung knüpft häufig an ein heiteres Naturbild an, gestaltet aber auch ernste, politische oder satirische Inhalte.
maestoso (ital.) = majestätisch, feierlich, würdevoll
Maggiore (ital. = größer; gemeint ist die große Terz im Dur-Dreiklang oder in der Dur-Tonart) = Bezeichnung für den Teil eines Stückes, der im Gegensatz zum vorangehenden Mollteil (▷ Minore) in der Dur-Tonart steht. Das Maggiore kommt häufig in Variationen, Rondos oder Tänzen vor.
Magnettonaufzeichnung 199
Mambo 213, 321
Manager 223
Mandoline (Verkleinerungsform von span. mandola = Zupfinstrument) = lauteähnliches, viersaitiges Zupfinstrument mit kürbisartig gewölbtem Schallkörper wird mit einem Plektron gespielt 214
Manipulation, Grad der Beeinflussung 217, 228
Manipulation, technisch 200, 247
Männerchor 255
männliche Endung 145
Marktsättigung 203
Marktwert 223
Markt
  Supermarkt 217
  Verbrauchermarkt 217
Marsch (ital. marcia, von lat. marcare = hämmernd schreiten) = ein Musikstück, das den Zweck hat, Tempo und Gleichschritt einer marschierenden Gruppe zu regeln. Es steht daher meist in gerader Taktart: 4/4, 2/4, 2/2, als Reitermarsch im schnellen 6/8-Takt (50). Dem Charakter nach unterscheiden wir: Armeemärsche, Opernmärsche, Ballettmärsche, Hochzeitsmärsche und Trauermärsche. Der Marsch hat keine festgelegte Form. Im 19. Jahrhundert wurde die große dreiteilige Liedform mit Trio bevorzugt. 32, 161, 214 ▷ Abb. 245 ▷ 400 ▷ J. S. Bach, Marsch D-Dur 158
Marseillaise 244
Masche 223
Maultrommel, auch Brummeisen = primitives Zupfinstrument, das aus einem hufeisenförmigen Stahlbügel mit freischwebender Stahlzunge besteht und im Munde zum Klingen gebracht wird
Mazurka 312
Medien 206, 210, 261
Mehrfachverwertung 209

Meistergesang = die Liedkunst der zunftmäßig geordneten bürgerlichen Singschulen des 15. und 16. Jahrhunderts. 264 ▷ Barform ▷ Hans Sachs 278

Melisma (griech. = Gesang, Lied) = Melodie oder Melodieteil, der nur auf eine Silbe gesungen wird. Im gregorianischen Choral, sowie in der orientalisch beeinflußten Volksmusik üblich. (▷ „Jubilus" ▷ „Koloratur")

melismatisch 213

Melodica 18, 20, 24

Melodie 26/31, 147 f., 154, 157, 164, 167, 191, 194 f. 213

Melodie
— **aufsprung** (Auftakt) 32
— **bogen** 151 ff., 213, 155 f., 183, 186, 193
— **charakter** 95
— **schwünge** 87

Melodram = die Verbindung von gesprochener Dichtung und begleitender Musik

Mensuralmusik (lat. mensura = Maß) = mehrstimmige Musik des 13.—16. Jahrhunderts. Um die gleichzeitig erklingenden Melodien eines mehrstimmigen Satzes in ihrem Verlauf aufeinander abzustimmen, mußte man das Verhältnis verschiedener Tonlängen zueinander genau festlegen, d.h. messen. Es entstanden die verschiedenen Notenwerte. (▷ Choral) 262

Menuett 310

Mersey Sound 237

Messe (entstanden aus dem Ruf: Ite, missa est = „geht, ihr seid entlassen", mit dem die Katechumenen, die sich noch auf die Taufe vorbereiteten, vor dem Opfermahl entlassen wurden) =
1. Bezeichnung für den Hauptgottesdienst der katholischen Kirche
2. Bezeichnung für die Gesamtheit der liturgischen Gesänge bei der feierlichen Messe:
    a) das **Ordinarium missae**, die „feststehenden" Gesänge, die ursprünglich im Wechsel zwischen einer Schola und dem Volk vorgetragen wurden: Kyrie eleison — Gloria — Credo — Sanctus/ Benedictus — Agnus Dei
    b) das **proprium missae**, die mit dem Festkreis der Kirche wechselnden Gesänge, die den Kantoren und der Schola vorbehalten waren: Introitus (Eingangs-, Einzugslied), Graduale (Stufengesang), Alleluja, Traktus (von trahere = ziehen [Er wurde von einem Solisten in „einem Zuge" gesungen.]), Sequenz, Offertorium (Opferungslied). Communio
3. Bezeichnung für die mehrstimmige Vertonung des Ordinarium missae 262, 268

Meßtechnik 201

Metrik (▷ Metrum) = die Lehre vom ▷ Takt und dem Zusammenschluß gleichgroßer Zeitteile zu musikalisch größeren Einheiten

Metronom 14

Metrum (griech. metron = Maß) = Bezeichnung für die regelmäßige Folge stark und schwach betonter Silben im Vers. Die kleinsten Einheiten heißen Versfüße. Die wichtigsten sind:

Jambus   x ˊx   } auftaktig
Anapäst   x x ˊx
Trochäus   ˊx x   } volltaktig
Daktylus   ˊx x x

Mezzoforte 13

Mezzopiano 13

Mezzosopran = Stimmlage zwischen Sopran und Alt 255

Mikrophon 198, 215

Minnegesang (mhd. minne = Liebe) = die gesamte einstimmige weltliche mittelhochdeutsche Lyrik bis ins 15. Jahrhundert. Im engeren Sinne versteht man unter Minnegesang die Liebeslyrik der ritterlichen Minnesänger. ▷ Troubadours ▷ Trouvères ▷ W. v. d. Vogelweide 262 ▷ Neidhardt von Reuenthal 276 ▷ Kunstlied ▷ Machaut 262, 273

Minore (ital. = kleiner; gemeint ist die kleine Terz im Moll-Dreiklang oder in der Moll-Tonart) = Bezeichnung für den Teil eines Dur-Stückes, der vorübergehend in Moll steht. (▷ Maggiore)

Mischpult 200

Mixolydischer Kirchenton 91, 142

Mixolydische Septime 91

Mixtur (von lat. mixtura = Vermischung) ist ein Orgelregister, bei dem selbständige, im Obertonabstand klingende Pfeifen (meist Oktaven und Quinten) eine Grundstimme verstärken. Sie besitzt für jeden Ton drei oder mehrere Pfeifen (dreifach usw.) und verleiht dem Gesamtklang einen orgeleigenen Glanz. 72, 123 ▷ Quintmixtur 113 ▷ Dreiklangmixtur 113 f., 119, 122 f. ▷ Mixturregister 119 ▷ Klangparallelen ▷ Orgel

Modellfingersatz 70, 77, 100

Moderato 16

Modulation 104 f., 159

Modus (lat. = Maßstab, Art und Weise) =
1. Bezeichnung für die einzelnen Skalenausschnitte aus der pentatonischen Grundreihe (▷ pentatonische Modi) und der Grundreihe der Stammtöne (Kirchenmodi ▷ Kirchentonarten) 94
2. Bezeichnung für die vier verschiedenen Formen, in denen jede Zwölftonreihe auftreten kann: Grundgestalt ▷ Umkehrung ▷ Krebs ▷ Umkehrungskrebs (▷ Spiegelung)

Moll-Dreiklang 115

Moll-Funktion 141

Moll-Geschlecht 79, 83, 91, 142, 191

Moll-Modus 95

Moll-Terz 95, 97, 115

Moll-Tonart, harmonisch 103, 142, 184

Moll-Tonart, melodisch 96, 103

Moll-Tonart, natürlich 75 ff., 142

Moll-Tonleitern c-Moll, d-Moll, e-Moll, f-Moll, g-Moll, h-Moll 77

monaural 199, 200

Monodie (griech. = Einzelgesang) =
1. jede Art des einstimmigen Singens; Der von einem Instrument begleitete griech. Gesang, der gregorianische Choral, das Lied der Minnesänger bis zum Sololied unseres Jahrhunderts
2. im eigentlichen Sinne: der akkordbezogene Einzelgesang in der Barockoper und das Generalbaß begleitete Sololied, das in seinem Ausdruck und im Kompositionsstil durch ▷ Rezitativ und ▷ Arie beeinflußt ist. 273 ▷ „Jesus neigt sein Haupt" 20* ▷ Lied

Mordent 168

Morendo 16

Motette (von franz. mot = Wort) ist eine mehrstimmige, vorzugsweise geistliche Chorkomposition, meist ohne Instrumentalbegleitung.
1. Die mittelalterliche Motette ist eine mehrstimmige vokal-instrumentale Cantus-firmus-Komposition. Den melismatischen Begleitstimmen, die ursprünglich mit dem gleichen Text wie der Cantus-firmus versehen waren, wurden neue, den Cantus-firmus erläuternde Worte unterlegt, die mitunter sogar in einer anderen Sprache verfaßt waren. Kompositionen mit zwei verschiedenen Begleittexten werden unabhängig von der Stimmenzahl Doppelmotette, mit drei Texten Tripelmotette genannt. Anfangs hatte die Motette geistlichen, im 14. Jahrhundert auch weltlichen Inhalt.

2. Die altklassische Motette (etwa 1400—1600) ist ein Chorsatz über einen kurzen geistlichen Text (Bibelspruch, Psalmvers usw.). Die Form entsteht durch Aufteilung des Textes in Abschnitte, von denen jeder eine eigene melodische Erfindung und oft auch eine eigene Verarbeitung erhält, z.B. frei-imitatorisch, kanonisch, homophon, doppelthematisch usf. ▷ Imitation ▷ Kanon ▷ Fuge ▷ Homophonie ▷ H. Distler 270 ▷ Palestrina 277

Motiv 144, **145**, 149 f., 193 f., 213
— **ausgang** 146
— **verknüpfung (-entwicklung)** 146
—, **zweihebiges** (Doppelmotiv) 145 f., 149, 186, 190
—, **einhebiges** 145 f.
Multiplay 200
Mundharmonika 20, 214, 229
Mundstück 20
Musette (Verkleinerungsform von franz. corne muse = Dudelsack) =
1. Dudelsackartiges Doppelrohrblattinstrument mit kleinem Blasebalg
2. Tanz ▷ 309
Musical* Das Musical ist eine in New York entstandene, in der Regel zweiaktige Form populären Musiktheaters, die Elemente des Dramas, der ▷ Operette, der Revue, des Varietés und — in Ausnahmefällen — der Oper miteinander verbindet. Es basiert häufig auf literarischen Vorlagen und verwendet die Mittel des amerikanischen Pop-Songs, der Tanz- und Unterhaltungsmusik und des Jazz. Show-Szenen, Songs und Balletts sind in die Handlung integriert. 231
Bekannte Musicals: „West Side Story", „My Fair Lady", „Anatevka" ▷ Singspiel
Musikangebot 228
Musikbox 220
Musiktherapie 246
Musikunterricht 252
Musikwettbewerb 252
Mutation 260

Nachahmung 176
—, **strenge** 176 f.
—, **freie** 179
Nachhall 18 ▷ Hall

---

* Definition von Siegfried Schmidt-Joos, mitgeteilt in „Tanz-Illustrierte" Heft 184, Köln 1968)

Nachsatz 151 ff.
— **gruppe** 156
Nachschlag 168
Nachtanz = der lebhafte, ungeradtaktige Springtanz, der bei paarweiser Zusammenstellung dem ruhigen geradtaktigen Schreittanz folgt ▷ Suite ▷ Wächterruf 156
Naturtöne ▷ Teiltöne
Nebendreiklang 138
Nebennote 167 f.
Neumen (griech. neuma = Wink, Zeichen) = eine Art Vornotenschrift ohne Festlegung der Tonhöhe und Tondauer. Die Neumen entwickelten sich aus der spätantiken Akzentgebung und aus den Handbewegungen der Vorsänger und Chorführer. Mit Hilfe dieser Zeichen konnte man sich eine bekannte Melodie ins Gedächtnis zurückrufen.
Nocturne (ital. notturno = Nachtstück) = ursprünglich gleichbedeutend mit ▷ Serenade. Im 19. Jahrhundert versteht man unter Nocturne ein ▷ Charakterstück, eine kürzere träumerische oder elegische Klavierkomposition. Chopin hat das Nocturne zu großem Ausdrucksreichtum gesteigert.
Nonakkord 134, 186 f.
Normaltakt 145, 151
Nostalgie 240
Notation ▷ Choral ▷ Mensuralmusik ▷ Neumen ▷ Schlüssel ▷ Tabulatur ▷ Partiturbeispiele ▷ Guido von Arezzo 271 — als Grafik 251, 25 f.
Notendruck 204
Notensystem 25, 262
  Vornotenschrift: Zeichen für Lautstärke 12
   Zeichen für Längen 14
   Zeichen für Zeitdichte 15
   Zeichen für Tonhöhe 23
Nutzen, wirtschaftlicher 204

Oberdominante ▷ Dominante
Obertöne ▷ Teiltöne
obligat (lat. obligatus = verbindlich) = ist eine Instrumentalstimme, die bei der Ausführung nicht wegbleiben darf. Gegensatz: ▷ ad libitum
Oboe 13, **20** f., 264
Off-beat 213, **242** ▷ Jazz
Okarina (Verkleinerungsform von ital. = Gans) ist ein flötenähnliches Blasinstrument aus gebranntem Ton, meist in Form eines Gänseeis, das an einem Ende spitz zuläuft. Es besitzt 8—10 Grifflöcher und einen Schnabel zum Anblasen.
Öffentlichkeit 225
offene Form 150, 157
Oktave 36, 59
—, **rein** 84
Oktavrahmen 74
Oktavraum 60
Oktavteilung 74
Oktavversetzung 118
Oper (ital. opera = Werk). Sie verdankt ihre Entstehung den Experimenten eines Künstlerkreises um 1600, dessen Mitglieder als Kenner und Bewunderer der Antike die vermeintliche Einheit von Sprache, Musik und Tanz in der griechischen Tragödie mit den modernen Mitteln der Musik (▷ Monodie ▷ Generalbaß) neu verwirklichen wollten. So entstand die Oper als neue Gattung. Neben der griechischen Tragödie gaben die liturgischen und kultischen Spiele des Mittelalters Anregung und Anstoß.
Der Chor, der monodische Sprechgesang (▷ Rezitativ) und der lied- oder arienhafte Sologesang (▷ Arie) bilden die drei tragenden Bestandteile der Oper. Ein freies Instrumentalstück, das seit der Romantik thematisch mit der Oper verflochten ist, wird als ▷ Ouvertüre vorangestellt. Wir unterscheiden folgende Operntypen:
— Opera buffa = heitere Oper
— Opera seria = ernste Oper
— Opera comique = komische Oper
— das Musikdrama (▷ R. Wagner 280) = durchkomponierte Oper ohne gesprochene Texte und ohne Gliederung in Szenen, Rezitative und Arien. 264 204, 232, **247** f. ▷ Monteverdi 273 ▷ Händel 271 ▷ Gluck 271 ▷ Mozart 276 ▷ Weber 280 ▷ Verdi 279 ▷ R. Strauss 279 ▷ Orff 276 — ▷ Unterhaltungskosten, Fernsehoper 248, Funkoper 216, 248
Opernhäuser 204, 250 ▷ Monteverdi 273
Operette (= kleine Oper) = heißt seit Johann Strauß ein heiteres Bühnenstück mit gesprochenem Dialog, beschwingten Melodien und Tänzen, die zur Zeit der Entstehung jeweils aktuell gewesen sind. Vorläufer sind die ▷ opera comique und das ▷ Singspiel. 218, 231 ▷ Musical
Opus (lat. = Werk, Mehrzahl = opera) = Bezeichnung für das Werk eines Komponisten, vor allem im Zusammenhang mit seiner Zählung. Z.B. bedeutet op. 43 das dreiundvierzigste Werk.

Oratorium (von lat. orare = beten) =
1. Betsaal, Hauskapelle
2. Vertonung eines geistlichen Textes für Chor, Einzelstimmen und Orchester in Aufbau und Gliederung der Oper ähnlich, in der Regel aber für konzertmäßige Aufführung bestimmt. Der Name geht zurück auf die musikalischen Andachtsübungen der Oratorianer, einer Gemeinschaft von Priestern und Laien. Die Entwicklung des Oratoriums beginnt 1640 und läuft parallel zu der Entwicklung der Oper. Der Vollender der Gattung wurde ▷ G. Fr. Händel 271 (Messias, Judas Makkabäus). Aber auch in der Folgezeit, der ▷ Klassik, ▷ Romantik und in unserem Jh. entstanden bedeutende Oratorien: z. B. „Die Schöpfung" 106, „Die Jahreszeiten" von ▷ J. Haydn 271; „König David", „Johanna auf dem Scheiterhaufen" von A. ▷ Honegger 264

Orchester (griech. orchestra = Tanzplatz, Teil der Bühne im griech. Theater) = war zunächst der Platz vor der Bühne für die Instrumentalisten. Die Bezeichnung ging dann auf die Instrumentalgruppen im Theater und Konzert über. Heute spricht man von Orchester — im Gegensatz zur Kammerbesetzung (▷ Kammermusik) — wenn die Streichinstrumente chorisch besetzt sind oder wenn eine große Anzahl von Spielern mitwirkt. Wir unterscheiden:
Sinfonieorchester (Streicher, Bläser, Harfe, Schlagzeug) ▷ Abb. 253
Blasorchester (Holz-, Blechbläser und Schlagzeug)
Streichorchester (nur Streicher)
Unterhaltungsorchester (jeweils mit verschiedener Besetzung)
Jazzorchester (jeweils mit verschiedener Besetzung)
Tanzorchester (jeweils mit verschiedener Besetzung)
▷ Unterhaltungskosten

Orchestererziehung ▷ Mendelssohn
Ordnungsmusik 246
Orffsches Instrumentarium 246
Organum 262, 272, 277 ▷ Klangparallelen
Orgel (von griech. organon = Werkzeug, ▷ Organum) wird poetisch die „Königin der Instrumente" genannt. Sie vereint viele in Charakter und Farbe verschiedene Instrumente. Sie besteht aus drei Hauptteilen: Dem Spielwerk, dem Pfeifenwerk und dem Windwerk. Im Windwerk (Gebläse) wird die Luft durch einen Schöpfbalg oder — heute meistens — durch einen Ventilator verdichtet, in einem Magazinbalg gespeichert und auf einen bestimmten Dichtigkeitsgrad (Winddruck) gebracht. Von dort gelangt der Wind durch ein Verteilersystem, die Windlade, zum Pfeifenwerk, dessen sichtbarer Teil Prospekt genannt wird. Die einzelnen Pfeifen sind nach Bauart und ▷ Fußtonhöhe in ▷ Register geordnet. Wir unterscheiden: Lippenpfeifen (▷ Flöten verschiedener Art, gedeckte Pfeifen, ▷ Mixturen) und Zungenpfeifen (Rohrwerke) ▷ Rohrblattinstrumente

Das Spielwerk besteht aus einem Spielschrank oder Spieltisch mit mehreren Klaviaturen: einem Pedal (Klaviatur für die Füße) und — je nach Größe der Orgel — 2 bis 5 terrassenförmig gestaffelten Manualen sowie den Registerzügen. Mittels einer mechanischen (Zugleisten, Winkel und Wellen oder Seilzüge), oder elektrischen (Magnete werden durch Schwachstrom zur Funktion gebracht) Traktur (lat. trahere = ziehen) wird die Bewegung der Registerzüge und der Tasten bis zu den Windladen geleitet. Ventile werden geöffnet, die Luft strömt in die Pfeifen und bringt sie zum Klingen.

Eine Klaviatur mit ihrer zugehörigen Windlade und den entsprechenden Pfeifen nennt man ein „Werk". Damit mehrstimmiges polyphones Spiel mit verschiedenen Klangfarbenmischungen möglich ist, besitzt eine größere Orgel mehrere Werke, die je nach Aufgabe und Lage verschiedene Bezeichnungen tragen. Die Orgelbauer der Barockzeit stellten hoch über dem Spielschrank das Hauptwerk auf, darüber das Oberwerk, vor dem Spieler das „Brustwerk", zu beiden Seiten die Pedaltürme, hoch an der Decke das „Kronenwerk" und im Rücken des Spielers in der Emporenbrüstung das „Rückpositiv". Die Auswahl und Verteilung der Register auf die verschiedenen Werke heißt Disposition (lat. = Einteilung, Anordnung.) ▷ Abb. 262, 323

Orgelpunkt = lang ausgehaltener, ruhender Baßton, zu dem sich die anderen Stimmen frei bewegen und harmonische Spannungen schaffen können. Er wird gern in Schlußsteigerungen bei groß angelegten Stücken verwendet. ▷ Bordun ▷ Pifa 81*

Orientierungston 87, 94
Ornamente 167, 182
ornamentale Variation 166
ostinato (lat. obstinatus = hartnäckig) = ständig wiederkehrende melodische oder rhythmische Figur, meist in der Baßstimme 82*, 172, 186
Ostinato-Variation 169

Ouvertüre (franz. = Öffnung, Eröffnung, Einleitung) = Vorspiel zu einem Bühnenwerk (Oper, Ballett, Schauspiel), einem größeren Vokalwerk (Oratorium, Kantate) oder einem längeren Instrumentalstück (Suite). Die Ordnung der Satzteile ist:
a) in der alten italienischen Ouvertüre: schnell-langsam-schnell
b) in der alten französischen Ouvertüre: langsam-schnell-langsam (Der langsame Teil in punktiertem Rhythmus symbolisiert die Barockmajestät.) 273
c) Die klassische Ouvertüre hat meist ▷ Sonatenform.
d) In der Romantik entwickelt sich die Ouvertüre zum eigengesetzlichen Konzertstück. Daneben steht der Typus der Potpourriouvertüre, in der die zugkräftigsten Nummern der Oper zu einer musikalischen Großform aneinandergereiht werden.
▷ Potpourri

Panflöte (nach dem griech. Hirtengott Pan benannt) = ein bei vielen Völkern verwendetes Blasinstrument aus mehreren floßförmig gebündelten Pfeifen, die als Tonleiterausschnitt gestimmt sind und am offenen Ende über den glatten Rand angeblasen werden. (Mozart läßt in seiner Oper „Die Zauberflöte" den Naturmenschen Papageno eine Panflöte spielen.)
Papiergeschäft 207, 218
Parallele Tonleitern 78 f.
Parameter (griech. s.v.w. Vergleichsmaß) = Übertragung des ursprünglich mathematischen Begriffs auf die objektiv meßbaren Kennwerte eines Schallvorganges wie Schwingungszahl, Schwingungsweite, Dauer, Zahl und Verhältnis der sich überlagernden Schwingungen usw. In der zeitgenössischen Musik auch die Gehörswahrnehmungen wie Tonhöhe, Lautstärke, Klangfarbe, Rhythmus, Artikulation, Tonort usw.
▷ Serielle Musik

Parlando (ital. parlare = sprechen) = eine Vortragsweise, bei sich der Gesang einer fließenden Sprechweise annähert. Es kommt nur in geschlossenen Musikstücken, besonders in Opernarien vor. Dadurch unterscheidet es sich u.a. vom ▷ Rezitativ.

Parodie (griech. parodia = Neben- oder Gegengesang) ist in der eigentlichen Wortbedeutung die komisch-satirische Verwendung der Form eines bekannten Dichtwerkes für einen anderen, unpassenden Inhalt. Auch in der Musik gibt es die Parodie mit heiter-satirischer Wirkung. (▷ „Gott gnad" 15*) Besonders

modisch übersteigerte Stile und mittelmäßige kompositorische Leistungen im Bereich der Oper verleiten zu einer solchen Behandlung. (Z.B. Pepusch „Bettleroper" und Brecht/Weill „Dreigroschenoper")
Daneben stehen als ernsthafte Parodien die Parodiemesse (▷ Palestrina 277) (sie entsteht durch Unterlegung von Messetexten unter andersartiger Chorsätze u. ä.) und die *Kontrafaktur* (von lat. contrafacere = ins Gegenteil verkehren) (die Unterlegung einer weltlichen Liedmelodie mit einem geistlichen Text; so wurde z. B. aus dem Tanzlied „Mein G'müt ist mir verwirret" von Hans Leo ▷ Haßler 271 das Kontrafakt „O Haupt voll Blut und Wunden" mit dem Text von Paul Gerhardt). Auch viele moderne Kirchenlieder sind Kontrafakturen. Beispiele sowohl heiterer als auch ernster musikalischer Parodieverfahren finden wir bei Igor Strawinsky. 279 ▷ Siciliano 192 ▷ Plagiat ▷ Zitat

Partialtöne ▷ Teiltöne

Partitur (von lat. partit,o = Teilung, Verteilung) = Gesamtniederschrift eines mehrstimmigen Chor- oder Orchesterwerkes, in der die Einzelstimmen taktweise untereinanderstehen, so daß der Verlauf der Zusammenklänge abgelesen werden kann. ▷ Partiturbeispiele 88*—92* ▷ Elementarpartituren 📖 74 f. — mit Schallfarben 24

Passacaglia 169 f., 311

Passion = Vertonung der Leidensgeschichte nach den 4 Evangelien. Man unterscheidet 3 Typen:
1. Die protestantische Choralpassion: Auf der Grundlage der von Luther übersetzten Evangelien werden in Anlehnung an die Gregorianik unbegleitete Rezitative für die verschiedenen Solopartien (Evangelist, Christus usw.) und einfache akkordische Chorsätze für die Rolle der Volksmenge, (▷ Turba) komponiert (z.B. bei ▷ Schütz 278).
2. Die Motettenpassion: Alle Teile, auch die Solopartien, werden motettenartig mehrstimmig durchkomponiert.
3. Die oratorische Passion: In den Evangeliumstext werden freie lyrische Dichtungen als Choräle, Rezitative und Arien eingeschoben. Sie ist stets begleitet. 264 (Matthäus-Passion von ▷ Bach 268). ▷ H. Distler 270

Pastorale (lat. pastor = Hirt) =
1. weihnachtliche Hirtenmusik, meist im 6/8-Takt;
2. ländlich-idyllisches Musikstück; 190, 193
3. musikalisches Schäferspiel der Barockzeit;
4. Name der 6. Sinfonie von Beethoven ▷ Pifa 81*

Pauke (mhd. pūke, wahrscheinlich lautmalenden Ursprungs, verwandt mit ‚pochen') = kesselförmiges, mit Kalbfell bespanntes Schlaginstrument mit bestimmbarer Tonhöhe, die mit Hilfe von Schrauben eingestellt und verändert werden kann. Heute auch durch Pedale zu stimmen. 17 ff., 23

Pause 29, 37, 40, 46

Pavane 185, 307

Pentatonik 86

Pentatonische Grundreihe 86

Pentatonisches Mittelstück 87

Pentatonische Schwungbewegung 87

Pentatonische Stammleiter 86

Periode 154 ff., 161, 183 f., 186 f., 213

Personality-Show 247

Pesto 224

Phon 13

Phonbestimmung 13

Phonograph 196

Phonometer 12

Phontabelle 13

Phrase 151 ff., 155, 157, 182 ff., 193, 213

Phrasierung (griech. phrasis = das Sprechen, der Ausdruck, die Ausdrucksweise) = das Aufsuchen der musikalischen Sinnglieder, z. B. der Phrasen, ihre Bezeichnung durch Bögen im Notentext und ihre Verdeutlichung beim Vortrag eines Musikstückes. 194 f. ▷ Artikulation

Phrygischer Kirchenton 90

Phrygischer Schluß 90

Phrygische Sekunde 92

Piano / Pianissimo 13 ▷ Klavier

Piccolo (ital. = klein) = bezeichnet in Wortzusammensetzungen das jeweils kleinste und höchste Instrument einer „Familie" z.B. Piccolovioline, Piccoloflöte (1 Oktave höher klingend als die Querflöte) usf.

Pifferari (piffaro = ital. Hirtenschalmei) = heißen die Hirten, die um die Weihnachtszeit aus den Abruzzen nach Rom kommen und zur Erinnerung an die Hirten in Bethlehem vor Madonnenbildern singen und musizieren. ▷ „Pifa" 81*

piu (ital) = mehr, z. B. piu forte = stärker; piu allegro = schneller

pizzicato (ital. = gezwickt; Abk. = pizz) = Anweisung, die Saiten eines Streichinstrumentes mit dem Finger zu zupfen

plagaler Gegenschwung 139

plagale Kirchentonarten 95

plagale Melodieordnung 95

plagaler Schluß 137

Plagiat (lat. plagium = Menschenraub, Seelenverkauf) = Diebstahl geistigen Eigentums, unerlaubte Verwendung eines fremden Werkes oder Werkteils unter Anmaßung der eigenen Urheberschaft
▷ Musik als Eigentum 204 ▷ Parodie ▷ Zitat ▷ Bearbeitung

Plattenspieler 196

Plattenumsatz 202 f.

Playback 200, 216

Plektron 19

poco (ital.) = wenig, etwas

poco a poco = allmählich

Polka 315

Polonaise 311

Polyphonie 169, 173 ff.

polyphoner Kanon 178

Pop-Musik 202, 215, 218, 229, 231, 247

Portamento (von ital. portar la voce = Tragen der Stimme) bezeichnet in der Gesangskunst und davon ausgehend auch bei einigen Instrumenten die gleitende Verbindung von einem Ton in einen anderen.

Posaune (von lat. bucina = Jagdhorn, Signalhorn; vermutlich eine Zusammensetzung aus lat. bos = Rind und canere = singen, tönen) Zwei U-förmig gebogene und ineinandergeschobene Hälften ergänzen sich zur Schallröhre. Der Spieler setzt die eine Hälfte mit dem Kesselmundstück an die Lippen, die andere Hälfte, den Zug, kann er gegen die erste verschieben, um mit der Rohrlänge auch die Tonhöhe zu verändern. Aus der Posaunenfamilie werden im Orchester die Alt-, Tenor- und Baßposaune verwendet. 21

Poster 224

Potpourri (franz. s.v.w. Eintopfgericht) ist ein Musikstück, in dem mehrere Melodien lose aneinandergereiht und durch Zwischenspiele verbunden werden. Es besitzt keine eigene Form. Ursprünglich wurde es für Dilettanten geschrieben und diente dem Zweck, mit beliebten Opernmelodien vertraut zu machen. ▷ Ouvertüre

Präferenzen
    Musikpräferenzen 231 f.
    Spartenpräferenzen 231

Praeludium (lat. prae-ludere = vorspielen) = ursprünglich auf einem Tasteninstrument oder der Laute improvisiertes einleitendes Musikstück in freier Formung: Vorspiel. J. S. Bach stellte die typische Kom-

Pralltriller 167
Presto 16
Prim 36, 59, 84
prima vista (ital. = beim ersten Blick) = Vom-Blatt-Spiel eines Musikstückes, d.h. seine Darbietung ohne Vorbereitung
Privilegien 204
Produktion von Musik
    Massenproduktion 206
    Überproduktion 202, 209
Produzent 209
Programmgestaltung
—, im Fernsehen 228
—, im Konzert 250
—, im Rundfunk 219, 228
Programmusik In einem geschlossenen Instrumentalstück werden außermusikalische Gegebenheiten (Bilder, Gedanken, Vorgänge usw.) mit musikalischen Mitteln (▷ Tonmalerei) zur Darstellung gebracht, auf die der Komponist meistens schon durch eine Überschrift oder Inhaltsangabe hinweist. (Z.B. ▷ Mussorgsky 276 „Bilder einer Ausstellung"; ▷ Honegger 272 „Pacific 231") Programmusik steht im Gegensatz zur ▷ absoluten Musik. ▷ Charakterstück ▷ Sinfonische Dichtung ▷ Impressionismus ▷ Figuren ▷ Kampf zwischen David und Goliath 84*
Promoter 218, 222
Prospekte 217 f.
Protest 244, 236 f., 239 f.
Psalmen (griech. psalmos = das Saitenspiel, das zum Saitenspiel vorgetragene Lied) = Sammlung von 150 religiösen, aus der Zeit von David stammenden Liedern (Hymnen, Dank- und Bittgebete, Klagelieder) des Alten Testaments. Sie wurden ein wichtiger Bestandteil der christlichen Liturgie, wo ihr Vortrag auf bestimmte melodische Formeln, Psalmodie genannt (▷ Jubilate Deo 50*), festgelegt war. 277
Psychedelische Musik 238 f.
Punktierung 112
punktierte Achtelnote 109
— Halbe Note 37
— Rhythmen 109
— Viertelnote 47

Quadrille 313
Quadrophonie 199, 216
Quart 36, 59
Quartraum 58, 60, 65, 70, 97, 99
Quart, reine 70, 84
Quartsextakkord 118, 120
Quartsprung 71
Quart, übermäßige 99
Quart, verminderte 99
Querflöte (ital. flauto traverso) = durch ein seitlich gebohrtes Mundloch anzublasende Flöte mit Grifflöchern und Klappen. Im Unterschied zur Blockflöte oder den Rohrblattinstrumenten bleiben beim Blasen der Querflöte die Lippen frei beweglich, was dem virtuosen Spiel entgegenkommt. ▷ Abb. S. 323, 264
Quint 59
Quintenfelder 139 ff.
Quintenzirkel 102
Quintfall 140
Quintkanon 178
Quintmixtur 73, 113
Quintenparallele 73
Quintraum 56, 60, 67, 70, 99
Quint, reine 70, 84
Quintsprung 71
Quintton 113 f.
Quint, übermäßige 99
Quint, verminderte 135
Quintverwandtschaft der Dreiklänge 123 ff., 137
Quintverwandtschaft der Tonarten 70, 77, 105
Quodlibet 174 f.

Radio Luxembourg 218 ff.
    Hörer, Hörzeit 232
    Programmgestaltung 219
    Scheinwelt 227, 234
Raga-Rock 238
Ragtime (engl. ragged time = zerrissene Schlagzeit) = Bezeichnung für eine in den USA von 1870 bis ca. 1925 übliche Klavierspielweise zur Unterhaltung in Kneipen und Tanzhallen. Die Formen des Ragtime gehen auf europäische Tänze (Marsch, Polka) zurück, wobei die linke Hand den durchlaufenden ▷ Beat, die rechte Hand den ▷ Off-beat darstellt. Neben dem ▷ Blues die wichtigste Quelle des ▷ Jazz 112
Rahmenintervall 95, 114, 118, 122
rallentando 16

Raspa 321
Refrain 60, **164**, 211
Register =
1. bei der ▷ Orgel eine vom tiefsten zum höchsten Ton führende Reihe zusammengehörender Pfeifen von gleicher Bauart und Klangfarbe
2. bei der menschlichen Stimme eine Reihe aufeinanderfolgender ähnlich gefärbter Töne 258

Reibelaute 22
Reihe 53 f.
Reihenform 150, 195
Reiseorchester 249
Reprise (franz. = Wiederaufnahme, Wiederholung) ist die genaue oder leicht variierte Wiederholung eines Teiles innerhalb einer Komposition. 191 ▷ Sonatenform
Repräsentation durch Musik und Musikbauten 250
Requiem (Anfang des Introitus: Requiem aeternam dona eis domine = Herr, gib ihnen die ewige Ruhe) = Totenmesse. Berühmte Vertonungen stammen von Mozart 276, Verdi 280, Berlioz u.a.
Resonanzkörper 19
Resonanzräume 22
Rezitativ (lat. recitare = laut vortragen) = der seit Entstehung der ▷ Oper übliche solistische, von Instrumenten begleitete Sprechgesang. Wir unterscheiden:
a) das Secco-Rezitativ (ital. secco = trocken) Hierbei wird die dem Sprachausdruck folgende Melodie von einem nur Stützakkorde spielenden Tasteninstrument (Cembalo, Orgel) und einem Baßinstrument (Cello, Gambe) begleitet,
b) Accompagnato, das begleitete Rezitativ ▷ Arioso; ▷ 248
Rhapsodie (von griech. rhaptein = nähen, zusammenfügen und ode = Gesang) =
1. ursprünglich von den Rhapsoden (griech. Wandersänger) vorgetragenes erzählendes Gedicht; Dichtung in freier Form ▷ Bänkelsänger
2. Instrumentalkomposition ohne feste Form, in der Volksliedmelodien phantasiertig verarbeitet werden (z.B. Ungarische Rhapsodie von Liszt ▷ Csardas 315)
Rhythmus (griech. = das Fließende; Herkunft des Wortes umstritten) =
1. allgemein = die geordnete Abfolge von (körperlichen und geistigen) Bewegungen in der Zeit, die durch Nachdruck oder Dauer der einzelnen Abschnitte gegliedert werden

2. in der Musik (Tanz, Dichtung) = Gliederung eines Zeitabschnittes in sinnlich faßbare Unterteilungen durch Wechsel der Tonstärke (betont-unbetont), der Tondauer (lang-kurz), der Tonhöhe (hoch-tief) oder auch des Klanges und der Klangfarbe 29 f., 34, 37 f., 40, 45 f., 49, 52 f. ▷ Neue Rhythmen 109 ff. ▷ Synkope 111 ▷ komplementärer Rhythmus 181 ▷ Tänze

Rhythm and Blues — R&B — entstand 1945/55 als ausschließlich negrische kommerzielle Schlagermusik. Er mischte die rhythmisch-melodischen und formalen Ausprägungen des alten ▷ Blues mit harmonischen und melodischen Elementen der weißen Schlagermusik. — Der schwarze Solosänger oder die Vokalgruppe wurde von einer Combo begleitet, die vorwiegend Jazzinstrumente benutzte; gleichrangig neben dem Vokalpart wirkte das Schlagzeug. Daneben spielten Klavier, Baß, Saxophon und E-Gitarre. — Diese instrumentale Besetzung wurde von den Rockmusikern übernommen. Der ▷ Rock'n Roll verdankt seine emotionalisierende Wirkung vor allem dem Vorbild des R&B. 236 ff., 241
Richtungsverlauf 24, 26, 44
ritardando 16
ritenuto 16
Ritornell (ital. ritornello = wiederholter Vers) =
1. ital. Volksliedform mit dreizeiliger Strophe in der Reimordnung a b a
2. immerwiederkehrendes instrumentales Vor-, Zwischen- und Nachspiel bei Liedern und Arien. Im Concerto grosso auch Bezeichnung für die Tutti-Abschnitte. ▷ Konzert ▷ Refrain
Rock'n Roll 213, 236, 238 f., 320
Rock 236, 238 f. ▷ Beat
Rohrblattinstrumente 20
Romantik (von romantisch = romanhaft, dem Geist der mittelalterlichen Ritterdichtung gemäß, abenteuerlich, phantastisch, unwirklich, stimmungsvoll, malerisch) ist eine künstlerisch-philosophische Bewegung in Europa, besonders in Deutschland als Reaktion auf die Vorherrschaft des Verstandes über die Sprache der Seele. Die Sehnsucht nach dem Unendlichen, Wunderbaren, Magischen, Zauberischen bestimmt das Verhältnis des Menschen zur Wirklichkeit. ▷ R. Wagner und C. M. v. ▷ Weber 280 ▷ Vorklassik ▷ Klassik. In der Musik kündet sich die Romantik bereits im Werke Mozarts (Zauberflöte) und Beethovens (Pastoralsinfonie) an. Außermusikalische Anregungen (▷ Tonmalerei) herrschen über die musikalische Form. (▷ Programmusik ▷ Sinfonische Dichtung) Neue harmonische Mittel (▷ Terzverwandtschaft 124, ▷ Reger „Mariä Wiegenlied" 22*), neue Instrumentalfarben und eine verfeinerte Rhythmik bereichern den Orchestersatz. Eine „Renaissance" der alten Kunst (Palestrina, Bach, Händel) bahnt sich an; barocke Formen (Fuge, Kanon, Passacaglia) finden zunehmend Verwendung. Die Versenkung in das eigene Volkstum, die Wiederentdeckung des Volksliedes (▷ „Schwesterlein" 26*) gibt dem kompositorischen Schaffen reiche Anregung. Das kurze, stimmungshafte Klavierstück (▷ Charakterstück; ▷ „Volksliedchen" von Schumann 86* ▷ Ländler von Schubert 85*, 161) erfreut sich großer Beliebtheit. Eine besondere Bedeutung erlangt das romantische Klavierlied (▷ „Kunstlied") (▷ „Das Wandern ist des Müllers Lust" 6* ▷ „Prinz Eugen" 34*) Die Neigung zur Verbindung aller Künste führt in der Oper zum Gesamtkunstwerk, dem Musikdrama. (▷ Oper ▷ R. Wagner 280). ▷ 266/67, 276, 279
Romanze (span. soviel wie volkssprachlich) = volkstümliche sowie kunstreiche Klangdichtung, der Ballade verwandt — seit 1750 auch als Instrumentalstück ▷ 📖 S. 75.
Rondoform 164 f.
— Kettenrondo 164 f.
— Klassisches Rondo 165
Rumba 319
Rundfunk 203, 206, 211, 218 f., 221, 224, 228 ff., 244

Sackpfeife, auch Dudelsack (von türk. düdük (lautmalend) = Flöte) = ursprünglich wohl indisches Blasinstrument, dessen Verbreitungsgebiet sich über den Vorderen Orient, Nordafrika und ganz Europa bis nach Skandinavien und Schottland erstreckt. Wesentlicher Bestandteil ist ein aus Ziegen- oder Schaffell gefertigter Luftsack, der durch ein Anblasrohr oder einen kleinen Blasebalg mit Luft versorgt wird. Drückt der Spieler den Luftsack an den Körper, so werden verschiedene Doppelrohrblattpfeifen (eine Spielpfeife und Bordunpfeifen) zum Klingen gebracht (▷ Musette). Die Sackpfeife ist in Schottland Nationalinstrument. ▷ Hornpipe
Salonmusik = eine seichte Musik für die Salons (Empfangs- und Gesellschaftszimmer), in denen sich seit ca. 1830 gegenüber dem Hofleben und öffentlichen Konzertbetrieb eine neue, meist von der Damenwelt getragene Form des Musiklebens bildete. Charakteristisch für die Salonmusik sind Melodieseligkeit, leichte Faßlichkeit, wirkungsvolle Aufmachung, äußere Brillanz und geringe geistige Substanz. Sie stellt eine Vorform der heutigen Unterhaltungsmusik dar. ▷ Schlager
Salonorchester 214
Saiteninstrumente 19
Saltarello 306
Samba 213, 319
Sarabande 308
Satzgruppe 151 ff.
Saxophon = das 1841 von A. Sax erfundene, der Klarinette verwandte Blasinstrument aus Metall. Es wird als Sopran-, Alt-, Tenor- und Baßsaxophon hergestellt und vor allem in der Militär-, Tanz- und Unterhaltungsmusik sowie im ▷ Jazz, aber auch in der sinfonischen Musik und vereinzelt im Rock verwendet. 20, 238, 266
Schall 11 f.
— **aufzeichnung** 196
— **dauer** 14
— **entstehung** 17
— **erzeugung** 12, 19
— **farbe** 17 ff., 22
— **höhe** 22
— **information** 11, 261
— **instrumentarium, elementares** 22
— **konserven** 196
— **natürlicher** 201
— **quellen** 11, 17 ff.
— **stärke** 11 f., 14
Schallplatte
  Anteile am Ladenpreis 207 f.
  Anteile der Vertriebsformen 216
  Besitz von Schallplatten 224
  Entwicklung der Schallplatte, technisch 196 f.
  Label (engl.) = Etikett einer Schallplatte 205
  Langspielplatte 198, 207, 238
  Produktion 202, 207
  Rundfunk und — 210
  Schellackplatte 198, 202
  Single 198, 202, 207 ff., 220, 242
  Stereo- — 198
  Umsatz, wertmäßig 202 f.
  Umsatz in Stückzahlen 202 f., 222
Schallplattenklub 216
Schalmei (lat. callamellus = Röhrchen) = ein der ▷ Oboe verwandtes, nur in der Volksmusik verwendetes Doppelrohrblattinstrument ▷ Pifferari

Scheinkanon 178
Scheinwelt des Glücks 227
▷ Werbung ▷ Wirklichkeit
Scherzo (ital. = Spaß, Scherz) = ein lebhaft bewegtes Musikstück im Dreiertakt (manchmal auch geradtaktig) von heiterer Grundhaltung. Aus der Reihe der barocken Tänze wurde als einziger das ▷ Menuett mit Trio in ▷ Sinfonie und ▷ Sonate übernommen. Beethoven verwandelte es zum Scherzo, das gekennzeichnet ist durch ein schnelles Tempo, eigenwillige, zuweilen dramatische Rhythmik und Dynamik und ausgelassenen, oft grimmigen Humor.
Schlager 210 f.
    Ausdrucksmodelle 213
    Begriff 210
    Einschätzung bei Kindern und Jugendlichen 231 f.
    Film- — 218
— und Gruppe 235
— und Image 223
— Melodie 213
— Qualitäten 211
— im Rundfunk 218 f.
— auf der Schallplatte 198, 218
— Schlagzeile 211
— Verkaufsaussichten 211
— und Volkslied 210
Schlaginstrumente = Instrumente, bei denen der Ton (Geräusch) durch Schlagen, Stampfen, Schütteln oder Reißen erzeugt wird. Man unterscheidet:
a) auf genaue Tonhöhe gestimmte Schlaginstrumente: z.B. Glocke, Xylophon, Pauke, Hackbrett, Hammerklavier usw.
b) Schlaginstrumente mit unbestimmter Tonhöhe (Geräuschinstrumente): z.B. Becken, Gong, Holzbrett, Klappern, Triangel, Trommel usw. 17, 19, 23, 214
Schlagzeile 211, 213
Schlagzeug 237 ▷ Bas-drum, Becken (Cymbal), Hi-hat, Snare-drum, Tom-tom, ▷ Schlaginstrumente ▷ Kubanische Musik
Schlüssel = ein aus Tonbuchstaben entwickeltes Zeichen am Anfang des Liniensystems, durch das eine bestimmte Tonhöhe fixiert wird.
G-Schlüssel 53
F-Schlüssel 142
C-Schlüssel. Er gilt als „alter Schlüssel", weil er bei der Notation alter Chormusik Verwendung fand. Er wurde so im Liniensystem plaziert, daß der Umfang der jeweiligen Stimme möglichst ohne Hilfslinien aufgeschrieben werden konnte.

Sopran-Schlüssel

Alt-Schlüssel (Heute noch als Bratschen-Schlüssel verwendet)

Tenor-Schlüssel (Bei Fagott, Posaune und Cello noch neben dem Baß-Schlüssel verwendet)

▷ Guido von Arezzo 271
Schluß, authentischer 128 f., 187
    Ganzschluß, Außenschluß 129 f., 153
    Halbschluß, Innenschluß 129 f., 153
—, plagaler 137
Schlußstrich 28
Schlußverbreiterung 52
Schlußwirkung 57, 65
Schmerzschwelle 13
Schnulze (vermutl. in Anlehnung an nddt. snulten = gefühlvoll reden) 212
Schulfach Musik 252
Schwingungen 17
—, elektrische 196
—, mechanische 196
    Schallschwingungen 196
Schwingungserreger 261
Schwingungsschreiber 198
Schwingungsumwandler 198
Sechsertakt, Sechsachteltakt, Sechsvierteltakt 48 f.
Sechzehntelnote 51
Sechzehntelpause 51
Seitenschrift 196
Sekunde 35, 59, 82
    Sekundschritte, große, kleine 61
    übermäßige Sekunde 104
Septime 59
—, große und kleine 82, 84, 135, 186
Septimenakkord 134
Sequenz (lat. sequi = folgen; versus sequentes neumata = Verse, die den Notenzeichen folgen)
1. Begriff der musikalischen Satzlehre 146 ff., 183, 193
2. Gesang der römischen Meßliturgie
    Der weitschwingende, tonreiche ▷ Jubilus (= Anhang an den Allelujagesang. ▷ Messe) wurde mit einer streng gegliederten Versfolge ▷ syllabisch unterlegt, um die orientalisch anmutenden, schweifenden Melodien behaltsam zu machen und dem fränkischen Musikempfinden näher zu bringen (▷Motette). In dem um 850 einsetzenden eigenständigen Sequenzschaffen sind Einflüsse keltisch-germanischer, vor allem altirischer Versdichtung nachweisbar. ▷ Notger Balbulus 276 ist der bekannteste Sequenzdichter. Der mehr als 5000 Stück umfassende Bestand wurde durch das Tridentiner Konzil (1545—63) auf vier beschränkt: 1. Ostersequenz „Victimae paschali laudes" (Christ ist erstanden), 2. Pfingstsequenz „Veni sancte spiritus" (Komm, heiliger Geist), 3. Fronleichnamssequenz „Lauda Sion Salvatorum" (Lobe, Sion, den Erlöser), 4. Totensequenz „Dies irae, dies illa" (Tag des Zornes, Tag der Zähren), dazu kam 1727 als 5. das „Stabat mater dolorosa" (Christi Mutter stand mit Schmerzen). 117, 262, 276
Serenade (ital. sereno = heiter, von lat. serenare = aufheitern, s.v.w. „heiterer Himmel") = Abendmusik, Ständchen, Bezeichnung für verschiedene musikalische Formen, die für eine Aufführung im Freien bestimmt waren. Im 18. Jahrhundert meist als ▷ Suite oder ▷ Divertimento in kammermusikalischer Besetzung komponiert (z. B. Mozarts „Kleine Nachtmusik") ▷ Romanze 📖 S. 75
Serielle Musik (von franz. musique sériell s.v.w. reihengebundene Musik) ist die Bezeichnung für eine Kompositionstechnik, bei der möglichst alle ▷ Parameter im vornhinein durch Zahlen- bzw. Proportionsreihen festgelegt sind. Weiterführung der ▷ Zwölfton--technik. ▷ Reihe. 📖 19 ▷ Messiaen
Sext 59
Sextakkord 118, 120
Sexten, groß-kleine 80, 84
sforzato 13
Shanty (engl. von franz. chanter = singen) ist das Arbeitslied der Seeleute. Die Arbeiten auf den Segelschiffen (Handelsschiffen) wie Ankerhieven, Segelhissen, Pumpen usw. wurden durch dem Arbeitsrhythmus entsprechende Lieder begleitet, wobei ein Vorsänger, der Shantyman, die Strophen vortrug, während die Mannschaft, die Shantyboys, in den Refrain einstimmten. Bevorzugte Themen waren: Heim- und Fernweh, Abenteuer, Hafenliebe, Seenot. ▷ „What shall we do" 65* ▷ „Wir fahren übers weite Meer 67*
Shimmy 213, 319

Show 199, 239
    Bühnenshow 237
    Fernsehshow 237, 240, 247
Siciliano 188 f., 193 f.
Sichtbare Musik 251
Signale der Werbung 235
Signale unserer Umwelt 11
Signalwirkung der Schlagzeile 213
Sinfonie (Symphonie) (griech. sym-phonos = zusammentönend) = seit der Klassik Bezeichnung für ein großangelegtes, meist viersätziges Orchesterwerk, das im Aufbau der ▷ Sonate entspricht. Sinfonien heißen auch die Einleitungssätze der barocken Orchestersuiten, sowie die italienischen ▷ Ouvertüren. Beide Formen sind als Vorläufer für die klassische Sinfonie von Bedeutung. 266, 271
Sinfonische Dichtung (Sinfonisches Gedicht) ist ein von Franz Liszt geprägter Begriff für eine meist einsätzige orchestrale Komposition mit poetischem oder gedanklichem Programm (▷ Programmusik). Als Vorläufer gilt die mehrsätzige „Programmsinfonie" (Beethoven „Pastorale", Berlioz „Sinfonie fantastique"), im engeren Sinne aber die dramatische ▷ Ouvertüre vor allem von Beethoven (z.B. zu Goethes Drama „Egmont"). Wichtige Sinfonische Dichtungen schrieben ▷ Liszt 272 („Les Prèlude", „Faust-Sinfonie"), ▷ R. Strauss („Don Quixote", „Till Eulenspiegel"), ▷ Mussorgski 276 („Nacht auf dem kahlen Berge"), ▷ Smetana 279 („Die Moldau", „Mein Vaterland"), ▷ Debussy 270 („Das Meer") u.a. 266

Singspiel = ein gesprochenes, meist heiteres Theaterstück mit Liedern, mehrstimmigen Sätzen und Tänzen als Einlagen, die im Unterschied zur Oper auch die volkstümliche Musik der Zeit verwenden. Als Vorbild für das Singspiel wirkten die opera buffa und die opera comique. (▷ Oper) Bedeutendes Singspiel Mozarts ist „Die Entführung aus dem Serail". ▷ Musical
Sinuston 201
Sitar 238
Skandal (Payola) 237
Skiffle 237
Slogan 225
Slowfox 213, 318
Snare-drum 237
Solo (ital. = einzeln, allein) = die von einem Sänger oder Einzelspieler, dem Solisten, auszuführende, meist anspruchsvolle Stimme
Sonate (ital. sonata s.v.w. „Klingstück" von sonare = klingen) = eine mehrsätzige Instrumentalkomposition für ein oder mehrere Instrumente.
Im **Barock** wurden unterschieden:
a) Sonata da chiesa (Kirchensonate), meist viersätzig. 1. Langsam, geradtaktig, imitatorisch oder homphon gestaltet, häufig unter Verwendung von

Schema der Sonatenform

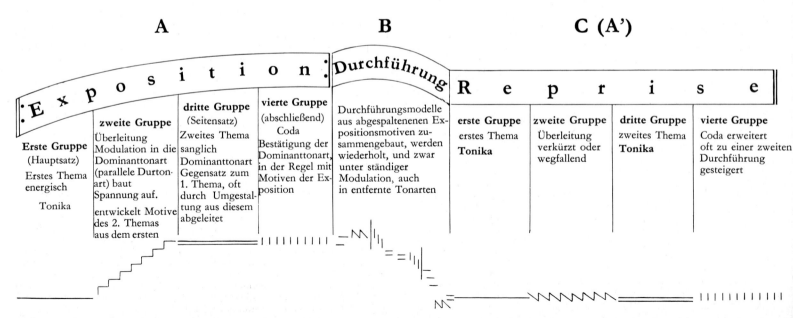

punktierten Rhythmen; 2. schnell, fugiert; 3. langsam, ungeradtaktig, sarabandenartig, homophon; 4. schnell, fugiert, oft tanzartig, nach Art einer Gigue, eines Menuetts oder einer Gavotte. Alle Sätze verwenden einheitliches motivisches Material und stehen meistens in der ▷ Dualform.
b) Sonata da camera, sie verbindet eine Folge von Tanzsätzen in der Art der ▷ Suite.
Die **Wiener Klassik** bildet zwei Sonatentypen heraus, einen drei- und einen viersätzigen Typ:
1. Satz: schnell, Sonatenhauptsatzform,
2. Satz: langsam, liedhaft,
(3.) Satz: Menuett mit Trio (bei Beethoven ein ▷ Scherzo),
3. (4.) Satz: schnell, Rondo oder Sonatenhauptsatzform. 266.

Sonatenform, auch Sonatenhauptsatzform, ist die Bezeichnung für den formalen Aufbau eines, meist des ersten Satzes einer klassischen Sonate oder Sinfonie, eines Konzertes oder Streichquartetts usw. Sie beherrscht die gesamte Instrumentalmusik und erscheint selbst in Vokalkompositionen. Im ersten Großteil, der **Exposition**, werden deutlich gegeneinander abgeschlossene Taktgruppen mit unterschiedlichem Charakter und verschiedenen Funktionen vorgestellt. Im Mittelpunkt stehen zwei meist gegensätzliche Themen in Tonika und Dominante (oder bei Mollsonaten in der Durparallele). Die **Durchführung**, der zweite Großteil, ist in der späten klassischen und romantischen Sonate das eigentliche Zentrum der Form. Hier wird mit dem thematischen Material der Exposition in steigender Eindringlichkeit und in einem geweiteten harmonischen Raum gearbeitet. Die **Reprise**, der dritte Großteil, wiederholt die Exposition, jedoch mit einem veränderten harmonischen Weg: zum Zweck der tonalen Entspannung erklingt nun auch das zweite Thema in der Tonika.
Die Sonatenform ist eine „Leitform" der Klassik, die auch zuweilen in langsamen Sätzen verwendet wird und selbst andersgeartete Formbilder wie Rondo, Variation und Fuge durchdringt. Das Schema auf S. 300 beschreibt einen von Beethoven bevorzugten Typus.
Sonatine = kleine, meist nur zweisätzige Sonate von leichter Spielbarkeit. Der 1. Satz ohne oder mit verkürzter Durchführung.
Song (engl. = Lied, Gesang) = im 19. Jahrhundert ein zur Unterhaltung gesungenes lyrisch-sentimentales Lied. Heute Bezeichnung für ein politisch-satirisches, gesellschaftskritisches Lied (z.B. Lieder im „Songstil" in der Dreigroschenoper von Brecht/Weill).
Sopran 255
Sordino (ital. = Dämpfer) con sordino = mit Dämpfer (Abk. con s.)
Sound 202, 213 ff., 216, 233, 235, 237 f., 242
Soul Musikstil der schwarzen Bevölkerung der Vereinigten Staaten, Ende der 50er Jahre von Ray Charles und Sam Cook aus einer Verschmelzung des ▷ R&B mit melodischen Mustern des religiösen ▷ Spiritual- und ▷ Gospelgesangs und der ihnen entsprechenden „seelisch" hochgespannten Ausdrucksweise geschaffen. Die Forderung des Soul-Stils nach extremem Ausdruck und die Anforderungen kommerzieller Massenproduktion trieben die Interpreten bald in eine unwahre Schaustellung von Affekten. Für europäische Ohren wirkten die schnellen Stücke stimulierend und stark aufputschend, die langsamen gerieten leicht an die Grenze von süßlichem Kitsch.
Der Gesang der Solisten oder der Vokalgruppe mit typischem Timbre der Negerstimme wurde begleitet von lautem Schlagzeug, elektrischer Baß-Gitarre, Rhythmus-Gitarre, kontrastierenden Streichern, Bläsern oder Orgel. Mitte der 60er Jahre gelang der Soulmusik der Einbruch in die weite Schicht der weißen Pop-Musik-Hörerschaft, Soul wurde zu einer besonders gewinnträchtigen Mode.
Durch Übernahme hochtechnisierter Aufnahmeverfahren, wie sie etwa bei der psychedelischen Musik beansprucht wurden, und durch Einbezug klanglicher Effekte glättete sich dieser Stil überstrapazierter Emotionen und rauher Klanggestaltung im modernen Soul und bereicherte seine lange Zeit eingeengte Ausdruckspalette, ohne dabei die rhythmisch prägnante Grundlage zu verlassen. Auch hier macht sich ein Trend zu längeren Kompositionen mit formalen Erweiterungen bemerkbar, die die Grenzen der üblichen Single-Produktion überschreiten.
Spannungschromatik 108
Spiegelung 146 f.
Spinett (von lat. spina = Dorn) = kleines cembaloartiges Tasteninstrument ▷ Cembalo
Spirituals (negro spirituals) = geistliche Lieder der nordamerikanischen Neger 51*, 52*, 📖 S. 55
Sprachmelodie 27
Sprechwerkzeuge 22
springende Verbindung von Dreiklängen 124
staccato 23

Stadtpfeifer = in Zünften organisierte und von den Städten angestellte Musiker. Aus der Spielgemeinschaft der Stadtpfeifer entwickelten sich die Städtischen Orchester ▷ 249, 268 (Konzertleben) ▷ J. S. Bach
Stammleiter 87
Stammton 59, 65, 67 ff.
  erhöhte Stammtöne 68
  erniedrigte Stammtöne 76
Star
— **bild** 224
— **interpretation** 233
— **kontakt** 224
— **reklame** 216 f.
— **ruhm** 223
— **show** 247
— **und Werbung** 222 ff.
Status, sozialer 235
Stellung des Dreiklangs 118 f.
Stereophonie 198 ff., 202, 216, 266
Steuerung ▷ Werbung
  des Verbrauchers 217
  des Hörers 228
  der Zielgruppe 244
Stil (lat. stilus = spitzer Pfahl, Stiel, Griffel) = die Eigenart eines künstlerischen Werkes, die auf der Summe seiner aufeinander abgestimmten Merkmale beruht. Man unterscheidet:
1. Zeitstil: Er umfaßt die Eigentümlichkeiten einer Epoche (z.B. empfindsamer Stil ▷ Vorklassik)
2. Nationalstil: Er überschneidet sich mit 1 (z.B. Deutsche Romantik, franz. Impressionismus). 279
3. Persönlichkeitsstil: Er umgreift die Eigenart eines Künstlers (z.B. Spätstil Beethovens).
4. Werk- und Gattungsstil: Er umschließt die besonderen Gesetzmäßigkeiten einzelner Gattungen (z.B. sinfonischer Stil).
Stimme, ausgebildete 213, 254 f., 271
  Beat-Stimme 237
  Schlagerstimme 213, 237
Stimmapparat 21, 254
Stimmbänder 21 f, 254, 260 f.
Stimmbruch 260
Stimmfächer Neben der elementaren Einteilung in Stimmlagen (Sopran, Mezzosopran, Alt, Tenor, Bariton und Baß) wurde aufgrund der erhöhten Anforderungen im Musikdrama Richard Wagners für die Bühne eine weitere Differenzierung in sog. Stimmfächer vorgenommen. Hierbei werden die Stimmen im Hinblick

auf Qualität, Umfang, Volumen und die darstellerischen Anforderungen in zwei Hauptgruppen eingeteilt: 1. die seriösen Fächer, 2. die Spiel- und Charakterfächer. Die Gliederung der seriösen Fächer, in denen vor allem edles Stimmaterial und gute Linienführung gebraucht werden, kann analog in allen Stimmlagen durchgeführt werden:

Bei den Spielfächern wird neben stimmlicher Qualität Spielbegabung und Humor, bei den Charakterfächern Charakterisierungskunst des Sängers vorausgesetzt.
Stimmführung = die logische Führung der an einem musikalischen Satz beteiligten Stimmen. Bei der **Parallelbewegung** laufen zwei Stimmen in gleicher Richtung; bei der **Seitenbewegung** bleibt eine Stimme auf derselben Tonhöhe, während die zweite Stimme nach oben oder unten verläuft, bei der **Gegenbewegung** werden zwei Stimmen in entgegengesetzter Richtung geführt. **Stimmkreuzung** liegt vor, wenn eine Stimme eine andere übersteigt oder unterschreitet.
Stimmkunde 254 ff.
Stimmsitz 23, 259
Stimmumfang 66, 254 f.
Stimmungsgehalt 16
Stollen ▷ Barform
Streichinstrumente 20
stringendo 16
Studio 216, 238
Studiogeräte, moderne 216
Stufen = die einzelnen Ton-Orte der siebenstufigen Tonleiter ▷ Tonleiter
Stufenmelodik 95
Stufenmischung 195
Stürze = Schalltrichter der Blechblasinstrumente
Subdominante ▷ Unterdominante
Successstory 223
Superstar 223, 239
Suite, Suitensätze (franz. = Folge) = mehrsätzige Instrumentalkomposition, die ursprünglich aus europäischen Tänzen, später auch aus anderen Sätzen besteht. (▷ Ouvertüre) Besondere Merkmale sind: Einheit der Tonart und Wechsel im Charakter der Sätze. Die wichtigste Vorform ist das im 16. Jahrhundert (264) durch Umrhythmisierung derselben Melodie entstandene Ur-Tanzpaar: ▷ Pavane ▷ Galliarde. Daraus entwickelt sich die Variationssuite mit der üblichen Satzfolge: ▷ Allemande (Pavane) ▷ Courante ▷ Sarabande ▷ Gigue. Zwischen Sarabande und Gigue werden später jeweils neuaufkommende Tänze wie ▷ Menuett ▷ Bourrée ▷ Gavotte usw. eingeschoben (306—310). Nach 1750 wird die Suite durch Sonate und Sinfonie verdrängt. 158, 264, 269 ▷ Scherzo
Swing, swinging (engl. = schwingen) ist die für den Jazz typische melodisch-rhythmische Spannung, die sich durch Überlagerung von ▷ Beat und ▷ Off-beat ergibt. Durch Verlagerung der Akzente kann jede geradtaktige Melodie „swingend" vorgetragen werden. 213 ▷ Jazz
syllabisch (lat. syllaba = Silbe) = zu jeder Silbe wird in der Regel nur ein Ton gesungen. Gegensatz: ▷ melismatisch. ▷ Motette ▷ Sequenz
Symmetrie 152 f., 159, 161, 193
Synkope 111, 112
—, **kleine** 111
  Schwebesynkope 112, 186
  Erregungssynkope 112
  Spannungssynkope 112
  Stausynkope 112
Synthesizer (Moog-Synthesizer) = Zusammensetzer 201 f., 266

Tabulatur (lat. tabula = Tafel) = Bezeichnung für die Notation solistischer Instrumentalmusik, vor allem für Klavier, Orgel und Laute (14.—18. Jahrhundert) unter Verwendung von Buchstaben, Ziffern, Zeichen und Griffbildern. — Noch heute werden solche Notationsmittel zur Erlernung von Volksinstrumenten wie Gitarre, Zither und Akkordeon eingesetzt. ▷ Notation Grifftabellen und instrumentale Orientierungshilfen 327, 328
Tänze ▷ Zusammenstellung 306—322
Takt, Taktstrich (von lat. tactus = Berührung, Schlag) ist die durchgehende Betonungsordnung in einem Musikstück. 28 ff. Normaltakt, Kurztakt 145
Tamtam (lautmalend aus dem Malaiischen) = flaches Donginstrument bis zu 2,15 m Durchmesser ▷ Schlaginstrumente
Tango 213, 318
Tantiemen 206 ff.
Tarantella 313
Te Deum ▷ Ambrosianischer Lobgesang

Teilintervalle 73
Teiltöne, harmonische, (Partialtöne, Obertöne) heißen die Einzeltöne, die sich in einem natürlich erzeugten Ton überlagern und die in unserem Gehör so verschmelzen, daß wir sie als einen einheitlichen ▷ Klang wahrnehmen. ▷ Sinuston. Die Schwingungsvorgänge, aus denen die verschiedenen Teiltöne entstehen, können in demselben schallspendenden Material (z. B. einer Saite) stattfinden, denn dieses Material schwingt nicht nur als Ganzes, sondern gleichzeitig auch in seinen Teilen. (▷ Abb. S. 201) Harmonische Teilschwingungen stehen im Verhältnis ganzer Zahlen zueinander. (Nicht ganzzahlige, unharmonische Proportionen kennzeichnen das ▷ Geräusch.) Die Auswahl der harmonischen Teiltöne und das Verhältnis ihrer Stärke zueinander sind verantwortlich für die ▷ Schallfarbe des Klanges. 17 ff. Aufbau der Teiltöne auf der Grundschwingung C:

Naturtöne, die durch ▷ Überblasen auf ▷ Trompete, ▷ Horn usw. hervorgebracht werden, und ▷ Flageolettöne auf den Streichinstrumenten entsprechen den Partialtönen. Sie können jedoch im Gegensatz zu den Teiltönen im Klang als Einzeltöne dargestellt und gehört werden.
Telefon 14
Temperatur, temperierte Stimmung (lat. temperatura = gehörige Mischung, rechte Beschaffenheit, Ausgleich)
Stimmt man die Töne eines Instrumentes (z.B. eines Klaviers) vom Ton C aus nach der Ordnung des Quintenzirkels in akustisch reinen Quinten, so fällt die 12. Quinte his nicht mit der 7. Oktave des Ausgangstones c zusammen, sie klingt höher. Die Differenz heißt „Pythagoreisches Komma", die Stimmung in reinen Quinten „Pythagoreische Stimmung". Je weiter man sich beim Spiel von der Ausgangstonart C-Dur entfernt, desto unreiner wird der Zusammenklang der Intervalle.
Um 1700 verteilte Andreas Werckmeister die Differenzen innerhalb der pythagoreischen Stimmung gleichmäßig auf alle Intervalle. Die geringfügige Unreinheit in dieser sog. „temperierten Stimmung" stört selbst empfindliche Ohren nicht. (▷ enharmonische Verwechslung) ▷ J. S. Bach demonstrierte in seiner

Sammlung von 2mal 24 Präludien und Fugen, dem „Wohltemperierten Klavier", systematisch die Möglichkeit, in allen Tonarten spielen zu können. 268
Tempo 15 f.
Tenor (von lat. tenere = halten) =
1. Hauptstimme, Cantus firmus der mittelalterlichen ▷ Motette
2. hohe Männerstimme, Heldentenor, lyrischer Tenor ▷ Stimmfächer ▷ Stimmkunde 254 ff.
Terzenaufbau 134, 186
Terz 35, 59
—, **große** 80, 84
—, **kleine** 80, 84
Terzton 113 f, 187
—, **Dur** 115
—, **Moll** 115
Terzumspielung 122
Terzverwandtschaft
  Grade der Terzverwandtschaft 126
—, diatonische 126 f.
—, chromatische 126 f., 214
Texte im klass. Beat 237 f.
Thema (griech. Thema = das Aufgestellte, Satz; zu behandelnder Gegenstand) = Hauptgedanke einer Fuge oder Sonate; eine aus mehreren Figuren mit charakteristischer Motiven bestehende Melodie von charakteristischer Formung, die Ausgangsmaterial für ▷ Fortspinnung oder Entwicklung ist.
Auch die zu verändernde Melodie einer Variationenreihe, der Refrain eines Rondos oder die Baßmelodie einer ▷ Chaconne (▷ Passacaglia) werden Thema genannt. 172
Tiefenschrift 196
Timbre (franz. = Stempel, Klang, Schall, Schmelz) 255
Toccata (Tokkata) (von ital. toccare uno strumento = ein Instrument schlagen oder berühren [Laute, Tasteninstrument, Pauke]) =
1. festliche Bläserfanfare mit Pauken und Trompeten
2. eine Komposition für Tasteninstrumente oder Laute, die in improvisatorischer, freier Form die Spielmöglichkeiten des Instruments mit Akkordbrechungen und Laufwerk ausnützt. 264
Tom-tom 237
Tonabstand 35
Tonabnehmer 196, 198
Tonart, ihre harmonischen Funktionen 128 ff.
Tonarten mit drei und vier Tönen 42
Tonartenkreis 102

Tonartenquiz 79, 102
Tonartenuhr 102
Tonart F-Dur 67
— **G-Dur** 64 f.
Tonbandgerät 196, **199** ff., 228, 266
Toneigenschaften 15
Tonerzeugung 19 ff.,22, 201
Tongeschlecht 79, 115, 120 f., 142
Tongenerator 201
Tonhelligkeit 23
Tonhöhenordnung 46
Tonikadreiklang 130, 133, 135, 137, 139, 153, 161
Toningenieur 216
Tonkopf (**Magnetspule**) 200
Tonlängensilben 46
Tonleiter C-Dur 62
— G-Dur 67
— F-Dur 68
— D-Dur, E-Dur, A-Dur, H-Dur 69
— natürliche Molltonleiter 76 f.
— parallele Tonleitern 78 f.
— gleichnamige Tonleitern 80
— melodische Molltonleiter 96 f.
— schwierige Dur- und Moll-Tonleitern 100
— harmonische Molltonleiter 103
Tonmalerei = eine vokale oder instrumentale, auf Nachahmung beruhende Schilderung sichtbarer und hörbarer Erscheinungen: z.B. Gewitter, Sturm, Waldesrauschen, Bachgeplätscher, Tierstimmen, Pferdegetrappel, Dampfmaschine usf. (▷ Programmusik und ▷ sinfonische Dichtung). Auf dem Gebiet der Sprache haben wir einen vergleichbaren Vorgang in der Entstehung von lautmalenden Wörtern. ▷ 18, ▷ 214
Tonmeister 216, 253
Tonspeicher 196
Tonvorrat 42, 70
Tonstütze 258
Ton zum Bild 247
Tournee 249
Transponieren 53 f.
Transportmittel, Musik als 244 ff.
Tremolo (von ital. tremolare = zittern) =
1. Tonwiederholung auf Streichinstrumenten durch schnellen Bogenwechsel
2. schneller, gleichmäßiger Wechsel zweier Töne, die weiter als eine Sekunde auseinanderliegen, auf Streichinstrumenten, Blasinstrumenten und auf dem Klavier ▷ Triller

3. fehlerhafte, auf falscher Atmung beruhende Tongebung bei der Gesangsstimme
Triangel (von lat. triangelum = Dreieck) = Schlaginstrument aus einem Stahlstab, der zu einem offenen Dreieck gebogen ist. Das an einem Faden frei hängende Triangel wird mit einem Metallstab angeschlagen. Es hat keine bestimmteTonhöhe. 17 ▷ Schlaginstrumente
Trichtermundstück 21
Triller 168
Trio 161
Triole 109 f.
Tripelfuge ▷ Fuge
Tritonus 93
Trommel (mhd. trum[b]e = Trommel, Trompete. Posaune ahd. Trumba [lautmalend] = Schlaginstrument von unbestimmter Tonhöhe mit einem zylinderförmigen Resonanzkörper, der auf den breiten offenen Seiten mit Tierhaut bespannt ist. Die kleine Trommel wird mit Stöcken, die große Trommel mit einem Paukenschlegel geschlagen. 17, 23, 214
Trompete (Worterklärung ▷ Trommel) = Blechblasinstrument mit Kesselmundstück in verschiedenen Stimmungen (z.B. C-Trompete, B-Trompete). Sie besitzt einen metallisch hellen, strahlenden Klang, der durch verschiedene Dämpfer verändert werden kann. Ursprünglich waren nur die ▷ Naturtöne verfügbar, seit Erfindung der ▷ Ventile ist auch ein chromatisches Spiel im gesamten Umfang von $2^{1}/_{2}$ Oktaven möglich. ▷ Überblasen ▷ Teiltöne ▷ Abb. S. 323, 21 f. **214**, 262
Troubadours (von prov. trobar = franz. trouver = finden) = südfranzösische Minnesänger, die sich bei ihrem Liedvortrag von einem fahrenden Spielmann, dem „Jongleur" mit dem Instrument begleiten ließen. 262
Trouvères = die Minnesänger Nordfrankreichs ▷ Troubadours
Trugschluß 136, 184
Tuba (lat. = Röhre) = ein zur Familie des ▷ Flügelhorns gehöriges Blasinstrument in der Baßlage, in Form eines oval gewundenen Rohres mit nach oben gerichtetem Trichter. 21
Turbae (lat. turba = Getümmel, Haufe, Volk) = die Chöre in der ▷ Passion (Jünger, Juden, Soldaten usw.)
Tutti (ital. = alle) = volles Orchester oder ganzer Chor im Gegensatz zum Solo oder Concertino. ▷ Concerto grosso
Twist 213, 322

Überblasen = Erweiterung des Tonumfanges eines Blasinstrumentes. Infolge stärkeren Winddrucks oder erhöhter Lippenspannung schlägt der Klang um, so daß die höheren Obertöne erklingen. ▷ Teiltöne
übermäßige Intervalle 97
— **Quarte** 90, 99
— **Quinte** 99
— **Sekunde** 104
Übersteuerung 215
Umkehrung 54
— **des Dreiklangs** 118 f.
— **der Intervalle** 73
— **des Motivs** 146
— **der Reihe** 54
Umkehrungskrebs 54
Umkehrungspaar 73, 84, 85, 95
Umlaut = Veränderung eines Vokals durch den ursprünglichen Einfluß eines helleren Vokals (i, j) in der Folgesilbe. a wird zu ä, o zu ö, u zu ü usw.; auch das ä und ö selbst. 22
Unbewußte Wirkung der Musik 244
Underground 239
Unisono (lat. unisonae voces = gleichlautende Töne) = Einklang, das Erklingen von Tönen oder Stimmen im Einklang oder in der Oktave ▷ „Die Himmel rühmen" 72 f.
Unterdominantdreiklang 137, 142
Unterdominante (Subdominante) 137
Unterhaltungshörer 233, 235
Unterhaltungselektronik 203
Unterhaltungskosten (Oper, Schauspiel, Orchester) 249 f.
Unterhaltungsmusik, U-Musik 202 f., 205 f., 231
Urheberrecht 204 f., 206 ff.
Urheberschutz 204

Variation 166 ff.
    Cantus-firmus-Variation 169
    Charaktervariation 169
    Figuralvariation 166 f.
    ornamentale Variation 166
    Ostinatovariation (Chaconne, Passacaglia) 169
Ventil (von lat. ventus = Wind) = mechanische Vorrichtung zur Steuerung der Luftzufuhr bei der Orgel oder bei Blechblasinstrumenten. Auf der Trompete z.B. wird durch Ein- oder Ausschaltung von Zusatzbögen die Schallröhre verlängert oder verkürzt und so ein chromatisches Spiel ermöglicht. ▷ Trompete

▷ Horn ▷ Überblasen
Veranstaltungskosten
    Konzert eines unbekannten Künstlers 249
    Karajan-Konzert 250
Verbindung von Dreiklängen
—, **gleitende** 123 f.
—, **springende** 123 f.
Verbraucher 225
Verdienstspanne 208
Vereine 249
Vergrößerung 146
Vergütung 206
Verhalten Jugendlicher 236
Verkaufsstätten für Schallplatten 216 f.
Verkleinerung = Verkürzung der Notenwerte eines Themas auf den halben Wert. ▷ Vergrößerung
Verleger 207 f.
verminderter Dreiklang 135
verminderte Intervalle 97 ff.
verminderte Quarte 99
verminderte Quinte 90, 99
Verschlußlaute 22
Verschmelzung 22, 97, 99
Verschmelzungsgrad 73
Verschränkte Anordnung bei der Verbindung von Dreiklängen 124, 137
Versmaß ▷ Metrum
Verstärker 198, 238
Vertriebswege des Plattenhandels 216 f.
Verwertung von Musik 202, 205
Verwertungsgesellschaften
    ausländische — 205 ▷ GEMA
Verwandtschaft der Kirchentöne 94
— **von Dreiklängen** 123 ff., 137
Verzerrung 215
Verzierungen 167 f.
Vibrato (von lat. vibrare = schwingen, zittern, beben)
1. das Beben des Tones bei Streichinstrumenten, das durch leichte, rasche Bewegung des Spielfingers bewirkt wird
2. das lockere, natürliche Schwingen der Gesangsstimme ▷ Tremolo
Vierertakt Vierviertheltakt 45 f.
Vierschlagsnote 46
Viertelnote 28
Viertelpause 29
Viertonraum 58

Viola (von ital. = Veilchen; wohl wegen der Form auf das Instrument übertragen) = eine aus der Fiedel entwickelte Familie von Streichinstrumenten, die im Unterschied zu den Gamben ohne Bünde gespielt werden.
1. **Viola d'amore** = Liebesgeige (wegen des lieblichen Tons) mit 6—7 Darmsaiten und einer nur mitschwingenden Metallsaite
2. **Viola da braccio** = Armgeige (heutige ▷ Bratsche)
Viola da gamba (ital. s.v.w. Knieviola, Beingeige) = Sammelname für eine im 16.—18. Jahrhundert verbreitete Familie von Streichinstrumenten (Gambenfamilie), deren Corpus — wie noch unser Kontrabaß — „abfallende Schultern" aufweist und beim Spiel auf die Beine des Spielers gestützt wird. Die 6 Saiten haben Quart-Terzstimmung (wie bei der Gitarre die Terz in der Mitte) und laufen über ein Griffbrett mit chromatisch angeordneten Bünden.
Violine (= kleine Viola) ist heute das wichtigste Streichinstrument und in den Quinten gestimmt Saiten: g — d' — a' — e". Im Unterschied zu den ▷ Violeninstrumenten besitzt die Violine aufgrund höherer Saitenspannung und größerer Mensur einen weittragenden Ton. ▷ Abb. 253, 262, 264
Violinschlüssel 53 ▷ Schlüssel
Violoncello (Verkleinerung von Violone) = Streichinstrument in der Tenor-Baßlage mit der Form der Violine, nur größer, auf einem Stachel ruhend und zwischen den Knien zu halten. Stimmung der Saiten: C - G - d - a Abb. S. 55.
Violone (Vergrößerung von Viola) = Sammelbezeichnung für Streichinstrumente in der Baßlage. ▷ Kontrabaß
Virtuose (von lat. virtus = Tugend, Tüchtigkeit) = seit dem 17. Jh. Bezeichnung für den Fachmusiker in Gegenüberstellung zum Musikliebhaber, dann für den ausübenden Musiker im Vergleich zum Komponisten. Im 19. Jh. zogen Virtuosen von Ort zu Ort und stellten ihre bewunderten technischen Fertigkeiten zur Schau, oft auf Kosten des musikalischen Gehalts. 249 f., 238 ▷ Schumann 278 ▷ Liszt 272
Vivace 16
Vokal (lat. = tönend, klangreich) Selbstlaut 22, 259
Vokalise = Übungsstück für Gesang auf Vokale 259
Vokalmusik = Musik für Singstimmen im Gegensatz zur Instrumentalmusik, sprachgebundene Musik. Dazu gehören die Gattungen: ▷ Lied, ▷ Kantate, ▷ Mo-

tette, ▷ Messe, ▷ Ballade, ▷ Oratorium, ▷ Passion, ▷ Oper, ▷ Operette, ▷ Singspiel, ▷ Musical
Volkslied 210 f., 231, 262, 264, 272 ▷ Lied ▷ B. Bartók 268
Volksliedpflege 211
Vollkadenz 140 f., 184
Volltakt 31, 70
volltaktiges Motiv 145
Vorausnahme 168
Vordersatz 151 ff., 155
Vorhalt 168
Vorimitation 181
Vorklassik = Zeitraum zwischen ca. 1720—1760; Stilumschwung, bedingt durch das Aufkommen des bürgerlichen Standes. Man unterscheidet drei Stilrichtungen, die einander jedoch durchdringen:
1. den galanten Stil (Rokoko)
2. den empfindsamen Stil
3. Sturm und Drang (parallel zur Dichtung)
▷ 266 f.
Kennzeichnend sind: Natürlichkeit des von Herzen kommenden und zu Herzen gehenden Ausdrucks als Gegenbewegung zur barocken Künstlichkeit (▷ Barock ▷ Romantik), Hinwendung zur Homophonie, spielerische, graziöse Wendungen, kontrastreicher Ausdruck. Das Virtuosentum erhält neue Bedeutung und wird zu einem Berufsstand (Sonderform: das „Wunderkind"). Bedeutende Komponisten dieser Zeit sind die Söhne Bachs und die Musiker der Mannheimer Schule. 266, 268
▷ Klassik ▷ J. S. Bach
Vorschlag, kurz, lang 168
Vorzeichen = ♯ Kreuz 64
              × Doppelkreuz 101
              ♭ B 67
              ♭♭ Doppel-B 101
              ♮ Auflösungszeichen

Waldhorn ▷ Horn
Walzer 214, 314
Waltz 213, 318
Wandelkonzert 251
Ware
    Musik als — 206
    Schlager als — 217
    — als Schlüssel zum Glück 212, 225
Wechselnote 167
Wechseltakt 40, 51 f
weibliche Endung 145
weißes Rauschen heißt — analog zur Optik — ein Schallvorgang, der mit gleicher ▷ Amplitude in sämtlichen ▷ Frequenzen des gesamten Hörbereichs schwingt. **202**
Wendepunkt 24, 34, 43
Warenhaus 217
Werbung 202, 217, 222, 228 f., 235, 242 ff.
Werteordnung
    bürgerliche — 236
    neue — 236
West-Coast-Musik 237
Wiederholung von Motiven 146
Wiederholungszeichen 28
Wiener Schule = Bezeichnung für die atonale Richtung ▷ Schönbergs 278 f. und seines Schülerkreises in Wien Anfang unseres Jahrhunderts.
Wirklichkeit
    Flucht aus der — 234
    Verdrängung der — 234 ▷ Scheinwelt
Woodstock Nation 239
Wort - Bild - Ton Kombinationen 244
Wortrhythmus 27, 112

Xylophon (griech. xylon = Holz, phone = Stimme, Ton) = Schlagstabspiel aus abgestimmten, meist klaviaturmäßig geordneten Holzstäben, die mit Holzklöppeln angeschlagen werden. 18

Zählzeit 28, 32, 37, 39, 45, 49, 53
Zentralton 190 f.
Zeitschriften 217 f., 221, 224, 227
Zerstreuung 218
Ziehharmonika ▷ Akkordeon
Zigeunertonleiter = eine Tonleiter orientalischen Ursprungs, die der harmonischen Molltonart mit hochalterierter Quart entspricht: a h c dis e f gis a. ▷ Lied „Gestern vor dem Tor" 2. Stimme 12*
Zitat (von lat. citatus = herbeigerufen) ist eine wörtlich übernommene Stelle aus einem anderen Werk. (▷ 188, 191 Zitat: B A C H ▷ 34* „Prinz Eugen") ▷ Parodie ▷ Kontrafaktur
Zither (von griech. Kithara) = Saiteninstrument mit 5 Melodiesaiten und mit 24—42 unveränderlichen Baß-Bordun-Saiten, die über einen flachen, seitlich gebauchten Resonanzkasten gespannt sind und gezupft, bzw. mit einem Plektron gespielt werden. 214
Zungeninstrumente 20
Zusammenklang 100
Zuschriften
    Hörerzuschriften 219, 221
    Leserzuschriften 227
Zweibogenlied (einteilige Liedform) 154
Zweiertakt (Zweivierteltakt, Zwei-Halbe-Takt) 27 f.
Zweischlagnote 29
Zweitauswertung 239 ▷ Mehrfachverwertung
Zwerchfell 256 ff.
Zwiefacher 68*, 316
Zwölftontechnik = die von A. Schönberg entwickelte Technik der „Komposition mit zwölf nur aufeinander bezogenen Tönen", wie sie seit 1923 von ihm selbst und seinen Schülern konsequent angewandt wurde. 148 Modell 21 278 f. ▷ Wiener Schule

Tänze in zeitlicher Ordnung

Name / Zeit / Jahrhundert Herkunft und Ausbreitung	Beispiel	Besonderheiten / Liedbeispiele Beispiele in der Kunstmusik
Saltarello (ital. = kleiner Sprung) in Deutschland: Hupfauf oder Proportz; Blütezeit 14.—16. Jahrh., bis ins 19. Jahrh. noch üblich; italienischen Ursprungs; Ausbreitung in Europa	Saltarello — Rose e viole (Casteliono, Intabolatura de leuto) Mailand 1536 Aus: MGG Bd. 11, Spalte 1315/16	Lustiger, lebhafter Springtanz im Dreitakt; ▷ Hemiolen S. 52 (6/8 und 3/4); seit dem 15. Jahrhundert Nachtanz zur ▷ Basse danse und zur ▷ Pavane, durch rhythmisch-metrische Umformung aus dem Vortanz entwickelt; Verwandtschaft zur ▷ Gaillarde. Der letzte Satz der 4. Sinfonie (der „Italienischen") von Mendelssohn ist ein Saltarello.
Basse danse 15. und 16. Jahrhundert; Herkunft französisch; Ausbreitung in Italien, den Niederlanden und Deutschland	Basse danse langsam — Tielmann Susato 1551 *insgesamt 1 Oktave tiefer* Aus: „Das Musikwerk", Bd. „Die Suite", Arno Volk Verlag, Köln 1964	höfischer Schreittanz mit festgelegten Schrittfiguren, meist gefolgt von einem Springtanz (▷ Saltarello, ▷ Gaillarde)
Branle (Braul) (von franz. brauler = sich von einer Seite auf die andere wiegen); 15.—17. Jahrhundert; französischen Ursprungs	Braule simple langsam — Anonym, Paris 1530 *Original in F (eine Sext tiefer)* Aus: „Das Musikwerk", Bd. „Der Tanz", Nr. 37, Arno Volk Verlag, Köln 1965	Tanz von vielgestaltigem Charakter, wahrscheinlich von einer der Figuren der Basse danse abstammend, Gesellschaftstanz der oberen und unteren Schichten, später nur noch Volkstanz; Grundtanz der französischen Suite. ▷ S. 182 Bartók, Rumänischer Volkstanz

Name / Zeit / Jahrhundert Herkunft und Ausbreitung	Beispiel	Besonderheiten / Liedbeispiele Beispiele in der Kunstmusik
Pavane (Paduane) (nach der Stadt Padua benannt); 16. und 17. Jahrhundert; italienischer Herkunft; Verbreitung über ganz Europa	De Post, Pavane und Galliarde aus Susato, 1551 	feierlich-gravitätischer Schreittanz, löste die ▷ Basse danse ab, trat — wie diese — meist als Paar mit einem schnellen Nachtanz (▷ Saltarello, ▷ Galliarde) auf. Liedbeispiele: Nun sich der Tag geendet hat ▷ 📖 156. Beispiele für Vor- und Nachtanz: Hört, ihr Herrn und laßt euch sagen ▷ S. 156. Was mag doch diese Welt (J.R. Ahle); Die Sonne scheint nicht mehr (Zuccalmaglio); Guten Abend euch allen hier beisamm
Galliarde, Gagliarde (franz. = lustig, munter, ausgelassen; ital. gagliardo = stark, rasch); 16. und 17. Jahrhundert; romanischen (ital.-franz.) Ursprungs; auch in Europa	 Aus: MGG Bd. 4, Spalte 1291	verwandt mit dem ▷ Saltarello, im Tempo aber langsamer; Grundcharakter: homophon, volkstümlich einfach, metrisch gerade, d.h. mit je 4 (6 oder 8) Zweitaktgruppen, später Neigung zum punktierten Rhythmus, vorwiegend ein Instrumentaltanz, Nachtanz der ▷ Pavane, wird nach 1600 der Tanzpraxis entfremdet und zu einer sehr kunstvollen, oft polyphonen Gattung; Vortragsstück innerhalb und außerhalb der ▷ Suite. Liedbeispiel: Tanzen und Springen (Haßler
Allemande (franz. = der Deutsche; deutscher Tanz, Tanzlied); Alter unbestimmt, der Name deutet auf deutschen Ursprung; 16.—18. Jahrhundert als Gesellschaftstanz zuerst im Ausland (England, Niederlande, Frankreich), um 1600 auch in Deutschland (▷ Haßler, Schein, Scheidt)	Allemande Georg Friedrich Händel  Aus der 11. Suite für Klavier	geradtaktiger höfischer Schreittanz, Mitte des 17. Jahrhunderts der erste Satz der Suite; zunehmende Stilisierung; kurzer, meist 1/16 Auftakt, Motivspiel und thematische Durcharbeitung; Beispiele: Suiten der Barockzeit (Bach, Händel u.a.). Liedbeispiele: Nun will der Lenz ▷ S. 64; Die beste Zeit im Jahr ist Mai'n; Mit Lieb bin ich umfangen; Mir ist ein feins brauns Maidelein

Name / Zeit / Jahrhundert Herkunft und Ausbreitung	Beispiel	Besonderheiten / Liedbeispiele Beispiele in der Kunstmusik
Courante (franz. = eilend, laufend); 16.—18. Jahrhundert; Blütezeit im 17. Jahrhundert; Frankreich und Europa	 Courante — Georg Friedrich Händel Aus der 11. Suite für Klavier	ein ursprünglich in der vornehmen Welt beheimateter, also nicht volkstümlicher altfranzösischer Tanz. Zwei Typen sind zu unterscheiden: 1. Die franz. Courante: mäßiges Tempo, ungerader Takt, punktierte Rhythmen, ▷ Hemiolen S. 52 (▷ Saltarello) 2. Die italienische Corrente: schneller 3/8 oder 3/4-Takt, gleichförmig laufende Bewegung. In der Suite steht die Courante an 2. Stelle. Beispiele bei Bach: franz. Typ in „Englische Suiten"; ital. Typ vor allem in „Französische Suiten" und Partiten. Liedbeispiele: Wie schön blüht uns der Maien, Viel Freuden mit sich bringet; Aus meines Herzens Grunde u.a.
Sarabande (Ethymologie nicht gesichert); 16.—18. Jahrhundert; spanischer Tanz, vielleicht mexikanischer Herkunft, ab 1618 am spanischen Hofe eingeführt, von dort Ausbreitung in andere europäische Länder	 Sarabande Andante — Georg Friedrich Händel Aus der 11. Suite für Klavier	ursprünglich ein lebhaftes, ausgelassen-anstößiges Tanzlied, dessen Ausführung unter Androhung hoher Strafen untersagt war; ab 1650 durch Änderung von Tempo und Charakter zum feierlichen Schreittanz umgeformt. Charakteristisch die häufige Betonung auch der zweiten Zählzeit im Dreiertakt. In der Suite an dritter Stelle. Beispiele: Suiten der Barockzeit (Bach, Händel u.a.). Liedbeispiele: Der Mai ist gekommen ▷ S. 104; Gaudeamus igitur; Da drunten im Tale u.a.

Name / Zeit / Jahrhundert Herkunft und Ausbreitung	Beispiel	Besonderheiten / Liedbeispiele Beispiele in der Kunstmusik
Gigue (wahrscheinlich von altfranz. giguer = s.v.w. tanzen); 16.—18. Jahrhunder; schottisch-irisches Tanzlied; Ausbreitung in Europa	 Gigue — Georg Friedrich Händel Aus der 11. Suite für Klavier	vielgestaltiger Tanz im geraden und ungeraden Takt; erlangte erst Bedeutung durch Aufnahme in die französische Suite (4. Kernsatz). Zwei Typen: 1. die ital. Giga verwendet gern akkordische Figuration, Fortspinnungs- und Sequenzmelodik (▷ Beispiel). 2. Die deutsche Gigue; oft fugenartiger Beginn der Formabschnitte. Beispiele: Barocksuiten (von Bach, Händel u.a.). Liedbeispiele: Kommt ihr G'spielen; Ich spring in diesem Ringe
Gavotte (von altprov. gavot = Spottname für die Bewohner des Berglandes in der Provence); Ende des 16. Jahrhunderts vom Volkstanz zum Hoftanz aufgestiegen; Ausbreitung in Frankreich u. ganz Europa; im 17. Jahrhundert einer der Tänze in Oper und Ballett, im 18. Jahrhundert in Konzertwerken (Suite und ital. Sonate), Ende des 18. Jahrhunderts beliebter Tanz am Hofe Marie-Antoinettes; seit 1830 nur noch in Landbezirken und Dörfern	 Gavotte — Johann Sebastian Bach Aus der 5. Französischen Suite	Abkömmling des ▷ Branle; Charakter: heiter, lieblich, volkstümlich-naiv, im 2/2 Takt mit zwei Vierteln Auftakt; Stellung in der ▷ Suite zwischen Sarabande und Gigue. Der Gavotte folgt oft eine Gavotte II (Double), die erste wird als Abschluß wiederholt. Aus diesem Aufbau entwickelt sich später das Trio (▷ Menuett). Beispiele: Suiten der Barockzeit (Bach, Händel u.a.) ▷ 📖 S. 76 Liedbeispiel: Du mein einzig Licht (H. Albert)
Musette (Verkleinerungsform von franz. cornemuse = Dudelsack); 17. und 18. Jahrhundert; Frankreich und Europa	 Musette Andante — Georg Friedrich Händel Aus einer Triosonate	Beliebter Tanz am Hofe Ludwigs XIV.; gerad- und ungeradtaktig, von gefälligem, zartem Charakter; Besonderheit: die Bordunbegleitung; in der ▷ Suite häufig mit der ▷ Gavotte verbunden. Beispiele: Suiten der Barockzeit (Bach, Händel u.a.) ▷ 📖 S. 76.

Name / Zeit / Jahrhundert Herkunft und Ausbreitung	Beispiel	Besonderheiten / Liedbeispiele Beispiele in der Kunstmusik
Bourrée (franz.; Ethymologie nicht gesichert); altfranz. Volkstanz aus der Auvergne; 1565 als Hoftanz in Paris vorgestellt, aber erst im Laufe des 17. Jahrhunderts als Gesellschaftstanz, durch Lully in Oper und Ballett eingeführt; im 18. Jahrhundert Ausbreitung in ganz Europa	Bourrée — Johann Sebastian Bach Mer han en neu-e O-ber-keet an un-sern Kam-mer-herrn. Ha gibt uns Bier, das steigt ins Heet, das ist der kla-re Kern. Der Pfarr mag immer büse tun; ihr Spielleut, halt euch flink! Der Kittel wackelt Mieken schun, das kleene luse Ding. Aus der „Bauernkantate"	Volkstanz als geradtaktiger und ungeradtaktiger Typ; Charakter: fröhlich-heiter, Tempo: schnell, oft kurzer Auftakt; verwendet gern Synkopierungen des 2. und 3. Viertels; tritt mit ▷ Gavotte und ▷ Menuett an die Stelle des Branle; Stellung in der Suite zwischen Sarabande und Gigue. Beispiele: Barocksuiten (Bach, Händel u.a.) Liedbeispiel: „Wir gehn nun, wo der Tudelsack in unsrer Schenke brummt" aus der Bauernkantate von J. S. Bach
Menuett (franz. menu pas = kleiner Schritt); seit dem 16. Jahrhundert bekannter, in der franz. Provinz Poitou beheimateter Volkstanz; in ländlichen Bezirken bis in die Gegenwart lebendig geblieben; unter Ludwig XIV. als für lange Zeit beliebtester Hoftanz eingeführt. 17. bis Ende 18. Jahrhundert Gesellschaftstanz in ganz Europa	Menuett — Johann Sebastian Bach Aus dem Notenbüchlein für Anna Magdalena Bach, 1725	offener Paartanz, vom ▷ Branle abstammend und ihn ablösend (▷ Bourrée); Charakter: zierlich-heiter; Tempo: langsam bis mäßig-schnell; Zur Entwicklung des Trios im Menuett: ▷ Gavotte. Stellung in der Suite zwischen Sarabande und Gigue; mit verändertem Charakter Aufnahme in die ▷ Sinfonie. Beispiele: Suiten der Barockzeit (Bach, Händel u.a.), Sonaten und Sinfonien (vor allem von Haydn und Mozart) ▷ Menuette S. 148, S. 162, S. 77* Liedbeispiele: Die güldene Sonne ▷ S. 47*; Grünet die Hoffnung ▷ S. 164; Mein Stimme klinge ▷ S. 48* u.a.
Chaconne spanischer Tanz mexikanischen Ursprungs, von 1600 bis 1800; als Instrumentalstück bis ins 20. Jahrhundert lebendig; Ausbreitung in ganz Europa	 Chaconne — Georg Friedrich Händel Thema	ursprünglich Tanz der unteren Schichten; durch Lully Aufnahme in Ballett und Oper; erlangte in der Instrumentalmusik Bedeutung als Variationsreihe über einem ostinaten Baß. ▷ S. 170 Chaconne von Purcell) ▷ Passacaglia Beispiele in der Barockmusik (Bach, Händel)

Name / Zeit / Jahrhundert Herkunft und Ausbreitung	Beispiel	Besonderheiten / Liedbeispiele Beispiele in der Kunstmusik
Passacaglia (span. pasar una calle = (musizierend) durch die Straße gehen); alter spanischer der Sarabande ähnelnder Tanz; ab 17. Jahrhundert; Ausbreitung in Europa und Lateinamerika	Passacaglia — Thema der Passacaglia für Orgel c-Moll von J.S. Bach	ursprünglich ein rasches, meist dreizeitiges Gitarrenstück oder Lied mit Gitarrenbegleitung; in Verbindung mit der Ostinato-Variation in die Instrumentalmusik, sowie in Oper und Ballett übernommen; Grenzen zur ▷ Chaconne fließend; die Passacaglia bevorzugt die Moll-, die Chaconne die Durtonarten. Bedeutende Beispiele: Bach, „Crucifixus" in der h-Moll-Messe; Brahms, Schlußsatz der 4. Sinfonie
Contredanse (von engl. country dance = ländlicher Tanz); alter englischer Volkstanz, gelangte um 1685 auf das Festland, breitete sich in ganz Europa aus, erreichte um 1750 den Gipfelpunkt, kam um 1830 außer Gebrauch	Contredanse — Wolfgang Amadeus Mozart Allegro Aus: „Melodien großer Meister", Hug and Co., Zürich o.J.	geradtaktiger, lebhafter Gemeinschaftstanz; aus den beiden englischen Formen, Tanz im Kreise und Tanz in zwei Linien gingen auf dem Kontinent die Anglaise und die ▷ Quadrille hervor; Aufnahme in Oper und Ballett sowie in die Instrumentalmusik. Beispiele bei Haydn, Mozart und Beethoven. Aus manchen Contredanses wurden Volkslieder, z.B. „Au clair de la lune"
Polonaise (franz. polonaise danse = polnischer Tanz); 1. alter polnischer Volkstanz, in ganz Europa verbreitet; Gesellschaftstanz des polnischen Adels 2. nichtgetanztes Instrumentalstück, seit dem Ende des 16. Jahrhunderts; Entwicklung u. Verbreitung außerhalb Polens, vor allem in Skandinavien und Deutschland; Anfang des 18. Jahrhunderts Rückkehr nach Polen; Blütezeit um 1830	 Polonaise — Frédéric Chopin Allegro con brio Op. 40,1	1. Am polnischen Hof Eröffnungszug der Gäste bei Beginn einer geselligen Veranstaltung (August der Starke führte die Polonaise selbst an). In diesem Sinne heute noch in Deutschland üblich. Im polnischen Brauchtum Schreittanz nach gesungenen Tanzmelodien im Dreiertakt mit durchlaufenden Achtelnoten und Schwerpunktbeginn. 2. Die instrumentale Polonaise ist ein dreizeitiger Nachtanz (▷ Pavane), der sich verselbständigte. Der charakteristische Rhythmus stimmt mit dem des ▷ Bolero überein. ▷ Chopin führte die Form zum Höhepunkt. Beispiele in Barocksuiten, auch bei Mozart, Beethoven, Weber, Tschaikowsky u.a.

Name / Zeit / Jahrhundert Herkunft und Ausbreitung	Beispiel	Besonderheiten / Liedbeispiele Beispiele in der Kunstmusik
Mazurka (poln. = masurischer Tanz); die langsamere Form heißt Kujawiak; alter polnischer Volkstanz; um 1600 Hoftanz des polnischen Adels; im 18. Jahrhundert Verbreitung in Europa und Rußland	 Weihnachts-Mazurka — Aus Polen Deutsche Fassung: Gustav Kucz, in: „Europäische Weihnachtslieder", Verlag Merseburger, Berlin	Sprung- und Drehtanz, polnischer Nationaltanz; Eingang in die Kunstmusik (Oper, Ballett, sogar Kirchenmusik); durch ▷ Chopin berühmt geworden. ▷ S. 63* (Ich Kujawiak) ▷ S. 26* (Schwesterlein)
Hornpipe (nach dem Instrument benannt); sehr alter Volkstanz in Schottland und Wales, ab 16. Jahrhundert Nationaltanz in England; in Irland noch heute gepflegt	Hornpipe — Volkstanz aus Irland Allegro Aus: „Tanzkunterbunt", Edition Steingräber, Leipzig	volkstümlicher schneller Solo-, Paar- und Gruppentanz im geraden und ungeraden Takt mit schwierigen Schrittkombinationen; findet durch ▷ Purcell und ▷ Händel Eingang in Suite, Oper und Ballett. Beispiele: Händel, Finale des Concerto grosso Nr. 7 in B-Dur und Teil Nr. 7 der „Wassermusik"
Ecossaise (franz. danse ecossaise = schottischer Tanz); alter schottischer Volkstanz; kam um 1700 nach Frankreich und Deutschland; um 1800 Aufnahme in die Kunstmusik	 Ecossaise — Ecossaise von Franz Schubert Con moto	ursprünglich vom Dudelsack begleitet, eine Art country dances (▷ Contredanse) im Dreiertakt und von ernstem Charakter; wechselt als französischer Gesellschaftstanz Takt und Tempo. Beispiele bei Beethoven, Schubert, Chopin u.a.

Name / Zeit / Jahrhundert Herkunft und Ausbreitung	Beispiel	Besonderheiten / Liedbeispiele Beispiele in der Kunstmusik
Fandango (span. wahrscheinlich von afro-amerikanisch fanda = Gastmahl); spanischer Volkstanz, vielleicht südamerikanischen Ursprungs; aus dem 18. Jahrhundert	Fandango — Wolfgang Amadeus Mozart Andante Aus der Oper „Figaros Hochzeit"	Werbetanz, auch Tanzlied mit religiösem Charakter und Arbeitslied, von Gitarren und Kastagnetten begleitet; findet Eingang in die Kunstmusik. Beispiele: Rimski-Korsakow, Capriccio espagnol op. 34; de Falla, Sombrero de très piers
Tarantella (ital. nach der Stadt Tarent, bzw. nach dem hiervon herzuleitenden Namen der giftigen Tarantel benannt); in Süditalien beheimatet; seit dem 17. Jahrhundert; im 19. Jahrhundert in die Kunstmusik übernommen	Tarantella — Anonym, 1838 Presto Aus: „Das Musikwerk", Bd. „Der Tanz", Nr. 109, Arno Volk Verlag, Köln 1965	ein meistens in Moll stehender ritueller Heiltanz, durch den man die Folgen des Tarantelstiches abwenden wollte. Begleitinstrumente: Violine, Sackpfeife oder Gitarre, Tamburin, Kastagnetten und Geräuschinstrumente aller Art. Beispiele: C. M. v. Weber, Sonate op. 70; Chopin, Tarantella op. 43; Mendelssohn, Lied ohne Worte Nr. 45; B. Britten, Diversions op. 21. Liedbeispiel: Io mi sono un poveretto
Bolero (span. bola = Kugel); spanischer, heute noch in Kastilien und Andalusien gepflegter Volkstanz, den der Tänzer S. Zerezo um 1780 erfunden haben soll; Ende des 18. Jahrhunderts span. Hoftanz	Bolero — Siegfried Merath mäßig ♩=84  Melodie sempre marcato Aus: „Tanz-Typen", Schott Verlag, Mainz	dreizeitiger Tanz mit Gitarren-, Kastagnetten und Tamburinbegleitung; zum Rhythmus ▷ Polonaise; Aufnahme in die Kunstmusik. Beispiele: Ravel, Bolero für Orchester 1928; Arietta aus Webers „Freischütz": Kommt ein schlanker Bursch gegangen; Schumann: Der Hidalgo
Quadrille (von lat. quadrus = viereckig; ursprünglich zur Kennzeichnung der kreuzförmigen Turnieraufstellung von Reitergruppen verwendet); in Frankreich, Deutschland, später England; 18. und 19. Jahrhundert	Quadrille — um 1730  Aus: Emonts „Leichte Klaviermusik des Barock", Schott Verlag, Mainz	z.Z. Napoleons aufgekommene ▷ Contredanse, bei der sich die Tänzer — im Gegensatz zum Rundtanz — gegenüberstehen. Er wird von wenigstens vier Paaren im Carré (Viereck) getanzt. Die Musik der einzelnen „Touren" (fünf bis sechs) ist ▷ potpourriartig aus beliebten Musikstücken (Opern- und Operettenmelodien) zusammengestellt.

Name / Zeit / Jahrhundert Herkunft und Ausbreitung	Beispiel	Besonderheiten / Liedbeispiele Beispiele in der Kunstmusik
Ländler (= Tanz, der im „Landl", Oberösterreich, getanzt wird); Sammelname für die in der bayrisch-österreichischen Landschaft beheimateten Volkstänze im langsamen Dreivierteltakt; Der Ländler ist wesentlich älter als der Name, der erst um 1800 in Gebrauch kam	Tiroler Ländler (2 Melodieinstrumente) Aus Tirol  Aus: „Wir lernen Musik", 2. Bd., Musikverlag Doblinger, Wien	ein in zahlreichen Stammesvarianten existierender Rundtanz: Steirer, Tiroler, Bayrischer (Schuhplattler) usw.; fand in der Klassik (Haydn, Mozart, Beethoven) Eingang in die Kunstmusik; wurde Anfang des 19. Jahrhunderts vom schnelleren Walzer verdrängt. ▷ S. 85* Liedbeispiele: ▷ Drunten im Unterland S. 141; ▷ Die Tiroler sind lustig S. 153
Walzer (von walzen = sich drehen, die Füße schleifen, die Füße am Boden drehen, [im Gegensatz zu hüpfen]; Ende des 18. Jahrhunderts im österreichisch-bayrischen Raum entstanden; fand weltweite Verbreitung	Walzer Johann Strauß, op. 314 An der schönen blauen Donau 	Einzelpaartanz, der sich aus dem langsameren ▷ Ländler entwickelt hat. Seit dem Wiener Kongreß 1814/15 in aller Welt getanzt. Höhepunkt bei Joh. Strauß (Vater und Sohn); gehört noch heute zu den Standardtänzen. Beispiele: C. M. v. Weber „Aufforderung zum Tanz", Walzer von Chopin, Brahms u.a. Liedbeispiele: Widele, wedele, hinterm Städtele; Beim Kronenwirt; Heißa, Kathreinerle; Laßt doch der Jugend ihren Lauf u.a.
Krakowiak (poln. = Krakauer); Tanzlied aus der Gegend von Krakau; seit dem 16. Jahrhundert unter Bezeichnungen wie: Polnisch Tanz, Chorea polnica usw. von polnischen und fremden Komponisten verwendet; der Name Krakowiak erst seit dem 18. Jahrhundert üblich	Krakowiak Aus Polen  Kra- ko- wia- czek ci ja, któz nie przy- zna te- go Kra- kau- er bin ich, bin es oh- ne Fra- ge, siedem- dzie siat kotek u pasika mego. siebzig kleine Ringe ich am Gürtel trage. Aus: „Lieder fürs Leben", Verlag für Jugend und Volk, Wien	polnischer Nationaltanz; im schnellen 2/4-Takt; Akzente auf die schwachen Zählzeit, charakteristische Synkopen in den geraden Takten; Melodiebeginn oft in aufsteigender Linie; Eingang in Oper, Sinfonie und Kirchenmusik. Beispiel: Chopin, Rondo à la Krakowiak, op. 14.

Name / Zeit / Jahrhundert Herkunft und Ausbreitung	Beispiel	Besonderheiten / Liedbeispiele Beispiele in der Kunstmusik
Polka (= kleine Polin, Wortbedeutung umstritten); Die Polenbegeisterung der Böhmen soll Anlaß für den Namen des Tanzes gewesen sein; 1830 in Böhmen entstanden; von Prag aus rasche Ausbreitung als Gesellschaftstanz in Europa und Amerika	Polka — Friedrich Smetana Moderato assai  Aus dem ersten Finale der Oper „Die verkaufte Braut", 1866	Paartanz im 2/4-Takt; durch Krakowiak und Ecossaise angeregt; viele Varianten; eine der Grundlagen des ▷ Ragtime. Beispiele: J. Strauß: Pizzicato-Polka, Annenpolka u.a.; Smetana, Duett aus der „Verkauften Braut": Komm, mein Söhnchen; Strawinsky: Circus-Polka 1942. Liedbeispiel: Mädel, wasch dich, putz dich
Galopp (= rascheste Gangart des Pferdes) ahmt — wie der ▷ Foxtrott — die Schrittbewegung eines Tieres nach; zwischen 1820 und 1875 in Deutschland, Österreich und Frankreich	Galop infernal — Jacques Offenbach, 1858  Aus: „Orpheus in der Unterwelt"	schnellster Gesellschaftstanz des 19. Jahrhunderts; Schrittverwandtschaft mit der ▷ Polka, daher auch als Schnellpolka bezeichnet; beliebter Schlußtanz (Kehraus); Form dreiteilig (Trio in der Subdominante); Aufnahme in Oper, Operette und Kunstmusik) Liedbeispiel: Bin i net a Pürschle (Zupfgeigenhansl)
Csárdás (ungar. csárda = Wirtshaus, Dorfschenke); aus einem mittelalterlichen Heiduckentanz hervorgegangen; 1835 Gesellschaftstanz in Ungarn	Csárdás — Franz Liszt a) Lassan Andante  b) Friska Vivace  Aus: „Ungarische Rhapsodie", Nr. 2	besteht aus zwei Teilen: einer langsamen, melancholisch-pathetischen Einleitung (dem Kreistanz der Männer, dem „Lassan") und dem eigentlichen Csárdás (einem wild aufgeregten, geradtaktigen Paartanz, dem „Friska"). Beispiel: Tschaikowsky, „Schwanensee"

Name / Zeit / Jahrhundert Herkunft und Ausbreitung	Beispiel	Besonderheiten / Liedbeispiele Beispiele in der Kunstmusik
Kolo (serbo-kroatisch = Rad); alter jugoslawischer Volkstanz	 Kolo — Worte und Weise eines Kolo aus Bosnien Ko - lo i - gra, na dva - de - set i dva, Ko - lo i - gra. U tom ko - lu, lije - pa Ma - ra i - gra, u tom ko - lu. *wörtlich:* Der Kolo geht um, auf zweiundzwanzig, der Kolo geht um. In dem Kolo tanzt die schöne Mara (Maria). Aus: „Der Turm", Voggenreiter Verlag, Bad Godesberg	Sing- und Schreittanz in lebhafter oder auch ruhiger Bewegung. Man tanzt ihn häufig in langer Kette, der sich immer mehr Tänzer anschließen können. ▷ S. 103 (Ungekämmt sind deine Haare) Beispiel: Anton Dvořak, Slavischer Tanz op. 72.
Zwiefacher alter Volkstanz, in Niederbayern und der Oberpfalz verbreitet	Zwiefacher Carl Orff Uf dem anger  Aus: „Carmina burana" Schott-Verlag, Mainz	Tanz mit häufigem, nicht schematischem Wechsel von geradem und ungeradem Takt. ▷ S. 68* (Himpfelhofbauer)

Name / Zeit / Jahrhundert Herkunft und Ausbreitung	Beispiel	Besonderheiten / Liedbeispiele Beispiele in der Kunstmusik
Cakewalk (engl. = Kuchentanz); um 1870 in USA entstanden; um 1900 in Europa Mode	Cakewalk  Aus: Children's Corner — Claude Debussy	ein grotesk gestalteter pantomimischer Tanz der nordamerikanischen Neger, die hierbei den Five o'clock Tea der Weißen parodierten. In Europa vor allem als Bühnen- und Schautanz. Eingang in die Kunstmusik; ▷ Beispiel
Boston (eigentlich Valse B., nach der amerikanischen Stadt benannt); nach 1870 in Amerika entstanden; 1920 in Europa beliebt	Boston  Aus: Suite 1922, Schott Verlag, Mainz — Paul Hindemith	ist der amerikanische langsame Walzer; Bevorzugung lyrisch-sentimentaler Melodik (häufig Mollmelodik); Unterschied zum Wiener Walzer in der Begleitung; der 3/4-Takt wird gern durch einen Zweier- oder Viererrhythmus überlagert; im Gegensatz zu anderen modernen Tänzen vorzugsweise in Streicherbesetzung. Beispiel: Hindemith: Schlußsatz des 1. Streichquartetts

Name / Zeit / Jahrhundert Herkunft und Ausbreitung	Beispiel	Besonderheiten / Liedbeispiele Beispiele in der Kunstmusik
English Waltz (= englischer Walzer); um 1915 in Amerika entstanden; bürgerte sich in den 20er Jahren in Europa, vor allem in Deutschland ein	 English Waltz — Siegfried Merath Aus: „Tanz-Typen", Schott Verlag, Mainz	langsamer Walzer, mit dem ▷ Boston verwandt; gehört noch heute zu den Standardtänzen. Viele English Waltz sind Evergreens geworden. Beispiele: Ich tanze mit dir in den Himmel hinein; Wie ein Wunder kam die Liebe; Sag beim Abschied leise Servus u.a.
Tango (negrische Herkunft, tocâ tangó = Trommel schlagen); wahrscheinlich durch Wechselwirkung von spanischer und negrischer Volksmusik am Rio de la Plata entstanden; um 1900 in Argentinien; ab 1913 nach anfänglicher Ablehnung in Europa	 Tango — M. Seiber Aus: „Leichte Tänze", Schott Verlag, Mainz	Vorformen: Habanera und Milonga, eine besondere spanische Gitarrenbegleitung mit Synkope im 2/4-Takt. Typisches Instrumentarium: Violine, Gitarre, Akkordeon, Klavier, Kontrabaß und Schlagzeug; zählt noch heute zu den Standardtänzen. Verwendung in Operetten (Lehar, Künneke), Tonfilmen (Benatzky, Stolz) und Bühnenmusiken (W. Egk: Peer Gynt; Kurt Weill: Dreigroschenoper) Liedbeispiel: La paloma
Foxtrott (engl. = Fuchsgang); um 1914 in Nordamerika entstanden; fand 1914 in England, nach dem 1. Weltkrieg im übrigen Europa große Verbreitung	 Foxtrott — M. Seiber Aus: „Leichte Tänze", Schott Verlag, Mainz	ein durch den Jazz geprägter marschartiger Tanz mit leicht synkopierter Rhythmik, aus ▷ Ragtime und Onestep entwickelt. Zur Abgrenzung vom schnellen Fox heißt die langsame, bluesartige Form: Slowfox. Beide Formen gehören noch heute zu den Standardtänzen. Beispiele in der Kunstmusik: Hindemith: Tanz der Holzpuppen in „Tuttifäntchen"; Křenek: „Jonny spielt auf" u.a.

Name / Zeit / Jahrhundert Herkunft und Ausbreitung	Beispiel	Besonderheiten / Liedbeispiele Beispiele in der Kunstmusik
Samba (port. von Semba = Bezeichnung für Tanz in der Kongosprache); brasilianischen Ursprungs; nach dem 1. Weltkrieg in Europa bekannt; um 1950 Modetanz	Samba  Siegfried Merath Aus: „Tanz-Typen", Schott Verlag, Mainz	rascher, geradtaktiger Gesellschaftstanz, dessen Grundschritt dem des Walzers ähnelt; ursprünglich Ritualtanz der Bantuneger zur Kriegerweihe, zwischen Glasscherben und brennenden Fackeln ausgeführt. Daran erinnern die tastenden Fußbewegungen, mit denen die Samba heute noch getanzt wird. Beispiel: Darius Milhaud, „Mouvement de samba" in „Scaramouche" für zwei Klaviere.
Rumba (kubanisch-span. s.v.w. „herausfordernder" Tanz); Tanz afrikanischer Herkunft, dessen heutige Form sich auf Kuba gebildet hat; um 1914 in New York eingeführt; um 1930 Verbreitung in Europa	Rumba  Enric Madriguera Aus: „Das Musikwerk", Bd. „Der Tanz", Nr. 139, Arno Volk Verlag, Köln 1965	moderner, in Distanz zum Partner ausgeführter Paartanz; vielschichtiger, konfliktreicher Rhythmus. Typisches Rhythmusinstrument sind die Maracas (Rumbakugeln). Aufnahme von Jazzelementen förderte die Verbreitung der R. Abarten sind der Mambo und der Cha-Cha-Cha. Beispiel: Darius Milhaud, im Ballett „La création du mond".
Shimmy (engl. = Hemd; Kurzform von shimmy-shake = Tanz mit Schüttelbewegungen, die aussehen, als wollten die Tänzer das Hemd von den Schultern schütteln); nach dem 1. Weltkrieg in Amerika entstanden; 1920/21 Modetanz in Europa	Shimmy  Paul Hindemith Aus: Suite 1922, Schott Verlag, Mainz	ein dem Foxtrott verwandter Gesellschaftstanz. Die Musik gehört der Gattung des ▷ Ragtime an.

Name / Zeit / Jahrhundert Herkunft und Ausbreitung	Beispiel	Besonderheiten / Liedbeispiele Beispiele in der Kunstmusik
Charleston (benannt nach der amerikanischen Stadt Charleston); zuerst 1922 in Neger-Revuen in New York angewandt; ab 1926 Gesellschaftstanz auch in Europa	Charleston — M. Seiber  Aus: „Leichte Tänze", Schott Verlag, Mainz	ein Modetanz, musikalisch zur Gattung des ▷ Ragtime gehörend; eine schnellere Art des ▷ Foxtrotts; charakteristisch ist die Synkopierung.
Calypso (= Name einer griech. Nymphe, die den Helden Odysseus 7 Jahre lang auf der Insel Ogygia festgehalten hat. Zusammenhang mit dem Tanz unklar); Tanz zu Beginn des 20. Jahrhunderts auf der Insel Trinidad vor der Küste Venezuelas; 1957 Modetanz in Europa	Calypso — Siegfried Merath  Aus: „Tanz-Typen", Schott Verlag, Mainz	geradtaktiges Tanzlied, das von einem Calypso-Shouter, einer Art Bänkelsänger, vorgetragen wird, mit spöttischem, höhnendem, herausforderndem Inhalt, oft politisch anzüglich. Liedbeispiel: Das einer westindischen Weise unterlegte deutsche Vater unser
Rock and Roll (engl. = wiegen und rollen); Rhythm and Blues (City Blues); um 1930 in den Negervierteln von New York entstanden; um 1950 Modetanz in Europa	Rock'n Roll — Siegfried Merath  Aus: „Tanz-Typen", Schott Verlag, Mainz	eine modische Form des Rhythm and Blues, eines volkstümlichen Jazzmusizierens der Neger in der Bluesform, meist mit Gesang; Einfluß des Swing; aus kommerziellen Gründen von der Schlagerindustrie gefördert; Ausdruck jugendlichen Protestes; Einsatz elektrisch verstärkter Instrumente (Gitarre).

Name / Zeit / Jahrhundert Herkunft und Ausbreitung	Beispiel	Besonderheiten / Liedbeispiele Beispiele in der Kunstmusik
Mambo nach 1945 in Kuba entstanden; Erfinder ist Perez Prado, der „King of Mambo"; seit 1955 auch in Europa verbreitet	Mambo — Siegfried Merath — lebhaft — *linke Hand 1 Oktave tiefer (original in F)* — Aus: „Tanz-Typen", Schott Verlag, Mainz	Modetanz unter dem Einfluß des Swing und der Rumba, deren Rhythmen sich mit denen des Foxtrotts überlagern (Verwendung von Rumbakugeln). Der Mambo fand Eingang in den Afro-Cuban-Jazz.
Cha-Cha-Cha (lautmalend für drei schnelle Schritte); 1953 in Kuba von Enrique Jorrin erfunden; seit 1957 in Europa bekannt	Cha-Cha-Cha ♩ = 88 — Siegfried Merath — stacc. — *insgesamt 1 Oktave tiefer* — Aus: „Tanz-Typen", Schott Verlag, Mainz	bewegter, geradtaktiger Modetanz, aus dem ▷ Mambo entwickelt, mit charakteristischem Rhythmus.
Raspa (mexikanisch = das Raspeln); kubanischer Tanz, mexikanischer, vielleicht auch spanischer Herkunft; seit 1950 in Europa bekannt	Raspa — schnell ♩.= 80 — Zitiert in: A. Baresel „Der Rhythmus in der Jazz- und Tanzmusik"	polkaähnlicher Modetanz im 6/8-Takt, aus einem kubanischen Erntetanz entstanden; hat sich als Gesellschaftstanz nicht durchgesetzt.
Bossa nova (port. Slangwort, etwa = neuer Beat, neue Masche); aus Brasilien stammender Tanz; 1962 in Europa Modetanz	Bossa nova ♩ = 80 — Fr. Gulda — Aus: „Suite and other Pieces", Papageno Verlag, Wien	aus der Samba durch Aufnahme von Jazzelementen entwickelt. Die Musik geht auf brasilianische Volksweisen zurück. Der besondere Sound entsteht durch die Rhythmusinstrumente: Claves (Rumbastäbchen), Kuhglocken, sehr hoch gestimmte Maracas (Rasselinstrument) und hellklingende Cabassen (mit Samen gefüllte Kürbisse). In Brasilien wird die Bossa nova nicht getanzt, sondern als Jazz gehört.

Name / Zeit / Jahrhundert Herkunft und Ausbreitung	Beispiel	Besonderheiten / Liedbeispiele Beispiel in der Kunstmusik
Letkiss (engl. let's kiss = laßt uns küssen); aus einem alten finnischen Volkstanz entwickelter Gesellschaftstanz; 1964 Verbreitung in Europa	Letkiss — Rauno Lehtinen  Polyphon Musik Verlag, Köln	Die Lappen reiben während des langen Winters zur Begrüßung ihre Nasen aneinander, um sich gegenseitig zu wärmen. Mund und Hände bleiben wegen der Kälte verpackt. Die aus diesem Brauch entwickelte Tanzgeste in dem polkaähnlichen Volkstanz Letkajenkka wurde außerhalb Finnlands als Kuß mißverstanden. Das führte zu der jetzigen Bezeichnung des Tanzes.
Twist (engl. = (sich) drehen, verdrehen, winden); 1962 in einer Bar in Manhattan (New York) erfunden; Verbreitung in Amerika und Europa	Twist (Tobia) ♩ = 80 — Musik: C. Donida  Aus: „Tanzmelodien aus Italien", Drei Ringe Musikverlag, Berlin	aus dem Boogie entwickelt, mit Distanz zum Partner getanzt.
Casatschok (russ. = kleiner Kosak); russischen Ursprungs; 1968 Gesellschaftstanz in Europa	Casatschok — Boris Rubaschkin  Hermann Schneider, Bühnen- und Musikverlag, Wien	aus russischer Folklore entwickelt; am 10.2.1968 im Fernsehen uraufgeführt. Beispiel: Musical „Anatevka"; Udo Jürgens in: „Anuschka"

Wolfram Gehring
(*1928)
an der Peter-Orgel
in der Gnadenkirche
Brauweiler
bei Köln

Maurice André
(*1933)

Hans Martin Linde
(*1930)

Intonateur
Norbert Späth
bei der
Stimmung einer Orgel

Personenregister

Abraham a Santa Clara 265
Adenauer, Konrad 212
Ahle, Georg Johann 47*
Albert, Heinrich 309
Albertus Magnus 263
Albrechtsberger, Joh. Georg 269
Alexander, Peter 209, 224
Alpert, Herb 213, 215
Andre, Maurice 243, 323 (Abb.)
Ambrosius, der Heilige 262, **268**, 281f, 288, (65)
Animals Rock 237, 241
Arrau, Claudio 243
Augustinus, der Heilige 263

Bach, Joh. Sebastian 96, 157, 166, 201 f, 264, 266 **268**—271, 273, 274 (Abb.), 277—280, 283 f, 285, 290 f, 292 f, 296, 298, 301 f, 304 f, 309—311, 92*, (76)
Bach, Carl Philipp Emanuel 268, 279, 304
Bach, Friedemann 268, 304
Bach, Johann Christian 268, 304
Baez, Joan 241
Balakirew, Mily Alexejewitsch 276
Baumgartner, Paul 242
Barlach, Ernst 267
Bartók, Béla 97, 112, 132, 136, 182, 266, **268**, 272, 279, 284, 286, 306, 14*, 28*, 69*, 73*, 74*, 76*
Becher, Johannes R. 270
Beach Boys 238, 241
Beatles 202, 207, 235, 237 f, 241 f
Beethoven, Ludwig van 72, 116, 174, 242, 266, **268**, 270, 274 (Abb.), 278, 283, 290, 296, 298 f, 300, 78*
Bellini, Vincento 279
Benn, Gottfried 286
Berg, Alban 278, 286
Berliner, Emile 197
Berlioz, Hector 278 f, 297, 299
Berry, Chuck 237, 242

Bertram, Hans und Elisabeth 209
Bialas, Günter 42*
Biermann, Wolf 212
Bizet, Georges 270
Black, Roy 209, 213, 224
Bläck Föß 212
Blood, Sweat & Tears 241
Böhm, Georg 166 f, 182
Böhm, Karl 243
Böll, Heinrich 267
Bonifatius, der Heilige 263
Bornefeld, Helmut 177
Borodin, Alexander 270, 276
Bowie, David 240
Brahms, Johannes 266, **269** f, 272, 275 (Abb.), 279, 282, 26*, 32*, 62*
Bream, Julian 55 (Abb.)
Brecht, Bert 267, 295, 301
Brendel, Alfred 242
Britten, Benjamin 248, 266, **269**, 54*
Bruckner, Anton 266, **269**, 280
Büchner, Georg 279
Busch, Wilhelm 116, 267
Buxtehude, Dietrich 264

Cage, John 251
Canned Heat 239
Caravan 240
Carlos, Walter 201
Cervantes, Miguel de 265
Charpentier, Marc Antonin 138
Chopin, Friedrich 111, **269**, 272, 279, 282/283, 286, 294, 296
Clapton, Eric 238
Claudius, Matthias 9*
Cocteau, Jean 272, 279
Cohn, Nic 240
Comets 237
Conniff, Ray 214
Cooper, Alice 240
Corbusier, Charles Edouard Le 267

Corelli, Arcangelo 271, 285
Corneille, Pierre 273
Couperin, Francois 269, 284
Cristofori, Bartolomeo 290
Cui, Cesar 276

Dante, Alighieri 263
Davis, Miles 240, 241
Davis, Spencer 237
Dean, James 236
Debussy, Claude-Achille 266, **270**, 277, 289, 299, 317, 380
Degenhardt, Franz Josef 212
Diaghilew, Serge 279
Distler, Hugo 179, 266, 270, 290, 293 296, (68)
Donizetti, Gaetano 279
Dürer, Albrecht 265
Dvořak, Anton 270
Dylan, Bob 241, 287

Edison, Thomas Alva 196 f
Eichendorff, Josef von 267
Einstein, Albert 267
Eisler, Hanns 270
Ekseption 241, 283
Ellington, Edward Kennedy (Duke) 288
Emerson, Lake and Palmer 202, 241, 283
Erasmus von Rotterdam 265
Erhard, Ludwig 212
Eszterházy, Fürst von 271

Fallersleben, Hoffmann von 128, (34)
Feltz, Kurt 209
Fichte, Johann Gottlieb 267
Fischer, Edwin 242
Fontane, Theodor 267
Franck, Joh. Wolfgang 20*
Franklin, Aretha 241
Friedrich, Caspar David 267
Friedrich II. von Preußen 265

Fuhrich, Hermann 92
Funk, Heinz 201

Gabrieli, Giovanni 278
Galilei 265
Gedikli, Necati 16*
Gehring, Wolfram 323 (Abb.)
Geibel, Emanuel 104
Gellert, Christian Fürchtegott 72
Gerhardt, Paul 96, 180, 295
Gershwin, George 270
Giebel, Agnes 260 (Abb.)
Glas, Uschi 225 f
Gluck, Christoph Willibald 266, 270, 280, 294
Gneist, Werner 66
Goethe, Johann Wolfgang v. 180, 267, 269, 273, 11*
Gottfried von Straßburg 263
Grabner, Hermann 270
Grass, Günter 266
Grateful Dead 238 f
Gregor I., der Große 262, 271, 284
Gretschaninoff, Alexander 284, 77*
Grieg, Edvard 88*
Grimmelshausen, Hans Jakob Christoffel v. 265
Grünewald, Matthias 265
Guido v. Arezzo 262, 271, 294
Gulda, Friedrich 321
Gutenberg, Johann 204, 263
Guthrie, Woody 287

Händel, Georg Friedrich 264, 266, **271** f 274 (Abb.), 279, 283, 285, 294 f, 298 307—310, 81*
Haley, Bill 236 f, 240
Harrison, George 238
Hartmann von Aue 263
Haßler, Hans Leo 271, 283 f, 295, (67)
Hauptmann, Gerhart 267

Haydn, Josef 106, 111, 162, 266, 269, 271, 274 (Abb.), 294
Haydn, Michael 280
Hebbel, Friedrich 279
Heck, Dieter Thomas 221
Hegel, Georg Wilh. Friedrich 267
Heiler, Ingrid 55 (Abb.)
Heino 213
Hell's Angles 236, 239
Hendrix, Jimi 215, 237, 239, 241
Henze, Hans Werner 266, 272
Hertz, Heinrich 17, 290
Hesse, Hermann 267
Heym, Georg 286
Hildegard von Bingen 263
Hindemith, Paul 89, 173, 188 f, 266, 272, 275 (Abb.), 279, 286, 317, 319, 44*, 82*
Hitler, Adolf 212
Hölty, Ludwig 45*
Hoffmann, Abbie 239
Hofmannsthal, Hugo v. 279
Hohner 226
Honegger, Arthur 272, 291, 294, 296
Howland, Chris 222
Hsü, Sung-Jen 12*, 18*, 30*, 33*, 46*

Isaac, Heinrich 264, 272
Ignatius von Loyola 265

Jagger, Mick 242
Jean Paul 278
Jefferson Airplane 238 f, 241
Jelinek, Hanns 148
Jöde, Fritz 41, 67, 108
Jones, Brian 239
Joplin, Janis 239
Jürgens, Udo 212—214, 223

Kagel, Mauricio 251
Kaiser, Rolf Ulrich 240, 242
Kandinsky, Wassily 267, 286
Kant, Immanuel 265
Karajan, Herbert von 243, 250, 252
Karl der Große 262 f
Keller, Gottfried 267
Kepler, Johannes 265
King, Carole 240 f
Kleist, Heinrich v. 267

Kodály, Zoltán 76*
Kopernikus, Nikolaus 265
Kremberg, Jakob 164
Křenek, Ernst 318
Krieger, Adam (61), (63)
Krieger, Johann 264, 272, 71*, 83*
Krüss, James 116
Kuhnau, Johann 84*

Lasso, Orlando di 264, 270, 272
Last, James 209, 215, 235
Lehár, Franz 318
Lennon, John 239
Leonardo da Vinci 265
Leonius 262, 272, 277, 290
Lessing, Gotthold Ephraim 267
Linde, Hans Martin 323 (Abb.)
Lewis, Jerry Lee 237, 240
Liszt, Franz 242, 266, 268 f, 272, 278—280, 286 f, 297, 299, 304, 315
Little Richard 237, 240
Lochner, Stephan 265
Loewe, Carl 266, 272, 282 f, 34*
Loussier, Jacques 283
Ludwig II. 280
Ludwig XIV, 273, 310
Lully, Jean Baptiste 273, 283, 310
Luther, Martin 177, 265, 44*, 52*

Machaut, Guillaume de 273
Mälzel, Joh. Nepomuk 14
Maffay, Peter 223, 227
Mahavishnu Orchestra 240
Mann, Thomas 267
Mantovani 214
Maria Theresia 265
Marx, Karl 267
Mathieu, Mireille 213
Maurus, Hrabanus 52*
Maximilian I. 264, 272
McLaughlin, John 240 f
Meister Eckhart 263
Mendelssohn-Bartholdy, Felix 272, 273, 282, 290
Merath, Siegfried 313, 318—320
Messiaen, Olivier 266, 273, 279
Michelangelo, Buonarotti 265
Middle of the Road 213

Mies, Paul 150, 268
Milhaud, Darius 279, 319
Miller, Glenn 214
Milton, John 265
Mörike, Eduard 267, (68)
Molière, eigentlich: Jean-Baptiste Poquelin 273
Monteverdi, Claudio 264, 273, 280, 283, 294
Moog, Robert Dr. 201, 302
Morgenstern, Christian 150
Morrison, Jim 239
Mothers of Invention 241
Mozart, Leopold 160, 269, 276, 72*
Mozart, Wolfgang Amadeus 48, 160, 204, 266, 269, 274 (Abb.), 276, 280 f, 287, 290, 294 f, 297—299, 311, 313, 72*, (74 f)
Müller, Wilhelm 7*
Mussorgsky, Modest 276, 278, 296, 299

Neithardt von Reuenthal 64, 262, 276, 293, 59*
Neumark, Georg 166
Neuß, Wolfgang 212
Nice 241, 283
Nicolai, Friedrich 154
Nietzsche, Friedrich 267
Notker Balbulus 262, 276, 299

Offenbach, Jacques 315
Orff, Carl 92, 107, 246, 266, 276, 294, 316

Pachelbel, Johann 180 f, 264, 277
Palestrina, Giovanni Pierluigi da 264, 270, 272, 277, 290, 293, 295, 298
Penderecki, Krzysztof 277, 90*
Pepping, Ernst 266, 277
Pepusch, Joh. Christoph 295
Perotinus Magnus 262, 272, 277, 290
Petrarca, Francesco 263
Picasso, Pablo 267
Planck, Max 267
Praetorius, Michael 264, 277, 283
Presley, Elvis 237, 240
Prokofieff, Serge 242, 266, 277, 4*

Puccini, Giacomo 89
Purcell, Henry 170, 264, 277, 283

Raffael (Raffaelo Santi) 265
Ramin, Günther 270
Rathgeber, Valentin 48*
Ravel, Maurice 185 f, 266, 270, 277, 282, 288, 289 f
Reger, Max 126 f, 266, 277, 283, 298, 22*
Reichardt, Friedrich 128, 266, 272, 280, 56*
Rembrandt, Hermensz van Rijn 265
Richter, Ludwig 267
Riemann, Hugo 242, 277
Rilke, Rainer Maria 267
Rimski-Korsakow, Nikolai 276 f, 278 f
Röhl, Philipp 253 (Abb.)
Rolling Stones 237, 239, 241 f
Rossini Gioacchino 279
Rostropowitsch, Mstislav 55 (Abb.)
Rostock, Bernhard 57*
Roxy Music 241
Rubaschkin, Boris 322
Rubens, Peter Paul 265
Runge, Philipp Otto 267

Sachs, Hans 264, 278, 292
Salieri, Antonio 269, 278
Sammartini, Giovanni Battista 271
Santana, Carlos 240 f, 245, 291
Scarlatti, Alessandro 271
Scheidt, Samuel 307
Schein, Joh. Hermann 307
Schiller, Friedrich 174, 267
Schlegel, Friedrich 273
Schleiermacher, Friedrich 273
Schmidt-Joos, Siegfried 240
Schönberg, Arnold 242, 266, 270 f, 278 f, 286, 305 f
Schubart, Christian Friedrich 60*
Schubert, Franz 165, 266, 275 (Abb.), 278 f, 282, 290 f, 298, 312, 6*, 45*, 85*
Schütz, Heinrich 264, 278, 283, 290, 296
Schulz, Joh. Abraham Peter 280, 9*
Schumann, Robert 134, 161, 266, 269, 275 (Abb.), 278 f, 284, 286, 291, 298, 304, 86*

Schwind, Moritz v. 267
Seger, Peter 287
Seiber, Matyas 112, 318, 320
Shakespeare, William 265
Shane, Ricky 224
Silcher, Friedrich 48*
Smetana, Friedrich 246, 270, 272, **279**, 291, 299, 315, (77)
Soft Machine 241
Solschenizyn, Alexander 267
Spitzweg, Carl 267
Staden, Johann 42*
Steeleye Span 240 f
Stifter, Adalbert 267
Stockhausen, Karlheinz 201, 251, 266, 279
Stoß, Veit 265
Stradivari, Antonio
Strauß, Johann 294, 314

Strauss, Richard 205, 266, **279**, 292, 294, 299
Strawinsky, Igor 192 f, 266, 270, 275 (Abb.), 276—278, **279**, 282, 286, 295
Susato, Tielman 306, 307
Swingle Singers, The 283
Szelényi, István 87*

Taylor, James 240 f
Telemann, Georg Philipp 264, **279**, 8*
Theoderich I (der Große) 263
Thomas von Aquin 263
Tilman Riemenschneider 265
Traffic 237, 241
Trakl, Georg 286
Tschaikowsky, Peter 282, 311, 315, (79)
Twardy, Werner 209

Vanilla Fudge 241
Verdi, Guiseppe 266, **279**, 280 f, 294, 297

Vischer, Peter 265
Vivaldi, Antonio 285

Wagner, Richard 73, 266, 269—272, 278 f, **280**, 292, 294, 298
Walker, Billy 185
Walther, Joh. Gottfried 180, 264, 280
Walther von der Vogelweide 262, 276, 293
Wangenheim, Volker 260 (Abb.)
Waters, Muddy 242
Weather Report 240 f
Weavers 287
Weber, Carl Maria von 204, 266, 274 (Abb.), **280**, 294, 298
Webern, Anton von 270, 278, 286
Weill, Kurt 295, 301
Werckmeister, Andreas 302
Wernher, der Gartenaere 263

Whiteman, Paul 270
Who 241, 283
Willaert, Adrian 264
Wilson, Al 239
Winter, Johnny 241
Wipo von Burgund 262
Wolfram von Eschenbach 263
Wonder, Steve 240 f
Wulfila 263

Young, Neil 240 f

Zabaleta, Nicanor 55 (Abb.)
Zelter, Carl Friedrich 266, 272 f, **280**, 11*
Zesen, Philipp von 47*
Zimmermann, Bernd-Alois 266, **280**
Zuccalmaglio, Wilhelm von 75, 26*, (35)
Zuckmayer, Carl 266
Zuckmayer, Eduard 143

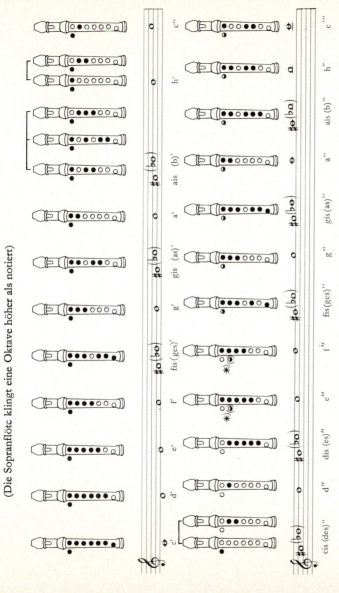

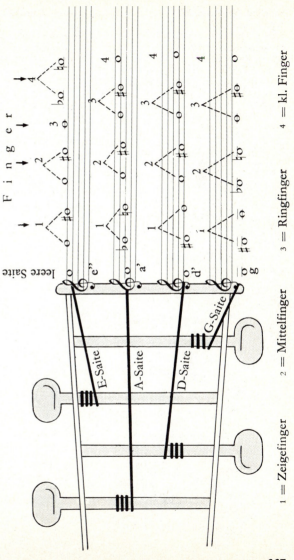

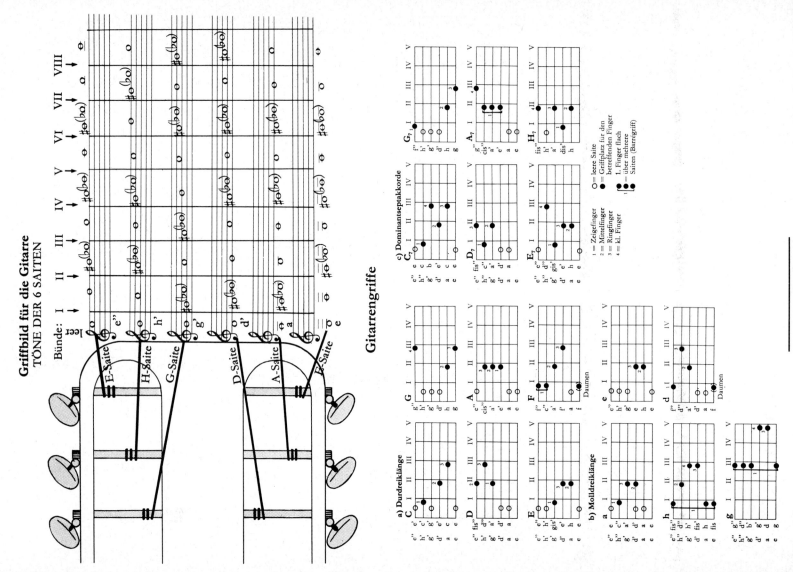

Lieder und Instrumentalstücke zum Unterrichtswerk für Musik

Ton und Taste

Ferdinand Schöningh, Paderborn

I Lieder

Lieder zum Klavier

Ann und Jan am Zaune stehn 4
(Die Schweinchen)
Das Wandern ist des Müllers Lust 6
(Das Wandern)
Das Glücke kommt selten per Posta 8
(Das Glück)
Der Mond ist aufgegangen 9
Eines Tages früh 10
Es war ein König in Thule 11
(König von Thule)
Gestern vor dem Tor 12
Feine Küchlein habe ich 14
(Lied vom Fuchs)
Gott gnad dem großmächtigen Kaiser 15
(Von der Kriegsleut Orden)
Hoch in der Ebne 16
(Pir Sultan Abdal)
Jeder Frosch, ob groß, ob klein 18
(Hüpfende Frösche)
Jesus neigt sein Haupt 20
Maria sitzt im Rosenhag 22
(Mariä Wiegenlied)
Horch, es nahn drei Kön'ge 24
Marien wart ein bot gesant 25
(Tagewîse von Kristes geburt)
Schwesterlein 26
Stiller Wald, du breitest deine Äste weit 28
(Vögleins Traum)
Überall bekannt 30
(Trommellied von Feng Yang)
Sitzt a schöns Vöglein 32
(Die Nachtigall)
Wind weht vom Meere 33
(Balami punda)
Zelte Posten, Werdarufer 34
(Prinz Eugen)

Lieder im Chorsatz

Ach bittrer Winter 37
Bei stiller Nacht 38
Dort zwischen Ochs und Eselein 39
Es ist ein Schnitter 40

Kanons

Gute Nacht 41
He, jo, spann den Wagen an 41
Nicht lange mehr ist Winter 42
Regen 42
Wer Musicam verachten tut 42
Sonne im Mai 43
Vom Aufgang der Sonne 43
Wer holt uns über 43
Wer sich die Musik erkiest 44
Willkommen, lieber schöner Mai 45

Lieder mit einer zweiten (vokalen oder instrumentalen) **Stimme**

Schlankes Bambusrohr 46
(Bambusflöte)
Die güldene Sonne 47
Island, herrliches Land 47
(Tvesang; Zwiegesang)
Mein Stimme klinge 48
Wie lieblich schallt 48

Einstimmige Lieder

a) Geistliche Lieder

Christ ist erstanden 49
Es sungen drei Engel 49
Josef, lieber Josef mein 50
Jubilate Deo 50
(Der fünfte Psalmton)
Nobody knows de trouble I see 51
Nun bitten wir den heiligen Geist 51
Swing low, Sweet Chariot 52
Veni creator Spiritus 52
(Komm, Gott Schöpfer, Heiliger Geist)
Wach auf, wach auf, du deutsches Land 53

b) Abendlieder

Die Eule, schwingend durch die Luft 54
(Das Nachtlied)
Gehe ein in deinen Frieden 55
Nun wollen wir singen das Abendlied 55
(Abendlied)

c) Natur/Jahreszeit

Bunt sind schon die Wälder 56
(Herbst)
Da draußen bei meiner Hütte 56
Das Feld ist weiß 57
Es saß ein klein wild Vögelein 57
Grüß Gott, du schöner Maien 58
Hügel auf, Hügel ab 58
(In der Fremde)
Maienzeit, bannet Leid 59
(Maîenzît âne nît)
O Tannenbaum 59
Ich bin das ganze Jahr vergnügt 60
(Die vier Jahreszeiten)
So treiben wir den Winter aus 60

d) Lebenskreis

Alles verrinnt 61
(Glockenlied der Erlöserkirche in Kopenhagen)
Aus der kleinen engen Kammer 61
Den Ackersmann soll man loben 61
Hine mahtow umah naim 62
Hoch auf dem Berg 62
(Alphornthema)
Ich bin der junge Hirtenknab 62
Ich Kujawiak 63
My wife and I lived 63
(Little Brown Jug)
Kol do di 64
Nichts kann man tun bei der Herde 64
(Hirtenlied)

e) *Frohe Fahrt*
What shall we do ... 65
Zieh, Schimmel zieh ... 65
Alle, die mit uns auf Kaperfahrt fahren ... 66
Was macht der Fuhrmann ... 66
(Fuhrmann und Fährmann)

Wir fahren übers weite Meer ... 67
(Seeräuberlied)

f) *Scherz, Spiel und Tanz*
Der Himpfelhofbauer ... 68
(Zwiefacher aus Franken)

Die Tiere, die kamen zwei und zwei ... 68
(The animals came in; One More River)
Fing mir eine Mücke heut ... 69
Wenn der Dudelsack erklingt ... 69

II Instrumentalstücke

1. Leichte Spielstücke
Aus einem alten Spielbuch: Gavotte ... 70
Aus einem französischen Duettheft: ... 71
   Pendant la jeunesse
Johann Krieger: Bourrée ... 71
Leopold Mozart: Bourlesq aus „Notenbuch für Wolfgang" ... 72
Wolfgang Amadeus Mozart: Spielstück ... 72

2. Klavierstücke
Béla Bartók: Summen und Surren ... 73
Béla Bartók: Abend auf dem Lande ... 74
Béla Bartók: Bauerntanz ... 76

Zoltán Kodály: Kindertanz ... 76
Alexander Gretschaninoff: In den Bergen ... 77
Ludwig van Beethoven: Menuett ... 78
Georg Friedrich Händel: Pifa ... 81
Paul Hindemith: Ostinato ... 82
Johann Krieger: Rondeau ... 83
Johann Kuhnau: Der Kampf zwischen David und Goliath ... 84
Franz Schubert: Ländler ... 85
Franz Schubert: Ländler Op. 33, Nr. 15 ... 85
Robert Schumann: Volksliedchen ... 86
István Szelényi: Juchee- Juchee ... 87

3. Beispiele zur Hörerwartung (Partiturausschnitte)
Edvard Grieg: Aus „Morgenstimmung" ... 88/89
(Peer Gynt)
Krzysztof Penderecki: Aus der „Lukas-Passion" ... 90/91
Joh. Seb. Bach: Nr. 9 aus dem Weihnachtsoratorium ... 92

4. Ein Schlagerbeispiel
Der kleine Prinz ... 93

I. Lieder

Lieder zum Klavier

→

Aus: op. 68, Nr. 3

Verlag H. Sikorski, Hamburg

Das Wandern

Text: Wilhelm Müller (1794-1824)

Franz Schubert (1797-1828)

2. Vom Wasser haben wir's gelernt, vom Wasser!:| Das hat nicht Ruh bei Tag und Nacht, ist stets auf Wanderschaft bedacht, das Wasser,...
3. Das sehn wir auch den Rädern ab, den Rädern,:| die gar nicht gerne stille stehn, die sich mein Tag nicht müde drehn, die Räder,...
4. Die Steine selbst, so schwer sie sind, die Steine!:| Sie tanzen mit den muntern Reihn und wollen gar noch schneller sein, die Steine,...
5. O Wandern, Wandern, meine Lust, o Wandern!:| Herr Meister und Frau Meisterin, laß mich in Frieden weiter ziehn und wandern...

Aus dem Zyklus: Die schöne Müllerin. op. 25 Nr. 1 (Original in B)

Der Mond ist aufgegangen

Text: Matthias Claudius (1740-1815)

Joh. Abr. P. Schulz (1747-1800)

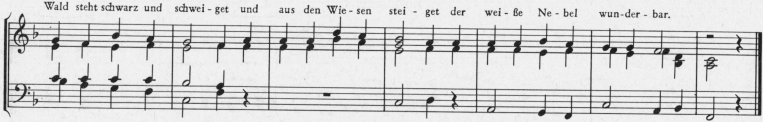

2. Wie ist die Welt so stille und in der Dämm'rung Hülle so traulich und so hold
als eine stille Kammer, wo ihr des Tages Jammer verschlafen und vergessen sollt.

3. Seht ihr den Mond dort stehen? Er ist nur halb zu sehen und ist doch rund und schön!
So sind wohl manche Sachen, die wir getrost belachen, weil unsre Augen sie nicht sehn.

4. Wir stolzen Menschenkinder sind eitel arme Sünder und wissen gar nicht viel;
wir spinnen Luftgespinste und suchen viele Künste und kommen weiter von dem Ziel.

5. So legt euch denn, ihr Brüder, in Gottes Namen nieder. Kalt ist der Abendhauch;
verschon uns, Gott, mit Strafen und laß uns ruhig schlafen und unsern kranken Nachbar auch.

Aus: Lieder im Volkston bei dem Claviere zu singen, 1785

Eines Tages früh

Für Klavier zu 3 Händen, auch 2-händig,
dann ohne Oberstimme, auch nur für 2 C-Flöten

Weise: Aus Frankreich

Ei - nes Ta - ges früh bin ich auf - ge - wacht, kam ein hel - ler Schein durch die dunk - le Nacht, su - sa - ni, ei - a Weih - nacht, su - sa - ni, ei - a Weih - nacht.

2. Und da hört ich schlagen ein Nachtigall, war so rein und süß ihrer Stimme Schall, susani, eia Weihnacht.
3. Sing nur immerzu, du lieb Vögelein, niemals hört ich je solche Melodein, susani ...
4. Und da hört ich singen die frohe Mär, daß ein Kindlein kam von dem Himmel her, susani ...
5. Daß das Kindlein sei der heil'ge Christ, der für uns heut nacht geboren ist, susani ...
6. O ihr Menschen all auf der Erde weit, laßt zum Kind uns gehn, es ist Weihnachtszeit! susani ...

Übertragung: Hannes Kraft
Melodie aus: Gottfried Wolters, Das singende Jahr, Möseler Verlag, Wolfenbüttel und Zürich

König von Thule

Text: Johann Wolfgang von Goethe (1749-1832)

Karl Friedrich Zelter
(1758-1832)

2. Es ging ihm nichts darüber, er leert' ihn jeden Schmaus; die Augen gingen ihm über, so oft er trank daraus.
3. Und als er kam zum Sterben, zählt' er sein Städt' im Reich, ließ alles seinen Erben, den Becher nicht zugleich.
4. Er saß beim Königsmahle, die Ritter um ihn her, in hoher Väter Saale, dort auf dem Schloß am Meer.
5. Dort stand der alte Zecher, trank letzte Lebensglut, und warf den heil'gen Becher hinunter in die Flut.
6. Er sah ihn stürzen, trinken, und sinken in das Meer; die Augen täten ihm sinken, trank nie einen Tropfen mehr.

Gestern vor dem Tor
Zum Klavier, 2. Stimme ad libitum

Serbisches Volkslied
Satz: Hsü, Sung-Jen

Freie Textübertragung

Lied vom Fuchs

Béla Bartók
(1881-1945)

Aus: Mikrokosmos. Verlag Boosey & Hawkes, London. Original in D-Dur.

Von der Kriegsleut Orden

Text: Nach einem fliegenden Blatt von 1530
Weise: Dresdener Codex 53 (um 1560)

Gott gnad dem groß-mäch-tigen Kai-ser from-me, Ma-xi-mi-li-an, bei dem ist auf-kom-me ein Or-den, durch-zeucht al-le Land

mit Pfei-fen und mit Trum - - men. Lands-knecht sein sie ge-nannt.

2. In Wammes und Halbhosen muß er springe, / Schnee, Regen, Wind, alles achten geringe / und hart liegen für gute Speis, // gar mancher wollt gern schwitzen, / wenn ihm nur möcht werden heiß.

3. Das war der Brauch, Gewohnheit bei den Alten, / also soll es jeder Landsknecht halten. / „Würfel und Karten!" ist ihr Geschrei[1], // so man hat guten Weine, / sollen sie sitzen bei.

4. Wenn sie dann ihr Kapitel[2] wollen halte / mit Spieß und Helleparten, sieht man's balde / zum Fähnlein in die Ordnung stahn, // dann tut der Hauptmann sagen: / „Die Feind wöll wir greifen an."

5. „Lerman, lerman!"[3] hort man die Trummen speckten[4], / dabei so setzen's ihre Rechte[5]; ein grüne Heid ist's Richters Buch, // darein schreibt man die Urteil, / bis ein'm rinnt's Blut in d'Schuh.

6. Das ist der Kriegsleut Observanz[6] und Rechte, / sang Jörg Graff[7], ein Bruder aller Landsknechte, / Unfall[8] hat ihm sein Freud gewend't, // wär sonst im Orden blieben / willig bis an sein End.

[1] Feldgeschrei, Parole; [2] feierliche Versamlung; [3] Lerman ist entstanden aus: á l'armes = zu den Waffen! [4] sprechen (engl. speak); [5] sie stellen das Kriegsrecht auf; [6] Ordensregel; [7] Jörg Graff, aus Württemberg stammend, trat als Landsknecht unter Kaiser Maximilian in den Kriegsdienst; [8] er verlor 1517 bei einem Brand in Nürnberg das Augenlicht. Seitdem zog er als fahrender Sänger umher. Er starb 1542, 60jährig.

Der erste Teil des Liedes ahmt eine Psalmenmelodie nach, welche die Mönche im feierlichen Gottesdienst singen! In dieser Parodie stellen sich die Landsknechte zum scherzhaften Vergleich neben die frommen und zurückgezogen lebenden Mönche. Maximilian I (1493-1519), der „letzte Ritter", hatte diesen Stand („Orden") ins Leben gerufen, weil der Ritterstand das christliche Abendland nicht mehr vor seinen Feinden von außen zu schützen vermochte. Das Fußvolk der Landsknechte, rauhe und wilde Gesellen, führte nun den Krieg für jeden, der sie mit Sold und Beute entlohnen konnte! Der zweite Teil des Liedes führt einen straffen Pfeifermarsch vor, zu dessen Klängen die Landsknechte bettelnd und plündernd durch das Land gezogen sein mögen!

Pir Sultan Abdal
(Hoch in der Eb'ne führt ein Weg)

Aus der Türkei
Satz: Necati Gedikli

2. Mich, der dies Lied singt, kennt ihr all: Pir Sultan Abdal.
   Ich überwinde meine Qual, das harte Schicksal.
   Ich danke Allah, der mich labt und Gutes gab.
   Refrain: Viel Freunde ...

Hüpfende Frösche

Chinesisches Volkslied (Provinz Sezuan)
Satz: Hsü, Sung-Jen

Anmerkung: Im chinesischen Volksmund heißt es scherzhaft: Wenn Frösche nicht trinken, gibt es ein friedliches Jahr. Frösche trinken aber nicht: folglich ist immer ein friedliches Jahr.

Jesus neigt sein Haupt

Text: Heinrich Elmenhorst

Johann Wolfgang Franck
(1641-1696)

Mariä Wiegenlied

Aus: Schlichte Weisen, op. 76 Nr. 52. Verlag Bote & Bock, Berlin

Horch, es nah'n drei Kön'ge

Weise: Aus Spanien (Andalusien)

1. Horch, es nah'n drei Kön'ge; reich sind sie beladen, bringen dar dem Kinde königliche Gaben. O rankende Rebe, o Laub der Zitron, Maria, Jungfraue mit ihrem Sohn.
2. Kaspar bringt ihm Weihrauch, Gold ihm Melchior dar, Duft der Myrrhenzweige bringt ihm Balthasar. O rankende Rebe, o Laub der Zitron, Maria, Jungfraue mit ihrem Sohn.

Übertragung: Alwin Krumscheid, Mit den Weihnachtsgaben — Spanische Volkslieder, Barcelona
Text und Melodie aus: Gottfried Wolters, Das singende Jahr, Möseler Verlag, Wolfenbüttel und Zürich

Tagewîse von Kristes geburt

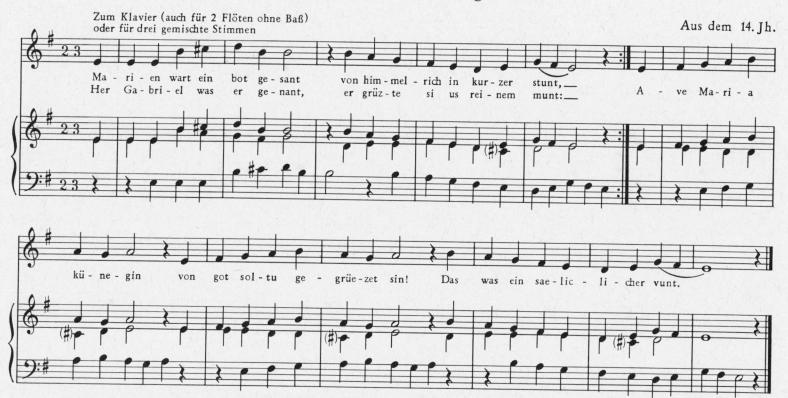

Zum Klavier (auch für 2 Flöten ohne Baß) oder für drei gemischte Stimmen

Aus dem 14. Jh.

Ma - ri - en wart ein bot ge - sant von him - mel - rich in kur - zer stunt,
Her Ga - bri - el was er ge - nant, er grüz - te si us rei - nem munt:
A - ve Ma - ri - a kü - ne - gin von got sol - tu ge - grüe - zet sin! Das was ein sae - lic - li - cher vunt.

2. Maria diu erschrac sich ser,
do si den engel ane sach.
Der engel sprach: vürht dir niht mer,
got wil kommen in din vach.
Von himelriche in kurzer vrist,
er wil sich nemmen Jesus Krist.
Waz wunders do an ir beschach.

3. Maria diu ret wider in:
lieber, sag mir vüro baz.
Du solt gebern ein kindelin,
der engel sprach ane allen haz.
Der aller welt ein loeser ist,
der kumt ze dir in kurzer vrist,
dar an wil er niht wesen laz.

4. Maria sprach: wie mag es sin,
daz magt ein kint geberen sol?
Ich sag dir uf die triuwe min,
der heilig geist der kan es wol
er kan wol würken waz er wil,
keins wunders ist im niht ze vil,
wan er ist aller gnaden vol.

5. E daz der engel von ir schiet
Maria diu ret wider in:
Sin götlich warheit mir das riet,
daz ich in sinem willen bin,
Got wel, daz ich in ane sehe,
nach sinem willen mir beschehe
daz sint die besten vröude min.

Vögleins Traum

Neues Ungarisches Volkslied
Satz: Béla Bartók
(1881-1945)

Trommellied von Feng-Yang*)

Chinesisches Volkslied (Provinz An-Huei)
Satz: Hsü, Sung-Jen

Ü - ber - all be - kannt zieh ich durch das Land, mit Gong und Trommel-schlag sing ich al - le Tag.
Ach wie hab ichs schwer, schaut doch bloß mal her! Mir macht der lan - ge Fuß mei - ner Frau Ver - druß;

*) Feng-Yang ist eine Stadt im mittleren China unweit von Nanking

Die Nachtigall

Altes Scherzlied
Satz von Johannes Brahms (1833-97)

1. Sitzt a schöns Vöglein im Tannenbaum, tut nichts als singen und schrein. Was mag denn das für ein Vöglein sein? Das muß die Nachtigall sein.

2. Nein, mein Schatz, das ist keine Nachtigall, nein, mein Schatz, das darfst nicht glaubn; keine Nachtigall schlägt auf dem Tannenbaum, schlägt in der Haselnußstaudn.

Balami punda
(Wunderbare Kastanie)

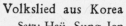
Volkslied aus Korea
Satz: Hsü, Sung-Jen

2. Schnee fällt vom Himmel, fällt vom hohen Himmel,
Schnee fällt vom Himmel. Wunderbar blüht ...

3. Regen strömt nieder, strömt aus dunklen Wolken,
Regen strömt nieder. Wunderbar blüht ...

4. Vöglein, die singen im Tal, in den Bergen,
Vöglein die singen. Wunderbar blüht ...

5. Tanzen wir fröhlich bei dem schönen Fest,
tanzen wir fröhlich. Wunderbar blüht ...

Übersetzung:

Balami punda	= Wind weht
Jonpiong	= Name einer Insel
patae	= Meer
Olsa tzune Kunpamijo	= wunderbare Kastanie

Prinz Eugen, der edle Ritter

Text: Ferdinand Freiligrath (1810-1876)
Carl Loewe (1796-1869)

1. Zel - te, Po - sten, Wer - da - ru - fer! Lust - ge Nacht am Do - nau - u - fer! Pfer - de stehn im Kreis um - her,
2. Um das Feu - er auf der Er - de, vor den Hu - fen sei - ner Pfer - de liegt das öst - reich - sche Pi - kett,

an - ge - bun - den an den Pflök - ken; an den en - gen Sat - tel - bök - ken han - gen Ka - ra - bi - ner schwer.
auf dem Man - tel liegt ein je - der; von den Tscha - kos* weht die Fe - der, Leut - nant wür - felt und Kor - nett.

*) Tschako (ungar.) = Husarenhelm

Lieder im Chorsatz

Ach bittrer Winter

Vor 1640

2. Strophe für die 1. Stimme

Die bunten Blümlein sind worden fahl,
entflogen ist uns Frau Nachtigall.·

Sie ist entflogen, wird uns nicht mehr singen.

2. Strophe für die 2. Stimme

Die bunten Blümlein sind worden fahl,
entflogen ist uns Frau Nachtigall.

Sie wird uns nicht mehr singen.

Bei stiller Nacht

Text: Friedrich von Spee (1591-1635)
Aus: Trutznachtigall, 1649

2. Ach, Vater mein, und kann's nicht sein, und muß ich's je dann wagen,
   will trinken rein den Kelch allein, kann dir's ja nicht versagen.

3. Der schöne Mond will untergehn, vor Leid nicht mehr mag scheinen,
   die Stern' ohn' Glanz am Himmel stehn, mit mir sie wollen weinen.

4. Kein Vogelsang noch Freudenklang man höret in den Lüften,
   die wilden Tier' trau'rn auch mit mir in Steinen und in Klüften.

Dort zwischen Ochs und Eselein

Aus Frankreich

1. Entre le boeuf et l'âne gris dort, dort, dort le petit fils. Mille anges divins, mille Séraphins, volent à l'entour de ce Dieu d'amour.
2. Entre les deux bras de Marie, dort...
3. Entre les roses et les lys, dort...
4. Entre les pastoureaux jolis, dort...

Deutsche Fassung: Marc André Souchay
Melodie aus: Europäische Volkslieder von Paul Arma, Otto Maier Verlag, Ravensburg

Es ist ein Schnitter

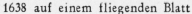
1638 auf einem fliegenden Blatt

3. Viel hunderttausend ungezählt, da unter die Sichel fällt:
Rot Rosen, weiß Liljen, beid wird er austilgen, ihr Kaiserkronen, man wird euch nicht schonen:
Hüt dich, schön's Blümelein!

4. Trutz Tod! Komm her, ich fürcht mich nit! Trutz, komm, und tu ein'n Schnitt!
Wenn Sichel mich letzet, so werd ich versetzet in himmlischen Garten, darauf will ich warten:
Freu dich, schön's Blümelein!

3. (Dreiklangsketten) Viel hunderttausend ungezählt,
nicht Kaiserkronen wird er schonen.
Hüt dich, schön's Blümelein!

4. (Dreiklangsketten) Trutz Tod! Komm her, ich fürcht mich nit!
Auf Himmelsgarten will ich warten!
Freu dich, schön's Blümelein!

Kanons

Sonne im Mai

Aus England

Übertragung: Kurt Sydow
Aus: Bruder Singer, Bärenreiter-Verlag, Kassel und Basel

Vom Aufgang der Sonne
Kanon zu 3 (-4) Stimmen

Worte: Psalm 113,3   Kanon: Paul Ernst Ruppel

Aus: P. E. Ruppel, Kleine Fische, Möseler Verlag, Wolfenbüttel und Zürich

Wer holt uns über

Mündlich überliefert

Humphrey Trevelyan. Aus: C. Götsch, Klingendes Leben, Bärenreiter-Verlag, Kassel und Basel

Wer sich die Musik erkiest

Text: Martin Luther (1483-1546)
Paul Hindemith (1895-1963)

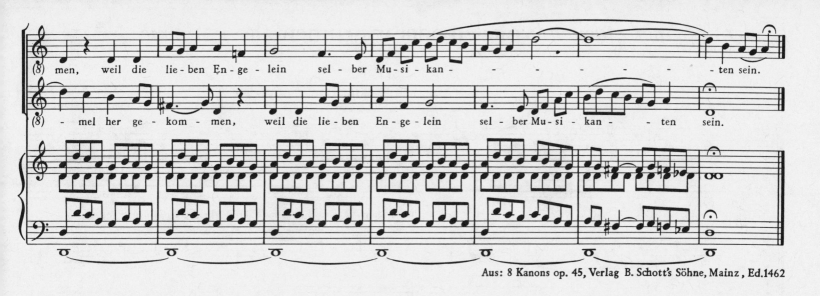

Aus: 8 Kanons op. 45, Verlag B. Schott's Söhne, Mainz, Ed.1462

Willkommen, lieber schöner Mai
(Kanon zu 3 Stimmen)

Text: Ludwig Hölty (1748-1776)
Franz Schubert (1797-1828)

Lieder mit einer zweiten (vokalen oder instrumentalen) *Stimme*

Bambusflöte
für Gesang und Blockflöte

Chinesisches Volkslied (Provinz Schan-Tung)
Satz: Hsü, Sung-Jen

Schlan-kes Bam-bus-rohr brin-get mei-nem Kind.
Ei-ne Flö-te schnitzt ge-schwind; für das Münd-chen klein pas-send muß sie sein;
Kind soll spie-len schö-ne Me-lo-dein! Hsiau bau bau*) jü dü jü dü
jü dü jü Hsiau bau bau schö-ne neu-e Me-lo-die.

*) *Hsiau bau bau ist das chinesische Wort für „Baby"*

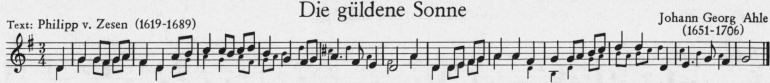

Mein Stimme klinge

Valentin Rathgeber (1682-1750)

Mein Stim-me klin-ge, mein Zun-ge sin-ge Fröh-lichkeit und Scherz, al-les, was ein Herz er-freu-en kann.
Las-set die Sor-gen sein, stimmt in den Ju-bel ein, eh der Tag ver-rinnt und in Nacht versinkt, was froh be-gann.
Ein Narr, wer sich ver-schließt, den je-de Lust ver-drießt! Kommet all her-bei, wer's auch im-mer sei, noch sind wir jung!

2. Jauchzen die Geigen, spielen zum Reigen, drehet euch im Kreis nach der alten Weis und freuet euch!
Singet zum Brummelbaß, setzt euch ins grüne Gras und in froher Rund tut sich manches kund aus alter Zeit. Ein Narr...

2. Str. mündlich überliefert
Aus: Augsburger Tafelkonfekt

Wie lieblich schallt

Text: Christoph von Schmid (1768-1854)

Friedrich Silcher (1789-1860)

1. Wie lieblich schallt durch Busch und Wald des Waldhorns sü-ßer Klang, der Wi-der-hall im Ei-chental hallt's nach so lang, so lang.
2. Und jeder Baum im weiten Raum dünkt uns wohl noch so grün, es wallt der Quell wohl noch so hell durchs Tal dahin, dahin.
3. Und jede Brust fühlt neue Lust beim frohen Echoton, es flieht der Schmerz aus jedem Herz sogleich davon, davon.

Einstimmige Lieder

a) Geistliche Lieder

Text: 13. Jahrhundert

Christ ist erstanden

Melodie nach einer Münchener Handschrift des 15. Jahrhunderts

Christ ist er-stan-den von der Mar-ter al-le! Des solln wir al-le froh sein, Christ soll un-ser Trost sein. Ky-ri-e-leis!
Wär er nicht er-stan-den, so wär die Welt ver-gan-gen. Seit daß er er-stan-den ist, so freut sich al-les, was da ist. Ky-ri-e-leis!

Al-le-lu-ja, al-le-lu-ja, al-le-lu-ja! Des solln wir al-le froh sein, Christ soll un-ser Trost sein. Ky-ri-e-leis!

Dieses Lied geht melodisch auf die Ostersequenz des ▷ Wipo von Burgund zurück und gehört zu den ältesten Kirchengesängen deutscher Sprache.

Es sungen drei Engel

Melodie-Fassung: Mainzer Cantual 1605

1. Es sun-gen drei En-gel ein sü-ßen Ge-sang, daß in dem ho-hen Him-mel klang.
2. Sie sungen, sie sungen alles so wohl, den lieben Gott wir loben solln.

Ruf, vermutlich aus dem 13. Jahrhundert

Josef, lieber Josef mein

Text und Melodie: 14. Jh.

"Jo-sef, lie-ber Jo-sef mein, hilf mir wie-gen mein Kin-de-lein. Gott, der soll dein Loh-ner sein im Him-mel-reich, der Jung-frau Sohn Ma-ri-a." Er ist er-schie-nen am heu-ti-gen Tag, am heu-ti-gen Tag in Is-ra-el. Von Ma-ri-a ist Heil er-spros-sen in al-le Welt.

2. "Gerne, liebe Maria mein, helf ich wiegen dein Kindelein,
   daß Gott muß mein Löhner sein im Himmelreich, der Jungfrau Sohn Maria."
3. Freu dich nun, o Christenschar, der himmlische König klar
   nahm die Menschheit offenbar, den uns gebar die reine Maid Maria.
4. Süßer Jesu, auserkor'n, weißt wohl, daß wir war'n verlor'n:
   Still uns deines Vaters Zorn, dich hat gebor'n die reine Magd Maria.

Der fünfte Psalmton

Gregorianisch

| Einleitung | Sprechton | Mittelschluß | Sprechton | Endschluß |
| Initium | Tenor | Mediatio | Tenor | Finalis |

Ju-bi-la-te De-o, om-nis ter-ra: ser-vi-te Do-mi-no in lae-ti-ti-a.[1]

[1] Jauchzet dem Herrn alle Welt: Dienet dem Herrn mit Freuden. (Anfang des 100. Psalms)

Nobody knows de trouble I see

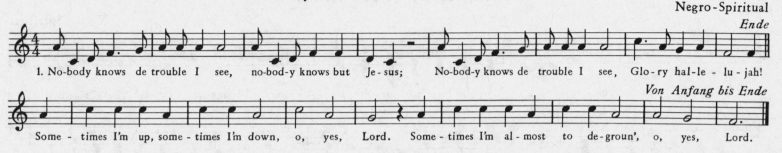

2. Although you see me goin' 'long so, o, yes, Lord. I have my trials here below, o, yes, Lord.
3. One day when I was walkin' 'long, o, yes, Lord. De el'ment open'd an' love came down, o, yes, Lord.
4. I never shall forget that day, o, yes, Lord. When Jesus washed my sins away, o, yes, Lord.

Nun bitten wir den heiligen Geist

2. Erleuchte uns, o ewiges Licht; hilf, daß alles, was durch uns geschieht,
Gott sei wohlgefällig durch Jesum Christum, der uns macht heilig durch sein Priestertum! Kyrieleis!
3. O höchster Tröster und wahrer Gott, steh uns treulich bei in aller Not,
mach rein unser Leben, schenk uns deine Gnade, laß uns nicht weichen von dem rechten Pfade! Kyrieleis!

Swing Low, Sweet Chariot

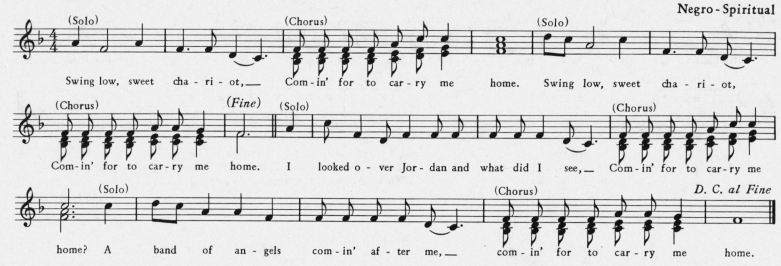

2. If you get there before I do,
   Comin' for to carry me home,
   Tell all my friends I'm comin' too,
   Comin' for to carry me home.

3. The brightest day that ever I saw,...
   When Jesus washed my sins away,...

4. I'm sometimes up and sometimes down...
   But still my soul feels heavenly bound...

mündlich überliefert

Hymnus

Im - ple su - per - na gra - ti - a quae tu cre - a - sti pe - cto - ra.

Mit Gna - den sie füll, wie du weißt, daß's dein Ge - schöpf vor - hin sein.
(weil) (von Anbeginn)

2. Qui díceris Paráclitus, altíssimi donum Dei, fons vivus, ignis, cáritas, et spiritális únctio.
3. Accénde lumen sénsibus, infúnd (e) amórem córdibus, infírma nostri córporis virtúte firmans pérpeti.
4. Hostem repéllas lóngius, pácemque dones prótinus: Ductóre sic te práevio vitémus omne nóxium.

Wach auf, wach auf, du deutsches Land

Melodie und Text: Johann Walter, 1552

Wach auf, wach auf, du deut-sches Land, du hast ge - nug ge - schla - fen. Be - denk, was Gott dir hat ge - sandt
Be - denk, was Gott an dich ge - wandt, wo - zu er dich er - schaf - fen.

und dir ver - traut sein höch - stes Pfand; drum magst du wohl auf - wa - chen.

2. Die Wahrheit wird jetzt unterdrückt, will niemand Weisheit hören. Die Lüge wird gar fein geschmückt, man hilft ihr oft mit Schwören. Dadurch wird Gottes Wort veracht't, die Wahrheit höhnisch auch verlacht; die Lüge tut man ehren.

3. So helfe Gott uns allen gleich, daß wir vom Bösen lassen, und führe uns zu seinem Reich, daß wir das Unrecht hassen. Herr Jesu Christe, hilf uns nu und gib uns deinen Geist dazu, daß wir dein Warnung fassen.

b) *Abendlieder*

Gehe ein in deinen Frieden

Israelisches Volkslied

Ge - he ein in dei - nen Frie - den! Schla - fe dei - nen gu - ten Schlaf! Mond - licht fließt her -
Ruh' dich aus nach dei - ner Ar - beit! Und ge - seg - net sei die Nacht!

ab vom Him - mels - zelt, und der Tau glänzt auf un - serm Feld. Preist den Tag und die Nacht!

Preist die Nacht und den Tag! Preist die Son - ne, prei - set die Er - de, preist den Herrn al - ler Wel - ten.

Freie Übertragung: Helmut König
Aus: Das Lied zum Unterricht, Voggenreiter-Verlag, Bad Godesberg

Abendlied

Volkslied aus dem Odenwald

1. Nun wol - len wir sin - gen das A - bend - lied und be - ten, daß Gott uns be - hüt.
2. Es weinen viel Augen wohl jegliche Nacht, bis morgen die Sonne erwacht.
3. Es leuchten viel Sterne wohl jegliche Nacht, der Herrgott im Himmel hält Wacht.

c) Natur / Jahreszeit

Herbst

Text: Joh. Gaudenz v. Salis-Seewis (1762-1834)
Joh. Friedrich Reichardt (1752-1814)

Bunt sind schon die Wälder, gelb die Stoppelfelder, und der Herbst beginnt.
Rote Blätter fallen, graue Nebel wallen, kühler weht der Wind.

2. Wie die volle Traube aus dem Rosenlaube purpurfarbig strahlt!
Am Geländer reifen Pfirsiche, mit Streifen rot und weiß bemalt.

3. Flinke Träger springen, und die Mädchen singen, alles jubelt froh!
Bunte Bänder schweben zwischen hohen Reben auf dem Hut von Stroh.

4. Geige tönt und Flöte bei der Abendröte und im Mondesglanz.
Junge Winzerinnen winken und beginnen frohen Erntetanz.

Da draußen bei meiner Hütte

Worte und Weise aus Kastilien

1. Al lado de mi cabaña tengo una huerta y un madroñal.
Da draußen bei meiner Hütte liegt im Garten ein Beerenhain.

Con mi cabaña y a huerta, le-ré,*) y los madroños, le-ré, qué quiero mas!
Will bei der Hütte im Garten le-ré, bei meinen Bäumen, le-ré, und Beeren sein!

2. Und steigt am Morgen die Sonne auf, schon am Berg ertönet Gesang. Schäfer den Dudelsack spielet, le-ré, preßt ihn im Arme, le-ré, hört ihr den Klang?

*) etwa: juchhé!

Deutsche Fassung: Willi Heuser
Aus: Martinez, Antologia de cantos populares españolas, Barcelona 1930

Das Feld ist weiß

Masurisches Volkslied
Melodie: Bernhard Rostock (1690-1759)

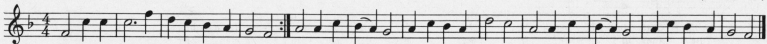

Das Feld ist weiß, vor ihrem Schöpfer neigen die Ähren sich, ihm Ehre zu bezeigen. Sie rufen: Schnitter, laßt die Sicheln klingen, vergeßt auch nicht, das Lob des Herrn zu singen.

2. Ein Jahr, Allgütger, ließest du es währen,
bis uns gereift die Saat, die uns soll nähren.
Nun du sie gibest, sammeln wir die Gabe.
Von deiner Huld kommt alle unsre Habe.

Es saß ein klein wild Vögelein

Worte und Weise aus Siebenbürgen

Es saß ein klein wild Vögelein auf einem grünen Ästchen; es sang die ganze Winternacht, sein Stimm tät laut erschallen. Es schallen.

Aus: Schuster, Siebenbürgisch-sächsische Volkslieder (1865)

2. Sing du mir mehr, sing du mir mehr, du kleines, wildes Vögelein! Ich will um deine Federlein dir Gold und Seide winden.

3. „Behalt dein Gold, behalt dein Seid, ich will dir nimmer singen; ich bin ein klein wild Vögelein, und niemand kann mich zwingen."

4. Geh du herauf aus diesem Tal, der Reif wird dich auch drücken! „Drückt mich der Reif, der Reif so kalt, Frau Sonn' wird mich erquicken."

2. Die kalten Wind verstummen, der Himmel ist gar blau, die lieben Bienlein summen daher von grüner Au. Die Bächlein wie Kristallen rein, die Flüsse einherbrausen im güldnen Sonnenschein.

Aus: Werner Danckert, Das europäische Volkslied, Berlin

Maienzît âne nît
(Maienzeit bannet Leid)

Worte und Weise von einem Nachahmer
Neidharts von Reuental 13. Jh.

Melodische Fassung aus: F. Gennrich, Troubadours, Trouvères,
Minne- und Meistergesang, in „Das Musikwerk", Arno Volk-Verlag, Köln
Neufassung des Textes: Max Pohl

O Tannenbaum

Aus Westfalen

2. „Warum sollt ich nicht grünen, da ich noch grünen kann?
   Ich hab nicht Mutter noch Vater, der mich versorgen kann.

3. Und der mich kann versorgen, das ist der liebe Gott,
   der läßt mich wachsen und grünen, drum bin ich schlank und groß."

Die vier Jahreszeiten

Worte und Weise: von den Deutschen aus Bessarabien

Ich bin das ganze Jahr vergnügt. Im Frühling wird das Feld gepflügt; dann steigt die Lerche hoch empor und singt ihr frohes Lied mir vor, und singt ihr frohes Lied mir vor.

2. Und kommt die liebe Sommerzeit, wie hoch ist da mein Herz erfreut,
   wenn ich vor meinem Acker steh und soviel tausend Ähren seh.
3. Rückt endlich Erntezeit heran, dann muß die blanke Sense dran:
   Dann zieh ich in das Feld hinaus und schneid' und fahr die Frucht nach Haus.
4. Im Herbst schau ich die Bäume an, seh Äpfel, Birnen, Pflaumen dran.
   Und sind sie reif, so schüttl' ich sie. So lohnet Gott des Menschen Müh!
5. Und kommt die kalte Winterzeit, dann ist mein Häuschen überschneit,
   das ganze Feld ist kreideweiß und auf der Wiese nichts als Eis.
6. So geht's jahraus, jahrein mit mir, ich danke meinem Gott dafür
   und habe immer frohen Mut und denke: Gott macht alles gut.

Fassung: Gottfried Wolters
Aus: Gottfried Wolters, Das singende Jahr, Möseler Verlag, Wolfenbüttel und Zürich.

So treiben wir den Winter aus

Weise: 1545

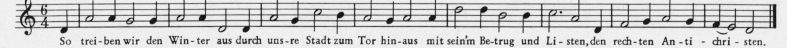

So treiben wir den Winter aus durch unsre Stadt zum Tor hinaus mit sein'm Betrug und Listen, den rechten Antichristen.

2. Wir stürzen ihn von Berg zu Tal, auf daß er sich zu Tode fall und uns nicht mehr betrüge durch falsche Lehr und Lüge.
3. Nun haben den Winter wir ausgetrieben, so bringen wir den Sommer herwieder, den Sommer und den Maien, die Blümlein mancherleien.

Text aus: Des Knaben Wunderhorn, 1806

d) Lebenskreis

Alles verrinnt

Text: C. W. Schultz-Lorenzen
Glockenlied der Erlöserkirche in Kopenhagen
P. S. Rung-Keller

1. Al - les ver - rinnt, Le - ben, Son - ne, Zeit, Bo - ten wir sind von der E - wig - keit.
2. Mor - gen und Nacht wech - selt Lust und Not. Gott hat die Macht, heilt uns selbst im Tod.
3. Eh - re und Macht, da - nach strebt die Welt. Mein Klang, gebt acht! ruft zum Him - mels - zelt.

Aus: Musik im Leben, Bd. 1, Verlag M. Diesterweg, Frankfurt

Aus der kleinen, engen Kammer

Russisches Volkslied

Aus der klei - nen, en - gen Kammer schau ich weit ins fri - sche Feld, grü - ße mei - ne fer - ne Hei - mat und die schö - ne jun - ge Welt!

(Freie Nachdichtung)

Den Ackersmann soll man loben

Lothringen

In freischwebendem Rhythmus

Den Ak - kers - mann soll man lo - ben und prei - sen auf die - ser Er - den. Man soll ihn lo - ben al - so recht, er ist für - wahr un - sers Herr - gotts Knecht all - hier auf die - ser Er - de, ja Er - de.

2. Den Ackersmann soll man loben und preisen auf dieser Erden.
Man soll ihn loben also fein: er nährt das kleine Waldvögelein und das Mäuslein unter der Erde.

3. Den Ackersmann soll man loben und preisen auf dieser Erden.
Man soll ihn loben also schön, er hat ein Kron in dem Himmel stehn, die soll ihm ja schon werden.

Aus: L. Pinck, Verklingende Weisen, Bärenreiter-Verlag, Kassel und Basel

Hine mahtow umah naim

Aus Israel

Hi-ne mah-tow u-mah na-im schä-wet a-chim gam ja-chad. Hi-ne mah-tow, schä-wet a-chim gam ja-chad.

(Siehe, wie fein und lieblich ist's, daß Brüder einträchtig beieinander wohnen. Psalm 133)

Mitgeteilt vom Kinderdorf Pestalozzi, Trogen / Schweiz

Alphornthema

Aus der 1. Sinfonie
Original Lydisch g

Hoch auf'm Berg, tief im Tal, grüß ich dich viel tau-send-mal!

Johannes Brahms an Clara Schumann
am 12. 9. 1868

Ich bin der junge Hirtenknab

Aus Finnland

Ich bin der jun-ge Hir-ten-knab, mei-ne Kü-he weid ich auf und ab, wie der munt-re Fink im Ha-ge-dorn blas ich froh mein Rin-der-horn: Tu, tu, tu-te-li-lu, tu, tu, tu-te-li-lu!

2. Meiner Herde Glocken läuten sacht, und das Echo hinterm Berg erwacht, und die Heidelerche singt und springt, weil's so wunderlieblich klingt.

3. Wenn der Tag verglüht über Wald und See, mit meinen Küh'n ich heimwärts geh. Noch von fern mein Horn herüberschallt, und das Echo auch verhallt.

Übertragung aus dem Finnischen von Gisela Tiedke,
Bärenreiter Verlag, Kassel und Basel

2. Hei, so spiele auf nur kräftig, acht nicht drauf, daß ich nur Knecht bin. Graue Schafe, braune Pferde! s'ist am schönsten in Kujawien! La-la...

Aus: Rutkowski, Spiewajmy piosenki, Krakau 1948, Deutsche Fassung: Willi Heuser

Der Kujawiak ist eine langsame, nicht gesprungene Abart der Mazurka.
Kujawien = polnische Landschaft an der unteren Weichsel

2. When I go toiling to my farm, I take little brown jug under my arm;
I place it under a shady tree, little brown jug, 'tis you and me. CHORUS:...

3. If I'd a cow that gave such milk, I'd clothe her in the finest silk;
I'd feed her on the choicest hay, and milk her forty times a day. CHORUS:...

4. The rose is red, my nose is too, the violet's blue, and so are you;
and yet I guess, before I stop, we'd better take another drop. CHORUS:...

(Horch! Mein Geliebter! – Siehe, da kommt er, springt daher über die Berge, hüpft daher über die Hügel. Hohes Lied.)

Aus: Sonnenberg-Liederbuch Pro Musica,
hg. von Jöde und Gundlach, Möseler Verlag, Wolfenbüttel

Das Lied wurde 1965 von Michael Oppitz in Ostnepal aufgenommen

Die Textfassung entstand aus einer Prosaübertragung und einem Kommentar, die Mithu Fama und M. Oppitz zur Verfügung stellten.

Erläuterungen:

1. In die Sommermonate Juni, Juli und August fällt die Regenzeit. Schwüle und Luftfeuchtigkeit lösen Seuchen (Malaria) aus. Die erhöhte Sterblichkeit macht den nepalesischen Sommer zur Zeit des Todes.
2. An vielen Wegen in Nepal — es gibt nur wenige Straßen — sind Rastplätze eingerichtet: auf einem Gemäuer unter einem großen, schattenspendenden Baum können die Träger ihre Lasten absetzen; ihre Rücken sind die wichtigsten Transportmittel. Rastplätze werden gerne aufgesucht. Hier begegnen sich die Reisenden und sprechen miteinander.
3. Tan Melung ist eine Ortschaft in Ost-Nepal.
4. Der Bagmati ist der heilige Fluß der Nepalesen. Er ist in seiner Bedeutung vergleichbar dem Ganges in Indien. In seine Fluten streuen die Hindus die Asche der Verstorbenen.

Zum Vortrag: Der Sänger benutzt die mitgeteilte Melodie als ein Modell, dessen Töne er auf immer neue Weise umspielend auflöst. Er begleitet seinen Gesang mit dem Klatschen seiner Hände im 2/4 Takt.

e) **Frohe Fahrt**

What shall we do

Englisches Seemannslied (Shanty)

2. Take him and shake him and try to awake him! (3x) Hurray...
3. Put out the plug* and wet him all over!...   * Zieh den Stöpsel heraus
4. Put him in the long boat** till he's sober!...   ** Beiboot
5. That's what to do with a drunken sailor!...

Zieh, Schimmel, zieh!

Text aus: Des Knaben Wunderhorn (1806)

Alle, die mit uns auf Kaperfahrt fahren

Flämisches Seemannslied

Al-le, die mit uns auf Ka-per-fahrt fah-ren, müs-sen Män-ner mit Bär-ten sein. Jan und Hein und Klaas und Pitt, die ha-ben Bär-te, die ha-ben Bär-te, die ha-ben Bär-te, die fah-ren mit!

2. Alle, die Tod und Teufel nicht fürchten, müssen Männer mit Bärten sein.
3. Alle, die mit uns das Walroß killen, müssen Männer mit Bärten sein.
4. Alle, die öligen Zwieback lieben, müssen Männer mit Bärten sein.
5. Alle, die endlich zur Höll mitfahren, müssen Männer mit Bärten sein.

Al die wil-len te kap-ren va-ren, moe-ten man-nen met baer-den zyn;
Jan, Pier, Tjo-res en Cor-neel, die heb-ben Baer-den, die heb-ben Baer-den,
Jan, Pier, Tjo-res en Cor-neel, die heb-ben baer-den, zy va-ren meê.

Textergänzung und Übertragung: Gottfried Wolters
Aus: Gottfried Wolters, Das singende Jahr,
Möseler Verlag, Wolfenbüttel und Zürich.

Fuhrmann und Fährmann

Aus Westfalen

1. Was macht der Fuhr-mann? Der Fuhr-mann spannt den Wa-gen an, die Pfer-de ziehn, die
2. Was macht der Fähr-mann? Der Fähr-mann legt ans U-fer an und denkt: „Ich halt nicht
3. Da kam der Fuhr-mann mit sei-nem gro-ßen Wa-gen an, der war mit Ki-sten
4. Da sprach der Fähr-mann: „Ich fahr euch nicht, Ge-va-ters-mann, gebt ihr mir nicht aus
5. „Ja", sprach der Fuhr-mann. Und als sie ka-men drü-ben an, da öff-net er die
6. Schalt da der Fähr-mann? O nein, o nein! er lach-te nur: „Aus je-der Kist' ein

Seeräuberlied

Altes englisches Seemannslied

2. Vom Maste weht ein schwarzes Tuch. Hullabaloo... Vielleicht trifft uns der Heimat Fluch, Hullabaloo...
3. Das wilde Wasser rauscht und schäumt. Manch einer von der Liebsten träumt.
4. O Bruder, laß das Träumen sein. Vielleicht muß bald gestorben sein.
5. Und gilts den Tod, wir fechten's aus! Von uns will keiner mehr nach Haus!

Übertragung: Karl Seidelmann
Aus: Die schwarze Fahne der Piraten, Voggenreiter-Verlag, Bad Godesberg

f) Scherz, Spiel und Tanz

Zwiefacher

Aus Franken

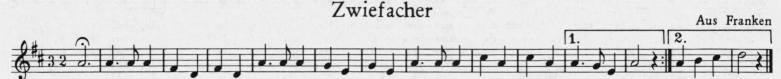

Der Himpfel-hof-bau-er, bau-er, das ist ein Schlauer, Schlauer, der steht als mau-er Schlauer viel zu früh auf!
Dann legt er sich wie-der, wie-der auf sein Bett nie-der, nie-der, schreit a-ber: „Frie-der, Frie-der, steh end-lich auf!"

Aufzeichnung: E. Hofmann, Hersbrucker Hirtenmuseum

One More River

Aus England

1. Die Tie-re, die ka-men zwei und zwei, 1-9. Vi-ve la com-pa-gnie! 1. Das Kän-gu-ruh und der Pa-pa-gei, 1-9. Vi-ve la com-pa-gnie!
1. The an-i-mals came in two by two, 1. The cen-ti-pede and the kan-ga-roo

1.-9. Nur hin-ü-ber, hin-ü-ber ü-ber den Jor-dan, nur hin-ü-ber, dann hät-ten sie's al-le ge-schafft.
One more ri-ver, and that's the ri-ver of Jor-dan, one more ri-ver there's one more ri-ver to cross.

Nur hin-ü-ber, nur hin-ü-ber, nur hin-ü-ber, dann hät-ten sie's al-le ge-schafft.
One more ri-ver is to cross one more ri-ver one more ri-ver to cross.

2. Die Tiere, die kamen drei und drei... Der Elefant und der Floh dabei...
3. Die Tiere, die kamen vier und vier... Das Kamel, das blieb stecken in der Tür...
4. ...Die hier ohne Schuh, die dort ohne Strümpf...
5. Zu sechsen kamen die Affen gerannt... Nach Streichen allein der Sinn ihnen stand...
6. Die Tiere, die kamen sieben und sieben...
   Zum Himmel, zur Hölle, wie sie's getrieben...
7. ...Der Wurm kam zu früh, der Spatz bei Nacht...
8. ...Das eine trank Wasser, das andre Wein...
9. ...Wer mehr will hören, zum Anfang muß geh'n...

2. The animals came in three by three, Vive la compagnie! The elephant on the back of the flea, Vive la compagnie! One more river... etc.
3. The animals came in four by four, the camel, he got stuck in the door...
4. ...Some were dead and some were alive...
5. ...The monkey he was up to his tricks...
6. ...Some went to Hell, and some went to Heaven...
7. ...The worm was early, the bird was late...
8. ...Some had water and some had wine...
9. ...If you want anymore you must sing it again...

Aus: „The Week-End Book", Vol. II, Penguin Books Ltd. Deutsche Fassung: Siegfried Spring

Fing mir eine Mücke heut

Volkslied aus Komárom, Ungarn

Fing mir ei - ne Mük-ke heut, grö-ßer als ein Pferd wohl;
ließ das Fett, das Fett ihr aus, 's war ein gan-zes Faß voll!
Wer das glaubt, ein E - sel ist, grö-ßer als ein Pferd wohl, grö-ßer als ein Pferd wohl.

2. Riß ihr dann den Stachel aus, war spitz wie 'ne Nadel,
macht mir einen Degen draus, sah aus wie von Adel.
3. Zog ihr auch das Fell dann ab, macht mir eine Decke,
lag darauf so weich und warm, wie im Himmelbette.

Übertragung: Hedwig Lüdeke
2. und 3. Str.: J. Königs und H. P. Lehmann
Melodie aufgezeichnet von Béla Bartók, 1910 (Verlag Walter de Gruyter, Berlin)

Wenn der Dudelsack erklingt

Ungarisches Volkslied

Wenn der Du-del-sack er-klingt, Bur-schen, Mädchen, tanzt und springt! Ste-phan will bei-seit nicht stehn, wählt A-nusch-ka, jung und schön!

Spring her-ein! Dann zu zwein wolln wir uns im Tanz freun! Spring her-ein! Dann zu zwein wolln wir uns im Tanz freun!

Melodie in B. Bartók „For children", Boozey & Hawkes, London 1947   Freie Textübertragung

II. Instrumentalstücke

1. Leichte Spielstücke

Gavotte

Aus einem alten Spielbuch (1740)

Aus: Leichte Violoncello Duette, Otto Heinrich Moetzel Verlag, Wilhelmshaven o. J.

Bourlesq

Aus: Leopold Mozart, Notenbuch für Wolfgang, Verlag B. Schott's Söhne 1939

Spielstück

Aus: Das Spiel auf der Sopran-Blockflöte, hrsg. v. H. Mönkemayer, Edition Moeck, Celle 1960

2. Klavierstücke

Summen und Surren

Béla Bartók
(1881-1945)

Aus: Mikrokosmos. Verlag Boosey & Hawkes, London

Alle Rechte bei Editio Musica, Budapest. Aus: 10 leichte Klavierstücke. Verlag B. Schott's Söhne, Mainz

Bauerntanz

Béla Bartók
(1881-1945)

Aus: Die erste Zeit am Klavier. Verlag B. Schott's Söhne, Mainz
Alle Rechte bei Editio Musica, Budapest

Kindertanz

Zoltán Kodály
(1882-1967)

Aus: Kindertänze. Verlag Boosey & Hawkes, London

In den Bergen

Alexander Gretschaninoff
(1864-1956)

Aus: Im Grünen, Verlag B. Schott's Söhne Mainz, Ed. 1125

Menuett

Ludwig van Beethoven
(1770–1827)

Da capo al segno ⊕, dann Trio

Da capo al segno ⊕, dann Coda

Aus: Sonatine op. 49,2

Pifa

Georg Friedrich Händel
(1685-1759)

Da capo al Fine

Aus dem Oratorium: Der Messias

Ostinato

Paul Hindemith
(1895-1963)

Aus: Kleine Klaviermusik. Verlag B. Schott's Söhne, Mainz, Ed. 1466

Rondeau

Johann Krieger
(1652-1735)

Der Kampf zwischen David und Goliath

Johann Kuhnau (1660-1722)

Aus: Musikalische Vorstellungen einiger Biblischer Historien

Volksliedchen

Aus: Album für die Jugend, op. 68

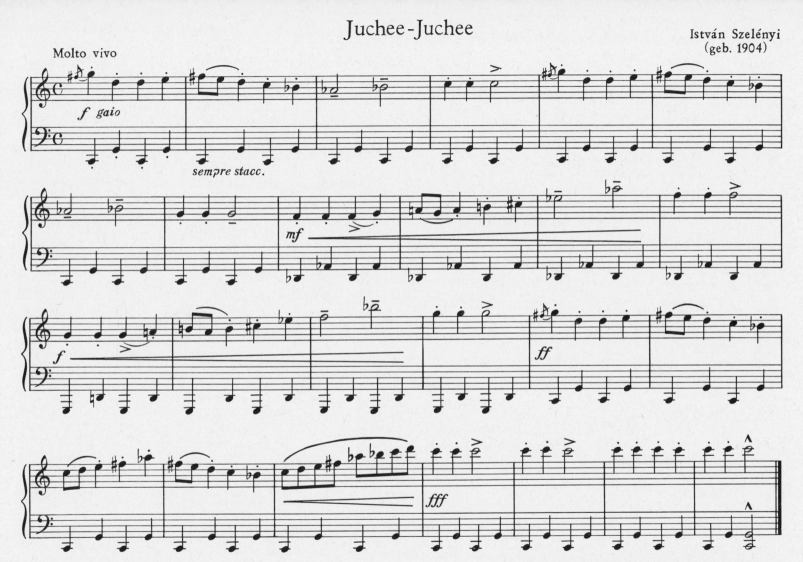

3. Beispiele zur Hörerwartung (Partiturausschnitte)

„Aus Morgenstimmung" Peer Gynt — Suite No. 1 Op. 46   Edvard Grieg

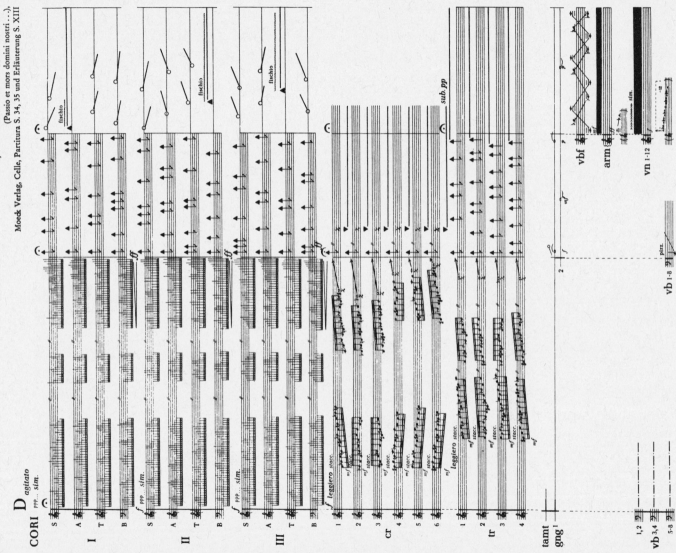

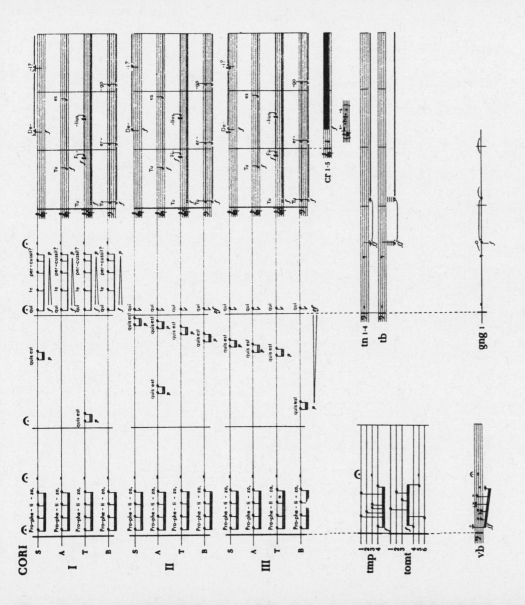
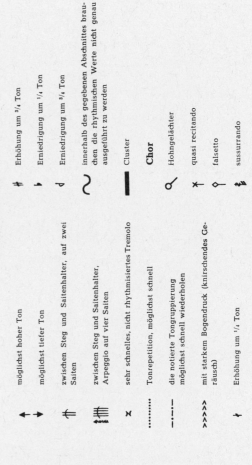

Ein Schlagerbeispiel

Der kleine Prinz
"Ein Engel, der Sehnsucht heißt"

Text und Musik: Peter Orloff
Akk.-Bearbeitung: Heinz Weiss

Aus: Das Goldene Tanzalbum, Band 39, Musikverlage Hans Gerig, Köln
© MCMLXXIII by TROJA Musik Produktion GmbH., Berlin   EM 2321

Gesamtverzeichnis aller Lieder und Instrumentalstücke im Unterrichtswerk mit einem Sondernachweis der Lieder anderer Völker

I Singbeispiele

Bedeutung der Abkürzungen:

Ziffern ohne Zusatz	= Seiten im Textteil des Lehrbuches	Ch.	= Chorsatz
Ziffern mit *	= Seiten im Lieder- und Instrumentalstückteil	K	= Kanon
Ziffern in ( )	= Seiten im Arbeitsheft	Kl.	= Klavierbegleitung
T+	= vollständiges Beispiel im Textteil des Buches, A+ im Arbeitsheft	Instr.	= Instrumente
T—	= Melodieanfang im Textteil, Strophen in Fußnote;	L	= die Textübertragung besorgte Gret Lischka
1stm. usw.	= Zahl der Singstimmen; Zi = Zitat	H	= Text, Melodie oder Satz stammen von einem der Herausgeber.

Seite	Liedanfang und Überschrift	Worte (Dichter)	Weise, Satz, Komponist	Art des Satzes
55*	Abendlied (Nun wollen wir singen das Abendlied)	Volkslied	Aus dem Odenwald	1stm.
(63) (61)	Abendlied (Nun sich der Tag geendet hat)	J. Fr. Herzog	Adam Krieger	1stm.
37*	Ach bittrer Winter	Volkslied	Vor 1640; Satz: H	4stm.
92	Ach mein rechter Fuß T+	Übertr.: Hermann Fuhrich	Slowakisches Volkslied	1stm.
66*	Alle, die mit uns auf Kaperfahrt fahren (Al die willen te kapren varen)	Flämisches Seemannslied	Aus Flandern	1stm.
178	Alles ist eitel K T+	Gerhard Fritzsche	Theophil Rothenberg	3stm.
61* 147, (65)	Alles verrinnt (Glockenlied der Erlöserkirche)	C. W. Schultz-Lorenzen	P. S. Rung-Keller	1stm.
62*	Alphornthema (Hoch auf dem Berg)	J. Brahms	J. Brahms	
71	Als ich einmal reiste T—	Volkslied	Aus Thüringen	1stm.
117	Amenformel T+	Gregorianisch	Amenformel der Hymnen	3stm.
4*	Ann und Jan am Zaune stehn (Die Schweinchen)	Text: Kvitko; Engl. Übertr.: H. Easterbrook, Deutsche Übertr.: H	Serge Prokofieff	1stm. Kl.
(60)	Auf, ihr Brüder, auf und singt	K. G. Hering	Karl Gottlieb Hering	4stm.
61*, 99	Aus der kleinen engen Kammer	Freie Nachdichtung: H	Aus Rußland	1stm.
175	Ave Maria gratia plena (Quodlibet mit: Uns kommt ein Schiff) T+	Volkslied	Paderborn 1617 und Köln 1617; Satz: H	2stm.
143	BACH T+, K	Eduard Zuckmayer	Eduard Zuckmayer	3stm.
33*, 87	Balami punda (Wind weht vom Meere)	Koreanisches Volkslied, Übertr.: L	Aus Korea; Satz: Hsü, Sung-Jen	1stm. Kl.
46*, 87	Bambusflöte (Schlankes Bambusrohr bringet meinem Kind)	Chinesisches Volkslied, Übertr.: L	Aus China; Satz: Hsü, Sung-Jen	1stm. Kl.
38*, 96	Bei stiller Nacht	Friedrich von Spee	Aus: Trutznachtigall 1649 Satz: H	Ch. 3stm.

Seite	Liedanfang und Überschrift	Worte (Dichter)	Weise, Satz, Komponist	Art des Satzes
177	Bicinium (Vater unser) K	Martin Luther	Leipzig 1539 Satz: Helmut Bornefeld	2stm.
56*, 82	Bunt sind schon die Wälder (Herbst)	Joh. Gaudenz von Salis-Seewis	Joh. Friedr. Reichardt	1stm.
143	C- a- f- f- e- e K T+	K. G. Hering	Karl Gottlieb Hering	3stm.
49*, 72	Christ ist erstanden	Aus dem 13. Jahrh.	Hier nach einer Münchener Handschrift des 15. Jahrh.	1stm.
108 (48)	Come follow me (Komm doch und folge mir) K T—	Aus England; Textunterlegung: Fritz Jöde	Mel. nach J. Hilton	3stm.
(67)	Crucifixus T+	Aus dem Credo der Messe	Hans L. Haßler aus der Messe „Dixit Maria"	2stm.
56*	Da draußen bei meiner Hütte	Span. Volkslied; Übertr.; Willi Heuser	Aus Kastilien	1stm.
57*	Das Feld ist weiß	Masurisches Volkslied	Bernhard Rostock	1stm.
8*	Das Glück (Das Glücke kommt selten per posta)	Daniel Stoppe	Georg Philipp Telemann	1stm. Kl.
54*	Das Nachtlied (Die Eule, schwingend durch die Luft)	Eric Crozier; Übertr.: Bettina Hürlimann-Kiepenheuer	Benjamin Britten	1stm.
6*	Das Wandern (Das Wandern ist des Müllers Lust)	Wilhelm Müller	Franz Schubert	1stm. Kl.
61*, 91	Den Ackersmann soll man loben	Volkslied	Aus Lothringen	1stm.
107	Der Bauer im Kerker. (O hätt ich meiner Tochter nur geglaubt) T—	Carl Orff	Carl Orff, aus „Die Kluge"	1stm.Instr.
128, 129, (52)	Der Frühling hat sich eingestellt (Frühlingslied) T+	H. v. Fallersleben	J. Fr. Reichardt	1stm.
50*	Der fünfte Psalmton (Jubilate Deo)	Psalm 100 (Anfang)	Gregorianisch	1stm.
(65)	Der Heiden Heiland (Veni redemptor gentium) K	Hymnus des Aurelius Ambrosius; Übertr.: Mainzer Cantual 1627	Nach dem Hymnus des Ambrosius; Satz: H	2st.
68*, (61)	Der Himpfelhofbauer (Zwiefacher aus Franken)	Volkslied	Aus Franken	1stm.
93*	Der kleine Prinz	Peter Orloff	Peter Orloff	
104	Der Mai ist gekommen T+	Emanuel Geibel	Justus W. Lyra	1stm.
9*, 139	Der Mond ist aufgegangen	Matthias Claudius	Joh. A. Schulz	1stm. Kl.
72 Zi	Die Ehre Gottes aus der Natur (Die Himmel rühmen)	Chr. F. Gellert	L. v. Beethooven	1stm. Kl.
54*	Die Eule, schwingend durch die Luft (Das Nachtlied)	Vgl. „Das Nachtlied"	B. Britten	1stm.
123 Zi 120	Die Gedanken sind frei T—	Volkslied	Aus Schlesien	1stm.
47*	Die güldene Sonne	Philipp v. Zesen	Johann Georg Ahle; Satz: H	2stm.
72	Die Himmel rühmen (Die Ehre Gottes aus der Natur) T—	Chr. F. Gellert	L. v. Beethoven	1stm. Kl.
32*	Die Nachtigall (Sitzt a schöns Vögelein)	Volkslied	Altes Scherzlied; Satz: J. Brahms	1stm. Kl.
4*	Die Schweinchen (Ann und Jan am Zaune stehn)	Vgl. „Ann und Jan"	Serje Prokofieff	1stm. Kl.
106	Die Sonne steigt auf (Sie steigt herauf) T+	Van Swieten	J. Haydn; aus: „Die Jahreszeiten"	1stm. Kl.
68*	Die Tiere, die kamen zwei und zwei (One more River. The animals came in)	Engl. Volkslied; Übertr.: Siegfried Spring	Aus England	1stm.
153, (62)	Die Tiroler sind lustig T+	Volkslied	Volkskinderlied	
60* 65, 70, 73	Die vier Jahreszeiten (Ich bin das ganze Jahr vergnügt)	Nach Chr. F. Daniel Schubart	Aus Bessarabien	1stm.
39*, 82	Dort zwischen Ochs und Eselein	Übertr.: Marc A. Souchay	Aus Frankreich; Satz: H	3stm.
120 Zi 141	Drunten im Unterland T—	Volkslied	Aus Schwaben	1stm.
10*	Eines Tages früh	Franz. Volkslied; Übertr.: H. Kraft	Aus Frankreich; Satz: H	1-2stm. Kl. u. Instr.

Seite	Liedanfang und Überschrift	Worte (Dichter)	Weise, Satz, Komponist	Art des Satzes
40*	Es ist ein Schnitter	Auf einem „Fliegenden Blatt" 1638	Volkslied; Satz: H	5stm.
173	Es saß ein Eul (Nachtfahrt) T+	Aus einem „Fliegenden Blatt"	Um 1570; Satz: P. Hindemith	2stm.
57*	Es saß ein klein wild Vögelein	Volkslied	Aus Siebenbürgen	1stm.
75	Es saß ein schneeweiß Vögelein T+	Übertr.: W. von Zuccalmaglio	Aus Flandern	2stm.
49*	Es sungen drei Engel	Volkslied	Nach dem Paderborner Gesangbuch 1609	1stm.
66	Es tagt, der Sonne Morgenstrahl T+	W. Gneist	W. Gneist	2stm.
11*, (54)	Es war ein König in Thule (König von Thule)	J. W. v. Goethe	Karl Fr. Zelter	1stm. Kl.
14*, 112	Feine Küchlein habe ich (Lied vom Fuchs)	Ungar. Volkslied; Übertr.: L	Aus Ungarn; Satz: Béla Bartók	1stm. Kl.
69*, 80	Fing mir eine Mücke heut	Ungar. Volkslied; Übertr.: H. Lüdeke	Aus Ungarn	1stm.
(65)	Freu dich Erd und Sternenzelt K	Böhmisches Volkslied	Aus Mähren; Satz: H	3stm.
174	Freude schöner Götterfunken (Quodlibet mit: Seid umschlungen) T+	Fr. Schiller	L. v. Beethoven	2stm.
(68)	Frühling läßt sein blaues Band T+	E. Mörike	H. Distler	2stm.
128, 129, (52)	Frühlingslied (Der Frühling hat sich eingestellt) T+	H. v. Fallersleben	J. Fr. Reichardt	1stm.
66*	Fuhrmann und Fährmann (Was macht der Fuhrmann)	Volkslied	Aus Westfalen	1stm.
55*	Gehe ein in deinen Frieden	Israel. Volksl.; Freie Übertr.: H. König	Aus Israel	1stm.
57	Gentil Coquelicot (Ich gehe in mein Gärtelein)	Volksl.; dt. Fassung L. Holzm.	Aus Frankreich	1stm.
12*	Gestern vor dem Tor	Serbisches Volksl.; Übertr.: L	Aus Serbien; Satz: Hsü Sung-Jen	2stm. Kl.
61*, 147, (65)	Glockenlied der Erlöserkirche in Kopenhagen (Alles verrinnt)	C. W. Schultz-Lorenzen	Rung-Keller	1stm.
15*	Gott gnad dem großmächtigen Kaiser (Von der Kriegsleut Orden)	Nach einem „Fliegenden Blatt" von 1530	Dresdner Codes 53 (um 1560); Satz: H	1stm. Kl.
164	Grünet die Hoffnung T+	Aus der „Musikalischen Gemüths-Ergötzung" Dresden 1689	J. Kremberg	1stm. b. c.
157	Grüß Gott, du schöner Maien T+	Aus dem 16. Jahrh.	Volkslied 19. Jahrh.	1stm.
58*	Grüß Gott, du schöner Maien	Dichter unbekannt (16. Jahrh.)	In den niederländischen „Souterliedekens"	1stm.
41*	Gute Nacht K	Textunterlegung: Fritz Jöde	Aus England	4stm.
41*	He jo, spann den Wagen an K	Deutscher Text: Volkstümlich	Aus England	3stm.
56*	Herbst (Bunt sind schon die Wälder)	Joh. Gaudenz von Salis-Seewis	J. Fr. Reichardt	1stm.
60, 65	Herrn Pastorn sin Kau (Kennt ji al dat niege Leed) T+	Volkslied	In ganz Norddeutschland	1stm.
62*	Hi ne mah tow umah naim	Israel. Volkslied	Aus Israel	1stm.
64*	Hirtenlied (Nichts kann man tun bei der Herde)	Nepalesisches Volkslied; Übertr.: H	Aus Nepal	1stm.
62*	Hoch auf dem Berg (Alphornthema)	J. Brahms	J. Brahms	1stm.
16*	Hoch in der Eb'ne (Pir Sultan)	Türkisches Volksl.; Übertr.: L	Aus der Türkei; Satz: N. Gedikli	1stm. Kl.
70, 73, 115, 156	Hört, ihr Herrn, und laßt euch sagen (Wächterruf) T+	Volkslied	1. Teil: süddeutsche Kirchenliedweise, 2. Teil: schwäbische Nachtwächterweise, 1821 erstmals zusammenhängend gedruckt	1stm.

Seite	Liedanfang und Überschrift	Worte (Dichter)	Weise, Satz, Komponist	Art des Satzes
24*	Horch, es nahn drei Kön'ge	Spanisches Volksl.; Übertr.: Alwin Krumscheid	Aus Spanien; Satz: H	1-3stm. Kl. od. Instr.
58*	Hügel auf, Hügel ab (In der Fremde)	Volkslied aus: W. Danckert, „Das europäische Volkslied"	Von den Hebriden	1stm.
18*	Hüpfende Frösche (Jeder Frosch, ob groß, ob klein)	Chines. Volksl.; Übertr.: L	Aus China; Satz: Hsü, Sung Jen	1stm. Kl.
60*, 65, 70, 73	Ich bin das ganze Jahr vergnügt (Die vier Jahreszeiten)	Fassung: Gottfried Wolters	Aus Bessarabien	1stm.
62*, 67	Ich bin der junge Hirtenknab	Finnisches Volkslied; Übertr.: Gisela Tiedke	Aus Finnland	1-2stm.
57	Ich gehe in mein Gärtelein (Gentil Coquelicot)	Volksl.; dt. Fassung L. Holzm.	Aus Frankreich	1stm.
154, (55)	Ich hab die Nacht geträumet T+	Volkslied	vor 1775	1stm.
58	Ich kann auf meinem Kopfe stehn (Kunststück) T+	H	Melodie: H	1stm.
63*	Ich Kujawiak	Poln. Volkslied; Übertr. W. Heuser	Aus Polen	1stm.
96	Ich steh an deiner Krippen hier T—	Paul Gerhardt	J. S. Bach	1stm.
71, (37)	Ich wollt ein Bäumlein steigen T—	Volkslied	Aus H. Pröhle „Volkslied und Volksschauspiel" (1855)	1stm.
151	Im Maien, im Maien die Vögelein singen T+	Volkslied	Alter Maientanz aus dem Rheinland	1stm.
58*	In der Fremde (Hügel auf, Hügel ab)	Volkslied aus: W. Danckert, „Das europäische Volkslied"	Von den Hebriden	1stm.
47*, 72, 113	Island, herrliches Land (Tvesang, Zwiegesang)	Isländisches Volkslied	Aus Island	2stm.
56	Ist ein Mann in'n Brunnen gefallen T+	In „Des Knaben Wunderhorn"	Altes Kinderlied	
18*	Jeder Frosch, ob groß, ob klein (Hüpfende Frösche)	Chines. Volkslied; Übertr.: L	Aus China; Satz: Hsü, Sung-Jen	1stm. Kl.
20*	Jesus neigt sein Haupt	Heinrich Elmenhorst	Joh. Wolfg. Franck	1stm. b. c.
50*, (61)	Josef, lieber Josef mein	Volkslied	Aus dem 14. Jahrh.	1stm.
50*	Jubilate Deo (Der fünfte Psalmton)	Psalm 100 (Anfang)	Gregorianisch	1stm.
85, (35)	Kein schöner Land T—	W. v. Zuccalmaglio	W. v. Zuccalmaglio; nach älteren Vorlagen gestaltet	1stm.
60, 65	Kennt ji al dat niege Leed (Herrn Pastorn sin Kau) T+	Volkslied	In ganz Norddeutschland	1stm.
89	Kirschenblüt' (Sakura) T+	Japan. Volkslied; Übertr.: L	Aus Japan	1stm.
64*	Kol do di	Aus dem Hohelied Salomos	Aus Israel	1stm.
316	Kolo geht um (Kolo igro)	Jugosl. Volkslied	Aus Bosnien	1stm.
108, (48)	Komm doch und folge mir (Come follow me) K	Aus England; Textunterlegung: F. Jöde	Mel. nach J. Hilton	3stm.
52*	Komm Gott, Schöpfer, Heiliger Geist (Hymnus: Veni creator Spiritus)	Lat. Hymnus von Hrabanus Maurus; Deutsches Kirchenlied von M. Luther	Gregorianisch; Mel. nach d. Hymnus	1stm.
65, 67	Kommt und laßt uns tanzen K T—	Textunterlegung: Fritz Jöde	Altfranzösisch (13. Jahrh.)	4stm.
11*, (54)	König von Thule (Es war ein König in Thule)	J. W. Goethe	Karl. Fr. Zelter	1stm. Kl.
314 Zi	Krakauer bin ich (Krakowiaczek ci ja)	Poln. Volkslied	Aus Polen	1stm.
58	Kunststück (Ich kann auf meinem Kopfe stehn)	H	Melodie: H	1stm.
108, (48)	Lachend kommt der Sommer K T	Cesar Bresgen	C. Bresgen	3stm.
14*, 112	Lied vom Fuchs (Feine Küchlein habe ich)	Ungar. Volkslied; Übertr.: L	Aus Ungarn; Satz: B. Bartók	1stm. Kl.
63*, 140 Zi	Little Brown Jug (My wife and I lived) (▷ 214)	Engl. Volkslied	Aus England	1stm.

97*

Seite	Liedanfang und Überschrift	Worte (Dichter)	Weise, Satz, Komponist	Art des Satzes
59*	Maienzeit bannet Leid (Maienzît âne nît)	Neufassung des Textes: Max Pohl	Von einem Nachahmer Neidharts von Reuenthal	1stm.
22*, 126	Maria sitzt im Rosenhag (Mariä Wiegenlied)	Martin Boelitz	Max Reger	1stm. Kl.
25*	Marien wart ein bot gesant (Tagewîse von Kristes geburt) K	Volkslied	Aus dem 14. Jahrh.; Satz: H	3stm. (Kl.)
48*, 70	Mein Stimme klinge	Augsburger Tafelkonfekt	Valentin Rathgeber	2stm.
310	Mer han en neue Oberkeet	Picander	J. S. Bach	1stm.
80 Zi, (64)	Morgen wolln wir Hafer mähn T—	Altes Tanz- und Spiellied	Altes Lampertuslied aus dem Münsterland; Melodie auch in Frankreich bekannt	1stm.
176	Musica et vinum (Was erfreut des Menschen Herze?) K T+	Lat. Spruch	Erasmus Sartorius	2stm.
63*, 140 Zi	My wife and I lived (Little Brown Jug) (▷ 214)	Aus: Des Knaben Wunderhorn	Carl Orff	1stm.
92	Mutter, ach Mutter, es hungert mich T—	Egl. Volkslied	Aus England	1stm.
173	Nachtfahrt (Es saß ein Eul und spann) T+	Aus einem „Fliegenden Blatt"	Um 1570; Satz: P. Hindemith	2stm.
42*	Nicht lange mehr ist Winter K	Mündlich überliefert	Mündl. überliefert	4stm.
64*	Nichts kann man tun bei der Herde (Hirtenlied)	Nepalesisches Volksl.; Übertr.: H	Aus Nepal	1stm.
51*, 137, (38)	Nobody knows de trouble I see	Negro-Spiritual	Aus USA	1stm.
51*, 86	Nun bitten wir den Heiligen Geist	Aus: Erk-Böhme „Deutscher Liederhort"	Aus dem 12. Jahrh.	1stm.
180, (64)	Nun ruhen alle Wälder T+ A+	Paul Gerhardt	Nach Isaacs „Innsbrucklied"; Satz: Joh. Gottfr. Walther	1stm. Instr.
(61), (63)	Nun sich der Tag geendet hat (Abendlied)	J. Fr. Herzog	Adam Krieger	1stm. b. c.
64	Nun will der Lenz uns grüßen	Nach Neidhart von Reuenthal	Altes Reigenlied (um 1600)	1stm.
55*	Nun wollen wir singen das Abendlied (Abendlied)	Volkslied	Aus dem Odenwald	1stm.
107	O hätt ich meiner Tochter nur geglaubt (Der Bauer im Kerker) T—	Carl Orff	Carl Orff; aus der Oper „Die Kluge"	1stm. Instr. (Kl.)
72	Old Mac Donald had a Farm T—	Amerikanisches Volkslied	Aus USA	1stm.
68*	One more River (Die Tiere, die kamen zwei und zwei; The animals came in)	Engl. Volkslied; Übertr.: S. Spring	Aus England	1-3stm.
59*	O Tannenbaum	Volkslied	Aus Westfalen	1stm.
16*	Pir Sultan (Hoch in der Eb'ne führt ein Weg)	Türkisches Volksl.; Übertr.: L	Aus der Türkei; Satz: N. Gedikli	1stm. Kl.
133	Preis und Lob und Ehre T + K	L. E. Gebhardi	L. E. Gebhardi	4stm. Kl.
34*	Prinz Eugen (Zelte, Posten, Werdarufer)	F. Freiligrath	Carl Loewe	1stm. Kl.
150	Rähne- Rähnedröppche (Regenliedchen) T+	Altes Kölnisches Kinderlied	Aus Köln	1stm.
150	Regenliedchen (Rähne- Rähnedröppche)	Altes Kölnisches Kinderlied	Aus Köln	1stm.
42*	Regen, Regen höre auf K	Aus dem Russischen	Günter Bialas	2stm.
131	Rundherum in einem Kreis T+	Volkslied	Aus Schlesien	1stm.
89	Sakura (Kirschenblüt) T+	Japan. Volkslied; Übertr.: L	Aus Japan	1stm.
46*, 87	Schlankes Bambusrohr bringet meinem Kind (Bambusflöte)	Chines. Volkslied; Übertr.: L	Aus China; Satz: Hsü, Sung-Jen	1stm. Instr
65	Schön ist die Welt T+	Volkslied	Aus Hessen	1stm.
26*	Schwesterlein	W. v. Zuccalmaglio	W. v. Zuccalmaglio; Satz: J. Brahms	1stm. Kl.
67*	Seeräuberlied (Wir fahren übers weite Meer)	Altes engl. Seemannslied; Übertr.: K. Seidelmann	Aus England	1stm.
312 Zi	Seht, das Kindlein weinet (Weihnachtsmazurka)	Poln. Volkslied; Übertr.: Gustav Kucz	Aus Polen; Satz: H	2stm.

Seite	Liedanfang und Überschrift	Worte (Dichter)	Weise, Satz, Komponist	Art des Satzes
174	Seid umschlungen Millionen (Quodlibet mit: Freude schöner Götterfunken) T+	Fr. Schiller	L. v. Beethoven	2stm.
77	Shalom chaverim T+ K	Aus Israel	Aus Israel	4—8stm.
106	Sie steigt herauf (Die Sonne steigt auf) T+	Van Swieten	J. Haydn; aus: Die Jahreszeiten	1stm. Kl.
32*	Sitzt a schöns Vöglein (Die Nachtigall)	Volkslied	Altes Scherzlied; Satz: J. Brahms	1stm. Kl.
43*	Sonne im Mai K	Engl. Kanon; Übertr.: Kurt Sydow	Aus England	3stm.
134 Zi	So sei gegrüßt viel tausendmal	H. v. Fallersleben	Robert Schumann	1stm.
60*	So treiben wir den Winter aus	Aus: Des Knaben Wunderhorn	Um 1545	1stm.
28*	Stiller Wald, du breitest deine Äste weit (Vögleins Traum)	Ungar. Volkslied; Übertr.: L	Aus Ungarn; Satz: B. Bartók	1stm. Kl.
52*	Swing low sweet Chariot	Negro-Spiritual	Aus USA	1stm.
25*	Tagewise von Kristes geburt (Marien wart ein bot gesant) K	Volkslied	Aus dem 14. Jahrh.; Satz: H	3stm. Kl.
68*	The animals came in (One more River; Die Tiere, die kamen zwei und zwei)	Engl. Volkslied; Übertr.: S. Spring	Aus England	1-3stm.
30*	Trommellied von Feng-Yang (Überall bekannt)	Chines. Volkslied; Übertr.: L	Aus China; Satz: Hsü, Sung-Jen	1stm. Kl.
47*	Tvesang (Zwiegesang; Island, herrliches Land)	Isländ. Volkslied	Aus Island	2stm.
30*	Überall bekannt (Trommellied von Feng-Yang)	Chines. Volkslied; Übertr.: L	Aus China; Satz: Hsü, Sung-Jen	1stm. Kl.
78	Über meiner Heimat Frühling T+	Altes Kubankosakenlied; Freie Nachdichtung; E. Köbel (Tusk)	Aus Rußland	1stm.
111	Und der Geist Gottes	Van Swieten	nach Josef Haydn; aus: „Die Schöpfung"	3stm.
103	Ungekämmt sind deine Haare T+	Serbisches Volkslied; Übertr.: Herbert Hoss	Kolo aus Serbien; Satz: H	2stm.
42, (18)	Unser Vetter Melcher T+	Rheinländisches Kinderlied	Melodie: H	1stm.
175	Uns kommt ein Schiff, geladen (Quodlibet mit: Ave Maria gratia plena) T+	Joh. Tauler zugeschrieben	Köln, 1608; Satz: H	2stm.
177	Vater unser (Bicinium) K T+	Martin Luther	Leipzig 1539; Satz: H. Bornefeld	2stm.
52*	Veni Creator Spiritus (Komm Gott, Schöpfer, Heiliger Geist)	Lat. Hymnus von Hrabanus Maurus; Deutsches Kirchenlied von M. Luther	Gregorianisch; Mel. nach dem Hymnus	1stm.
(65)	Veni redemptor gentium (Der Heiden Heiland) K	Hymnus des Aurelius Ambrosius; Übertr. im Mainzer Cantual 1627	Nach dem greg. Hymnus; Satz: H	2stm.
28*	Vögleins Traum (Stiller Wald, du breitest deine Äste weit)	Ungar. Volkslied; Übertr.: L	Aus Ungarn; Satz: B. Bartók	1stm. Kl.
43*	Vom Aufgang der Sonne K	P. E. Ruppel	P. E. Ruppel	4stm.
15*	Von der Kriegsleut Orden (Gott gnad dem großmächtigen Kaiser)	Nach einem „Fliegenden Blatt" von 1530	Dresdner Codes 53 (um 1560); Satz: H	1st,. Kl.
53*	Wach auf, wach auf du deutsches Land	Joh. Walther	Joh. Walther	1stm.
118 Zi	Wachet auf K T—	Joh. Jak. Wachsmann	Joh. Jak. Wachsmann	2stm.
70, 73, 115,**156**	Wächterruf (Hört ihr Herrn und laßt euch sagen) T+	Volkslied	Vgl. „Hört ihr Herrn..."	1stm.
176	Was erfreut des Menschen Herze (Musica et vinum) K T+	Nach dem lat. Spruch	Erasmus Sartorius	2stm.
66*	Was macht der Fuhrmann (Fuhrmann und Fährmann)	Volkslied	Aus Westfalen	1stm.
144,146Zi,(61)	Was soll das bedeuten T+	Schles. Volkslied	Aus Schlesien	1stm.
312 Zi	Weihnachtsmazurka (Seht, das Kindlein weinet)	Poln. Volkslied; Übertr.: Gustav Kucz	Aus Polen; Satz: H	2stm.

99*

Seite	Liedanfang und Überschrift	Worte (Dichter)	Weise, Satz, Komponist	Art des Satzes
69*	Wenn der Dudelsack erklingt	Ungar. Volkslied; Freie Übertr.: H	Aus Ungarn; in B. Bartók „For children"; Satz: H	1stm. Kl.
43*	Wer holt uns über K	Humphrey Trevelyan	Mündl. überliefert	3stm.
42*	Wer musicam verachten tut K	Joh. Staden	Joh. Staden	2-8stm.
166	Wer nur den lieben Gott läßt walten T+	Georg Neumark	Georg Neumark; Melodiefassung und Satz: J. S. Bach	1stm. Kl.
44*	Wer sich die Musik erkiest K	Martin Luther	P. Hindemith	2stm. Instr.
65*, 117, 121	What shall we do (65*, 117 Zi, 121 Zi, 122 Zi)	Engl. Seemannslied	Shanty	1stm.
137, (38), (55)	When Israel was in Egypts Land	Negro-Spiritual	Aus USA	1stm.
48*	Wie lieblich schallt	Chr. v. Schmid	Fr. Silcher	2stm.
45*	Willkommen, lieber schöner Mai K	Ludwig Hölty	Fr. Schubert	3stm.
(56)	Willst du tauschen A+	Russisches Volksl.; Freie Nachdichtung: H	Aus Rußland	1stm.
(57)	Winde wehn, Schiffe gehn A+	Finnisches Seemannslied; Übertr. aus: „Nordische Volkslieder" Verl. Diesterweg	Aus Finnland	1stm.
33*, 87	Wind weht vom Meere (Balami punda)	Koreanisches Volksl.; Übertr.: L	Aus Korea; Satz: Hsü, Sung-Jen	1stm. Kl.
85, 146 Zi, (34)	Winter ade A+	H. v. Fallersleben	Aus dem 18. Jahrh.	1stm.
67*	Wir fahren übers weite Meer (Seeräuberlied)	Engl. Seemannslied; Übertr.: Karl Seidelmann	Aus England	1stm.
79	Wir zogen in das Feld	Volkslied	Aufgezeichnet in Georg Forsters „Frische teutsche Liedlein" (1540)	1stm.
34*	Zelte, Posten, Werdarufer (Prinz Eugen)	Ferd. Freiligrath	Karl Loewe	1stm. Kl.
65*	Zieh, Schimmel, zieh	Aus „Des Knaben Wunderhorn"	Melodie: H	1stm.
141	Zum Tanzen, da geht ein Mädel T—	Schwedisches Tanzlied	Aus Schweden	1stm.
68*	Zwiefacher aus Franken (Der Himpfelhofbauer)	Volkslied	Aus Franken	1stm.
47*, 72 Zi, 113	Zwiegesang (Tvesang; Island, herrliches Land)	Isländisches Volkslied	Aus Island	2stm.
134	Zwischen Berg und tiefem Tal T—	Volkslied	Nach Erks Volksgesangbuch 1868	1 stm.

II Instrumentalstücke

Bedeutung der Abkürzungen:
Ziffern ohne Zusatz = Seiten im Textteil des Lehrbuches
Ziffern mit * = Seiten im Lieder- und Instrumentalstückteil
Ziffern in ( ) = Seiten im Arbeitsheft

Zi hinter Werk/Titel [z.B. S 306 (Zi)] = Zitat
Instr. = Melodieinstrument; Kl. = Klaviersatz; Part. = Partiturbeispiel;
El.S. = Elementarsatz zum Mitspielen (im Arbeitsheft)

Seite	Komponist	Werk/Titel	Besetzung
179	Anonym, um 1600	Bicinium	2 Instr.
306	Anonym, Paris 1530	Braul simple (Zi)	Kl. (4 Instr.)
313	Anonym, 1838	Tarantella (Zi)	Kl. (2 Instr.)
70*	Aus einem alten Spielbuch	Gavotte	2 Instr.
71*	Aus einem franz. Duettheft	Pendant la jeunesse	2 Instr.
309	Bach, J. S.	Gavotte aus „5. Franz. Suite" (Zi)	Kl.
(76)	Bach, J. S.	Gavotte II aus „6. Engl. Suite"	El.S.
158	Bach, J. S.	Marsch D-Dur	Kl. (2 Instr.)
310	Bach, J. S.	Menuett aus „Notenbüchlein für Anna Magdalena 1725" (Zi)	Kl.
311	Bach, J. S.	Thema aus „Passacaglia c-Moll"	Orgel
92*	Bach, J. S.	Choral aus Weihnachtsoratorium	Part.
166	Bach, J. S.	Choralvorspiel mit kolorierter Melodie (Böhmscher Orgelchoral)	Orgel (Instr.)
321	nach Baresel	Raspa in „Der Rhythmus in der Jazz- und Tanzmusik" (Zi)	Kl. (2 Instr.)
74*	Bartók, B.	Abend auf dem Lande	Kl.
76*, 91*	Bartók, B.	Bauerntanz	Kl.
182	Bartók, B.	Brâul	Kl.
132, 136	Bartók, B.	Pleasantry (Scherz)	Kl.
73*	Bartók, B.	Summen und Surren	Kl.
97	Bartók, B.	Zwiegespräch	Kl.
116	Beethoven, L. van	Motiv aus „Hirtengesang" (6. Sinfonie F-Dur) (Zi)	1 Instr.
78*	Beethoven, L. van	Menuett aus der Sonatine Op. 49,2	Kl.
306	Casteliono	Saltarello (1536) (Zi)	Laute (Kl.; 3 Instr.)
138, (58)	Charpentier, M.A.	Eurovisionsmusik (Te Deum)	1stm. + Kl.
311	Chopin, Fr.	Polonaise (Zi)	Kl.
317	Debussy, Cl.	Cakewalk aus „Children's Corner" (Zi)	Kl.
322	Donida, C.	Twist (Zi)	Kl.
313	nach Emonts	Quadrille aus „Leichte Klaviermusik des Barock" (Zi)	Kl. (2 Instr.)
77*	Gretschaninoff A.	In den Bergen	Kl.
88*, 86	Grieg, E.	Aus Peer-Gynt-Suite: „Morgenstimmung" (Ausschnitt)	Part.
321	Gulda, Fr.	Bossa nova (Zi)	Kl.
307	Händel, G. F.	Allemande (11. Suite/d-Moll) (Zi)	Kl.
310	Händel, G. F.	Chaconne G-Dur (Zi)	Kl.
308	Händel, G. F.	Courante (11. Suite/d-Moll) (Zi)	Kl.
309	Händel, G. F.	Gigue (11. Suite/d-Moll) (Zi)	Kl.
309	Händel, G. F.	Musette C-Dur (Aus einer Triosonate)	3 Instr. (Kl.)
81	Händel, G. F.	„Pifa" aus „Messias"	Kl.
308	Händel, G. F.	Sarabande (11. Suite/d-Moll) (Zi)	Kl.
162	Hydn, J.	„Menuetto" in A-Dur aus einer Sonate	Kl.
89	Hindemith, P.	Melodie aus „Wir bauen eine Stadt"	1 Instr.
317	Hindemith, P.	Boston aus „Suite 1922" (Zi)	Kl.
82*	Hindemith, P.	Ostinato	Kl.
319	Hindemith, P.	Shimmy aus „Suite 1922" (Zi)	Kl.
188	Hindemith, P.	Siciliano	Kl.
148	Jelinek, H.	Andante aus „Zwölftonfibel"	Kl. 4hd.
76*	Kodály, Z.	Kindertanz	Kl.
71*	Krieger, Joh.	Bourrée	Kl. (2 Instr.)
83*	Krieger, Joh.	Rondeau	Kl. (2 Instr.)
84*	Kuhnau, Joh.	Der Kampf zwischen David und Goliath aus „Musikalische Vorstellungen einiger Biblischer Historien"	Kl.
315	Liszt, Fr.	Csárdás (Lassan u. Friska) (Zi) aus: „Ung. Rhapsodie" Nr. 2	Kl.
322	Lehtinen, R.	Letkiss (Zi)	Kl.
319	Madriguera, E.	Rumba (Zi)	Kl.
313	Merath, S.	Bolero (Zi)	Kl.
320	Merath, S.	Calypso (Zi)	Kl.
321	Merath, S.	Cha-Cha-Cha (Zi)	Kl.
318	Merath, S.	English Waltz (Zi)	Kl.
321	Merath, S.	Mambo (Zi)	Kl.
320	Merath, S.	Rock'n Roll (Zi)	Kl.
319	Merath, S.	Samba (Zi) (Aus: S. Merath, „Tanz-Typen")	Kl.

Seite	Komponist	Werk/Titel	Besetzung	Seite	Komponist	Werk/Titel	Besetzung
72*	Mozart, L.	Bourlesq, alte Volksweise aus „Notenbuch für Wolfgang"	Kl.	312	Schubert, F.	Ecossaise (Zi)	Kl.
311	Mozart, W. A.	Contredanse (Zi)	Kl. (2 Instr.)	85*	Schubert, F.	Ländler B-Dur	Kl.
313	Mozart, W. A.	Fandango (Zi)	Kl.	85*	Schubert, F.	Ländler As-Dur, Op. 33, Nr. 15	Kl.
148	Mozart, W. A.	Menuett des Sechsjährigen	Kl.	86*	Schumann, R.	Volksliedchen	Kl.
(75)	Mozart, W. A.	Romanze aus „Kleine Nachtmusik"	El.S.	(77)	Smetana, Fr.	Kenn-Melodie aus der Sinfonischen Dichtung „Die Moldau"	El.S.
72*	Mozart, W. A.	Spielstück	2 Instr.	315	Smetana, Fr.	Polka (Zi)	Kl.
(74)	Mozart, W. A.	Variationsthema aus der A-Dur-Sonate	El.S.	192	Strawinsky, I.	Larghetto (Siciliano)	Kl.
160	Mozart, W. A.	Waldhornstück	Kl.	314	Strauß, Joh.	Walzer „An der schönen blauen Donau" (Zi)	Kl.
315	Offenbach, J.	Galop infernal (Zi)	Kl.	306	Susato, T.	Basse danse (Zi)	Kl. (4 Instr.)
316	Orff, Carl	Zwiefacher aus „Carmina Burana" (Zi)	Kl. (Instr.)	307	Susato, T.	De Post, Pavane und Galliarde (Zi)	Kl. (4 Instr.)
90*	Penderecki, K.	Ausschnitt aus „Lukas-Passion"	Part.	87*	Szelényi, I.	Juchee-juchee	Kl.
170	Purcell, H.	Chaconne	Kl.	(79)	Tschaikowsky, P.	Marsch aus der Suite „Der Nußknacker"	El.S.
185	Ravel, M.	Pavane aus „Meine Mutter, die Gans"	Kl.	312	Volkstümlich	Hornpipe, Volkstanz aus Irland (Zi)	Kl. (2 Instr.)
322	Rubaschkin, B.	Casatschok (Zi)	Kl.	314	Volkstümlich	Tiroler Ländler (Zi)	2 Instr.)
320	Seiber, M.	Charleston (Zi)	Kl.	180	Walter, J. G.	Choralvorspiel mit Vorimitation (Pachelbelscher Orgelchoral)	Orgel (3 Instr.)
318	Seiber, M.	Foxtrott (Zi)	Kl.				
318	Seiber, M.	Tango (Zi) (Aus: M. Seiber, „Leichte Tänze")	Kl.				

Lieder anderer Völker

Belgien (Flandern)

Alle, die mit uns auf Kaperfahrt fahren 66*
(Al die willen te kapren varen)

Tschechoslowakei

Ach mein rechter Fuß T+ 92
Freu dich Erd und Sternenzelt (Mähren) (65)

China

Jeder Frosch, ob groß, ob klein (Hüpfende Frösche) 18*
Schlankes Bambusrohr (Bambusflöte) 46*
Überall bekannt (Trommellied von Feng-Yang) 30*

Dänemark

Alles verrinnt auch 61*, (65)
(Glockenlied der Erlöserkirche)

England

Die Tiere, die kamen zwei und zwei (One more River; The animals came in) 68*
Gute Nacht K. 41*
He jo, spann den Wagen an 41*
Komm doch und folge mir (Come follow me) K 108, (48)
My wife and I lived (Little Brown Jug) 63*
Sonne im Mai K 43*
What shall we do 65*
Wir fahren übers weite Meer (Seeräuberlied) 67*

Finnland

Ich bin der junge Hirtenknab 62*
Winde wehn, Schiffe gehn (57)

Frankreich

Dort zwischen Ochs und Eselein 39*
Eines Tages früh 10*
Ich gehe in mein Gärtelein (Gentil Coquelicot) 57

Island

Island, herrliches Land (Tvesang; Zwiegesang) 47*

Israel

Gehe ein in deinen Frieden 55*
Hi ne mah tow umah naim 62*
Kol do di 64*
Shalom Chaverim 77

Japan

Kirschenblüt' (Sakura) 89

Jugoslawien

Gestern vor dem Tor 12*
Kolo geht um (Kolo igro) 316
Ungekämmt sind deine Haare T+ 103

Korea

Wind weht vom Meere (Balami punda) 33*

Nepal

Nichts kann man tun bei der Herde (Hirtenlied) 64*

Polen

Ich Kujawiak 63*
Krakauer bin ich 315
Seht das Kindlein weinet (Weihnachtsmazurka) 312

Rußland

Aus der kleinen engen Kammer 61*
Über meiner Heimat Frühling T+ 78
Willst du tauschen (156)

Schottland (Hebriden)

Hügel auf, Hügel ab (In der Fremde) 58*

Schweden

Zum Tanze, da geht ein Mädel 141

Spanien

Da draußen bei meiner Hütte 56*
Horch, es nahn drei Kön'ge 24*

Türkei

Hoch in der Ebene (Pir Sultan) 16*

Ungarn

Feine Küchlein hab ich (Lied vom Fuchs) 14*
Fing mir eine Mücke heut 69*
Stiller Wald, du breitest deine Äste weit (Vögleins Traum 29*
Wenn der Dudelsack erklingt 69*

Nordamerika

Nobody knows (Spiritual) 51*, (38)
Old Mac Donald had a Farm 72
Swing low (Spiritual) 52*
When Israel was in Egypts Land (Spiritual) (55)